D0497073

Foreword

This dictionary aims to give concise and accurate definitions of 24,000 of the most important words in use in the English and Italian languages today.

A pronunciation system based on the International Phonetic Alphabet is used (see *Key to symbols used in pronunciation*). Pronunciation is given for all headwords in both sections of the dictionary, and also for selected subentries in the Italian-English section.

Modern technical, commercial, and informal usage is given particular attention, in preference to outmoded terms or other expressions not in common contemporary use. Definitions are numbered in order to distinguish senses, and abbreviations are used to indicate use in specific technical, scientific, or commercial fields (see *Abbreviations used in the Dictionary*). An additional feature is the inclusion of idiomatic expressions and phrases, so necessary for the understanding and use of the foreign language.

This dictionary, with its emphasis on modernity, together with its compact form and clear typeface, should prove indispensable in the home, at school, in the office, and abroad.

Abbreviations used in the Dictionary

adj	adjective	*min*	minerals
adv	adverb	*mod*	modal
anat	anatomy	*mot*	motoring
arch	architecture	*mus*	music
aux	auxiliary	*n*	noun
aviat	aviation	*naut*	nautical
bot	botany	*neg*	negative
cap	capital	*pers*	person
comm	commerce	*phot*	photography
comp	computer	*pol*	politics
conj	conjunction	*poss*	possessive
cul	culinary	*pref*	prefix
def art	definite article	*prep*	preposition
derog	derogatory	*pron*	pronoun
educ	education	*rel*	religion
f	feminine	*s*	singular
fam	familiar	*sci*	science
fml	formal	*sl*	slang
game	cards, chess, etc.	*suff*	suffix
gram	grammar	*tab*	taboo
geog	geography	*Tdmk*	trademark
indef art	indefinite article	*tech*	technical
inf	informal	*Th*	theatre
infin	infinitive	*US*	United States
interj	interjection	*v*	verb
invar	invariable	*vi*	intransitive verb
lit	literature	*v imp*	impersonal verb
m	masculine	*vr*	reflexive verb
math	mathematics	*vt*	transitive verb
med	medical	*zool*	zoology
mil	military		

Key to symbols used in pronunciation

English

Vowels

i:	*meet*	u	*put*	ai	*fly*
i	*bit*	u:	*shoot*	au	*how*
e	*get*	ʌ	*cut*	ɔi	*boy*
æ	*hat*	ə	*ago*	iə	*here*
ɑ:	*heart*	ɔ:	*sir*	ɛə	*air*
ɔ	*hot*	ei	*late*	uə	*poor*
ɔ:	*ought*	ou	*go*		

Consonants

θ	*thin*	ʃ	*ship*
ð	*then*	ʒ	*measure*
ŋ	*sing*	tʃ	*chin*
j	*yes*	dʒ	*gin*

¹ indicates that the following syllable is stressed as in *ago* (ə'gou).
, placed under an *n* or *l* indicates that the *n* or *l* is pronounced as a syllable, as in *button* ('bʌtn̩) and *flannel* ('flænl̩).

Italian

Vowels

i	*vino*	o	*notte*
e	*sera*	ɔ	*brodo*
ɛ	*bello*	u	*rupe*
a	*gatto*		

Consonants

j	*ieri*
ʃ	*uscire*
tʃ	*cercare*
dʒ	*cagionare*
ʎ	*gli*
ʎʎ	*aglio*
ɲɲ	*bagno*

¹ indicates that the following syllable is stressed, as in *bello* ('bello).

Notes on the use of the Dictionary

Irregular plural forms of Italian nouns are shown immediately after the part of speech; the gender of the plural is given only if it differs from that of the singular:

e.g. **uomo** . . . *nm, pl* **uomini**

uovo . . . *nm, pl* **uova** *f*

Nouns or adjectives that do not change in the plural are marked as invariable:-

e.g. **re** . . . *nm invar* king.

Feminine forms of nouns are not shown when they can be derived in a regular way from the masculine form. Both masculine and feminine forms are shown when different translations are required, e.g. *figlio* son, *figlia* daughter.

When the same word may be both an adjective and a noun, the gender of the noun is given only when it is fixed. Thus, **segreto** . . . *adj,nm* (secret) indicates that the word is an adjective or a masculine noun; **adulto** . . . *adj,n* indicates that the word is an adjective or a masculine or feminine noun (*l'adulto, l'adulta*).

Adverbs derived from adjectives are not shown in either section of the dictionary unless a separate translation is required, or unless the formation is irregular. Italian adverbs are considered regular if they are formed by adding *-mente* to the feminine singular of the adjective, e.g. *lenta—lentamente*, or by dropping the final *e* of a feminine adjective ending in a vowel followed by *-le* or *-re* and adding *-mente*, e.g. *facile—facilmente*. English adverbs are considered regular if they are formed by adding *-ly* to the adjective.

Irregular verbs are marked with an asterisk in the headword list of both sections of the dictionary. The principal parts of all these verbs, except compounds, are shown in the verb tables. For the conjugation of compounds the reader should refer to the base form, e.g. for *aggiungere*, see *giungere*.

A swung dash (~) before a change of part of speech indicates that the part of speech refers to the headword, not the preceding subentry shown in heavy type.

Infinitive	Past Tense	Past Participle
abide	abode *or* abided	abode *or* abided
arise	arose	arisen
awake	awoke *or* awaked	awoke *or* awaked
be	was	been
bear	bore	borne *or* born
beat	beat	beaten
become	became	become
begin	began	begun
bend	bent	bent
beware		
bid	bid	bidden *or* bid
bind	bound	bound
bite	bit	bitten *or* bit
bleed	bled	bled
blow	blew	blown
break	broke	broken
breed	bred	bred

Infinitive	Past Tense	Past Participle
bring	brought	brought
build	built	built
burn	burnt *or* burned	burnt *or* burned
burst	burst	burst
buy	bought	bought
can	could	
cast	cast	cast
catch	caught	caught
choose	chose	chosen
cling	clung	clung
come	came	come
cost	cost	cost
creep	crept	crept
crow	crowed *or* crew	crowed
cut	cut	cut
deal	dealt	dealt
dig	dug *or* digged	dug *or* digged
do	did	done

English irregular verbs

Infinitive	Past Tense	Past Participle
draw	drew	drawn
dream	dreamed or dreamt	dreamed or dreamt
drink	drank	drunk
drive	drove	driven
dwell	dwelt	dwelt
eat	ate	eaten
fall	fell	fallen
feed	fed	fed
feel	felt	felt
fight	fought	fought
find	found	found
flee	fled	fled
fling	flung	flung
fly	flew	flown
forbid	forbade or forbad	forbidden or forbid
forget	forgot	forgotten or forgot
forgive	forgave	forgiven
forsake	forsook	forsaken
freeze	froze	frozen
get	got	got
give	gave	given

Infinitive	Past Tense	Past Participle
lose	lost	lost
make	made	made
may	might	
mean	meant	meant
meet	met	met
mow	mowed	mown
must		
ought		
panic	panicked	panicked
pay	paid	paid
picnic	picnicked	picnicked
put	put	put
quit	quitted or quit	quitted or quit
read	read	read
rid	rid or ridded	rid or ridded
ride	rode	ridden
ring	rang	rung
rise	rose	risen
run	ran	run
saw	sawed	sawn or sawed
say	said	said
see	saw	seen

go	went	gone
grind	ground	ground
grow	grew	grown
hang	hung or hanged	hung or hanged
have	had	had
hear	heard	heard
hide	hid	hidden or hid
hit	hit	hit
hold	held	held
hurt	hurt	hurt
keep	kept	kept
kneel	knelt	knelt
knit	knitted or knit	knitted or knit
know	knew	known
lay	laid	laid
lead	led	led
lean	leant or leaned	leant or leaned
leap	leapt or leaped	leapt or leaped
learn	learnt or learned	learnt or learned
leave	left	left
lend	lent	lent
let	let	let
lie	lay	lain
light	lit or lighted	lit or lighted
seek	sought	sought
sell	sold	sold
send	sent	sent
set	set	set
sew	sewed	sewn or sewed
shake	shook	shaken
shall	should	
shear	sheared	sheared or shorn
shed	shed	shed
shine	shone	shone
shoe	shod	shod
shoot	shot	shot
show	showed	shown
shrink	shrank or shrunk	shrunk or shrunken
shut	shut	shut
sing	sang	sung
sink	sank	sunk
sit	sat	sat
sleep	slept	slept
slide	slid	slid
sling	slung	slung
slink	slunk	slunk
slit	slit	slit
smell	smelt or smelled	smelt or smelled

English irregular verbs

Infinitive	Past Tense	Past Participle
sow	sowed	sown or sowed
speak	spoke	spoken
speed	sped or speeded	sped or speeded
spell	spelt or spelled	spelt or spelled
spend	spent	spent
spill	spilt or spilled	spilt or spilled
spin	spun	spun
spit	spat or spit	spat or spit
split	split	split
spread	spread	spread
spring	sprang	sprung
stand	stood	stood
steal	stole	stolen
stick	stuck	stuck
sting	stung	stung
stink	stank or stunk	stunk
stride	strode	stridden
strike	struck	struck
string	strung	strung
strive	strove	striven
swear	swore	sworn
sweep	swept	swept
swell	swelled	swollen or swelled
swim	swam	swum
swing	swung	swung
take	took	taken
teach	taught	taught
tear	tore	torn
tell	told	told
think	thought	thought
throw	threw	thrown
thrust	thrust	thrust
traffic	trafficked	trafficked
tread	trod	trodden or trod
wake	woke	woken
wear	wore	worn
weave	wove	woven or wove
weep	wept	wept
will	would	
win	won	won
wind	wound	wound
wring	wrung	wrung
write	wrote	written

Italian irregular verbs

Infinitive	Present Indicative	Past Definite	Future	Past Participle
accendere	accendo	accesi	accenderò	acceso
accludere	accludo	acclusi	accluderò	accluso
accorgersi	mi accorgo	mi accorsi	mi accorgerò	accorto
addurre[1]	adduco	addussi	addurrò	addotto
affiggere[2]	affiggo	affissi	affiggerò	affisso
affliggere	affliggo	afflissi	affliggerò	afflitto
alludere	alludo	allusi	alluderò	alluso
andare	vado	andai	andrò	andato
annettere	annetto	annessi	annetterò	annesso
apparire	apparisco or appaio	apparvi or apparsi	apparirò	apparso
appendere	appendo	appesi	appenderò	appeso
aprire	apro	aprii or apersi arsi	aprirò	aperto
ardere	ardo	arsi	arderò	arso
assalire	assalgo or assalisco	assalsi or assalii	assalirò	assalito
assistere	assisto	assistei	assisterò	assistito
assolvere	assolvo	assolsi	assolverò	assolto
assumere	assumo	assunsi	assumerò	assunto
avere	ho	avessi	avrò	avuto
bere	bevo	bevvi or bevei	berrò	bevuto

Italian irregular verbs

Infinitive	Present Indicative	Past Definite	Future	Past Participle
cadere	cado	caddi	cadrò	caduto
chiedere	chiedo	chiesi	chiederò	chiesto
chiudere	chiudo	chiusi	chiuderò	chiuso
cingere	cingo	cinsi	cingerò	cinto
cogliere	colgo	colsi	coglierò	colto
coincidere	coincido	coincisi	coinciderò	coinciso
comparire	comparisco or compaio	comparvi or comparsi	comparirò	comparso
comprimere	comprimo	compressi	comprimerò	compresso
concedere	concedo	concessi or concedei	concederò	concesso or conceduto
concludere	concludo	conclusi	concluderò	concluso
connettere	connetto	connessi	connetterò	connesso
conoscere	conosco	conobbi	conoscerò	conosciuto
coprire	copro	coprii or copersi	coprirò	coperto
correre	corro	corsi	correrò	corso
costruire	costruisco	costruissi	costruirò	costrutto
crescere	cresco	crebbi	crescerò	cresciuto
cuocere	cuocio	cossi	cuocerò	cotto
dare	do	diedo or detti	darò	dato
decidere	decido	decisi	deciderò	deciso
deludere	deludo	delusi	deluderò	deluso
deprimere	deprimo	depressi	deprimerò	depresso
difendere	difendo	difesi	difenderò	difeso

dipendere	dipendo	dipesi	dipenderò	dipeso
dipingere	dipingo	dipinsi	dipingerò	dipinto
dire	dico	dissi	dirò	detto
dirigere	dirigo	diressi	dirigerò	diretto
discutere	discuto	discussi	discuterò	discusso
dissuadere	dissuado	dissuasi	dissuaderò	dissuaso
distinguere	distinguo	distinsi	distinguerò	distinto
dividere	divido	divisi	dividerò	diviso
dolere	dolgo	dolsi	dorrò	doluto
dovere	devo or debbo	dovei	dovrò	dovuto
eludere	eludo	elusi	eluderò	eluso
emergere	emergo	emersi	emergerò	emerso
erigere	erigo	eressi	erigerò	eretto
escludere	escludo	esclusi	escluderò	escluso
esigere	esigo	esigei	esigerò	esatto
esistere	esisto	esistei	esisterò	esistito
espellere	espello	espulsi	espellerò	espulso
esplodere	esplodo	esplosi	esploderò	esploso
esprimere	esprimo	espressi	esprimerò	espresso
essere	sono	fui	sarò	stato
estinguere	estinguo	estinsi	estinguerò	estinto
evadere	evado	evasi	evaderò	evaso
fare	faccio	feci	farò	fatto
fendere	fendo	fendei	fenderò	fesso or fenduto

Italian irregular verbs

Infinitive	Present Indicative	Past Definite	Future	Past Participle
figgere	figgo	fissi	figgerò	fisso
fingere	fingo	finsi	fingerò	finto
fondere	fondo	fusi	fonderò	fuso
frangere	frango	fransi	frangerò	franto
friggere	friggo	frissi	friggerò	fritto
giacere	giaccio	giacqui	giacerò	giaciuto
giungere	giungo	giunsi	giungerò	giunto
illudere	illudo	illusi	illuderò	illuso
immergere	immergo	immersi	immergerò	immerso
imprimere	imprimo	impressi	imprimerò	impresso
incidere	incido	incisi	inciderò	inciso
includere	includo	inclusi	includerò	incluso
infliggere	infliggo	inflissi	infliggerò	inflitto
invadere	invado	invasi	invaderò	invaso
istruire	istruisco	istrussi	istruirò	istrutto
leggere	leggo	lessi	leggerò	letto
mettere	metto	misi	metterò	messo
mordere	mordo	morsi	morderò	morso
morire	muoio	morii	morrò *or* morrirò	morto
mungere	mungo	munsi	mungerò	munto
muovere	muovo	mossi	muoverò	mosso
nascere	nasco	nacqui	nascerò	nato

nascondere	nascondo	nascosi	nasconderò	nascosto
negligere	negligo	neglessi	negligerò	negletto
nuocere	nuoccio	nocqui	nuocerò	nociuto
offendere	offendo	offesi	offenderò	offeso
offrire	offro	offersi	offrirò	offerto
opprimere	opprimo	oppressi	opprimerò	oppresso
parere	paio	parvi *or* parsi	parrò	parso
percuotere	percuoto	percossi	percuoterò	percosso
perdere	perdo	persi *or* perdei	perderò	perso *or* perduto
persuadere	persuado	persuasi	persuaderò	persuaso
piacere	piaccio	piacqui	piacerò	piaciuto
piangere	piango	piansi	piangerò	pianto
piovere	piove	piovve	pioverà	piovuto
porgere	porgo	porsi	porgerò	porto
porre	pongo	posi	porrò	posto
potere	posso	potei	potrò	potuto
premere	premo	premei *or* pressi	premerò	premuto
prendere	prendo	presi	prenderò	preso
presumere	presumo	presunsi	presumerò	presunto
propendere	propendo	propendei	propenderò	propenso
proteggere	proteggo	protessi	proteggerò	protetto
provvedere	provvedo	provvidi	provvederò	provveduto *or* provvisto
prudere	prudo	prudei	pruderò	
pungere	pungo	punsi	pungerò	punto

Italian irregular verbs

Infinitive	Present Indicative	Past Definite	Future	Past Participle
radere	rado	rasi	raderò	raso
redigere	redigo	redassi	redigerò	redatto
reggere	reggo	ressi	reggerò	retto
rendere	rendo	resi	renderò	reso
reprimere	reprimo	repressi	reprimerò	represso
ridere	rido	risi	riderò	riso
riflettere	rifletto	riflessi *or* riflettei	rifletterò	riflesso *or* riflettuto
rifulgere	rifulgo	rifulsi	rifulgerò	
rilucere	riluco	rilussi *or* rilucei	rilucerò	
rimanere	rimango	rimasi	rimarrò	rimasto
risolvere	risolvo	risolsi	risolverò	risolto
rispondere	rispondo	risposi	risponderò	risposto
rodere	rodo	rosi	roderò	roso
rompere	rompo	ruppi	romperò	rotto
salire	salgo	salii	salirò	salito
sapere	so	seppi	saprò	saputo
scegliere	scelgo	scelsi	sceglierò	scelto
scendere	scendo	scesi	scenderò	sceso
sciogliere	sciolgo	sciolsi	scioglierò	sciolto
scomparire	scomparisco *or* scompaio	scomparvi *or* scomparsi	scomparirò	scomparso
sconnettere	sconnetto	sconnessi	sconnetterò	sconnesso
scoprire	scopro	scoprii *or* scopersi	scoprirò	scoperto

scorgere	scorgo	scorsi	scorgerò	scorto
scrivere	scrivo	scrissi	scriverò	scritto
scuotere	scuoto	scossi	scuoterò	scosso
sedere	siedo *or* seggo	sedei	sederò	seduto
seppellire	seppellisco	seppellii	seppellirò	seppellito *or* sepolto
soffrire	soffro	soffersi *or* soffrii	soffrirò	sofferto
solere	soglio			solito
sommergere	sommergo	sommersi	sommergerò	sommerso
sopprimere	sopprimo	soppressi	sopprimerò	soppresso
sorgere	sorgo	sorsi	sorgerò	sorto
sospendere	sospendo	sospesi	sospenderò	sospeso
spandere	spando	spansi	spanderò	spanto
spargere	spargo	sparsi	spargerò	sparso
sparire	sparisco *or* spaio	sparvi *or* sparsi	sparirò	sparso
spegnere	spengo	spensi	spegnerò	spento
spendere	spendo	spesi	spenderò	speso
spingere	spingo	spinsi	spingerò	spinto
stare	sto	stetti	starò	stato
stringere	stringo	strinsi	stringerò	stretto
strudere	strudo	strudei	struderò	strutto
struggere	struggo	strussi	struggerò	strutto
succedere	succedo	successi *or* succedei	succederò	successo *or* succeduto
tacere	taccio	tacqui	tacerò	taciuto

Italian irregular verbs

Infinitive	Present Indicative	Past Definite	Future	Past Participle
tendere	tendo	tesi	tenderò	teso
tenere	tengo	tenni	terrò	tenuto
tingere	tingo	tinsi	tingerò	tinto
togliere	tolgo	tolsi	toglierò *or* torrò	tolto
torcere	torco	torsi	torcerò	torto
trarre	traggo	trassi	trarrò	tratto
uccidere	uccido	uccisi	ucciderò	ucciso
udire	odo	udii	udirò	udito
ungere	ungo	unsi	ungerò	unto
uscire	esco	uscii	uscirò	uscito
valere	valgo	valsi	varrò	valso *or* valuto
vedere	vedo	vidi	vedrò	veduto *or* visto
venire	vengo	venni	verrò	venuto
vincere	vinco	vinsi	vincerò	vinto
vivere	vivo	vissi	vivrò	vissuto
volere	voglio	volli	vorrò	voluto
volgere	volgo	volsi	volgerò	volto

[1] All other verbs ending in -*urre* are conjugated like *addurre*.
[2] Most -*ere* verbs have the alternative endings of -*ei* or -*etti* in the Past Definite.

A

a, ad (a, ad) *prep* **1** to. **2** at. **3** in. **4** with. **5** by. **a dieci chilometri** ten kilometres away.

abate (a'bate) *nm* abbot.

abbagliare (abbaʎ'ʎare) *vt* dazzle. **abbagliante** *adj* dazzling.

abbaiare (abba'jare) *vi* bark. **can che abbaia non morde** his bark is worse than his bite.

abbaino (abba'ino) *nm* skylight.

abbaio (ab'bajo) *nm* bark.

abbandonare (abbando'nare) *vt* abandon, leave, desert. **abbandonarsi a** *vr* **1** indulge in. **2** give free rein to. **abbandonato** *adj* abandoned, deserted. **abbandono** *nm* neglect.

abbassare (abbas'sare) *vt* lower. **abbassarsi** *vr* **1** subside. **2** (of temperature) fall. **abbassamento** *nm* **1** lowering. **2** fall.

abbastanza (abbas'tantsa) *adv* **1** enough. **2** rather, quite.

abbattere (ab'battere) *vt* **1** knock down. **2** defeat, overthrow. **3** dishearten. **abbattimento** *nm* dejection.

abbazia (abbat'tsia) *nf* abbey.

abbellire (abbel'lire) *vt* adorn, embellish. **abbellimento** *nm* embellishment.

abbeveratoio (abbevera'tojo) *nm* drinking trough.

abbi ('abbi) *v* see **avere**.

abbia (ab'abbja) *v* see **avere**.

abbiamo (ab'bjamo) *v* see **avere**.

abbiente (ab'bjɛnte) *adj* well-to-do, wealthy.

abbigliare (abbiʎ'ʎare) *vt* dress up, adorn. **abbigliamento** *nm* clothing.

abboccare (abbok'kare) *vt* **1** bite. **2** grip. **abboccarsi** *vr* confer. **abboccamento** *nm* interview, talk.

abbonare (abbo'nare) *vt* **1** deduct. **2** subscribe. **abbonarsi** *vr* **1** subscribe. **2** take out a season ticket. **abbonamento** *nm* **1** subscription. **2** season ticket. **abbonato** *nm* subscriber.

abbondare (abbon'dare) *vi* abound, be plentiful. **abbondante** *adj* abundant. **abbondanza** (abbon'dantsa) *nf* abundance.

abbordare (abbor'dare) *vt* **1** approach. **2** broach.

abborracciare (abborrat'tʃare) *vt* bungle, do carelessly.

abbottonare (abbotto'nare) *vt* button (up).

abbozzare (abbot'tsare) *vt* sketch, outline. **abbozzo** (ab'bɔttso) *nm* sketch, rough draft.

abbracciare (abbrat'tʃare) *vt* **1** embrace, hug. **2** comprise. **abbraccio** *nm* embrace, hug.

abbreviare (abbre'vjare) *vt* abbreviate, shorten. **abbreviazione** *nf* abbreviation.

abbronzare (abbron'dzare) *vt* tan. **abbronzarsi** *vr* become sun-tanned. **abbronzato** *adj* sunburnt, tanned **abbronzatura** *nf* suntan.

abbrustolire (abbrusto'lire) *vt* **1** toast. **2** burn.

abbuono (ab'bwɔno) *nm* **1** discount. **2** handicap.

abdicare (abdi'kare) *vi* abdi-

care a abdicate, renounce.
abdicazione *nf* abdication.

aberrazione (aberrat'tsjone) *nf* aberration.

abete (a'bete) *nm* fir tree.

abietto (a'bjɛtto) *adj* abject, vile.

abiezione (abjet'tsjone) *nf* abjection, degradation.

abile ('abile) *adj* **1** capable, skilful. **2** suitable. **abilità** *nf* ability, skill.

abilitare (abili'tare) *vt* **1** train, equip. **2** qualify. **abilitazione** *nf* qualification, diploma.

Abissinia (abis'sinja) *nf* Abyssinia. **abissino** *adj,n* Abyssinian.

abisso (a'bisso) *nm* abyss, chasm.

abitare (abi'tare) *vt* inhabit, occupy. *vi* dwell, live. **abitante** *nm* inhabitant. **abitato** *adj* inhabited. *nm* built-up area. **abitazione** *nf* dwelling.

abito[1] ('abito) *nm* **1** clothes. **2** suit. **abito da sera** evening dress.

abito[2] ('abito) *nm* habit.

abituare (abitu'are) *vt* accustom. **abituarsi a** *vr* get used to. **abituale** *adj* habitual.

abitudine (abi'tudine) *nf* habit, custom.

abolire (abo'lire) *vt* **1** abolish. **2** annul. **abolizione** *nf* abolition.

abominevole (abomi'nevole) *adj* abominable.

aborigeno (abo'ridʒeno) *adj* native, aboriginal. *nm* Aborigine.

aborrire (abor'rire) *vt* abhor, loathe.

abortire (abor'tire) *vi* **1** abort, miscarry. **2** fail. **aborto** (a'bɔrto) *nm* abortion.

abrasione (abra'zjone) *nf* abrasion.

abrasivo (abra'zivo) *adj,nm* abrasive.

abside ('abside) *nf* apse.

abusare (abu'zare) *vt* abuse, misuse, take advantage of. **abusivo** *adj* unauthorized. **abuso** *nm* abuse, misuse.

accademia (akka'dɛmja) *nf* academy, institute. **accademico** *adj* academic.

accadere* (akka'dere) *vi* happen, occur, take place. **accaduto** *nm* event, occurrence.

accampare (akkam'pare) *vt* **1** camp. **2** allege. **3** set forth. **accamparsi** *vr* camp. **accampamento** *nm* encampment, camp.

accanirsi (akka'nirsi) *vr* **1** rage. **2** persist. **accanimento** *nm* **1** fury. **2** tenacity. **accanito** *adj* **1** fierce. **2** obstinate.

accanto (ak'kanto) *adv,prep* near. **accanto a** beside.

accantonare (akkanto'nare) *vt* set aside.

accappatoio (akkappa'tojo) *nm* beach or bath robe.

accarezzare (akkaret'tsare) *vt* caress, stroke.

accavallare (akkaval'lare) *vt* overlap. **accavallare le gambe** cross one's legs.

accecare (attʃe'kare) *vt* blind.

accelerare (attʃele'rare) *vt* accelerate. *vt* quicken. **accelerato** *nm* slow train. **acceleratore** *nm* accelerator.

accendere* (at'tʃendere) *vt* **1** light. **2** switch on. **ac-**

cendersi vr catch fire. **accendino** (attʃenʼdino) nm also **accendisigaro** (attʃendi 'sigaro) cigarette lighter.

accennare (attʃenʼnare) vi 1 nod, beckon. 2 mention, refer. vt point out, indicate. **accenno** nm 1 sign, nod. 2 mention.

accensione (attʃenʼsjone) nf ignition.

accento (atʼtʃento) nm 1 accent. 2 tone. 3 stress.

accentrare (attʃenʼtrare) vt centralize, concentrate.

accentuare (attʃentuʼare) vt accentuate, stress.

accertare (attʃerʼtare) vt assure, verify.

accesi (atʼtʃesi) v see **accendere.**

acceso (atʼtʃeso) v see **accendere.** adj 1 alight, bright. 2 flushed.

accesso (atʼtʃesso) nm 1 access. 2 fit. **accessibile** (attʃesʼsibile) adj accessible.

accessorio (attʃesʼsɔrjo) adj,nm accessory.

accetta (atʼtʃetta) nf hatchet.

accettare (attʃetʼtare) vt accept, agree. **accettazione** nf acceptance.

acchiappare (akkjapʼpare) vt catch, grab hold of, seize.

acciaio (atʼtʃajo) nm steel. **acciaio inossidabile** stainless steel. **acciaieria** nf steelworks.

accidente (attʃiʼdente) nm 1 accident, misfortune. 2 med fit. **non capire un accidente** not to understand a thing. **accidentale** adj accidental. **accidenti!** interj damn!

accigliarsi (attʃiʎʼʎarsi) vr

frown, knit one's brow. **accigliato** adj 1 frowning. 2 preoccupied.

acciocché (attʃokʼke) conj so that, in order that.

acciuga (atʼtʃuga) nf anchovy. **pigiati come acciughe** packed like sardines.

acclamare (akklaʼmare) vt acclaim, cheer. **acclamazione** nf acclamation.

acclimatare (akklimaʼtare) vt acclimatize.

accludere* (akʼkludere) vt enclose.

accoccolarsi (akkokkoʼlarsi) vr crouch, squat.

accogliere* (akʼkɔʎʎere) vt 1 greet, welcome, receive. 2 accept. **accogliente** (akkoʎ 'ʎɛnte) adj hospitable, cosy.

accomodare (akkomoʼdare) vt 1 repair. 2 adjust. 3 tidy. vi suit. **accomodarsi** vr take a seat. **accomodamento** nm compromise. **accomodante** adj easy-going.

accompagnare (akkompaɲ 'ɲare) vt accompany, escort. **accompagnamento** nm 1 accompaniment. 2 procession.

acconciare (akkonʼtʃare) vt 1 prepare. 2 adorn. **acconciatura** (akkontʃaʼtura) nf hairstyle.

accondiscendere (akkondiʃ 'ʃendere) vi concede, condescend.

acconsentire (akkonsenʼtire) vi consent, approve.

accorciare (akkorʼtʃare) vt shorten. vi become shorter.

accordare (akkorʼdare) vt 1 grant. 2 tune. 3 match. **accordarsi** vr agree.

accordo (ak'kɔrdo) *nm* agreement. **andare d'accordo** get on well. **d'accordo** okay, very well. **essere d'accordo** agree.

accorgersi* (ak'kɔrdʒersi) *vr* notice, realize.

accorrere* (ak'korrere) *vi* run up, come running.

accorsi (ak'kɔrsi) *v* see **accorgersi.**

accorto (ak'kɔrto) *v* see **accorgersi.** *adj* shrewd. **accortezza** (akkor'tettsa) *nf* shrewdness.

accostare (akkos'tare) *vt* bring near. **accosto** *adv* near by.

accovacciarsi (akkovat'tʃarsi) *vr* crouch, huddle.

accreditare (akkredi'tare) *vt* credit.

accrescere* (ak'kreʃʃere) *vt* increase.

accumulare (akkumu'lare) *vt* amass, store, accumulate.

accurato (akku'rato) *adj* thorough, careful. **accuratezza** (akkura'tettsa) *nf* care.

accusare (akku'zare) *vt* accuse, charge. **accusa** *nf* accusation, charge.

acerbo (a'tʃerbo) *adj* bitter, unripe, sour.

acero (a'tʃero) *nm* maple tree.

aceto (a'tʃeto) *nm* vinegar. **sott'aceto** in vinegar.

acido (a'tʃido) *adj,nm* acid. **acidità** *nf* acidity.

acne ('akne) *nm* acne.

acqua ('akkwa) *nf* water. **acqua potabile** drinking water.

acquaforte (akkwa'fɔrte) *nf* **1** nitric acid. **2** etching.

acquaio (ak'kwajo) *nm* kitchen sink.

acquaragia (akkwa'radʒa) *nf* turpentine.

acquario (ak'kwarjo) *nm* **1** aquarium. **2** *cap* Aquarius.

acquatico (ak'kwatiko) *adj* aquatic.

acquavite (akkwa'vite) *nf* eau-de-vie.

acquazzone (akkwat'tsone) *nm* heavy shower, downpour.

acquedotto (akkwe'dotto) *nm* aqueduct.

acquerello (akkwe'rello) *nm* watercolour.

acquistare (akkwis'tare) *vt* **1** buy, acquire. **2** obtain. **3** gain. **acquisto** *nm* purchase.

acre ('akre) *adj* **1** bitter. **2** pungent. **3** acrid. **acredine** (a'kredine) *nf* bitterness.

acrilico (a'kriliko) *adj* acrylic.

acro ('akro) *nm* acre.

acrobata (a'krɔbata) *nm* acrobat. **acrobatico** (akro'batiko) *adj* acrobatic. **acrobazia** *nf* acrobatics.

acustica (a'kustika) *nf* acoustics. **acustico** (a'kustiko) *adj* acoustic.

acuto (a'kuto) *adj* **1** sharp, acute. **2** intense.

ad (ad) *prep* see **a.**

adaguarsi (ada'dʒarsi) *vr* settle oneself.

adagio (a'dadʒo) *adv* slowly, carefully.

adattabile (adat'tabile) *adj* adaptable.

adattare (adat'tare) *vt* adapt, convert. **adatto** *adj* suitable.

addensare (adden'sare) *vt* thicken. **addensarsi** *vr* thicken.

addetto (ad'detto) *adj* **1** assigned. **2** attached. *nm* attaché.

addietro (ad'djetro) *adv* **1** behind. **2** ago, before.

addio (ad'dio) *interj* goodbye! farewell!

addirittura (addiri'tura) *adv* even, quite.

additare (addi'tare) *vt* indicate, point out.

addizionare (additsjo'nare) *vt* add (up). **addizionatrice** *nf* adding machine. **addizione** *nf* addition.

addolcire (addol'tʃire) *vt* **1** sweeten. **2** soothe.

addome (ad'dɔme) *nm* abdomen.

addomesticare (addomesti'kare) *vt* tame, train.

addormentare (addormen'tare) *vt* put to sleep. **addormentarsi** *vr* fall asleep.

addossare (addos'sare) *vt* **1** lean. **2** saddle, burden. **addossarsi** *vr* undertake.

addosso (ad'dɔsso) *prep,adv* **1** on, upon. **2** close, against. **levarsi d'addosso** get rid of. **mettere le mani addosso** hit, manhandle. **mettersi addosso** put on.

addotto (ad'dotto) *v* see **addurre**.

adduco (ad'duko) *v* see **addurre**.

addurre* (ad'durre) *vt* **1** allege. **2** quote.

addussi (ad'dussi) *v* see **addurre**.

adeguare (ade'gware) *vt* make equal. **adeguarsi** *vr* adapt. **adeguato** *adj* **1** fitting. **2** fair.

adempiere (a'dempjere) *vt* carry out, fulfil. **adempimento** *nm* fulfilment.

adenoidi (ade'nɔidi) *nf pl* adenoids.

aderire (ade'rire) *vt* **1** adhere, stick. **2** support. **aderente** (ade'rɛnte) *nm* adherent. *adj* close fitting.

adescare (ades'kare) *vt* bait, lure.

adesione (ade'zjone) *nf* **1** adhesion. **2** assent. **adesivo** *adj* adhesive.

adesso (a'dɛsso) *adv* now. **per adesso** for the moment.

adiacente (adja'tʃɛnte) *adj* adjacent.

adibire (adi'bire) *vt* **1** use as. **2** convert, adapt.

adirarsi (adi'rarsi) *vr* get angry. **adirato** *adj* angry.

adito ('adito) *nm* access, entrance.

adocchiare (adok'kjare) *vt* eye up, ogle.

adolescente (adoleʃ'ʃɛnte) *adj,n* adolescent. **adolescenza** (adoleʃ'ʃentsa) *nf* adolescence, teens.

adombrare (adom'brare) *vt* **1** shade, conceal. **2** outline. **adombrarsi** *vr* take offence.

adoperare (adope'rare) *vt* use.

adorare (ado'rare) *vt* adore, worship. **adorabile** (ado'rabile) *adj* adorable, charming. **adorazione** (adorat'tsjone) *nf* adoration.

adornare (ador'nare) *vt* adorn.

adottare (adot'tare) *vt* adopt. **adozione** *nf* adoption.

adrenalina (adrena'lina) *nf* adrenaline.

adriatico (adri'atiko) *adj* Adriatic. **(Mare) Adriatico** *nm* Adriatic (Sea).

adulazione (adulat'tsjone) *nf*
adulation.

adulterare (adulte'rare) *vt* **1**
adulterate. **2** tamper with.

adulterio (adul'tɛrjo) *nm* adultery.

adulto (a'dulto) *adj,n* adult.

adunare (adu'nare) *vt* assemble, gather together. **adunanza** (adu'nantsa) *nf* meeting.

adunque (a'dunkwe) *conj,adv*
then.

aerare (ae'rare) *vt* air, ventilate.

aereo (a'ɛreo) *adj* aerial. *nm*
aeroplane.

aerodinamica (aerodi'namika)
nf aerodynamics.

aerodromo (ae'rɔdromo) *nm*
aerodrome, airfield.

aeronautica (aero'nautika) *nf* **1**
aeronautics. **2** airforce.

aeroplano (aero'plano) *nm* aeroplane.

aeroporto (aero'pɔrto) *nm* airport.

aerosol (aero'sɔl) *nm invar* aerosol.

afa ('afa) *nf* sultry heat.

affabile (af'fabile) *adj* affable,
friendly.

affaccendarsi (affattʃen'darsi)
vr busy oneself.

affacciarsi (affat'tʃarsi) *vr* appear.

affamato (affa'mato) *adj* **1**
starving, hungry. **2** eager.

affannare (affan'nare) *vt* trouble, worry. **affanno** *nm* worry, anxiety.

affare (af'fare) *nm* **1** affair,
thing. **2** *pl* business. **uomo d'affari** *nm* business man. **affarista** *nm* speculator.

affascinare (affaʃʃi'nare) *vt*

fascinate, bewitch. **affascinante** *adj* fascinating.

affastellare (affastel'lare) *vt*
bundle, pile up.

affaticare (affati'kare) *vt* **1** tire.
2 strain.

affatto (af'fatto) *adv* completely. **non...affatto** not at all.

affermare (affer'mare) *vt* assert, affirm. **affermazione** *nf*
affirmation.

afferrare (affer'rare) *vt* grasp,
hold on to.

affettare[1] (affet'tare) *vt* affect.
affettato *adj* affected, studied.
affettazione *nf* affectation.

affettare[2] (affet'tare) *vt* slice,
cut. **affettato** *nm* sliced cold
ham or salami.

affetto[1] (af'fetto) *adj* afflicted,
suffering.

affetto[2] (af'fetto) *nm* affection,
love. **affettuoso** (affettu'oso)
adj affectionate, loving.

affezionarsi (affettsjo'narsi) *vr*
affezionarsi a become fond of
or attached to. **affezionato**
adj affectionate. **affezione** *nf*
1 affection. **2** illness, ailment.

affidare (affi'dare) *vt* entrust.

affiggere* (af'fiddʒere) *vt* **1** affix. **2** display.

affilare (affi'lare) *vt* sharpen.
affilato *adj* sharp.

affiliare (affi'ljare) *vt* affiliate,
associate. **affiliarsi** *vr* become
a member. **affiliazione** *nf* affiliation.

affinché (affin'ke) *conj* so that,
in order that.

affinità (affini'ta) *nf* affinity, resemblance.

affissi (af'fissi) *v see* **affiggere**.

affissione (affis'sjone) *nf* billposting. **è vietata l'affissione** no bills.

affisso (af'fisso) v see **affiggere**. nm bill, poster.

affittare (affit'tare) vt 1 let. 2 rent. 3 hire. **affittasi** to let.

affitto nm 1 rent. 2 lease. **dare in affitto** let.

affliggere* (af'fliddʒere) vt 1 afflict. 2 torment.

afflissi (af'flissi) v see **affliggere**.

afflitto (af'flitto) v see **affliggere**. adj afflicted.

afflizione (afflit'tsjone) nf affliction.

affluire (afflu'ire) vi 1 flow. 2 pour in. **affluenza** (afflu'entsa) nf affluence, abundance.

affogare (affo'gare) vt,vi 1 drown. 2 suffocate.

affollare (affol'lare) vt crowd, throng. **affollarsi** vr gather round. **affollato** adj crowded.

affondare (affon'dare) vt,vi sink.

affresco (af'fresko) nm fresco.

affrettare (affret'tare) vt hurry, quicken. **affrettarsi** (affret'tarsi) vr hurry.

affrontare (affron'tare) vt confront, face. **affronto** nm insult.

affumicare (affumi'kare) vt 1 smoke. 2 cul cure.

Afganistan (afganis'tan) nm Afghanistan. **afgano** adj,n Afghan.

afoso (a'foso) adj sultry, close.

africa ('afrika) nf Africa. **Africa del Sud** South Africa. **africano** adj,n African.

agenda (a'dʒenda) nf 1 diary. 2 notebook.

agente (a'dʒente) nm agent, representative. **agente di cambio** stockbroker.

agenzia (adʒen'tsia) nf agency, office. **agenzia di viaggi** travel agency.

agevole (a'dʒevole) adj 1 comfortable. 2 reasonable.

aggettivo (addʒet'tivo) nm adjective.

agghiacciare (aggjat'tʃare) vt freeze.

aggiornare (addʒor'nare) vt 1 bring up to date. 2 adjourn. **aggiornamento** nm 1 revision, bringing up to date. 2 adjournment.

aggiudicare (addʒudi'kare) vt award.

aggiungere* (ad'dʒundʒere) vt add. **aggiunta** nf addition.

aggiustare (addʒus'tare) vt 1 repair. 2 adjust. 3 settle.

aggrappare (aggrap'pare) vt seize. **aggrapparsi** vr cling.

aggravare (aggra'vare) vt aggravate. **aggravarsi** vr become worse, deteriorate.

aggregare (aggre'gare) vt enrol. **aggregarsi** vr join.

aggressione (aggres'sjone) nf assault, attack. **aggressivo** adj aggressive.

aggrottare (aggrot'tare) vt **aggrottare le ciglia** frown.

aggruppare (aggrup'pare) vt group together.

agguato (ag'gwato) nm ambush. **tendere un agguato** lay an ambush.

agile ('adʒile) adj 1 agile. 2 alert. **agilità** nf agility.

agio ('adʒo) nm ease, comfort.

agire (a'dʒire) vi 1 act, behave. 2 work.

agitare (adʒi'tare) *vt* **1** shake. **2** trouble. **agitarsi** *vr* **1** toss. **2** worry. **agitato** *adj* restless. **agitatore** *nm* agitator. **agitazione** *nf* agitation.

agli ('aλλi) contraction of **a gli**.

aglio ('aλλo) *nm* garlic.

agnello (aɲ'ɲello) *nm* lamb.

agnostico (aɲ'ɲɔstiko) *adj,nm* agnostic.

ago ('ago) *nm* needle.

agonia (ago'nia) *nf* agony.

agonizzare (agonid'dzare) *vi* be on the point of death.

agopuntura (agopun'tura) *nf* acupuncture.

agosto (a'gosto) *nm* August.

agraria (a'grarja) *nf* agriculture. **agrario** *adj* agrarian.

agricoltore (agrikol'tore) *nm* farmer. **agricolo** (a'grikolo) *adj* agricultural. **agricoltura** *nf* agriculture.

agrifoglio (agri'fɔλλo) *nm* holly.

agro ('agro) *adj* **1** bitter. **2** harsh.

agrumi (a'grumi) *nm pl* citrus fruits.

aguzzare (agut'tsare) *vt* **1** sharpen. **2** stimulate. **aguzzo** *adj* sharp, pointed.

ahimé (ai'me) *interj* alas!

ai ('ai) contraction of **a i**.

aia ('aja) *nf* threshing floor. **menare il can per l'aia** beat about the bush.

Aia, L' ('aja) *nf* The Hague.

airone (ai'rone) *nm* heron.

aiuola (a'jwɔla) *nf* flowerbed.

aiutare (aju'tare) *vt* help, aid. **aiutante** *nm* **1** helper. **2** adjutant. **aiuto** *nm* help.

aizzare (ait'tsare) *vt* provoke, incite.

al (al) contraction of **a il**.

ala ('ala) *nf, pl* **ali** wing.

alabastro (ala'bastro) *nm* alabaster.

alano (a'lano) *nm* Great Dane.

alba ('alba) *nf* dawn, daybreak.

Albania (alba'nia) *nf* Albania. **albanese** *adj,n* Albanian.

albatro ('albatro) *nm* albatross.

albergare (alber'gare) *vt* **1** house. **2** cherish. *vi* lodge.

albergo (al'bɛrgo) *nm* hotel. **albergo diurno** toilet facilities. **albergo per la gioventù** youth hostel.

albero ('albero) *nm* **1** tree. **2** mast. **3** shaft.

albicocca (albi'kɔkka) *nf* apricot. **albicocco** *nm* apricot tree.

album ('album) *nm* album.

alcali ('alkali) *nm invar* alkali.

alchimia (alki'mia) *nf* alchemy. **alchimista** *nm* alchemist.

alcool ('alkool) *nm invar* alcohol. **alcoolico** (alko'ɔliko) *adj* alcoholic.

alcoolismo (alkoo'lizmo) *nm* alcoholism. **alcoolizzato** (alkoolid'dzato) *adj,n* alcoholic.

alcunché (alku'ke) *pron* **1** anything. **2** something.

alcuno (al'kuno) *adj* **1** any. **2** some. *pron* **1** somebody. **2** anybody.

alfabeto (alfa'beto) *nm* alphabet. **alfabetico** (alfa'betiko) *adj* alphabetical.

alfiere (al'fjɛre) *nm* game bishop.

alfine (al'fine) *adv* at last.

alga ('alga) *nf* seaweed.

algebra ('aldʒebra) *nf* algebra.

Algeria (aldʒe'ria) *nf* Algeria. **algerino** *adj,n* Algerian.

aliante (ali'ante) *nm* glider.

alibi ('alibi) *nm invar* alibi.

alice (a'litʃe) *nf* anchovy.

alienare (alje'nare) *vt* alienate. **alienato** *nm* lunatic. **alienazione** *nf* **1** alienation. **2** insanity.

alieno (a'ljɛno) *adj* **alieno da** averse to.

alimentare (alimen'tare) *vt* nourish, feed. **alimentari** *nm pl* foodstuffs. **negozio di alimentari** *nm* grocer's shop. **alimento** *nm* **1** food. **2** *pl* alimony.

aliscafo (alis'kafo) *nm* hydrofoil.

alito ('alito) *nm* breath.

all' (al) contraction of **a l'**.

alla ('alla) contraction of **a la**.

allacciare (allat'tʃare) *vt* lace up, fasten.

allagare (alla'gare) *vt* flood. **allagamento** *nm* flood.

allargare (allar'gare) *vt* widen, broaden.

allarmare (allar'mare) *vt* alarm. **allarmarsi** *vr* take fright. **allarmante** *adj* alarming. **allarme** *nm* alarm.

alle ('alle) contraction of **a le**.

alleanza (alle'antsa) *nf* alliance. **alleato** (alle'ato) *adj* allied. *nm* ally.

allegare (alle'gare) *vt* **1** allege. **2** enclose. **allegazione** *nf* allegation.

allegoria (allego'ria) *nf* allegory. **allegorico** (alle'gɔriko) *adj* allegorical.

allegro (al'legro) *adj* happy, gay. **allegria** *nf* gaiety, joy.

allenare (alle'nare) *vt* train. **allenamento** *nm* training. **allenatore** *nm* coach, trainer.

allentare (allen'tare) *vt* loosen, relax.

allergia (aller'dʒia) *nf* allergy. **allergico** *adj* allergic.

allestire (alles'tire) *vt* **1** prepare. **2** stage. **allestimento** *nm* preparation.

allettare (allet'tare) *vt* lure, entice.

allevare (alle'vare) *vt* **1** bring up. **2** breed.

alleviare (alle'vjare) *vt* alleviate.

allibratore (allibra'tore) *nm* bookmaker, turf accountant.

allievo (al'ljɛvo) *nm* pupil, student.

alligatore (alliga'tore) *nm* alligator.

allineare (alline'are) *vt* put in line, line up.

allitterazione (allitterat'tsjone) *nf* alliteration.

allo ('allo) contraction of **a lo**.

allodola (al'lɔdola) *nf* lark.

alloggiare (allod'dʒare) *vt,vi* lodge. **alloggio** (al'lɔddʒo) *nm* lodgings.

allontanare (allonta'nare) *vt* remove, take away, avert. **allontanarsi** *vr* go away. **allontanamento** *nm* removal.

allora (al'lora) *adv* **1** then. **2** at that time. **3** in that case. **d'allora in poi** from then on.

allorché (allor'ke) *conj* when.

alloro (al'lɔro) *nm* laurel.

allucinazione (allutʃinat'tsjone) *nf* hallucination.

alludere* (al'ludere) *vi* allude, hint.

alluminio (allu'minjo) *nm* aluminium.

allungare (allun'gare) *vt* **1** lengthen, let down (a hem). **2**

allusi 10

dilute. **3** hand, pass. **4** quicken. **allungarsi** vr lengthen, stretch.

allusi (al'luzi) v see **alludere**.

allusione (allu'zjone) nf allusion.

alluso (al'luzo) v see **alludere**.

almeno (al'meno) adv at least.

Alpi ('alpi) nf pl Alps. **alpino** adj alpine.

alpinismo (alpi'nizmo) nm mountaineering, (mountain) climbing. **alpinista** nm mountaineer, (mountain) climber.

alquanto (al'kwanto) adj quite a lot (of). adv somewhat, rather.

alt (alt) interj halt! stop!

altalena (alta'lena) nf **1** swing. **2** seesaw.

altare (al'tare) nm altar.

alterare (alte'rare) vt alter, forge, falsify, adulterate. **alterarsi** vr **1** go bad, perish. **2** become angry. **alterazione** nf alteration, forgery.

alternare (alter'nare) vt alternate. **alternarsi** vr alternate.

alternativa nf alternative. **alternativo** adj alternative. **alterno** (al'terno) adj alternate.

altero (al'tero) adj haughty, arrogant.

altezza (al'tettsa) nf **1** height. **2** depth. **3** width. **4** cap Highness. **essere all'altezza** be capable.

altipiano (alti'pjano) nm plateau.

altitudine (alti'tudine) nf altitude.

alto ('alto) adj **1** high, tall. **2** loud. **ad alta voce** aloud. ~ adv high. **in alto** upwards.

mani in alto hands up. **altoparlante** nm loudspeaker.

altresì (altre'si) adv also, as well.

altrettanto (altret'tanto) adj, pron as much, as many. interj the same to you! adv equally.

altro ('altro) adj **1** other. **2** different. **3** previous. **4** next. **altro ieri** day before yesterday. ~pron another. **altro che!** yes indeed! **non volere altro** want nothing more. **tutt'altro** on the contrary.

altronde (al'tronde) **d'altronde** adv **1** besides. **2** on the other hand.

altrove (al'trove) adv elsewhere.

altrui (al'trui) adj invar of others.

alunno (a'lunno) nm educ pupil.

alveare (alve'are) nm beehive.

alzare (al'tsare) vt **1** raise, lift up. **2** erect. **alzarsi** vr get up, rise. **alzarsi in piedi** stand up.

amaca (a'maka) nf hammock.

amare (a'mare) vt love.

amabile (a'mabile) adj **1** lovable. **2** amiable. **3** (of wine) sweet. **amante** nm lover.

amato adj loved. nm lovedone. **amatore** nm **1** lover. **2** connoisseur.

amarena (ama'rena) nf black cherry.

amaro (a'maro) adj bitter. nm aperitive. **amarezza** nf bitterness.

amatriciano (amatri'tʃano) spaghetti all'amatriciana nm pl spaghetti with a sauce made of pork, onion, tomato, and cheese.

ambasciata (ambaʃˈʃata) *nf* embassy. **ambasciatore** (ambaʃʃaˈtore) *nm* ambassador.

ambedue (ambeˈdue) *adj invar,pron invar* both.

ambidestro (ambiˈdɛstro) *adj* ambidextrous.

ambientarsi (ambjenˈtarsi) *vr* get used to one's surroundings, find one's feet. **ambiente** (amˈbjɛnte) *nm* surroundings, environment, habitat. *adj* surrounding. **temperatura ambiente** *nf* room temperature.

ambiguo (amˈbiguo) *adj* **1** ambiguous. **2** dubious. **ambiguità** *nf* ambiguity.

ambito (amˈbito) *nm* range, scope.

ambivalente (ambivaˈlɛnte) *adj* ambivalent.

ambizione (ambitˈtsjone) *nf* ambition. **ambizioso** (ambitˈtsjoso) *adj* ambitious.

ambo (ˈambo) *adj,pron invar* both.

ambra (ˈambra) *nf* amber.

ambulante (ambuˈlante) *adj* wandering, itinerant.

ambulanza (ambuˈlantsa) *nf* ambulance.

ambulatorio (ambulaˈtɔrjo) *nm* **1** surgery. **2** outpatients' department.

ameba (aˈmɛba) *nf* amoeba.

ameno (aˈmɛno) *adj* pleasant, enjoyable.

America (aˈmɛrika) *nf* America. **America del Nord/Sud** North/South America.

americano *adj,n* American.

ametista (ameˈtista) *nf* amethyst.

amianto (aˈmjanto) asbestos.

amichevole (amiˈkevole) *adj* friendly.

amico (aˈmiko) *nm*, *pl* **amici** friend. **amicizia** (amiˈtʃittsja) *nf* friendship.

amido (ˈamido) *nm* starch.

ammaccare (ammakˈkare) *vt* bruise. **ammaccatura** *nf* bruise.

ammaestrare (ammaesˈtrare) *vt* train, teach. **ammaestrato** *adj* tame. **ammaestratore** *nm* trainer.

ammalarsi (ammaˈlarsi) *vr* fall ill. **ammalato** *adj* sick. *nm* sick person, patient.

ammansire (ammanˈsire) *vt* **1** tame. **2** calm down.

ammassare (ammasˈsare) *vt* amass, accumulate. **ammasso** *nm* heap, pile.

ammazzare (ammatˈtsare) *vt* kill, murder. **ammazzarsi** *vr* **1** kill oneself. **2** wear oneself out. **ammazzatoio** *nm* slaughterhouse.

ammenda (amˈmenda) *nf* **1** amends. **2** fine.

ammettere* (amˈmettere) *vt* **1** admit. **2** allow, grant. **3** suppose.

ammiccare (ammikˈkare) *vi* wink. **ammicco** *nm* wink.

amministrare (amminisˈtrare) *vt* **1** administer. **2** manage. **amministrativo** *adj* administrative. **amministratore** *nm* director, manager. **amministrazione** *nf* administration.

ammiraglio (ammiˈraʎʎo) *nm* admiral. **ammiragliato** *nm* admiralty.

ammirare (ammi'rare) *vt* admire, praise. **ammiratore** *nm* admirer. **ammirazione** *nf* admiration.

ammissibile (ammis'sibile) *adj* permissible, acceptable.

ammissione (ammis'sjone) *nf* admission. **esame di ammissione** *nm* entrance exam.

ammobiliare (ammobi'ljare) *vt* furnish. **ammobiliato** *adj* furnished.

ammollare (ammol'lare) *vt* soak.

ammollire (ammol'lire) *vt* soften.

ammoniaca (ammo'niaka) *nf* ammonia.

ammonire (ammo'nire) *vt* warn, reprimand. **ammonimento** *nm* reprimand, reproof.

ammontare (ammon'tare) *vi* amount.

ammorbidire (ammorbi'dire) *vt* soften.

ammortire (ammor'tire) *vt* **1** deaden. **2** dull, tone down.

ammortizzatore (ammortiddza'tore) *nm* shock absorber.

ammucchiare (ammuk'kjare) *vt* pile up, amass.

ammuffire (ammuf'fire) *vi* grow mouldy.

ammutinamento (ammutina 'mento) *nm* mutiny.

amnistia (amnis'tia) *nf* amnesty.

amo ('amo) *nm* fishhook.

amorale (amo'rale) *adj* amoral.

amore (a'more) *nm* love. **amore proprio** self-esteem. **fare all'amore** or **l'amore** make love. **amoroso** (amo 'roso) *adj* loving. *nm* lover.

ampère (ã'per) *nm* ampere.

ampio ('ampjo) *adj* ample, vast, spacious. **ampiezza** (am 'pjettsa) *nf* breadth, abundance.

amplificare (amplifi'kare) *vt* amplify. **amplificatore** *nm* amplifier.

amputare (ampu'tare) *vt* amputate. **amputazione** *nf* amputation.

anacronismo (anakro'nizmo) *nm* anachronism.

anagramma (ana'gramma) *nm* anagram.

analcolico (anal'kɔliko) *adj* non-alcoholic.

anale (a'nale) *adj* anal.

analfabeta (analfa'beta) *adj* illiterate. *nm* illiterate person. **analfabetismo** *nm* illiteracy.

analizzare (analid'dzare) *vt* analyse. **analisi** (a'nalizi) *nf invar* analysis. **analitico** (ana'litiko) *adj* analytical.

analogo (a'nalogo) *adj* analogous. **analogia** *nf* analogy.

ananas ('ananas) *nm* pineapple.

anarchia (anar'kia) *nf* anarchy. **anarchico** (a'narkiko) *nm* anarchist.

anatomia (anato'mia) *nf* anatomy. **anatomico** (ana'tɔmiko) *adj* anatomical.

anatra ('anatra) *nf* duck. **anatroccolo** (ana'trɔkkolo) *nm* duckling.

anca ('anka) *nf* hip, thigh, haunch.

anche ('anke) *conj* **1** also, too. **2** moreover. **3** even. **quand'anche** even if.

ancora[1] (an'kora) *nf* anchor.

ancora[2] (an'kora) *adv* **1** still. **2** yet. **3** more. **4** again.

andare* (an'dare) *vi* **1** go. **2** work, function. **3** suit. **4** be popular. **5** please, be to one's taste. **a lungo andare** in the long run. **andare a finire** end up. **va'fan culo!** *tab* fuck off! **va'via!** *tab* piss off!

andarsene *vr* go away, leave.

andante *adj* current, ordinary. **andata** *nf* outward journey. **biglietto d'andata e ritorno** *nm* return ticket.

andatura *nf* gait.

andirivieni (andir'vjɛni) *nm invar* coming and going.

andito ('andito) *nm* passageway.

andrò (an'drɔ) *v* see **andare**.

aneddoto (a'nɛddoto) *nm* anecdote.

anelare (ane'lare) *vi* pant, gasp.

anello (a'nɛllo) *nm* ring. **anello di fidanzamento/matrimonio** engagement/wedding ring.

anemia (ane'mia) *nf* anaemia.

anemico (a'nɛmiko) *adj* anaemic.

anemone (a'nɛmone) *nm* anemone.

anestesista (aneste'zista) *nm* anaesthetist.

anestetico (anes'tetiko) *adj,nm* anaesthetic. **anestetizzare** (anestetid'dzare) *vt* anaesthetize.

anfetamina (anfeta'mina) *nf* amphetamine.

anfibio (an'fibjo) *adj* amphibious. *nm* amphibian.

angariare (anga'rjare) *vt* harass.

angelica (an'dʒelika) *nf* angelica.

angelo ('andʒelo) *nm* angel.

angelico *adj* angelic.

anglicano (angli'kano) *adj,n* Anglican.

angolo ('angolo) *nm* **1** corner. **2** angle. **angolare** *adj* angular.

angoscia (an'gɔʃʃa) *nf* anguish, desolation. **angoscioso** (angoʃ'foso) *adj* painful, harrowing.

anguilla (an'gwilla) *nf* eel.

anguria (an'gurja) *nf* watermelon.

anice ('anitʃe) *nm* aniseed.

anima ('anima) *nf* **1** spirit. **2** mind. **3** soul.

animale (ani'male) *nm* **1** animal. **2** brute. *adj* animal. **animalesco** *adj* bestial.

animare (ani'mare) *vt* **1** enliven. **2** encourage. **animato** *adj* animated, vivacious.

animo ('animo) *nm* **1** mind. **2** courage.

animosità (animosi'ta) *nf* animosity.

annacquare (annak'kware) *vt* dilute, water down.

annaffiare (annaf'fjare) *vt* water (plants, etc.). **annaffiatoio** *nm* watering-can.

annali (an'nali) *nm pl* annals.

annata (an'nata) *nf* **1** year. **2** crop.

annebbiare (anneb'bjare) *vt* cloud, obscure. **annebbiarsi** *vr* **1** become foggy. **2** grow dim.

annegare (anne'gare) *vt,vi* drown.

annettere* (an'nɛttere) *vt* annex. **annettere importanza** attach importance. **annesso** *nm* annexe.

annichilare (anniki'lare) *vt* annihilate, destroy.

annientare (annjen'tare) *vt* reduce to nothing, destroy.

anniversario (anniver'sarjo) *nm* anniversary.

anno ('anno) *nm* year. **anno scorso** last year. **capo d'anno** *nm* New Year's Day. **quanti anni hai?** how old are you?

annodare (anno'dare) *vt* **1** knot, tie. **2** conclude.

annoiare (anno'jare) *vt* **1** bore. **2** annoy. **annoiarsi** *vr* be bored.

annotare (anno'tare) *vt* annotate, note, jot down. **annotazione** *nf* entry, note.

annuario (annu'arjo) *nm* yearbook, directory.

annuire (annu'ire) *vi* nod in assent.

annullare (annul'lare) *vt* annul, cancel. **annullamento** *nm* annulment.

annunciare (annun't∫are) *vt* **1** announce. **2** foretell. **annunciatore** *nm* announcer. **annuncio** *nm* announcement, notice.

Annunciazione (annunt∫at 'tsjone) *nf* Annunciation.

annusare (annu'sare) *vt* sniff, smell. **annusare tabacco** take snuff.

annuvolare (annuvo'lare) *vt* darken. **annuvolarsi** *vr* cloud over, darken.

ano ('ano) *nm* anus.

anodo ('anodo) *nm* anode.

anomalia (anoma'lia) *nf* anomaly.

anonimo (a'nɔnimo) *adj* anonymous. **società anonima** *nf* limited company.

anormale (anor'male) *adj* abnormal. **anormalità** *nf* abnormality.

ansare (an'sare) *vi* puff, pant.

ansia ('ansja) *nf* anxiety. **ansioso** (an'sjoso) *adj* anxious.

antagonismo (antago'nizmo) *nm* antagonism. **antagonista** *nm* antagonist.

antartico (an'tartiko) *adj,nm* Antarctic.

antenato (ante'nato) *nm* ancestor.

antenna (an'tenna) *nf* **1** antenna, feeler. **2** aerial.

anteprima (ante'prima) *nf* preview.

anteriore (ante'rjore) *adj* **1** front. **2** previous.

antiabbagliante (antiabba∫ '∫ante) *adj* antiglare. **faro antiabbagliante** *nm* dipped headlight.

antiaereo (antia'εreo) *adj* antiaircraft.

antibiotico (antibi'ɔtiko) *adj,nm* antibiotic.

anticamera (anti'kamera) *nf* antechamber, waiting room.

antichità (antiki'ta) *nf* antiquity.

anticiclone (antit∫i'klone) *nm* anticyclone.

anticipare (antit∫i'pare) *vt* **1** anticipate. **2** *comm* advance. *vi* be early.

anticipo (an'tit∫ipo) *nm* **1** anticipation. **2** deposit. **in anticipo** ahead of time.

antico (an'tiko) *adj* **1** ancient. **2** old-fashioned. **3** former.

anticonformista (antikonfor 'miesta) *nm* non-conformist.

anticorpo (anti'kɔrpo) *nm* antibody.

antidoto (an'tidoto) *nm* antidote.

antifecondativo (antifekonda'tivo) *adj,nm* contraceptive.

antifurto (anti'furto) *adj* antitheft.

antigelo (anti'dʒɛlo) *nm* antifreeze.

antilope (an'tilope) *nm* antelope.

antincendio (antin't ʃɛndjo) *adj invar* fireproof.

antipasto (anti'pasto) *nm* hors d'oeuvre.

antipatia (antipa'tia) *nf* dislike, antipathy. **antipatico** (anti'patiko) *adj* disagreeable, unpleasant.

antiquario (anti'kwarjo) *nm* antique dealer.

antiquato (anti'kwato) *adj* antiquated.

antisemita (antise'mita) *adj* anti-Semitic. **antisemitismo** *nm* anti-Semitism.

antisettico (anti'sɛttiko) *adj,nm* antiseptic.

antisociale (antiso't ʃale) *adj* antisocial.

antitesi (an'titezi) *nf invar* antithesis.

antologia (antolo'dʒia) *nf* anthology.

antro ('antro) *nm* 1 cave. 2 den.

antropologia (antropolo'dʒia) *nf* anthropology. **antropologo** (antri'pɔlogo) *nm* anthropologist.

anulare (anu'lare) *nm* ring finger.

anzi ('antsi) *conj* 1 rather. 2 on the contrary.

anziano (an'tsjano) *adj* 1 old, aged. 2 senior. **anzianità** *nf* seniority.

anziché (antsi'ke) *conj* rather than.

anzitutto (antsi'tutto) *adv* first of all.

apatia (apa'tia) *nf* apathy. **apatico** *adj* apathetic.

ape ('ape) *nf* bee.

aperitivo (aperi'tivo) *nm* aperitive.

aperso (a'pɛrso) *v* see **aprire**.

aperto (a'pɛrto) *v* see **aprire**. *adj* 1 open. 2 frank. **all'aperto** in the open air. **apertura** *nf* opening, gap.

apice ('apit ʃe) *nm* summit, height.

apostolo (a'pɔstolo) *nm* apostle, disciple.

apostrofo (a'pɔstrofo) *nm* apostrophe.

appagare (appa'gare) *vt* 1 satisfy. 2 quench.

appaio (ap'pajo) *v* see **apparire**.

appalto (ap'palto) *nm* contract.

appannare (appan'nare) *vt* veil, blur.

apparato (appa'rato) *nm* 1 decoration, pomp. 2 apparatus. 3 equipment. **apparato scenico** props.

apparecchiare (apparek'kjare) *vt* set (the table). **apparecchio** *nm* 1 machine, device, set. 2 aeroplane.

apparenza (appa'rɛntsa) *nf* aspect, appearance. **salvare le apparenze** keep up appearances.

apparire* (appa'rire) *vi* appear, seem. **apparizione** *nf* apparition.

apparsi (ap'parsi) *v* see **apparire**.

apparso (ap'parso) *v* see **apparire.**

appartamento (apparta'mento) *nm* flat.

appartare (appar'tare) *vt* set aside, separate. **appartato** *adj* secluded.

appartenere* (apparte'nere) *vi* belong.

apparvi (ap'parvi) *v* see **apparire.**

appassionare (appassjo'nare) *vt* enthrall, captivate. **appassionarsi** *vr* grow very fond of.

appena (ap'pena) *adv* 1 hardly, scarcely. 2 as soon as. **appena un po'** just a little.

appendere* (ap'pendere) *vt* hang. **appendice** *nf* appendix.

appendicite (appendi't∫ite) *nf* appendicitis.

appesi (ap'pesi) *v* see **appendere.**

appeso (ap'peso) *v* see **appendere.**

appestare (appes'tare) *vt* infect.

appetito (appe'tito) *nm* appetite. **appetitoso** (appeti'toso) *adj* appetizing.

appianare (appja'nare) *vt* 1 flatten, level. 2 settle.

appiccare (appik'kare) *vt* 1 hang. 2 attach.

appicciccare (appitt∫i'kare) *vt* stick, glue. **appicciccoso** (appitt∫i'koso) *adj* sticky.

appiè (ap'pjɛ) *prep* at the foot.

appigionare (appidʒo'nare) *vt* let.

appisolarsi (appizo'larsi) *vr* doze.

applaudire (applau'dire) *vt* applaud, clap. **applauso** (ap'plauzo) *nm* applause.

applicare (appli'kare) *vt* 1 put on, affix. 2 apply. **applicazione** *nf* application.

appoggiare (appod'dʒare) *vt* lean, rest. **appoggio** (ap'pɔddʒo) *nm* support.

apporre* (ap'porre) *vt* add, affix.

apportare (appor'tare) *vt* bring.

apposito (ap'pɔzito) *adj* suitable, proper.

apposta (ap'pɔsta) *adv* on purpose, deliberately.

apprendere* (ap'prendere) *vt* learn. **apprendista** *nm* apprentice.

apprensione (appren'sjone) *nf* apprehension.

apprestare (appres'tare) *vt* prepare.

apprezzare (appret'tsare) *vt* appreciate.

approfittare (approfit'tare) *vi* gain, profit. **approfittarsi di** *vr* take advantage of.

approfondire (approfon'dire) *vt* go into thoroughly.

approssimativo (approssima'tivo) *adj* approximate, rough.

approvare (appro'vare) *vt* approve. **approvazione** *nf* approval.

appuntamento (appunta'mento) *nm* appointment.

appuntare (appun'tare) *vt* 1 sharpen. 2 point. 3 fix. **appuntare gli orecchi** prick up one's ears. **appuntalapis** (appunta'lapis) *nm invar* pencil-sharpener.

appunto[1] (ap'punto) *nm* 1 note. 2 mark.

appunto [2] (ap'punto) *adv* exactly, precisely.

appurare (appu'rare) *vt* verify.

aprile (a'prile) *nm* April.

aprire* (a'prire) *vt* **1** open. **2** inaugurate. **3** unlock. **4** switch on. **apribottiglie** *nm invar* bottle opener. **apriscatole** (apris'katole) *nm invar* tin-opener.

aquila ('akwila) *nf* eagle. **aquilone** (akwi'lone) *nm* kite.

Arabia (a'rabia) *nf* Arabia. **Arabia Saudita** (sau'dita) Saudi Arabia. **arabico** (a'rabiko) *adj* Arabic, Arabian. **arabo** *adj* Arab. *nm* **1** Arab. **2** Arabic.

arachide (a'rakide) *nf* peanut.

aragosta (ara'gosta) *nf* lobster.

araldo (a'raldo) *nm* herald. **araldico** *adj* heraldic.

arancia (a'rantʃa) *nf* **1** *bot* orange. **2** orange (colour). **aranciata** *nf* orangeade. **arancio** *nm* orange tree. **arancione** *adj* orange-coloured.

arare (a'rare) *vt* plough. **arabile** *adj* arable. **aratro** *nm* plough.

arazzo (a'rattso) *nm* tapestry.

arbitrare (arbi'trare) *vt* **1** judge. **2** umpire, referee. **arbitrario** *adj* arbitrary.

arbitrio (ar'bitrjo) *nm* will. **libero arbitrio** free will. **arbitro** *nm* **1** judge, arbitrator. **2** umpire, referee.

arbusto (ar'busto) *nm* shrub.

arca ('arka) *nf* ark.

arcaico (ar'kaiko) *adj* archaic.

arcata (ar'kata) *nf* **1** arch. **2** arcade.

archeologia (arkeolo'dʒia) *nf* archaeology. **archeologico** (arkeo'lɔdʒiko) *adj* archaeological. **archeologo** (arke 'ɔlogo) *nm* archaeologist.

archetipo (ar'kɛtipo) *nm* archetype.

architetto (arki'tetto) *nm* architect. **architettura** *nf* architecture.

archivio (ar'kivjo) *nm* archive.

arciduca (artʃi'duka) *nm* archduke.

arciere (ar'tʃɛre) *nm* archer.

arcigno (ar'tʃiɲɲo) *adj* sullen.

arcipelago (artʃi'pɛlago) *nm* archipelago.

arcivescovo (artʃi'veskovo) *nm* archbishop.

arco ('arko) *nm* **1** bow. **2** arch. **3** *pl* string instruments.

arcobaleno (arkoba'leno) *nm* rainbow.

ardere* ('ardere) *vt,vi* burn. **ardente** *adj* burning.

ardesia (ar'dezja) *nf* slate.

ardire (ar'dire) *vi* dare. **ardito** *adj* daring, bold.

arduo ('arduo) *adj* **1** arduous. **2** steep.

area ('area) *nf* area, zone.

arena *nf* **1** (a'rena) sand. **2** (a 'rena) arena. **2** arena.

arenare (are'nare) *vi* run aground.

argento (ar'dʒento) *nm* silver. **argenteo** (ar'dʒenteo) *adj* silvery. **argenteria** *nf* silverware. **argentiere** (ardʒen'tijere) *nm* silversmith.

argilla (ar'dʒilla) *nf* clay.

argine ('ardʒine) *nm* dyke.

argomento (argo'mento) *nm* **1** topic, subject, theme. **2** summary.

arguto (ar'guto) *adj* shrewd, quick-witted.

aria ('arja) *nf* **1** air. **2** appearance. **3** melody.

arido ('arido) *adj* arid, dry.

arieggiare (arjed'dʒare) *vt* air.

ariete (a'rjɛte) *nm* **1** ram. **2** *cap* Aries.

aringa (a'ringa) *nf* herring.

aristocrazia (aristokrat'tsia) *nf* aristocracy. **aristocratico** (aristo'kratiko) *adj* aristocratic.

aritmetica (arit'mɛtika) *nf* arithmetic.

armadio (ar'madjo) *nm* **1** wardrobe. **2** cupboard.

armare (ar'mare) *vt* arm. **arma** *nf*, *pl* **armi** arm, weapon.

armata (ar'mata) *nf* **1** army. **2** fleet.

armonia (armo'nia) *nf* harmony. **armonioso** (armo'njoso) *adj* harmonious. **armonizzare** *vt* harmonize, match.

armonica (ar'mɔnika) *nf* harmonica.

arnese (ar'nese) *nm* tool.

arnia ('arnja) *nf* beehive.

aroma (a'rɔma) *nm* smell, aroma.

arpa ('arpa) *nf* harp.

arrabbiarsi (arrab'bjarsi) *vr* lose one's temper, get angry. **arrabbiato** *adj* angry.

arrampicarsi (arrampi'karsi) *vr* climb.

arrangiare (arran'dʒare) *vt* adjust, arrange. **arrangiarsi** *vr* do the best one can.

arrecare (arre'kare) *vt* **1** cause. **2** bring.

arredare (arre'dare) *vt* furnish, equip. **arredamento** *nm* furnishings. **arredi** (ar'rɛdi) *pl* furnishings, fittings.

arrendersi* (arren'dersi) *vr* surrender.

arrestare (arres'tare) *vt* **1** stop. **2** arrest. **arresto** (ar'rɛsto) *nm* arrest.

arretrare (arre'trare) *vi* recoil, withdraw. **arretrato** *adj* **1** underdeveloped. **2** in arrears, behind. *nm* arrears.

arricchire (arrik'kire) *vi* become rich. *vt* enrich, adorn. **arricchirsi** *vr* become rich.

arricciare (arrit'tʃare) *vt* **1** curl. **2** wrinkle.

arrischiare (arris'kjare) *vt* risk, endanger.

arrivare (arri'are) *vi* **1** arrive, reach. **2** manage. **3** happen. **arrivo** *nm* arrival. **ben arrivato!** welcome!

arrivederci (arrive'dertʃi) *interj* *also* **arrivederla** goodbye!

arrogante (arro'gante) *adj* haughty, arrogant. **arroganza** (arro'gantsa) *nf* arrogance.

arrossire (arros'sire) *vi* blush.

arrostire (arros'tire) *vt* roast. **arrosto** (ar'rɔsto) *nm* roast meat. *adj invar* roast.

arrotolare (arroto'lare) *vt* roll up.

arrotondare (arroton'dare) *vt* make round.

arrovesciare (arroveʃ'ʃare) *vt* **1** overturn. **2** turn inside out.

arruffare (arruf'fare) *vt* ruffle. **arruffarsi** *vr* bristle.

arrugginire (arruddʒi'nire) *vt,vi* rust. **arrugginito** *adj* rusty.

arruolare (arrwo'lare) *vt* enlist. **arruolarsi** *vr* join up, enlist.

arsenale (arse'nale) *nm* **1** shipyard. **2** arsenal.

arsenico (ar'sɛniko) *nm* arsenic.

arsi ('arsi) *v* see **ardere**.

arso ('arso) *v* see **ardere**.

arte ('arte) *nf* **1** art. **2** skill.

artefice (ar'tefitʃe) *nm* craftsman.

arteria (ar'terja) *nf* **1** artery. **2** main road or line.

artico ('artiko) *adj,nm* Arctic.

articolare (artiko'lare) *vt* pronounce clearly, articulate.

articolo (ar'tikolo) *nm* article. **articolo di fondo** newspaper leader.

artificiale (artifi'tʃale) *adj* artificial, false.

artificio (arti'fitʃo) *nm* **1** skill, cunning. **2** affectation.

artigiano (arti'dʒano) *nm* artisan, craftsman. **artigianato** *nm* **1** small industry. **2** handicraft.

artiglieria (artiʎʎe'ria) *nf* artillery.

artiglio (ar'tiʎʎo) *nm* claw, talon.

artista (ar'tista) *nm* **1** artist. **2** entertainer. **artistico** (ar'tistiko) *adj* artistic.

artrite (ar'trite) *nf* arthritis.

asbesto (az'bɛsto) *nm* asbestos.

ascella (aʃ'ʃella) *nf* armpit.

ascensore (aʃʃen'sore) *nm* lift.

ascesa (aʃ'ʃesa) *nf* rise, ascent.

ascesso (aʃ'ʃesso) *nm* abscess.

asceta (aʃ'ʃeta) *nm* ascetic.

ascia ('aʃʃa) *nf* axe, hatchet.

asciugare (aʃʃu'gare) *vt,vi* dry, wipe. **asciugacapelli** (aʃʃugaka'pelli) *nm invar* hair drier. **asciugamano** (aʃʃuga 'mano) *nm* towel. **asciuga-**

trice (aʃʃuga'tritʃe) *nf* tumble drier.

asciutto (aʃ'ʃutto) *adj* dry.

ascoltare (askol'tare) *vt* **1** listen to. **2** understand. *vi* listen.

ascoltatore *nm* listener.

asfalto (as'falto) *nm* asphalt.

Asia ('azia) *nf* Asia. **asiatico** *adj,n* Asian.

asilo (a'zilo) *nm* **1** refuge, shelter. **2** nursery school. **asilo politico** political asylum.

asino ('asino) *nm* **1** donkey, ass. **2** fool.

asma ('azma) *nf* asthma.

asparago (as'parago) *nm, pl* **asparagi** asparagus.

aspettare (aspet'tare) *vt* **1** await, wait for. **2** expect. **aspettarsi** *vr* suspect, expect. **sala d'aspetto** *nf* waiting room.

aspetto (as'pɛtto) *nm* look, aspect.

aspirare (aspi'rare) *vt* inhale. *vi* aspire. **aspirapolvere** (aspira 'polvere) *nm invar* vacuum cleaner.

aspirina (aspi'rina) *nf* aspirin.

aspro ('aspro) *adj* **1** bitter. **2** harsh, rough. **asprezza** (as 'prettsa) *nf* harshness, severity.

assaggiare (assad'dʒare) *vt* taste, try.

assai (as'sai) *adv* **1** enough. **2** very, much.

assalire* (assa'lire) *vt* attack. **assalitore** *nm* assailant. **assalto** *nm* attack, assault.

assassinare (assassi'nare) *vt* **1** murder, kill. **2** ruin. **assassinio** *nm* assassination, murder. **assassino** *nm* assassin, murderer. *adj* murderous.

asse¹ ('asse) *nm* axle, axis.

asse ^{2} ('asse) *nf* plank. **asse da stiro** ironing-board.

assediare (asse'djare) *vt* **1** besiege. **2** beset. **assedio** (as'sedjo) *nm* siege.

assegnare (asseɲ'ɲare) *vt* assign, attach, allot.

assegno (as'seɲɲo) *nm* **1** allowance. **2** cheque. **assegno per viaggiatore** traveller's cheque.

assemblea (assem'blɛa) *nf* meeting, assembly.

assembramento (assembra'mento) *nm* meeting, demonstration.

assenso (as'sɛnso) *nm* agreement, assent.

assente (as'sɛnte) *adj* absent. **assenza** *nf* absence.

assentire (assen'tire) *vi* assent, approve.

asserire (asse'rire) *vt* affirm, assert.

assestare (asses'tare) *vt* **1** put in order, arrange, settle. **2** deliver (blow).

assetato (asse'tato) *adj* thirsty, parched.

assettare (asset'tare) *vt* **1** tidy. **2** adjust. **assetto** (as'setto) *nm* order.

assicurare (assiku'rare) *vt* **1** attach, secure. **2** assure. **3** insure. **assicurazione** *nf* **1** assurance. **2** insurance.

assiduo (as'siduo) *adj* **1** diligent. **2** constant.

assieme (as'sjɛme) *adv* together.

assieparsi (assje'parsi) *vr* crowd round.

assimilare (assimi'lare) *vt* assimilate.

assise (as'size) *nf pl* assizes.

assistere* (as'sistere) *vt* aid, assist. *vi* be present, attend.

assistente (assis'tɛnte) *adj,nm* assistant. **assistenza** (assis'tɛntsa) *nf* aid, assistance. **assistenza sociale** welfare services.

asso ('asso) *nm* ace. **piantare in asso** leave in the lurch.

associare (asso'tʃare) *vt* **1** associate. **2** admit. **3** unite. **associarsi** *vr* join. **associato** *nm* associate. **associazione** *nf* association.

assoggettare (assoddʒet'tare) *vt* subject, control.

assolsi (as'sɔlsi) *v* see **assolvere.**

assolto (as'sɔlto) *v* see **assolvere.**

assoluto (asso'luto) *adj* absolute, complete.

assolvere* (as'sɔlvere) *vt* acquit. **assoluzione** *nf* acquittal.

assomigliare (assomiʎ'ʎare) *vt* compare. *vi* resemble. **assomigliarsi** *vr* resemble one another, look alike.

assonnato (asson'nato) *adj* sleepy.

assopirsi (asso'pirsi) *vr* doze.

assorbire (assor'bire) *vt* absorb. **assorbente** (assor'bɛnte) *adj* absorbent. **assorbente igienico** *nm* sanitary towel. **carta assorbente** *nf* blotting paper.

assordare (assor'dare) *vt* deafen.

assortire (assor'tire) *vt* **1** arrange. **2** stock. **assortimento** *nm* assortment. **assortito** *adj* assorted.

assuefare (assue'fare) *vt* accustom. **assuefarsi** *vr* get used to.

assumere* (as'sumere) *vt* 1 undertake, assume. 2 employ. 3 raise.

assunsi (as'sunsi) *v* see **assumere.**

assunto (as'sunto) *v* see **assumere.**

Assunzione (assun'tsjone) *nf* Assumption.

assurdo (as'surdo) *adj* absurd.

asta ('asta) *nf* 1 lance. 2 mast, pole. 3 auction. **vendere all'asta** auction.

astante (as'tante) *nm* bystander. **astanteria** *nf* casualty ward.

astenersi* (aste'nersi) *vr* abstain. **astensione** *nf* abstention.

asterisco (aste'risko) *nm* asterisk.

asteroide (aste'rɔjde) *nm* asteroid.

astinenza (asti'nɛntsa) *nf* abstinence.

astio ('astjo) *nm* rancour, resentment. **astioso** (as'tjoso) *adj* spiteful.

astratto (as'tratto) *adj,nm* abstract.

astro ('astro) *nm* star.

astrologia (astrolo'dʒia) *nf* astrology. **astrologo** (as'trɔlogo) *nm, pl* **astrologi** astrologer.

astronauta (astro'nauta) *nm* astronaut.

astronomia (astrono'mia) *nf* astronomy. **astronomico** (astro'nɔmiko) *adj* astronomical. **astronomo** (as'trɔnomo) *nm* astronomer.

astuccio (as'tuttʃo) *nm* box, case.

astuto (as'tuto) *adj* cunning, astute. **astuzia** (as'tuttsja) *nf* cunning, guile.

Atene (a'tene) *nf* Athens.

ateo ('ateo) *nm* atheist. **ateismo** *nm* atheism.

atlante (a'tlante) *nm* atlas.

atlantico (a'tlantiko) *adj* Atlantic. **(Oceano) Atlantico** *nm* Atlantic (Ocean).

atleta (a'tlɛta) *nm* athlete. **atletica** (a'tletika) *nf* athletics. **atletico** (a'tletiko) *adj* athletic.

atmosfera (atmos'fɛra) *nf* atmosphere. **atmosferico** (atmo'sferiko) *adj* atmospheric.

atomo ('atomo) *nm* atom. **atomico** (a'tɔmiko) *adj* atomic.

atrio ('atrjo) *nm* hall, entrance.

atroce (a'trotʃe) *adj* terrible, atrocious. **atrocità** *nf* atrocity.

attaccare (attak'kare) *vt* 1 attach, hang. 2 attack. 3 begin. *vi* stick. **attaccabrighe** *nm invar* quarrelsome person. **attaccapanni** *nm invar* hanger, peg. **attacco** *nm* attack.

attecchire (attek'kire) *vi* take root.

atteggiare (atted'dʒare) *vt* pose, arrange. **atteggiamento** *nm* 1 pose. 2 attitude.

attempato (attem'pato) *adj* elderly.

attendere* (at'tɛndere) *vt* await, wait for. *vi* apply oneself, attend to. **attendibile** (atten'dibile) *adj* reliable.

attentato (atten'tato) *nm* 1 assassination attempt. 2 outrage.

attento (at'tɛnto) *adj* careful, attentive, close.

attenzione (atten'tsjone) *nf* attention.

attergare (atter'gare) *vt* endorse.

atterrare (atter'rare) *vi* land. **atterraggio** *nm* landing, touchdown.

attesa (at'tesa) *nf* wait, delay.

attestare (attes'tare) *vt* testify, declare. **attestato** *nm* certificate.

attiguo (at'tiguo) *adj* adjacent, next.

attimo ('attimo) *nm* moment.

attirare (atti'rare) *vt* attract.

attitudine[1] (atti'tudine) *nf* aptitude.

attitudine[2] (atti'tudine) *nf* attitude.

attivare (atti'vare) *vt* activate, start.

attivo (at'tivo) *adj* active. *nm* assets. **attività** *nf* activity.

attizzare (attit'tsare) *vt* **1** poke (fire). **2** incite.

atto[1] ('atto) *nm* act, action. **mettere in atto** put into effect.

atto[2] ('atto) *adj* suitable, apt.

attonito (at'tɔnito) *adj* surprised, amazed.

attorcigliare (attortʃiʎ'ʎare) *vt* twist, coil.

attore (at'tore) *nm* actor.

attorniare (attor'njare) *vt* surround, encircle.

attorno (at'torno) *adv* around. **attorno a** *prep* around.

attrarre (at'trarre) *vt* attract. **attraente** (attra'ɛnte) *adj* attractive. **attrazione** *nf* attraction.

attraversare (attraver'sare) *vt*

cross. **attraverso** (attra'vɛrso) *prep* **1** across. **2** through.

attrezzo (at'trettso) *nm* tool, piece of equipment.

attribuire (attribu'ire) *vt* assign, attribute, attribute. **attributo** *nm* attribute.

attrice (at'tritʃe) *nf* actress.

attrito (at'trito) friction.

attuale (attu'ale) *adj* present, current. **attualmente** *adv* at this moment.

attualità (attuali'ta) *nf* **1** topical subject. **2** *pl* news.

attuare (attu'are) *vt* **1** bring into being. **2** carry out.

attuario (attu'arjo) *nm* actuary.

audace (au'datʃe) *adj* bold, fearless. **audacia** *nf* boldness, daring.

audiovisuale (audjoviʒu'ale) *adj* audiovisual.

auditorio (audi'tɔrjo) *nm* hall, auditorium.

audizione (audit'tsjone) *nf* **1** hearing. **2** audition.

augurare (augu'rare) *vt* wish. **augurio** (au'gurjo) *nm* **1** wish. **2** *pl* best wishes.

aula ('aula) *nf* hall. **aula scolastica** classroom.

aumentare (aumen'tare) *vt,vi* increase, augment. **aumento** *nm* increase.

aureola (au'rɛola) *nf* halo.

aurora (au'rɔra) *nf* daybreak.

ausiliare (auzi'ljare) *adj,n* auxiliary. **ausiliario** (auzi'ljarjo) *adj* auxiliary.

austero (aus'tɛro) *adj* austere, severe.

Australia (aus'tralja) *nf* Australia. **australiano** *adj,n* Australian.

Austria ('austria) *nf* Austria.
austriaco *adj,n* Austrian.
autentico (au'tɛntiko) *adj* real,
genuine, authentic.
autista (au'tista) *nm* chauffeur.
autistico (au'tistiko) *adj* autis-
tic.
auto ('auto) *nf invar* car. **auto
a portellone posteriore** *nf*
hatchback.
autobiografia (autobiogra'fia)
nf autobiography.
autoblinda (auto'blinda) *nf* ar-
moured car.
autobus ('autobus) *nm* bus.
autocarro (auto'karro) *nm* lor-
ry.
automa (au'tɔma) *nm* automa-
ton.
automatico (auto'matiko) *adj*
automatic.
automezzo (auto'mɛddzo) *nm*
vehicle.
automobile (auto'mɔbile) *nf*
car.
autonomo (au'tɔnomo) *adj* au-
tonomous. **autonomia** (auto-
no'mia) *nf* autonomy.
autopsia (autop'sia) *nf* post-
mortem.
autore (au'tore) *nm* author,
composer.
autorevole (auto'revole) *adj*
authoritative.
autorimessa (autori'messa) *nf*
garage.
autorità (autori'ta) *nf* authority.
autoritratto (autori'tratto) *nf*
self-portrait.
autorizzare (autorid'dzare) *vt*
authorize.
autostop (autos'tɔp) *nm invar*
hitch-hiking. **fare l'autostop**
hitch.

autostrada (autos'trada) *nf* mo-
torway.
autotrasporto (autotras'pɔrto)
nm road transport.
autoveicolo (autove'ikolo) *nm*
vehicle.
autunno (au'tunno) *nm* au-
tumn.
avambraccio (avam'brattʃo)
nm forearm.
avanguardia (avan'gwardja) *nf*
1 vanguard. **2** forefront.
avanti (a'vanti) *adv* before,
ahead. *prep* before. **avantieri**
(avan'tjɛri) *adv* the day before
yesterday.
avanzare (avan'tsare) *vt* **1** ad-
vance. **2** promote. **3** precede.
4 lend. **5** put aside. *vi* **1** pro-
ceed. **2** be left over.
avanzarsi *vr* approach, near.
avanzo (a'vantso) *nm* **1** remain-
der. **2** *pl* leftovers.
avaro (a'varo) *adj* mean.
avarizia (ava'rittsja) *nf* mean-
ness.
avemmo (a'vemmo) *v* see
avere.
avena (a'vena) *nf* oats.
avere* (a'vere) *vt* **1** have. **2**
possess. **3** get. **4** wear. **5** be. *v
aux* have. **avercela con uno**
have something against some-
one. **avere da** have to. ~*nm*
1 property. **2** *pl* possessions.
aveste (a'veste) *v* see **avere.**
avesti (a'veste) *v* see **avere.**
avete (a'vete) *v* see **avere.**
avevo (a'vevo) *v* see **avere.**
aviazione (avjat'tsjone) *nf* **1**
aviation. **2** Air Force.
aviatore *nm* airman, pilot.
avido ('avido) *adj* **1** greedy. **2**
eager. **avidità** *nf* greed.
avo ('avo) *nm* ancestor.

avocado (avo'kado) *nm invar* avocado.

avorio (a'vɔrjo) *nm* ivory.

avrei (a'vrɛi) *v* see **avere.**

avrò (a'vro) *v* see **avere.**

avuto (a'vuto) *v* see **avere.**

avvampare (avvam'pare) *vi* flare up, burn.

avvantaggiare (avvantad'dʒare) *vt* favour. **avvantaggiarsi** *vr* profit, make use.

avvedersi* (avve'dersi) *vr* become aware, realize.

avvelenare (avvele'nare) *vt* poison.

avvenire* (avve'nire) *vi* happen, occur. *nm* future. **avvenimento** *nm* event, happening.

avventato (avven'tato) *adj* rash, imprudent.

avventurare (avventu'rare) *vt* risk. **avventurarsi** *vr* venture. **avventura** *nf* adventure.

avverbio (av'vɛrbjo) *nm* adverb.

avversario (avver'sarjo) *nm* opponent, adversary.

avversione (avver'sjone) *nf* dislike, repugnance, aversion.

avverso (av'vɛrso) *adj* adverse, hostile.

avvertire (avver'tire) *vt* 1 inform. 2 warn. **avvertenza** (avver'tɛntsa) *nf* 1 attention. 2 foreword. 3 *pl* instructions. **avvertimento** (avverti'mento) *nm* warning.

avvezzare (avvet'tsare) *vt* accustom. **avvezzarsi** *vr* become accustomed. **avvezzo** (av'vettso) *adj* accustomed.

avviare (avvi'are) *vt* 1 start, be-

gin. 2 direct. **avviarsi** *vr* set out. **avviamento** *nm* start.

avvicinare (avvitʃi'nare) *vt* approach, bring near. **avvicinarsi** *vr* 1 approach. 2 resemble.

avvilire (avvi'lire) *vt* humiliate. **avvilirsi** *vr* 1 humble oneself. 2 lose heart. **avvilimento** *nm* 1 despondency. 2 degradation.

avviluppare (avvilup'pare) *vt* wrap up.

avvincere (av'vintʃere) *vt* 1 bind. 2 attract.

avvisare (avvi'zare) *vt* 1 announce, inform. 2 warn, advise. **avviso** *nm* 1 announcement. 2 opinion. 3 warning.

avvizzire (avvit'tsire) *vi* wither, fade.

avvocato (avvo'kato) *nm* lawyer.

avvolgere (av'vɔldʒere) *vt* 1 roll up. 2 cover.

avvoltoio (avvol'tojo) *nm* vulture.

azalea (addza'lɛa) *nf* azalea.

azienda (ad'dzjenda) *nf* business, firm.

azione (at'tsjone) *nf* 1 action. 2 *comm* share. **azionista** *nm* shareholder.

azoto (ad'dzɔto) *nm* nitrogen.

azzardare (addzar'dare) *vt,v* risk, attempt. **azzardarsi** *vr* dare. **azzardo** *nm* 1 risk. 2 chance.

azzuffarsi (attsuf'farsi) *vr* fight, come to blows.

azzurro (ad'dzurro) *adj* blue.

B

babbo ('babbo) *nm inf* dad, daddy.

babbuino (babbu'ino) *nm* baboon.

babordo (ba'bordo) *nm naut* port.

bacca ('bakka) *nf* berry.

baccalà (bakka'la) *nm invar* dried cod.

baccano (bak'kano) *nm* din, uproar.

baccarà (bakka'ra) *nm* baccarat.

baccelliere (battʃel'ljɛre) *nm educ* bachelor.

baccello (bat'tʃɛllo) *nm* pod.

bacchetta (bak'ketta) *nf* 1 stick, baton. 2 wand.

baciare (ba'tʃare) *vt* kiss. **bacio** *nm* kiss.

bacino (ba'tʃino) *nm* 1 basin. 2 dock.

baco ('bako) *nm* 1 worm. 2 maggot.

badare (ba'dare) *vi* take care, pay attention. **badare ai fatti suoi** mind one's own business.

badessa (ba'dessa) *nf* abbess.

badia (ba'dia) *nf* abbey.

baffi ('baffi) *nm pl* 1 moustache. 2 whiskers. **leccarsi i baffi** lick one's lips.

bagaglio (ba'gaʎʎo) *nm* baggage, luggage. **fare i bagagli** pack.

bagattella (bagat'tɛlla) *nf* trinket, trifle.

bagliore (baʎ'ʎore) *nm* 1 dazzling light. 2 flash, ray.

bagnare (baɲ'ɲare) *vt* 1 wet. 2 bathe. **bagnarsi** *vr* 1 bathe. 2 get soaked. **bagnato** *adj* soaked.

bagnino (baɲ'ɲino) *nm* bathing attendant.

bagno ('baɲɲo) *nm* 1 bath. 2 bathroom. **fare il bagno** 1

take a bath. 2 go for a bathe. **mettere a bagno** soak.

baia ('baja) *nf geog* bay.

baio ('bajo) *adj* bay. *nm* bay horse.

baionetta (bajo'netta) *nf* bayonet.

balbettare (balbet'tare) *vi* stutter, stammer. *vt* mutter, mumble. **balbuzie** (bal'buttsje) *nf invar* stammer.

balcone (bal'kone) *nm* balcony.

baldacchino (baldak'kino) *nm* canopy.

baldanza (bal'dantsa) *nf* 1 audacity. 2 self-confidence. **baldanzoso** (baldan'tsoso) *adj* daring, bold.

baldoria (bal'dɔrja) *nf* merrymaking. **fare baldoria** make merry.

balena (ba'lena) *nf* whale.

balenare (bale'nare) *vi* 1 flash lightning. 2 flash. **baleno** *nm* flash of lightning. **in un baleno** in a moment.

balia[1] ('balja) *nf* nurse.

balia[2] (ba'lia) *nf* power, authority.

balistica (ba'listika) *nf* ballistics. **balistico** (ba'listiko) *adj* ballistic.

balla ('balla) *nf* bale.

ballare (bal'lare) *vt* dance. *vi* 1 dance. 2 sway. **via la gatta i topi ballano** when the cat's away the mice will play.

ballata (bal'lata) *nf* ballad.

ballerina (balle'rina) *nf* ballerina. **ballerino** *nm* dancer.

balletto (bal'letto) *nm* ballet.

ballo ('ballo) *nm* dance, ball.

balneare (balne'are) *adj* seaside.

balocco (ba'lɔkko) *nm* toy, plaything.

balordo (ba'lordo) *adj* foolish, stupid.

baltico ('baltiko) *adj* Baltic. **(Mare) Baltico** *nm* Baltic (Sea).

balzare (bal'tsare) *vi* 1 jump. 2 bounce. **balzo** *nm* 1 bounce. 2 crag.

bambagia (bam'badʒa) *nf also* **bambagio** *nm* cottonwool.

bambinaia (bambi'naja) *nf* children's nurse.

bambino (bam'bino) *nm* 1 baby. 2 child, little boy.

bambola ('bambola) *nf* doll.

bambù (bam'bu) *nm invar* bamboo plant.

banale (ba'nale) *adj* trivial, banal.

banana (ba'nana) *nf* banana. **banano** *nm* banana tree.

banca ('banka) *nf comm* bank. **banca d'affari** *nf* merchant bank. **biglietto di banca** *nm* banknote. **banchiere** (ban'kjɛre) *nm* banker.

bancarella (banka'rɛlla) *nf* stall, barrow.

bancarotta (banka'rotta) *nf* bankruptcy.

banchetto (ban'ketto) *nm* banquet.

banchina (ban'kina) *nf* 1 quay. 2 platform.

banco ('banko) *nm* 1 bench. 2 counter. 3 (in gambling) bank. 4 *geog* bank, reef. **banconota** (banko'nɔta) *nf* banknote.

banda[1] ('banda) *nf* side. **lasciare da banda** leave aside.

banda[2] ('banda) *nf* band, stripe.

banda[3] ('banda) *nf* band, group.

bandiera (ban'djera) *nf* flag.

bandire (ban'dire) *vt* 1 announce, proclaim. 2 banish, exile. **bando** *nm* 1 announcement. 2 ban. 3 banishment. **bandito** *nm* bandit, outlaw.

bangio ('bandʒo) *nm* banjo.

bar (bar) *nm invar* 1 bar, cafe. 2 cocktail cabinet. **barista** *nm* barman. *nf* barmaid.

bara ('bara) *nf* coffin.

baracca (ba'rakka) *nf* hut. **stentare a mandare avanti la baracca** have difficulty in making ends meet.

barattare (barat'tare) *vt* 1 exchange. 2 barter. **barattolo** (ba'rattolo) *nm* 1 jar, pot. 2 tin, can.

barba ('barba) *nf* beard. **farsi la barba** shave. **barbuto** *adj* bearded.

barbabietola (barba'bjetola) *nf* beetroot.

barbaro ('barbaro) *adj,nm* barbarian.

barbiere (bar'bjere) *nm* barber.

barbiturato (barbitu'rato) *nm* barbiturate.

barca ('barka) *nf* boat. **barca a remi/vela** rowing/sailing boat.

barcollare (barkol'lare) *vi* stagger, totter.

bardare (bar'dare) *vt* harness. **bardatura** *nf* harness.

barella (ba'rɛlla) *nf* stretcher.

barile (ba'rile) *nm* barrel, cask.

baritono (ba'ritono) *adj,nm* baritone.

barlume (bar'lume) *nm* glimmer, gleam.

barometro (ba'rɔmetro) *nm* barometer.

barone (ba'rone) *nm* baron. **baronessa** *nf* baroness.

barricare (barri'kare) *vt* barricade. **barricata** *nf* barricade.

barriera (bar'rjɛra) *nf* 1 barrier. 2 gate. 3 fence.

baruffa (ba'ruffa) *nf* scuffle, brawl.

barzelletta (bardzel'letta) *nf* joke.

basare (ba'zare) *vt* base, found.

bascula ('baskula) *nf* weighing machine.

base ('baze) *nf* 1 base. 2 basis, foundation. **in base a** on the basis of. 2 *mus* base.

basetta (ba'zetta) *nf* sideburn, whisker.

basilica (ba'zilika) *nf* basilica.

basilico (ba'ziliko) *nm* basil.

basso ('basso) *adj* 1 low. 2 short in stature. 3 shallow. 4 vulgar, shameful. *nm* 1 bottom. 2 *mus* bass.

bassofondo (basso'fondo) *nm* shallow, sandbank. **bassifondi** *nm pl* underworld, slums.

bastardo (bas'tardo) *adj,nm* 1 bastard. 2 *zool* mongrel.

bastare (bas'tare) *vi* 1 be enough or sufficient. 2 last. **basta!** *interj* enough!

bastonare (basto'nare) *vt* beat, cane.

bastone (bas'tone) *nm* 1 stick, cane. 2 *pl game* clubs. **bastone da passeggio** walking stick. **mettere un bastone tra le ruote** put a spoke in the wheel. **bastoncino** (baston 'tʃino) *nm* little stick.

battaglia (bat'taʎʎa) *nf* battle.

battaglione (battaʎ'ʎone) *nm* battalion.

battello (bat'tɛllo) *nm* boat, steamer.

battere ('battere) *vt* 1 beat, strike. 2 defeat, beat. *vi* beat, knock. **battere a macchina** type. **battere le mani** clap one's hands. **in un batter d'occhio** in a flash.

batteri (bat'tɛri) *nm pl* bacteria.

batteria (batte'ria) *nf* 1 *mil* battery. 2 set.

battesimo (bat'tezimo) *nm* baptism, christening. **battezzare** (batted'dzare) *vt* baptize, christen.

battibaleno (battiba'leno) **in un battibaleno** *adv* in an instant.

battistero (battis'tɛro) *nm* baptistry.

battitore (batti'tore) *nm* 1 *sport* server. 2 batsman.

battuta (bat'tuta) *nf* 1 blow. 2 witty remark. 3 *sport* service.

batuffolo (ba'tuffolo) *nm* wad.

baule (ba'ule) *nm* (luggage) trunk.

bava ('bava) *nf* 1 dribble. 2 foam.

bavaglino (bavaʎ'ʎino) *nm* bib.

bavaglio (ba'vaʎʎo) *nm* gag.

bavero ('bavero) *nm* coat collar.

bazzicare (battsi'kare) *vt* frequent.

beatitudine (beati'tudine) *nf* beatitude. **Sua Beatitudine** His Holiness.

beato (be'ato) *adj* 1 happy. 2 blessed. **beato te!** lucky you!

beccaccia (bek'kattʃa) *nf* woodcock. **beccaccino** (bek-kat'tʃino) *nm* snipe.

beccare (bek'kare) *vt* 1 peck

(food). **2** peck, nip. **3** get, catch. **beccarsi** *vr* obtain.
beccamorti (bekka'mɔrti) *nm invar* gravedigger. **becco** *nm* **1** beak. **2** point. **3** nib.
becchime (bek'kime) *nm* bird food.
becchino (bek'kino) *nm* gravedigger.
befana (be'fana) *nf* **1** old woman supposed to bring gifts to children on the feast of the Epiphany. **2** ugly old woman. **3** Epiphany.
beffare (bef'fare) *vt* mock, ridicule. **beffarsi di** *vr* make fun of. **beffa** ('beffa) *nf* **1** mockery. **2** practical joke.
begli ('bɛʎʎi) *adj* see **bello.**
bei ('bɛi) *adj* see **bello.**
bel (bɛl) *adj* see **bello.**
belare (be'lare) *vi* bleat.
Belgio ('bɛldʒo) *nm* Belgium.
belga ('bɛlga) *adj,n* Belgian.
belletto (bel'letto) *nm* make-up.
bello ('bɛllo) *adj* **belli, bei, begli** *bel ms.* **bella** *fs.* **belli, bei, begli** *m pl.* **belle** *f pl.* beautiful, handsome, lovely, fine. **bell'e fatto** well and truly done. **bellezza** (bel'lettsa) *nf* beauty. **bellino** *adj* pretty.
benché (ben'ke) *conj* although.
bendare (ben'dare) *vt* **1** bind, bandage. **2** blindfold. **benda** ('bɛnda) *nf* **1** bandage. **2** blindfold.
bene ('bɛne) *nm* **1** good. **2** *pl* goods, possessions. *adv* well. **voler bene** love, be fond of.
benedire* (bene'dire) *vt* bless.
benedetto (bene'detto) *adj* holy, blessed.
beneducato (benedu'kato) *adj* well-mannered.
beneficenza (benefi'tʃɛntsa) *nf* charity.
beneficio (bene'fitʃo) *nm* **1** benefit. **2** profit.
benessere (be'nɛssere) *nm* well-being, welfare.
benestante (benes'tante) *adj* well-to-do.
benevolo (be'nɛvolo) *adj* well-disposed, kindly. **benevolenza** (benevo'lɛntsa) *nf* goodwill, benevolence.
beninteso (benin'teso) *adv* of course.
benvenuto (benve'nuto) *adj* welcome. **dare il benvenuto** welcome.
benzina (ben'dzina) *nf* petrol.
bere* ('bere) *vt* drink.
bernoccolo (ber'nɔkkolo) *nm* bump, lump.
berretto (ber'retto) *nm* cap, beret.
berrò (ber'rɔ) *v* see **bere.**
bersaglio (ber'saʎʎo) *nm* target.
bestemmia (bes'temmja) *nf* curse, oath. **bestemmiare** *vi* curse, swear.
bestia ('bɛstja) *nf* **1** beast, animal. **2** ignoramus. **bestiale** *adj* bestial, brutal.
bestiame (bes'tjame) *nm* livestock.
betoniera (beto'njɛra) *nf* cement-mixer.
bettola ('bɛttola) *nf* pub.
betulla (be'tulla) *nf* birch tree.
bevanda (be'vanda) *nf* drink, beverage.
bevo ('bevo) *v* see **bere.**
bevuto (be'vuto) *v* see **bere.**
bevvi ('bevvi) *v* see **bere.**
biada ('bjada) *nf* **1** fodder. **2** *pl* crops.

biancheria (bjanke'ria) *nf* household linen.

bianco ('bjanko) *adj,nm* white. **lasciare in bianco** leave blank. **pesce in bianco** *nm* boiled fish. **riso in bianco** *nm* boiled rice, usually with butter. **biancospino** (bjanko 'spino) *nm* hawthorn.

biascicare (bjaʃʃi'kare) *vt* 1 chew. 2 mumble.

biasimare (bjazi'mare) *vt* blame. **biasimo** ('bjazimo) *nm* blame.

Bibbia ('bibbja) *nf* Bible.

bibita ('bibita) *nf* drink, beverage.

biblico ('bibliko) *adj* biblical.

bibliografia (bibljogra'fia) *nf* bibliography.

biblioteca (bibljo'tɛka) *nf* library. **bibliotecario** *nm* librarian.

bicchiere (bik'kjɛre) *nm* glass.

bicicletta (bitʃi'kletta) *nf* bicycle.

bicipite (bi'tʃipite) *nm* biceps.

bidè (bi'dɛ) *nm* bidet.

bidone (bi'done) *nm* drum, bin.

bieco ('bjɛko) *adj* (of a glance or expression) threatening.

biennale (bien'nale) *adj* two yearly. *nf* two yearly event.

bietta ('bjetta) *nf* wedge.

bifocale (bifo'kale) *adj* bifocal. **lenti bifocali** *nfpl* bifocals.

biforcarsi (bifor'karsi) *vr* branch off, fork.

bigamia (biga'mia) *nf* bigamy. **bigamo** *nm* bigamist. *adj* bigamous.

bighellonare (bigello'nare) *vi* saunter, idle.

bigio ('bidʒo) *adj,nm* grey. **pane bigio** *nm* brown bread.

bigliardo (biʎ'ʎardo) *nm* 1 billiard table. 2 game of billiards. **bigliardino** (biʎʎardi'no) *nm* pinball machine.

biglietto (biʎ'ʎetto) *nm* 1 note, card. 2 ticket. 3 banknote. **biglietto d'ingresso** platform ticket. **bigliettaio** *nm* ticket collector. **biglietteria** *nf* ticket office.

bigodino (bigo'dino) *nm* (hair) roller.

bigotto (bi'gɔtto) *adj* bigoted. *nm* bigot.

bilancia (bi'lantʃa) *nf* 1 scales. 2 *cap* Libra. **bilanciare** *vt* 1 balance. 2 weigh.

bilancio (bi'lantʃo) *nm* 1 budget. 2 balance sheet.

bilingue (bi'lingwe) *adj* bilingual.

bimbo ('bimbo) *nm* child.

binario (bi'narjo) *nm* 1 railway track or line. 2 platform.

binocolo (bi'nɔkolo) *nm* binoculars.

biodegradabile (biodegra 'dabile) *adj* biodegradable.

biografia (biogra'fia) *nf* biography. **biografico** (bio'grafiko) *adj* biographical.

biologia (biolo'dʒia) *nf* biology. **biologico** (bio'lɔdʒiko) *adj* biological. **biologo** (bi'ɔlogo) *nm* biologist.

biondo ('bjondo) *adj,nm* blond.

birbante (bir'bante) *nm* rascal.

birbone (bir'bone) *nm* rogue.

birichino (biri'kino) *adj* naughty. *nm* mischievous child.

birillo (bi'rillo) *nm* skittle.

Biro ('biro) *nf invar Tdmk* Biro.

birra ('birra) *nf* beer.

bis (bis) *adv, interj* encore.

bisaccia (bi'zattʃa) *nf* knapsack.

bisbigliare (bisbiʎ'ʎare) *vt,vi* whisper. **bisbiglio** *nm* whisper.

biscia ('biʃʃa) *nf* snake.

biscotto (bi'skɔtto) *nm* biscuit.

bisestile (bizes'tile) **anno bisestile** *nm* leap year.

bisognare (bizoɲ'ɲare) *v imp* **1** be necessary, must. **2** need. **bisogno** *nm* need, want. **avere bisogno di** need.

bistecca (bis'tekka) *nf* steak.

bisticciare (bistit'tʃare) *vi* quarrel, argue. **bisticcio** *nm* **1** quarrel. **2** pun.

bistrattare (bistrat'tare) *vt* illtreat.

bivio ('bivjo) *nm* junction, fork.

bizzarro (bid'dzarro) *adj* odd, strange.

blandire (blan'dire) *vt* entice.

blando ('blando) *adj* **1** mild. **2** gentle.

blatta ('blatta) *nf* cockroach.

blindare (blin'dare) *vt* armour.

bloccare *nm* (blok'kare) *vt* block. **blocco** *nm* **1** block, lump. **2** blockade. **3** notepad.

blu (blu) *adj,nm* blue.

blusa ('bluza) *nf* blouse.

boa ('bɔa) *nf* buoy.

bobina (bo'bina) *nf* bobbin, spool.

bocca ('bokka) *nf* **1** mouth. **2** opening. **a bocca aperta** open-mouthed. **in bocca al lupo!** good luck! **boccata** *nf* mouthful. **boccone** *nm* mouthful, bite.

boccale (bok'kale) *nm* jug.

boccia ('bɔttʃa) *nf* **1** bud. **2** decanter. **3** *sport* bowl.

bocciare (bot'tʃare) *vt* fail. **essere bocciato** fail.

boccio ('bɔttʃo) *nm* bud.

bocconi (bok'koni) *adv* face downwards, flat on one's face.

boia ('bɔja) *nm invar* executioner.

boicottare (boikot'tare) *vt* boycott.

bolla ('bolla) *nf* **1** bubble. **2** blister.

bollare (bol'lare) *vt* stamp, seal.

bolletta (bol'letta) *nf* receipt, note. **bollettino** (bollet'tino) *nm* **1** bulletin. **2** receipt.

bollire (bol'lire) *vi,vi* boil. **bollito** *nm* boiled beef. **bollitore** *nm* kettle.

bollo ('bollo) *nm* seal, stamp.

bolognese (boloɲ'ɲese) *adj* Bolognese. **alla bolognese** with meat sauce.

bomba ('bomba) *nf* bomb.

bombardare (bombar'dare) *vt* bombard, bomb.

bombetta (bom'betta) *nf* bowler hat.

bombola ('bombola) *nf* cylinder.

bonario (bo'narjo) *adj* good-natured. **bonarietà** *nf* kindliness.

bontà (bon'ta) *nf* goodness, kindness.

borbottare (borbot'tare) *vt* mutter. *vi* rumble.

bordello (bor'dɛllo) *nm* **1** brothel. **2** uproar.

bordo ('bordo) *nm* **1** side (of a ship). **2** edge, border. **a bordo** on board. **giornale di bordo** *nm* ship's log.

borghese (bor'gese) *adj* bourgeois. **borghesia** *nf* middle class.

borgo ('borgo) *nm* **1** village. **2** suburb.

boria ('bɔrja) *nf* arrogance, pride. **borioso** (bo'rjoso) *adj* haughty.

borotalco (boro'talko) *nm* talcum powder.

borsa[1] ('borsa) *nf* bag, purse. **borsa di studio** *educ* grant.

borsa[2] ('borsa) *nf* stock exchange. **borsanera** (borsa 'nera) *nf* black market.

bosco ('bɔsko) *nm* wood, forest.

botanica (bo'tanika) *nf* botany. **botanico** *adj* botanical. *nm* botanist.

botta ('bɔtta) *nf* blow, knock. **dare le botte a** spank.

botte ('botte) *nf* cask, barrel.

bottega (bot'tega) *nf* **1** shop. **2** workshop. **bottegaio** (botte 'gajo) *nm* shopkeeper.

bottiglia (bot'tiʎʎa) *nf* bottle.

bottone (bot'tone) *nm* **1** button. **2** knob, button. **3** bud.

boxe (bɔks) *nf* boxing.

bozza ('bɔttsa) *nf* draft, rough sketch. **bozzetto** (bot'tsetto) *nm* outline, sketch.

bozzolo ('bɔttsolo) *nm* cocoon.

braccetto (brat'tʃetto) **a braccetto** *adv* arm in arm.

braccialetto (brattʃa'letto) *nm* bracelet.

bracciante (brat'tʃante) *nm* workman, labourer.

braccio ('brattʃo) *nm* **1** *pl* **braccia** *f anat* arm. **2** *pl* **bracci** *m* arm, wing. **bracciuolo** (brat'tʃɔlo) *nm* arm rest.

braciola (bra'tʃɔla) *nf cul* chop.

bramare (bra'mare) *vt* desire.

branchia ('brankja) *nf zool* gill.

branco ('branko) *nm* flock, herd.

brancolare (branko'lare) *vi* grope.

branda ('branda) *nf* camp bed.

brandello (bran'dello) *nm* tatter, rag. **a brandelli** in shreds.

brano ('brano) *nm* **1** scrap, shred. **2** extract, passage.

branzino (bran'dzino) *nm zool* bass.

Brasile (bra'zile) *nm* Brazil. **brasiliano** *adj,n* Brazilian.

bravo ('bravo) *adj* **1** good, competent. **2** skilful. **3** honest. *interj* well done! **su** or **da bravo!** there's a good boy!

breccia ('brettʃa) *nf* breach.

Bretagna (bre'taɲɲa) *nf* Brittany. **bretone** *adj,n* Breton.

bretelle (bre'tɛlle) *nf pl* braces.

breve ('breve) *adj* short, brief. **brevità** *nf* brevity.

brevetto (bre'vetto) *nm* **1** patent. **2** licence.

brezza ('breddza) *nf* breeze.

bricco ('brikko) *nm* jug.

briccone (brik'kone) *nm* rascal, scamp.

briciola ('britʃola) *nf* crumb.

bridge (bridʒ) *nm game* bridge.

briga ('briga) *nf* quarrel, trouble.

brigadiere (briga'djere) *nm* **1** brigadier. **2** sergeant.

brigante (bri'gante) *nm* bandit, robber.

brigata (bri'gata) *nf* **1** company, group. **2** brigade.

briglia ('briʎʎa) *nf* bridle.

brillare (bril'lare) *vi* shine, glitter, sparkle. **brillante** *adj* brilliant. *nm* diamond.

brindare

brindare (brin'dare) *vi* toast, drink someone's health.

brindello (brin'dello) *nm* rag, tatter.

brindisi ('brindizi) *nm invar* toast. **fare un brindisi** drink a toast.

brio ('brio) *nm* gaiety, vivacity.

brivido ('brivido) *nm* shiver. **fare venire i brividi a qualcuno** give someone the creeps.

brocca ('brɔkka) *nf* jug.

broccolo ('brɔkkolo) *nm* broccoli.

brodo ('brɔdo) *nm* soup, broth.

broglio ('brɔʎʎo) *nm* malpractice.

bronchite (bron'kite) *nf* bronchitis.

broncio ('brontʃo) *nm* pout, sulk.

brontolare (bronto'lare) *vi* grumble, mutter.

bronzo ('brondzo) *nm* bronze.

bruciapelo (brutʃa'pelo) **a bruciapelo** *adv* pointblank.

bruciare (bru'tʃare) *vt* burn, set fire to. *vi* burn, blaze. **bruciato** *adj* burnt.

bruco ('bruko) *nm* caterpillar.

brughiera (bru'gjɛra) *nf* moor.

brulicare (bruli'kare) *vi* swarm, teem.

bruno ('bruno) *adj* brown, dark-haired. *nm* brown. **bruna** *nf* brunette.

brusco ('brusko) *adj* **1** sharp. **2** rough. **3** brusque.

brusio (bru'zio) *nm* buzz, bustle.

bruto ('bruto) *adj,nm* brute. **brutale** *adj* brutal. **brutalità** *nf* brutality.

brutto ('brutto) *adj* **1** ugly. **2** bad, unpleasant. **fare brutta figura** disgrace oneself.

buca ('buka) *nf* hole, cavity, pit. **buca delle lettere** letterbox.

bucaneve (buk'aneve) *nf* snowdrop.

bucare (bu'kare) *vt* **1** pierce. **2** punch (ticket). *vi* get a puncture. **avere le mani bucate** be a spendthrift.

bucato (bu'kato) *nm* washing, laundry.

buccia ('buttʃa) *nf* peel, skin, rind.

buco ('buko) *nm* hole.

buddismo (bud'dizmo) *nm* Buddhism. **buddista** *nm* Buddhist.

budello (bu'dɛllo) *nm,pl* **budella** *f* intestine, bowel.

budino (bu'dino) *nm* pudding.

bue ('bue) *nm,pl* **buoi** ox.

bufalo ('bufalo) *nm* buffalo.

bufera (bu'fɛra) *nf* blizzard, hurricane.

buffè (buf'fɛ) *nm invar* **1** sideboard. **2** buffet.

buffo ('buffo) *adj* funny, amusing.

bugia[1] (bu'dʒia) *nf* candlestick.

bugia[2] (bu'dʒia) *nf* lie. **bugiardo** *nm* liar.

buio ('bujo) *nm* darkness, dark. *adj* dark, gloomy.

bulbo ('bulbo) *nm* **1** bulb. **2** eyeball.

Bulgaria (bulga'ria) *nf* Bulgaria. **bulgaro** *adj,n* Bulgarian.

buono ('bwɔno) *adj* **1** good. **2** kind. **buon mercato** cheap. **buono a nulla** good for nothing. **di buon' ora** early. ~*nm* **1** good. **2** bill, bond. **con le**

buone gently. **buongustaio**
(bwongus'tajo) nm gourmet.

burattino (burat'tino) nm puppet.

burbanza (bur'bantsa) nf arrogance. **burbanzoso** (burban'tsoso) adj haughty.

burlare (bur'lare) vt play a trick on. vi joke. **burlarsi di** vr make fun of. **burla** nf joke.

burocrate (bu'rɔkrate) nm bureaucrat. **burocratico** (buron'kratiko) adj bureaucratic. **burocrazia** (burokrat'tsia) nf bureaucracy.

burrasca (bur'raska) nf tempest, storm.

burro ('burro) nm butter.

burrone (bur'rone) nm ravine, gorge.

bussare (bus'sare) vi knock.

bussola ('bussola) nf compass.

busta ('busta) nf **1** envelope. **2** case. **bustarella** (busta'rɛlla) nf bribe.

busto ('busto) nm **1** bust. **2** corset.

buttare (but'tare) vt throw. **buttare via** throw away. **buttarsi** vr throw oneself, jump.

C

cabina (ka'bina) nf **1** cabin. **2** cockpit. **cabina telefonica** telephone box.

cablogramma (kablo'gramma) nm cablegram.

cacao (ka'kao) nm cocoa.

caccia ('kattʃa) nf hunting. **dare la caccia a** hunt. **cacciatore** nm hunter.

cacciagione (kattʃa'dʒone) nf (hunting) game.

cacciare (kat'tʃare) vt **1** hunt, shoot. **2** chase. **3** thrust, put.

cacciare un urlo let out a yell. **cacciavite** nm invar screwdriver.

cachi ('kaki) adj,nm khaki.

cacio ('katʃo) nm cheese.

cacto ('kakto) nm cactus.

cadavere (ka'davere) nm corpse.

caddi ('kaddi) v see **cadere**.

cadere* (ka'dere) vi fall.

caduta nf **1** fall. **2** ruin.

cadetto (ka'detto) nm cadet.

cadrò (ka'drɔ) v see **cadere**.

caffè (kaf'fe) nm invar **1** coffee. **2** bar, cafe. **caffè corretto** coffee with liqueur. **caffè macchiato** coffee with a little milk. **caffelatte** nm white coffee. **caffettiera** (kaffet'tjɛre) nf coffee pot.

caffeina (kaffe'ina) nf caffeine.

cagionare (kadʒo'nare) vt cause. **cagione** nf cause, reason.

cagna ('kaɲɲa) nf bitch. **guardare in cagnesco** scowl. **cagnolino** nm puppy.

calabrone (kala'brone) nm hornet.

calamaio (kala'majo) nm inkstand.

calamaro (kala'maro) nm squid.

calamita (kala'mita) nf magnet.

calare (ka'lare) vt lower, drop. vi **1** descend. **2** grow shorter. **3** (of the sun) set. **4** lose weight.

calcagno (kal'kaɲɲo) nm heel.

calcare (kal'kare) vt **1** tread, press down. **2** stress.

calce (kal'tʃe) nf lime.

calcestruzzo (kaltʃes'truttso) nm concrete.

calcio[1] ('kaltʃo) nm **1** kick. **2**

football. **calciatore** *nm* footballer.

calcio² ('kaltʃo) *nm* calcium.

calcolare (kalko'lare) *vt,vi* calculate. **calcolatore** *nm* computer. **calcolatrice** *nf* calculator, calculating machine.

calcolo ('kalkolo) *nm* **1** calculation. **2** plan. **3** *med* stone.

caldaia (kal'daja) *nf* boiler.

caldo ('kaldo) *adj* hot, warm. **avere caldo** (of a person) be hot. **fare caldo** (of weather) be hot. ~*nm* heat.

caleidoscopio (kaleidos'kɔpjo) *nm* kaleidoscope.

calendario (kalen'darjo) *nm* calendar.

calice ('kalitʃe) *nm* chalice.

calligrafia (kalligra'fia) *nf* handwriting.

callo ('kallo) *nm med* corn.

calmare (kal'mare) *vt* soothe, calm (down). **calmante** *nm* sedative, tranquillizer. **calmo** *adj* calm.

calore (ka'lore) *nm* heat, warmth. **caloroso** *adj* warm, cordial.

caloria (kalo'ria) *nf* calorie.

calorifero (kalo'rifero) *nm* radiator.

caloscia (ka'lɔʃʃa) *nf* wellington, galosh.

calpestare (kalpes'tare) *vt* trample. **calpestio** *nm* tramping (of feet).

calunnia (ka'lunnja) *nf* slander.

calvo ('kalvo) *adj* bald. **calvizie** (kal'vittsje) *nf pl* baldness.

calza ('kaltsa) *nf* sock, stocking. **calzatura** (kaltsa'tura) *nf* footwear. **calzino** *nm* sock.

calzolaio (kaltso'lajo) *nm* cobbler, shoemaker. **calzoleria** (kaltsole'ria) *nf* shoemaker's shop.

calzoni (kal'tsoni) *nm pl* trousers. **calzoncini** *nm pl* shorts.

camaleonte (kamale'onte) *nm* chameleon.

cambiale (kam'bjale) *nf* bill of exchange.

cambiare (kam'bjare) *vt,vi* change, alter. **cambiamento** *nm* change, alteration. **cambio** *nm* **1** change. **2** *comm* exchange. **3** *mot* gears.

camera¹ ('kamera) *nf* **1** bedroom, room. **2** chamber. **Camera dei Comuni/Lords** House of Commons/Lords.

camera² ('kamera) *nf* camera.

camerata¹ (kame'rata) *nf* dormitory.

camerata² (kame'rata) *nm* comrade.

cameriera (kame'rjɛra) *nf* **1** waitress. **2** maid. **cameriere** (kame'rjɛre) *nm* waiter.

camicia (ka'mitʃa) *nf* shirt. **camicetta** (kami'tʃetta) *nf* blouse.

camino (ka'mino) *nm* **1** fireplace. **2** chimney. **caminetto** *nm* **1** fireplace. **2** mantelpiece.

camion ('kamjon) *nm* lorry.

cammello (kam'mɛllo) *nm* camel.

camminare (kammi'nare) *vi* **1** walk. **2** go.

cammino (kam'mino) *nm* way, path.

camoscio (ka'mɔʃʃo) *nm* chamois (leather).

campagna (kam'paɲɲa) *nf* **1** countryside. **2** campaign.

campana (kam'pana) *nf* bell. **sordo come una campana**

deaf as a post. **campanello**
(kampa'nɛllo) *nm* doorbell.

campanile *nm* belltower.

campeggiare (kamped'dʒare)
vi camp. **campeggio** *nm* **1**
camping. **2** camp, camp site.
campeggiatore *nm* camper.

campione (kam'pjone) *nm* **1**
champion. **2** sample, speci-
men. **campionato** *nm* cham-
pionship.

campo ('kampo) *nm* **1** field. **2**
field, sphere. **3** *sport* ground.
campo di tennis tennis court.

composanto (kampo'santo)
nm,pl **campisanti** cemetery.

camuffamento (kamuffa
'mento) *nm* camouflage.

Canada (kana'da) *nm* Canada.
canadese (kana'dese) *adj,n*
Canadian.

canaglia (ka'naʎʎa) *nf* rabble,
mob.

canale (ka'nale) *nm* **1** canal. **2**
(television) channel.

canapa ('kanapa) *nf* hemp.

canapè (kana'pɛ) *nm invar* so-
fa.

Canarie (ka'narje) **Isole
Canarie** *nf pl* Canary Islands.

canarino (kana'rino) *nm* cana-
ry.

cancellare (kantʃel'lare) *vt* **1**
score out, cancel. **2** annul.

cancelliere (kantʃel'ljere) *nm*
chancellor. **Cancelliere del-
lo Scacchiere** Chancellor of
the Exchequer.

cancello (kan'tʃello) *nm* gate.

cancro ('kankro) *nm* **1** cancer.
2 *cap* Cancer.

candeggiare (kanded'dʒare) *vt*
bleach.

candela (kan'dela) *nf* **1** candle.
2 spark plug. **3** watt.

candidato (kandi'dato) *nm* can-
didate.

candito (kan'dito) *adj* candied.
nm candy, sweet.

cane ('kane) *nm* dog. **fatica
da cani** *nf* great effort. **tem-
po da cani** *nm* bad weather.

canguro (kan'guro) *nm* kanga-
roo.

canile (ka'nile) *nm* kennel.

canna ('kanna) *nf* **1** reed, cane.
2 rod. **3** pipe, tube.

cannella (kan'nɛlla) *nf* cinna-
mon.

cannelloni (kannel'loni) *nm pl*
tubes of pasta stuffed with a
meat sauce and baked.

cannibale (kan'nibale) *nm* can-
nibal. **cannibalismo** *nm* can-
nibalism.

cannocchiale (kannok'kjale)
nm **1** binoculars. **2** telescope.

cannone (kan'none) *nm* can-
non.

cannuccia (kan'nuttʃa) *nf*
(drinking) straw.

canoa (ka'nɔa) *nf* canoe.

canone ('kanone) *nm* canon,
law.

canonico (ka'nɔniko) *nm rel*
canon.

canonizzare (kanonid'dzare) *vt*
canonize.

canottaggio (kanot'taddʒo) *nm*
boating, rowing.

canottiera (kanot'tjera) *nf* vest,
T-shirt.

canotto (ka'nɔtto) **1** canoe. **2**
small boat.

cantare (kan'tare) *vt,vi* sing. *vi*
(of a cock) crow. **cantante**
nm singer.

cantiere (kan'tjere) *nm* **1** ship-
yard. **2** site, yard.

cantina (kan'tina) *nf* cellar.

canto¹ ('kanto) *nm* **1** song. **2** singing. **3** crow (of a cock).

canto² ('kanto) *nm* side, corner. **dall'altro canto** on the other hand.

cantone (kan'tone) *nm* **1** corner. **2** canton.

cantoniere (kanto'njɛre) *nm* signalman.

canuto (ka'nuto) *adj* whitehaired.

canzonare (kantso'nare) *vt* make fun of. *vi* joke.

canzone (kan'tsone) *nf* song.

caos ('kaos) *nm invar* chaos.

capace (ka'patʃe) *adj* capable, able. **capacità** *nf* **1** capacity. **2** ability.

capanna (ka'panna) *nf* hut. **capannone** (kapan'none) *nm* hangar, shed.

caparbio (ka'parbjo) *adj* obstinate, stubborn.

capello (ka'pello) *nm* **1** hair. **2** *pl* hair (of head). **da fare rizzare i capelli** make one's hair stand on end. **spaccare un capello in quattro** split hairs.

capezzale (kapet'tsale) *nm* bolster.

capezzolo (ka'pettsolo) *nm* nipple, teat.

capire (ka'pire) *vt,vi* understand.

capitale (kapi'tale) *adj,nf* capital. *nm comm* capital. **capitalismo** *nm* capitalism. **capitalista** *nm* capitalist.

capitano (kapi'tano) *nm* captain.

capitare (kapi'tare) *vi* **1** happen. **2** turn up.

capitolo (ka'pitolo) *nm* chapter.

capo ('kapo) *nm* **1** head, mind. **2** top, end. **3** cape. **4** item. **5** chief, leader. **da capo** over again.

capodanno (kapo'danno) *nm* New Year's Day.

capofitto (kapo'fitto) **a capofitto** *adv* headfirst.

capogiro (kapo'dʒiro) *nm, pl* **capogiri** fit of dizziness.

capolavoro (kapola'voro) *nm, pl* **capolavori** masterpiece.

capolinea (kapo'linea) *nm, pl* **capilinea** terminus.

caporale (kapo'rale) *nm* corporal.

capostazione (kapostat'tsjone) *nm, pl* **capistazione** station master.

capotreno (kapo'trɛno) *nm, pl* **capitreno** guard.

capovolgere (kapo'vɔldʒere) *vt* overturn.

cappa ('kappa) *nf* cloak, cape.

cappella (kap'pɛlla) *nf* chapel.

cappello (kap'pello) *nm* hat.

cappero (kap'pero) *nm bot* caper. **capperi!** *interj* gosh!

cappotta (kap'pɔtta) *nf mot* hood.

cappotto (kap'pɔtto) *nm* overcoat.

cappuccino (kapput'tʃino) *nm* coffee with milk.

cappuccio (kap'puttʃo) *nm* hood.

capriccio (ca'prittʃo) *nm* whim, caprice. **capriccioso** (kaprit'tʃoso) *adj* capricious, wilful.

Capricorno (kapri'kɔrno) *nm* Capricorn.

caprifoglio (kapri'fɔʎʎo) *nm* honeysuckle.

capriola (kapri'ɔla) *nm* somersault.

capro (kapro) *nm* billy-goat.

capro espiatorio scapegoat.
capretto (ka'pretto) *nm* kid.
capsico ('kapsiko) *nm* capsicum.
capsula ('kapsula) *nf* capsule.
carabiniere (karabi'njere) *nm* military policeman.
caraffa (ka'raffa) *nf* carafe.
caraibo (kara'ibo) *adj* Caribbean. **(Mar dei) Caraibi** *nm* Caribbean (Sea).
caramella (kara'mella) *nf* sweet.
carato (ka'rato) *nm* carat.
carattere (ka'rattere) *nm* **1** character, nature. **2** letter, character. **caratteristico** (karatte'ristiko) *adj* typical, characteristic.
carboidrato (karboi'drato) *nm* carbohydrate.
carbone (kar'bone) *nm* coal.
carbonio (kar'bɔnjo) *nm* carbon. **carbonico** (kar'bɔniko) *adj* carbonic.
carburante (karbu'rante) *nm* *mot* fuel.
carburatore (karbura'tore) *nm* carburettor.
carcassa (kar'kassa) *nf* skeleton, carcass.
carcere (kart'fere) *nm, pl* **carceri** *f* prison.
carciofo (kar'tʃɔfo) *nm* artichoke.
cardiaco (kar'diako) *adj* cardiac. **attacco cardiaco** *nm* heart attack.
cardinale (kardi'nale) *nm rel* cardinal. *adj* cardinal, principal.
cardine ('kardine) *nm* hinge.
cardo ('kardo) *nm* thistle.
carena (ka'rɛna) *nf* keel.

carestia (kares'tia) *nf* scarcity, shortage.
carezzare (karet'tsare) *vt* caress, stroke. **carezza** *nf* caress.
carlarsi (ka'rjarsi) *vr* decay.
carica ('karika) *nf* appointment, office. **in carica 1** in office. **2** in charge.
caricare (kari'kare) *vt* **1** load, fill. **2** overload. **3** wind up.
caricatura (karika'tura) *nf* caricature.
carico ('kariko) *nm* **1** load. **2** weight, responsibility. **3** *naut* cargo. *adj* laden, loaded.
carie ('karje) *nf invar* decay.
carità (kari'ta) *nf* charity, love. **per carità!** for heaven's sake! please!
carlinga (kar'linga) *nf* cockpit.
carnagione (karna'dʒone) *nf* complexion.
carne ('karne) *nf* **1** flesh. **2** meat. **carnale** *adj* carnal.
carneficina (karnefi't'fina) *nf* slaughter, massacre.
carnevale (karne'vale) *nm* carnival.
caro ('karo) *adj* **1** dear, beloved. **2** expensive, dear. *adv* at a high price.
carosello (karo'zɛllo) *nm* merry-go-round.
carota (ka'rɔta) *nf* carrot.
carponi (kar'poni) *adv* on all fours.
carrello (kar'rɛllo) *nm* trolley.
carriera (kar'rjɛra) *nf* career, profession.
carro ('karro) *nm* **1** cart. **2** lorry, truck.
carrozza (kar'rɔttsa) *nf* coach, carriage. **carrozzeria** *nf* mot

bodywork. **carrozzina** *nf* pram.

carrucola (kar'rukola) *nf* pulley.

carta ('karta) *nf* **1** paper. **2** document. **3** map, chart. **4** card. **carta da lettere** notepaper. **carta d'identità** identity card. **cartacarbone** *nf* carbon paper. **cartapecora** (karta 'pɛkora) *nf* parchment. **cartapesta** (karta'pesta) *nf* papier-mâché. **cartella** (kar 'tella) *nf* **1** folder, file. **2** satchel. **cartellino** *nm* **1** tag. **2** nameplate. **cartello** (kar 'tello) *nm* poster, notice. **cartolina** *nf* postcard. **cartone** *nm* cardboard.

cartilagine (karti'ladʒine) *nf* cartilage.

cartolaio (karto'lajo) *nm* stationer. **cartoleria** *nf* stationery shop.

cartuccia (kar'tuttʃa) *nf* cartridge.

casa ('kasa) *nf* **1** house, home. **2** company, firm. **3** family, house.

casalinga (kasa'linga) *nf* housewife. **casalingo** *adj* **1** domestic. **2** home-made. **3** plain.

cascare (kas'kare) *vi* fall, tumble. **cascata** *nf* waterfall.

casco ('kasko) *nm* helmet, crash helmet.

casella (ka'sella) *nf* pigeonhole. **casella postale** post office box.

caserma (ka'zɛrma) *nf* barracks.

casino (ka'sino) *nm* **1** casino. **2** *inf* brothel.

caso ('kazo) *nm* **1** chance. **2** event, occurrence. **3** case. **4** way, possibility. **caso mai** if by chance. **far caso di** take into account. **in ogni caso** in any case. **per caso** by chance.

cassa ('kassa) *nf* **1** box, case, chest. **2** cash desk. **3** bank, fund. **4** cash. **cassa da morto** coffin. **cassaforte** (kassa'fɔrte) *nf, pl* **casseforti** strongbox.

cassetta (kas'setta) *nf* box. **cassetta delle lettere** letterbox. **cassetto** (kas'setto) *nm* drawer. **cassettone** (kasset 'tone) *nm* chest of drawers.

cassata (kas'sata) *nf* Neapolitan ice-cream.

casseruola (kasse'rwɔla) *nf* saucepan.

cassiere (kas'sjɛre) **1** cashier. **2** treasurer.

casta ('kasta) *nf* caste.

castagna (kas'taɲɲa) *nf* chestnut. **castagno** *nm* chestnut tree. *adj* chestnut, brown.

castello (kas'tello) *nm* castle.

castigare (kasti'gare) *vt* punish. **castigo** *nm* punishment.

casto ('kasto) *adj* chaste. **castità** *nf invar* chastity.

castoro (kas'tɔro) *nm* beaver.

castrare (kas'trare) *vt* castrate.

casuale (kazu'ale) *adj* chance.

catacomba (kata'komba) *nf* catacomb.

catalogo (ka'talogo) *nm* catalogue.

catapulta (kata'pulta) *nf* catapult.

catarro (ka'tarro) *nm* catarrh.

catastrofe (ka'tastrofe) *nf* disaster, catastrophe.

catechismo (kate'kizmo) *nm* catechism.

categoria (katego'ria) *nf* category, class. **categorico** (kate'gɔriko) *adj* categorical, explicit.

catena (ka'tena) *nf* chain. **catena di negozi** chain store.

catino (ka'tino) *nm* basin. **catinella** *nf* small basin. **piovere a catinelle** rain cats and dogs.

catodo ('katodo) *nm* cathode.

catrame (ka'trame) *nm* tar.

cattedrale (katte'drale) *nf* cathedral.

cattivo (kat'tivo) *adj* **1** bad, naughty. **2** evil.

cattolico (kat'tɔliko) *adj,n* Catholic. **cattolicesimo** (kattoli'tʃezimo) *nm* Catholicism.

catturare (kattu'rare) *vt* **1** capture. **2** arrest. **cattura** *nf* **1** capture. **2** arrest.

caucciù (kaut'tʃu) *nm invar* rubber.

causa ('kauza) *nf* **1** cause, reason. **2** *law* case, action. **a causa di** owing to, because of.

causare (kau'zare) *vt* cause, produce.

caustico ('kaustiko) *adj* caustic.

cauto ('kauto) *adj* cautious, careful. **cautela** (kau'tɛla) *nf* **1** caution. **2** precaution.

cauzione (kaut'tsjone) *nf* **1** caution money, deposit. **2** bail.

cava ('kava) *nf* quarry, pit.

cavalcare (kaval'kare) *vt,vi* ride. **cavalcioni** *adv* astride.

cavaliere (kava'ljɛre) *nm* knight.

cavalleria (kavalle'ria) *nf* **1** cavalry. **2** chivalry. **cavalleresco** *adj* chivalrous.

cavallo (ka'vallo) *nm* **1** horse. **2** *game* knight. **a cavallo** on horseback. **cavallo a dondolo** rocking horse. **cavallo di corsa** racehorse. **cavalletto** (kaval'letto) *nm* easel.

cavare (ka'vare) *vt* **1** extract, remove. **2** obtain. **cavarsela** *vr* get out of a difficult situation. **cavatappi** *nm invar* corkscrew.

caverna (ka'vɛrna) *nf* cavern, cave.

caviale (ka'vjale) *nm* caviar.

caviglia (ka'viʎʎa) *nf* ankle.

cavo[1] ('kavo) *adj,nm* hollow. **cavità** *nf* hollow, cavity.

cavo[2] ('kavo) *nm* cable, rope.

cavolo ('kavolo) *nm* cabbage. **cavolfiore** *nm* cauliflower.

ce (tʃe) *pron 1st pers m,f pl* us, to us. *adv* there.

cecità (tʃetʃi'ta) *nf* blindness.

Cecoslovacchia (tʃekoslo'vakkja) *nf* Czechoslovakia. **ceco** *adj,n* Czech. *nm* Czech (language). **cecoslovacco** *adj,n* Czechoslovakian.

cedere ('tʃɛdere) *vi* **1** collapse. **2** yield, give up. *vt* **1** hand over. **2** renounce.

cedola ('tʃedola) *nf* **1** coupon. **2** counterfoil.

cedro[1] ('tʃedro) *nm* **1** lime tree. **2** lime (fruit).

cedro[2] ('tʃedro) *nm* cedar.

celare (tʃe'lare) *vt* hide, conceal.

celebrare (tʃele'brare) *vt* celebrate.

celebre ('tʃɛlebre) *adj* famous, well-known. **celebrità** *nf* celebrity.

celeste (tʃe'lɛste) *adj* **1** heavenly, celestial. **2** azure.

celibe ('tʃɛlibe) *nm* bachelor.

cella ('tʃɛlla) *nf* cell.

cellula ('tʃɛllula) *nf sci* cell.

celluloide (tʃellu'lɔide) *nf* celluloid.

cemento (tʃe'mento) *nm* **1** cement. **2** concrete. **cemento armato** reinforced concrete.

cenacolo (tʃe'nakolo) *nm* painting of the Last Supper.

cenare ('tʃenare) *vi* dine, have dinner. **cena** *nf* dinner, supper.

cencio ('tʃentʃo) *nm* **1** rag. **2** duster, cloth.

cenere (tʃe'nere) *nf* ash.

Ceneri (tʃe'neri) *nf pl* Ash Wednesday.

cenno ('tʃenno) *nm* **1** nod. **2** sign. **3** hint. **fare cenno di** mention.

censimento (tʃensi'mento) *nm* census.

censurare (tʃensu'rare) *vt* censure, reprove. **censura** *nf* censorship. **censore** (tʃen 'sore) *nm* censor.

centenario (tʃente'narjo) *nm* **1** centenary. **2** centenarian.

centigrado (tʃen'tigrado) *adj* centigrade.

centimetro (tʃen'timetro) *nm* centimetre.

cento ('tʃento) *adj,nm* one hundred. **per cento** per cent. **centesimo** (tʃen'tezimo) *adj* hundredth. **centinaio** (tʃenti 'najo) *nm, pl* **centinaia** *f* about a hundred.

centrale (tʃen'trale) *adj* **1** central. **2** principal. **sede centrale** *nf* head office. ~*nf* centre of production, plant, station.

centrale elettrica power station. **centralinista** *nm* operator. **centralino** *nm* telephone exchange. **centralizzare** (tʃentralid'dzare) *vt* centralize.

centro ('tʃentro) *nm* **1** centre, middle. **2** *sport* centre. **centro avanti** or **attacco** centreforward. **centro mediano** or **sostegno** half-back.

ceppo (tʃeppo) *nm* **1** stump. **2** log. **3** block.

cera[1] ('tʃera) *nf* wax.

cera[2] ('tʃera) *nf* appearance.

ceramica (tʃe'ramika) *nf* ceramics.

cercare (tʃer'kare) *vt* **1** search. **2** look for, seek. *vi* try, attempt. **cercasi** (in newspaper advertisements) wanted. **cerca** *nf* search.

cerchio ('tʃerkjo) *nm* circle.

cereale (tʃere'ale) *adj,nm* cereal.

cerimonia (tʃeri'mɔnja) *nf* ceremony.

cerino (tʃe'rino) *nm* **1** wax match. **2** taper.

cerniera (tʃer'njera) *nf* hinge. **cerniera lampo** zip (fastener).

cerotto (tʃe'rɔtto) *nm med* plaster.

certificare (tʃertifi'kare) *vt* **1** certify. **2** confirm. **certificato** *nm* certificate.

certo ('tʃerto) *adj* **1** sure, certain. **2** certain, particular. *adv* certainly, of course.

cervello (tʃer'vello) *nm, pl* **cervella** *f* or **cervelli** *m* brain.

cervo ('tʃervo) *nm* deer.

cesello (tʃe'zɛllo) *nm* chisel.

cesoie (tʃe'zɔje) *nf pl* shears.

cespo ('tʃespo) *nm* tuft.

cespuglio (tʃes'puʎʎo) *nm* bush.

cessare (tʃes'sare) *vi* stop, cease.

cesta ('tʃesta) *nf* basket, hamper. **cestino** *nm* wastepaper basket. **cestino da viaggio** lunch pack.

ceto ('tʃeto) *nm* class, rank.

cetriolo (tʃetri'ɔlo) *nm* cucumber.

che (ke) *pron invar* **1** who, whom. **2** which. **3** that. **un gran che** something important. **un non so che di** a hint of. ~*adj* **1** what? which? **2** what, what a. **3** how. *conj* **1** that. **2** than. **3** as. **non...che** only. **ma che!** *interj also* **macchè!** rubbish!

cheto ('keto) *adj* quiet. **chetichella** (keti'kella) **alla cheticella** *adv* furtively, inconspicuously.

chi (ki) *pron* **1** who? whom? **2** those who, he who, whoever. **chi...chi** some...some. **di chi è?** whose is it?

chiacchierare (kjakkje'rare) *vi* chat, chatter, gossip. **chiacchiera** ('kjakkjera) *nf* chat, piece of gossip. **fare due chiacchiere** have a chat. **chiacchierata** *nf* chat.

chiamare (kja'mare) *vt* **1** call. **2** send for, summon. **chiamarsi** *vr* be called. **chiamata** *nf* call.

chiarire (klja'rire) *vt* clarify, clear up. **chiaro** *adj* clear, bright. **chiarore** *nm* glimmer. **chiaroscuro** *nm* Art light and shade. **chiaroveggente** (kjaroved'dʒente) *adj* clear-sighted.

chiasso ('kjasso) *nm* hubbub, din. **chiassoso** (kjas'soso) *adj* noisy.

chiavare (kja'vare) *vt* have sexual intercourse with.

chiave ('kjave) *nf* key. **chiudere a chiave** lock. **tenere sotto chiave** keep under lock and key.

chiavistello (kjavi'stello) *nm* bolt.

chiazzare (kjat'tsare) *vt* stain. **chiazza** *nf* stain.

chicchirichì (kikkiri'ki) *nm* cock-a-doodle-do.

chicco ('kikko) *nm* **1** grain. **2** (coffee) bean. **3** grape.

chiedere* ('kjedere) *vt* **1** ask. **2** ask for, request, beg.

chiesa ('kjeza) *nf* church.

chiesi ('kjesi) *v* see **chiedere**.

chiesto ('kjesto) *v* see **chiedere**.

chiglia ('kiʎʎa) *nf* keel.

chilo ('kilo) *nm* kilo. **chilogrammo** (kilo'grammo) *nm* kilogram. **chilometro** (ki'lometro) *nm* kilometre. **chilowatt** ('kilovat) *nm invar* kilowatt.

chimera (ki'mɛra) *nf* illusion.

chimica ('kimika) *nf* chemistry. **chimico** ('kimiko) *adj* chemical. *nm* chemist.

china ('kina) *nf* slope, descent. **chinare** (ki'nare) *vt* lower, bend. **chinarsi** *vr* stoop, bend.

chincaglieria (kinkaʎʎe'ria) *nf* bric-a-brac, trinkets.

chiocciare (kjot'tʃare) *vi* cluck.

chiocciola ('kjɔttʃola) *nf* snail. **scala a chiocciola** *nf* spiral staircase.

chiodo ('kjɔdo) nm 1 nail. 2 debt.

chiosco ('kjɔsko) nm kiosk.

chiostro ('kjɔstro) nm cloister.

chirurgia (kirur'dʒia) nf surgery. **chirurgico** adj surgical. **chirurgo** nm, pl **chirurghi** or **chirurgi** surgeon.

chitarra (ki'tarra) nf guitar.

chiudere* ('kjudere) vt 1 close, shut. 2 end. 3 switch or turn off.

chiunque (ki'unkwe) pron invar whoever, anyone who.

chiusi ('kjusi) v see **chiudere.**

chiuso ('kjuso) v see **chiudere.** adj shut, closed.

chiusura (kju'sura) nf 1 closure. 2 fastening. **chiusura lampo** zip fastener.

ci (tʃi) pron 1st pers m,f pl 1 us, to us. 2 ourselves. adv here, there.

cialda ('tʃalda) nf waffle.

ciambella (tʃam'bɛlla) nf 1 ring-shaped bun. 2 rubber ring.

ciambellano (tʃambel'lano) nm chamberlain.

cianuro (tʃa'nuro) nm cyanide.

ciao ('tʃao) interj 1 hello! 2 bye-bye! cheerio!

ciarlare (tʃar'lare) vi chatter, gabble.

ciarlatano (tʃarla'tano) nm charlatan.

ciascuno (tʃas'kuno) also **ciascheduno** adj each, every. pron each one, every one.

cibare (tʃi'bare) vt feed, nourish. **cibo** nm food.

cicala (tʃi'kala) nf cicada.

cicatrice (tʃika'tritʃe) nf scar.

cicca ('tʃikka) nf butt, cigarette end.

cicerone (tʃitʃe'rone) nm guide.

ciclamino (tʃikla'mino) nm cyclamen.

ciclo ('tʃiklo) nm 1 cycle. 2 bicycle, cycle. **ciclismo** nm cycling. **ciclista** nm cyclist.

ciclone (tʃi'klone) nm cyclone.

cicogna (tʃi'koɲɲa) nf stork.

cicoria (tʃi'kɔrja) nf chicory.

cieco ('tʃɛko) adj blind. nm blind man.

cielo ('tʃɛlo) nm 1 sky. 2 heaven.

cifra ('tʃifra) nf 1 figure, number. 2 sum, amount.

ciglio ('tʃiʎʎo) nm 1 pl **ciglia** f eyelash. 2 pl **cigli** m edge, brink.

cigno ('tʃiɲɲo) nm swan.

cigolare (tʃigo'lare) vi squeak, creak.

ciliegia (tʃi'ljedʒa) nf cherry. **ciliegio** nm cherry tree.

cilindro (tʃi'lindro) nm cylinder.

cima ('tʃima) nf summit, top.

cimice ('tʃimitʃe) nf bug.

ciminiera (tʃimi'njɛra) nf 1 factory chimney. 2 naut funnel.

cimitero (tʃimi'tero) nm cemetery, graveyard.

Cina ('tʃina) nf China. **cinese** (tʃi'nese) adj,n Chinese. nm Chinese (language).

cinema ('tʃinema) nm invar cinema. **cineasta** nm person connected with the cinema.

cinetico (tʃi'nɛtiko) adj kinetic.

cingere* ('tʃindʒere) vt surround, encircle.

cinghia ('tʃingja) nf strap, belt.

cinghiale (tʃin'gjale) nm 1 wild boar. 2 pigskin.

cinguettare (tʃingwet'tare) vi twitter, chirp.

cinico ('tʃiniko) adj cynical, sceptical.

cinquanta (tʃin'kwanta) adj,nm fifty. **cinquantesimo** adj fiftieth.

cinque ('tʃinkwe) adj,nm five. **cinquecento** (tʃinkwe'tʃento) adj five hundred. nm **1** five hundred. **2** sixteenth century.

cintura (tʃin'tura) nm belt. **cintura di sicurezza** seat belt. **cinturino** nm strap.

ciò (tʃo) pron invar that, this. **ciò che** that which.

cioccolata (tʃokko'lata) nf also **cioccolato** nm chocolate. **cioccolatino** nm chocolate sweet.

cioè (tʃo'ɛ) adv that is to say, that is.

ciondolo ('tʃondolo) nm pendant.

ciottolo ('tʃottolo) nm **1** stone, pebble. **2** cobble.

cipiglio (tʃi'piʎʎo) nm scowl, frown.

cipolla (tʃi'polla) nf onion. **cipollina** nf spring onion.

cipresso (tʃi'presso) nm cypress.

cipria ('tʃiprja) nf face powder.

Cipro ('tʃipro) nm Cyprus. **cipriota** adj,n Cypriot.

circa ('tʃirka) prep about, concerning. adv roughly, approximately, about.

circo ('tʃirko) nm circus.

circolare[1] (tʃirko'lare) vi **1** circulate, spread, flow. **2** move about, circulate. **circolante** adj mobile. nm currency. **circolazione** nf **1** circulation. **2** traffic.

circolare[2] (tʃirko'lare) adj circular. nf circular (letter).

circolo ('tʃirkolo) nm **1** circle. **2** group, club.

circoncidere (tʃirkon'tʃidere) vt circumcize.

circondare (tʃirkon'dare) vt surround.

circonferenza (tʃirkonfe'rentsa) nf circumference.

circonvallazione (tʃirkonvallat'tsjone) nf ring-road.

circoscrivere (tʃirkos'krivere) vt limit, restrict.

circostante (tʃirkos'tante) adj surrounding. nm bystander.

circostanza (tʃirkos'tantsa) nf circumstance.

circuito (tʃir'kuito) nm circuit.

cisterna (tʃis'tɛrna) nf tank, cistern. **nave cisterna** nf naut tanker.

citare (tʃi'tare) vt **1** quote, cite. **2** summon. **citazione** nf **1** quotation. **2** summons.

città (tʃit'ta) nf invar town, city. **cittadino** nm citizen.

ciuffo ('tʃuffo) nm tuft.

civetta (tʃi'vetta) nf **1** owl. **2** flirt.

civico ('tʃiviko) adj civic.

civile (tʃi'vile) adj civil, civilian. nm civilian.

civiltà (tʃivil'ta) nf civilization. **civilizzare** (tʃivilid'dzare) vt civilize. **civilizzazione** nf civilization.

clacson ('klakson) nm mot horn.

clamore (kla'more) nm **1** din, uproar. **2** outcry. **clamoroso** (klamo'roso) adj noisy, sensational.

clandestino (klandes'tino) adj clandestine.

clarinetto (klari'netto) *nm* clarinet.

classe ('klasse) *nf* **1** class. **2** classroom. **di classe** of high quality. **fuori classe** in a class of its own.

classico ('klassiko) *adj* classic, classical.

classificare (klassifi'kare) *vt* classify, class. **classificazione** *nf* classification.

clausola ('klauzola) *nf* clause.

claustrofobia (klaustrofo'bia) *nf* claustrophobia.

clavicembalo (klavi'tʃembalo) *nm* harpsichord.

clavicola (kla'vikola) *nf* collarbone.

clemenza (kle'mɛntsa) *nf* mercy, clemency.

cleptomane (klep'tɔmane) *nm* kleptomaniac. **cleptomania** *nf* kleptomania.

clero ('klɛro) *nm* clergy.

cliente (kli'ɛnte) *nm* client, customer. **clientela** (klien'tɛla) *nf* clientele.

clima ('klima) *nm* climate.

clinica ('klinika) *nf* **1** clinical medicine. **2** clinic, nursing home.

cloro ('klɔro) *nm* chlorine.

clorofilla (kloro'filla) *nf* chlorophyll.

cloroformio (kloro'fɔrmjo) *nm* chloroform.

cloruro (klo'ruro) *nm* chloride.

coabitare (koabi'tare) *vi* cohabit, live together.

coagulare (koagu'lare) *vt* coagulate. **coagularsi** *vr* coagulate. **coagulo** (ko'agulo) *nm* **1** clot. **2** curd.

coalizione (koalit'tsjone) *nf* coalition.

cobra ('kɔbra) *nm invar* cobra.

cocaina (koka'ina) *nf* cocaine.

cocchio ('kɔkkjo) *nm* coach, carriage.

coccinella (kottʃi'nɛlla) *nf* ladybird.

cocco ('kɔkko) *nm* **1** coconut. **2** coconut palm.

coccodrillo (kokko'drillo) *nm* crocodile. **lagrime di coccodrillo** *nf pl* crocodile tears.

cocente (ko'tʃɛnte) *adj* **1** hot, burning. **2** acute.

cociamo (ko'tʃamo) *v* see **cuocere.**

cocomero (ko'komero) *nm* watermelon.

coda ('koda) *nf* **1** tail. **2** queue. **guardare con la coda dell'occhio** look out of the corner of one's eye.

codardo (ko'dardo) *adj* cowardly.

codeina (kode'ina) *nf* codeine.

codesto (ko'desto) *adj* this, that. *pron* that one.

codice ('kɔditʃe) *nm* code.

coerente (koe'rɛnte) *adj* coherent. **coerenza** (koe'rɛntsa) *n,* **1** coherence. **2** consistency.

coesistere (koe'zistere) *vi* coexist.

coetaneo (koe'taneo) *adj,nm* contemporary.

cofano ('kɔfano) *nm* **1** chest casket. **2** mot bonnet.

cogliere* ('kɔʎʎere) *vt* **1** pick **2** gather, collect. **3** catch **4** hit, strike. **cogliere l'occasione** seize the opportunity.

cognato (koɲ'ɲato) *nm* brother-in-law. **cognata** *nf* sister-in-law.

cognome (goɲˈɲome) *nm* surname.

coincidere (koinˈtʃidere) *vi* coincide. **coincidenza** (kointʃiˈdɛntsa) *nf* 1 coincidence. 2 (railway) connection.

coinvolgere (koinˈvɔldʒere) *vt* involve.

coito (ˈkɔito) *nm* coitus, sexual intercourse.

colare (koˈlare) *vt* 1 strain. 2 pour. *vi* drip, trickle. **colare a picco** sink. **colapasta** *nm invar* pasta strainer. **colino** *nm* strainer.

colatoio (kolaˈtojo) *nm* colander.

colazione (kolatˈtsjone) *nf* lunch. **prima colazione** breakfast.

colei (koˈlɛi) *pron fs* she, that woman.

colera (koˈlɛra) *nm* cholera.

colgo (ˈkɔlgo) *v* see **cogliere**.

colla (ˈkɔlla) *nf* glue.

collaborare (kollaboˈrare) *vi* 1 collaborate. 2 contribute. **collaborazione** *nf* collaboration.

collana (kolˈlana) *nf* 1 necklace. 2 series. 3 collection.

collare (kolˈlare) *nm* collar.

collasso (kolˈlasso) *nm* collapse.

collaudare (kollauˈdare) *vt* test, try. **collaudo** *nm* 1 test. 2 approval.

colle (ˈkɔlle) *nm* hill.

collega (kolˈlɛga) *nm* colleague.

collegare (kolleˈgare) *vt* join, connect, link. **collegamento** *nm* link, connection.

collegio (kolˈlɛdʒo) *nm* 1 college. 2 boarding school.

collera (ˈkɔllera) *nf* anger. **montare in collera** get angry.

colletta (kolˈletta) *nf* collection.

collettivo (kolletˈtivo) *adj* collective, joint.

colletto (kolˈletto) *nm* collar.

collezionare (kollettsjoˈnare) *vt* collect. **collezione** *nf* collection. **fare collezione di** collect.

collina (kolˈlina) *nf* hill.

collo[1] (ˈkɔllo) *nm* neck.

collo[2] (ˈkɔllo) *nm* parcel, package.

collocare (kolloˈkare) *vt* place, put.

colloquio (kolˈlɔkwjo) *nm* 1 talk, discussion. 2 interview.

colmare (kolˈmare) *vt* fill. **colmo** *adj* full, overflowing. *nm* 1 top. 2 height.

colomba (koˈlomba) *nf* dove. **colombo** *nm* pigeon.

colonia (koˈlɔnja) *nf* 1 colony. 2 summer camp. **coloniale** *adj* colonial. **colonizzare** (kolonidˈdzare) *vt* colonize.

colonna (koˈlonna) *nf* column, pillar.

colonnello (kolonˈnɛllo) *nm* colonel.

colorire (koloˈrire) *vt* colour. **colore** *nm* 1 colour. 2 colouring. **di colore** coloured.

colossale (kolosˈsale) *adj* gigantic.

colpa (ˈkolpa) *nf* 1 offence. 2 blame. 3 fault.

colpevole (kolˈpevole) *adj* guilty. *nm* culprit.

colpire (kolˈpire) *vt* strike, hit. **rimanere colpito** be amazed.

colpo (ˈkolpo) *nm* 1 blow, stroke, knock. 2 shot. **colpo d'aria** draught. **colpo di sole** sunstroke. **colpo di Stato** coup d'état. **colpo di**

telefono telephone call. **colpo d'occhio** glance.

colsi (kɔlsi) v see **cogliere.**

coltello (kol'tello) nm knife. **coltello a serramanico** pen-knife.

coltivare (kolti'vare) vt cultivate.

colto[1] ('kɔlto) v see **cogliere.**

colto[2] ('kolto) adj cultured, learned.

coltura (kol'tura) nf 1 cultivation, breeding. 2 culture.

colui (ko'lui) pron ms he, that man. **coloro** pron m,f pl those, those people.

coma ('kɔma) nm coma.

comandare (koman'dare) vt 1 command, order. 2 control. **comandante** nm commander. **comando** nm command, order.

combattere (kom'battere) vi,vt fight, combat. **combattente** (kombat'tɛnte) nm soldier. **combattimento** nm combat, fight.

combinare (kombi'nare) vt 1 combine. 2 arrange. vi 1 agree. 2 match. **cosa sta combinando?** what is he up to? **combinazione** nf 1 combination. 2 chance.

combustione (kombus'tjone) nf combustion.

come ('kome) adv 1 like, as. 2 as well as. 3 how. prep as soon as. **come se** as if. ~interj what! **come?** what did you say?

cometa (ko'meta) nf comet.

comico ('kɔmiko) adj 1 comic. 2 funny, comical. nm comedian, comic.

cominciare (komin'tʃare) vt,vi begin, start.

comitato (komi'tato) nm committee, board.

comitiva (komi'tiva) nf party, group.

comizio (ko'mittsjo) nm meeting.

commedia (kom'medja) nf 1 comedy. 2 play. **commediante** nm 1 actor. 2 comedian. nf 1 actress. 2 comedienne.

commemorare (kommemo'rare) vt commemorate. **commemorativo** adj commemorative. **commemorazione** nf commemoration.

commentare (kommen'tare) vt 1 annotate. 2 comment upon. **commentatore** nm commentator. **commento** nm comment.

commercio (kom'mertʃo) nm commerce, business, trade. **commerciale** adj commercial. **commerciante** nm 1 businessman. 2 merchant.

commesso (kom'messo) nm 1 shop assistant. 2 clerk. **commesso viaggiatore** travelling salesman.

commestibile (kommes'tibile) adj edible.

commettere* (kom'mettere) vt commit.

commissariato (kommissa'rjato) nm commissariat. **commissariato di polizia** police station. **commissario** (kommis'sarjo) nm commissioner.

commissione (kommis'sjone) nf 1 errand. 2 order. 3 commission, committee.

commosso (kom'mɔsso) *adj* touched, moved.

commozione (kommot'tsjone) *nf* agitation. **commozione cerebrale** concussion.

commuovere* (kom'mwɔvere) *vt* move, touch, affect.

commutare (kommu'tare) *vt* change.

commutatore (kommuta'tore) *nm* switch.

comodino (komo'dino) *nm* bedside table.

comodo ('kɔmodo) *adj* 1 comfortable. 2 handy. 3 convenient. 4 useful. **stia comodo!** please don't get up! ~*nm* 1 comfort. 2 convenience. **con comodo** at one's leisure. **comodità** *nf* 1 convenience. 2 comfort.

compagno (kompaɲ'ɲo) *nm* 1 companion, comrade. 2 partner. **compagnia** *nf* company.

comparativo (kompara'tivo) *adj* comparative.

comparire* (kompa'rire) *vi* 1 appear. 2 seem.

compartimento (komparti'mento) *nm* compartment.

compassione (kompas'sjone) *nf* pity, compassion.

compasso (kom'passo) *nm* 1 compass. 2 pair of compasses.

compatire (kompa'tire) *vt* 1 pity. 2 sympathize with. **compatimento** *nm* pity.

compatriota (kompatri'ɔta) *nm* fellow countryman.

compatto (kom'patto) *adj* compact.

compendio (kom'pɛndjo) *nm* 1 compendium. 2 summary.

compensare (kompen'sare) *vt*

compensate, make up for.

compenso (kom'pɛnso) *nm* compensation.

competente (kompe'tɛnte) *adj* 1 apt, suitable. 2 competent.

competere (kom'petere) *vi* compete. **competitore** (kompeti'tore) *nm* competitor. **competizione** *nf* competition.

compiacere* (kompja'tʃere) *vt* 1 please. 2 humour. **compiacersi** *vr* 1 delight in. 2 deign. **compiacente** *adj* obliging. **compiacimento** *nm* pleasure.

compiangere* (kom'pjan-dʒere) *vt* pity.

compiere ('kompjere) *vt* 1 complete, finish. 2 fulfil, accomplish. **compiere gli anni** have a birthday.

compilare (kompi'lare) *vt* compile.

compito (kom'pito) *nm* 1 task. 2 homework.

compleanno (komple'anno) *nm* birthday. **buon compleanno!** happy birthday!

complesso (kom'plɛsso) *adj* complex, complicated. *nm* 1 whole, mass. 2 complex. 3 group, band. **nel complesso** on the whole. **complessivo** *adj* total, comprehensive.

completare (komple'tare) *vt* complete. **completo** (kom'plɛto) *adj* 1 complete. 2 full. *nm* suit.

complicare (compli'kare) *vt* complicate. **complicato** *adj* complicated. **complicazione** *nf* complication.

complice ('komplitʃe) *nm* accomplice.

complimentare (komplimen-

'tare) *vt* compliment. **complimento** *nm* 1 compliment. 2 *pl* congratulations. **fare complimenti** stand · on ceremony. **senza complimenti** without ceremony.

complotto (kom'plɔtto) *nm* plot.

componente (kompo'nɛnte) *adj* component. *nm,f* 1 component. 2 member.

comporre* (kom'porre) *vt* compose.

comportare (kompor'tare) *vt* 1 tolerate, permit. 2 involve. **comportarsi** *vr* behave. **comportamento** *nm* behaviour.

compositore (kompozi'tore) *nm* composer.

composizione (kompozit 'tsjone) *nf* composition.

composto (kom'posto) *adj* 1 compound. 2 calm, sedate, composed. *nm* compound.

comprare (kom'prare) *vt* buy.

comprendere* (kom'prɛndere) *vt* 1 include, comprise. 2 understand, comprehend. **comprensibile** (kompren'sibile) *adj* comprehensible, understandable. **comprensione** *nf* comprehension, understanding. **comprensivo** *adj* comprehensive.

compressa (kom'pressa) *nf* 1 compress. 2 tablet. **compressore** *nm* compressor.

comprimere* (kom'primere) *vt* compress.

compromettere (kompro'mettere) *vt* 1 compromise. 2 endanger. **compromesso** *nm* compromise.

compunto (kom'punto) *adj* 1 contrite. 2 solemn.

computerizzare (komputerit 'tsare) *vt* computerize.

comune (ko'mune) *adj* common, ordinary, everyday. *nm* 1 town council. 2 municipal buildings. **comunale** *adj* 1 communal. 2 municipal. **comunità** *nf* community.

comunicare (komuni'kare) *vt* communicate, pass on. *vi* communicate, keep in contact. **comunicazione** *nf* communication.

comunione (komu'njone) *nf* communion.

comunismo (komu'nizmo) *nm* communism. **comunista** *nm* communist.

comunque (ko'munkwe) *adv* however, anyhow.

con (kon) *prep* 1 with. 2 by. 3 to.

conca ('konka) *nf* 1 container. 2 basin. 3 shell.

concavo ('konkavo) *adj* concave.

concedere* (kon'tʃedere) *vt* 1 grant, allow. 2 admit.

concentrare (kontʃen'trare) *vt* concentrate. **concentramento** *nm* concentration. **campo di concentramento** *nm* concentration camp. **concentrazione** *nf* concentration.

concentrico (kon'tʃentriko) *adj* concentric.

concepire (kontʃe'pire) *vt* 1 conceive. 2 imagine, devise. 3 understand.

concernere (kon'tʃernere) *vt* concern.

concerto (kon'tʃerto) *nm* concert.

concessi (kon'tʃessi) *v* see **concedere**.

concessione (kontʃes'sjone) *nf* concession.

concesso (kon'tʃesso) *v* see **concedere**.

concetto (kon'tʃetto) *nm* 1 concept, idea. 2 opinion.

concezione (kontʃet'tsjone) *nf* conception.

conchiglia (kon'kiʎʎa) *nf* shell.

conciliare (kontʃi'ljare) *vt* 1 reconcile. 2 induce. **conciliarsi** *vr* 1 be reconciled. 2 gain.

concilio (kon'tʃiljo) *nm* council.

concime (kon'tʃime) *nm* dung, manure.

conciso (kon'tʃizo) *adj* concise.

concittadino (kontʃitta'dino) *nm* fellow citizen.

concludere* (kon'kludere) *vt* conclude, finish. **concludersi** *vr* end, finish. **conclusione** *nf* conclusion. **conclusivo** (konklu'zivo) *adj* conclusive.

concorrere* (kon'korrere) *vi* 1 assemble. 2 contribute. 3 compete. 4 concur. **concorrente** (konkor'rɛnte) *nm* competitor. **concorrenza** (konkor'rɛntsa) *nf* rivalry, competition.

concorso (kon'korso) *nm* competition.

concreto (kon'krɛto) *adj* concrete, actual.

condannare (kondan'nare) *vt* 1 condemn. 2 sentence, convict. 3 blame. **condanna** *nf law* sentence. **condannato** *nm* convict.

condensazione (kondensat 'tsjone) *nf* condensation.

condire (kon'dire) *vt cul* season. **condimento** *nm* seasoning, dressing.

condiscendere (kondiʃ'ʃendere) *vi* 1 yield. 2 condescend. **condiscendente** (kondiʃʃen 'dɛnte) *adj* 1 indulgent. 2 condescending.

condividere* (kondi'videre) *vt* share.

condizione (kondit'tsjone) *nf* condition. **condizionale** *adj* conditional. **condizionare** *vt* condition. **condizionato** *adj* 1 conditioned. 2 packed. **aria condizionata** *nf* air conditioning.

condoglianza (kondoʎ'ʎantsa) *nf* condolence, sympathy. **condolersi*** (kondo'lersi) *vr* 1 grieve. 2 sympathize.

condotta (kon'dotta) *nf* 1 conduct, behaviour. 2 leadership. 3 medical practice controlled by local authority.

condotto (kon'dotto) *v* see **condurre**. *nm* tube, pipe.

conducente (kondu'tʃɛnte) *nm* driver.

conduco (kon'duko) *v* see **condurre**.

condurre* (kon'durre) *vt* 1 lead, accompany, take. 2 manage, run. 3 drive. **condursi** *vr* behave.

condussi (kon'dussi) *v* see **condurre**.

conduttore (kondut'tore) *nm* 1 driver. 2 *sci* conductor.

confarsi (kon'farsi) *vr* suit.

confederazione (konfederat 'tsjone) *nf* federation.

conferire (konfe'rire) *vt* be-

confermare   50

stow, give. *vi* confer. **conferenza** (konfe'rɛntsa) *nf* **1** conference. **2** lecture. **conferenziere** (konferen'tsjɛre) *nm* **1** speaker. **2** lecturer.

confermare (konfer'mare) *vt* confirm. **conferma** *nf* confirmation.

confessare (konfes'sare) *vt* confess. **confessionale** *nm* confessional box. **confessione** *nf* confession.

confetto (kon'fetto) *nm* **1** sweet. **2** sugared almond.

confettura (konfet'tura) *nf* jam.

confezionare (konfettsjo'nare) *vt* make, manufacture. **confezione** *nf* **1** manufacture. **2** *pl* clothes. **3** packaging. **confezioni su misura** made-to-measure clothes.

confidare (konfi'dare) *vt* confide. *vi* trust. **confidenza** (konfi'dɛntsa) *nf* **1** confidence, trust. **2** familiarity. **confidenziale** *adj* confidential.

confinare (konfi'nare) *vt* confine, banish. **confinare con** be adjacent to, border on. **confine** *nm* **1** border. **2** boundary.

confiscare (konfis'kare) *vt* confiscate.

conflitto (kon'flitto) *nm* conflict, struggle.

confondere* (kon'fondere) *vt* **1** confuse, mix up, mistake. **2** perplex, blur. **confondersi** *vr* become confused.

conformare (konfor'mare) *vt* conform. **conformarsi a** *vr* conform to, comply with. **conforme** *adj* similar. **conformista** *nm* conformist.

confortare (konfor'tare) *vt*

comfort, console. **conforto** (kon'fɔrto) *nm* comfort.

confrontare (konfron'tare) *vt* compare. **confronto** *nm* comparison. **in** or **a confronto di** compared with.

confusione (konfu'zjone) *nf* **1** disorder, confusion. **2** embarrassment. **confuso** *adj* **1** confused. **2** embarrassed.

congedare (kondʒe'dare) *vt* dismiss. **congedo** (kon'dʒedo) *nm* leave, leave of absence.

congelare (kondʒe'lare) *vt* freeze. **congelarsi** *vr* freeze.

congestionare (kondʒestjo'nare) *vt* overcrowd, congest. **congestione** *nf* congestion.

congiungere* (kon'dʒundʒere) *vt* join, link.

congiurare (kondʒu'rare) *vi* conspire, plot. **congiura** *nf* conspiracy, plot. **congiurato** *nm* conspirator.

congratularsi (kongratu'larsi) *vr* congratulate. **congratulazione** *nf* congratulation.

congregare (kongre'gare) *vi* assemble. **congregarsi** *vr* congregate.

congresso (kon'grɛsso) *nm* **1** congress. **2** conference.

coniare (ko'njare) *vt* coin.

conico ('kɔniko) *adj* conical.

conifero (ko'nifero) *adj* coniferous.

coniglio (ko'niʎʎo) *nm* rabbit. **conigliera** (koniʎ'ʎera) *nf* rabbit-hutch.

coniugare (konju'gare) *vt* conjugate. **coniugazione** *nf* conjugation.

coniuge ('kɔnjudʒe) *nm*,

51 **contadino**

spouse. **coniugale** *adj* conjugal.

connettere* (kon'nɛttere) *vt* connect.

cono ('kɔno) *nm* cone.

conobbi (ko'nɔbbi) *v* see **conoscere.**

conoscere* (ko'noʃʃere) *vt* know, be acquainted with. **conoscente** (konoʃ'ʃɛnte) *nm* acquaintance. **conoscenza** (konoʃ'ʃɛntsa) *nf* **1** knowledge. **2** acquaintance. **3** consciousness. **fare conoscenza di** get to know. **conoscitore** *nm* connoisseur, expert.

conquistare (konkwis'tare) *vt* conquer. **conquista** *nf* conquest.

consacrare (konsa'krare) *vt* **1** consecrate, ordain. **2** devote.

consapevole (konsa'pevole) *adj* aware, informed.

consecutivo (konseku'tivo) *adj* consecutive.

consegnare (konseɲ'ɲare) *vt* **1** hand over, deliver, entrust. **2** confine. **consegna** *nf* delivery. **pagamento alla consegna** cash on delivery.

conseguire (konse'gwire) *vt,vi* follow, result. **conseguente** (konse'gwɛnte) *adj* consequent. **conseguenza** (konse 'gwɛntsa) *nf* consequence.

consenso (kon'sɛnso) *nm* **1** consent, approval. **2** consensus.

consentire (konsen'tire) *vi* consent, agree.

conservare (konser'vare) *vt* keep, preserve. **conserva** (kon'sɛrva) *nf* preserve. **frutta in conserva** *nf* preserved

fruit. **conservazione** *nf* preservation.

considerare (konside'rare) *vt* **1** examine. **2** consider, regard. **considerabile** (konside'rabile) *adj* considerable. **considerazione** *nf* consideration.

consigliare (konsiʎ'ʎare) *vt* advise. **consigliarsi** *vr* take advice. **consigliere** (konsiʎ 'ʎere) *nm* councillor.

consiglio (kon'siʎʎo) *nm* **1** piece of advice, advice. **2** council.

consistere (kon'sistere) *vi* consist.

consolare (konso'lare) *vt* console. **consolazione** *nf* consolation.

console ('kɔnsole) *nm* consul. **consolato** *nm* consulate.

consolidare (konsoli'dare) *vt* consolidate.

consonante (konso'nante) *nf* consonant.

consorzio (kon'sɔrtsjo) *nm* consortium.

consueto (konsu'ɛto) *adj* usual. *nm* habit, custom. **consuetudine** (konsue'tudine) *nf* habit, custom.

consultare (konsul'tare) *vt* consult. **consultazione** *nf* consultation. **consulto** *nm* consultation.

consumare (konsu'mare) *vt* **1** consume, use up. **2** commit. **consumatore** *nm* consumer. **consumo** *nm* consumption.

contabile (kon'tabile) *nm* bookkeeper. **contabilità** *nf* bookkeeping.

contadino (konta'dino) *nm* peasant.

contado (kon'tado) nm countryside (around a town).

contagioso (konta'dʒoso) adj contagious, infectious.

contaminare (kontami'nare) vt contaminate, infect. **contaminazione** nf contamination.

contante (kon'tanti) adj (of money) ready. nm cash.

contare (kon'tare) vt 1 count. 2 consider. 3 intend. vi 1 count, have importance. 2 rely. **contatore** nm meter.

contatto (kon'tatto) nm contact.

conte ('konte) nm (title) count. **contea** nf county. **contessa** nf countess.

conteggio (kon'teddʒo) nm calculation. **conteggio alla rovescia** countdown.

contegno (kon'teɲɲo) nm appearance, bearing.

contemplare (kontem'plare) vt contemplate.

contemporaneo (kontempo'raneo) adj,nm contemporary.

contendere* (kon'tendere) vt dispute, contest.

contenere* (konte'nere) vt 1 contain, hold. 2 repress. **contenersi** vr restrain oneself. **contenuto** nm contents.

contentare (konten'tare) vt satisfy. **contentarsi** vr be satisfied. **contento** (kon'tento) adj happy, glad, pleased.

contestare (kontes'tare) vt challenge.

contiguo (kon'tiguo) adj adjoining.

continente (konti'nente) nm continent. **continentale** adj continental.

continuare (kontinu'are) vt,vi continue. **continuazione** nf continuation.

continuo (kon'tinuo) adj continual, continuous, unbroken. **di continuo** incessantly.

conto ('konto) nm 1 calculation. 2 bill, account. 3 esteem, regard. 4 notice. 5 report. **conto alla rovescia** countdown. **conto corrente** current account. **fare conto** imagine, suppose. **per conto mio** 1 on my behalf. 2 for my part.

contorcere* (kon'tortʃere) vt twist. **contorcersi** vr writhe.

contorno (kon'torno) nm 1 contour. 2 border. 3 vegetables served with meat course.

contrabbandare (kontrabban'dare) vt smuggle. **contrabbandiere** (kontrabban'djere) nm smuggler. **contrabbando** nm smuggling.

contrabbasso (kontrab'basso) nm double bass.

contraccolpo (kontrak'kolpo) nm repercussion.

contraddire* (kontrad'dire) vt contradict. **contraddittorio** adj contradictory. **contraddizione** nf contradiction.

contraereo (kontra'ɛreo) adj anti-aircraft.

contraffare* (kontraf'fare) vt 1 imitate. 2 forge, copy. **contraffatto** adj counterfeit.

contrapporre* (kontrap'porre) vt oppose.

contrariare (kontra'rjare) vt 1 contradict. 2 annoy.

contrario (kon'trarjo) adj 1 opposite, contrary. 2 unfavourable, adverse. nm contrary, opposite. **al contrario** on the contrary.

contrarre* (kon'trarre) vt contract.

contrastare (kontras'tare) vt 1 oppose, resist. 2 dispute. vi 1 struggle. 2 clash. **contrasto** nm 1 conflict, opposition, clash. 2 contrast.

contrattare (kontrat'tare) vt,vi negotiate.

contratto (kon'tratto) nm contract.

contravvenire* (kontravve 'nire) vi infringe, violate. **contravvenzione** nf 1 infringement. 2 fine.

contribuire (kontribu'ire) vi 1 contribute. 2 help. **contributo** nm contribution.

contristare (kontris'tare) vt sadden, grieve.

contro ('kontro) prep,adv against. **controffensiva** nf counterattack.

controllare (kontrol'lare) vt inspect, examine. **controllo** (kon'trɔllo) nm control. **controllo delle nascite** birth control. **controllore** (kontrol 'lore) nm ticket inspector.

controversia (kontro'vɛrsja) nf controversy. **controverso** (kontro'vɛrso) adj controversial.

conturbare (kontur'bare) vt disturb, upset.

contusione (kontu'zjone) nf bruise.

convalescenza (konvaleʃ 'ʃentsa) nf convalescence.

convegno (kon'veɲɲo) nm meeting.

convenire* (konve'nire) vi 1 meet, converge. 2 agree. v imp

1 suit. 2 be in one's interest.

conveniente (konve'njɛnte) adj 1 advantageous. 2 suitable. **convenienza** (konve'njɛntsa) nf 1 suitability. 2 propriety.

convento (kon'vɛnto) nm 1 convent. 2 monastery.

convenzione (konven'tsjone) nf convention.

convergere (kon'vɛrdʒere) vi converge.

conversare (konver'sare) vi talk, chat, converse. **conversazione** nf conversation.

conversione (konver'sjone) nf conversion.

convertire (konver'tire) vt convert. **convertito** nm convert.

convesso (kon'vɛsso) adj convex.

convincere* (kon'vintʃere) vt persuade, convince.

convitato (konvi'tato) nm guest.

convito (kon'vito) nm banquet.

convitto (kon'vitto) nm boarding school.

convocare (konvo'kare) vt summon, convene.

convoglio (kon'vɔʎʎo) nm convoy, escort.

convulsione (konvul'sjone) nf convulsion.

cooperare (koope'rare) vi cooperate. **cooperativa** nf cooperative. **cooperazione** nf cooperation.

coordinare (koordi'nare) vt coordinate.

coperchio (ko'pɛrkjo) nm lid, cover.

coperta (ko'pɛrta) nf 1 blanket. 2 cover. 3 pl bed clothes.

copertina nf cover, jacket (of

a book). **copertura** nf covering.

coperto (ko'perto) v see **coprire**.

copia ('kɔpja) nf copy. **copiare** (ko'pjare) vt copy.

copioso (ko'pjoso) adj abundant, copious.

coppa ('kɔppa) nf 1 goblet. 2 sport cup. 3 tub of ice cream.

coppia ('kɔppja) nf pair, couple.

coprire* (ko'prire) vt 1 cover. 2 hide. **coprifuoco** (kopri 'fwoko) nm curfew. **copriletto** (kopri'letto) nm bedspread.

coraggio (ko'raddʒo) nm courage, bravery. interj come on! **coraggioso** (korad'dʒoso) adj brave.

corallo (ko'rallo) nm coral.

corazzare (korat'tsare) vt armour-plate.

corbello (kor'bɛllo) nm basket.

corda ('kɔrda) nf 1 cord, rope. 2 mus string, bow. 3 mus chord. **cordone** (kor'done) nm 1 cord. 2 cordon.

cordiale (kor'djale) adj cordial.

coreografo (kore'ɔgrafo) nm choreographer. **coreografia** nf choreography.

coricare (cori'kare) vt lay down. **coricarsi** vr go to bed.

cornacchia (kor'nakkja) nf crow.

cornamusa (korna'muza) nf bagpipes.

cornice (kor'nitʃe) nf 1 frame. 2 cornice. **mettere in cornice** frame.

corno ('kɔrno) nm 1 pl **corna** f horn (of an animal). 2 pl **corni**

m horn. **fare le corna a** be unfaithful to.

coro ('kɔro) nm 1 choir. 2 chorus. **coronare** (koro'nare) vt crown. **corona** nf crown. **corona funebre** wreath.

corpo ('kɔrpo) nm 1 body. 2 corpse. 3 corps.

corporazione (korporat'tsjone) nf company, corporation.

copulento (korpu'lento) adj stout.

corredo (kor'redo) nm trousseau.

correggere* (kor'reddʒere) vt correct.

corrente (kor'rente) adj 1 running. 2 current. nf current. **corrente d'aria** draught. **mettere al corrente** bring up-to-date. **tenere al corrente** keep informed.

correre* ('korrere) vi 1 run, flow. 2 pass. 3 circulate. vt run, race.

corretto (kor'retto) adj correct. **correzione** (korret'tsjone) nf correction. **correzione di bozze** proofreading.

corrida (kor'rida) nf bullfight.

corridoio (korri'dojo) nm corridor.

corridore (korri'dore) nm 1 runner. 2 rider.

corriera (kor'rjera) nf bus, coach. **corriere** (kor'rjera) nm 1 courier. 2 mail, post.

corrispondere* (korris'pondere) vi 1 correspond. 2 return. **corrispondente** (korrispon'dente) nm correspondent. adj corresponding. **corrispondenza** (korrispon 'dentsa) nf correspondence, mail.

corroborare (korrobo'rare) *vt* corroborate, reinforce.

corrompere* (kor'rompere) *vt* corrupt, contaminate. **corrotto** *adj* corrupt, contaminated.

corrucciarsi (korrut'tʃare) *vr* get angry.

corrugare (korru'gare) *vt* wrinkle. **corrugare la fronte** frown.

corruzione (korrut'tsjone) *nf* corruption.

corsa ('korsa) *nf* **1** run. **2** race. **3** journey. **di corsa 1** running. **2** in a hurry. **fare una corsa** run.

corsi ('korsi) *v* see **correre**.

corsia (kor'sia) *nf* **1** passage. **2** *med* ward. **3** dormitory. **4** lane.

corso[1] ('korso) *v* see **correre**.

corso[2] ('korso) *nm* **1** course, progress. **2** main street. **3** *educ* course. **corso del cambio** exchange rate. **in corso** current, valid. **lavori in corso** *nm pl* roadworks.

corte ('korte) *nf* court. **fare la corte a** court.

corteccia (kor'tettʃa) *nf* bark.

corteggiare (korted'dʒare) *vt* court.

corteo (kor'tɛo) *nm* procession, cortege.

cortese (kor'teze) *adj* **1** kind. **2** courteous. **cortesia** *nf* courtesy. **fare una cortesia** do a favour. **per cortesia** please.

cortile (kor'tile) *nm* **1** courtyard. **2** farmyard.

cortina (kor'tina) *nf* curtain.

corto ('korto) *adj* short, brief. **per farla corta** cut a long story short.

corvo ('kɔrvo) *nm* crow, raven.

cosa ('kɔsa) *nf* **1** thing, matter,

affair. **2** act, deed. **che cosa?** what? **(ché) cosa hai?** what is the matter? **per prima cosa** first of all.

coscia ('kɔʃʃa) *nf* thigh, leg (of an animal).

cosciente (koʃ'ʃɛnte) *adj* conscious.

coscienza (koʃ'ʃɛntsa) *nf* conscience.

coscritto (kos'kritto) *nm* conscript.

coscrizione (koskrit'tsjone) *nf* conscription.

così (ko'si) *adv* **1** thus, in this way. **2** so, therefore. **così so-so. e così via** and so on. ~*adj* such, similar. **cosicché** (kosik'ke) *conj* so that. **cosiddetto** *adj* so-called.

cosmetico (koz'metiko) *adj,nm* cosmetic.

cosmo ('kɔzmo) *nm* cosmos. **cosmico** (kɔz'miko) *adj* cosmic. **cosmonauta** (kozmo'nauta) *nm* cosmonaut.

cosmopolita (kozmopo'lita) *adj* cosmopolitan.

coso ('kɔso) *nm inf* what's-its-name, what's-his-name.

cospicuo (kos'pikuo) *adj* notable, eminent.

cospirare (kospi'rare) *vi* conspire, plot. **conspiratore** *nm* conspirator. **conspirazione** *nf* conspiracy.

cossi ('kɔssi) *v* see **cuocere**.

costa ('kɔsta) *nf* **1** rib (of a ship). **2** slope, hillside. **3** coast.

costà (kos'ta) *adv* there.

costante (kos'tante) *adj* firm, constant.

costare (kos'tare) *vi* **1** cost. **2**

require. **costo** ('kɔsto) *nm* cost, price. **a tutti i costi** at all costs. **costo della vita** cost of living. **costoso** (kos'toso) *adj* dear, expensive.

costeggiare (kosted'dʒare) *vt* skirt, run alongside.

costei (kos'tɛi) see **costui**.

costellazione (kostellat'tsjone) *nf* constellation.

costituire (kostitu'ire) *vt* 1 form, constitute, make up. 2 found. 3 elect. **costituzione** *nf* constitution.

costola ('kɔstola) *nf* rib.

costoro (kos'toro) see **costui**.

costringere* (kos'trindʒere) *vt* force, oblige.

costruire* (kostru'ire) *vt* build, construct.

costrussi (kos'trussi) *v* see **costruire**.

costui (kos'tui) *pron ms* that man. **costei** *pron fs* that woman. **costoro** *pron m,f pl* those people.

costumato (kostu'mato) *adj* well-bred.

costume (kos'tume) *nm* 1 custom, habit. 2 costume. **costume da bagno** swimsuit.

costura (kos'tura) *nf* seam.

cotesto (ko'testo) *adj* that. *pron* that one.

cotoletta (koto'letta) *nf* cutlet.

cotone (ko'tone) *nm* 1 cotton. 2 cotton thread.

cottimo ('kɔttimo) *nm* piecework.

cotto ('kɔtto) *v* see **cuocere**. *adj* 1 cooked. 2 *sl* in love.

cottura (kot'tura) *nf* cooking.

covare (ko'vare) *vt,vi* hatch. **covata** *nf* brood.

covile (ko'vile) *nm also* **covo** lair, den.

cozza ('kɔttsa) *nf* mussel.

cozzare (kot'tsare) *vt,vi* butt, collide.

crampo ('krampo) *nm* cramp.

cranio ('kranjo) *nm* skull.

cratere (kra'tere) *nm* crater.

cravatta (kra'vatta) *nf* tie.

creanza (kre'antsa) *nf* breeding, education.

creare (kre'are) *vt* 1 create. 2 establish. 3 appoint. **creativo** *adj* creative. **creatore** *nm* creator. **creatura** *nf* creature. **creazione** *nf* creation.

crebbi ('krebbi) *v* see **crescere**.

credenza[1] (kre'dɛntsa) *nf* belief, faith.

credenza[2] (kre'dɛntsa) *nf* sideboard.

credere ('kredere) *vt,vi* 1 believe. 2 think.

credito ('kredito) *nm* 1 credit. 2 esteem. 3 trust.

credulo ('kredulo) *adj* credulous.

crema ('krɛma) *nf* cream. **cremoso** *adj* creamy.

cremare (kre'mare) *vt* cremate.

cremisi (kre'mizi) *adj,nm* crimson.

crepare (kre'pare) *vi* 1 crack, split. 2 *sl* die. **crepa** ('krɛpa) *nf* crack.

crepitare (krepi'tare) *vi* crackle.

crepuscolo (kre'puskolo) *nm* dusk.

crescere* ('kreʃʃere) *vi* 1 grow. 2 increase. 3 rise. **crescita** ('kreʃʃita) *nf* growth.

crescione (kreʃ'ʃone) *nm* watercress.

cresima ('krɛzima) *nf* confirmation.

crespo ('krespo) *adj* **1** curly. **2** pleated.

cresta ('kresta) *nf* **1** crest. **2** comb (of a cock).

cretino (kre'tino) *nm* idiot, fool.

cricco ('krikko) *nm tech* jack.

criminale (krimi'nale) *adj,nm* criminal.

criniera (kri'njɛra) *nf* mane.

cripta ('kripta) *nf* crypt.

crisalide (kri'zalide) *nf* chrysalis.

crisantemo (krizan'tɛmo) *nm* chrysanthemum.

crisi ('krizi) *nf invar* crisis.

cristallizzare (kristallid'dzare) *vt* crystallize.

cristallo (kris'tallo) *nm* crystal.

cristiano (kris'tjano) *adj,n* Christian. **cristianesimo** *nm* Christianity.

critica ('kritika) *nf* **1** criticism. **2** *lit* review. **criticare** *vt* criticize. **critico** ('kritiko) *adj* critical. *nm* critic.

crivellare (krivel'lare) *vt* riddle (with holes). **crivello** (kri'vello) *nm* sieve.

croccante (krok'kante) *nm* nutty sweet.

crocchia ('krɔkkja) *nf* bun, chignon.

crocchio ('krɔkkjo) *nm* group.

croce (kro'tʃe) *nf* cross. **crocevia** (krotʃe'via) *nm* crossroads.

crociata (kro'tʃata) *nf* crusade.

crocicchio (kro'tʃikkjo) *nm* crossroads.

crociera (kro'tʃɛra) *nf* cruise.

crocifiggere (krotʃi'fiddʒere) *vt* crucify.

crocifisso (krotʃi'fisso) *nm* crucifix. **crocifissione** *nf* crucifixion.

croco ('krɔko) *nm* crocus.

crollare (krol'lare) *vt* shake. *vi* collapse, crumble. **crollo** ('krɔllo) *nm* collapse, crash.

cromo ('krɔmo) *nm* chrome. **cromato** *adj* chromium-plated.

cromosoma (kromo'sɔma) *nm* chromosome.

cronaca ('krɔnaka) *nf* **1** chronicle. **2** news item, report.

cronico ('krɔniko) *adj* chronic.

cronista (kro'nista) *nm* reporter, columnist.

cronologico (krono'lɔdʒiko) *adj* chronological.

cronometro (kro'nɔmetro) *nm* chronometer.

crosta ('krɔsta) *nf* crust. **crostata** *nf* pie, tart.

crostacei (kros'tatʃei) *nm pl* shellfish.

crucciare (krut'tʃare) *vt* annoy. **crucciarsi** *vr* **1** get angry. **2** worry.

cruciale (kru'tʃale) *adj* crucial.

crudele (kru'dɛle) *adj* cruel, heartless. **crudeltà** *nf* cruelty.

crudo ('krudo) *adj* **1** raw. **2** harsh, severe.

crumiro (kru'miro) *nm* blackleg.

cruscotto (krus'kɔtto) *nm* dashboard.

cubo ('kubo) *nm* cube. *adj* cubic.

cuccetta (kut'tʃetta) *nf* couchette, berth.

cucchiaio (kuk'kjajo) *nm* **1** spoon. **2** spoonful. **cucchiaio da frutta/tavola**

dessertspoon/tablespoon. **cucchiaino** nm teaspoon.

cucciolo ('kuttʃolo) nm puppy.

cucinare (kutʃi'nare) vt cook. **cucina** nf 1 kitchen. 2 cooking. **con cucina** adj self-catering.

cucire (ku'tʃire) vt sew. **cucitura** nf seam.

cuculo (ku'kulo) nm cuckoo.

cuffia ('kuffja) nf 1 bonnet. 2 bath cap. 3 headphones.

cugino (ku'dʒino) nm cousin.

cui ('kui) pron invar 1 whom, which. 2 whose, of whom.

culla ('kulla) nf cradle.

culto ('kulto) nm cult.

cultura (kul'tura) nf culture, learning. **culturale** adj cultural.

cumulo ('kumulo) nm pile, heap.

cuneo ('kuneo) nm wedge.

cunetta (ku'netta) nf gutter.

cuocere* ('kwotʃere) vt cook. **cuoco** nm cook, chef.

cuoio ('kwojo) nm leather. **cuoio capelluto** nm scalp.

cuore ('kwore) nm 1 heart. 2 courage. 3 game hearts. **amico del cuore** nm best friend.

cupido ('kupido) adj greedy. **cupidigia** nf greed.

cupo ('kupo) adj gloomy, sombre, dark.

cupola ('kupola) nf dome.

cura ('kura) nf 1 care, charge. 2 attention. 3 treatment. **a cura di** edited by. **aver cura di** look after. **curare** vt 1 look after, attend to. 2 edit. 3 treat, cure. **curabile** (ku'rabile) adj curable.

curioso (ku'rjoso) adj 1 curious, inquisitive. 2 strange,

odd, curious. **curiosità** nf curiosity.

curvare (kur'vare) vt bend, curve. **curvarsi** vr bend. **curva** nf curve, bend. **curvo** adj bent, curved.

cuscino (kuʃ'ʃino) nm 1 pillow. 2 cushion.

custode (kus'tɔde) nm 1 guardian. 2 caretaker. 3 warder. **custodia** (kus'tɔdja) nf 1 custody, care. 2 case. **custodire** vt 1 take care of. 2 guard.

cuticola (ku'tikola) nf cuticle.

D

da (da) prep 1 from. 2 by. 3 to, at. 4 since, for. 5 as, like. 6 with. 7 for the purpose of.

dà (da) v see **dare**.

dabbasso (dab'basso) adv 1 below. 2 downstairs.

dabbene (dab'bɛne) adj invar decent, respectable.

daccapo (dak'kapo) adv over again.

dacché (dak'ke) conj since.

dado ('dado) nm 1 dice. 2 stock cube. 3 tech nut.

daffare (daf'fare) nm invar work. **avere molto daffare** be very busy.

daga ('daga) nf dagger.

dagli ('daʎʎi) contraction of **da gli**.

dai[1] ('dai) contraction of **da i**.

dai[2] ('dai) v see **dare**.

daino ('daino) nm deer.

dal (dal) contraction of **da il**.

dalia ('dalja) nf dahlia.

dall' (dal) contraction of **da l'**.

dalla ('dalla) contraction of **da la**.

dalle ('dalle) contraction of **da le**.

dallo ('dallo) contraction of **da lo**.

daltonismo (dalto'nizmo) *nm* colour-blindness. **daltonico** (dal'tɔniko) *adj* colour-blind.

d'altronde (dal'tronde) *adv* on the other hand, besides.

dama ('dama) *nf* **1** lady. **2** draughts.

damasco (da'masko) *nm* damask.

dancing ('dansiŋ) *nm* dance hall.

Danimarca (dani'marka) *nf* Denmark. **danese** (da'nese) *adj* Danish. *nm* **1** Dane. **2** Danish (language).

dannare (dan'nare) *vt* damn. **dannazione** *nf* damnation.

danneggiare (danned'dʒare) *vt* damage, harm. **danno** *nm* **1** damage, harm. **2** loss.

danzare (dan'tsare) *vi,vt* dance. **danza** *nf* dance.

dappertutto (dapper'tutto) *adv* everywhere.

dappoco (dap'pɔko) *adj invar* worthless.

dappresso (dap'prɛsso) *adv* close by.

dapprima (dap'prima) *adv* at first.

dardeggiare (darded'dʒare) *vt* shoot forth.

dardo ('dardo) *nm* dart.

dare* ('dare) *vt* **1** give. **2** yield, produce. **3** assign, attach. **4** show. **dare alla testa** go to one's head. **dare in prestito** lend. **dare nell'occhio** catch the eye. **dare su** overlook. **darsi** *vr* dedicate oneself. **darsi da fare** keep oneself busy. **può darsi** it is possible.

darsena ('darsena) *nf* dock, basin.

data ('data) *nf* date. **datare** *vt,vi* date.

dattero ('dattero) *nm bot* date.

dattilografa (datti'lɔgrafa) *nf* typist. **dattilografia** *nf* typing.

dattorno (dat'torno) *prep,adv* around, about. **levarsi dattorno** get rid of.

davanti (da'vanti) *prep* before, in front of. *adv* before, in front. *nm* front.

davanzale (davan'tsale) *nm* windowsill.

davvero (dav'vero) *adv* really, indeed.

dazio ('dattsjo) *nm* duty, toll. **daziare** *vt* tax, put duty on.

dea ('dɛa) *nf* goddess.

debito ('debito) *nm* debt. *adj* due, proper. **debitore** *nm* debtor.

debole ('debole) *adj* weak, feeble. *nm* weak point, weakness. **debolezza** (debo'lettsa) *nf* weakness.

debuttare (debut'tare) *vi* make one's debut.

decadere (deka'dere) *vi* decay, decline. **decadente** (deka'dɛnte) *adj* in decline, decadent. **decadenza** (deka'dɛntsa) *nf* decline.

decaffeinato (dekaffei'nato) *adj* decaffeinated.

decano (de'kano) *nm rel* dean.

decapitare (dekapi'tare) *vt* behead.

decennio (de'tʃɛnnjo) *nm* decade.

decente (de'tʃɛnte) *adj* decent, respectable. **decenza** (de'tʃɛnsa) *nf* decency.

decentrare (detʃen'trare) *vt* decentralize.

decesso (de'tʃɛsso) *nm* death, decease.

decibel (detʃi'bɛl) *nm* decibel.

decidere* (de'tʃidere) *vt,vi* decide, settle. **decidersi** *vr* make up one's mind.

deciduo (de'tʃiduo) *adj* deciduous.

decifrare (detʃi'frare) *vt* decipher.

decimale (detʃi'male) *adj,nm* decimal.

decimo ('dɛtʃimo) *adj* tenth.

decisi (de'tʃizi) *v* see **decidere.**

decisione (detʃi'zjone) *nf* decision. **decisivo** *adj* decisive.

deciso (de'tʃizo) *v* see **decidere.**

declamare (dekla'mare) *vt* declaim.

declinare (dekli'nare) *vt* decline. *vi* decline, decay, sink. **declino** *nm* decline.

declivio (de'klivjo) *nm* slope.

decollare (dekol'lare) *vi aviat* take off. **decollo** (de'kɔllo) *nm* take-off.

decomporsi (dekom'porsi) *vr* decompose. **decomposizione** *nf* decomposition.

decorare (deko'rare) *vt* decorate. **decorativo** *adj* decorative. **decorazione** *nf* decoration.

decoro (de'kɔro) *nm* dignity, decorum.

decorrere (de'korrere) *vi* run, have effect. **a decorrere da** starting from.

decrepito (de'krɛpito) *adj* decrepit.

decrescere* (de'kreʃʃere) *vi* decrease, diminish.

decreto (de'kreto) *nm* decree.

dedalo ('dɛdalo) *nm* labyrinth.

dedicare (dedi'kare) *vt* dedicate. **dedica** ('dɛdika) *nf* dedication.

dedito ('dɛdito) *adj* devoted.

dedurre* (de'durre) *vt* **1** deduce. **2** deduct, subtract.

deferente (defe'rɛnte) *adj* respectful, deferential. **deferenza** (defe'rɛntsa) *nf* deference.

deficiente (defi'tʃɛnte) *adj,n* idiot.

deficit ('dɛfitʃit) *nm* deficit.

definire (defi'nire) *vt* **1** define. **2** settle. **definitivo** *adj* definitive. **definizione** *nf* definition.

deflazione (deflat'tsjone) *nf* deflation.

deflettere (de'flɛttere) *vi* **1** deflect, swerve. **2** deviate.

deformare (defor'mare) *vt* deform. **deforme** *adj* deformed, disfigured. **deformità** *nf* deformity.

defunto (de'funto) *adj* dead, deceased. *nm* dead person.

degenerare (dedʒene'rare) *vi* degenerate, deteriorate. **degenerazione** *nf* degeneration, deterioration.

degente (de'dʒɛnte) *adj* bedridden.

degenza (de'dʒɛntsa) *nf* stay in hospital or bed.

degli ('deʎʎi) contraction of **di gli.**

degnare (deɲ'ɲare) *vi* deign. **degnarsi** *vr* condescend. **degno** *adj* worthy, deserving.

degradare (degra'dare) *vt* degrade. **degradazione** nf degradation.

degustare (degus'tare) vt try, taste.

dei[1] ('dei) contraction of **di i.**

dei[2] ('dei) nm pl gods.

deificare (deifi'kare) vt deify.

del (del) contraction of **di il.**

delegare (dele'gare) vt delegate. **delegato** nm delegate. **delegazione** nf delegation.

delfino (del'fino) nm dolphin.

deliberare (delibe'rare) vt decide. vi deliberate. **deliberazione** nf 1 deliberation. 2 decision.

delicato (deli'kato) adj 1 delicate. 2 gentle. 3 refined. **delicatezza** (delika'tettsa) nf delicacy.

delimitare (delimi'tare) vt define, delimit.

delineare (deline'are) vt outline, trace.

delinquente (delin'kwente) adj,n delinquent, criminal. **delinquenza** (delin'kwentsa) nf delinquency. **delinquenza minorile** juvenile delinquency.

deliquio (de'likwjo) nm fainting fit.

delirare (deli'rare) vi be delirious. **delirante** adj delirious. **delirio** nm delirium, frenzy.

delitto (de'litto) nm crime.

delizia (de'littsja) nf delight. **delizioso** (delit'tsjoso) adj delicious, delightful.

dell' (del) contraction of **di l'.**

della ('della) contraction of **di la.**

delle ('delle) contraction of **di le.**

dello ('dello) contraction of **di lo.**

delta ('delta) nm delta.

deludere* (de'ludere) vt 1 disappoint. 2 deceive.

delusione (delu'zjone) nf 1 disappointment. 2 deception.

demanio (de'manjo) nm state property.

demente (de'mente) adj insane, mad. **demenza** (de'mentsa) nf madness.

democrazia (demokrat'tsia) nf democracy. **democratico** (demo'kratiko) adj democratic.

democristiano (demokris'tjano) nm Christian Democrat.

demolire (demo'lire) vt demolish. **demolizione** nf demolition.

demone ('demone) nm demon.

demonio (de'monjo) nm 1 devil. 2 demon.

demoralizzare (demoralid'dzare) vt demoralize.

denaro (de'naro) nm money.

denigrare (deni'grare) vt denigrate, run down.

denominatore (denomina'tore) nm denominator.

denotare (deno'tare) vt denote, indicate.

denso ('denso) adj dense, thick. **densità** nf density.

dente ('dente) nm tooth. **dente del giudizio** wisdom tooth. **dentiera** (den'tjera) nf set of false teeth. **dentifricio** nm toothpaste.

dentista (den'tista) nm dentist.

dentro ('dentro) adv,prep inside, within, in.

denunciare (denun'tʃare) vt declare, denounce. **denuncia** nf declaration, denunciation.

deodorante (deodo'rante) nm deodorant.

deperire (depe'rire) *vi* fade or waste away. **deperimento** *nm* decline.

depilare (depi'lare) *vt* remove hair. **depilatorio** (depila'torjo) *adj,nm* depilatory.

deplorare (deplo'rare) *vt* deplore. **deplorevole** (deplo'revole) *adj* deplorable.

deporre* (de'porre) *vt* **1** place, put down. **2** deposit. **3** remove. **4** depose. **5** testify.

deportare (depor'tare) *vt* deport. **deportazione** *nf* deportation.

deposito (de'pozito) *nm* **1** deposit. **2** store, warehouse. **3** left-luggage office. **4** sediment. **depositare** *vt* deposit.

depredare (depre'dare) *vt* plunder, loot.

depresso (de'presso) *adj* depressed. **depressione** *nf* depression.

deprezzare (depret'tsare) *vt* depreciate.

deprimere* (de'primere) *vt* depress.

depurare (depu'rare) *vt* purify.

deputare (depu'tare) *vt* appoint. **deputato** *nm* deputy.

deragliare (deraʎ'ʎare) *vi* be derailed.

derelitto (dere'litto) *adj* abandoned, derelict.

deretano (dere'tano) *nm sl* bottom, backside.

deridere* (de'ridere) *vt* deride, mock. **derisione** *nf* scorn, derision.

derisorio (deri'zɔrjo) *adj* derisory.

deriva (de'riva) *nf* drift. **andare alla deriva** drift.

derivare (deri'vare) *vt,vi* derive. *vi* divert.

derogare (dero'gare) *vi* **1** revoke. **2** contravene.

derubare (deru'bare) *vt* rob.

descrivere* (des'krivere) *vt* describe. **descrittivo** *adj* descriptive. **descrizione** *nf* description.

deserto (de'zɛrto) *nm* desert. *adj* deserted.

desiderare (deside'rare) *vt* **1** want, desire. **2** require. **desiderio** (desi'dɛrjo) *nm* wish, desire.

designare (dezin'nare) *vt* designate.

desinare (dezi'nare) *vi* dine. *nm* dinner.

desistere (de'sistere) *vi* cease, abandon.

desolare (dezo'lare) *vt* devastate. **desolato** *adj* **1** desolate. **2** upset. **desolazione** *nf* desolation.

destare (des'tare) *vt* **1** waken. **2** arouse.

desti ('deste) *v* see **dare.**

destinare (desti'nare) *vt* **1** destine. **2** appoint. **3** address (a letter). **destinazione** *nf* destination. **destino** *nm* destiny.

destituire (destitu'ire) *vt* dismiss.

destro ('destro) *adj* **1** right. **2** agile. **destra** *nf* **1** right side. **2** right hand.

detenere (dete'nere) *vt* hold, detain. **detenuto** *adj* imprisoned. *nm* prisoner.

detergente (deter'dʒɛnte) *adj,nm* detergent.

deteriorare (deterjo'rare) *vi* deteriorate. **deterioramento** *nm* deterioration.

determinare (determi'nare) *vt* determine, fix.

deterrente (deter'rɛnte) *nm* deterrent.

detersivo (deter'sivo) *nm* detergent.

detestare (detes'tare) *vt* hate, abhor. **detestabile** (detes'tabile) *adj* detestable.

detonatore (detona'tore) *nm* detonator.

detrarre* (de'trarre) *vt* subtract.

detrito (de'trito) *nm* debris.

dettagliare (dettaʎ'ʎare) *vt* 1 give in detail. 2 sell retail. **dettaglio** *nm* 1 detail. 2 retail.

dettare (det'tare) *vt* dictate. **dettato** *nm* dictation.

detti ('detti) *v* see **dare.**

detto ('detto) *v* see **dare.** *adj* 1 so-called. 2 aforesaid. *nm* 1 saying. 2 word. **detto fatto** no sooner said than done.

deturpare (detur'pare) *vt* deform, disfigure.

devastare (devas'tare) *vt* devastate. **devastazione** *nf* devastation.

deviare (devi'are) *vi* 1 swerve. 2 deviate. *vt* divert. **deviazione** *nf* deviation.

devo ('dɛvo) *v* see **dovere.**

devoto (de'vɔto) *adj* 1 devout. 2 devoted. **devozione** *nf* devotion.

di (di) *prep* 1 of. 2 from, out of. 3 with. 4 about. 5 by. 6 than. 7 at. 8 in.

diabete (dia'bɛte) *nm* diabetes. **diabetico** (dia'bɛtiko) *adj,nm* diabetic.

diacono (di'akono) *nm* deacon. **diaframma** (dia'framma) *nm* diaphragm.

diagnosi (di'aɲɲozi) *nf* diagnosis. **diagnosticare** *vt* diagnose.

diagonale (diago'nale) *adj,nm* diagonal.

diagramma (dia'gramma) *nm* diagram.

dialetto (dia'lɛtto) *nm* dialect. **dialettale** *adj* dialectal.

dialogo (di'alogo) *nm* dialogue. **diamante** (dia'mante) *nm* diamond.

diametro (di'ametro) *nm* diameter.

diapositiva (diapozi'tiva) *nf* phot* slide.

diario (di'arjo) *nm* diary.

diarrea (diar'rɛa) *nf* diarrhoea.

diavolo ('djavolo) *nm* devil.

dibattere (di'battere) *vt* debate, discuss. **dibattersi** *vr* struggle.

dibattito (di'battito) *nm* debate.

dicastero (dikas'tɛro) *nm* ministry.

dicembre (di'tʃembre) *nm* December.

dichiarare (dikja'rare) *vt* declare. **dichiarazione** *nf* declaration.

diciannove (ditʃan'nɔve) *adj* nineteen. *nm* or *f* nineteen. **diciannovesimo** (ditʃanno'vezimo) *adj* nineteenth.

diciassette (ditʃas'sɛtte) *adj* seventeen. *nm* or *f* seventeen. **diciassettesimo** (ditʃasset'tezimo) *adj* seventeenth.

diciotto (di'tʃɔtto) *adj* eighteen. *nm* or *f* eighteen. **diciottesimo** (ditʃot'tezimo) *adj* eighteenth.

dico ('diko) *v* see **dire.**

didattico (di'dattiko) *adj* didactic.

dieci ('djɛtʃi) *adj* ten. *nm or f* ten.

diedi ('djɛdi) *v* see **dare**.

dieta ('djɛta) *nf* diet.

dietro ('djɛtro) *adv* **1** behind. **2** back. *prep* **1** behind, after. **2** following, upon.

difatti (di'fatti) *adv* in fact.

difendere* (di'fɛndere) *vt* defend, protect.

difensiva (difen'siva) *nf* defensive. **difensivo** *adj* defensive.

difesa (di'fesa) *nf* defence.

difesi (di'fesi) *v* see **difendere**.

difeso (di'feso) *v* see **difendere**.

difetto (di'fɛtto) *nm* defect, fault. **difettoso** (difet'toso) *adj* defective.

diffamare (diffa'mare) *vt* slander.

differente (diffe'rɛnte) *adj* different.

differenza (diffe'rɛntsa) *nf* difference. **differenziare** *vt* differentiate.

differire (diffe'rire) *vi* differ, be different. *vt* put off, postpone.

difficile (dif'fitʃile) *adj* **1** difficult, hard. **2** hard to please. **3** improbable. **difficilmente** *adv* with difficulty.

difficoltà (diffikol'ta) *nf* difficulty.

diffidare (diffi'dare) *vi* distrust.

diffondere* (dif'fondere) *vt* **1** spread. **2** divulge.

diffusione (diffu'zjone) *nf* **1** circulation (of a newspaper). **2** diffusion.

diga ('diga) *nf* dyke.

digerire (didʒe'rire) *vt* digest. **digestione** (didʒes'tjone) *nf* digestion.

digitale (didʒi'tale) *adj* digital.

nf foxglove. **impronta digitale** *nf* fingerprint.

digiunare (didʒu'nare) *vi* fast. **digiuno** *nm* fast.

dignità (diɲɲi'ta) *nf* dignity. **dignitoso** (diɲɲi'toso) *adj* dignified.

digressione (digres'sjone) *nf* digression.

digrignare (digriɲ'ɲare) *vt* gnash (one's teeth).

dilapidare (dilapi'dare) *vt* squander, waste.

dilatare (dila'tare) *vt* expand, spread.

dileguare (dile'gware) *vt* **1** melt. **2** remove. **dileguarsi** *vr* fade away.

dilemma (di'lɛmma) *nm* dilemma.

dilettare (dilet'tare) *vt,vi* please. **dilettarsi a** *vr* take pleasure in. **dilettante** *nm* amateur. **diletto** (di'lɛtto) *nm* delight, pleasure.

diligente (dili'dʒɛnte) *adj* **1** diligent. **2** careful.

diligenza¹ (dili'dʒɛntsa) *nf* diligence.

diligenza² (dili'dʒɛntsa) *nf* stagecoach.

diluire (dilu'ire) *vt* dilute.

dilungare (dilun'gare) *vt* prolong. **dilungarsi** *vr* digress.

diluvio (di'luvjo) *nm* flood.

dimagrire (dima'grire) *vi* grow thin, lose weight.

dimenare (dime'nare) *vt* shake. **dimenare la coda** wag the tail. **dimenarsi** *vr* wriggle, writhe.

dimensione (dimen'sjone) *nf* dimension.

dimenticare (dimenti'kare) *vt* forget. **dimenticarsi** *vr* for-

get. dimentico (di'mentiko) *adj* forgetful.

dimettere (di'mettere) *vt* dismiss, discharge. **dimettersi** *vr* resign.

dimezzare (dimed'dzare) *vt* halve.

diminuire (diminu'ire) *vt* reduce, diminish. *vi* decrease.

dimissione (dimis'sjone) *nf* resignation. **dare le dimissione** resign.

dimorare (dimo'rare) *vi* live, stay. **dimora** (di'mɔra) *nf* residence, home.

dimostrare (dimos'trare) *vt* show, prove. **dimostrazione** *nf* demonstration.

dinamica (di'namika) *nf* dynamics. **dinamico** (di'namiko) *adj* dynamic.

dinamite (dina'mite) *nf* dynamite.

dinamo ('dinamo) *nf invar* dynamo.

dinanzi (di'nantsi) *adv* in front. **dinazi a** *prep* in front of, before.

dinastia (dinas'tia) *nf* dynasty.

dinoccolato (dinokko'lato) *adj* lanky.

dinosauro (dino'sauro) *nm* dinosaur.

dintorno (din'torno) *prep,adv* **1** around. **2** about. *nm pl* outskirts.

Dio ('dio) *nm* God.

diocesi (di'ɔtʃezi) *nf* diocese.

dipartimento (diparti'mento) *nm* department.

dipendere* (di'pendere) *vi* **1** depend. **2** be subject. **dipendere da** depend on. **dipendente** (dipen'dɛnte) *adj* dependent. *nm* dependant.

dipendenza (dipen'dɛntsa) *nf* dependence.

dipingere* (di'pindʒere) *vt* **1** paint. **2** portray.

diploma (diplɔ'ma) *nm* diploma. **diplomatico** (diplo'matiko) *adj* diplomatic. **diplomazia** (diploma'tsia) *nf* diplomacy.

diradare (dira'dare) *vt* reduce. *vi* become sparse. **diradarsi** *vr* become sparse, clear.

diramare (dira'mare) *vt* **1** circulate. **2** broadcast. **diramarsi** *vr* branch off.

dire* ('dire) *vt* **1** say. **2** tell. **per così dire** so to speak.

diressi (di'rɛssi) *v* see **dirigere**.

diretto (di'rɛtto) *v* see **dirigere**. *adj* direct, straight. *nm* fast train. **direttissimo** *nm* express train.

direttore (diret'tore) *nm* **1** director, manager. **2** editor. **3** headmaster. **4** *mus* conductor. **direttrice** *nf* **1** manageress. **2** headmistress.

direzione (diret'tsjone) *nf* **1** management. **2** direction.

dirigere* (di'ridʒere) *vt* **1** run, manage. **2** address, direct. **dirigente** (diri'dʒɛnte) *nm* director. *adj* ruling.

dirimpetto (dirim'petto) *prep,adv* opposite.

diritto[1] (di'ritto) *adj* **1** direct, straight. **2** right-hand. *adv* straight on. *nm* right side of material).

diritto[2] (di'ritto) *nm* **1** right, claim. **2** law. **diritti d'autore** *nm pl* royalties.

diroccare (dirok'kare) *vt* demolish.

dirottare (dirot'tare) vt **1** divert. **2** hijack.

dirotto (di'rotto) adj unrestrained. **pioggia dirotta** nf pouring rain.

dirupato (diru'pato) adj rugged, precipitous.

dirupo (di'rupo) nm ravine.

disabitato (dizabi'tato) adj uninhabited.

disaccordo (dizak'kordo) nm disagreement.

disadatto (diza'datto) adj unsuited.

disagevole (diza'dʒevole) adj **1** difficult. **2** uncomfortable.

disagio (di'zadʒo) nm discomfort. **a disagio** ill at ease.

disapprovare (dizappro'vare) vt disapprove. **disapprovazione** nf disapproval.

disappunto (dizap'punto) nm disappointment, displeasure.

disarmare (dizar'mare) vt disarm. **disarmo** nm disarmament.

disastro (di'zastro) nm disaster. **disastroso** (dizas'troso) adj disastrous.

disattento (dizat'tɛnto) adj inattentive. **disattenzione** (dizatten'tsjone) nf carelessness.

discendere* (diʃ'ʃendere) vi **1** come down, descend. **2** descend, be descended. vt go or come down. **discendente** (diʃʃen'deente) nm descendant. **discendenza** (diʃʃen'dentsa) nf origin, descent.

discepolo (diʃ'ʃepolo) nm disciple.

discernere (diʃ'ʃernere) vt distinguish, discern. **discerni-**

mento nm judgment, discernment.

discesa (diʃ'ʃesa) nf descent.

disciplinare (diʃʃipli'nare) vt control, discipline. **disciplina** nf discipline.

disco ('disko) nm **1** disc. **2** record, gramophone. **3** discus. **disco flessibile** floppy disc. **disco orario** parking disc.

discolpare (diskol'pare) vt prove innocent, clear of blame.

discorrere* (dis'korrere) vi discuss, talk.

discorso (dis'korso) nm talk, speech. **cambiare il discorso** change the subject.

discoteca (disko'tɛka) nf discotheque.

discreto (dis'kreto) adj **1** reasonable, moderate, passable. **2** cautious, discreet. **discrezione** nf discretion.

discriminazione (diskriminat 'tsjone) nf discrimination.

discussi (dis'kussi) v see **discutere**.

discussione (diskus'sjone) nf **1** discussion. **2** argument.

discusso (dis'kusso) v see **discutere**.

discutere* (dis'kutere) vt discuss, debate.

disdire (diz'dire) vt **1** retract, take back. **2** cancel.

disegnare (diseɲ'ɲare) vt **1** draw. **2** design. **disegno** nm **1** drawing. **2** design.

diseredare (dizere'dare) vt disinherit.

disertare (dizer'tare) vi desert. **disertore** nm deserter.

disfare* (dis'fare) vt **1** undo. **2** unpack. **3** destroy. **disfarsi**

vr melt. **disfarsi di** get rid of.

disgelare (duzdʒe'lare) *vi* thaw. **disgelo** (diz'dʒɛlo) *nm* thaw.

disgrazia (diz'grattsja) *nf* 1 misfortune. 2 mishap, accident. **disgraziato** *adj* unfortunate. *nm* wretch.

disgregare (dizgre'gare) *vt* break up, disintegrate.

disgustare (dizgus'tare) *vt* disgust. **disgusto** *nm* disgust. **disgustoso** (dizgus'toso) *adj* disgusting.

disidratare (dizidra'tare) *vt* dehydrate.

disimpegnare (dizimpeɲ'ɲare) *vt* 1 discharge. 2 relieve. 3 redeem. **disimpegnarsi** *vr* manage.

disinfettare (dizinfet'tare) *vt* disinfect. **disinfettante** *adj*, *nm* disinfectant.

disintegrare (dizinte'grare) *vt* split. **disintegrarsi** *vr* disintegrate.

disinteressarsi (dizinteres 'sarsi) *vr* ignore, not to be aware of.

disinvolto (dizin'vɔlto) *adj* nonchalant, free and easy. **disinvoltura** *nf* ease.

disistima (dizis'tima) *nf* discredit.

dismisura (dizmi'sura) *nf* excess.

disoccupato (dizokku'pato) *adj* unemployed. *nm* unemployed person. **disoccupazione** *nf* unemployment.

disonesto (dizo'nɛsto) *adj* dishonest.

disonorare (dizono'rare) *vt* dishonour. **disonore** *nm* dishonour, shame.

disopra (di'sopra) *adv* 1 above. 2 upstairs.

disordinare (dizordi'nare) *vt* upset, disarrange. **disordinato** *adj* untidy. **disordine** (di'zordine) *nm* disorder, confusion.

disorientare (dizorjen'tare) *vt* disorientate, confuse.

disossare (dizos'sare) *vt* bone, fillet.

disotto (di'sotto) *adv* 1 below, beneath. 2 downstairs. **al disotto di** *prep* below, beneath.

dispaccio (dis'pattʃo) *nm* dispatch.

disparato (dispa'rato) *adj* dissimilar, heterogeneous.

dispari ('dispari) *adj invar* uneven, odd. **disparità** *nf invar* disparity.

disparte (dis'parte) *adv* aside. **in disparte da** apart from, on one side.

dispensa (dis'pɛnsa) 1 larder. 2 number, volume. 3 *pl* duplicated university lectures. 4 exemption. 5 dispensation. **dispensare** *vi* 1 dispense. 2 exempt. exempt.

disperare (dispe'rare) *vi* despair. **disperato** *adj* 1 desperate, in despair. 2 hopeless. **disperazione** *nf* desperation.

disperdere*** (dis'pɛrdere) *vt* 1 scatter. 2 waste.

dispetto (dis'pɛtto) *nm* 1 spite. 2 annoyance. **dispettoso** (dispet'toso) *adj* spiteful.

dispiacere*** (dispja'tʃere) *v imp* 1 mind. 2 be sorry. *nm* 1 displeasure. 2 regret.

disponibile

disponibile (dispo'nibile) adj available.

disporre* (dis'porre) vt **1** arrange. **2** prepare. **disporre di 1** dispose of. **2** have at one's disposal.

dispositivo (dispozi'tivo) nm gadget, device.

disposizione (dispozit'tsjone) nf **1** disposition, inclination. **2** order, command.

disprezzare (dispret'tsare) vt scorn, despise. **disprezzo** (dis'prɛttso) nm scorn, contempt.

disputare (dispu'tare) vi discuss, debate. vt contest. **disputa** ('disputa) nf **1** discussion. **2** quarrel.

dissecare (disse'kare) vt dissect.

disseccare (dissek'kare) vt dry up.

dissenteria (dissente'ria) nf dysentery.

dissentire (dissen'tire) vi dissent, disagree.

dissertazione (dissertat'tsjone) nf dissertation, thesis.

dissestare (disses'tare) vt ruin. **dissesto** (dis'sɛsto) nm financial disaster.

dissetare (disse'tare) vt quench the thirst of.

dissi ('dissi) v see **dire**.

dissidente (dissi'dɛnte) nm dissident.

dissidio (dis'sidjo) nm quarrel.

dissimile (dis'simile) adj unlike.

dissimulare (dissimu'lare) vt conceal, hide.

dissipare (dissi'pare) vt **1** disperse. **2** waste.

dissociare (disso't∫are) vt separate, dissociate.

dissoluto (disso'luto) adj dissolute.

dissoluzione (dissolut'tsjone) nf dissolution.

dissolvere (dis'sɔlvere) vt dissolve, break up.

dissuadere* (dissua'dere) vt dissuade.

distaccare (distak'kare) vt separate, detach. **distaccarsi** vr stand out. **distacco** nm **1** aloofness. **2** separation.

distante (dis'tante) adj distant, far away. **distanza** nf distance.

distendere* (dis'tɛndere) vt spread, open out. **distendersi** vr stretch oneself.

disteso (dis'teso) adj **1** open, spread out. **2** spacious. **distesa** nf expanse.

distillare (distil'lare) vt distil. **distilleria** nf distillery.

distinguere* (dis'tingwere) vt distinguish.

distinsi (dis'tinsi) v see **distinguere**.

distintivo (distin'tivo) nm badge.

distinto (dis'tinto) v see **distinguere**. adj **1** distinct, clear. **2** refined.

distinzione (distin'tsjone) nf distinction.

distogliere* (dis'tɔʎʎere) vt dissuade.

distrarre* (dis'trarre) vt divert, distract. **distrarsi** vr **1** relax. **2** let one's mind wander. **distratto** adj absent-minded, inattentive. **distrazione** nf distraction.

distretto (dis'tretto) *nm* district.

distribuire (distribu'ire) *vt* distribute. **distributore** *nm* distributor. **distributore automatico** slot-machine. **distributore di benzina** petrol pump. **distribuzione** *nf* distribution.

districare (distri'kare) *vt* unravel.

distruggere* (dis'truddʒere) *vt* destroy. **distruttivo** *adj* destructive. **distruzione** *nf* destruction.

disturbare (distur'bare) *vt* disturb, interrupt. **disturbarsi** *vr* put oneself out. **disturbo** *nm* trouble.

disubbidire (dizubbi'dire) *vi, vt* disobey. **disubbidiente** (dizubbi'djɛnte) *adj* disobedient. **disubbidienza** (dizubbi 'djɛntsa) *nf* disobedience.

disuguale (dizu'gwale) *adj* 1 unequal. 2 uneven.

disunire (dizu'nire) *vt* divide, disunite.

disuso (di'zuzo) *nm* disuse. **disusato** *adj* 1 disused. 2 out-of-date.

dito ('dito) *nm* 1 *pl* **dita** *f* finger. 2 *pl* **diti** finger, finger's breadth. **dito del piede** *nm* toe. **sulla punta della dita** at one's fingertips. **ditale** *nm* thimble.

ditta ('ditta) *nf* company, firm.

dittatore (ditta'tore) *nm* dictator. **dittatura** *nf* dictatorship.

dittico ('dittiko) *nm* diptych.

dittongo (dit'tɔngo) *nm* diphthong.

diurno (di'urno) *adj* diurnal, daily.

diva ('diva) *nf* film star.

divagare (diva'gare) *vi* wander, ramble.

divampare (divam'pare) *vi* burst into flames, burn.

divano (di'vano) *nm* 1 divan. 2 settee.

divenire* (dive'nire) *vi* become.

diventare (diven'tare) *vi* become.

divergere (di'vɛrdʒere) *vi* diverge.

diverso (di'vɛrso) *adj* 1 different. 2 *pl* several. **diversione** (diver'sjone) *nf* diversion. **diversità** *nf* variety.

divertirsi (diver'tirsi) *vr* 1 amuse oneself. 2 enjoy oneself. **divertente** (diver'tɛnte) *adj* funny, amusing. **divertimento** *nm* 1 pastime. 2 amusement.

dividendo (divi'dɛndo) *nm* dividend.

dividere* (di'videre) *vt* divide, share. **dividersi** *vr* separate, split.

divieto (di'vjɛto) *nm* restriction, ban. **divieto di sosta/transito** no parking/thoroughfare.

divincolare (divinko'lare) *vt* wriggle. **divincolarsi** *vr* writhe.

divino (di'vino) *adj* 1 divine. 2 wonderful.

divisa (di'viza) *nf* 1 uniform. 2 currency.

divisi (di'vizi) *v* see **dividere**.

divisione (divi'zjone) *nf* 1 division. 2 separation.

diviso (di'vizo) *v* see **dividere**.

divorare (divo'rare) *vt* devour.

divorzio (di'vɔrtsjo) *nm* divorce. **divorziare** *vt,vi* divorce.

divulgare (divul'gare) *vt* reveal, divulge. **divulgarsi** *vr* spread.

dizionario (dittsjo'narjo) *nm* dictionary.

dizione (dit'tsjone) *nf* 1 diction. 2 wording.

do (dɔ) *v* see **dare**.

dobbiamo (dob'bjamo) *v* see **dovere**.

doccia ('dottʃa) *nf* shower. **fare la doccia** take a shower.

docente (do'tʃɛnte) *nm* teacher.

docile ('dɔtʃile) *adj* docile. **docilità** *nf* docility.

documento (doku'mento) *nm* document, brief. **documentare** *vt* document. **documentario** *nm* documentary.

dodici ('doditʃi) *adj* twelve. *nm* or *f* twelve. **dodicesimo** (dodi'tʃɛzimo) *adj* twelfth.

dogana (do'gana) *nf* 1 customs. 2 duty. **doganiere** (doga'njɛre) *nm* customs officer.

doge ('dɔdʒe) *nm* doge, chief Venetian magistrate.

doglia ('dɔʎʎa) *nf* pain.

dogma ('dɔgma) *nm* dogma. **dogmatico** (dog'matiko) *adj* dogmatic.

dolce ('doltʃe) *adj* 1 sweet. 2 gentle. 3 mild. 4 (of water) fresh. *nm* sweet. **dolcezza** (dol'tʃettsa) *nf* sweetness. **dolcificante** (doltʃifi'kante) *nm* sweetener. **dolciumi** *nm pl* sweet things, sweets.

dolere* (do'lere) *v imp* 1 hurt, ache. 2 be sorry. **dolersi** *vr* lament, regret. **dolore** *nm* 1 pain, ache. 2 sorrow. **doloroso** (dolo'roso) *adj* painful.

dollaro ('dɔllaro) *nm* dollar.

dolse ('dɔlse) *v* see **dolere**.

domandare (doman'dare) *vt* ask, request. **domandarsi** *vr* wonder. **domanda** *nf* 1 question. 2 request, application. **fare una domanda** ask a question.

domani (do'mani) *adv,nm* tomorrow. **domani a otto** tomorrow week. **domani l'altro** day after tomorrow.

domare (do'mare) *vt* tame. **domatore** *nm* trainer.

domattina (domat'tina) *adv* tomorrow morning.

domenica (do'menika) *nf* Sunday.

domestico (do'mɛstiko) *adj* 1 domestic, household. 2 tame. *nm* servant. **domestica** (do'mɛstika) *nf* maid, servant.

domiciliarsi (domitʃi'ljarsi) *vr* settle, take up residence.

domicilio (domi'tʃiljo) *nm* residence, dwelling.

dominare (domi'nare) *vt* 1 dominate, control. 2 overlook. *vi* dominate, rule. **dominarsi** *vr* restrain oneself. **dominante** *adj* dominant. **dominazione** *nf* domination, rule.

dominio (do'minjo) *nm* 1 control. 2 possession, property. 3 field, domain.

domino ('dɔmino) *nm* game dominoes.

donare (do'nare) *vt* give, present. **donatore** *nm* donor. **dono** *nm* gift.

dondolare (dondo'lare) *vi* swing, rock, sway. *vt* shake. **dondolo** ('dondolo) *nm* swing.

donna ('dɔnna) *nf* 1 woman,

lady 2 *cap* Lady. **donna di servizio** *nf* charwoman.

donnola ('donnola) *nf* weasel.

dopo ('dopo) *prep* after. *adv* **1** behind. **2** afterwards. **3** then. **dopo tutto** after all. **subito dopo** immediately afterwards.

dopodomani (dopodo'mani) *adv,nm* day after tomorrow.

dopopranzo (dopo'prandzo) *nm* afternoon.

doppiare (dop'pjare) *vt* dub. **doppiaggio** *nm* dubbing.

doppio ('doppjo) *adj,adv* double. **doppiogiochista** (doppjodʒo'kista) *nm* double-dealer. **doppiogioco** (doppjo'dʒoko) *nm* double-dealing.

dorare (do'rare) *vt* gild. **dorato** *adj* gilt.

dormire (dor'mire) *vi* sleep. **dormire come un ghiro** sleep like a log. **dormirci sopra** sleep on it. **dormitorio** (dormi'tɔrjo) *nm* dormitory.

dorso ('dɔrso) *nm* **1** back. **2** spine (of a book). **dorsale** *adj* dorsal. **spina dorsale** *nf* spine.

dose ('dɔze) *nf* dose.

dosso ('dɔsso) *nm* back. **togliere di dosso** remove, get rid of.

dote ('dɔte) *nf* dowry.

dotto ('dɔtto) *adj* learned, scholarly.

dottore (dot'tore) *nm med* doctor. **dottorato** *nm* doctorate. **dottoressa** *nf med* female doctor.

dottrina (dot'trina) *nf* **1** doctrine. **2** catechism classes.

dove ('dove) *adv* **1** where. **2** wherever. **3** in which.

dovere* (do'vere) *vi* **1** have to, be obliged to, need. **2** owe. *nm* duty.

dovrò (do'vrɔ) *v* see **dovere**.

dovunque (do'vunkwe) *adv* wherever.

dozzina (dod'dzina) *nf* dozen.

dragare (dra'gare) *vt* dredge. **draga** *nf* dredger.

dragone (dra'gone) *nm also* **drago** *nm* dragon.

dramma[1] ('dramma) *nm* drama, theatre. **drammatico** (dram'matiko) *adj* dramatic.

dramma[2] ('dramma) *nm* drachma.

drammatizzare (drammatid'dzare) *vt* dramatize.

drammaturgo (dramma'turgo) *nm* dramatist, playwright.

drenare (dre'nare) *vt* drain. **drenaggio** *nm* drainage.

dritto ('dritto) *adj* **1** right. **2** upright. **3** straight. *nm* right side, upper side.

drizzare (drit'tsare) *vt* **1** erect. **2** straighten. **drizzare le orecchie** prick up one's ears.

drogare (dro'gare) *vt* **1** drug. **2** spice. **droga** ('drɔga) *nf* **1** drug. **2** drug-taking. **drogato** *nm* drug addict.

droghiere (dro'gjɛre) *nm* grocer. **drogheria** *nf* grocer's shop.

dromedario (drome'darjo) *nm* dromedary.

duale (du'ale) *adj* dual.

dubbio ('dubbjo) *nm* doubt, suspicion. *adj* doubtful, uncertain. **dubbioso** (dub'bjoso) *adj* doubtful.

dubitare (dubi'tare) *vi* **1** doubt, hesitate. **2** suspect.

duca ('duka) *nm* duke. **du-**

cale adj ducal. **ducato** nm 1 duchy. 2 ducat.

duce ('dutʃe) nm guide, leader.

duchessa (du'kessa) nf duchess.

due ('due) adj,nm two. **duecento** (due'tʃento) adj two hundred. nm 1 two hundred. 2 thirteenth century. **due pezzi** nm invar 1 bikini. 2 suit.

duello (du'ɛllo) nm duel.

duetto (du'etto) nm duet.

duna ('duna) nf dune.

dunque ('dunkwe) conj 1 therefore, so. 2 then.

duole ('dwɔle) v see **dolere.**

duomo ('dwɔmo) nm cathedral.

duplicare (dupli'kare) vt duplicate. **duplicato** nm duplicate. **duplicatore** nm duplicator, duplicating machine. **durata** nf duration. **durabile** (du'rabile) adj durable. **durante** (du'rante) prep during.

durare (du'rare) vi 1 last. 2 resist. **durabile** adj durable. **durante** prep during. **durata** nf duration. **durata di conservazione** nf shelf-life.

duro ('duro) adj 1 hard. 2 tough, stale. 3 severe. 4 difficult. 5 stupid, dull. **tener duro** hold firm. **durevole** adj lasting. **durezza** (du'rettsa) nf 1 hardness. 2 severity.

E

e, ed (e, ed) conj and, also. **e...e** both...and.

è (e) v see **essere.**

ebano ('ɛbano) nm ebony.

ebbe ('ɛbbe) v see **avere.**

ebbene (eb'bɛne) conj well then, well.

ebbero ('ɛbbero) v see **avere.**

ebbi ('ɛbbi) v see **avere.**

ebbro ('ɛbbro) adj 1 drunk. 2 elated. **ebbrezza** (eb'brettsa) nf intoxication.

ebdomadario (ebdoma'darjo) adj weekly. nm weekly publication.

ebete ('ɛbete) adj stupid.

ebollizione (ebollit'tsjone) nf boiling. **punto di ebollizione** nm boiling point.

ebraico (e'braiko) adj Jewish, Hebrew. nm Hebrew (language).

ebreo (e'brɛo) adj Jewish. nm Jew.

eccedere (et'tʃedere) vt surpass, exceed. **eccedenza** (ettʃe'dentsa) nf surplus.

eccellere* (et'tʃellere) vi excel, stand out. **eccellente** (ettʃel 'lente) adj excellent. **eccellenza** (ettʃel'lentsa) nf 1 excellence. 2 cap Excellency.

eccentrico (et'tʃentriko) adj eccentric. **eccentricità** nf eccentricity.

eccesso (et'tʃesso) nm excess. **all'eccesso** in the extreme. **eccessivo** adj excessive.

eccetera (et'tʃetera) nm invar et cetera, and so on.

eccetto (et'tʃetto) prep except. **eccetto che** 1 apart from. 2 unless.

eccettuare (ettʃettu'are) vt exclude, leave out.

eccezione (ettʃet'tsjone) nf exception. **eccezionale** adj exceptional.

eccitare (ettʃi'tare) vt excite, arouse, stimulate. **eccitabile** (ettʃi'tabile) adj excitable. **eccitato** adj excited.

ecclesiastico (ekkle'zjastiko)

adj ecclesiastical. *nm* clergyman.

ecco ('ɛkko) *adv* here is or are, there is or are. **ecco fatto** that's it, done.

echeggiare (eked'dʒare) *vi* echo, resound.

eclissare (eklis'sare) *vt* eclipse. **eclissi** *nm,f* eclipse.

eco ('ɛko) *nm* or *f, pl* **echi** *m* echo.

ecologia (ekolo'dʒia) *nf* ecology.

economia (ekono'mia) *nf* 1 saving, economy. 2 economics.

economico (eko'nɔmiko) *adj* 1 economic. 2 economical.

economizzare (ekonomid 'dzare) *vi* economize.

economo (e'kɔnomo) *nm* bursar, treasurer.

edera ('edera) *nf* ivy.

edicola (e'dikola) *nf* newspaper kiosk.

edificare (edifi'kare) *vt* build, construct. **edificio** *nm* building.

edilizio (edi'littsjo) *adj* building. **speculazione edilizia** *nf* property speculation. **edile** *adj* building. **edilizia** (edi'litt-sja) *nf* building trade.

Edimburgo (edim'burgo) *nf* Edinburgh.

editore (edi'tore) *nm* publisher. *adj* publishing. **edito** ('ɛdito) *adj* published. **editoriale** *adj* editorial. *nm* newspaper editorial. **casa editrice** *nf* publishing house.

edizione (edit'tsjone) *nf* edition.

educare (edu'kare) *vt* 1 bring up. 2 educate, instruct. **educato** *adj* well-bred. **educa-**

zione *nf* 1 education. 2 manners.

effeminato (effemi'nato) *adj* effeminate.

effetto (ef'fɛtto) *nm* 1 effect. 2 result. **in effetti** in fact.

effettuare (effettu'are) *vt* accomplish. **effettuarsi** *vr* take place.

efficace (effi'katʃe) *adj* sure, effectual.

efficiente (effi'tʃɛnte) *adj* efficient. **efficienza** (effi'tʃɛntsa) *nf* 1 efficiency. 2 working order.

effige (ef'fidʒe) *nf also* **effigie** *nf invar* effigy.

effimero (ef'fimero) *adj* fleeting, ephemeral.

egeo (e'dʒɛo) *adj* Aegean. **(Mare) Egeo** *nm* Aegean (Sea).

Egitto (e'dʒitto) *nm* Egypt. **egiziano** *adj,n* Egyptian.

egli ('eʎʎi) *pron 3rd pers ms* he.

egoista (ego'ista) *nm* egoist, selfish person. **egoismo** (ego 'izmo) *nm* egoism, selfishness.

egregio (e'grɛdʒo) *adj* distinguished.

elaborare (elabo'rare) *vt* elaborate. **elaborato** *adj* elaborate.

elastico (e'lastiko) *pl* **elastici** *adj* elastic. *nm* 1 elastic. 2 elastic band.

elefante (ele'fante) *nm* elephant. **fare d'una mosca un elefante** make a mountain out of a molehill.

elegante (ele'gante) *adj* elegant. **eleganza** *nf* elegance.

eleggere* (e'lɛddʒere) *vt* 1 elect. 2 choose.

elegia (ele'dʒia) *nf* elegy.

elemento (ele'mento) *nm* 1 element. **2** unit. **3** *pl* rudiments, principles. **elementare** *adj* elementary. **scuola elementare** *nf* primary school.

elemosina (ele'mɔzina) *nf* charity.

elenco (e'lɛnko) *nm* list. **elenco telefonico** telephone directory. **elencare** *vt* list.

elettore (elet'tore) *nm* constituent, voter. **elettorato** *nm* electorate.

elettrico (e'lettriko) *adj* electric. **elettricista** *nm* electrician. **elettricità** *nf* electricity. **elettrodomestico** (elettrodo 'mestiko) *nm* electrical household appliance.

elettrificare (elettrifi'kare) *vt* electrify.

elettrizzare (elettrid'dzare) *vt* excite, electrify.

elettrodo (e'lettrodo) *nm* electrode.

elettromagnete (elettroma ɲ 'ɲete) *nm* electromagnet. **elettromagnetico** *adj* electromagnetic.

elettrone (elet'trone) *nm* electron. **elettronico** (elet'trɔniko) *adj* electronic.

elevare (ele'vare) *vt* raise.

elezione (elet'tsjone) *nf* election.

elica ('ɛlika) *nf* propeller. **elicottero** (eli'kɔttero) *nm* helicopter.

eliminare (elimi'nare) *vt* eliminate. **eliminazione** *nf* elimination.

ella ('ella) *pron* **1** *3rd pers fs* she. **2** *cap 2nd pers fs fml* you.

elmo ('elmo) *nm* helmet.

eloquente (elo'kwɛnte) *adj* elo-

quent. **eloquenza** (elo 'kwɛntsa) *nf* eloquence.

eludere* (e'ludere) *vt* evade, elude.

emaciato (ema'tʃato) *adj* emaciated.

emancipare (emantʃi'pare) *vt* free, emancipate. **emancipazione** *nf* emancipation.

embargo (em'bargo) *nm* embargo.

emblema (em'blɛma) *nm* emblem.

embrione (embri'one) *nm* embryo.

emendare (emen'dare) *vt* amend. **emendamento** *nm* amendment.

emergenza (emer'dʒɛntsa) *nf* emergency.

emergere* (e'mɛrdʒere) *vi* emerge.

emettere* (e'mettere) *vt* emit, issue.

emicrania (emi'kranja) *nf* migraine.

emigrare (emi'grare) *vi* emigrate. **emigrante** *nm* emigrant. **emigrato** *nm* **1** emigrant. **2** political exile. **emigrazione** *nf* emigration.

eminente (emi'nɛnte) *adj* eminent.

emisfero (emis'fɛro) *nm* hemisphere.

emissione (emis'sjone) *nf* **1** issue. **2** programme, broadcast.

emorragia (emorra'dʒia) *n* haemorrhage.

emozionare (emottsjo'nare) *v* move, affect. **emozionante** *adj* moving, thrilling. **emozione** *nf* emotion.

empio ('empjo) *adj* **1** impious. **2** evil. **3** pitiless.

empire (em'pire) *vt* fill.

empirico (em'piriko) *adj* empirical.

emporio (em'pɔrjo) *nm* market, emporium.

emù (e'mu) *nm invar* emu.

enciclopedia (entʃiklope'dia) *nf* encyclopedia.

endemico (en'dɛmiko) *adj* endemic.

energia (ener'dʒia) *nf* energy. **energico** (e'nɛrdʒiko) *adj* energetic.

enfasi ('ɛnfazi) *nf invar* emphasis. **enfatico** (en'fatiko) *adj* emphatic.

enfiare (en'fjare) *vi* swell. **enfiarsi** *vr* swell up.

enigma (e'nigma) *nm* **1** enigma. **2** puzzle. **enigmatico** (enig'matiko) *adj* enigmatic.

ennesimo (en'nɛzimo) *adj* umpteenth.

enorme (e'norme) *adj* huge, enormous.

ente ('ɛnte) *nm* corporation, society.

entità (enti'ta) *nf invar* entity.

entrambi (en'trambi) *pron pl* both.

entrare (en'trare) *vi* **1** enter, go or come in. **2** have relevance. **io non c'entro** it has nothing to do with me. **entrata** *nf* entrance.

entro ('entro) *prep* within.

entusiasmo (entu'zjazmo) *nm* enthusiasm. **entusiasta** *nm* enthusiast. *adj* enthusiastic. **entusiastico** (entu'zjastiko) *adj* enthusiastic.

enumerare (enume'rare) *vt* enumerate.

enzima (en'dzima) *nm* enzyme.

epico ('ɛpiko) *adj,nm* epic.

epidemia (epide'mia) *nf* epidemic.

Epifania (epifa'nia) *nf* Epiphany.

epigramma (epi'gramma) *nm* epigram.

epilessia (epiles'sia) *nf* epilepsy.

epilogo (e'pilogo) *nm* epilogue.

episodio (epi'zɔdjo) *nm* episode.

epistola (e'pistola) *nf* epistle.

epitaffio (epi'taffjo) *nm* epitaph.

epiteto (e'piteto) *nm* epithet.

epoca ('ɛpoka) *nf* epoch, period.

eppure (ep'pure) *conj* nevertheless, and yet.

epurare (epu'rare) *vt* purge.

equatore (ekwa'tore) *nm* equator.

equazione (ekwat'tsjone) *nf* equation.

equestre (e'kwɛstre) *adj* equestrian.

equilibrare (ekwili'brare) *vt* balance.

equilibrio (ekwi'librjo) *nm* balance. **equilibrista** *nm* tightrope walker.

equinozio (ekwi'nɔttsjo) *nm* equinox.

equipaggiare (ekwipad'dʒare) *vt* equip. **equipaggio** *nm* crew. **senza equipaggio** *adj* unmanned.

equitazione (ekwitat'tsjone) *nf* **1** riding. **2** horsemanship.

equivalere (ekwiva'lere) *vi* be equivalent. **equivalente** (ekwiva'lɛnte) *adj,nm* equivalent.

equivoco (e'kwivoko) *adj* ambiguous, doubtful.

era ¹ 76

era ¹ ('ɛra) *v see* **essere.**

era ² ('ɛra) *nf* era.

erba ('erba) *nf* **1** grass. **2** herb.

erbaccia (er'battʃa) *nf* weed.

erbivendolo (erbi'vendolo) *nm* greengrocer.

ereditare (eredi'tare) *vt* inherit. **erede** (e'rede) *nm,f* heir. **eredità** *nf* inheritance. **ereditario** *adj* hereditary.

eremita (ere'mita) *nm* hermit.

eresia (ere'zia) *nf* heresy. **eretico** (e'rɛtiko) *adj* heretical.

eretto (e'rɛtto) *adj* erect, upright.

erezione (eret'tsjone) *nf* erection.

eri ('ɛri) *v see* **essere.**

erica ('ɛrika) *nf* heather.

erigere* (e'ridʒere) *vt* erect.

ermellino (ermel'lino) *nm* ermine.

ermetico (er'mɛtiko) *adj* hermetic.

ernia ('ɛrnja) *nf* hernia.

ero ('ɛro) *v see* **essere.**

eroe (e'rɔe) *nm* hero. **eroico** (e'rɔiko) *adj* heroic.

eroina ¹ (ero'ina) *nf* heroine.

eroina ² (ero'ina) *nm* heroin.

erosione (ero'zjone) *nf* erosion.

erotico (e'rɔtiko) *adj* erotic.

errare (er'rare) *vi* **1** wander, roam. **2** err.

erroneo (er'rɔneo) *adj* false, mistaken.

errore (er'rore) *nm* mistake, error.

erudito (eru'dito) *adj* erudite. **erudizione** *nf* erudition.

eruttare (erut'tare) *vt* erupt. **eruzione** (erut'tsjone) *nf* eruption.

esagerare (ezadʒe'rare) *vt* exaggerate, overdo, go too far.

esagerazione *nf* exaggeration.

esagonale (ezago'nale) *adj* hexagonal.

esalare (eza'lare) *vt* exhale.

esaltare (ezal'tare) *vt* exalt.

esame (e'zame) *nm* **1** examination, inspection. **2** exam. **dare un esame** sit an exam.

esaminare (ezami'nare) *vt* examine, inspect.

esasperare (ezaspe'rare) *vt* irritate, exasperate. **esasperazione** *nf* exasperation.

esatto (e'zatto) *adj* exact, precise. **esattezza** (ezat'tettsa) *nf* precision.

esattore (ezat'tore) *nm* tax man, tax collector.

esaurire (ezau'rire) *vt* exhaust, wear out. **esaurimento** *nm* exhaustion. **esaurimento nervoso** nervous breakdown. **esaurito** *adj* **1** exhausted. **2** finished, sold out.

esca ('eska) *nf* bait.

esclamare (eskla'mare) *vi* exclaim. **esclamazione** *nf* exclamation.

escludere* (es'kludere) *vt* exclude. **esclusione** *nf* exclusion.

esclusivo (esklu'zivo) *adj* exclusive. **esclusiva** *nf* monopoly, sole rights.

esco ('ɛsko) *v see* **uscire.**

escursione (eskur'sjone) *nf* excursion.

esecutivo (ezeku'tivo) *adj,nm* executive.

esecutore (ezeku'tore) *nm* executor.

esecuzione (ezekut'tsjone) *nf* execution.

eseguire (eze'gwire) *vt* carry out, perform.

esempio (e'zempjo) *nm* example, illustration. **per esempio** for example.

esemplare (ezem'plare) *adj* exemplary. *nm* **1** copy. **2** example.

esentare (ezen'tare) *vt* exempt. **esente** (e'zɛnte) *adj* exempt.

esequie (e'zɛkwje) *nf pl* funeral.

esercitare (ezertʃi'tare) *vt* **1** exercise. **2** practise. **esercito** (e'zɛrtʃito) *nm* army. **esercizio** (ezer'tʃittsjo) *nm* **1** exercise. **2** practice.

esibire (ezi'bire) *vt* show, exhibit. **esibizione** *nf* exhibition. **esibizionista** *nm* exhibitionist.

esigere* (e'zidʒere) *vt* demand, claim.

esilarare (ezila'rare) *vt* exhilarate.

esile ('ɛzile) *adj* slim, slender.

esiliare (ezi'ljare) *vt* exile. **esiliato** *nm* exile.

esilio (e'ziljo) *nm* exile.

esimere (e'zimere) *vt* exempt.

esistenzialismo (ezistentsja-'lizmo) *nm* existentialism.

esistere* (e'zistere) *vi* exist. **esistenza** (ezis'tɛntsa) *nf* existence, life.

esitare (ezi'tare) *vi* hesitate. **esitazione** *nf* hesitation.

esito ('ɛzito) *nm* outcome, result.

esonerare (ezone'rare) *vt* release, dismiss. **esonero** (e'zɔnero) *nm* exemption.

esorbitante (ezorbi'tante) *adj* exorbitant.

esorcizzare (ezortʃid'dzare) *vt* exorcize. **esorcismo** (ezor'tʃizmo) *nm* exorcism. **esorcista** (ezor'tʃista) *nm* exorcist.

esortare (ezor'tare) *vt* encourage, urge.

esoso (e'zɔzo) *adj* **1** hateful. **2** mean.

esoterico (ezo'tɛriko) *adj* esoteric.

esotico (e'zɔtiko) *adj* exotic.

espandere (es'pandere) *vt* expand. **espansione** *nf* expansion. **espansivo** *adj* expansive.

espatriare (espa'trjare) *vi* emigrate.

espediente (espe'djɛnte) *nm* expedient.

espellere* (es'pɛllere) *vt* expel.

esperienza (espe'rjɛntsa) *nf* **1** experience. **2** experiment.

esperimento (esperi'mento) *nm* experiment.

esperto (es'pɛrto) *adj* skilled, expert. *nm* expert.

espiare (espi'are) *vt* expiate.

esplicito (es'plitʃito) *adj* explicit.

esplodere* (es'plɔdere) *vi* explode.

esplorare (esplo'rare) *vt* explore, investigate. **esploratore** *nm* explorer. **esplorazione** *nf* exploration.

esplosi (es'plɔzi) *v* see **esplodere.**

esplosione (esplo'zjone) *nf* explosion.

esplosivo (esplo'zivo) *adj,nm* explosive.

esploso (es'plɔzo) *v* see **esplodere.**

esporre* (es'porre) *vt* exhibit, expose.

esportare (espor'tare) vt export. **esportazione** nf export, exportation.

esposizione (espozit'tsjone) nf **1** exposition, explanation. **2** exhibition.

espressione (espres'sjone) nf expression. **espressivo** (espres'sivo) adj expressive.

espresso (es'presso) adj express. nm **1** express train. **2** express letter.

esprimere* (es'primere) vt express.

espulsi (es'pulsi) v see **espellere**.

espulsione (espul'sjone) nf expulsion.

espulso (es'pulso) v see **espellere**.

esquimese (eskwi'mese) adj,n Eskimo.

essa ('essa) pron 3rd pers fs **1** she. **2** her, it.

esse ('esse) 3rd pers f pl them.

essenza (es'sɛntsa) nf essence. **essenziale** adj,nm essential.

essere* ('essere) vi exist, be. v aux be. **che ore sono?** what time is it? **cosa c'è?** what is the matter? **essere di 1** belong to. **2** be from.

essi ('essi) 3rd pers m pl them.

esso ('esso) pron 3rd pers ms **1** he. **2** him, it.

est (ɛst) nm east. adj invar east, eastern. **del est 1** eastern. **2** easterly. **verso est** eastwards.

estasi ('ɛstazi) nf ecstasy. **estatico** (es'tatiko) adj ecstatic.

estate (es'tate) nf summer.

estendere* (es'tɛndere) vt extend, enlarge.

estensione (esten'sjone) nf extension.

esteriore (este'rjore) adj,nm outside, exterior.

esterno (es'tɛrno) adj external.

estero ('ɛstero) adj foreign. **all'estero** abroad.

estetico (es'tɛtiko) adj aesthetic. **estetica** nf aesthetics.

estetista (este'tista) nf beautician.

estinguere* (es'tingwere) vt **1** put out, extinguish. **2** quench. **3** pay off. **estintore** nm fire-extinguisher. **estinzione** n extinction.

estivo (es'tivo) adj summer summery.

estradare (estra'dare) vt extradite. **estradizione** nf extradition.

estraneo (es'traneo) adj alien foreign. nm stranger.

estrarre* (es'trarre) vt **1** extract. **2** pick out. **estratto** nm **1** extract. **2** excerpt.

estremo (es'trɛmo) adj,nm extreme. **estremista** nm extremist.

estro ('ɛstro) nm **1** inspiration **2** whim.

estrogeno (es'trɔdʒeno) nm oestrogen.

estroverso (estro'vɛrso) adj, extrovert.

estuario (estu'arjo) nm estuary.

esuberante (ezube'rante) ac exuberant. **esuberanza** (ez ube'rantsa) nf exuberance.

esule ('ezule) nm exile. adj ex iled.

età (e'ta) nf age.

etere ('ɛtere) nm ether.

eterno (e'tɛrno) adj eterna

never-ending. **eternità** nf
eternity.

etica ('ɛtika) nf ethics. **etico**
('ɛtiko) adj ethical.

etichetta (eti'ketta) nf 1 etiquette. 2 label, ticket.

etimologia (etimolo'dʒia) nf
etymology.

etnico ('ɛtniko) adj ethnic.

ettaro ('ɛttaro) nm hectare.

etto ('ɛtto) nm also **ettogrammo** hundred grams, hectogram.

eucalipto (euka'lipto) nm eucalyptus tree.

eufemismo (eufe'mizmo) nm
euphemism.

eunuco (eu'nuko) nm eunuch.

Europa (eu'rɔpa) nf Europe.
europeo (euro'pɛo) adj,nm
European.

eutanasia (eutana'zia) nf euthanasia.

evacuare (evaku'are) vt evacuate. **evacuazione** nf evacuation.

evadere* (e'vadere) vi escape,
flee.

evangelista (evandʒe'lista) nm
Evangelist.

evaporare (evapo'rare) vi evaporate. **evaporazione** nf evaporation.

evasi (e'vazi) v see **evadere**.

evasione (eva'zjone) nf escape.

evasivo (eva'zivo) adj evasive.

evaso (e'vazo) v see **evadere**.
nm 1 fugitive. 2 escaped convict.

evento (e'vɛnto) nm 1 outcome. 2 event. **eventuale** adj
possible.

evidente (evi'dɛnte) adj evident, obvious. **evidenza** (evi

'dɛntsa) nf clarity. **mettersi
in evidenza** show oneself.

evitare (evi'tare) vt avoid.

evizione (evit'tsjone) nf eviction.

evocare (evo'kare) vt evoke.

evoluzione (evolut'tsjone) nf
evolution.

evviva (ev'viva) interj 1 hurrah!
2 long live.

F

fa[1] (fa) adv ago.

fa[2] (fa) v see **fare**.

fabbrica ('fabbrika) nf 1 building. 2 factory. **fabbricare** vt
1 build. 2 make, manufacture.
3 invent.

fabbro ('fabbro) nm smith.
fabbro ferraio nm blacksmith.

faccenda (fat'tʃɛnda) nf 1 task,
chore. 2 matter, affair.

facchino (fak'kino) nm porter.

faccia ('fattʃa) nf 1 face. 2 side
(of a record). **facciata** nf
facade.

facciano (fat'tʃamo) v see **fare**.

faccio ('fattʃo) v see **fare**.

facezia (fa'tʃɛttsja) nf joke.

facile ('fatʃile) adj 1 easy, simple. 2 probable, likely. 3 easygoing. **facilità** nf 1 ease 2 aptitude.

facilitare (fatʃili'tare) vt facilitate, make easier.

facoltà (fakol'ta) nf 1 faculty. 2
right, authority. 3 university
faculty. **facoltativo** adj optional.

faggio ('faddʒo) nm beech tree.

fagiano (fa'dʒano) nm pheasant.

fagiolo (fa'dʒɔlo) nm bean.
fagiolino nm French bean.

fagotto   80

fagotto (fa'gɔtto) *nm* **1** bundle.
2 bassoon. **far fagotto** leave.

fai ('fai) *v* see **fare**.

falce ('faltʃe) *nf* scythe, sickle.

falciare (fal'tʃare) *vt* **1** mow. **2**
mow down. **falciatrice** *nf*
mower.

falco ('falko) *nm* hawk. **fal-
cone** *nm* falcon.

falda ('falda) *nf* **1** layer. **2** fold,
pleat. **3** coat-tail. **4** brim. **5**
slope. **6** foot (of a mountain). **7**
flake.

falegname (faleɲ'ɲame) *nm*
carpenter, joiner.

falena (fa'lena) *nf* moth.

falla ('falla) *nf* leak, leakage.

fallace (fal'latʃe) *adj* false, de-
ceptive.

fallire (fal'lire) *vi* fail. *vt* miss.
fallimento *nm* **1** failure. **2**
bankruptcy.

fallo[1] ('fallo) *nm* **1** error. **2** *sport*
foul.

fallo[2] ('fallo) *nm* phallus.

falò (fa'lo) *nm* bonfire.

falsare (fal'sare) *vt* distort, fal-
sify. **falsario** (fal'sarjo) *nm*
counterfeiter, forger.

falsariga (falsa'riga) *nf* sheet of
ruled paper.

falsificare (falsifi'kare) *vt* **1**
forge, fake. **2** tamper with.

falso ('falso) *adj* **1** false, artifi-
cial. **2** wrong. **3** untrue.
falso allarme *nm* false alarm.

fama ('fama) *nf* fame, renown.

fame ('fame) *nf* hunger. **avere
fame** be hungry.

famelico (fa'meliko) *adj* raven-
ous, starving.

famiglia (fa'miʎʎa) *nf* family.

familiare (fami'ljare) *adj* **1** do-
mestic, family. **2** intimate, fa-
miliar.

famoso (fa'moso) *adj* famous,
well-known.

fanale (fa'nale) *nm* **1** lamp, lan-
tern. **2** headlight.

fanatico (fa'natiko) *adj* fanati-
cal. *nm* fanatic.

fanciullo (fan'tʃullo) *nm* child,
boy. **fanciulla** *nf* child, girl.
fanciullezza (fantʃul'lettsa) *nf*
childhood.

fandonia (fan'dɔnja) *nf* lie.

fanfara (fan'fara) *nf* brass band.

fango ('fango) *nm* mud.
fangoso (fan'goso) *adj* mud-
dy.

fanno ('fanno) *v* see **fare**.

fannullone (fannul'lone) *nm*
lazybones.

fantascienza (fantaʃ'ʃentsa) *nf*
science fiction.

fantasia (fanta'zia) *nf* imagina-
tion, fantasy.

fantasma (fan'tazma) *nm* ghost.

fante ('fante) *nm* **1** infantry-
man. **2** *game* knave, jack.
fanteria *nf* infantry. **fantino**
nm jockey.

fantoccio (fan'tɔttʃo) *nm* pup-
pet.

farabutto (fara'butto) *nm*
rogue, scoundrel.

faraone (fara'one) *nm* pharaoh.

farcire (far'tʃire) *vt* stuff.

fardello (far'dello) *nm* bundle,
load.

fare* ('fare) *vt* **1** make. **2** do. **3**
say. **4** be. **fare acqua** leak.
fare benzina fill up with pet-
rol. **fare da** act as. **fare per**
suit. **non fa niente** it doesn't
matter.

farfalla (far'falla) *nf* butterfly.

farina (fa'rina) *nf* flour.

faringe (fa'rindʒe) *nf* pharynx.

farmacia (farma'tʃia) *nf* **1** phar

macy. **2** chemist's shop.

farmacista (farma'chista) *nm* chemist.

farmaco ('farmako) *nm* medicine, drug.

faro ('faro) *nm* **1** lighthouse. **2** headlight, headlamp.

farragine (far'radʒine) *nf* jumble, medley.

farsa ('farsa) *nf* farce.

fascia ('faʃʃa) *nf* **1** band, strip. **2** bandage.

fasciare (faʃ'ʃare) *vt* . bind, bandage.

fascicolo (faʃ'ʃikolo) *nm* **1** dossier, file. **2** number, issue (of a journal).

fascino ('faʃʃino) *nm* fascination, charm.

fascio ('faʃʃo) *nm* bundle.

fascismo (faʃ'ʃizmo) *nm* fascism. **fascista** *adj,nm* fascist.

fase ('faze) *nf* phase.

fastidio (fas'tidjo) *nm* **1** annoyance, trouble. **2** disgust. **dare fastidio a** annoy. **fastidioso** (fasti'djoso) *adj* annoying.

fasto ('fasto) *nm* pomp. **fastoso** (fas'toso) *adj* ostentatious.

fata ('fata) *nf* fairy.

fatale (fa'tale) *adj* fatal.

faticare (fati'kare) *vi* struggle, toil. **fatica** *nf* **1** toil, labour. **2** exhaustion, weariness. **3** trouble. **faticoso** (fati'koso) *adj* **1** tiring. **2** difficult.

fato ('fato) *nm* fate.

fatta ('fatta) *nf* kind, sort.

fattezze (fat'tettse) *nf pl* features.

fatto ('fatto) *v* see **fare**. *nm* **1** fact. **2** action, deed. **3** event. **4** subject. **badare ai fatti propri** mind one's own business. **dire il fatto suo** speak

one's mind. **in fatto di** with respect to. **venire al fatto** come to the point.

fattore (fat'tore) *nm* **1** creator. **2** factor.

fattoria (fatto'ria) *nf* farm, farmhouse.

fattorino (fatto'rino) *nm* **1** office boy. **2** telegraph boy.

fattucchiera (fattuk'kjera) *nf* witch. **fattucchiere** (fattuk'kjere) *nm* sorcerer, wizard.

fattura (fat'tura) *nf* **1** manufacture, workmanship. **2** bill, invoice.

fatturare (fattu'rare) *vt* **1** adulterate, tamper with. **2** charge, invoice.

fatuo ('fatuo) *adj* silly, fatuous.

fauna ('fauna) *nf* fauna.

fausto ('fausto) *adj* lucky, happy.

fautore (fau'tore) *nm* supporter, follower.

fava ('fava) *nf* bean.

favilla (fa'villa) *nf* spark.

favo ('favo) *nm* honeycomb.

favola ('favola) *nf* **1** fable, story. **2** laughing-stock. **favoloso** (favo'loso) *adj* fabulous, fantastic, incredible.

favore (fa'vore) *nm* **1** goodwill. **2** favour. **a favore di 1** in the interest of. **2** on behalf of. **entrata di favore** *nf* complimentary seat. **per favore** please.

favoreggiare (favored'dʒare) *vt* **1** favour. **2** aid and abet.

favorevole (favo'revole) *adj* favourable, suitable.

favorire (favo'rire) *vt* **1** favour. **2** back, assist. **3** oblige. **favorito** *adj,nm* favourite.

fazione (fat'tsjone) *nf* faction.

fazzoletto (fattso'letto) *nm* **1** handkerchief. **2** headscarf.

febbraio (feb'brajo) *nm* February.

febbre ('fɛbbre) *nf* fever. **avere la febbre** have a temperature.

feccia ('fɛttʃa) *nf* **1** dregs, sediment. **2** scum, riffraff.

feci ('fetʃi) *v* see **fare**.

fecondare (fekon'dare) *vt* fertilize. **fecondo** *adj* fertile.

fede ('fede) *nf* **1** belief, trust. **2** faith, religion. **3** word of honour. **4** honesty. **5** certificate, document. **6** wedding ring. **fedele** *adj* **1** faithful, loyal. **2** exact. **fedeltà** *nf* fidelity, loyalty.

federa ('fɛdera) *nf* pillowcase.

federale (fede'rale) *adj* federal.

federazione (federat'tsjone) *nf* federation.

fedina (fe'dina) *nf* **1** criminal record. **2** side-whisker.

fegato ('fegato) *nm* liver.

felce ('feltʃe) *nf* fern.

felice (fe'litʃe) *adj* **1** happy, contented. **2** lucky. **felicità** *nf* happiness.

felicitare (felitʃi'tare) *vt* make happy. **felicitarsi** *vr* congratulate. **felicitazioni** *nf pl* congratulations.

felino (fe'lino) *adj,nm* feline.

feltro ('feltro) *nm* felt.

femmina ('femmina) *nf* **1** female. **2** woman. **femminile** *adj* feminine.

fendere* ('fendere) *vt* split, crack, break. **fenditura** *nf* crack, fissure.

fenice (fe'nitʃe) *nf* phoenix.

fenicottero (feni'kɔttero) *nm* flamingo.

fenomeno (fe'nɔmeno) *nm* phenomenon. **fenomenale** *adj* phenomenal.

feria ('fɛrja) *nf* holiday. **feriale** *adj* working. **giorno feriale** *nm* weekday.

ferire (fe'rire) *vt* **1** wound, injure. **2** strike. **ferita** *nf* wound, injury.

fermare (fer'mare) *vt* **1** stop, halt. **2** fix, fasten. **3** arrest. **fermarsi** *vr* stop. **fermata** *nf* **1** stop. **2** pause. **fermacarte** *nm invar* paperweight. **fermacravatta** *nm invar* tiepin. **fermaglio** *nm* **1** fastener, clasp. **2** brooch.

fermentare (fermen'tare) *vi* ferment. **fermentazione** *nf* fermentation.

fermo ('fermo) *adj* **1** motionless, still. **2** firm, steady. **fermo in posta** *poste restante.* **tener per fermo** be convinced. **fermezza** (fer'mettsa) *nf* firmness.

feroce (fe'rotʃe) *adj* fierce, wild. **ferocia** (fe'rɔtʃja) *nf* ferocity.

ferragosto (ferra'gosto) *nm* feast of Assumption, 15th August.

ferraio (fer'rajo) *nm* blacksmith.

ferrare (fer'rare) *vt* shoe (a horse).

ferreo ('fɛrreo) *adj* **1** strong. **2** iron.

ferro ('ferro) *nm* iron. **ferro da calza** knitting needle. **ferro da cavallo** horse-shoe. **ferro da stiro** *dom* iron. **ferramento** *nm pl* **ferramenta** *f* **1** iron tool. **2** hardware.

negozio di ferramenta *nm* ironmonger's shop.

ferrovia (ferro'via) *nf* railway.

ferroviario *adj* rail, railway.

ferroviere (ferro'vjɛre) *nm* railwayman.

fertile ('fɛrtile) *adj* fertile. **fertilità** *nf* fertility.

fertilizzare (fertilid'dzare) *vt* fertilize. **fertilizzante** *nm* fertilizer.

fervore (fer'vore) *nm* fervour.

festa ('fɛsta) *nf* **1** feast, holiday. **2** birthday, name day. **3** party. **fare festa** take a holiday. **fare festa a** welcome. **festivo** *adj* festive. **giorni festivi** *nm pl* holidays.

festeggiare (fested'dʒare) *vt* celebrate.

festevole (fes'tevole) *adj* festive, merry.

fetido ('fetido) *adj* fetid.

feto ('feto) *nm* foetus.

fetore (fe'tore) *nm* stench.

fetta ('fetta) *nf* slice. **fettuccine** *nf pl* strips of pasta.

feudale (feu'dale) *adj* feudal.

fiaba ('fjaba) *nf* fairy tale.

fiaccare (fjak'kare) *vt* **1** weaken. **2** break. **fiacco** *adj* listless, weak.

fiaccola ('fjakkola) *nf* torch.

fiala ('fjala) *nf* phial.

fiamma ('fjamma) *nf* **1** flame. **2** pennant.

fiammeggiare (fjammed'dʒare) *vi* **1** blaze, flame. **2** flash.

fiancheggiare (fjanked'dʒare) *vt* flank.

fianco ('fjanko) *nm* side, flank. **a fianco di** at the side of. **di fianco** sideways.

fiasco ('fjasko) *nm* **1** flask. **2** failure, fiasco.

fiatare (fja'tare) *vi* breathe. **fiato** *nm* breath. **strumenti a fiato** *nm pl* wind instruments.

fibbia ('fibbja) *nf* buckle.

fibra ('fibra) *nf* fibre.

ficcare (fik'kare) *vt* thrust, drive in, fix. **ficcarsi** *vr* intrude. **ficcarsi in capo** get into one's head.

fico ('fiko) *nm* **1** fig. **2** fig tree.

fidanzarsi (fidan'tsarsi) *vr* get engaged. **fidanzamento** engagement. **fidanzata** *nf* fiancée. **fidanzato** *nm* fiancé.

fidarsi (fi'darsi) *vr* trust.

fiducia (fi'dutʃa) *nf* trust, faith. **voto di fiducia** *nm* vote of confidence.

fiele ('fjɛle) *nm* **1** bile. **2** bitterness.

fieno ('fjɛno) *nm* hay. **fienile** *nm* hay loft.

fiera[1] ('fjɛra) *nf* fair, exhibition.

fiera[2] ('fjɛra) *nf* wild beast.

fiero ('fjɛro) *adj* **1** fearsome, bold. **2** proud.

fifa ('fifa) *nf inf* fear, funk.

figgere* ('fiddʒere) *vt* fix, attach.

figlia ('fiʎʎa) *nf* daughter. **figliastra** *nf* stepdaughter.

figlio ('fiʎʎo) *nm* son. **figliastro** *nm* stepson.

figura (fi'gura) *nf* **1** form, shape. **2** figure. **3** appearance. **4** illustration. **fare la figura di** play the part of.

figurare (figu'rare) *vt* **1** figure. **2** represent, symbolize. *vi* **1** look well. **2** pretend. **figurarsi** *vr* think, imagine. **figurati!** *interj* **1** just imagine! **2** not at all!

fila ('fila) *nf* **1** row, line.

queue. **di fila** without interruption. **fare la fila** queue.

filantropo (fi'lantropo) nm philanthropist. **filantropico** (filan'tropiko) adj philanthropic.

filare[1] (fi'lare) vt **1** spin. **2** let out (rope). vi **1** trickle. **2** run. **3** be off. **filanda** nf spinning mill.

filare[2] (fi'lare) nm row, line.

filastrocca (filas'trɔkka) nf **1** yarn. **2** nonsense rhyme.

filatelia (filate'lia) nf philately, stamp-collecting. **filatelista** nm philatelist, stamp-collector.

filetto (fi'letto) nm fillet.

filiale (fi'ljale) nf branch office. adj filial.

filigrana (fili'grana) nf **1** filigree. **2** watermark.

film (film) nm invar film.

filmare (fil'mare) vt film.

filo ('filo) nm **1** thread. **2** yarn. **3** string. **4** wire. **5** edge. **filo di voce** weak voice. **filo d'erba** blade of grass. **per filo e per segno** minutely.

filobus ('filobus) nm trolleybus.

filologo (fi'lɔlogo) nm philologist.

filosofia (filozo'fia) nf philosophy. **filosofico** (filo'zɔfiko) adj philosophical. **filosofo** (fi'lɔzofo) nm philosopher.

filtrare (fil'trare) vt,vi filter. **filtro** nm filter.

filza ('filtsa) nf series.

finale (fi'nale) adj final, last. nm finale. nf finals. **finalista** nm finalist. **finalmente** adv finally, at last.

finanza (fi'nantsa) nf finance.

finanziare (finan'tsjare) vt finance. **finanziario** adj finan-

cial. **finanziere** (finan'tsjɛre) nm financier.

finchè (fin'ke) conj **1** until. **2** a long as.

fine[1] ('fine) nf end, conclusion nm **1** purpose, aim. **2** out come.

fine[2] ('fine) adj **1** fine, thin. **2** delicate, refined.

fine-settimana nm or f inva weekend.

finestra (fi'nestra) nf window **finestrino** nm window (o train, etc.).

fingere* ('findʒere) vt **1** feign fake, pretend. **2** imagine, sup pose.

finire (fi'nire) vt finish, com plete, end. vi end, be over **andare a finire** end up.

Finlandia (fin'landja) nf Fin land. **finlandese** adj Finn ish. nm **1** Finn. **2** Finnish (lan guage). **finnico** adj Finnish.

fino[1] ('fino) adj **1** fine, slender **2** pure. **3** shrewd.

fino[2] ('fino) prep **1** until, as fa as. **2** from.

finocchio (fi'nɔkkjo) nm fen nel.

finora (fi'nora) adv until now.

finsi ('finsi) v see **fingere.**

finta ('finta) nf pretence. **fa finta di** pretend to.

finto ('finto) v see **fingere.** a. fake, false, artificial. nm hype crite.

finzione (fin'tsjone) nf decei sham.

fio ('fio) nm penalty.

fioccare (fjok'kare) vi **1** snov **2** pour or flock in.

fiocco ('fjɔkko) nm **1** bov knot. **2** flake, tuft.

fioco ('fjɔko) adj weak, feeble

fionda ('fjonda) nf catapult.

fiordo ('fjordo) nm fiord.

fiore ('fjore) nm **1** flower. **2** pl game clubs. **fiorario** nm florist. **fiorame** nm floral pattern. **a fiorami** floral patterned.

fiorire (fjo'rire) vi **1** flower. **2** flourish.

Firenze (fi'rɛntse) nf Florence. **fiorentino** adj,n Florentine.

firmare (fir'mare) vt sign. **firma** nf signature.

fisarmonica (fizar'mɔnika) nf accordion.

fischiare (fis'kjare) vi,vt **1** whistle. **2** hiss, boo. **fischietto** nm (child's) whistle. **fischio** nm whistle.

fisica (fizika) nf physics.

fisico ('fiziko) adj physical. nm **1** physique. **2** physicist.

fisiologia (fizjolo'dʒia) nf physiology. **fisiologico** adj physiological.

fisionomia (fizjono'mia) nf countenance, aspect.

fisioterapia (fizjotera'pia) nf physiotherapy. **fisioterapista** nm physiotherapist.

fissare (fis'sare) vt **1** fix, direct. **2** arrange. **3** book. **fisso** adj fixed. **quardare fisso** stare.

fissione (fis'sjone) nf fission.

fittizio (fit'tittsjo) adj **1** fictitious. **2** artificial, false.

fitto[1] ('fitto) adj thick, dense. **a capo fitto** adv headlong.

fitto[2] ('fitto) nm rent.

fiume ('fjume) nm river.

fiutare (fju'tare) vt **1** sniff, smell, scent. **2** detect. **fiuto** nm smell, sense of smell.

flaccido (flatt'fido) adj flabby.

flacone (fla'kone) nm phial.

flagellare (fladʒel'lare) vt lash, whip. **flagello** nm **1** whip. **2** scourge.

flagrante (fla'grante) adj flagrant. **in flagrante** in the act.

flanella (fla'nɛlla) nf flannel.

flauto ('flauto) nm flute. **flautista** nm flautist.

flebile ('flɛbile) adj weak, plaintive.

flessibile (fles'sibile) adj flexible. **flessibilità** nf flexibility.

flessuoso (flessu'oso) adj pliable.

flipper ('flipper) nm pinball.

flirt (flirt) nm flirtation.

flora ('flɔra) nf flora.

florido ('flɔrido) adj **1** florid. **2** prosperous.

floscio ('flɔʃʃo) adj **1** limp. **2** languid. **cappello floscio** nm soft hat.

flotta ('flɔtta) nf fleet.

fluido ('fluido) adj,nm fluid.

fluire (flu'ire) vi flow.

fluorescente (fluoreʃ'ʃente) adj fluorescent.

fluoro (flu'ɔro) nm fluoride.

flusso ('flusso) nm **1** flux. **2** discharge.

fluttuare (fluttu'are) vi fluctuate.

fobia (fo'bia) nf phobia.

foca ('fɔka) nf zool seal.

focaccia (fo'kattʃa) nf tart, bun.

foce ('fotʃe) nf **1** outlet. **2** river mouth.

focena (fo'tʃɛna) nf porpoise.

focolare (foko'lare) nm **1** hearth. **2** fireside.

fodera ('fɔdera) nf **1** lining. **2** cover. **foderare** (fode'rare) vt **1** line. **2** cover. **fodero** ('fɔdero) nm sheath.

foga ('foga) *nf* ardour.

foggia ('fɔddʒa) *nf* manner, style. **foggiare** *vt* form, mould.

foglia ('fɔʎʎa) *nf* leaf. **fogliame** *nm* foliage.

foglio ('fɔʎʎo) *nm* **1** sheet of paper, leaf. **2** pamphlet. **3** document. **4** note.

fogna ('foɲɲa) *nf* **1** drain. **2** sewer.

föhn (fœn) *nm invar* hair drier.

folata (fo'lata) *nf* gust.

folclore (fol'klore) *nm* folklore. **folcloristico** (folklo'ristiko) *adj* folk. **canto folcloristico** *nm* folk song.

folgorare (folgo'rare) *vi* **1** (of lightning) flash. **2** shine brightly. **folgore** ('folgore) *nf* flash of lightning.

folla ('folla) *nf* crowd, throng.

folle ('fɔlle) *adj* mad, insane. **follìa** *nf* madness.

follicolo (fol'likolo) *nm* follicle.

folto ('folto) *adj* thick, dense.

fomentare (fomen'tare) *vt* **1** foment. **2** incite.

fondamento (fonda'mento) *nm* **1** *pl* **fondamenti** *m* foundation, basis. **2** *pl* **fondamenta** *f* arch foundation. **fondamentale** *adj* fundamental.

fondare (fon'dare) *vt* **1** found. **2** base, found. **fondarsi** *vr* rely upon.

fondere* ('fondere) *vt* **1** melt. **2** fuse. **fondersi** *vr* dissolve.

fonderia (fonde'ria) *nf* foundry.

fondina (fon'dina) *nf* holster.

fondo[1] ('fondo) *nm* **1** bottom, base. **2** background. **3** estate. **4** *pl* capital, funds. **5** *pl* dregs. **a fondo** in depth. **andare a fondo** sink. **in fondo** basi-

cally. **in fondo a** at the bottom of.

fondo[2] ('fondo) *adj* deep.

fonetica (fo'nɛtika) *nf* phonetics. **fonetico** (fo'nɛtiko) *adj* phonetic.

fonografo (fo'nɔgrafo) *nm* gramophone.

fontana (fon'tana) *nf* fountain. **fontaniere** (fonta'njɛre) *nm* plumber.

fonte ('fonte) *nf* **1** fountain. **2** source. **3** font.

fontina (fon'tina) *nf* soft cheese.

foraggiare (forad'dʒare) *vt* supply.

forare (fo'rare) *vt* **1** pierce. **2** perforate. **3** bore. *vi* have a puncture.

forbici ('fɔrbitʃi) *nf pl* scissors.

forca ('forka) *nf* **1** pitchfork. **2** gallows.

forchetta (for'ketta) *nf* fork.

forcipe ('fɔrtʃipe) *nm* forceps.

foresta (fo'rɛsta) *nf* forest.

forestiere (fores'tjɛre) *adj* foreign. *nm* **1** foreigner. **2** stranger.

forfecchia (for'fekkja) *nf* earwig.

forfora ('forfora) *nf* dandruff.

formaggio (for'maddʒo) *nm* cheese.

formale (for'male) *adj* formal. **formalità** *nf* formality.

formare (for'mare) *vt* form, shape. **formare un numero** dial a number. **forma** *nf* **1** form, shape. **2** mould. **3** formality. **formato** *nm* format.

formica (for'mika) *nf* ant.

formicolare (formiko'lare) *vi* **1** swarm, abound. **2** have pins and needles. **formicolìo** *nm* pins and needles.

formidabile (formi'dabile) *adj* formidable, tremendous.

formula ('formula) *nf* formula.

formulare (formu'lare) *vt* formulate, express.

fornace (for'natʃe) *nf* furnace.

fornaio (for'najo) *nm* baker.

fornire (for'nire) *vt* provide, furnish. **fornitore** *nm* supplier.

forno ('forno) *nm* **1** oven. **2** furnace. **3** bakery. **fornello** (for 'nɛllo) *nm* **1** ring. **2** bowl (of a pipe). **fornello a gas** gas cooker.

foro[1] ('foro) *nm* hole.

foro[2] ('foro) *nm* forum.

forse ('forse) *adv* perhaps, maybe. **essere in forse** be in doubt.

forsennato (forsen'nato) *adj* mad, insane. *nm* madman.

forte ('fɔrte) *adj* **1** strong, powerful. **2** loud. **3** expert. **4** well-built. *nm* **1** strong point. **2** fort. *adv* **1** strongly. **2** loudly.

fortezza (for'tettsa) *nf* **1** fortitude. **2** fortress.

fortificare (fortifi'kare) *vt* fortify. **fortificazione** *nf* fortification.

fortuito (for'tuito) *adj* chance, accidental.

fortuna (for'tuna) *nf* **1** fortune, chance, luck. **2** riches. **per fortuna** luckily. **atterraggio di fortuna** emergency landing. **fortunato** *adj* lucky.

foruncolo (fo'runkolo) *nm* boil.

forza ('fɔrtsa) *nf* **1** strength. **2** power. **3** force. **a forza di** by dint of. *interj* come on!

forzare (for'tsare) *vt* force.

foschia (fos'kia) *nf* mist, haze.

fosco ('fosko) *adj* dark, gloomy.

fosfato (fos'fato) *nm* phosphate.

fosforescente (fosforeʃ'ʃɛnte) *adj* phosphorescent.

fossa ('fɔssa) *nf* **1** ditch, trench. **2** pit. **3** grave. **fossetta** *nf* dimple.

fossile ('fɔssile) *nm* fossil.

fosso ('fɔsso) *nm* ditch.

foste ('foste) *v* see **essere.**

fosti ('fosti) *v* see **essere.**

foto ('foto) *nf* photo. **fotocopia** (foto'kɔpja) *nf* photocopy. **fotomodella** (fotomo 'dɛlla) *nf phot* model.

fotogenico (foto'dʒeniko) *adj* photogenic.

fotografare (fotogra'fare) *vt* photograph. **fotografia** *nf* photograph. **fotografico** (foto'grafiko) *adj* photographic. **fotografo** (fo'tɔgrafo) *nm* photographer.

fra (fra) *prep* **1** between, among. **2** in, within. **fra poco** soon.

frac (frak) *nm invar* evening dress.

fracassare (frakas'sare) *vt* smash, break. **fracasso** *nm* **1** crash, din. **2** commotion. **3** crowd.

fradicio ('fraditʃo) *adj* **1** soaked, drenched. **2** rotten. **ubriaco fradicio** blind drunk.

fragile ('fradʒile) *adj* fragile. **fragilità** *nf* fragility.

fragola ('fragola) *nf* **1** strawberry. **2** strawberry plant.

fragore (fra'gore) *nm* crash, roar.

fragrante (fra'grante) *adj* fragrant. **fragranza** (fra'grantsa) *nf* fragrance, scent.

fraintendere* (frain'tɛndere) *vi* misunderstand.

frammassone (frammas'sone) *nm* freemason. **frammassoneria** *nf* freemasonry.

frammento (fram'mento) *nm* fragment.

frammettere* (fram'mettere) *vt* insert. **frammettersi** *vr* interfere.

frana ('frana) *nf* landslide.

Francia ('frantʃa) *nf* France. **francese** (fran'tʃeze) *adj* French. *nm* 1 Frenchman. 2 French (language).

franchezza (fran'kettsa) *nf* 1 frankness. 2 boldness.

franco[1] ('franko) *adj* 1 free. 2 frank, sincere.

franco[2] ('franko) *nm* franc. **francobollo** (franko'bollo) *nm* postage stamp.

frangere* ('frandʒere) *vt* 1 break. 2 crush.

frangia ('frandʒa) *nf* fringe.

frantumare (frantu'mare) *vt* smash, shatter. **frantume** *nm* fragment.

frapporre* (frap'porre) *vt* insert. **frapporsi** *vr* intervene.

frase ('fraze) *nf* 1 phrase. 2 sentence.

frassino ('frassino) *nm* ash tree.

frastuono (fras'twɔno) *nm* hubbub, din.

frate ('frate) *nm* friar, brother.

fratello (fra'tɛllo) *nm* brother.

fraterno (fra'tɛrno) *adj* fraternal.

frattaglie (frat'taʎʎe) *nf pl* giblets.

frattanto (frat'tanto) *adv* meanwhile.

frattempo (frat'tɛmpo) **nel**

frattempo *adv* in the meantime.

fratturare (frattu'rare) *vt* fracture. **frattura** *nf* fracture.

frazione (frat'tsjone) *nf* fraction.

freccia ('frettʃa) *nf* arrow.

freddo ('freddo) *adj* 1 cold, cool. 2 indifferent. *nm* cold. **freddezza** (fre'dettsa) *nf* 1 coldness, coolness. 2 indifference.

fregare (fre'gare) *vt* 1 rub, polish. 2 *inf* cheat, swindle. **(io) me ne frego** I don't give a damn.

fregio ('fredʒo) *nm* 1 frieze. 2 decoration.

fremere ('frɛmere) *vi* 1 tremble, shake. 2 rage.

fremito ('frɛmito) *nm* 1 roar. 2 tremor.

frenare (fre'nare) *vt* restrain. *vi* brake.

freno ('freno) *nm* 1 horse's bit. 2 brake.

frequentare (frekwen'tare) *vt* 1 frequent. 2 attend. **frequente** *adj* frequent. **frequenza** (fre'kwɛntsa) *nf* frequency.

fresco ('fresko) *adj* 1 fresh. 2 cool. **freschezza** (fres'kettsa) *nf* freshness.

fretta ('fretta) *nf* hurry. **avere fretta** be in a hurry. **in fretta** hurriedly.

friggere* ('friddʒere) *vt,vi* fry.

frigido ('fridʒido) *adj* frigid.

frigo ('frigo) *nm* fridge.

frigorifero (frigo'rifero) *nm* refrigerator.

fringuello (frin'gwɛllo) *nm* chaffinch.

frissi ('frissi) *v* see **friggere**.

frittata (frit'tata) *nf* omelette.

fritto ('fritto) *v* see **friggere.** *adj* fried.

frivolo ('frivolo) *adj* frivolous.

frizione (frit'tsjone) *nf* friction.

frizzare (frid'dzare) *vi* 1 sting. 2 fizz, sparkle. **frizzante** *adj* sparkling.

frodare (fro'dare) *vt* defraud, cheat. **frode** ('frɔde) *nf* fraud.

fronda ('fronda) *nf* branch.

fronte ('fronte) *nf* 1 forehead. 2 front. **di fronte a** opposite.

fronteggiare (fronted'dʒare) *vt* confront.

frontiera (fron'tjɛra) *nf* border, frontier.

frottola ('frɔttola) *nf* 1 fib. 2 *pl* nonsense.

frugale (fru'gale) *adj* meagre, frugal.

frugare (fru'gare) *vt* search. *vi* rummage.

frullare (frul'lare) *vi* spin. *vt* whip, beat. **frullatore** *nm* whisk. **frullino** *nm* eggwhisk.

frumento (fru'mento) *nm* wheat.

frusciare (fruʃ'ʃare) *vi* rustle. **fruscio** *nm* rustle.

frustare (frus'tare) *vt* whip. **frusta** *nf* whip.

frustrazione (frustra'tsjone) *nf* frustration.

frutto ('frutto) *nm, pl* **frutti** 1 fruit (on the tree). 2 gain, reward. **frutta** *nf* fruit (on the table). **frutteto** *nm* orchard. **frutti di mare** *nm pl* seafood. **fruttivendolo** (frutti'vendolo) *nm* fruiterer.

fu (fu) *v* see **essere.** *adj* deceased, late.

fucilare (futʃi'lare) *vt* shoot. **fucile** *nm* rifle.

fucina (fu'tʃina) *nf* forge.

fucsia ('fuksja) *nf* fuchsia.

fuga ('fuga) *nf* 1 flight, escape. 2 leak. **fugace** *adj* fleeting.

fuggire (fud'dʒire) *vi* flee, run away. *vt* avoid. **fuggiasco** *nm* fugitive.

fui ('fui) *v* see **essere.**

fuliggine (fu'liddʒine) *nf* soot.

fulminare (fulmi'nare) *vt* 1 strike down. 2 electrocute. *vi* flash (lightning), lighten. **fulmine** ('fulmine) *nm* flash of lightning, thunderbolt.

fumare (fu'mare) *vt,vi* smoke. **fumaiolo** (fuma'jɔlo) *nm* 1 chimneypot. 2 funnel. **fumatore** *nm* smoker. **fumetto** *nm* strip cartoon. **fumo** *nm* 1 smoke. 2 vapour.

fummo ('fummo) *v* see **essere.**

funambolo (fu'nambolo) *nm* tightrope walker.

fune ('fune) *nf* rope. **funicolare** *nf* funicular railway. **funivia** *nf* cable car.

funebre ('funebre) *adj* funereal, gloomy. **pompe funebri** *nf pl* funeral service.

funerale (fune'rale) *nm* funeral. **funereo** (fu'nɛreo) *adj* funereal, gloomy.

funesto (fu'nɛsto) *adj* grievous, distressing.

fungo ('fungo) *nm* 1 fungus. 2 mushroom.

funzionare (funtsjo'nare) *vi* work, function. **funzione** *nf* function.

funzionario (funtsjo'narjo) *nm* civil servant.

fuoco ('fwɔko) *nm* 1 fire. 2 focus. **dare fuoco a** set fire to. **fuoco d'artificio** firework.

fuorchè (fwor'ke) *conj,prep* except.

fuori ('fwɔri) *prep* beyond, out of. *adv* away, outside, out. **fuoribordo** *nm* outboard motor (boat). **fuorilegge** *nm* outlaw. **fuoruscito** *nm* exile.

furbo ('furbo) *adj* shrewd, cunning. **furberia** *nf* cunning.

furetto (fu'retto) *nm* ferret.

furfante (fur'fante) *nm* rogue, rascal.

furgone (fur'gone) *nm* van.

furia ('furja) *nf* anger, fury. **a furia di** by dint of.

furibondo (furi'bondo) *adj* furious, livid.

furioso (fu'rjoso) *adj* furious, angry.

furono ('furono) *v* see **essere.**

furore (fu'rore) *nm* 1 fury, vehemence. 2 craze.

furtivo (fur'tivo) *adj* furtive.

furto ('furto) *nm* theft.

fuscello (fuʃ'ʃɛllo) *nm* twig.

fusi ('fuzi) *v* see **fondere.**

fusibile (fu'zibile) *nm* fuse.

fusione (fu'zjone) *nf* fusion.

fuso[1] ('fuzo) *v* see **fondere.**

fuso[2] ('fuzo) *nm* 1 *pl* **fusi** *m* spindle. 2 *pl* **fusa** *f*. **fare le fusa** purr.

fusoliera (fuzo'ljera) *nf* fuselage.

fustagno (fus'taɲɲo) *nm* corduroy.

fusto ('fusto) *nm* 1 stem, stalk. 2 trunk (of tree or body). 3 cask, container.

futile ('futile) *adj* vain, futile. **futilità** *nf* futility.

futuro (fu'turo) *adj,nm* future.

G

gabbare (gab'bare) *vt* 1 trick, swindle. 2 mock.

gabbia ('gabbja) *nf* cage.

gabbiano (gab'bjano) *nm* seagull.

gabella (ga'bɛlla) *nf* tax, duty.

gabinetto (gabi'netto) *nm* 1 study, consulting room. 2 lavatory. 3 *pol* cabinet.

gaffe (gaf) *nf* blunder.

gagliardo (gaʎ'ʎardo) *adj* robust, vigorous.

gaio ('gajo) *adj* 1 gay, merry. 2 bright. **gaiezza** (ga'jettsa) *nf* gaiety.

gala ('gala) *nf* gala.

galantuomo (galan'twɔmo) *nm* gentleman.

galassia (ga'lassja) *nf* galaxy.

galea (ga'lea) *nf* galley.

galeone (gale'one) *nm* galleon.

galera (ga'lɛra) *nf* 1 *naut* galley. 2 prison.

galla ('galla) *nf bot* gall. **a galla** afloat. **stare a galla** float.

galleggiare (galled'dʒare) *vi* float.

galleria (galle'ria) *nf* 1 gallery. 2 tunnel.

Galles ('galles) *nm* Wales. **gallese** (gal'lese) *adj* Welsh. *nm* 1 Welshman. 2 Welsh (language).

gallo ('gallo) *nm* cock. **gallina** *nf* hen.

gallone[1] (gal'lone) *nm* 1 braid. 2 *mil* stripe.

gallone[2] (gal'lone) *nm* gallon.

galoppare (galop'pare) *vi* gallop. **galoppo** (ga'lɔppo) *nm* gallop.

galoscia (ga'lɔʃʃa) *nf* galosh, wellington.

galvanizzare (galvanid'dzare) *vt* galvanize.

gamba ('gamba) *nf* leg. **darsela a gambe** take to one's heels. **persona in gamba** *nf* competent person.

gambero ('gambero) *nm* crayfish. **gambero di mare** lobster. **gamberetto** *nm* shrimp.

gambo ('gambo) *nm* stalk, stem.

gamma ('gamma) *nf* range, gamut.

ganascia (ga'naʃʃa) *nf* jaw.

gancio ('gantʃo) *nm* hook.

ganghero ('gangero) *nm* hinge. **andare fuori dai gangheri** lose one's self-control.

gara ('gara) *nf* competition, race, match.

garage (ga'raʒ) *nm* garage.

garanzia (garan'tsia) *nf* guarantee. **garantire** *vt* guarantee.

garbare (gar'bare) *vi* please. **garbato** *adj* polite. **garbo** *nm* **1** taste, style. **2** courtesy.

garbuglio (garbuʎʎo) *nm* muddle.

gareggiare (gared'dʒare) *vi* compete. **gareggiatore** *nm* competitor.

gargarismo (garga'rizmo) *nm* gargle. **gargarizzare** (gargarid'dzare) *vt* gargle.

garitta (ga'ritta) *nf* sentry-box.

garofano (ga'rɔfano) *nm* carnation. **chiodo di garofano** *nm* clove.

garrire (gar'rire) *vi* **1** twitter, chirp. **2** (of a flag, etc.) flutter.

garrulo ('garrulo) *adj* talkative.

garza ('gardza) *nf* gauze.

garzone (gar'dzone) *nm* errand boy, helper.

gas (gas) *nm invar* gas.

gasolina (gazo'lina) *nf* gasoline.

gasolio (ga'zɔljo) *nm* diesel fuel.

gassosa (gas'sosa) *nf* fizzy drink.

gastrico ('gastriko) *adj* gastric.

gastronomia (gastrono'mia) *nf* gastronomy.

gatto ('gatto) *nm* cat. **gattino** *nm* kitten. **gattoni** *adv* **1** on all fours. **2** stealthily. **gattopardo** *nm* leopard, tiger-cat.

gavitello (gavi'tello) *nm* buoy.

gazza ('gaddza) *nf* magpie.

gazzella (gad'dzɛlla) *nf* gazelle.

gazzetta (gad'dzetta) *nf* gazette.

gelare (dʒe'lare) *vi,vt* freeze. **gelateria** *nf* ice-cream shop. **gelatina** *nf* jelly. **gelato** *nm* ice-cream. **gelo** ('dʒɛlo) *nm* frost. **gelone** *nm* chilblain.

gelido ('dʒɛlido) *adj* icy, cold.

gelosia[1] (dʒelo'sia) *nf* jealousy, envy.

gelosia[2] (dʒelo'sia) *nf* shutter.

geloso (dʒe'loso) *adj* jealous, envious.

gelsomino (dʒelso'mino) *nm* jasmine.

gemello (dʒe'mɛllo) *adj* twin. *nm* **1** twin. **2** *pl* cuff links. **3** *pl cap* Gemini.

gemere ('dʒemere) *vi* moan, groan. **gemito** ('dʒemito) *nm* groan, moan.

gemma ('dʒemma) *nf* **1** gem, precious stone. **2** bud.

gene ('dʒene) *nm* gene.

genealogia (dʒenealo'dʒia) *nf* genealogy. **genealogico** (dʒenea'lɔdʒiko) *adj* genealogical. **albero genealogico** *nm* family tree.

generale (dʒene'rale) *adj* gen-

eral, common. *nm* general.
star sulle generali speak in
general terms.

generalizzare (dʒeneralid
'dzare) *vt* spread. *vi* generalize.

generare (dʒene'rare) *vt* pro-
duce, generate. **generatore**
nm generator. **generazione**
nf generation.

genere ('dʒenere) *nm* **1** type,
sort, kind. **2** genre. **3** product.
4 gender. **genere umano**
human race. **in genere** gen-
erally.

generico (dʒe'nεriko) *adj* ge-
neric.

genero ('dʒenero) *nm* son-in-
law.

generoso (dʒene'roso) *adj* gen-
erous. **generosità** *nf* gener-
osity.

genetica (dʒe'nεtika) *nf* genet-
ics. **genetico** (dʒe'nεtiko) *adj*
genetic.

gengiva (dʒen'dʒiva) *nf anat*
gum.

genio ('dʒenjo) *nm* **1** genius. **2**
talent. **andare a genio** suit.
geniale *adj* **1** clever. **2** pleas-
ing.

genitali (dʒeni'tali) *nm pl* geni-
tals.

genitore (dʒeni'tore) *nm* par-
ent.

gennaio (dʒen'najo) *nm* Janu-
ary.

Genova ('dʒenova) *nf* Genoa.

gente ('dʒente) *nf* people.

gentile (dʒen'tile) *adj* kind,
courteous. **Gentile signore**
Dear sir. **gentilezza** (dʒenti
'lettsa) *nf* **1** kindness. **2** favour.
gentiluomo (dʒenti'lwɔmo)
nm gentleman.

genuino (dʒenu'ino) *adj* genu-
ine.

genziana (dʒen'tsjana) *nf* gen-
tian.

geografia (dʒeogra'fia) *nf* geog-
raphy. **geografico** *adj* geo-
graphic. **geografo** (dʒe
'ɔgrafo) *nm* geographer.

geologia (dʒeolo'dʒia) *nf* geol-
ogy. **geologico** *adj* geologi-
cal. **geologo** (dʒe'ɔlogo) *nm*
geologist.

geometra (dʒe'ɔmetra) *nm* sur-
veyor.

geometria (dʒeome'tria) *nf* ge-
ometry. **geometrico** (dʒeo
'mεtriko) *adj* geometric.

geranio (dʒe'ranjo) *nm* gerani-
um.

gerarchia (dʒerar'kia) *nf* hier-
archy.

gerente (dʒe'rεnte) *nm* direc-
tor, manager. **gerenza** (dʒe
'rεntsa) *nf* management.

gergo ('dʒεrgo) *nm* slang,
jargon.

geriatria (dʒerja'tria) *nf* geriat-
rics.

Germania (dʒer'manja) *nf* Ger-
many.

germe ('dʒεrme) *nm* seed.

germogliare (dʒermoʎ'ʎare) *v*
sprout, bud.

germoglio *nm* shoot, bud.

gesso ('dʒεsso) *nm* chalk.

gesticolare (dʒestiko'lare) *v*
gesticulate.

gestire (dʒes'tire) *vt* run, man-
age. **gestione** *nf* administra-
tion.

gesto ('dʒεsto) *nm* gesture.

Gesù (dʒe'zu) *nm* Jesus.

gesuita (dʒezu'ita) *nm* Jesuit.

gettare (dʒet'tare) *vt* throw,
hurl.

getto ('dʒetto) *nm* **1** jet. **2** shoot. **di getto** at a stroke. **primo getto** draft.

gettone (dʒet'tone) *nm* token, counter.

ghermire (ger'mire) *vt* clutch, seize.

ghetto ('getto) *nm* ghetto.

ghiacciaia (gjat'tʃaja) *nf* icebox. **ghiacciaio** *nm* glacier.

ghiacciare (gjat'tʃare) *vt,vi* freeze.

ghiaccio ('gjattʃo) *nm* ice. **ghiacciolo** (gjat'tʃɔlo) *nm* **1** icicle. **2** ice lolly.

ghiaia ('gjaja) *nf* gravel.

ghianda ('gjanda) *nf* acorn.

ghigliottina (giʎʎot'tina) *nf* guillotine.

ghignare (giɲ'ɲare) *vi* grimace, sneer. **ghigno** *nm* sneer.

ghiotto ('gjotto) *adj* greedy. **ghiottone** *nm* glutton.

ghiribizzo (giri'biddzo) *nm* whim.

ghirlanda (gir'landa) *nf* garland, wreath.

ghiro ('giro) *nm* dormouse.

già (dʒa) *adv* **1** once, formerly. **2** already. **3** yes, indeed.

giacca ('dʒakka) *nf* jacket.

giacché (dʒak'ke) *conj* since.

giacchetta (dʒak'ketta) *nf* jacket.

giaccio ('dʒattʃo) *v* see **giacere**.

giacere* (dʒa'tʃere) *vi* lie.

giacinto (dʒa'tʃinto) *nm* hyacinth.

giacqui ('dʒakkwi) *v* see **giacere**.

giada ('dʒada) *nf* jade.

giaggiolo (dʒad'dʒɔlo) *nm bot* iris.

giaguaro (dʒa'gwaro) *nm* jaguar.

giallo ('dʒallo) *adj* **1** yellow. **2** detective. **romanzo giallo** *nm* thriller. ~*nm* **1** yellow. **2** yolk (of an egg).

giammai (dʒam'mai) *adv* never.

Giappone (dʒap'pone) *nm* Japan. **giapponese** (dʒappo'nese) *adj,n* Japanese. *nm* Japanese (language).

giardino (dʒar'dino) *nm* garden. **giardino d'infanzia** kindergarten. **giardino pubblico** park. **giardino zoologico** zoo. **giardinaggio** (dʒardi'naddʒo) *nm* gardening. **giardiniera** *nf* estate car. **giardiniere** (dʒardi'njere) *nm* gardener.

giarrettiera (dʒarret'tjera) *nf* **1** garter. **2** suspender.

giavellotto (dʒavel'lɔtto) *nm* javelin.

gibboso (dʒib'boso) *adj* humped.

gigante (dʒi'gante) *nm* giant. *adj* huge. **gigantesco** *adj* gigantic.

giglio ('dʒiʎʎo) *nm* lily.

gilè (dʒi'lɛ) *nm* waistcoat.

gin (dʒin) *nm* gin.

ginecologo (dʒine'kɔlogo) *nm* gynaecologist. **ginecologia** *nf* gynaecology.

ginepro (dʒi'nepro) *nm* juniper.

ginestra (dʒi'nɛstra) *nf bot* broom.

Ginevra (dʒi'nevra) *nf* Geneva.

gingillarsi (dʒindʒil'larsi) *vr* loiter, dawdle. **gingillo** *nm* plaything.

ginnasio (dʒin'nazjo) *nm* **1** sec-

ginnasta *nm* gymnast. **ginnastica** (dʒin'nastika) *nf* gymnastics. **ginnastico** *adj* gymnastic.

ginocchio (dʒi'nɔkkjo) *nm* knee.

giocare (dʒo'kare) *vi,vt* play. *vi* gamble. **giocatore** *nm* player. **giocattolo** (dʒo'kattolo) *nm* toy. **gioco** ('dʒɔko) *nm* game. **giocoso** *adj* playful.

giogo ('dʒogo) *nm* yoke.

gioia[1] ('dʒɔja) *nf* joy. **gioioso** (dʒo'joso) *adj* joyful.

gioia[2] ('dʒɔja) *nf* precious stone. **gioielliere** (dʒojel 'ljɛre) *nm* jeweller. **gioiello** (dʒo'jɛllo) *nm* jewel.

gioire (dʒo'ire) *vi* rejoice.

giornalaio (dʒorna'lajo) *nm* newsagent.

giornale (dʒor'nale) *nm* 1 newspaper. 2 journal. **giornalismo** *nm* journalism. **giornalista** *nm* journalist, reporter.

giorno ('dʒorno) *nm* day, daytime. **a giorni** sometimes. **al giorno d'oggi** nowadays. **di giorno** by day. **due volte al giorno** twice daily. **giornata** *nf* 1 day. 2 day's pay.

giostra (dʒɔstra) *nf* merry-go-round.

giovane ('dʒovane) *adj* 1 young. 2 new. *nm* young man, youth. *nf* young girl. **giovanile** *adj* youthful. **giovanotto** (dʒova'nɔtto) *nm* youth.

giovare* (dʒo'vare) *vi* be of use. *vt* aid. **giovarsi di** *vr* make use of.

Giove ('dʒɔve) *nm* Jupiter (planet).

giovedì (dʒove'di) *nm* Thursday.

gioventù (dʒoven'tu) *nf* youth.

gioviale (dʒo'vjale) *adj* jovial.

giraffa (dʒi'raffa) *nf* giraffe.

girandolare (dʒirando'lare) *vi* wander.

girare (dʒi'rare) *vt* 1 turn, spin. 2 go round. 3 travel round. 4 shoot (film). *vi* 1 spin, revolve. 2 wander. 3 turn, veer. **mi gira la testa** my head is spinning. **giradischi** *nm invar* record-player. **giramondo** *nm* globetrotter. **girarrosto** (dʒirar'rosto) *nm cul* spit. **girasole** *nm* sunflower. **girata** *nf* 1 turn, twist. 2 stroll. **giro** *nm* 1 turn. 2 stroll. 3 circle, ring. 4 circulation. 5 circuit. **in giro** around. **prendere in giro** make fun of.

girino (dʒi'rino) *nm* tadpole.

gironzolare (dʒirondzo'lare) *vi* roam.

girovagare (dʒirova'gare) *vi* wander.

gita ('dʒita) *nf* excursion.

giù (dʒu) *adv* down. **in giù** downwards. **su per giù** thereabouts.

giubba ('dʒubba) *nf* jacket. **giubbotto** (dʒub'bɔtto) *nm* jerkin.

giubilare (dʒubi'lare) *vi* rejoice. *vt* pension off.

giudicare (dʒudi'kare) *vt* judge.

giudice ('dʒuditʃe) *nm* judge. **giudice popolare** juror.

giudizio (dʒu'dittsjo) *nm* 1 judgment. 2 opinion. 3 common sense.

giugno ('dʒuɲɲo) *nm* June.

giulivo (dʒu'livo) *adj* joyful.

giullare (dʒul'lare) *nm* jester.

giunco ('dʒunko) *nm* rush, reed.

giungere* ('dʒundʒere) *vi* arrive. *vt* join. **giungere a** reach.

giungla ('dʒungla) *nf* jungle.

giunsi ('dʒunsi) *v* see **giungere**.

giunta ('dʒunta) *nf* 1 addition. 2 town council. 3 junta.

giunto ('dʒunto) *v* see **giungere**.

giurare (dʒu'rare) *vi,vt* swear. **giuramento** *nm* oath.

giuria (dʒu'ria) *nf* jury. **giurato** *nm* juror.

giurisdizione (dʒurizdit'tsjone) *nf* jurisdiction.

giustificare (dʒustifi'kare) *vt* justify. **giustificazione** *nf* justification.

giustizia (dʒus'tittsja) *nf* justice.

giusto ('dʒusto) *adj* 1 just, right, fair. 2 correct, right. *adv* exactly.

glaciale (gla'tʃale) *adj* glacial, icy.

glandola ('glandola) *nf* gland.

gli[1] (ʎi) *def art, m pl* the.

gli[2] (ʎi) *pron* 1 *3rd pers ms* to him or it. 2 *3rd pers m,f pl* them.

glicerina (glitʃe'rina) *nf* glycerine.

glicine ('glitʃine) *nm* wisteria.

globo ('globo) *nm* globe, sphere. **globale** *adj* global.

gloria ('glɔrja) *nf* glory. **glorioso** (glo'rjoso) *adj* glorious.

glorificare (glorifi'kare) *vt* glorify.

glucosio (glu'kɔzjo) *nm* glucose.

gnocco ('ɲɔkko) *nm* 1 small ball of pasta or flour. 2 lump.

gnomo ('ɲɔmo) *nm* gnome.

gobba ('gɔbba) *nf* hump.

gobbo ('gɔbbo) *nm* hunchback. *adj* humped.

gocciolare (gottʃo'lare) *vt,vi* drip. **goccia** *nf* drop, drip. **gocciola** ('gottʃola) *nf* drop.

godere (go'dere) *vt* enjoy. *vi* 1 rejoice. 2 benefit. **godimento** *nm* enjoyment.

goffo ('gɔffo) *adj* clumsy, awkward.

gol (gɔl) *nm invar* goal.

gola ('gola) *nf* throat.

golf (gɔlf) *nm invar* 1 golf. 2 sweater.

golfo ('golfo) *nm* gulf.

goloso (go'loso) *adj* greedy, avaricious. **golosità** *nf* greed.

golpe ('golpe) *nf* right-wing coup.

gomito ('gomito) *nm* elbow. **gomitata** *nf* nudge.

gomitolo (go'mitolo) *nm* ball of thread.

gomma ('gomma) *nf* 1 gum. 2 rubber. 3 tyre.

gondola ('gondola) *nf* gondola. **gondoliere** (gondo'ljɛre) *nm* gondolier.

gonfalone (gonfa'lone) *nm* banner.

gonfiare (gon'fjare) *vt* blow up, inflate. *vi* swell. **gonfiarsi** *vr* swell. **gonfio** ('gonfjo) *adj* swollen. **gonfiore** *nm* swelling.

gong (gɔng) *nm invar* gong.

gonna ('gonna) *nf* skirt.

gonzo ('gondzo) *nm* simpleton.

gorgheggiare (gorged'dʒare) *vi,vt* warble, trill. **gorgheggio** *nm* trill.

gorgo ('gorgo) *nm* whirlpool.

gorgogliare (gorgoʎ'ʎare) *vi* gurgle.

gorilla (go'rilla) *nm invar* gorilla.

gotta ('gɔtta) *nf* gout.

governante (gover'nante) *nf* governess.

governare (gover'nare) *vt* govern. **governatore** *nm* governor. **governo** (go'vɛrno) *nm* government.

gracchiare (grak'kjare) *vi* croak.

gracidare (gratʃi'dare) *vi* croak, cackle.

gracile ('gratʃile) *adj* frail, delicate.

gradasso (gra'dasso) *nm* boaster.

gradino (gra'dino) *nm* step, stair.

gradire (gra'dire) *vt* 1 accept. 2 wish, like. *v imp* please. **gradevole** (gra'devole) *adj* pleasing.

grado ('grado) *nm* 1 degree. 2 grade, rank, position. **essere in grado di** be in a position to. **graduale** *adj* gradual.

graffiare (graf'fjare) *vt* scratch. **graffiatura** *nf* scratch. **graffio** ('graffjo) *nm* scratch.

grafico ('grafiko) *adj* graphic. *nm* graph.

grammatica (gram'matika) *nf* grammar.

grammo ('grammo) *nm* gramme.

grammofono (gram'mɔfono) *nm* gramophone.

granaglie (gra'naʎʎe) *nf pl* grain.

granaio (gra'najo) *nm* granary.

granata (gra'nata) *nf* 1 brush, broom. 2 *mil* shell.

Gran Bretagna *nf* Great Britain.

granchio ('grankjo) *nm* 1 crab. 2 mistake.

grande ('grande) *adj* 1 big, tall. 2 great. *nm,f* adult. **grandezza** (gran'dettsa) *nf* 1 size. 2 greatness.

grandeggiare (granded'dʒare) *vi* stand out.

grandinare (grandi'nare) *vi* hail. **grandine** ('grandine) *nf* hail. **chicco di grandine** *nm* hailstone.

grandioso (gran'djoso) *adj* grandiose.

granduca (gran'duka) *nm* grand duke.

granito (gra'nito) *nm* granite.

grano ('grano) *nm* 1 wheat. 2 grain. **granello** (gra'nɛllo) *nm* grain, seed.

granturco (gran'turko) *nm* maize.

granulo ('granulo) *nm* granule.

grappolo ('grappolo) *nm* bunch.

grasso ('grasso) *adj* 1 fat. 2 greasy. **grassezza** (gras'settsa) *nf* fatness.

grata ('grata) *nf* grating. **gratella** (gra'tɛlla) *nf* grill. **graticola** (gra'tikola) *nf* grill.

gratis ('gratis) *adv* free o charge, free.

gratitudine (grati'tudine) *n* gratitude.

grato ('grato) *adj* 1 grateful. 2 pleasing.

grattare (grat'tare) *vt* 1 scratch 2 grate. **grattacielo** (gratta'tʃɛlo) *nm* skyscraper.

grattugiare (grattu'dʒare) *vt* grate. **grattugia** *nf* grater.

gratuito (gra'tuito) *adj* free.

gravare (gra'vare) *vt* oppress, burden.

grave ('grave) *adj* 1 heavy. 2 serious, grave, solemn. **gravità** *nf* gravity.

gravido ('gravido) *adj* 1 pregnant. 2 laden. **gravidanza** (gravi'dantsa) *nf* pregnancy.

grazia ('grattsja) *nf* 1 grace, charm. 2 favour, goodwill. 3 mercy, pardon. 4 *pl* thanks. **grazioso** (grat'tsjoso) *adj* gracious, charming.

Grecia ('grɛtʃa) *nf* Greece. **greco** ('grɛko) *pl* **greci** *adj,n* Greek. *nm* Greek (language).

gregge ('greddʒe) *nm,pl* **greggi** *f* flock.

greggio ('greddʒo) *adj* raw, coarse.

grembiule (grem'bjule) *nm* apron.

grembo ('grembo) *nm* lap.

gremire (gre'mire) *vt* cram. **gremirsi** *vr* fill up. **gremito** *adj* crammed.

gretto ('gretto) *adj* 1 mean, stingy. 2 petty.

gridare (gri'dare) *vt,vi* shout, cry. **grida** *nf* proclamation. **grido** *nm* 1 *pl* **grida** *f* shout, cry. 2 *pl* **gridi** *m* cry (of an animal). **di grido** famous.

grigio ('gridʒo) *adj,nm* grey.

griglia ('griʎʎa) *nf* grill.

grilletto (gril'letto) *nm* trigger.

grillo ('grillo) *nm* 1 *zool* cricket. 2 whim.

grinza ('grintsa) *nf* 1 crease. 2 wrinkle.

grippe ('grippe) *nm* influenza.

grissino (gris'sino) *nm* breadstick.

grondare (gron'dare) *vi* 1 drip. 2 pour. **gronda** *nf* eaves. **grondaia** *nf* gutter.

groppa ('grɔppa) *nf* 1 back. 2 rump.

grossa ('grɔssa) *nf* gross.

grosso ('grɔsso) *adj* 1 big. 2 coarse, rough. **pezzo grosso** *nm* important person. **grossezza** (gros'settsa) *nf* 1 size. 2 thickness. **grossolano** *adj* rough, coarse.

grotta ('grɔtta) *nf* cave.

grottesco (grot'tesko) *adj* grotesque.

groviglio (go'viʎʎo) *nm* tangle.

gru (gru) *nf invar* 1 *zool* crane. 2 mechanical crane.

gruccia ('gruttʃa) *nf* 1 crutch. 2 coathanger.

grugnire (gruɲ'ɲire) *vi* grunt. **grugnito** *nm* grunt.

grugno ('gruɲɲo) *nm* snout.

grullo ('grullo) *adj* silly.

grumo ('grumo) *nm* clot (of blood, etc.).

gruppo ('gruppo) *nm* group.

gruviera (gru'vjera) *nm* Gruyère.

guadagnare (gwadaɲ'ɲare) *vt* 1 earn. 2 gain. 3 reach. 4 win. **guadagno** *nm* 1 gain. 2 earnings.

guado ('gwado) *nm* ford.

guaina (gwa'ina) *nf* sheath.

guaio ('gwajo) *nm* mishap, trouble.

guaire (gwa'ire) *vi* howl, whine. **guaito** *nm* whine.

guancia ('gwantʃa) *nf anat* cheek. **guanciale** *nm* pillow.

guanto ('gwanto) *nm* glove.

guardare (gwar'dare) *vt* 1 look

at. **2** look after, watch, protect. **3** examine. *vi* **1** look. **2** take care, pay attention. **guardarsi** *vr* **1** look at oneself. **2** look at one another. **3** beware. **guardacaccia** *nm* gamekeeper. **guardacoste** (gwarda'kɔste) *nm* coastguard. **guardaroba** (gwarda'rɔba) *nm invar* **1** wardrobe. **2** cloakroom. **guardata** *nf* glance.

guardia ('gwardja) *nf* guard. **guardia del corpo** bodyguard. **guardiano** *nm* guardian, keeper.

guardingo (gwar'dingo) *adj* cautious.

guarire (gwa'rire) *vi* recover, get well. *vt* cure, heal.

guarnigione (gwarni'dʒone) *nf* garrison.

guarnire (gwar'nire) *vt* **1** equip, furnish. **2** trim, decorate. **guarnizione** *nf* **1** decoration. **2** *cul* garnish.

guastare (gwas'tare) *vt* spoil, destroy, ruin. **guastarsi** *vr* go bad. **guastafeste** (gwasta 'feste) *nm* spoilsport. **guasto** *adj* spoilt, damaged. *nm* **1** damage. **2** fault.

guazza ('gwattsa) *nf* dew.

guazzabuglio (gwattsa'buʎʎo) *nm* hotchpotch.

guazzare (gwat'tsare) *vi* splash. **guazzo** *nm* **1** puddle. **2** pool. **3** gouache.

guercio ('gwertʃo) *adj* crosseyed.

guerra ('gwerra) *nf* war. **guerriero** (gwer'rjɛro) *nm* warrior.

guerreggiare (gwerred'dʒare) *vi* wage war.

guerresco (gwer'resko) *adj* warlike.

guerriglia (gwer'riʎʎa) *nf* guerrilla warfare. **guerrigliere** (gwerriʎ'ʎɛre) *nm* guerrilla.

gufo ('gufo) *nm* owl.

guglia ('guʎʎa) *nf* spire.

guidare (gwi'dare) *vt* **1** guide. **2** drive, pilot. **guida** *nf* **1** guidance. **2** guide. **3** guidebook, guide. **lezione di guida** *nf* driving lesson. **scuola guida** *nf* school of motoring.

guinzaglio (gwin'tsaʎʎo) *nm* leash.

guisa ('gwiza) *nf* manner, way. **a guisa di** like.

guizzare (gwit'tsare) *vi* **1** flash. **2** dart. **3** wriggle. **4** flicker.

guscio ('guʃʃo) *nm* shell.

gustare (gus'tare) *vt* taste. **2** enjoy. **3** try, sample. **gusto** *nm* **1** taste. **2** pleasure. **3** good taste. **gustoso** (gus'toso) *adj* agreeable.

gutturale (guttu'rale) *adj* guttural.

H

ha (a) *v* see **avere**.

hai ('ai) *v* see **avere**.

hamburger (am'burger) *nm* beefburger.

hanno ('anno) *v* see **avere**.

hascisc (aʃ'ʃiʃ) *nm invar* hashish.

ho (ɔ) *v* see **avere**.

hockey ('hɔki) *nm* hockey.

I

i (i) *def art, m pl* the.

iarda ('jarda) *nf* yard (measurement).

iattanza (jat'tantsa) *nf* arrogance.

ibernazione (ibernat'tsjone) *nf* hibernation.

ibrido ('ibrido) *adj,nm* hybrid.

icona (i'kɔna) *nf* icon.

Iddio (id'dio) *nm* God.

idea (i'dɛa) *nf* **1** idea. **2** opinion. **cambiare idea** change one's mind. **ideale** *adj,nm* ideal. **idealista** *nm* idealist.

idealizzare (idealid'dzare) *vt* idealize.

idem ('idem) *adv* the same.

identico (i'dɛntiko) *adj* identical.

identificare (identifi'kare) *vt* identify. **identificazione** *nf* identification.

identità (identi'ta) *nf* identity.

ideologia (ideolo'dʒia) *nf* ideology.

idillio (i'dilljo) *nm* idyll. **idillico** (i'dilliko) *adj also* **idilliaco** (idil'liako) idyllic.

idioma (i'djɔma) *nm* **1** language. **2** dialect. **idiomatico** (idjo'matiko) *adj* idiomatic.

idiota (i'djɔta) *nm* idiot. *adj* idiotic.

idiotismo (idjo'tizmo) *nm* idiom.

idolo ('idolo) *nm* idol.

idoneo (i'dɔneo) *adj* suitable, fit.

idraulico (i'drauliko) *adj* hydraulic. *nm* plumber.

idroelettrico (idroe'lettriko) *adj* hydro-electric.

idrogeno (i'drɔdʒeno) *nm* hydrogen.

idroplano (idro'plano) *nm* hydroplane.

idrosci (idroʃ'ʃi) *nm* water-skiing.

idrovolante (idrovo'lante) *nm* seaplane.

iena ('jɛna) *nf* hyena.

ieri ('jɛri) *adv* yesterday. **ieri l'altro** the day before yesterday.

igiene (i'dʒɛne) *nf* hygiene. **igienico** (i'dʒɛniko) *adj* hygienic. **carta igienica** *nf* toilet paper.

iglù (i'glu) *nm* igloo.

ignaro (iɲ'ɲaro) *adj* ignorant, unaware.

ignominia (iɲɲo'minja) *nf* **1** ignominy. **2** shameful deed.

ignorare (iɲɲo'rare) *vt* **1** not to know, be unaware of. **2** ignore. **ignorante** *adj* ignorant. *nm* ignoramus. **ignoranza** (iɲɲo'rantsa) *nf* ignorance.

ignoto (iɲ'ɲɔto) *adj* unknown.

ignudo (iɲ'ɲudo) *adj* naked.

il (il) *def art, ms* the.

ilare ('ilare) *adj* cheerful. **ilarità** *nf* hilarity.

illecito (il'letʃito) *adj* illicit.

illegale (ille'gale) *adj* illegal.

illeggibile (illed'dʒibile) *adj* illegible.

illegittimo (ille'dʒittimo) *adj* illegitimate.

illeso (il'lezo) *adj* unhurt.

illimitato (illimi'tato) *adj* unlimited.

illogico (il'lɔdʒiko) *adj* illogical.

illudere* (il'ludere) *vt* deceive, delude.

illuminare (illumi'nare) *vt* **1** illuminate, light up. **2** enlighten. **illuminare a giorno** floodlight. **illuminazione** *nf* lighting.

illusione (illu'zjone) *nf* illusion.

illusorio (illu'zɔrjo) *adj* deceptive.

illustrare (illus'trare) *vt* illustrate. **illustrazione** *nf* illustration.

illustre (il'lustre) *adj* famous, renowned.

imbacuccare (imbakuk'kare) *vt* muffle up. **imbacuccarsi** *vr* wrap oneself up.

imballaggio (imbal'laddʒo) *nm* packing. **carta d'imballaggio** *nf* brown paper, wrapping paper.

imballare (imbal'lare) *vt* pack.

imbalsamare (imbalsa'mare) *vt* embalm.

imbarazzare (imbarat'tsare) *vt* 1 impede. 2 embarrass. **imbarazzante** *adj* embarrassing. **imbarazzato** *adj* 1 embarrassed. 2 perplexed. **imbarazzo** *nm* 1 obstacle. 2 embarrassment.

imbarcare (imbar'kare) *vt* take on board. **imbarcarsi** *vr* embark. **imbarcadero** (imbarka 'dero) *nm* landing stage.

imbastire (imbas'tire) *vt* 1 (sewing) tack. 2 rough out.

imbattersi (im'battersi) *vr* come across by chance, bump into.

imbattibile (imbat'tibile) *adj* unbeatable.

imbavagliare (imbavaʎ'ʎare) *vt* gag.

imbecille (imbe'tʃille) *adj,nm* imbecile.

imbellettare (imbellet'tare) *vt* 1 make up. 2 embellish. **imbellettarsi** *vr* put on make-up.

imbellire (imbel'lire) *vt* adorn. *vi* improve in looks.

imbiancare (imbjan'kare) *vt* 1

whiten. 2 whitewash. *vi* turn white.

imboccare (imbok'kare) *vt* 1 feed. 2 suggest. 3 enter. **imboccatura** *nf* opening, entrance.

imboscata (imbos'kata) *nf* ambush.

imbottigliare (imbottiʎ'ʎare) *vt* bottle.

imbottire (imbot'tire) *vt* 1 stuff. 2 pad. **imbottito** *adj* stuffed. **panino imbottito** *nm* sandwich.

imbrattare (imbrat'tare) *vt* dirty.

imbrigliare (imbriʎ'ʎare) *vt* bridle.

imbrogliare (imbroʎ'ʎare) *vt* 1 confuse, muddle. 2 cheat. **imbrogliarsi** *vr* become involved. **imbroglio** *nm* 1 tangle, muddle. 2 trick, swindle.

imbronciarsi (imbron'tʃarsi) *vr* sulk.

imbrunire (imbru'nire) *vi* darken, grow dark. **sull'imbrunire** towards dusk.

imbruttire (imbrut'tire) *vt* make ugly. *vi* become ugly. **imbruttirsi** *vr* become ugly.

imbucare (imbu'kare) *vt* post.

imburrare (imbur'rare) *vt* butter.

imbuto (im'buto) *nm* funnel.

imitare (imi'tare) *vt* imitate. **imitazione** *nf* imitation.

immagazzinare (immagaddzi 'nare) *vt* store.

immaginare (immadʒi'nare) *vt* 1 imagine. 2 suppose. **immaginazione** *nf* imagination. **immagine** (im'madʒine) *nf* image. 2 figure.

immangiabile (imman'dʒabile) *adj* uneatable.

immatricolarsi (immatriko 'larsi) *vr* **1** enrol. **2** *educ* matriculate.

immaturo (imma'turo) *adj* immature. **immaturità** *nf* immaturity.

immedesimarsi (immedezi 'marsi) *vr* identify oneself.

immediato (imme'djato) *adj* immediate.

immemorabile (immemo'ra bile) *adj* immemorial.

immenso (im'mɛnso) *adj* huge, immense.

immergere* (im'mɛrdʒere) *vt* **1** immerse. **2** plunge. **3** dip. **immersione** *nf* immersion.

immeritato (immeri'tato) *adj* undeserved.

immigrare (immi'grare) *vi* immigrate. **immigrante** *adj,n* immigrant. **immigrazione** *nf* immigration.

imminente (immi'nɛnte) *adj* imminent.

immischiare (immis'kjare) *vt* involve. **immischiarsi** *vr* interfere.

immobile (im'mɔbile) *adj* still, motionless. **beni immobili** *nm pl* real estate.

immobiliare (immobi'ljare) *adj* immovable. **società immobiliare** *nf* building society.

immobilizzare (immobilid 'dzare) *vt* immobilize.

immoderato (immode'rato) *adj* excessive.

immondo (im'mondo) *adj* **1** filthy, foul. **2** unclean. **immondizia** (immon'dittsja) *nf* **1** filth. **2** *pl* rubbish, refuse.

immorale (immo'rale) *adj* immoral.

immortale (immor'tale) *adj* immortal. **immortalità** *nf* immortality.

immune (im'mune) *adj* **1** immune. **2** free. **immunità** *nf* immunity. **immunizzare** *vt* immunize.

immutabile (immu'tabile) *adj* unchangeable.

impaccare (impak'kare) *vt* pack. **impacco** *nm* compress.

impacchettare (impakket'tare) *vt* parcel.

impacciare (impat'tʃare) *vt* **1** hinder, impede. **2** trouble. **impacciarsi** *vr* meddle. **impaccio** *nm* hindrance.

impadronirsi (impadro'nirsi) *vr* **1** seize. **2** take possession. **3** master.

impagliare (impaʎ'ʎare) *vt* stuff.

impalcatura (ipalka'tura) *nf* scaffolding, frame.

impallidire (impalli'dire) *vi* turn pale.

impanare (impa'nare) *vt* dip in breadcrumbs.

imparare (impa'rare) *vt* learn.

impareggiabile (impared 'dʒabile) *adj* incomparable.

impari ('impari) *adj invar* **1** unequal. **2** uneven.

impartire (impar'tire) *vt* impart.

imparziale (impar'tsjale) *adj* impartial. **imparzialità** *nf* impartiality, fairness.

impassibile (impas'sibile) *adj* impassive.

impastare (impas'tare) *vt* **1** knead. **2** paste. **impasto** *nm* mixture.

impaurire (impau'rire) *vt*
frighten. **impaurirsi** *vr* be-
come frightened.

impazientirsi (impattsjen'tirsi)
vr lose one's patience. **im-
paziente** *adj* impatient. **im-
pazienza** (impat'tsjentsa) *nf*
impatience.

impazzire (impat'tsire) *vi* go
mad.

impeccabile (impek'kabile) *adj*
impeccable.

impedire (impe'dire) *vt* 1 pre-
vent. 2 hinder, obstruct. **im-
pedimento** *nm* 1 obstacle. 2
hindrance.

impegnare (impeɲ'ɲare) *vt* 1
pawn. 2 pledge. 3 occupy. 4
oblige. 5 book, reserve.
impegnarsi *vr* promise. **im-
pegnativo** *adj* 1 binding. 2
exacting. **impegno** *nm* 1 ob-
ligation. 2 engagement. 3 at-
tention.

impenetrabile (impene'trabile)
adj impenetrable.

impenitente (impeni'tɛnte) *adj*
impenitent.

impennarsi (impen'narsi) *vr* 1
(of a horse) rear. 2 become an-
noyed.

imperativo (impera'tivo) *adj*
imperative.

imperatore (impɛra'tore) *nm*
emperor. **imperatrice** *nf* em-
press.

impercettibile (impertʃet-
'tibile) *adj* imperceptible.

imperdonabile (imperdo-
'nabile) *adj* unpardonable.

imperfetto (imper'fetto) *adj* 1
imperfect. 2 incomplete. **im-
perfezione** (imperfet'tsjone)
nf imperfection.

imperioso (impe'rjoso) *adj* 1
imperious. 2 compelling.

impermalirsi (imperma'lirsi) *vr*
take offence.

impermeabile (imperme'abile)
adj 1 waterproof. 2 airtight.
nm raincoat.

imperniare (imper'njare) *vt* 1
pivot. 2 base.

impero (im'pɛro) *nm* empire.
imperiale *adj* imperial.

imperscrutabile (imperskru
'tabile) *adj* inscrutable.

impersonale (imperso'nale) *adj*
impersonal.

impersonare (imperso'nare) *vt*
1 personify. 2 play the role of.

imperterrito (imper'territo) *adj*
intrepid, fearless.

impertinente (imperti'nente)
adj impertinent. **imper-
tinenza** (imperti'nentsa) *nf*
impertinence.

imperturbabile (impertur
'babile) *adj* imperturbable.

imperturbato (impertur'bato)
adj unperturbed.

impeto ('impeto) *nm* impetus.

impetuoso (impetu'oso) *adj*
impetuous. **impetuosità** *nf*
impetuosity.

impiantare (impjan'tare) *vt* 1
install. 2 establish.

impiantito (impjan'tito) *nm*
floor. **impianto** *nm* 1 installa-
tion, fitting. 2 *tech* plant. **im-
pianto stereofonico** *nm* mu-
sic centre.

impiastrare (impjas'trare) *vt*
smear. **impiastro** *nm* 1 poul-
tice. 2 nuisance.

impiccare (impik'kare) *vt*
hang.

impicciare (impit'tʃare) *vt* im-
pede, hinder. **impicciarsi** *vr*

interfere, meddle. **impiccio** *nm* 1 hindrance. 2 mess.

impiegare (impje'gare) *vt* 1 use, employ. 2 spend. 3 invest. **impiegato** *nm* 1 employee. 2 clerk. **impiego** (im'pjɛgo) *nm* job, employment.

impiombare (impjom'bare) *vt* fill (a tooth). **impiombatura** *nf* filling.

implacabile (impla'kabile) *adj* implacable.

implicare (impli'kare) *vt* implicate, involve. **implicazione** *nf* implication.

implicito (im'plitʃito) *adj* implicit.

implorare (implo'rare) *vt* beg, implore.

impolverare (impolve'rare) *vt* cover with dust. **impolverarsi** *vr* become dusty.

imponente (impo'nɛnte) *adj* imposing.

imponibile (impo'nibile) *adj* taxable.

impopolare (impopo'lare) *adj* unpopular.

imporre* (im'porre) *vt* 1 impose, give. 2 command. **imporsi** *vr* dominate.

importante (impor'tante) *adj* important. **importanza** (impor'tantsa) *nf* importance.

importare (impor'tare) *vt* 1 import. 2 imply. *v imp* matter, be important. **importatore** *nm* importer. **importazione** *nf* 1 importation. 2 import.

importunare (importu'nare) *vt* pester, annoy. **importuno** *adj* annoying. *nm* nuisance.

imposizione (impozit'tsjone) *nf* imposition.

impossessarsi (imposses'sar-

si) *vr* 1 take possession. 2 master.

impossibile (impos'sibile) *adj* impossible.

imposta[1] (im'pɔsta) *nf* shutter.

imposta[2] (im'pɔsta) *nf* tax.

impostare[1] (impos'tare) *vt* 1 begin. 2 plan, set out.

impostare[2] (impos'tare) *vt* post.

impostore (impos'tore) *nm* impostor.

impotente (impo'tɛnte) *adj* 1 weak, powerless. 2 impotent. **impotenza** (impo'tentsa) *nf* impotence.

impoverire (impove'rire) *vt* impoverish. **impoverirsi** *vr* become poor.

impreciso (impre'tʃizo) *adj* inexact, vague.

impregnare (impreɲ'ɲare) *vt* impregnate.

imprenditore (imprendi'tore) *nm* 1 entrepreneur. 2 contractor.

impreparato (imprepa'rato) *adj* unprepared.

impresa (im'presa) *nf* 1 undertaking, venture. 2 firm, concern.

impressionare (impressjo'nare) *vt* 1 make an impression upon, affect. 2 frighten. **impressionante** *adj* 1 striking. 2 frightening. **impressione** *nf* impression. **impressionismo** (impressjo'nizmo) *nm* impressionism.

imprestare (impres'tare) *vt* lend.

imprevisto (impre'visto) *adj* unforeseen.

imprigionare (impridʒo'nare) *vt* imprison.

imprimere* (im'primere) *vt* **1** imprint, stamp. **2** print.

improbabile (impro'babile) *adj* improbable.

improduttivo (improdut'tivo) *adj* unproductive.

impronta (im'pronta) *nf* imprint, mark.

improprio (im'prɔprjo) *adj* improper.

improvvisare (improvvi'zare) *vt* improvise. **improvviso** *adj* sudden. **all'improvviso** unexpectedly.

imprudente (impru'dɛnte) *adj* unwise, rash.

impudente (impu'dɛnte) *adj* impudent. **impudenza** (impu'dɛntsa) *nf* impudence.

impudico (impu'diko) *adj* immodest.

impugnare (impuɲ'ɲare) *vt* **1** grip. **2** contest.

impulso (im'pulso) *nm* impulse. **impulsivo** *adj* impulsive.

impunito (impu'nito) *adj* unpunished. **impunità** *nf* impunity.

impuntarsi (impun'tarsi) *vr* be obstinate.

impuro (im'puro) *adj* impure.

imputare (impu'tare) *vt* ascribe.

imputridire (imputri'dire) *vi* rot.

in (in) *prep* **1** in, at. **2** to. **3** into. **4** by. **5** on. **in casa** at home. **in piedi** standing.

inabile (i'nabile) *adj* unable, unfit.

inabitabile (inabi'tabile) *adj* uninhabitable.

inaccessibile (inattʃes'sibile) *adj* inaccessible.

inaccettabile (inattʃet'tabile) *adj* unacceptable.

inadeguato (inade'gwato) *adj* inadequate.

inalare (ina'lare) *vt* inhale.

inalienabile (inalje'nabile) *adj* inalienable.

inalterabile (inalte'rabile) *adj* unalterable.

inamidare (inami'dare) *vt* starch.

inammissibile (inammis'sibile) *adj* unacceptable.

inapplicabile (inappli'kabile) *adj* inapplicable.

inarcare (inar'kare) *vt* **1** arch. **2** bend.

inaridire (inari'dire) *vi* dry up. **inaridirsi** *vr* become dried up.

inaspettato (inaspet'tato) *adj* unexpected.

inasprire (inas'prire) *vt* **1** embitter. **2** exacerbate.

inastare (inas'tare) *vt* hoist.

inattendibile (inatten'dibile) *adj* unreliable.

inatteso (inat'teso) *adj* unexpected.

inaudito (inau'dito) *adj* unheard of.

inaugurare (inaugu'rare) *vt* inaugurate. **inaugurale** *adj* inaugural. **inaugurazione** *nf* inauguration.

inavvertenza (inavver'tɛntsa) *nf* inadvertence.

incagliare (inkaʎ'ʎare) *vt* hamper, impede. **incagliarsi** *vr* run aground.

incalcolabile (inkalko'labile) *adj* incalculable.

incalzare (inkal'tsare) *vt* **1** follow closely. **2** press, be imminent. **incalzante** *adj* **1** urgent. **2** imminent.

incamminare (inkammi'nare) *vt* start. **incamminarsi** *vr* set off.

incantare (inkan'tare) *vt* enchant, charm. **incantesimo** (inkan'tezimo) *nm* spell. **incanto** *nm* enchantment.

incapace (inka'patʃe) *adj* incapable, unable.

incappare (inkap'pare) *vi* run into danger.

incarcerare (inkartʃe'rare) *vt* imprison.

incaricare (inkari'kare) *vt* entrust, charge. **incaricarsi** *vr* undertake. **incaricato** *nm* official.

incarico (in'kariko) *nm* task.

incartare (inkar'tare) *vt* wrap up.

incartocciare (inkartot'tʃare) *vt* put into a paper bag.

incassare (inkas'sare) *vt* 1 pack, encase. 2 collect. *vi* fit. **incasso** *nm* takings.

incastrare (inkas'trare) *vt* insert.

incatenare (inkate'nare) *vt* chain up.

incauto (in'kauto) *adj* imprudent.

incendiare (intʃen'djare) *vt* set fire to. **incendiarsi** *vr* catch fire. **incendio** (in'tʃendjo) *nm* fire.

incenso (in'tʃɛnso) *nm* incense.

incensurabile (intʃensu'rabile) *adj* irreproachable.

inceppare (intʃep'pare) *vt* obstruct. **incepparsi** *vr* jam.

incerto (in'tʃɛrto) *adj* uncertain, doubtful. **incertezza** (intʃer'tettsa) *nf* uncertainty.

incespicare (intʃespi'kare) *vi* stumble.

incessante (intʃes'sante) *adj* incessant.

incesto (in'tʃɛsto) *nm* incest.

inchiesta (in'kjɛsta) *nf* investigation, inquiry.

inchinare (inki'nare) *vt* bow. **inchinarsi** *vr* bow. **inchino** *nm* bow, curtsy.

inchiodare (inkjo'dare) *vt* nail, pin.

inchiostro (in'kjɔstro) *nm* ink.

inciampare (intʃam'pare) *vi* stumble, trip. **inciampo** *nm* obstacle.

incidente (intʃi'dɛnte) *nm* accident.

incidere* (in'tʃidere) *vt* 1 engrave, cut. 2 record.

incinta (in'tʃinta) *adj* pregnant.

incipriare (intʃi'prjare) *vt* powder.

incisione (intʃi'zjone) *nf* 1 incision. 2 engraving.

incivilire (intʃivi'lire) *vt* civilize. **incivile** *adj* 1 uncivilized. 2 rude.

inclinare (inkli'nare) *vt* bend. *vi* incline.

includere* (in'kludere) *vt* include. **incluso** (in'kluzo) *adj* 1 included. 2 enclosed. **inclusione** *nf* inclusion.

incoerente (inkoe'rɛnte) *adj* incoherent.

incognito (in'kɔɲɲito) *adj* incognito.

incollare (inkol'lare) *vt* glue, paste.

incolore (inko'lore) *adj* colourless.

incolpare (inkol'pare) *vt* accuse, charge.

incolto (in'kolto) *adj* **1** neglected. **2** uneducated.

incolume (in'kɔlume) *adj* safe, unhurt.

incombustibile (inkombus 'tibile) *adj* fireproof.

incominciare (incomin't ʃare) *vt,vi* begin, start.

incomodare (incomo'dare) *vt* trouble. **incomodarsi** *vr* put oneself out. **incomodo** (in 'kɔmodo) *adj* troublesome, inconvenient. *nm* trouble.

incomparabile (inkompa 'rabile) *adj* incomparable.

incompatibile (inkompa'tibile) *adj* incompatible.

incompetente (inkompe'tente) *adj* incompetent. **incompetenza** (incompe'tentsa) *nf* incompetence.

incompiuto (inkom'pjuto) *adj* incomplete, unfinished.

incompleto (inkom'plɛto) *adj* incomplete.

incomprensibile (inkompren 'sibile) *adj* incomprehensible.

inconcepibile (inkontʃe'pibile) *adj* incredible.

inconcludente (inkonklu'dɛnte) *adj* inconclusive.

inconsapevole (inkonsa'pevole) *adj* ignorant, unaware.

inconsolabile (inkonso'labile) *adj* inconsolable.

inconsueto (inkonsu'ɛto) *adj* unusual.

incontrare (inkon'trare) *vt* meet.

incontro[1] (in'kontro) **1** meeting. **2** match. **andare incontro (a) 1** meet. **2** face.

incontro[2] (in'kontro) *prep,adv* **1** towards. **2** against.

inconveniente (inkonve 'njɛnte) *nm* snag, drawback.

incoraggiare (inkorad'dʒare) *vt* encourage. **incoraggiamento** *nm* encouragement.

incorniciare (inkorni'tʃare) *vt* frame.

incoronare (inkoro'nare) *vt* crown.

incorporare (inkorpo'rare) *vt* incorporate.

incorrere* (in'korrere) *vi* incur.

incorruttibile (inkorrut'tibile) *adj* incorruptible.

incosciente (inkoʃ'ʃɛnte) *adj* irresponsible.

incredibile (inkre'dibile) *adj* unbelievable, incredible.

incredulo (in'kredulo) *adj* incredulous. **incredulità** *nf* incredulity.

increspare (inkres'pare) *vt* **1** ruffle. **2** wrinkle. **incresparsi** *vr* ripple.

incrinare (inkri'nare) *vt* crack. **incrinarsi** *vr* crack.

incrociare (inkro'tʃare) *vt* cross. *vi* cruise. **incrociarsi** *vr* cross, interlace. **incrociato** *adj* crossed. **parole incrociate** *nf pl* crossword.

incrocio *nm* crossing, crossroads.

incubatrice (inkuba'tritʃe) *nf* incubator.

incubo ('inkubo) *nm* nightmare.

incudine (in'kudine) *nf* anvil.

incuneare (inkune'are) *vt* wedge.

incupire (inku'pire) *vt,vi* darken. **incupirsi** *vr* become gloomy.

incurabile (inku'rabile) *adj* incurable.

incurante (inku'rante) *adj* careless.

incursione (inkur'sjone) *nf* raid, attack.

indagare (inda'gare) *vt* investigate. **indagine** (in'dadʒine) *nf* investigation, inquiry.

indebolire (indebo'lire) *vt,vi* weaken. **indebolirsi** *vr* weaken.

indecente (inde'tʃente) *adj* indecent. **indecenza** (inde'tʃentsa) *nf* indecency.

indecisione (indetʃi'zjone) *nf* indecision.

indeciso (inde'tʃizo) *adj* undecided.

indefinito (indefi'nito) *adj* indefinite.

indegno (in'deɲɲo) *adj* unworthy.

indenne (in'denne) *adj* unhurt. **indennità** *nf* **1** compensation, damages. **2** indemnity. **indennizzare** (indennid'dzare) *vt* compensate.

indescrivibile (indeskri'vibile) *adj* indescribable.

indesiderabile (indeside'rabile) *adj* undesirable.

indeterminato (indetermi'nato) *adj* vague, indefinite.

india ('indja) *nf* India. **indiano** *adj,n* Indian.

indicare (indi'kare) *vt* **1** point to, indicate. **2** show. **3** recommend. **indicatore** *nm* indicator, gauge. **indicatore stradale** road sign. **indicazione** *nf* indication.

indice ('inditʃe) *nm* **1** index finger, forefinger. **2** index. **3** needle, pointer. **4** sign.

indietreggiare (indjetred'dʒare) *vi* retreat, withdraw.

indietro (in'djɛtro) *adv* **1** back. **2** behind. **3** backwards. **all'indietro** backwards. **andare indietro** (of a watch) be slow.

indifeso (indi'feso) *adj* undefended.

indifferente (indiffe'rente) *adj* indifferent. **indifferenza** (indiffe'rentsa) *nf* indifference.

indigesto (indi'dʒesto) *adj* indigestible. **indigestione** *nf* indigestion.

indignare (indiɲ'ɲare) *vt* make indignant. **indignarsi** *vr* become angry. **indignato** *adj* indignant. **indignazione** *nf* indignation.

indimenticabile (indimenti'kabile) *adj* unforgettable.

indipendente (indipen'dente) *adj* independent, free. **indipendenza** (indipen'dentsa) *nf* independence.

indiretto (indi'retto) *adj* indirect.

indirizzare (indirit'tsare) *vt* **1** direct. **2** address. **indirizzarsi** *vr* set out. **indirizzo** *nm* **1** direction. **2** address.

indiscreto (indis'kreto) *adj* indiscreet.

indispensabile (indispen'sabile) *adj* necessary, indispensable.

indistinto (indis'tinto) *adj* indistinct.

indivia (in'divja) *nf* endive.

individuale (individu'ale) *adj* individual. **individuo** (indi'viduo) *nm* individual.

indivisibile (indivi'zibile) *adj* inseparable, indivisible.

indizio (in'dittsjo) *nm* clue, sign.

indole

indole ('indole) *nf* disposition, nature. **indolente** (indo 'lɛnte) *adj* indolent.

indolenzire (indolen'tsire) *vi* go numb.

indomani (indo'mani) *adv* next day, day after.

indossare (indos'sare) *vt* put on, wear. **indossatrice** *nf* model.

indovinare (indovi'nare) *vt* guess. **indovinello** (indovi 'nɛllo) *nm* riddle.

indù (in'du) *adj,n* Hindu.

indubbio (in'dubbjo) *adj* certain.

indubitato (indubi'tato) *adj* undoubted.

indugiare (indu'dʒare) *vi* delay, linger. **indugiarsi** *vr* loiter. **indugio** *nm* delay.

indulgente (indul'dʒɛnte) *adj* indulgent. **indulgenza** (indul 'dʒɛntsa) *nf* indulgence.

indumento (indu'mento) *nm* **1** garment. **2** *pl* clothes.

indurire (indu'rire) *vt* harden.

indurre* (in'durre) *vt* induce.

industria (in'dustrja) *nf* industry. **industriale** *adj* industrial. *nm* industrialist.

inebriare (inebri'are) *vt* intoxicate.

inedito (i'nɛdito) *adj* unpublished.

ineguale (ine'gwale) *adj* **1** unequal. **2** úneven. **ineguaglianza** (inegwaʎ'ʎantsa) *nf* inequality.

inerente (ine'rɛnte) *adj* inherent.

inerpicarsi (inerpi'karsi) *vr* climb.

inerte (i'nɛrte) *adj* inert. **inerzia** (i'nɛrtsja) *nf* inertia.

inesatto (ine'zatto) *adj* inexact.

inescusabile (inesku'zabile) *adj* inexcusable.

inesistente (inezis'tɛnte) *adj* non-existent.

inesorabile (inezo'rabile) *adj* inexorable.

inesperto (ines'pɛrto) *adj* inexperienced.

inesplicabile (inespli'kabile) *adj* inexplicable.

inetto (i'netto) *adj* **1** inept. **2** unsuited.

inevitabile (inevi'tabile) *adj* inevitable.

inezia (i'nɛttsja) *nf* trifle, thing of no importance.

infagottare (infagot'tare) *vt* bundle up.

infallibile (infal'libile) *adj* infallible.

infame (in'fame) *adj* infamous.

infangare (infan'gare) *vt* spatter with mud.

infante (in'fante) *nm* infant. **infanzia** (in'fantsja) *nf* **1** infancy. **2** childhood. **3** children.

infarcire (infar'tʃire) *vt* stuff, cram.

infarinare (infari'nare) *vt* coat with flour.

infastidire (infasti'dire) *vt* annoy.

infatti (in'fatti) *adv* in fact.

infatuarsi (infatu'arsi) *vr* become infatuated.

infedele (infe'dele) *adj* unfaithful. **infedeltà** *nf* infidelity.

infelice (infe'litʃe) *adj* unhappy, unfortunate. **infelicità** *nf* unhappiness.

inferiore (infe'rjore) *adj* **1** lower. **2** inferior. **inferiorità** *nf* inferiority. **complesso d'in**

feriorità *nm* inferiority complex.

infermeria (inferme'ria) *nf* sick bay. **infermiera** (infer'mjera) *nf* nurse. **infermiere** (infer 'mjere) *nm* male nurse.

inferno (in'ferno) *nm* hell. **infernale** *adj* infernal.

infestare (infes'tare) *vt* infest.

infettare (infet'tare) *vt* infect. **infezione** *nf* infection.

infiacchire (infjak'kire) *vt* weaken.

infiammare (infjam'mare) *vt* inflame. **infiammarsi** *vr* **1** flare up. **2** *med* be inflamed. **infiammazione** *nf* inflammation.

infido (in'fido) *adj* unreliable.

infilare (infi'lare) *vt* **1** thread. **2** insert. **infilarsi** *vr* put on.

infiltrarsi (infil'trarsi) *vr* infiltrate.

infimo ('infimo) *adj* lowest.

infine (in'fine) *adv* at last.

infinito (infi'nito) *adj* infinite.

infischiarsi (infis'kjarsi) *vr* not to care.

inflazione (inflat'tsjone) *nf* inflation.

inflessibile (infles'sibile) *adj* inflexible.

infliggere* (in'fliddʒere) *vt* inflict.

influenzare (influen'tsare) *vt* influence. **influenza** (influ 'entsa) *nf* **1** influence. **2** influenza.

influire (influ'ire) *vi* have an influence.

infondato (infon'dato) *adj* unfounded.

informare (infor'mare) *vt* inform. **informarsi** *vr* make

enquiries. **informazioni** *nf pl* information.

informe (in'forme) *adj* shapeless.

informicolirsi (informiko'lirsi) *vr* have pins and needles.

infornare (infor'nare) *vt* put in oven. **infornata** *nf* **1** batch (of bread). **2** group.

infortunio (infor'tunjo) *nm* accident.

infossato (infos'sato) *adj* hollow, sunken.

inframmettersi* (inframmet 'tersi) *vr* interfere.

infrangere* (in'frandʒere) *vt* break. **infrangibile** (infran 'dʒibile) *adj* unbreakable.

infrastruttura (infrastrut'tura) *nf* infrastructure.

infrazione (infrat'tsjone) *nf* violation.

infreddarsi (infred'darsi) *vr* catch cold.

infuriare (infu'rjare) *vi* become angry. **infuriarsi** *vr* fly into a temper.

ingannare (ingan'nare) *vt* deceive, cheat. **inganno** *nm* deceit.

ingegnarsi (indʒeɲ'ɲarsi) *vr* strive. **ingegno** *nm* **1** intelligence. **2** talent. **ingegnoso** (indʒeɲ'ɲoso) *adj* ingenious.

ingegnere (indʒeɲ'ɲere) *nm* engineer. **ingegneria** *nf* engineering.

ingenuo (in'dʒenuo) *adj* naive, simple.

ingerirsi (indʒe'rirsi) *vr* meddle.

Inghilterra (ingil'terra) *nf* England.

inghiottire (ingjot'tire) *vt* swallow.

inginocchiarsi (indʒinok-'kjarsi) vr kneel (down).

ingiù (in'dʒu) adv 1 downwards. 2 down.

ingiuriare (indʒu'rjare) vt insult. **ingiuria** (in'dʒurja) nf insult. **ingiurioso** (indʒu-'rjoso) adj insulting.

ingiusto (in'dʒusto) adj unjust, unfair. **ingiustizia** (indʒus-'tittsja) nf injustice.

inglese (in'glese) adj English. nm 1 Englishman. 2 English (language).

ingoiare (ingo'jare) vt swallow, gulp.

ingombrare (ingom'brare) vt block, obstruct. **ingombro** nm obstacle.

ingommare (ingom'mare) vt gum.

ingordo (in'gordo) adj voracious.

ingorgarsi (ingor'garsi) vr be blocked or choked up. **ingorgo** nm blockage. **ingorgo stradale** traffic jam.

ingranare (ingra'nare) vt mot engage. **ingranare la marcia** put into gear.

ingrandire (ingran'dire) vt enlarge, increase, magnify. **ingrandimento** nm enlargement. **lente d'ingrandimento** nf magnifying glass.

ingrassare (ingras'sare) vt fatten. vi grow fat. **ingrassarsi** vr get fat.

ingrato (in'grato) adj 1 ungrateful. 2 disagreeable. **ingratitudine** (ingrati'tudine) nf ingratitude.

ingrediente (ingre'djente) nm ingredient.

ingresso (in'gresso) nm entrance.

ingrossare (ingros'sare) vt enlarge. **all'ingrosso** adv 1 wholesale. 2 about.

inguine ('ingwine) nm groin.

inibire (ini'bire) vt inhibit. **inibizione** nf inhibition.

iniettare (injet'tare) vt inject. **iniezione** (injet'tsjone) nf injection.

inimicizia (inimi'tʃittsja) nf animosity.

inintelligibile (intelli'dʒibile) adj unintelligible.

ininterrotto (initer'rotto) adj unbroken.

iniziare (init'tsjare) vt 1 begin. 2 initiate. **iniziale** adj,nf initial. **iniziativa** nf initiative. **inizio** nm beginning.

innaffiare (innaf'fjare) vt water.

innalzare (innal'tsare) vt raise.

innamorare (innamo'rare) vt charm. **innamorarsi** vr fall in love. **innamorato** nm lover.

innanzi (in'nantsi) adv 1 before. 2 in front, ahead. **da oggi innanzi** from today onwards. ~prep before.

innato (in'nato) adj innate.

innegabile (inne'gabile) adj undeniable.

innestare (innes'tare) vt 1 graft. 2 vaccinate. 3 insert. **innestare la marcia** put into gear.

inno ('inno) nm 1 hymn. 2 anthem.

innocente (inno'tʃente) adj innocent. **innocenza** (inno'tʃentsa) nf innocence.

innocuo (in'nɔkuo) adj harmless.

innovare (inno'vare) *vt* innovate.

innumerabile (innume'rabile) *adj* innumerable.

inoculare (inoku'lare) *vt* inoculate.

inoffensivo (inoffen'sivo) *adj* inoffensive.

inoltrare (inol'trare) *vt* forward. **inoltrarsi** *vr* advance.

inoltre (i'noltre) *adv* besides, moreover.

inondare (inon'dare) *vt* flood.

inoperoso (inope'roso) *adj* inactive.

inorridire (inorri'dire) *vt* horrify. *vi* feel horror.

inosservato (inosser'vato) *adj* unobserved.

inossidabile (inossi'dabile) **acciaio inossidabile** *nm* stainless steel.

inquadrare (inkwa'drare) *vt* frame. **inquadratura** *nf* shot (in a film).

inquietare (inkwje'tare) *vt* worry. **inquietarsi** *vr* become anxious. **inquieto** *adj* 1 anxious. 2 restless. **inquietudine** (inkwje'tudine) *nf* anxiety.

inquilino (inkwi'lino) *nm* tenant.

inquinare (inkwi'nare) *vt* pollute. **inquinamento** *nm* pollution.

insalata (insa'lata) *nf* salad. **insalatiera** (insala'tjera) *nf* salad bowl.

insalubre (insa'lubre) *adj* unhealthy.

insanabile (insa'nabile) *adj* incurable.

insanguinare (insangwi'nare) *vt* stain with blood.

insaputa (insa'puta) **all'**

insaputa di *adv* unknown to.

insaziabile (insat'tsjabile) *adj* insatiable.

insegna (in'seɲɲa) *nf* 1 flag, banner. 2 decoration. 3 sign (board).

insegnare (inseɲ'ɲare) *vt* 1 teach. 2 point out. **insegnamento** *nm* teaching. **insegnante** *nm* teacher.

inseguire (inse'gwire) *vt* pursue, chase.

insensato (insen'sato) *adj* stupid.

insensibile (insen'sibile) *adj* 1 imperceptible. 2 insensitive.

inseparabile (insepa'rabile) *adj* inseparable.

inserire (inse'rire) *vt* insert. **inserzione** *nf* 1 insertion. 2 advertisement, notice.

insetto (in'setto) *nm* insect. **insetticida** *nm* insecticide.

insicuro (insi'kuro) *adj* unsure. **insicurezza** (insiku'rettsa) *nf* insecurity.

insidia (in'sidja) *nf* snare, trap.

insieme (in'sjeme) *adv,prep* together.

insignificante (insiɲɲifi'kante) *adj* insignificant.

insinuare (insinu'are) *vt* insinuate.

insipido (in'sipido) *adj* insipid.

insistere* (in'sistere) *vi* insist, persist. **insistente** (insi'stente) *adj* insistent.

insocievole (inso'tʃevole) *adj* unsociable.

insoddisfato (insoddis'fatto) *adj* dissatisfied.

insolente (inso'lɛnte) *adj* insolent. **insolenza** (inso'lɛntsa) *nf* insolence.

insolito (in'sɔlito) *adj* unusual.

insolubile (inso'lubile) *adj* insoluble.

insomma (in'somma) *adv* in short. *interj* well! for heaven's sake!

insonnia (in'sɔnnja) *nf* insomnia.

insopportabile (insoppor'tabile) *adj* unbearable.

instabile (in'stabile) *adj* unstable. **instabilità** *nf* instability.

installare (instal'lare) *vt* install.

insù (in'su) *adv* 1 up. 2 upwards.

insubordinato (insubordi'nato) *adj* insubordinate.

insudiciare (insudi'tʃare) *vt* dirty.

insufficiente (insuffi'tʃente) *adj* inadequate.

insulina (insu'lina) *nf* insulin.

insultare (insul'tare) *vt* insult. **insulto** *nm* insult.

insurrezione (insurret'tsjone) *nf* rising, revolt.

intaccare (intak'kare) *vt* 1 cut into. 2 corrode.

intagliare (intaʎ'ʎare) *vt* carve. **intaglio** *nm* carving.

intanto (in'tanto) *adv* meanwhile.

intascare (intas'kare) *vt* pocket.

intatto (in'tatto) *adj* intact.

integrale (inte'grale) *adj* complete. **pane integrale** *nm* wholemeal bread.

integrare (inte'grare) *vt* integrate. **integrazione** *nf* integration.

integro ('integro) *adj* 1 complete. 2 honest.

intelletto (intel'letto) *nm* intel-

lect. **intellettuale** *adj,n* intellectual.

intelligente (intelli'dʒente) *adj* intelligent, clever. **intelligenza** (intelli'dʒentsa) *nf* intelligence.

intemperie (intem'pɛrje) *nf pl* bad weather.

intendente (inten'dɛnte) *nm* superintendent.

intendere* (in'tendere) *vt* 1 understand. 2 hear. 3 mean. 4 intend. **intendersi** *vr* 1 get on together, agree. 2 be an expert. **s'intende** of course.

intensificare (intensifi'kare) *vt* intensify.

intenso (in'tenso) *adj* intense. **intensità** *nf* intensity.

intento (in'tento) *adj* intent, fixed. *nm* intent.

intenzione (inten'tsjone) *nf* intention. **avere l'intenzione di** intend. **intenzionale** *adj* intentional.

intercettare (intertʃet'tare) *vt* intercept.

interdire* (inter'dire) *vt* forbid, prohibit.

interessare (interes'sare) *vt* 1 interest. 2 concern. *vi* matter. **interessarsi** *vr* take an interest. **interessante** *adj* interesting. **interesse** (inte'resse) *nm* interest.

interfaccia (inter'fattʃa) *nf* interface.

interferire (interfe'rire) *vi* interfere. **interferenza** (interfe'rentsa) *nf* interference.

interiore (inte'rjore) *adj* interior, inner. *nm* interior, inside.

intermedio (inter'medjo) *adj* intermediate. **intermediario**

(interme'djarjo) *adj,nm* intermediary.

interminabile (intermi'nabile) *adj* endless.

internare (inter'nare) *vt* intern.

internazionale (internattsjo'nale) *adj* international.

interno (in'tɛrno) *adj* interior, internal. *nm* interior.

intero (in'tero) *adj* whole, complete, entire.

interpretare (interpre'tare) *vt* interpret. **interpretazione** *nf* 1 interpretation. 2 performance. **interprete** (in'tɛrprete) *nm,f* 1 interpreter. 2 performer.

interrogare (interro'gare) *vt* question, examine, interrogate. **interrogazione** *nf* 1 question. 2 interrogation.

interrompere* (inter'rompere) *vt* interrupt. **interruzione** *nf* interruption.

interruttore (interrut'tore) *nm* switch.

interurbano (interur'bano) *adj* inter-city. **chiamata interurbana** *nf* long-distance telephone call.

intervallo (inter'vallo) *nm* 1 space. 2 interval.

intervenire* (interve'nire) *vi* 1 happen. 2 take part, intervene. 3 *med* operate. **intervento** (inter'vɛnto) *nm* 1 intervention. 2 *med* operation.

intervistare (intervis'tare) *vt* interview. **intervista** *nf* interview.

intesa (in'tesa) *nf* 1 agreement. 2 understanding.

intestino (intes'tino) *nm* intestine.

intimidire (intimi'dire) *vt* intimidate.

intimo ('intimo) *adj* intimate.

intimorire (intimo'rire) *vt* frighten. *vi* be afraid. **intimorirsi** *vr* get frightened.

intingolo (in'tingolo) *nm* 1 sauce. 2 stew.

intirizzire (intirid'dzire) *vt* numb.

intitolare (intito'lare) *vt* 1 entitle. 2 dedicate. **intitolarsi** *vr* be called.

intollerabile (intolle'rabile) *adj* intolerable.

intollerante (intolle'rante) *adj* intolerant. **intolleranza** (intolle'rantsa) *nf* intolerance.

intonaco (in'tɔnako) *nm* plaster.

intontire (inton'tire) *vt* daze.

intoppare (intop'pare) *vi* stumble.

intorno (in'torno) *prep* around, round, about.

intorpidire (intorpi'dire) *vt* numb.

intralciare (intral'tʃare) *vt* hinder. **intralcio** *nm* obstacle.

intransitivo (intransi'tivo) *adj,nm* intransitive.

intraprendere* (intra'prɛndere) *vt* undertake. **intraprendente** (intrapren'dɛnte) *adj* go-ahead.

intrattenere* (intratte'nere) *vt* entertain. **intrattenersi** *vr* linger.

intravedere* (intrave'dere) *vt* catch a glimpse of.

intreccio (in'trettʃo) *nm* plot, story.

intrepido (in'trɛpido) *adj* bold, fearless.

intrigo (in'trigo) *nm* plot, intrigue.

introdurre* (intro'durre) *vt* **1** insert. **2** introduce. **3** show in. **introduzione** *nf* introduction.

intromettersi* (intro'mettersi) *vr* **1** intervene. **2** interfere. **intromissione** (intromis'sjone) *nf* **1** intervention. **2** interference.

intronare (intro'nare) *vt* deafen.

introspettivo (introspet'tivo) *adj* introspective.

introverso (intro'verso) *adj* introverted. *nm* introvert.

intrusione (intru'zjone) *nf* intrusion. **intruso** *nm* intruder.

intuitivo (intui'tivo) *adj* intuitive. **intuizione** *nf* intuition.

inumano (inu'mano) *adj* inhuman, cruel.

inumidire (inumi'dire) *vt* damp, dampen.

inusitato (inuzi'tato) *adj* unusual.

inutile (i'nutile) *adj* useless.

invadere* (in'vadere) *vt* invade. **invasione** (inva'zjone) *nf* invasion. **invasore** *nm* invader.

invalido (in'valido) *adj* **1** invalid, not valid. **2** disabled. *nm* invalid.

invano (in'vano) *adv* in vain.

invariabile (inva'rjabile) *adj* invariable.

invecchiare (invek'kjare) *vt* age. *vi* age, grow old.

invece (in'vetʃe) *adv* **1** instead. **2** on the contrary. **invece di** instead of.

inventare (inven'tare) *vt* invent. **inventore** *nm* inventor. **invenzione** *nf* invention.

inverno (in'verno) *nm* winter.

inverosimile (invero'simile) *adj* unlikely.

inverso (in'verso) *adj* opposite, inverse.

invertebrato (inverte'brato) *adj,nm* invertebrate.

investigare (investi'gare) *vt* investigate. **investigatore** *nm* investigator. **investigazione** *nf* investigation.

investire (inves'tire) *vt* **1** invest. **2** assail. **3** knock down, run over. **investimento** *nm* **1** investment. **2** collision.

invetriare (inve'trjare) *vt* glaze.

inviare (invi'are) *vt* send. **inviato** *nm* **1** envoy. **2** correspondent. **invio** *nm* sending.

invidiare (invi'djare) *vt* envy. **invidia** *nf* envy. **invidioso** (invi'djoso) *adj* envious.

invigorire (invigo'rire) *vt* strengthen.

invisibile (invi'zibile) *adj* invisible.

invitare (invi'tare) *vt* invite. **invitato** *nm* guest. **invito** *nm* invitation.

involgere* (in'vɔldʒere) *vt* **1** wrap. **2** involve.

involontario (involon'tarjo) *adj* unintentional.

involto (in'vɔlto) *nm* package.

invulnerabile (invulne'rabile) *adj* invulnerable.

inzaccherare (intsakke'rare) *vt* splash with mud.

inzuppare (intsup'pare) *vt* soak.

io ('io) *pron 1st pers m,f s* I. **io stesso** *pron 1st pers s* myself.

iodio ('jɔdjo) *nm* iodine.

ione ('jone) *nm* ion.

ipermercato (ipermer'kato) *nm* hypermarket.

ipnosi (ip'nɔzi) *nf invar* hypnosis.

ipnotizzare (ipnotid'dzare) *vt* hypnotize.

ipocondriaco (ipokon'driako) *adj,nm* hypochondriac.

ipocrisia (ipokri'zia) *nf* hypocrisy. **ipocrita** (i'pɔkrita) *adj* hypocritical. *nm* hypocrite.

ipoteca (ipo'tɛka) *nf* mortgage.

ipotesi (i'pɔtezi) *nf invar* hypothesis. **ipotetico** (ipo'tɛtiko) *adj* hypothetical.

ippica ('ippika) *nf* horseracing. **ippico** ('ippiko) *adj* of horses.

ippocampo (ippo'kampo) *nm* seahorse.

ippocastano (ippokas'tano) *nm* horse chestnut tree.

ippodromo (ip'pɔdromo) *nm* racecourse.

ippopotamo (ippo'pɔtamo) *nm* hippopotamus.

ira ('ira) *nf* anger.

iride ('iride) *nf* **1** rainbow. **2** *bot* iris. **3** *anat* iris.

Irlanda (ir'landa) *nf* Ireland. **irlandese** (irlan'dese) *adj* Irish. *nm* **1** Irishman. **2** Irish (language).

ironia (iro'nia) *nf* irony. **ironico** (i'rɔniko) *adj* ironic.

irraggiungibile (irraddʒun'dʒibile) *adj* unattainable.

irragionevole (irradʒo'nevole) *adj* unreasonable.

irrazionale (irratsjo'nale) *adj* irrational.

irregolare (irrego'lare) *adj* **1** irregular. **2** uneven.

irrequieto (irre'kwjeto) *adj* troubled.

irresistibile (irresis'tibile) *adj* irresistible.

irresoluto (irreso'luto) *adj* irresolute.

irresponsabile (irrespon'sabile) *adj* irresponsible.

Irrigare (irri'gare) *vt* irrigate. **irrigazione** *nf* irrigation.

irrigidire (irridʒi'dire) *vi* stiffen. **irrigidirsi** *vr* stiffen.

irritare (irri'tare) *vt* irritate. **irritabile** (irri'tabile) *adj* irritable. **irritazione** *nf* irritation.

irrompere* (ir'rompere) *vi* rush.

irto ('irto) *adj* **1** bristly. **2** bristling.

iscrivere* (is'krivere) *vt* enrol, register. **iscrizione** (iskrit'tsjone) *nf* **1** enrolment. **2** inscription.

Islanda (iz'landa) *nf* Iceland. **islandese** *adj* Icelandic. *nm* **1** Icelander. **2** Icelandic (language).

isola ('izola) *nf* island.

isolare (izo'lare) *vt* **1** isolate. **2** insulate. **isolamento** *nm* **1** isolation. **2** insulation.

ispettore (ispet'tore) *nm* inspector.

ispezionare (ispettsjo'nare) *vt* inspect. **ispezione** *nf* inspection.

ispirare (ispi'rare) *vt* inspire. **ispirazione** *nf* inspiration.

Israele (izra'ɛle) *nm* Israel. **israeliano** *adj,n* Israeli.

issare (is'sare) *vt* hoist.

istante (is'tante) *nm* instant. **istantaneo** (istan'taneo) *adj* instantaneous.

isterico (is'tɛriko) *adj* hysterical. **isterismo** *nm* hysteria.

istinto (is'tinto) *nm* instinct. **istintivo** *adj* instinctive.

istituire (istitu'ire) *vt* institute,

found. **istituzione** *nf* institution.

istituto (isti'tuto) *nm* institute. **istitutore** *nm* tutor. **istitutrice** *nf* governess.

istrice ('istritʃe) *nm,f* porcupine.

istruire* (istru'ire) *vt* instruct, teach. **instruttore** *nm* instructor. **istruzione** *nf* **1** instruction. **2** teaching, education.

Italia (i'talja) *nf* Italy. **italiano** *adj,n* Italian. *nm* Italian (language).

itinerario (itine'rarjo) *nm* route, itinerary.

itterizia (itte'rittsja) *nf* jaundice.

Iugoslavia (jugoz'lavja) *nf* Yugoslavia. **iugoslavo** *adj,n* Yugoslav.

iuta ('juta) *nf* jute.

L

la[1] (la) *def art, fs* the.

la[2] (la) *pron* **1** *3rd pers fs* her, it. **2** *2nd pers m,f s fml* you.

là (la) *adv* there. **di là di** beyond. **più in là** further on.

labbro ('labbro) *nm* **1** *pl* **labbra** *f anat* lip. **2** *pl* **labbri** *m* lip, rim.

labirinto (labi'rinto) *nm* labyrinth.

laboratorio (labora'tɔrjo) *nm* **1** laboratory. **2** workshop.

laborioso (labo'rjoso) *adj* **1** laborious. **2** hard-working.

laburista (labu'rista) *nm* Labour Party member.

lacca ('lakka) *nf* lacquer.

laccio ('lattʃo) *nm* noose. **laccio delle scarpe** shoelace.

lacerare (latʃe'rare) *vt* tear.

lacrima ('lakrima) *nf* tear.

lacrimogeno (lakri'mɔdʒeno) **gas lacrimogeno** *nm* tear gas.

ladro ('ladro) *nm* thief, robber.

laggiù (lad'dʒu) *adv* down there.

lagnarsi (laɲ'narsi) *vr* complain, grumble.

lago ('lago) *nm* lake.

laguna (la'guna) *nf* lagoon.

laico ('laiko) *adj* lay, secular.

lama ('lama) *nf* blade. **lametta** *nf* razor blade.

lambiccarsi (lambik'karsi) *vr* **lambiccarsi il cervello** rack one's brains.

lambire (lam'bire) *vt* lick, lap.

lambrusco (lam'brusko) *nm* type of red wine.

lamentare (lamen'tare) *vt* lament. **lamentarsi** *vr* **1** complain, moan. **2** lament. **lamento** *nm* **1** lament. **2** complaint.

laminato (lami'nato) *adj* laminated. **laminato plastico** *nm* laminated plastics.

lampada ('lampada) *nf* lamp. **lampadina** *nf* light bulb.

lampeggiare (lamped'dʒare) *vi* (of lightning) flash.

lampione (lam'pjone) *nm* streetlamp.

lampo ('lampo) *nm* **1** flash of lightning. **2** flash. **in un lampo** in a flash.

lampone (lam'pone) *nm* raspberry. **pianta di lampone** *nf* raspberry cane.

lana ('lana) *nf* wool.

lancetta (lan'tʃetta) *nf* **1** hand (of a watch). **2** pointer.

lancia[1] ('lantʃa) *nf* lance.

lancia[2] ('lantʃa) *nf* launch.

lanciare (lan'tʃare) *vt* **1** throw.

hurl. **2** launch. **lancio** *nm* **1** throw. **2** launching.

languire (lan'gwire) *vi* **1** languish. **2** flag. **languido** ('langwido) *adj* **1** weak. **2** languid.

lanterna (lan'tɛrna) *nf* lantern.

lapide ('lapide) *nf* **1** tombstone. **2** plaque.

lapis ('lapis) *nm invar* pencil.

lardo ('lardo) *nm* lard.

largo ('largo) *adj* **1** wide, broad. **2** liberal. *nm* **1** breadth. **2** space. **3** open sea. **farsi largo** clear one's way. **larghezza** (lar'gettsa) *nf* **1** width, breadth. **2** generosity.

larice ('laritʃe) *nm* larch.

laringe (la'rindʒe) *nf* larynx. **laringite** *nf* laryngitis.

larva ('larva) *nf* larva.

lasagne (la'zaɲɲe) *nf pl* dish made of strips of pasta and covered with sauce.

lasciare (laʃ'ʃare) *vt* **1** leave. **2** let, allow. **3** abandon, give up. **4** keep. **5** leave. **lasciare cadere** drop. **lasciapassare** *nm invar* pass, permit.

lascivo (laʃ'ʃivo) *adj* lascivious.

lassativo (lassa'tivo) *adj,nm* laxative.

lassù (las'su) *adv* up there.

lastra ('lastra) *nf* **1** slab, sheet. **2** paving slab. **3** X-ray plate. **lastricare** (lastri'kare) *vt* pave. **lastrico** ('lastriko) *nm* pavement.

latente (la'tɛnte) *adj* latent, hidden.

latino (la'tino) *adj,nm* Latin.

latitudine (lati'tudine) *nf* latitude.

lato[1] ('lato) *nm* side. **d'altro lato** on the other hand.

lato[2] ('lato) *adj* wide.

latrina (la'trina) *nf* public lavatory.

latta ('latta) *nf* **1** tin plate. **2** can, tin.

lattaio (lat'tajo) *nm* milkman.

latte ('latte) *nm* milk. **latteria** *nf* dairy. **lattiera** (lat'tjɛra) *nf* milk jug.

lattuga (lat'tuga) *nf* lettuce.

laurea ('laurea) *nf educ* degree. **laurearsi** (laure'arsi) *vr* graduate.

lauro ('lauro) *nm* laurel.

lava ('lava) *nf* lava.

lavagna (la'vaɲɲa) *nf* blackboard.

lavanda (la'vanda) *nf* lavender.

lavandaia (lavan'daja) *nf* washerwoman, laundress.

lavanderia (lavande'ria) *nf* laundry.

lavandino (lavan'dino) *nm* sink.

lavare (la'vare) *vt* **1** wash. **2** clean. **lavare a secco** dry-clean. **lavapiatti** (lava'pjatti) *nm also* **lavastoviglie** *nf* dishwasher. **lavatrice** *nf* washing machine.

lavorare (lavo'rare) *vi,vt* work. **lavorante** *nm also* **lavoratore** *nm* worker. **lavoro** *nm* **1** work. **2** job.

le[1] (le) *def art, f pl* the.

le[2] (le) *pron* **1** *3rd pers f pl* them. **2** *3rd pers fs* to her or of. **3** *2nd pers m,f s fml* to you.

leale (le'ale) *adj* loyal. **lealtà** *nf* loyalty.

lebbra ('lebbra) *nf* leprosy. **lebbroso** (leb'broso) *nm* leper.

leccare (lek'kare) *vt* lick. **leccarsi le labbra** lick one's lips.

leccalecca (lekka'lekka) *nm* lollipop.

lecito ('letʃito) *adj* permitted, allowed.

lega ('lega) *nf* 1 league. 2 alloy.

legale (le'gale) *adj* legal. *nm* lawyer. **legalizzare** (legalid 'dzare) *vt* 1 legalize. 2 authenticate.

legare (le'gare) *vt* 1 tie (up), bind. 2 join. **legame** *nm* link, tie, bond. **legatura** *nf* binding.

legato (le'gato) *nm* legacy.

legge ('leddʒe) *nf* law, rule.

leggenda (led'dʒenda) *nf* legend.

leggere* ('leddʒere) *vt* read. **leggibile** (led'dʒibile) *adj* legible.

leggero (led'dʒero) *adj* 1 light. 2 slight. 3 agile. **leggerezza** (leddʒe'rettsa) *nf* 1 lightness. 2 agility.

leggiadro (led'dʒadro) *adj* 1 pretty. 2 lovely.

legione (le'dʒone) *nf* legion.

legislazione (ledʒizlat'tsjone) *nf* legislation. **legislativo** *adj* legislative.

legittimo (le'dʒittimo) *adj* legitimate.

legno ('leɲɲo) *nm* wood. **di legno** wooden. **legna** *nf* firewood. **legname** *nm* wood, timber.

lei ('lei) *pron* 1 *3rd pers fs* she, her, it. 2 *cap 2nd pers ms fml* you. **dare del lei** use the polite form of address. **lei stessa** *pron* 1 *3rd pers fs* herself, itself. 2 *cap 2nd pers fs fml* yourself. **Lei stesso** *pron 2nd pers ms fml* yourself.

lembo ('lembo) *nm* 1 edge. 2 hem.

lente ('lɛnte) *nf* lens. **lente a contatto** contact lens.

lenticchia (len'tikkja) *nf* lentil.

lentiggine (len'tiddʒine) *nf* freckle.

lento ('lento) *adj* 1 slow. 2 slack. **lentezza** (len'tettsa) *nf* slowness.

lenzuolo (len'tswɔlo) *nm* 1 *pl* **lenzuoli** *m* sheet. 2 *pl* **lenzuola** *f* pair of sheets.

leone (le'one) *n* 1 lion. 2 *cap* Leo.

leopardo (leo'pardo) *nm* leopard.

lepre ('lɛpre) *nf* hare.

lesbico ('lɛzbiko) *adj* lesbian.

lessare (les'sare) *vt* boil. **lesso** *adj* boiled. *nm* boiled beef.

lessi ('lessi) *v* see **leggere.**

lessico ('lessiko) *nm* lexicon, dictionary.

lesto ('lesto) *adj* 1 swift. 2 agile.

letame (le'tame) *nm* manure, dung.

letizia (le'tittsja) *nf* happiness.

lettera ('lettera) *nf* letter. **letterale** *adj* literal.

letterario (lette'rarjo) *adj* literary. **proprietà letteraria** *nf* copyright.

letteratura (lettera'tura) *nf* literature.

lettiga (let'tiga) *nf* stretcher.

letto[1] ('letto) *v* see **leggere.**

letto[2] ('letto) *nm* bed. **letto matrimoniale** double bed.

lettore (let'tore) *nm* reader.

lettura (let'tura) *nf* reading.

leucemia (leutʃe'mia) *nf* leukaemia.

leva[1] ('leva) *nf* lever.

leva[2] ('leva) *nf* conscription.

levante (le'vante) *nm* east.

levare (le'vare) *vt* 1 raise, lift up. 2 remove. **levarsi** *vr* 1 rise, get up. 2 take off. **levarsi di mezzo** get out of the way. **levata** *nf* 1 rising. 2 postal collection.

levatoio (leva'tojo) **ponte levatoio** *nm* drawbridge.

levigare (levi'gare) *vt* smooth.

levriere (le'vrjere) *nm* greyhound.

lezione (let'tsjone) *nf* lesson.

lezioso (let'tsjoso) *adj* affected.

lezzo ('leddzo) *nm* stench.

li (li) *pron 3rd pers m,f pl* them.

lì (li) *adv* there. **essere lì lì per** be on the point of.

Libano ('libano) *nm* Lebanon.

libanese *adj,n* Lebanese.

libbra ('libbra) *nf* pound (weight).

libellula (li'bellula) *nf* dragonfly.

liberale (libe'rale) *adj* liberal.

liberare (libe'rare) *vt* free, liberate. **liberazione** *nf* liberation.

libero ('libero) *adj* 1 free. 2 vacant. 3 open. **libertà** *nf* freedom, liberty.

Libia (li'bia) *nf* Libya. **libico** *adj,n* Libyan.

Libra ('libra) *nf* Libra.

libro ('libro) *nm* book. **libro mastro** ledger. **libreria** *nf* 1 bookshop. 2 bookcase. **libretto** *nm* 1 notebook, booklet. 2 libretto. **libretto di assegni** chequebook.

licenza (li'tʃɛntsa) *nf* 1 licence.

2 permission. 3 leave. 4 notice. 5 diploma.

licenziare (litʃen'tsjare) *vt* dismiss.

liceo (li'tʃɛo) *nm* high school, grammar school.

lichene (li'kɛne) *nm* lichen.

lido ('lido) *nm* shore.

lieto ('ljɛto) *adj* happy, joyful.

lieve ('ljeve) *adj* light.

lievito ('ljevito) *nm* yeast.

ligustro (li'gustro) *nm* privet.

lilla ('lilla) *adj invar* lilac (coloured). *nm* 1 lilac (colour). 2 *bot* lilac.

limare (li'mare) *vt* file. **lima** *nf* file.

limitare (limi'tare) *vt* limit, restrict.

limite ('limite) *nm* 1 limit. 2 boundary.

limone (li'mone) *nm* 1 *bot* lemon. 2 lemon (colour). 3 lemon tree. **limonata** *nf* lemonade.

limonato *adj* lemon (coloured).

limpido ('limpido) *adj* clear, limpid.

lince ('lintʃe) *nf* lynx.

linciare (lin'tʃare) *vt* lynch.

lindo ('lindo) *adj* neat.

linea ('linea) *nf* line. **lineamenti** (linea'menti) *nm pl* features.

lingua ('lingwa) *nf also* **linguaggio** *nm* 1 tongue. 2 language. **linguistica** (lin 'gwistika) *nf* linguistics.

lino ('lino) *nm* 1 flax. 2 linen.

linoleum (li'nɔleum) *nm* linoleum.

liocorno (lio'kɔrno) *nm* unicorn.

liquidare (likwi'dare) *vt* 1 settle, pay. 2 sell off. 3 eliminate.

liquidazione *nf* **1** settlement, winding-up. **2** sale. **3** elimination.

liquido ('likwido) *adj,nm* liquid.

liquirizia (likwi'rittsja) *nf* liquorice.

liquore (li'kwore) *nm* liqueur.

lira[1] ('lira) *nf* lira. **lira sterlina** pound sterling.

lira[2] ('lira) *nf* lyre.

lirico ('liriko) *adj* lyric. *nm* lyric poet.

lisca ('liska) *nf* fishbone.

lisciare (liʃ'ʃare) *vt* **1** smooth. **2** caress. **liscio** *adj* **1** smooth. **2** (of a drink) neat.

liso ('lizo) *adj* worn out.

lista ('lista) *nf* **1** list. **2** strip. **listino** *nm* list.

litania (lita'nia) *nf* litany.

lite ('lite) *nf* **1** lawsuit. **2** quarrel, argument.

litigare (liti'gare) *vi* quarrel. **litigio** *nm* quarrel.

litorale (lito'rale) *nm* coast.

litro ('litro) *nm* litre.

liuto (li'uto) *nm* lute.

livellare (livel'lare) *vt* level. **livello** (li'vɛllo) *nm* level. **passaggio a livello** *nm* level crossing.

livido ('livido) *adj* livid. *nm* bruise.

Livorno (li'vorno) *nf* Leghorn.

livrea (li'vrɛa) *nf* livery.

lo[1] (lo) *def art, ms* the.

lo[2] (lo) *pron 3rd pers ms* him, it.

lobo ('lɔbo) *nm* lobe.

locale[1] (lo'kale) *adj* local.

locale[2] (lo'kale) *nm* **1** room. **2** *pl* premises. **3** place.

localizzare (lokalid'dzare) *vt* localize.

locanda (lo'kanda) *nf* inn. **lo-**

candiere (lokan'djɛre) *nm* innkeeper.

locomotiva (lokomo'tiva) *nf* locomotive.

lodare (lo'dare) *vt* praise. **lode** *nf* praise. **lodevole** (lo'devole) *adj* praiseworthy.

logaritmo (loga'ritmo) *nm* logarithm.

loggia ('lɔddʒa) *nf* **1** balcony. **2** loggia. **3** masonic lodge.

logica ('lɔdʒika) *nf* logic. **logico** ('lɔdʒiko) *adj* logical.

logorare (logo'rare) *vt* wear out. **logoro** ('logoro) *adj* worn, worn out.

Londra ('londra) *nf* London.

longitudine (londʒi'tudine) *nf* longitude.

lontano (lon'tano) *adj* **1** distant, far away. **2** far. *adv* far away, far. **di lontano** from a distance. **lontano** *nm* **chilometro** a kilometre away. **lontananza** (lonta'nantsa) *nf* distance.

lontra ('lontra) *nf* otter.

loquace (lo'kwatʃe) *adj* talkative.

lordo ('lordo) *adj* filthy.

loro ('loro) *pron* **1** *3rd pers m, pl* they, them, to them. **2** *cap 2nd pers m,f fml* you, to you. *poss adj* **1** *3rd pers pl* invar their. **2** *2nd pers pl cap fml* your. *poss pron* **1** *3rd pers pl in var* theirs. **2** *2nd pers pl fml inv var* yours. **loro stesse** *pron* ? *3rd pers f pl* themselves. **2** *ca 2nd pers f pl* yourselves. **lore stessi** *pron* **1** *3rd pers m pl* themselves. **2** *cap 2nd pers m p* yourselves.

losco ('losko) *adj* **1** squint-eyed. **2** shady, suspicious.

loto ('loto) nm lotus.

lottare (lot'tare) vi **1** struggle. **2** wrestle. **lotta** nf struggle. **lottatore** nm wrestler.

lotteria (lotte'ria) nf lottery.

lozione (lot'tsjone) nf lotion.

lubrificare (lubrifi'kare) vt lubricate. **lubrificante** nm lubricant.

lucchetto (luk'ketto) nm padlock.

luccicare (luttʃi'kare) vi shine, gleam.

lucciola ('luttʃola) nf firefly.

luce ('lutʃe) nf light. **fare luce su** throw light on. **lucente** (lu'tʃente) adj shining.

lucerna (lu'tʃɛrna) nf oil lamp.

lucernario (lutʃer'narjo) nm skylight.

lucertola (lu'tʃertola) nf lizard.

lucidare (lutʃi'dare) vt shine, polish.

lucido ('lutʃido) adj **1** shining. **2** lucid. **lucidità** nf lucidity.

luglio ('luʎʎo) nm July.

lugubre (lu'gubre) adj gloomy.

lui ('lui) pron 3rd pers ms **1** he. **2** him, it. **lui stesso** pron 3rd pers ms himself, itself.

lumaca (lu'maka) nf **1** snail. **2** slug.

lume ('lume) nm light.

luminoso (lumi'noso) adj luminous.

luna ('luna) nf moon. **luna di miele** honeymoon. **lunare** adj lunar. **lunapark** ('lunapark) nm invar amusements park.

lunedì (lune'di) nm Monday.

lungo ('lungo) adj **1** long. **2** slow. **3** thin, diluted. prep along. **di gran lunga** by far.

per lungo e per largo far and wide. **lunghezza** (lun'gettsa) nf length. **lungi** adv far.

luogo ('lwɔgo) nm **1** place. **2** position, site. **3** passage (in a book). **avere luogo** take place.

lupo ('lupo) nm wolf. **cane lupo** nm Alsatian. **lupo di mare** old salt, old sailor.

luppolo ('luppolo) nm bot hop.

lurido ('lurido) adj filthy.

lusingare (luzin'gare) vt flatter. **lusinga** nf flattery.

Lussemburgo (lussem'burgo) nm Luxembourg.

lusso ('lusso) nm luxury. **di lusso** de luxe, luxury. **lussuoso** (lussu'oso) adj luxurious.

lustrare (lus'trare) vt polish, shine. **lustrascarpe** nm invar shoeshine boy. **lustro** adj shiny.

lutto ('lutto) nm mourning.

M

ma (ma) conj **1** but. **2** yet.

macabro ('makabro) adj macabre.

maccheroni (makke'roni) nm pl macaroni.

macchia[1] ('makkja) nf stain, spot.

macchia[2] ('makkja) nf bush, scrub.

macchiare (mak'kjare) vt stain, spot. **macchiato** adj spotted. **caffè macchiato** nm coffee with a drop of milk.

macchina ('makkina) nf **1** engine, machine. **2** car. **macchina da cucire** sewing machine. **macchina da scrivere** typewriter. **mac-**

china fotografica camera. **macchinetta** *nf* **1** cigarette lighter. **2** coffee percolator. **macchinista** *nm* enginedriver.

macchinare (makki'nare) *vt* plot.

macedonia (matʃe'dɔnja) *nf* fruit salad.

macellare (matʃel'lare) *vt* butcher, slaughter. **macellaio** *nm* butcher. **macelleria** *nf* butcher's shop. **macello** (ma'tʃello) *nm* abattoir, slaughterhouse.

macina ('matʃina) *nf* millstone. **macinare** *vt* grind, mill. **macinino** *nm* **1** coffee grinder. **2** pepper-mill.

macrobiotico (makrobi'ɔtiko) *adj* macrobiotic. **cibo macrobiotico** *nm* health food.

Madera (ma'dɛra) *nm* Madeira wine.

madido ('madido) *adj* damp, moist.

Madonna (ma'dɔnna) *nf* **1** Our Lady. **2** Madonna.

madre ('madre) *nf* mother. **madreperla** (madre'pɛrla) *nf* mother-of-pearl. **madrina** *nf* godmother.

madrigale (madri'gale) *nm* madrigal.

maestà (maes'ta) *nf* **1** majesty, grandeur. **2** *cap* Majesty. **maestoso** (maes'toso) *adj* majestic.

maestro (ma'ɛstro) *nm* **1** master. **2** schoolteacher. *adj* **1** main. **2** skilful. **maestra** *nf* schoolmistress.

mafia ('mafja) *nf* Mafia. **mafioso** (ma'fjoso) *nm* member of the Mafia.

magari (ma'gari) *adv* **1** even. **2** perhaps. *conj* if only. *interj* if only it were so!

magazzino (magad'dzino) *nm* warehouse.

maggio ('maddʒo) *nm* May. **primo maggio** *nm* May Day.

maggiorana (maddʒo'rana) *nf* marjoram.

maggiore (mad'dʒore) *adj* **1** greater. **2** bigger. **3** older. **4** greatest. **5** biggest. **6** oldest. *nm mil* major. **maggiordomo** (maddʒor'dɔmo) *nm* butler. **maggiorenne** (maddʒo'rɛnne) *adj law* of age.

magia (ma'dʒia) *nf* magic. **magico** ('madʒiko) *adj* magic, magical.

magistero (madʒis'tɛro) *nm* **1** skill. **2** teaching profession. **magistrato** (madʒis'trato) *nm* magistrate.

maglia ('maʎʎa) *nf* **1** stitch, link. **2** pullover. **3** vest. **lavorare a maglia** knit.

magnete (maɲ'ɲete) *nm* magnet. **magnetico** (maɲ'ɲetiko) *adj* magnetic. **magnetofono** (maɲɲe'tɔfono) *nm tech* taperecorder.

magnifico (maɲ'ɲifiko) *adj* splendid, magnificent.

magnolia (maɲ'ɲɔlja) *nf* magnolia.

mago ('mago) *nm* magician, wizard. **maga** *nf* sorceress.

magro ('magro) *adj* **1** thin. **2** scanty, meagre. **3** lean. **mangiare di magro** abstain from eating meat. **magrezza** (ma'grettsa) *nf* thinness.

mai (mai) *adv* **1** ever. **2** never. **come mai?** how is that? **mai più** never again.

maiale (ma'jale) *nm* **1** pig. **2** pork.

maionese (majo'nese) *nf* mayonnaise.

mais ('mais) *nm* maize.

maiuscolo (ma'juskolo) *adj* (of a letter) capital. **maiuscola** (ma'juskola) *nf* capital letter.

malaccorto (malak'kɔrto) *adj* imprudent.

malafede (mala'fede) *nf* bad faith.

malanno (ma'lanno) *nm* misfortune.

malapena (mala'pena) **a malapena** *adv* hardly.

malaria (ma'larja) *nf* malaria.

malato (ma'lato) *adj* **1** sick, ill. **2** sore. *nm* sick person, patient. **malattia** *nf* illness.

malavoglia (mala'vɔʎʎa) *nf* ill will.

malcontento (malkon'tento) *adj* discontented. *nm* discontent.

male ('male) *nm* **1** evil, wrong. **2** ache, pain. **andare a male** go bad. **di male in peggio** from bad to worse. **mal di denti** toothache. **mal di gola** sore throat. **mal di mare** seasickness. **mal di testa** headache. *adv* **1** badly. **2** ill. **non c'è male** not too bad.

maledire* (male'dire) *vt* curse.

maledetto *adj* cursed.

maledizione *nf* curse.

maleducato (maledu'kato) *adj* rude, ill-bred.

malefico (ma'lɛfiko) *adj* malign.

malerba (ma'lɛrba) *nf* weed.

malessere (ma'lessere) *nm* **1** uneasiness. **2** indisposition.

malevolo (ma'lɛvolo) *adj* ma-

levolent. **malevolenza** (malevo'lɛntsa) *nf* malevolence.

malfamato (malfa'mato) *adj* notorious.

malfatto (mal'fatto) *adj* misshapen.

malfattore (malfat'tore) *nm* evildoer, criminal.

malfermo (mal'fɛrmo) *adj* unstable.

malfido (mal'fido) *adj* unreliable.

malgrado (mal'grado) *prep* despite, in spite of. *conj* although.

malia (ma'lia) *nf* enchantment.

maligno (ma'liɲno) *adj* malignant.

malinconia (malinko'nia) *nf* melancholy. **malinconico** (malin'kɔniko) *adj* melancholy.

malinteso (malin'teso) *adj* misunderstood. *nm* misunderstanding.

malizia (ma'littsja) *nf* malice. **malizioso** (malit'tsjoso) *adj* malicious.

malmenare (malme'nare) *vt* ill-treat.

malnutrizione (malnutrit'tsjone) *nf* malnutrition.

malo ('malo) *adj* bad. **di mala voglia** *adv* unwillingly.

malsano (mal'sano) *adj* unhealthy.

malta ('malta) *nf* mortar.

malto ('malto) *nm* malt.

maltrattare (maltrat'tare) *vt* ill-treat.

malumore (malu'more) *nm* bad mood. **di malumore** in a bad mood.

malvagio (mal'vadʒo) *adj* evil.

malversare (malver'sare) *vt*

embezzle. **malversazione** *nf* embezzlement.

malvolentieri (malvolen'tjɛri) *adv* unwillingly.

mamma ('mamma) *nf inf* mummy, mum. **mamma mia!** my goodness!

mammella (mam'mɛlla) *nf* breast.

mammifero (mam'mifero) *nm* mammal.

mancare (man'kare) *vi* 1 lack, want. 2 miss, be missing. 3 fail. **non ci mancherebbe altro!** that's all we need! **mancante** *adj* 1 missing. 2 lacking. **mancanza** (man'kantsa) *nf* lack.

mancia ('mantʃa) *nf* tip, gratuity.

mancino (man'tʃino) *adj* 1 left. 2 left-handed. 3 disloyal.

mandare (man'dare) *vt* send. **mandare giù** swallow. **mandato** *nm* 1 mandate. 2 warrant.

mandarino[1] (manda'rino) *nm* mandarin.

mandarino[2] (manda'rino) *nm* mandarin, tangerine.

mandolino (mando'lino) *nm* mandolin.

mandorla ('mandorla) *nf* 1 almond. 2 kernel. **mandorlo** ('mandorlo) *nm* almond tree.

mandria ('mandrja) *nf* herd.

maneggiare (maned'dʒare) *vt* handle. **maneggio** *nm* 1 handling. 2 management.

manette (ma'nette) *nf pl* handcuffs.

mangano ('mangano) *nm* mangle.

mangianastri (mandʒa'nastri) *nm Tdmk* portable cassette recorder.

mangiare (man'dʒare) *vt* 1 eat. 2 corrode. 3 waste. 4 (in draughts, etc.) take. **mangiabile** (man'dʒabile) *adj* edible. **mangime** *nm* fodder.

mangiatoia (mandʒa'toja) *nf* manger.

mango ('mango) *nm* 1 mango. 2 mango tree.

mania (ma'nia) *nf* 1 mania. 2 obsession, craze. **maniaco** (ma'niako) *adj* 1 maniacal. 2 crazy. *nm* maniac.

manica ('manika) *nf* 1 sleeve. 2 *cap* English Channel. **essere un altro paio di maniche** be another kettle of fish.

manichino (mani'kino) *nm* tailor's dummy.

manico ('maniko) *nm* handle.

manicomio (mani'kɔmjo) *nm* lunatic asylum.

maniera (ma'njɛra) *nf* 1 way, manner, style. 2 *pl* manners. **in maniera che** so that. **manierato** *adj* affected.

manifattura (manifat'tura) *nf* 1 manufacture. 2 factory.

manifestare (manifes'tare) *vt* display, show. *vi pol* demonstrate. **manifestazione** *nf pol* demonstration. **manifesto** (mani'fɛsto) *nm* 1 poster. 2 manifesto.

maniglia (ma'niʎʎa) *nf* handle, knob.

manipolare (manipo'lare) *vt* handle, manipulate.

mannaggia (man'naddʒa) *interj* damn!

mano ('mano) *nf,pl* **mani** 1 hand. 2 power. 3 skill. 4 help. 5 coat (of paint). **alla mano**

affable. **a mano** by hand.
battere le mani clap. **di
seconda mano** second-hand.
man mano gradually. **sotto
mano** *or* **a portata di mano**
at hand. **stringere la mano
a** shake hands with. **manata**
nf handful. **manicotto** (mani
'kɔtto) *nm* muff. **ma-
nodopera** (mano'dɔpera) *nf*
labour. **manopola** (ma
'nɔpola) *nf* knob. **manoscrit-
to** (manos'kritto) *nm* manu-
script. **manovella** (mano
'vɛlla) *nf* handle.
manomettere (mano'mettere)
vt ill-treat.
manovrare (mano'vrare) *vt* ma-
noeuvre. **manovra** (ma
'nɔvra) *nf* manoeuvre.
mansueto (mansu'ɛto) *adj* 1
tame. 2 meek.
mantello (man'tɛllo) *nm* cloak.
mantenere* (mante'nere) *vt* 1
keep, maintain. 2 support.
mantenimento *nm* mainte-
nance.
mantice (man'titʃe) *nm* bel-
lows.
mantiglia (man'tiʎʎa) *nf* man-
tilla.
manuale (manu'ale) *adj* manu-
al. *nm* manual, handbook.
manubrio (ma'nubrjo) *nm* 1
handle. 2 handlebar.
manutenzione (manuten
'tsjone) *nf* maintenance.
manzo (mandzo) *nm* beef.
mappa ('mappa) *nf* map.
mappamondo (mappa'mondo) *nm* globe.
marca ('marka) *nf* mark. **mar-
ca di fabbrica** trademark.
marcare (mar'kare) *vt* 1 mark,
note. 2 *sport* score.
marchese (mar'keze) *nm* mar-

quis. **marchesa** *nf* marchion-
ess.
marchio ('markjo) *nm* brand.
marcia[1] ('martʃa) *nf* 1 march.
2 *mot* gear. **marciapiede**
(martʃa'pjede) *nm* 1 pavement.
2 platform.
marcia[2] ('martʃa) *nf* pus.
marciare (mar'tʃare) *vi* march.
marcire (mar'tʃire) *vi* go bad.
marcio *adj* rotten, bad.
marco[1] ('marko) *nm* mark
(coin).
marco[2] ('marko) *nm* mark,
sign.
mare ('mare) *nm* sea, ocean.
mare grosso heavy sea.
marea (ma'rea) *nf* tide.
maremma (ma'remma) *nf*
swamp.
maresciallo (mareʃ'ʃallo) *nm*
marshal.
margarina (marga'rina) *nf* mar-
garine.
margherita (marge'rita) *nf* dai-
sy.
margine ('mardʒine) *nm* 1
edge, border. 2 margin.
marina (ma'rina) *nf* 1 sea. 2
coast. 3 navy. 4 *Art* seascape.
marinaio *nm* sailor. **marino**
nm marine.
marinare (mari'nare) *vt* mari-
nade. **marinare la scuola**
play truant.
marionetta (marjo'netta) *nf*
puppet.
maritare (mari'tare) *vt* marry.
maritarsi *vr* marry, get mar-
ried. **maritale** *adj* marital.
marito (ma'rito) *nm* husband.
marittimo (ma'rittimo) *adj* mar-
itime.
marmellata (marmel'lata) *nf*
jam, marmalade.

marmo ('marmo) *nm* marble.

marra ('marra) *nf* hoe.

marrone (mar'rone) *nm* chestnut. *adj* brown.

marsupiale (marsu'pjale) *nm* marsupial.

martedì (marte'di) *nm* Tuesday. **martedì grasso** Shrove Tuesday.

martellare (martel'lare) *vt,vi* hammer. *vi* throb. **martello** (mar'tɛllo) *nm* hammer.

martire (mar'tire) *nm,f* martyr. **martirio** *nm* **1** martyrdom. **2** torment.

marxismo (mark'sizmo) *nm* Marxism. **marxista** *adj,n* Marxist.

marzapane (martsa'pane) *nm* marzipan.

marziale (mar'tsjale) *adj* martial.

marzo ('martso) *nm* March.

mascalzone (maskal'tsone) *nm* villain.

mascara (mas'kare) *nm* mascara.

mascella maʃ'ʃella) *nf* jaw.

mascherare (maske'rare) *vt* mask, conceal. **maschera** ('maskera) *nf* mask. **ballo in maschera** *nm* masked ball.

maschile (mas'kile) *adj* masculine, male, manly.

maschio ('maskjo) *adj* male, manly. *nm* **1** male. **2** boy.

masochismo (mazo'kizmo) *nm* masochism.

massa ('massa) *nf* pile, heap, mass.

massacrare (massa'krare) *vt* massacre. **massacro** *nm* massacre.

massaggiare (massad'dʒare) *vt*

massage. **massaggio** *nm* massage.

massaia (mas'saja) *nf* housewife.

massiccio (mas'sittʃo) *adj* **1** solid. **2** huge. **oro massiccio** *nm* solid gold.

massima ('massima) *nf* maxim, rule.

massimo ('massimo) *adj* greatest. *nm* maximum. **al massimo** at the most.

massone (mas'sone) *nm* freemason. **massoneria** *nf* freemasonry.

masticare (masti'kare) *vt* chew.

mastro ('mastro) *nm* ledger.

matematica (mate'matika) *nf* mathematics. **matematico** (mate'matiko) *nm* mathematician. *adj* mathematical.

materasso (mate'rasso) *nm* mattress.

materia (ma'tɛrja) *nf* **1** matter, material. **2** subject. **materiale** *adj,nm* material.

materno (ma'tɛrno) *adj* maternal. **maternità** *nf* maternity, motherhood.

matita (ma'tita) *nf* pencil.

matriarcale (matriar'kale) *adj* matriarchal.

matrice (ma'tritʃe) *nf* **1** womb. **2** counterfoil.

matricolare (matriko'lare) *vt* enroll. **matricolarsi** *vr* matriculate. **matricola** (ma'trikola) *nf* **1** register. **2** first year student.

matrigna (ma'triɲɲa) *nf* stepmother.

matrimonio (matri'mɔnjo) *nm* marriage, matrimony. **matrimoniale** *adj* matrimonial.

matterello (matte'rɛllo) *nm* rolling pin.

mattina (mat'tina) *nf also* **mattino** *nm* morning. **mattinata** *nf* 1 morning. 2 matinée.

matto ('matto) *adj* mad, crazy. *nm* madman.

mattone (mat'tone) *nm* brick. **mattonella** (matto'nɛlla) *nf* tile.

maturare (matu'rare) *vi* 1 ripen. 2 mature. **maturità** *nf* maturity. **maturo** *adj* 1 ripe. 2 mature.

mausoleo (mauzo'lɛo) *nm* mausoleum.

mazza ('mattsa) *nf* club.

mazzo ('mattso) *nm* bunch.

me (me) *pron 1st pers m,f s* 1 me. 2 myself.

meccanica (mek'kanika) *nf* mechanics. **meccanico** (mek-'kaniko) *adj* mechanical. *nm* mechanic. **meccanismo** *nm* mechanism. **meccanizzare** (mekkanid'dzare) *vt* mechanize.

mèche (mɛʃ) *nf* streak (in the hair).

medaglia (me'daʎʎa) *nf* medal.

medesimo (me'dezimo) *adj* same.

media ('mɛdja) *nf* average. **in media** on average.

mediante (me'djante) *prep* by means of.

medicare (medi'kare) *vt med* treat, dress. **medicamento** *nm* treatment, remedy. **medicina** *nf* medicine. **medico** ('mɛdiko) *nm* doctor. **medico condotto** panel doctor.

medio ('mɛdjo) *adj* 1 middle. 2 average. *nm* middle finger.

scuola media *nf* secondary school.

mediocre (me'djɔkre) *adj* 1 average. 2 mediocre. **mediocrità** *nf* mediocrity.

medioevo (medjo'ɛvo) *nm* Middle Ages. **medioevale** *adj* medieval.

meditare (medi'tare) *vt* 1 meditate upon. 2 ponder. *vi* meditate. **meditazione** *nf* meditation.

mediterraneo (mediter'raneo) *adj* Mediterranean. **(Mare) Mediterraneo** *nm* Mediterranean (Sea).

medusa (me'duza) *nf* jellyfish.

megafono (me'gafono) *nm* loudspeaker.

meglio ('mɛʎʎo) *adv,adj invar* 1 better. 2 best. **tanto meglio** so much the better. ~*nm* best. **fare del proprio meglio** do one's best.

mela ('mela) *nf* apple. **melo** *nm* apple tree.

melagrana (mela'grana) *nf* pomegranate.

melanzana (melan'dzana) *nf* aubergine.

melassa (me'lassa) *nf* molasses.

melodia (melo'dia) *nf* melody. **melodramma** (melo'dramma) *nm* melodrama. **melodrammatico** (melodram'matiko) *adj* melodramatic.

melone (me'lone) *nm* melon.

membrana (mem'brana) *nf* membrane.

membro ('mɛmbro) *nm* 1 *pl* **membra** *f* limb. 2 *pl* **membri** *m* member.

memoria (me'mɔrja) *nf* 1 memory. 2 *pl* memoirs. **a memoria** by rote; by heart.

memorabile (memo'rabile) *adj* memorable.

menare (me'nare) *vt* **1** lead, take. **2** deliver (a blow). **sapere a menadito** have at one's fingertips.

mendicare (mendi'kare) *vt,vi* beg. **mendicante** *nm* beggar.

meno ('meno) *adv* **1** less. **2** minus. **3** least. **a meno che** unless. **meno male** so much the better. **per lo meno** at least. **venire meno 1** fail. **2** faint. ~*conj* except. *adj invar* **1** less, fewer. **2** least. *nm* least.

menopausa (meno'pauza) *nf* menopause.

mensa ('mɛnsa) *nf* canteen, refectory.

mensile (men'sile) *adj* monthly.

menta ('menta) *nf* mint.

mente ('mente) *nf* mind. **sapere a mente** know by heart. **mentale** *adj* mental. **mentalità** *nf* mentality.

mentire (men'tire) *vi* lie.

mento ('mento) *nm* chin.

mentre ('mentre) *conj* **1** while. **2** whereas.

menu (mə'ny) *nm also* **menù** menu.

menzionare (mentsjo'nare) *vt* mention. **menzione** *nf* mention.

menzogna (men'tsoɲɲa) *nf* lie.

meraviglia (mera'viʎʎa) *nf* amazement, wonder. **a meraviglia** wonderfully. **meraviglioso** (meraviʎ'ʎoso) *adj* wonderful. **meravigliarsi** *vr* be amazed.

mercante (mer'kante) *nm* merchant.

mercanzia (merkan'tsia) *nf* merchandise.

mercato (mer'kato) *nm* market. **a buon mercato** cheaply.

merce ('mɛrtʃe) *nf* goods.

mercenario (mertʃe'narjo) *adj,nm* mercenary.

merciaio (mer'tʃajo) *nm* haberdasher. **merceria** *nf* haberdashery (shop).

mercoledì (merkole'di) *nm* Wednesday.

mercurio (mer'kurjo) *nm* mercury.

merda ('mɛrda) *n tab* excrement *f*.

merenda (me'rɛnda) *nf* mid-afternoon snack.

meridiana (meri'djana) *nf* sundial.

meridionale (meridjo'nale) *adj* southern.

meringa (me'ringa) *nf* meringue.

meritare (meri'tare) *vt* deserve, merit, earn. **meritevole** (meri'tevole) *adj* deserving. **merito** ('mɛrito) *nm* merit.

merletto (mer'letto) *nm* lace.

merlo¹ ('mɛrlo) *nm* blackbird.

merlo² ('mɛrlo) *nm arch* battlement.

merluzzo (mer'luttso) *nm* cod.

mero ('mero) *adj* mere.

meschino (mes'kino) *adj* **1** wretched. **2** scanty, poor, mean.

mescita (meʃʃita) *nf* **1** bar. **2** public house.

mescolare (mesko'lare) *vt* **1** mix, blend. **2** shuffle (cards). **mescolanza** *nf* mixture.

mese ('mese) *nm* month.

messa¹ ('messa) *nf* Mass.

messa² ('messa) *nf* putting,

placing. **messa in piega** (hair) set.

messaggio (mes'saddʒo) nm message, note. **messaggero** (messad'dʒero) nm messenger.

Messico ('messiko) nm Mexico. **messicano** adj,n Mexican.

messo ('messo) v see **mettere**.

mestiere (mes'tjere) nm job, trade.

mesto ('mesto) adj sad.

mestolo ('mestolo) nm also **mestola** ('mestola) nf ladle.

mestruazione (mestruat'tsjone) nf menstruation. **avere le mestruazioni** have a period.

meta ('meta) nf aim, object.

metà (me'ta) nf half.

metabolismo (metabo'lizmo) nm metabolism.

metafisica (meta'fizika) nf metaphysics.

metafora (me'tafora) nf metaphor. **metaforico** adj metaphorical.

metallo (me'tallo) nm metal. **metallico** (me'talliko) adj metallic. **metallurgia** nf metallurgy.

metano (me'tano) nm methane.

meteora (me'teora) nf meteor.

meteorologia (meteorolo'dʒia) nf meteorology. **meteorologico** (meteorolo'dʒiko) adj meteorological.

meticcio (me'tittʃo) adj,nm half-breed.

meticoloso (metiko'loso) adj scrupulous, meticulous.

metodista (meto'dista) nm Methodist.

metodo ('metodo) nm 1 method. 2 order. **metodico** (me'tɔdiko) adj methodical.

metro ('metro) nm metre. **metrico** ('metriko) adj metric.

metropoli (me'trɔpoli) nf invar metropolis. **metropolitana** nf underground, tube.

mettere* ('mettere) vt 1 put, place, set. 2 take (time). 3 suppose. 4 install. 5 put forth, sprout. **mettere in onda** transmit. **mettere su** set up. **mettersi** vr 1 place oneself. 2 put on. 3 begin.

mezzo ('meddzo) adj 1 half. 2 medium. adv half. nm 1 half. 2 middle. 3 means. **le due e mezzo** half past two. **mezzaluna** nf crescent. **mezzanotte** (meddza'nɔtte) nf midnight. **mezzogiorno** nm 1 midday, noon. 2 south. **mezz 'ora** adj,nf half-hour.

mi (mi) pron 1st pers m,f s 1 me, to me. 2 myself.

mia ('mia) poss adj, poss pron see **mio**.

miagolare (mjago'lare) vi miaow.

mica ('mika) adv **mica male** not too bad. **non...mica** not at all.

miccia ('mittʃa) nf fuse.

micio ('mitʃo) nm inf cat.

microbo ('mikrobo) nm also **microbio** (mi'krɔbjo) microbe.

microfono (mi'krɔfono) nm microphone.

microscopio (mikros'kɔpjo) nm microscope.

midollo (mi'dollo) nm anat marrow.

mie ('mie) poss adj, poss pron see **mio**.

miei ('mjɛi) poss adj,poss pron see **mio**.

miele ('mjɛle) nm honey.

mietere ('mjetere) vt reap.

migliaio (miʎ'ʎajo) nm,pl **migliaia** f about a thousand.

miglio ('miʎʎo) nm,pl **miglia** f mile.

migliore (miʎ'ʎore) adj **1** better. **2** best. **miglioramento** nm improvement. **migliorare** vt,vi improve.

mignolo ('miɲɲolo) nm **1** little finger. **2** little toe.

migrare (mi'grare) vi migrate.

mila ('mila) adj,n invar thousands.

Milano (mi'lano) nf Milan.

milione (mi'ljone) nm million. **milionario** (miljo'narjo) nm millionaire. **milionesimo** adj millionth.

milite ('milite) nm soldier. **militare** vi **1** fight. **2** mil serve. adj military. **militante** adj,nm militant.

millantare (millan'tare) vt exaggerate. **millantatore** nm boaster.

mille ('mille) adj,nm thousand. **millennio** (mil'lɛnnjo) nm millennium. **millepiedi** (mille 'pjɛdi) nm invar centipede. **millesimo** adj thousandth.

milligrammo (milli'grammo) nm milligram.

mimetizzare (mimetid'dzare) vt camouflage.

mimo ('mimo) nm **1** mimic. **2** mime.

minacciare (minat'tʃare) vt threaten. **minaccia** nf threat.

minare (mi'nare) vt **1** mine. **2** undermine. **mina** nf mine

(explosive). **minatore** nm miner.

minareto (mina'reto) nm minaret.

minerale (mine'rale) adj,nm mineral.

minestra (mi'nɛstra) nf soup. **minestrone** nm thick vegetable and pasta soup.

miniatura (minja'tura) nf miniature.

miniera (mi'njɛra) nf mine, quarry.

minimo ('minimo) adj **1** least. **2** lowest. nm minimum.

ministero (minis'tɛro) nm **1** ministry. **2** office. **ministero degli affari esteri** Foreign Office. **ministero dell' interno** Home Office. **ministro** nm minister.

minore (mi'nore) adj **1** smaller, less. **2** younger. **3** minor. **4** smallest. **5** youngest. **minoranza** (mino'rantsa) nf minority. **minorenne** (mino 'rɛnne) adj under age. nm law minor.

minuetto (minu'etto) nm minuet.

minuscolo (mi'nuskolo) adj small, tiny. **minuscola** (mi 'nuskola) nf small letter.

minuto[1] (mi'nuto) adj **1** minute. **2** precise. **al minuto** retail.

minuto[2] (mi'nuto) nm minute.

mio, mia, miei, mie ('mio, 'mia, 'mjɛi, 'mie) poss adj 1st pers s my. poss pron 1st pers s mine.

miope ('miope) adj short-sighted.

miracolo (mi'rakolo) nm miracle.

miraggio (mi'raddʒo) *nm* mirage.

mirare (mi'rare) *vt* gaze at, look at. *vi* aim. **mira** *nf* aim. **mirino** *nm* viewfinder.

miscela (miʃ'ʃɛla) *nf* mixture. **miscellaneo** (miʃʃel'laneo) *adj* miscellaneous.

mischia ('miskja) *nf* fray, fight.

mischiare (mis'kjare) *vt* mix.

miscuglio (mis'kuʎʎo) *nm* mixture.

miseria (mi'zɛrja) *nf* **1** poverty. **2** misery. **miserabile** (mize'rabile) *adj* wretched. **misero** ('mizero) *adj* **1** wretched. **2** poor.

misi ('mizi) *v* see **mettere**.

missile ('missile) *nm* missile.

missione (mis'sjone) *nf* mission. **missionario** *nm* missionary.

mistero (mis'tɛro) *nm* mystery. **misterioso** (miste'rjoso) *adj* mysterious.

mistico ('mistiko) *adj* mystical. **misticismo** *nm* mysticism.

misto ('misto) *adj* mixed. *nm* mixture.

mistura (mis'tura) *nf* mixture.

misurare (mizu'rare) *vt* measure. **misura** (mi'zura) *nf* **1** measure. **2** size, measurement. **a misura che** in proportion as. **su misura** made to measure.

mite ('mite) *adj* mild.

mito ('mito) *nm* myth. **mitologia** *nf* mythology.

nitra [1] ('mitra) *nf* mitre.

nitra [2] ('mitra) *nm* submachine gun.

nitragliatrice (mitraʎʎa'tritʃe) *nf* machine-gun.

nittente (mit'tɛnte) *nm* sender.

mobile ('mɔbile) *adj* movable, mobile. *nm* **1** piece of furniture. **2** *pl* furniture.

mobilio (mo'biljo) *nm* furniture.

mobilitare (mobili'tare) *vt* mobilize.

moda ('mɔda) *nf* fashion. **di moda** in fashion. **modista** *nf* milliner.

modellare (model'lare) *vt* model. **modella** (mo'dɛlla) *nf* *Art* model. **modello** (mo'dɛllo) *nm* **1** model. **2** pattern.

moderare (mode'rare) *vt* moderate. **moderato** *adj* moderate. **moderazione** *nf* moderation.

moderno (mo'dɛrno) *adj* modern, up-to-date. **modernizzare** (modernid'dzare) *vt* modernize.

modestia (mo'dɛstja) *nf* modesty. **modesto** (mo'dɛsto) *adj* modest.

modificare (modifi'kare) *vt* modify, alter.

modo ('mɔdo) *nm* **1** way, method. **2** *mus* key. **3** means. **a ogni modo** anyway. **in tutti i modi** in any case. **per modo di dire** so to speak.

modulare (modu'lare) *vt* modulate.

modulo ('mɔdulo) *nm* form.

mogano ('mɔgano) *nm* mahogany.

moglie ('mɔʎʎe) *nf* wife.

molecola (mo'lɛkola) *nf* molecule.

molesto (mo'lɛsto) *adj* annoying.

molla ('mɔlla) *nf* **1** spring. **2** *pl* tongs. **molletta** *nf* **1** clothes peg. **2** hairgrip.

molle ('mɔlle) *adj* soft.

mollusco (mol'lusko) *nm* mollusc, shellfish.

molo ('mɔlo) *nm* pier.

molteplice (mol'teplitʃe) *adj* **1** complex. **2** various.

moltiplicare (moltipli'kare) *vt* multiply.

moltitudine (molti'tudine) *nf* crowd.

molto ('molto) *adj* **1** much, a lot of. **2** *pl* many. **3** (of time) long. *adv* **1** much, a lot. **2** very.

momento (mo'mento) *nm* moment. **momentaneo** *adj* momentary.

monaco ('mɔnako) *nm* monk. **monaca** ('mɔnaka) *nf* nun.

Monaco ('mɔnako) *nf* Monaco. **Monaco di Baviera** Munich.

monarca (mo'narka) *nm* monarch. **monarchia** *nf* monarchy.

monastero (monas'tɛro) *nm* **1** monastery. **2** convent. **monastico** (mo'nastiko) *adj* monastic.

monco ('monko) *adj* **1** maimed. **2** incomplete.

mondezzaio (mondet'tsajo) *nm* rubbish tip.

mondo ('mondo) *nm* world. **mondiale** *adj* **1** world. **2** worldwide.

monello (mo'nɛllo) *nm* rascal.

moneta (mo'neta) *nf* **1** coin. **2** small change. **carta moneta** *nf* paper money.

monetario (mone'tarjo) *adj* monetary. **monetarismo** *nm* monetarism.

monocromo (mo'nɔkromo) *adj* monochrome.

monologo (mo'nɔlogo) *nm* monologue.

monopolio (mono'pɔljo) *nm* monopoly. **monopolizzare** (monopolid'dzare) *vt* monopolize.

monotono (mo'nɔtono) *adj* monotonous. **monotonia** *nf* monotony.

monsone (mon'sone) *nm* monsoon.

montaggio (mon'taddʒo) *nm* *tech* assembly.

montagna (mon'taɲɲa) *nf* mountain. **montagnoso** *adj* mountainous. **montanaro** *nm* person living in the highlands.

montare (mon'tare) *vi* climb, mount. *vt* **1** mount. **2** assemble, put together. **3** whip (cream).

monte ('monte) *nm* **1** mountain. **2** pile, heap.

montone (mon'tone) *nm* **1** ram. **2** mutton.

monumento (monu'mento) *nm* monument. **monumentale** *adj* monumental.

mora ('mɔra) *nf* blackberry.

morale (mo'rale) *nf* morality. *nm* morale. **moralità** *nf* morality. **moraleggiare** (moraled'dʒare) *vi* moralize.

morbido ('mɔrbido) *adj* soft. **morbidezza** (morbi'dettsa) *nf* softness.

morbillo (mor'billo) *nm* measles.

mordere* ('mɔrdere) *vt* bite. **mordente** (mor'dɛnte) *adj* biting.

morfina (mor'fina) *nf* morphine.

morire* (mo'rire) *vi* die.

mormorare (mormo'rare) *vi* murmur, mutter.

moro ('mɔro) *adj* dark. *nm* Negro.

morsi ('mɔrsi) *v* see **mordere.**

morsicare (morsi'kare) *vt* **1** nibble. **2** sting. **morso** *v* see **mordere.** *nm* **1** bite. **2** sting. **3** horse's bit.

mortadella (morta'dɛlla) *nf* spicy pork sausage.

mortaio (mor'tajo) *nm* mortar.

mortale (mor'tale) *adj* **1** mortal. **2** deadly. *nm* mortal. **mortalità** *nf* mortality.

morte ('mɔrte) *nf* death.

morto ('mɔrto) *v* see **morire.** *adj* dead. *nm* dead man.

mosaico (mo'zaiko) *nm* mosaic.

mosca ('moska) *nf* fly.

moschea (mos'kɛa) *nf* mosque.

moschetto (mos'ketto) *nm* musket.

mossa ('mɔssa) *nf* **1** movement. **2** *game* move.

mossi ('mɔssi) *v* see **muovere.**

mosso ('mɔsso) *v* see **muovere.** *adj* agitated. **mare mosso** *nm* rough sea.

mostarda (mos'tarda) *nf* mustard.

mostrare (mos'trare) *vt* show, exhibit. **mostra** *nf* exhibition, show.

mostro ('mostro) *nm* monster. **mostruoso** (mostru'oso) *adj* monstrous.

motivo (mo'tivo) *nm* **1** cause, motive. **2** motif.

moto[1] ('mɔto) *nm* motion. **mettere in moto** start.

moto[2] ('mɔto) *nf invar* motorbike.

motocicletta (mototʃi'kletta) *nf* motorcycle. **motociclista** *nm* motorcyclist.

motocisterna (mototʃis'tɛrna) *nf mot* tanker.

motore (mo'tore) *nm* motor, engine. **motorino** *nm* motorcycle.

motoscafo (motos'kafo) *nm* motorboat.

movesti (mo'vesti) *v* see **muovere.**

movimento (movi'mento) *nm* movement.

mozione (mot'tsjone) *nf* motion.

mozzare (mot'tsare) *vt* cut off.

mozzarella (mottsa'rella) *nf* sweet Neapolitan cheese.

mozzicone (mottsi'kone) *nm* cigar or cigarette stub.

mucca ('mukka) *nf* cow.

mucchio ('mukkjo) *nm* heap, pile.

muco ('muko) *nm* mucus.

muffa ('muffa) *nf* mould, must.

mugghiare (mug'gjare) *vi* bellow, roar.

muggire (mud'dʒire) *vi* **1** moo. **2** bellow, roar. **muggito** *nm* roar.

mughetto (mu'getto) *nm* lily-of-the-valley.

mugnaio (muɲ'ɲajo) *nm* miller.

mugolare (mugo'lare) *vi* **1** howl. **2** whine.

mulino (mu'lino) *nm* mill. **mulino a vento** windmill.

mulo ('mulo) *nm* mule.

multa ('multa) *nf* fine.

multicolore (multiko'lore) *adj* multicoloured.

multirazziale (multirat'tsjale) *adj* multiracial.

mummia

mummia ('mummja) *nf* mummy.

mungere* ('mundʒere) *vt* milk.

municipio (muni'tʃipjo) *nm* **1** municipality. **2** town hall. **municipale** *adj* municipal.

munire (mu'nire) *vt* **1** fortify. **2** supply, provide. **munizioni** *nf pl* ammunition.

muoio ('mwojo) *v* see **morire**.

muori ('mwori) *v* see **morire**.

muovere* ('mwovere) *vt,vi* move. **muovere un passo** take a step. **muoversi** *vr* move, stir.

muraglia (mu'raʎʎa) *nf* **1** wall. **2** barrier.

muro ('muro) *nm* **1** *pl* **muri** *m* wall. **2** *pl* **mura** *f* city wall. **muratore** *nm* mason.

muschio ('muskjo) *nm* musk.

muscolo ('muskolo) *nm* muscle.

museo (mu'zɛo) *nm* museum, art gallery.

musica ('muzika) *nf* music. **musicale** *adj* musical.

muso ('muzo) *nm* snout.

mussolina (musso'lina) *nf* muslin.

muta ('muta) *nf* wet suit.

mutande (mu'tande) *nf pl* pants, knickers. **mutandine** *nf pl* **1** bathing trunks. **2** pants.

mutare (mu'tare) *vt* change.

mutilare (muti'lare) *vt* mutilate.

muto ('muto) *adj* dumb, mute.

mutuo ('mutuo) *adj* mutual, reciprocal. *nm* loan.

N

nacchera ('nakkera) *nf* castanet.

nacqui ('nakkwi) *v* see **nascere**.

nafta ('nafta) *nf* diesel (oil).

nailon ('nailon) *nm* nylon.

nanna ('nanna) *nf inf* sleep.

nano ('nano) *nm* dwarf.

napalm ('napalm) *nm* napalm.

Napoli ('napoli) *nf* Naples. **napoletano** *adj,n* Neapolitan.

nappa ('nappa) *nf* tassel.

narcotico (nar'kɔtiko) *adj,nm* narcotic.

narice (na'ritʃe) *nf* nostril.

narrare (nar'rare) *vt* tell, relate. **narrativa** *nf* **1** narrative. **2** fiction. **narratore** *nm* narrative writer. **narrazione** *nf* narration, account.

nascere* (naʃʃere) *vi* be born. **nascita** (naʃʃita) *nf* birth.

nascondere* (nas'kondere) *vt* hide, conceal. **nascondersi** *vr* hide. **nascondiglio** *nm* **1** hiding place. **2** hide and seek.

nascosi (nas'kosi) *v* see **nascondere**.

nascosto (nas'kosto) *v* see **nascondere**. *adj* hidden. **di nascosto** secretly.

nasello (na'sello) *nm* whiting.

naso ('naso) *nm* nose. **nasale** (na'sale) *adj* nasal.

nastro ('nastro) *nm* **1** ribbon. **2** tape. **nastro magnetico** recording tape.

nasturzio (nas'turtsjo) *nm* nasturtium.

natale (na'tale) *adj* native, natal. **natalità** *nf* birth rate.

Natale (na'tale) *nm* Christmas.

natatoia (nata'toja) *nf* fin.

natica ('natika) *nf* buttock.

nativo (na'tivo) *adj,nm* native.

nato ('nato) *v* see **nascere**. *adj* born. **nato morto** still-born.

natura (na'tura) *nf* **1** nature. **2** temperament. **naturale** *adj* natural. **naturalismo** *nm* naturalism.

naturalizzare (naturalid'dzare) *vt* naturalize.

naufragio (nau'fradʒo) *nm* shipwreck.

nausea ('nauzea) *nf* 1 nausea. 2 disgust. **nauseare** *vt* 1 nauseate. 2 disgust.

nautico ('nautiko) *adj* nautical.

navata (na'vata) *nf* nave.

nave ('nave) *nf* ship, boat, liner. **navale** *adj* naval.

navetta (na'vetta) *nf* shuttle.

navigare (navi'gare) *vi* sail. **navigazione** *nf* navigation.

nazionalizzare (nattsjonalid 'dzare) *vt* nationalize. **nazionalizzazione** *nf* nationalization.

nazione (nat'tsjone) *nf* nation. **nazionale** *adj* national. **nazionalismo** *nm* nationalism. **nazionalista** *nm* nazionalist. **nazionalità** *nf* nationality.

nazismo (nat'tsizmo) *nm* Nazism. **nazista** *nm* Nazi.

ne (ne) *pron* 1 of him, her, it, or them. 2 about it or them. *adv* from there. *partitive* some, any.

nè (ne) *conj* neither, nor. **nè...nè** neither...nor.

neanche (ne'anke) *adv,conj* not even.

nebbia ('nebbja) *nf* 1 fog. 2 mist. **nebbioso** (neb'bjoso) *adj* 1 foggy. 2 misty.

necessario (netʃes'sarjo) *adj* essential, necessary. **necessità** *nf* necessity, need.

negare (ne'gare) *vt* 1 deny. 2 refuse. **negativa** *nf* negative.

negativo *adj* negative.

negli ('neʎʎi) contraction of **in gli**.

negligere* (ne'glidʒere) *vt* neglect. **negligente** *adj* negligent. **negligenza** (negli 'dʒentsa) *nf* negligence.

negoziare (negot'tsjare) *vt* negotiate. *vi* trade, deal. **negoziante** *nm* dealer. **negoziato** *nm* negotiation. **negoziatore** *nm* negotiator.

negozio (ne'gɔttsjo) *nm* 1 shop. 2 business.

negro ('negro) *adj,n* Negro.

nei ('nei) contraction of **in i**.

nel (nel) contraction of **in il**.

nell' (nel) contraction of **in l'**.

nella ('nella) contraction of **in la**.

nelle ('nelle) contraction of **in le**.

nello ('nello) contraction of **in lo**.

nemico (ne'miko) *adj* hostile. *nm, pl* **nemici** enemy.

nemmeno (nem'meno) *adv,conj* not even.

neo ('nɛo) *nm* beauty spot, mole.

neon ('neon) *nm* neon.

neonato (neo'nato) *adj* newborn. *nm* newborn child.

nepotismo (nepo'tizmo) *nm* nepotism.

neppure (nep'pure) *adv,conj* not even.

nero ('nero) *adj* black. *nm* 1 black. 2 *cap* Black.

nervo ('nɛrvo) *nm* nerve, sinew. **dare ai nervi** get on one's nerves. **nervoso** (ner 'voso) *adj* 1 nervous. 2 excitable.

nessuno (nes'suno) *adj* 1 no,

none. **2** any. *pron invar* no-one, nobody.

nettare ('nɛttare) *nm* nectar.

netto ('netto) *adj* **1** clean, pure. **2** net.

neutrale (neu'trale) *adj* neutral.

neutralità *nf* neutrality. **neutralizzare** (neutralid'dzare) *vt* neutralize.

neutro ('nɛutro) *adj* **1** neuter. **2** neutral.

neve ('neve) *nf* snow.

nevicare (nevi'kare) *vi* snow. **nevicata** *nf* fall of snow.

nevischio (ne'viskjo) *nm* sleet.

nevrosi (ne'vrɔzi) *nf invar* neurosis.

nicchia ('nikkja) *nf* niche.

nichel ('nikel) *nm invar* nickel.

nicotina (niko'tina) *nf* nicotine.

nido ('nido) *nm* nest.

niente ('njɛnte) *pron invar,nm invar* nothing. *adv* not at all.

ninfa ('ninfa) *nf* nymph.

ninfea (nin'fɛa) *nf* waterlily.

ninna-nanna (ninna'nanna) *nf* lullaby.

ninnolo ('ninnolo) *nm* knick-knack, plaything.

nipote (ni'pote) *nm* **1** nephew. **2** grandson. **3** *pl* grandchildren. *nf* **1** niece. **2** granddaughter.

nitido ('nitido) *adj* **1** clear. **2** bright.

nitrire (ni'trire) *vi* neigh.

no (nɔ) *adv* **1** no. **2** not.

nobile ('nɔbile) *adj,nm* noble. **nobiltà** *nf* nobility.

nocca ('nɔkka) *nf* knuckle.

nocciola (not'tʃɔla) *nf* hazelnut. **nocciuolo** (not'tʃwɔlo) *nm* hazelnut tree.

nocciolo ('nɔttʃolo) *nm* **1** kernel. **2** stone.

noce ('notʃe) *nf* walnut, nut. *nm* walnut tree.

nocivo (no'tʃivo) *adj* harmful.

nocqui ('nɔkkwi) *v* see **nuocere.**

nodo ('nɔdo) *nm* knot.

noi ('noi) *pron 1st pers m,f pl* **1** we. **2** us. **noialtri** *pron 1st pers m,f pl* **1** we. **2** us. **noi stessi** *pron 1st pers pl* ourselves.

noia ('nɔja) *nf* **1** boredom. **2** annoyance. **dare noia** annoy. **noioso** (no'joso) *adj* **1** boring. **2** irritating.

noleggiare (noled'dʒare) *vt* hire, rent. **noleggio** *nm also* **nolo** ('nɔlo) *nm* hire.

nomade ('nɔmade) *adj* nomadic. *nm* nomad.

nome ('nome) *nm* **1** name. **2** noun.

nominare (nomi'nare) *vt* name, elect. **nomina** ('nɔmina) *nf* nomination.

non (non) *adv* not. **non...che** only.

noncurante (nonku'rante) *adj* careless.

nondimeno (nondi'meno) *conj* nonetheless.

nonno ('nɔnno) *nm inf* grandfather, grandad, or grandpa **nonna** *nf inf* grandmother, grandma.

nono ('nɔno) *adj* ninth.

nonostante (nonos'tante) *prep* in spite of, despite.

non-ti-scordar-me *nm invar* forget-me-not.

nord (nɔrd) *nm* north. *adj invar* north, northern. **del nord** northern. **2** northerly. **verso nord** northwards. **nord-est** *nm* north-east. *adj invar* north east, north-eastern. **del nord-est 1** north-eastern. **2** north-easterly. **nordico** adj northern. **nord-ovest** nm north-west. adj invar north-west, north-western. **del nord-ovest 1** north-western. **2** north-westerly.

norma ('nɔrma) nf **1** norm. **2** regulation.

normale adj normal, usual. **normalità** nf normality.

Norvegia (nor'vedʒa) nf Norway. **norvegese** adj,n Norwegian. nm Norwegian (language).

nostalgia (nostal'dʒia) nf nostalgia. **nostalgico** (nos'taldʒiko) adj nostalgic.

nostro ('nɔstro) poss adj 1st pers pl our. poss pron 1st pers pl ours.

notaio (no'tajo) nm notary.

notare (no'tare) vt **1** note (down), mark. **2** observe. **nota** ('nɔta) nf **1** note. **2** mark. **3** bill. **4** list. **notevole** (no'tevole) adj noteworthy.

notificare (notifi'kare) vt notify, inform.

notizia (no'tittsja) nf **1** piece of news. **2** pl news, information.

noto ('nɔto) adj well-known.

notorio (no'tɔrjo) adj notorious.

notte ('nɔtte) nf night. **notturno** adj nocturnal. **guardiano notturno** nm night-watchman.

novanta (no'vanta) adj,nm ninety. **novantesimo** adj ninetieth.

nove ('nɔve) adj,nm nine. **novecento** (nove'tʃɛnto) adj

nine hundred. nm **1** nine hundred. **2** twentieth century.

novella (no'vɛlla) nf short story. **novelliere** (novel'ljɛre) nm short story writer.

novembre (no'vɛmbre) nm November.

novità (novi'ta) nf **1** novelty, innovation. **2** news.

novizio (no'vittsjo) nm novice.

nozze ('nɔttse) nf pl marriage, wedding.

nuca ('nuka) nf nape (of the neck).

nucleo ('nukleo) nm nucleus. **nucleare** adj nuclear.

nudo ('nudo) adj **1** naked, nude. **2** bare, plain. nm nude. **nudismo** nm nudism. **nudista** nm nudist. **nudità** nf nudity.

nulla ('nulla) pron invar nothing. adv nothing.

nullo ('nullo) adj void, null.

numero ('numero) nm number. **numerico** (nu'mɛriko) adj numerical. **numeroso** (nume'roso) adj numerous.

nuoccio ('nwɔttʃo) v see **nuocere.**

nuocere* ('nwɔtʃere) vi harm, hurt, damage.

nuora ('nwɔra) nf daughter-in-law.

nuotare (nwo'tare) vi swim. **nuotatore** nm swimmer. **nuoto** ('nwɔto) nm swimming.

nuovo ('nwɔvo) adj **1** new. **2** recent. **di nuovo** again.

nutrire (nu'trire) vt feed, nourish. **nutriente** (nutri'ɛnte) adj nutritious. **nutrimento** nm nourishment.

nuvola ('nuvola) nf cloud.

nuvoloso (nuvo'loso) *adj* cloudy.

O

o (o) *conj* or. **o...o** either...or.
oasi ('ɔazi) *nf* oasis.
obbedire* (obbe'dire) *vt,vi* see **ubbidire**.
obbligare (obbli'gare) *vt* oblige, compel. **obbligato** *adj* obliged, grateful. **obbligatorio** (obbliga'tɔrjo) *adj* compulsory. **obbligo** ('ɔbbligo) *nm* 1 obligation. 2 duty.
obeso (o'bɛzo) *adj* obese. **obesità** *nf* obesity.
obiettare (objet'tare) *vt* object. **obiettivo** (objet'tivo) *adj,nm* objective. **obiettore** *nm* objector. **obiezione** *nf* objection.
obitorio (obi'tɔrjo) *nm* mortuary.
oblio (o'blio) *nm* oblivion.
obliquo (o'blikwo) *adj* oblique, slanting.
obliterare (oblite'rare) *vt* obliterate.
oblò (o'blɔ) *nm* porthole.
oblungo (o'blungo) *adj* oblong.
oboe ('ɔboe) *nm invar* oboe.
oca ('ɔka) *nf* goose.
occasionare (okkazjo'nare) *vt* cause.
occasione (okka'zjone) *nf* opportunity, occasion. **oggetto d'occasione** *nm* bargain.
occhio ('ɔkkjo) *nm* eye. **a quattr'occhi** tete a tete. **dare nell'occhio** catch the eye. **occhiali** *nm pl* glasses, spectacles. **occhiali da sole** sunglasses. **occhiata** *nf* glimpse,

glance. **occhiello** (ok'kjɛllo) *nm* buttonhole.
occidente (ottʃi'dente) *nm* west. **occidentale** *adj* western
occorrere* (ok'korrere) *v imp* need. *vi* happen. **occorrente** (okkor'rɛnte) *adj* necessary. *nm* all that is necessary. **occorrenza** (okkor'rɛntsa) *nf* 1 need. 2 occasion. 3 occurrence.
occulto (ok'kulto) *adj* occult.
occupare (okku'pare) *vt* 1 occupy, take up. 2 use, employ. **occuparsi** *vr* busy oneself, concern oneself. **occupante** *nm* occupier. **occupato** *adj* 1 busy. 2 occupied, taken, engaged. **occupazione** *nf* 1 occupation. 2 job, employment.
oceano (o'tʃeano) *nm* ocean.
ocra ('ɔkra) *nf* ochre.
oculista (oku'lista) *nm* oculist.
ode ('ɔde) *nf* ode.
odiare (o'djare) *vt* hate, detest. **odio** ('ɔdjo) *nm* hatred. **odioso** (o'djoso) *adj* hateful.
odo ('ɔdo) *v* see **udire**.
odorare (odo'rare) *vt,vi* smell. **odore** *nm* 1 smell. 2 *pl* herbs.
offendere* (of'fendere) *vt* offend, hurt. **offendersi** *vr* take offence. **offensiva** *nf* offensive. **offensivo** (offen'sivo) *adj* offensive.
offersi (of'fersi) *v* see **offrire**.
offerta (of'fɛrta) *nf* offer.
offerto (of'ferto) *v* see **offrire**.
offesa (of'fesa) *nf* offence.
officina (offi'tʃina) *nf* workshop.
offrire* (of'frire) *vt* offer.
offuscare (offus'kare) *vt* darken, obscure.

oggetto (od'dʒɛtto) *nm* object.
oggettivo *adj* objective.

oggi ('ɔddʒi) *adv* today. **al giorno d'oggi** nowadays. **oggi a otto** a week today.

ogni ('oɲɲi) *adj* each, every. **in ogni modo** in any case. **ogni tanto** now and again.

Ognissanti (oɲɲis'santi) *nm* All Saints' Day.

ognuno (oɲ'ɲuno) *pron* each one, everyone, everybody.

ohimè (oi'mɛ) *interj* oh dear!

Olanda (o'landa) *nf* Holland. **olandese** (olan'dese) *adj* Dutch. *nm* **1** Dutchman. **2** Dutch (language).

olfatto (ol'fatto) *nm* sense of smell.

olimpiade (olim'piade) *nf* Olympic Games. **olimpico** (o'limpiko) *adj* Olympic.

olio ('ɔljo) *nm* oil.

oliva (o'liva) *nf* olive. **olivo** *nm* olive tree.

olmo ('olmo) *nm* elm tree.

oltraggiare (oltrad'dʒare) *vt* outrage, violate. **oltraggio** *nm* outrage, offence. **oltraggioso** (oltrad'dʒoso) *adj* outrageous.

oltre ('oltre) *prep* **1** beyond. **2** over. **3** besides. *adv* **1** ahead. **2** further.

oltrepassare (oltrepas'sare) *vt* exceed, overstep.

omaggio (o'maddʒo) *nm* homage.

ombelico (ombe'liko) *nm* navel.

ombra ('ombra) *nf* **1** shade, shadow. **2** ghost. **ombreggiare** *vt* shade.

ombrello (om'brɛllo) *nm* umbrella. **ombrellino** *nm* para-

sol. **ombrellone** *nm* beach umbrella.

omettere* (o'mettere) *vt* omit.

omicidio (omi'tʃidjo) *nm* murder. **omicida** (omi'tʃida) *nm* murderer.

omissione (omis'sjone) *nf* omission.

omogeneo (omo'dʒɛneo) *adj* homogeneous.

omosessuale (omosessu'ale) *adj,nm* homosexual.

oncia ('ontʃa) *nf* ounce.

onda ('onda) *nf* wave. **onde** ('onde) *adv* whence, from where. *pron* with or by which. *conj* so that.

ondeggiare (onded'dʒare) *vi* **1** undulate. **2** waver.

ondulare (ondu'lare) *vi,vt* wave, undulate. **ondulazione** *nf* **1** undulation. **2** (in hair) wave.

onesto (o'nɛsto) *adj* honest, decent. **onestà** *nf* honesty.

onice ('ɔnitʃe) *nf* onyx.

onnipotente (onnipo'tɛnte) *adj* omnipotent, almighty.

onomastico (ono'mastiko) *nm* name-day.

onore (o'nore) *nm* honour. **onorabile** *adj* honourable. **onorare** *vt* honour. **onorario** *adj* honorary. **onorevole** (ono'revole) *adj* honourable.

ontano (on'tano) *nm* alder.

opaco (o'pako) *adj* opaque.

opale (o'pale) *nm* opal.

opera ('ɔpera) *nf* **1** work. **2** *mus* opera.

operaio (ope'rajo) *nm* worker.

operare (ope'rare) *vi* work, act. *vt* med operate on. **operazione** *nf* operation. **operoso** (ope'roso) *adj* industrious.

opinione (opi'njone) *nf* opinion.

oppio ('ɔppjo) *nm* opium.

opponente (oppo'nɛnte) *adj* opposing. *nm* adversary.

opporre* (op'porre) *vt* oppose.

opportuno (oppor'tuno) *adj* timely.

opposizione (oppozit'tsjone) *nf* opposition.

opposto (op'posto) *adj,nm* opposite, contrary. **all'opposto** on the contrary.

oppressi (op'prɛssi) *v* see **opprimere.**

oppressione (oppres'sjone) *nf* oppression.

oppresso (op'prɛsso) *v* see **opprimere.** *adj* oppressed. **oppressivo** (oppres'sivo) *adj* oppressive.

opprimere* (op'primere) *vt* 1 oppress. 2 burden.

oppure (op'pure) *conj* or else.

opulento (opu'lɛnto) *adj* opulent.

opuscolo (o'puskolo) *nm* pamphlet.

ora[1] ('ora) *nf* 1 hour. 2 time. **che ore sono?** what time is it? **di buon'ora** early. **non vedere l'ora di** long to.

ora[2] ('ora) *adv* now, just now.

orale (o'rale) *adj* oral.

orario (o'rarjo) *nm* timetable.

orazione (orat'tsjone) *nf* oration.

orbene (or'bɛne) *conj* so, well.

orbita ('ɔrbita) *nf* orbit.

orchestra (or'kɛstra) *nf* orchestra.

orchidea (orki'dɛa) *nf* orchid.

ordinare (ordi'nare) *vt* 1 tidy, put in order. 2 order, command. 3 prescribe. 4 ordain.

ordinamento *nm* regulation. **ordinazione** *nf* 1 ordination. 2 prescription.

ordinario (ordi'narjo) *adj* ordinary.

ordine ('ordine) *nm* 1 order. 2 command.

ordire (or'dire) *vt* plot, scheme.

orecchia (o'rekkja) *nf* dog-ear. **orecchio** *nm* ear. **orecchino** *nm* earring.

orefice (o'refitʃe) *nm* goldsmith.

orfano ('ɔrfano) *adj,nm* orphan. **orfanotrofio** (orfano'trɔfjo) *nm* orphanage.

organico (or'ganiko) *adj* organic.

organizzare (organid'dzare) *vt* organize. **organizzazione** *nf* organization.

organo ('ɔrgano) *nm* organ. **organista** *nm* organist.

orgasmo (or'gazmo) *nm* 1 orgasm. 2 agitation, anxiety.

orgia ('ɔrdʒa) *nf* orgy.

orgoglio (or'goʎʎo) *nm* pride, arrogance. **orgoglioso** (orgoʎ'ʎoso) *adj* proud, haughty.

orientare (orjen'tare) *vt* orientate.

oriente (o'rjɛnte) *nm* east. **orientale** *adj* eastern, oriental.

origano (o'rigano) *nm* oregano.

originare (oridʒi'nare) *vi* derive, originate.

origine (o'ridʒine) *nf* 1 origin, source. 2 cause. **originale** *adj,nm* original. **originalità** *nf* originality.

origliare (oriʎ'ʎare) *vi* eavesdrop.

orina (o'rina) *nf* urine.

orizzonte (orid'dzonte) *nm* ho

rizon. **orizzontale** *adj* horizontal.

orlo ('orlo) *nm* **1** rim, edge. **2** hem.

orma ('orma) *nf* **1** footprint. **2** trace.

ormai (or'mai) *adv* **1** by now. **2** by then.

ormeggiare (ormed'dʒare) *vt* moor.

ormone (or'mone) *nm* hormone.

ornare (or'nare) *vt* decorate, adorn. **ornamento** *nm* decoration.

ornitologia (ornitolo'dʒia) *nf* ornithology.

oro ('oro) *nm* gold. **d'oro** golden.

orologio (oro'lɔdʒo) *nm* **1** clock. **2** watch. **orologio da polso** wristwatch.

oroscopo (o'rɔskopo) *nm* horoscope.

orpello (or'pɛllo) *nm* tinsel.

orribile (or'ribile) *adj* horrible, awful.

orrore (or'rore) *nm* horror.

orso ('orso) *nm* bear. **orso polare** polar bear.

ortica (or'tika) *nf* nettle.

orto ('ɔrto) *nm* garden, market garden. **orticultura** *nf* horticulture.

ortodosso (orto'dɔsso) *adj* orthodox.

ortografia (ortogra'fia) *nf* spelling.

orzo ('ɔrdzo) *nm* barley. **orzata** *nf* barley water.

osare (o'zare) *vt,vi* dare.

osceno (oʃ'ʃeno) *adj* obscene. **oscenità** *nf* obscenity.

oscillare (oʃʃil'lare) *vi* **1** sway, swing. **2** vary. **3** hesitate.

oscurare (osku'rare) *vt* darken, obscure. **oscuramento** *nm* blackout. **oscurità** *nf* **1** darkness. **2** obscurity. **oscuro** *adj* **1** dark. **2** obscure.

ospedale (ospe'dale) *nm* hospital.

ospitare (ospi'tare) *vt* lodge, put up.

ospite ('ɔspite) *nm* **1** host. **2** guest. **ospitale** *adj* hospitable, friendly. **ospitalità** *nf* hospitality.

ospizio (os'pittsjo) *nm* **1** (establishment) home. **2** hostel.

ossequio (os'sɛkwjo) *nm* respect, reverence.

osservare (osser'vare) *vt* **1** observe. **2** note, remark. **osservatore** *nm* observer. **osservatorio** (osserva'tɔrjo) *nm* observatory. **osservazione** *nf* observation.

ossessionare (ossessjo'nare) *vt* obsess. **ossessione** *nf* obsession. **ossesso** (os'sɛsso) *adj* obsessed.

ossia (os'sia) *conj* or rather.

ossigeno (os'sidʒeno) *nm* oxygen. **ossigenato** *adj* bleached.

osso ('ɔsso) *nm* **1** *pl* **ossi** *m* (of animals or figurative) bone. **2** *pl* **ossa** *f* anat bone. **ossatura** *nf* framework. **ossobuco** *nm* **1** marrow bone. **2** dish made with rice.

ostacolare (ostako'lare) *vt* hinder, impede. **ostacolo** (os'takolo) *nm* obstacle.

ostaggio (os'taddʒo) *nm* hostage.

oste ('ɔste) *nm* innkeeper.

ostello (os'tɛllo) *nm* **ostello della gioventù** youth hostel.

osteria (oste'ria) *nf* inn.

ostetrica (os'tɛtrika) *nf* midwife.

ostile (os'tile) *adj* hostile. **ostilità** *nf* hostility.

ostinarsi (osti'narsi) *vr* persist. **ostinato** *adj* obstinate. **ostinazione** *nf* obstinacy.

ostrica ('ɔstrika) *nf* oyster.

ostruire (ostru'ire) *vt* block.

ottagono (ot'tagono) *nm* octagon. **ottagonale** *adj* octagonal.

ottano (ot'tano) *nm* octane.

ottanta (ot'tanta) *adj,nm* eighty. **ottantesimo** *adj* eightieth.

ottava (ot'tava) *nf* octave.

ottenere* (otte'nere) *vt* gain, get, obtain.

ottico ('ɔttiko) *nm* optician.

ottimo ('ɔttimo) *adj* excellent, very good. *nm* best. **ottimismo** *nm* optimism. **ottimista** *nm* optimist.

otto ('ɔtto) *adj,nm* eight. **ottocento** (otto'tʃɛnto) *adj* eight hundred. *nm* 1 eight hundred. 2 nineteenth century. **ottavo** *adj* eighth.

ottobre (ot'tobre) *nm* October.

ottone (ot'tone) *nm* brass.

otturare (ottu'rare) *vt* fill (a tooth).

ottuso (ot'tuzo) *adj* blunt.

ovaia (o'vaja) *nf* ovary.

ovale (o'vale) *adj* oval.

ovatta (o'vatta) *nf* cottonwool.

ovazione (ovat'tsjone) *nf* ovation.

ovest ('ɔvest) *nm* west. *adj invar* west, western. **del ovest** 1 western. 2 westerly. **verso ovest** westwards.

ovile (o'vile) *nm* sheepfold.

ovulo ('ɔvulo) *nm* ovule.

ovvero (ov'vero) *conj* or else.

ovvio ('ɔvvjo) *adj* obvious.

oziare (ot'tsjare) *vi* idle. **ozio** ('ɔttsjo) *nm* 1 idleness. 2 leisure. **ozioso** (ot'tsjoso) *adj* idle.

P

pacchetto (pak'ketto) *nm* packet.

pacco ('pakko) *nm* parcel, package.

pace ('patʃe) *nf* peace. **pacifico** (pa'tʃifiko) *adj* peaceful. **(Oceano) Pacifique** *nm* Pacific (Ocean).

pacificare (patʃifi'kare) *vt* appease, pacify.

pacifismo (patʃi'fizmo) *nm* pacifism. **pacifista** *nm* pacifist.

padella (pa'dɛlla) *nf* frying pan.

padiglione (padiʎ'ʎone) *nm* 1 pavilion. 2 tent.

Padova ('padova) *nf* Padua.

padre ('padre) *nm* father. **padrino** *nm* godfather.

padrone (pa'drone) *nm* 1 owner, boss. 2 landlord.

paesaggio (pae'zaddʒo) *nm* landscape.

paese (pa'eze) *nm* 1 country. 2 village. **paesano** *nm* countryman.

paffuto (paf'futo) *adj* puffy.

pagaia (pa'gaja) *nf* paddle.

pagano (pa'gano) *adj,nm* pagan.

pagare (pa'gare) *vt* pay. **paga** *nf* pay, payment, salary. **pagamento** *nm* payment.

pagella (pa'dʒella) *nf* report card.

paggio ('paddʒo) nm **1** page. **2** pageboy.

pagina ('padʒina) nf page (of a book).

paglia ('paʎʎa) nf straw. **paglietta** nf **1** steel wool. **2** boater (hat).

pagliaccio (paʎ'ʎattʃo) nm clown.

pagnotta (paɲ'ɲɔtta) nf round loaf.

pagoda (pa'gɔda) nf pagoda.

paio[1] ('pajo) nm pair.

paio[2] ('pajo) v see **parere**.

pala ('pala) nf also **paletta** shovel.

palato (pa'lato) nm palate.

palazzo (pa'lattso) nm **1** palace. **2** block, building.

palchetto (pal'ketto) nm **1** shelf. **2** Th box.

palco ('palko) nm **1** platform. **2** Th box. **palcoscenico** (palkoʃ'ʃɛniko) nm stage.

palese (pa'leze) adj clear, evident.

palestra (pa'lɛstra) nf gymnasium.

palio ('paljo) nm horserace at Siena.

palla ('palla) nf **1** ball. **2** bullet. **pallacanestro** (pallaka'nɛstro) nf basketball. **pallavolo** nf volleyball.

palleggiare (palled'dʒare) vi sport dribble.

pallido ('pallido) adj pale. **pallidezza** (palli'dettsa) nf paleness.

pallone (pal'lone) nm football.

palloncino nm toy balloon.

pallottola (pal'lɔttola) nf **1** pellet. **2** bullet.

palma[1] ('palma) nf also **palmo** nm anat palm.

palma[2] ('palma) nf bot palm.

palo ('palo) nm pole, post.

palombaro (palom'baro) nm diver.

palpare (pal'pare) vt touch, feel.

palpebra ('palpebra) nf eyelid.

palpitare (palpi'tare) vi throb, palpitate. **palpito** ('palpito) nm beat.

paltò (pal'tɔ) nm invar overcoat.

palude (pa'lude) nf marsh.

panca ('panka) nf bench. **pancone** nm workbench.

pancetta (pan'tʃetta) nf bacon. **panchina** (pan'kina) nf garden seat.

pancia ('pantʃa) nf belly. **panciotto** (pan'tʃɔtto) nm waistcoat.

pancreas ('pankreas) nm invar pancreas.

panda ('panda) nm invar panda.

pane ('pane) nm **1** bread. **2** loaf of bread. **pane grattato** breadcrumbs. **panforte** (pan'forte) nm gingerbread. **panino** nm roll. **panino imbottito** sandwich.

panico ('paniko) nm panic.

paniere (pa'njere) nm basket.

panna[1] ('panna) nf cream. **panna montata** whipped cream.

panna[2] ('panna) nf mot breakdown.

panneggiare (panned'dʒare) vt,vi drape.

pannello (pan'nɛllo) nm panel.

panno ('panno) nm **1** cloth. **2** pl clothes. **pannolino** nm **1** nappy. **2** sanitary towel.

panorama (pano'rama) nm view, panorama.

pantaloni (panta'loni) *nm pl* trousers.

pantera (pan'tɛra) *nf* panther.

pantofola (pan'tɔfola) *nf* slipper.

pantomima (panto'mima) *nf* pantomime.

papà (pa'pa) *nm inf* daddy, dad.

Papa ('papa) *nm* pope. **papale** *adj* papal. **papato** *nm* papacy.

papavero (pa'pavero) *nm* poppy.

papero ('papero) *nm* gosling.

papiro (pa'piro) *nm* papyrus.

pappagallo (pappa'gallo) *nm* parrot.

paprica ('paprika) *nf* **1** red pepper. **2** paprika.

parabola (pa'rabola) *nf* parable.

parabrezza (para'breddza) *nm* windscreen.

paracadute (paraka'dute) *nm invar* parachute. **paracadutista** *nm* parachutist.

paradiso (para'dizo) *nm* paradise, heaven.

paradosso (para'dɔsso) *nm* paradox.

parafango (para'fango) *nm* mudguard.

paraffina (paraf'fina) *nf* paraffin.

parafuoco (para'fwɔko) *nm* fireguard.

paragonare (parago'nare) *vt* compare. **paragone** *nm* comparison.

paragrafo (pa'ragrafo) *nm* paragraph.

paralisi (pa'ralizi) *nf invar* paralysis. **paralizzare** (paralid'dzare) *vt* paralyse.

parallelo (paral'lɛlo) *adj,nm* parallel.

paralume (para'lume) *nm* lampshade.

paranoia (para'nɔja) *nf* paranoia.

parapetto (para'pɛtto) *nm* parapet.

parare (pa'rare) *vt* **1** adorn. **2** ward off. **3** avert.

parasole (para'sole) *nm* parasol.

parassita (paras'sita) *nm* parasite.

parata[1] (pa'rata) *nf* **1** *sport* parry. **2** defence.

parata[2] (pa'rata) *nf* parade.

paraurti (para'urti) *nm invar* bumper.

paravento (para'vɛnto) *nm* screen.

parcheggiare (parked'dʒare) *vt* park. **parcheggio** *nm* **1** parking. **2** car park.

parchimetro (par'kimetro) *nm* parking meter.

parco[1] ('parko) *nm* park.

parco[2] ('parko) *adj* sparing, economical.

parecchio (pa'rekkjo) *adj* **1** a lot of, a good deal of. **2** considerable, some. *pron* a good many. *adv* much.

pareggiare (pared'dʒare) *vt* level, balance. *vi sport* draw. **pareggio** *nm* **1** balance. **2** *sport* draw.

parente (pa'rɛnte) *nm,f* relation, relative. **parentela** (paren'tɛla) *nf* **1** relationship. **2** relatives.

parentesi (pa'rɛntezi) *nf inva* **1** parenthesis. **2** bracket.

parere* (pa'rere) *v imp* **1** seem, appear. **2** think. *nm* opinion.

parete (pa'rete) *nf* wall.

pari ('pari) *adj invar* **1** equal. **2** same. **3** (of a number) even. **parità** *nf* parity.

Parigi (pa'ridʒi) *nf* Paris.

parlamento (parla'mento) *nm* parliament.

parlare (par'lare) *vi* speak, talk. *vt* speak.

parmigiano (parmi'dʒano) *adj,nm* Parmesan.

parodia (paro'dia) *nf* parody.

parola (pa'rɔla) *nf* **1** word. **2** speech. **3** promise.

parolaccia (paro'lattʃa) *nf* bad word, swearword.

parrò (par'rɔ) *v* see **parere.**

parrocchia (par'rɔkkja) *nf* parish.

parroco (par'rɔko) *nm* parish priest.

parrucca (par'rukka) *nf* wig.

parrucchiere (parruk'kjere) *nm* hairdresser.

parsi ('parsi) *v* see **parere.**

parso ('parso) *v* see **parere.**

parte ('parte) *nf* **1** part. **2** portion, share. **3** side, direction. **4** *law,comm* party. **a parte** separately. **da parte** aside. **da una parte...d'altra parte** on the one hand...on the other.

partecipare (partetʃi'pare) *vi* **1** take part, participate. **2** share. *vt* announce.

participio (parti'tʃipjo) *nm* participle.

particolare (partiko'lare) *adj* **1** particular. **2** strange. **3** special. **4** private. *nm* detail.

partigiano (parti'dʒano) *adj,n* partisan.

partire (par'tire) *vi* leave, go away, depart. **a partire da oggi** starting from today.

partenza (par'tɛntsa) *nf* departure.

partita (par'tita) *nf* game, match.

partito (par'tito) *nm* **1** choice. **2** match (marriage). **3** *pol* party.

partitura (parti'tura) *nf* mus score.

partorire (parto'rire) *vt* give birth to. **parto** *nm* birth, delivery.

parvi ('parvi) *v* see **parere.**

parziale (par'tsjale) *adj* partial.

pascere* (paʃʃere) *vi* graze.

pascolare (pasko'lare) *vt,vi* graze. **pascolo** ('paskolo) *nm* pasture, meadow.

Pasqua ('paskwa) *nf* Easter.

passabile (pas'sabile) *adj* passable.

passaggio (pas'saddʒo) *nm* **1** passage. **2** crossing. **3** lift (in a car). **essere di passaggio** be passing through.

passare (pas'sare) *vi* **1** pass (by). **2** cease, stop. **3** go away. **4** happen. *vt* **1** pass. **2** exceed. **3** spend (time). **4** strain. **passante** *nm* passer-by. **passaporto** (passa'pɔrto) *nm* passport. **passatempo** (passa 'tɛmpo) *nm* hobby, pastime. **passato** *adj,nm* past.

passeggero (passed'dʒero) *nm* passenger.

passeggiare (passed'dʒare) *vi* go for a walk. **passeggiata** *nf* **1** walk. **2** drive, run, excursion.

passerella (passe'rɛlla) *nf* **1** gangplank. **2** catwalk.

passero ('passero) *nm* sparrow.

passione (pas'sjone) *nf* passion.

passivo (pas'sivo) *adj* passive.
passività *nf* passivity.

passo ('passo) *nm* 1 step. 2 excerpt, passage. **fare due passi** go for a short walk.

pasta ('pasta) *nf* 1 dough, pastry. 2 pasta. 3 cake. **pasta dentifricia** toothpaste. **pastasciutta** (pastaʃ'ʃutta) *nf* pasta (with sauce).

pastello (pas'tɛllo) *nm* pastel.

pasticca (pas'tikka) *nf* pastille.

pasticceria (pastittʃe'ria) *nf* cake shop.

pasticciare (pastit'tʃare) *vt* bungle. **pasticcio** *nm* 1 pie. 2 mess.

pastiglia (pas'tiʎʎa) *nf* tablet.

pastinaca (pasti'naka) *nf* parsnip.

pasto ('pasto) *nm* meal. **vino da pasto** *nm* table wine.

pastore (pas'tore) *nm* shepherd.

pastorizzare (pastorid'dzare) *vt* pasteurize.

pastrano (pas'trano) *nm* overcoat.

pastura (pas'tura) *nf* pasture.

patata (pa'tata) *nf* potato. **patata fritta** chip. **patatina** *nf* potato crisp.

patella (pa'tella) *nf* limpet.

patente[1] (pa'tɛnte) *nf* licence, certificate.

patente[2] (pa'tɛnte) *adj* obvious, evident.

paterno (pa'tɛrno) *adj* paternal.

patetico (pa'tɛtiko) *adj* pathetic.

patibolo (pa'tibolo) *nm* scaffold.

patire (pa'tire) *vt,vi* suffer.

patria ('patrja) *nf* homeland, native land.

patrigno (pa'triɲɲo) *nm* stepfather.

patrimonio (patri'mɔnjo) *nm* 1 estate. 2 heritage.

patriota (patri'ɔta) *nm* patriot. **patriottico** (patri'ɔttiko) *adj* patriotic.

patrono (pa'trono) *nm* patron saint.

pattinare (patti'nare) *vi* skate. **pattinaggio** *nm* skating. **pattino** *nm* skate.

patto ('patto) *nm* agreement, pact.

pattuglia (pat'tuʎʎa) *nf* patrol.

pattume (pat'tume) *nm* rubbish, refuse. **pattumiera** (pattu'mjera) *nf* dustbin.

paura (pa'ura) *nf* fear, fright. **fare paura a** frighten. **pauroso** (pau'roso) *adj* 1 timid. 2 frightening.

pausa ('pauza) *nf* pause.

pavimento (pavi'mento) *nm* floor.

pavone (pa'vone) *nm* peacock.

pavoneggiarsi (pavoned'dʒarsi) *vr* show off.

paziente (pat'tsjɛnte) *adj* patient. *nm med* patient. **pazienza** (pat'tsjentsa) *nf* patience.

pazzo ('pattso) *adj* mad, insane. *nm* madman. **pazzia** *nf* madness.

peccare (pek'kare) *vi* sin. **peccato** *nm* sin. **che peccato!** what a shame! **peccatore** *nm* sinner.

pecora ('pɛkora) *nf* sheep. **pecorino** *nm* sheep's milk cheese.

peculiare (peku'ljare) *adj* peculiar.

pedale (pe'dale) *nm* pedal.
pedalare *vi* pedal.

pedana (pe'dana) *nf* **1** rug. **2**
sport springboard.

pedante (pe'dante) *adj* pedantic. *nm* pedant.

pedata (pe'data) *nf* **1** footstep.
2 kick.

pediatria (pedja'tria) *nf* paediatrics.

pedicure (pedi'kure) *nm,f* chiropodist.

pedina (pe'dina) *nf* *game* **1**
draughtsman. **2** pawn.

pedone (pe'done) *nm* pedestrian. **pedonale** *adj* pedestrian.

peggio (pe'ddʒo) *adv, adj invar*
1 worse. **2** worst. *nm,f* worst.

peggiorare (peddʒo'rare) *vt*
make worse. *vi* worsen, deteriorate.

peggiore (ped'dʒore) *adj* **1**
worse. **2** worst.

pegno ('peɲɲo) *nm* **1** pledge,
pawn. **2** token. **3** forfeit.

pelare (pe'lare) *vt* **1** peel, skin.
2 pluck (a bird). **pelame** *nm*
hair, fur.

pelle ('pɛlle) *nf* **1** skin. **2** hide.
3 leather. **amici per la pelle**
nm pl friends for life.

pellegrino (pelle'grino) *nm* pilgrim. **pellegrinaggio** *nm* pilgrimage.

pellicano (pelli'kano) *nm* pelican.

pelliccia (pel'littʃa) *nf* fur coat,
fur.

pellicola (pel'likola) *nf* **1** film,
layer. **2** *phot* film.

pelo ('pelo) *nm* **1** hair. **2** fur,
coat. **peloso** (pe'loso) *adj*
hairy.

peltro ('peltro) *nm* pewter.

peluria (pe'lurja) *nf* down, soft
hair.

pelvi ('pɛlvi) *nf invar* pelvis.

pena ('pena) *nf* **1** penalty, punishment. **2** pain, distress. **vale la pena** it is worthwhile.
penale *adj* penal. **penalizzare** (penalid'dzare) *vt* penalize. **penoso** (pe'noso) *adj*
painful.

pendere* ('pɛndere) *vi* **1** hang.
2 lean, slope. **pendente** (pen
'dɛnte) *adj* leaning. *nm* pendant. **pendenza** (pen'dɛntsa)
nf *also* **pendice** slope.
pendio *nm* slope, slant.

pendolo ('pɛndolo) *nm* pendulum. **pendola** ('pɛndola) *nf*
pendulum clock.

pene ('pɛne) *nm* penis.

penetrare (pene'trare) *vi* enter,
penetrate. *vt* penetrate.

penicillina (penitʃil'lina) *nf*
penicillin.

penisola (pe'nizola) *nf* peninsula.

penitente (peni'tɛnte) *adj,n*
penitent. **penitenza** (peni
'tɛntsa) *nf* penance.

penna ('penna) *nf* **1** feather. **2**
pen.

pennello (pen'nɛllo) *nm* paintbrush.

penombra (pe'nombra) *nf* dim
light.

pensare (pen'sare) *vi* think,
consider. *vt* think over, ponder. **pensatore** *nm* thinker.
pensiero (pen'sjɛro) *nm*
thought. **stare in pensiero**
be worried. **pensieroso**
(pensje'roso) *adj* thoughtful.

pensile ('pensile) *adj* hanging.
pensionare (pensjo'nare) *vt*
pension (off). **pensionato**

nm pensioner. **pensione** *nf* 1 pension. **2** board. **3** boarding house.

pentagono (pen'tagono) *nm* pentagon.

Pentecoste (pente'kɔste) *nf* Pentecost, Whitsun.

pentirsi (pen'tirsi) *vr* 1 repent. **2** regret, be sorry. **pentimento** *nm* 1 repentance. **2** regret.

pentola (pentola) *nf* pot. **pentola a pressione** pressure cooker.

penzolare (pendzo'lare) *vi* dangle. **penzoloni** *adv* dangling.

pepe ('pepe) *nm* pepper. **peperone** *nm* pepper, capsicum.

pepita (pe'pita) *nf* nugget.

per (per) *prep* 1 for. **2** by. **3** through. **4** during. **5** towards. **per amico** as a friend.

pera ('pera) *nf* pear.

perbacco (per'bakko) *interj* by Jove!

perbene (per'bɛne) *adj invar* respectable.

percalle (per'kalle) *nm* gingham.

percentuale (pertʃentu'ale) *nf* percentage.

percepire (pertʃe'pire) *vt* 1 notice, perceive. **2** receive. **percezione** *nf* perception.

perché (per'ke) *conj* 1 why. **2** because. **3** so that.

perciò (per'tʃɔ) *conj* therefore.

percorrere* (per'korrere) *vt* go through, cross.

percorso (per'korso) *nm* 1 distance. **2** journey.

percossa (per'kɔssa) *nf* blow.

percuotere* (per'kwɔtere) *vt* strike, hit.

percussione (perkus'sjone) *nf* percussion.

perdere* ('pɛrdere) *vt* 1 lose. **2** miss. *vi* leak. **perdersi** *vr* get lost. **perdita** ('pɛrdita) *nf* loss.

perdonare (perdo'nare) *vt* forgive, pardon. **perdono** *nm* pardon.

perfetto (per'fetto) *adj* perfect. **perfezionare** (perfettsjo'nare) *vt* perfect. **perfezionarsi** *vr* specialize. **perfezione** *nf* perfection.

perfidia (per'fidja) *nf* treachery. **perfido** ('pɛrfido) *adj* treacherous.

perfino (per'fino) *adv* even.

perforare (perfo'rare) *vt* 1 pierce, perforate. **2** bore.

pergamena (perga'mɛna) *nf* parchment.

pericolo (pe'rikolo) *nm* danger. **pericoloso** (periko'loso) *adj* dangerous.

periferia (perife'ria) *nf* outskirts, suburbs.

perimetro (pe'rimetro) *nm* perimeter.

periodo (pe'riodo) *nm* period. **periodico** (peri'ɔdiko) *adj* periodic. *nm* periodical.

perire (pe'rire) *vi* perish.

periscopio (peris'kɔpjo) *nm* periscope.

perito (pe'rito) *adj* skilled, expert. *nm* expert.

perla ('pɛrla) *nf* pearl.

perlustrare (perlus'trare) *vt* search.

permaloso (perma'loso) *adj* touchy.

permanente (perma'nɛnte) *adj* permanent.

permeare (perme'are) *vt* permeate.

permesso (per'messo) *adj* permitted. *nm* **1** permission, permit. **2** leave. *interj* excuse me! **permesso?** may I come in?

permettere* (per'mettere) *vt* allow, permit.

pernice (per'nitʃe) *nf* partridge.

perno ('pɛrno) *nm* pivot.

pero ('pero) *nm* pear tree.

però (pe'rɔ) *conj* however, yet.

perossido (pe'rɔssido) *nm* peroxide.

perpendicolare (perpendiko'lare) *adj,nf* perpendicular.

perpetuo (per'pɛtuo) *adj* perpetual.

perplesso (per'plesso) *adj* perplexed.

perquisire (perkwi'zire) *vt* search. **perquisizione** *nf* search. **mandato di perquisizione** *nm* search warrant.

perseguitare (persegwi'tare) *vt* **1** pursue. **2** persecute. **persecutore** *nm* persecutor. **persecuzione** *nf* persecution.

perseverare (perseve'rare) *vi* persevere.

persi ('persi) *v* see **perdere.**

persiana (per'sjana) *nf* shutter.

persino (per'sino) *adv* even.

persistere* (per'sistere) *vi* continue, persist.

perso ('pɛrso) *v* see **perdere.**

persona (per'sona) *nf* person. **personale** *adj* personal. *nm* staff. **personalità** *nf* personality.

personaggio (perso'naddʒo) *nm* character.

personificare (personifi'kare) *vt* personify.

persuadere* (persua'dere) *vt* persuade, convince. **persuasione** *nf* persuasion. **persuasivo** *adj* persuasive.

pertanto (per'tanto) *conj* therefore.

pertosse (per'tosse) *nf* whooping cough.

pervenire* (perve'nire) *vi* reach.

pesare (pe'sare) *vt,vi* weigh.

pesante (pe'sante) *adj* heavy.

peso ('peso) *nm* **1** weight. **2** burden.

pesca[1] ('peska) *nf* peach. **pesco** *nm* peach tree.

pesca[2] ('peska) *nf* fishing. **pescare** *vt* **1** fish. **2** catch. **pescatore** *nm* fisherman.

pesce ('peʃʃe) *nm* **1** fish. **2** *pl cap* Pisces. **non sapere che pesci pigliare** not know which to choose. **pesce d'aprile** April fool. **pescecane** (peʃʃe'kane) *nm* shark. **pescheria** *nf* fishmonger's shop. **pescivendolo** (peʃʃi'vendolo) *nm* fishmonger.

pessimismo (pessi'mizmo) *nm* pessimism. **pessimista** *nm* pessimist. **pessimistico** *adj* pessimistic.

pessimo ('pessimo) *adj* **1** very bad. **2** worst.

pestare (pes'tare) *vt* **1** trample on. **2** crush. **3** stamp (feet). **pestello** (pes'tello) *nm* pestle. **pesto** *adj* ground. *nm* kind of sauce. **carta pesta** *nf* papier-mâché.

peste ('pɛste) *nf* **1** plague. **2** nuisance.

petalo ('petalo) *nm* petal.

petizione (petit'tsjone) *nf* petition.

petrolifero

petrolifero (petro'lifero) **pozzo petrolifero** *nm* oilwell.

petrolio (pe'trɔljo) *nm* **1** oil. **2** petroleum. **petroliera** (petro'ljɛre) *nf* oil tanker.

pettegolo (pet'tegolo) *adj* gossipy. *nm also* **pettegola** *nf* gossip. **pettegolezzo** (pettego'leddzo) *nm* gossip.

pettinare (petti'nare) *vt* comb. **pettinarsi** *vr* comb one's hair. **pettinatura** *nf* hairstyle. **pettine** ('pettine) *nm* comb.

petto ('petto) *nm* **1** *anat* chest. **2** breast. **pettirosso** (petti 'rosso) *nm* robin.

pezza ('pettsa) *nf* **1** patch. **2** cloth.

pezzo ('pettso) *nm* **1** piece, bit. **2** portion. **pezzo di ricambio** spare part. **pezzo grosso** bigwig. **un gran pezzo** a long time.

piaccio ('pjattʃo) *v* see **piacere**.

piacere* (pja'tʃere) *vi* please, be pleasing. *v imp* like. **piacere a** please. ~*nm* **1** pleasure, enjoyment. **2** favour. **per piacere** please. **piacevole** *adj* pleasant.

piaga ('pjaga) *nf* wound, sore.

piagnucolare (pjaɲɲuko'lare) *vi* whimper.

pianerottolo (pjane'rɔttolo) *nm* arch landing.

pianeta (pja'neta) *nm* planet.

piangere* ('pjandʒere) *vi* cry, weep. *vt* lament.

pianista (pja'nista) *nm* pianist.

piano[1] ('pjano) *adj* flat, level. *adv* **1** quietly, gently. **2** slowly. **pian piano** very slowly.

piano[2] ('pjano) *nm* **1** plain. **2** plane. **3** floor, storey. **primo**

piano foreground. **pianterreno** *nm* ground floor.

piano[3] ('pjano) *nm* **1** plan. **2** project.

piano[4] ('pjano) *nm* piano.

pianoforte (pjano'fɔrte) *nm* piano.

piansi ('pjansi) *v* see **piangere**.

piantare (pjan'tare) *vt* **1** plant. **2** fix, put. **3** abandon. **piantarsi** *vr* stand. **pianta** *nf* **1** *bot* plant. **2** *anat* sole **3** plan. **piantagione** *nf* plantation.

pianto[1] ('pjanto) *v* see **piangere**.

pianto[2] ('pjanto) *nm* weeping.

pianura (pja'nura) *nf* plain.

piastra ('pjastra) *nf* slab. **piastrella** (pjas'trella) *nf* tile.

piattaforma (pjatta'forma) *nf* platform.

piatto ('pjatto) *adj* flat. *nm* **1** plate. **2** dish (of food). **3** *cul* course. **4** *pl* cymbals. **piattino** *nm* saucer.

piazza ('pjattsa) *nf* square, marketplace. **fare piazza pulita** make a clean sweep. **piazzale** *nm* square, open space.

picca ('pikka) *nf* **1** lance, pike. **2** *pl game* spades.

piccante (pik'kante) *adj* spicy, pungent.

picchiare (pik'kjare) *vt* hit, strike. *vi* knock. **picchiotto** (pik'kjɔtto) *nm* doorknocker.

picchio ('pikkjo) *nm* woodpecker.

piccino (pit'tʃino) *adj* small, tiny.

piccione (pit'tʃone) *nm* pigeon.

picco ('pikko) *nm* peak. **andare a picco** sink. **a picco** perpendicularly.

piccolo ('pikkolo) *adj* small, little. *nm* little child.

piccone (pik'kone) *nm* pickaxe.

pidocchio (pi'dɔkkjo) *nm* louse.

piede ('pjɛde) *nm* foot. **a piedi** on foot. **stare in piedi** stand. **piedistallo** (pjedis'tallo) *nm* pedestal.

piegare (pje'gare) *vt* fold, bend. *vi* 1 turn. 2 lean. **piegarsi** *vr* bow. **piega** *nf* 1 fold. 2 pleat.

pieghevole (pje'gevole) *adj* flexible.

pieno ('pjɛno) *adj* full, complete. **fare il pieno** *mot* fill up. **pieno zeppo** full up.

pietà (pje'ta) *nf* pity, mercy. **monte di pietà** *nm* pawnbroker's shop. **pietoso** (pje'toso) *adj* 1 pitiful. 2 compassionate.

pietanza (pje'tantsa) *nf* 1 dish. 2 *cul* course.

pietra ('pjɛtra) *nf* stone.

piffero ('piffero) *nm* mus pipe.

pigiama (pi'dʒama) *nm* pyjamas.

pigione (pi'dʒone) *nf* rent.

pigliare (piʎ'ʎare) *vt* 1 take. 2 catch.

pigmeo (pig'mɛo) *adj,n* Pigmy.

pigna ('piɲɲa) *nf* pine cone.

pigolare (pigo'lare) *vi* cheep, chirp.

pigro ('pigro) *adj* 1 lazy. 2 slow. **pigrizia** (pi'grittsja) *nf* laziness.

pila ('pila) *nf* 1 *arch* pile, support. 2 battery.

pilastro (pi'lastro) *nm* pillar.

pillola ('pillola) *nf* pill.

pilone (pi'lone) *nm* pylon.

pilotare (pilo'tare) *vt* 1 pilot. 2 *mot* drive. **pilota** *nm* pilot.

pimento (pi'mento) *nm* cayenne pepper.

pinacoteca (pinako'tɛka) *nf* art gallery.

pingue ('pingwe) *adj* fat.

pinguino (pin'gwino) *nm* penguin.

pinna ('pinna) *nf* 1 fin. 2 flipper.

pinnacolo (pin'nakolo) *nm* pinnacle.

pino ('pino) *nm* pine tree. **pineta** *nf* pine forest.

pinta ('pinta) *nf* pint.

pinza ('pintsa) *nf* pliers, pincers. **pinzette** *nf pl* tweezers.

pio ('pio) *adj* devout, charitable.

pioggia ('pjɔddʒa) *nf* rain.

piombare¹ (pjom'bare) *vi* fall heavily. **piombare su** assail.

piombare² (pjom'bare) *vt* 1 seal. 2 fill (a tooth). **piombo** ('pjombo) *nm* lead.

pioniere (pjo'njɛre) *nm* pioneer.

pioppo ('pjɔppo) *nm* poplar tree.

piovere* (pjɔvere) *vi* 1 rain. 2 pour. **piovere a catinelle** rain cats and dogs.

piovigginare (pjoviddʒi'nare) *vi* drizzle.

piovra ('pjɔvra) *nf* octopus.

piovve ('pjɔvve) *v* see **piovere.**

pipa ('pipa) *nf* pipe.

pipistrello (pipis'trɛllo) *nm zool* bat.

piramide (pi'ramide) *nf* pyramid.

pirata (pi'rata) *nm* pirate.

piroscafo (pi'rɔskafo) *nm* steamship.

piscina (piʃ'ʃina) *nf* swimming pool.

pisello (pi'sɛllo) *nm* pea.

pisolino (pizo'lino) *nm* nap.

pista ('pista) *nf* 1 track. 2 runway.

pistola (pis'tɔla) *nf* pistol.

pistone (pis'tone) *nm* piston.

pitone (pi'tone) *nm* python.

pittore (pit'tore) *nm* painter.

pittoresco (pitto'resko) *adj* picturesque.

pittura (pit'tura) *nf* painting, picture.

più (pju) *adv* 1 more. 2 most. **di più** more. **non...più** no longer. **più tardi** later. **tanto più che** all the more since. ~*prep* plus. *adj* more. *nm* majority. **per lo più** generally.

piuma ('pjuma) *nf* 1 down. 2 feather. **peso piuma** *nm sport* featherweight.

piuttosto (pjut'tɔsto) *adv* rather, somewhat.

pizza ('pittsa) *nf* dough base covered with various tomato mixtures.

pizzicare (pittsi'kare) *vt* 1 nip, pinch. 2 sting, bite. *vi* itch. **pizzicotto** (pittsi'kɔtto) *nm al-so* **pizzico** ('pittsiko) nip. **pizzicagnolo** (pittsi'kaɲɲolo) *nm* specialist grocer. **pizzicheria** (pittsike'ria) *nf* delicatessen.

pizzo ('pittso) *nm* 1 lace. 2 goatee beard.

placare (pla'kare) *vt* calm.

placca ('plakka) *nf* plaque.

placenta (pla'tʃenta) *nf* placenta.

placido ('platʃido) *adj* 1 tranquil, calm. 2 placid.

plagiare (pla'dʒare) *vt* plagiarize.

planare (pla'nare) *vi* glide.

plasmare (plaz'mare) *vt* mould. **plasma** *nm* plasma.

plastica ('plastika) *nf* plastic. **plastico** ('plastiko) *adj* plastic.

platano ('platano) *nm* plane tree.

platea (pla'tɛa) *nf Th* stalls, pit.

platino ('platino) *nm* platinum.

platonico (pla'tɔniko) *adj* platonic.

plausibile (plau'zibile) *adj* plausible.

plebaglia (ple'baʎʎa) *nf* rabble.

plebe ('plebe) *nf* common people.

plico ('pliko) *nm* 1 packet (of letters). 2 envelope.

plotone (plo'tone) *nm* platoon.

plumbeo ('plumbeo) *adj* leaden.

plurale (plu'rale) *adj,nm* plural.

pneumatico (pneu'matiko) *adj* pneumatic. *nm* tyre.

po' (pɔ) *adj* contraction of **poco.**

pochino (po'kino) *adj,nm* little

poco ('pɔko) *adj* 1 little. 2 insufficient. 3 *pl* few. **da poco** worthless. ~*pron* 1 little. 2 *pl* few. **un altro poco po'** another little bit. ~*adv* little. **a poco a poco** little by little. **per poco non** almost. **vediamo un po'** let's have a look.

podere (po'dere) *nm* farm.

podestà (podes'ta) *nm* mayor.

poema (po'ɛma) *nm* poem. **poesia** (poe'zia) *nf* 1 poetry. 2 poem. **poeta** (po'ɛta) *nm* poet. **poetico** (po'ɛtiko) *adj* poetic.

poi ('pɔi) *adv* then, after. **d'allora in poi** from then on.

poiché (poi'ke) *conj* for, since.

polacco (po'lakko) *adj* Polish. *nm* 1 Pole. 2 Polish (language).

polarizzare (polarid'dzare) *vt* polarize.

polca ('polka) *nf* polka.

polemica (po'lɛmika) *nf* controversy, polemic.

polenta (po'lɛnta) *nf* pudding made of maize flour.

poliestere (poli'estere) *nm* polyester.

poligamia (poliga'mia) *nf* polygamy.

poligono (po'ligono) *nm* polygon.

poliinsaturo (poliin'saturo) *adj* polyunsaturated.

polistirene (polisti'rɛne) *nm* polystyrene.

politecnico (poli'tɛkniko) *nm* polytechnic.

politica (po'litika) *nf* 1 politics. 2 policy. **politico** (po'litiko) *adj* political. *nm* politician.

polizia (polit'tsia) *nf* police. **poliziotto** *nm* policeman. **romanzo poliziesco** detective story.

polizza ('polittsa) *nf* 1 voucher. 2 receipt. 3 bill. **polizza d'assicurazione** insurance policy.

pollaio (pol'lajo) *nm* poultry yard.

pollice ('pollitʃe) *nm* 1 thumb. 2 big toe. 3 inch.

polline ('polline) *nm* pollen.

pollo ('pollo) *nm* chicken. **pollame** *nm* poultry.

polmone (pol'mone) *nm* lung. **polmonite** *nf* pneumonia.

polo[1] ('polo) *nm* (astronomy) pole. **polare** *adj* polar.

polo[2] ('polo) *nm* polo.

Polonia (po'lɔnja) *nf* Poland.

polpa ('polpa) *nf* flesh, pulp. **polpetta** *nf* meatball.

polpaccio (pol'pattʃo) *nm* anat calf.

polso ('polso) *nm* 1 pulse. 2 wrist. **polsino** *nm* shirt cuff.

poltrona (pol'trona) *nf* 1 armchair. stall.

poltrone (pol'trone) *adj* lazy.

polvere ('polvere) *nf* 1 dust. 2 powder. **polveroso** (polve'roso) *adj* dusty.

polverizzare (polverid'dzare) *vt* pulverize.

pomata (po'mata) *nf* ointment.

pomeriggio (pome'riddʒo) *nm* afternoon.

pomice ('pomitʃe) *nf* pumice.

pomo ('pomo) *nm* 1 apple. 2 apple tree. **pomo d'Adamo** Adam's apple.

pomodoro (pomo'dɔro) *nm* tomato.

pompa[1] ('pompa) *nf* pomp, splendour.

pompa[2] ('pompa) *nf* pump. **pompiere** (pom'pjere) *nm* fireman.

pompelmo (pom'pɛlmo) *nm* grapefruit.

ponce ('pontʃe) *nm* *also* **punch** (pʌntʃ) *nm invar* punch (drink).

ponderare (ponde'rare) *vt* ponder.

ponente (po'nɛnte) *nm* west.

ponesti (po'nesti) *v* see **porre.**

pongo ('pongo) *v* see **porre.**

poni ('poni) *v* see **porre.**

ponte ('ponte) *nm* 1 bridge. 2 *naut* deck.

pontefice (pon'tefitʃe) *nm* pontiff.

popolare (popo'lare) *vt* popu-

late. *adj* popular. **popolarità**
nf popularity.

popolo ('popolo) *nm* people,
nation. **popolazione** *nf* population.

popone (po'pone) *nm* melon.

poppa[1] ('poppa) *nf* stern.

poppa[2] ('poppa) *nf* breast.

poppare (pop'pare) *vt* suck.

porcellana (portʃel'lana) *nf*
china, porcelain.

porco ('porko) *nm, pl* **porci** 1
pig. 2 pork. **porcellino** *nm*
piglet. **porcile** *nm* pigsty.
porcospino *nm* porcupine.

porgere* ('pordʒere) *vt* 1 hand.
2 hold out. **porgere una
mano** lend a hand.

pornografia (pornogra'fia) *nf*
pornography. **pornografico**
(porno'grafiko) *adj* pornographic.

poro ('poro) *nm* pore. **poroso**
(po'roso) *adj* porous.

porpora ('porpora) *nf* purple.
porporino *adj* purple.

porre* ('porre) *vt* 1 place, put,
set. 2 suppose.

porro ('porro) *nm* leek.

porta ('porta) *nf* 1 door. 2 gate.
portiera (por'tjera) *nf* door.
portiere (por'tjere) *nm* 1 doorman, porter. 2 goalkeeper.

portabagagli (portaba'gaλλi)
nm invar 1 luggage rack. 2
porter.

portacenere (porta'tʃenere) *nm
invar* ashtray.

portachiavi (porta'kjavi) *nm*
key ring.

portaerei (porta'ɛrei) *nf invar*
aircraft-carrier.

portafoglio (porta'fɔλλo) *nm
invar* 1 wallet. 2 portfolio.

portalettere (porta'lɛttere) *nm
invar* postman.

portamonete (portamo'nete)
nm invar purse.

portare (por'tare) *vt* 1 carry. 2
take. 3 bring. 4 wear. 5 lead.
6 feel. **portarsi** *vr* behave.
portamento *nm* bearing.
portata *nf* 1 range. 2 capacity.
portatile *adj* portable.

portariviste (portari'viste) *nm
invar* magazine rack.

portasapone (portasa'pone)
nm invar soap dish.

portasigarette (portasiga'rette)
nm invar cigarette case.

portaspilli (portas'pilli) *nm invar* pin cushion.

portauova (porta'wɔva) *nm* egg
cup.

portavoce (porta'votʃe) *nm invar* 1 megaphone. 2 mouthpiece, spokesman.

portico ('portiko) *nm* porch.

portinaio (porti'najo) *nm*
porter, doorman. **portineria**
nf porter's lodge.

porto[1] ('porto) *nm* 1 carriage,
transport. 2 postage.

porto[2] ('porto) *nm naut* port.

porto[3] ('porto) *nm* port (drink).

Portogallo (porto'gallo) *nm*
Portugal. **portoghese** (porto
'gese) *adj,nm* Portuguese. *nm*
Portuguese (language).

porzione (por'tsjone) *nf* 1
share, portion. 2 helping (of
food).

posa ('pɔsa) *nf* 1 pause. 2 pose.
3 *phot* exposure.

posare (po'sare) *vt* put, place,
set or lay down. *vi* pose.
posarsi *vr* alight. **posata** *nf*
piece of cutlery.

posatoio (posa'tojo) *nm* perch.

poscritto (pos'kritto) *nm* post-script.

posi ('posi) *v see* **porre.**

positivo (pozi'tivo) *adj* positive.

posizione (pozit'tsjone) *nf* **1** position. **2** site. **3** situation.

posporre* (pos'porre) *vt* postpone.

possedere* (posse'dere) *vt* possess, own, have. **possedimento** *nm* **1** estate. **2** possession. **possesso** (pos'sesso) *nm* possession. **possessore** *nm* possessor, owner.

possiamo (pos'sjamo) *v see* **potere.**

possibile (pos'sibile) *adj* possible. **possibilità** *nf* **1** possibility. **2** opportunity.

posso ('posso) *v see* **potere.**

posta ('posta) *nf* **1** post, mail. **2** post office. **postale** *adj* postal. **cassetta postale** *nf* postbox. **postino** *nm* postman.

posteggiare (posted'dʒare) *vi* park. **posteggio** *nm* parking place.

posteriore (poste'rjore) *adj* **1** back, hind. **2** later.

posterità (posteri'ta) *nf* posterity.

posticcio (pos'tittʃo) *adj* false, fake.

posto[1] ('posto) *v see* **porre.**

posto[2] ('posto) *nm* **1** place, spot, site. **2** place, seat. **3** job, position. **4** space, room. **5** post. **a posto** in order. **posto di primo soccorso** first-aid post.

postumo ('postumo) *adj* posthumous.

potabile (po'tabile) *adj* drinkable.

potare (po'tare) *vt* prune.

potassio (po'tassjo) *nm* potassium.

potente (po'tɛnte) *adj* powerful. **potenza** (po'tɛntsa) *nf* power.

potenziale (poten'tsjale) *adj,nm* potential.

potere*[1] (po'tere) *vi* **1** be able. **2** be allowed. **può darsi** it is possible.

potere[2] (po'tere) *nm* power.

potrò (po'trɔ) *v see* **potere.**

povero ('povero) *adj* poor, needy. *nm* **1** poor man. **2** beggar. **poveretto** *nm* poor wretch. **povertà** *nf* poverty.

pozza ('pottsa) *nf* puddle, pool. **pozzanghera** (pot'tsangera) *nf* puddle. **pozzo** ('pottso) *nm* well.

pranzare (pran'dzare) *vi* **1** lunch. **2** dine. **pranzo** *nm* **1** lunch. **2** dinner.

pratica ('pratika) *nf* **1** experience. **2** practice. **3** knowledge, familiarity. **praticare** *vt* **1** practice. **2** exercise. **pratico** ('pratiko) *adj* **1** practical. **2** experienced.

prato ('prato) *nm* meadow.

preavvertire (preavver'tire) *vt* forewarn.

preavvisare (preavvi'zare) *vt* forewarn. **preavviso** *nm* notice, warning.

precario (pre'karjo) *adj* precarious.

precauzione (prekaut'tsjone) *nf* precaution.

precedere (pre'tʃedere) *vt* precede, go before. **precedente** (pretʃe'dɛnte) *adj* preceding.

nm precedent. **precedenza** (pretʃe'dentsa) *nf* **1** precedence. **2** *mot* right-of-way, priority.

precipitare (pretʃipi'tare) *vt* **1** hurl. **2** speed up. *vi* crash down, fall. **precipizio** (pretʃi'pittsjo) *nm* precipice.

precisare (pretʃi'zare) *vt* specify, relate precisely. **precisione** *nf* precision. **preciso** *adj* exact, precise. **alle due precise** at exactly two o'clock.

precoce (pre'kɔtʃe) *adj* precocious.

preconcetto (prekon'tʃetto) *adj* preconceived. *nm* preconception.

precursore (prekur'sore) *nm* forerunner.

predare (pre'dare) *vt* pillage. **preda** *nf* **1** prey. **2** booty.

predecessore (predetʃes'sore) *nm* predecessor.

predestinare (predesti'nare) *vt* predestine. **predestinazione** *nf* predestination.

predica ('predika) *nf* sermon. **predicare** (predi'kare) *vt,vi* preach.

prediletto (predi'letto) *adj,nm* favourite.

predire* (pre'dire) *vt* predict. **predizione** *nf* prediction.

predominare (predomi'nare) *vi* predominate, prevail. **predominio** *nm* predominance.

prefabbricato (prefabbri'kato) *adj* prefabricated.

prefazione (prefat'tsjone) *nf* preface.

preferire (prefe'rire) *vt* prefer. **preferenza** (prefe'rentsa) *nf* preference. **preferibile** (prefe'ribile) *adj* preferable.

prefetto (pre'fetto) *nm* prefect. **prefettura** *nf* prefecture.

prefiggere* (pre'fiddʒere) *vt* arrange in advance. **prefiggersi** *vr* intend.

prefisso (pre'fisso) *nm* prefix.

pregare (pre'gare) *vt* **1** pray. **2** beg, ask. **prego** *interj* **1** yes please! **2** pardon? **3** don't mention it!

pregevole (pre'dʒevole) *adj* valuable.

preghiera (pre'gjera) *nf* prayer.

pregiare (pre'dʒare) *vt* esteem. **pregio** ('predʒo) *nm* **1** esteem. **2** merit.

pregiudicare (predʒudi'kare) *vt* prejudice. **pregiudizio** (predʒu'dittsjo) *nm* prejudice.

pregustare (pregus'tare) *vt* look forward to.

preistorico (preis'tɔriko) *adj* prehistoric.

prelato (pre'lato) *nm* prelate.

prelevare (prele'vare) *vt* **1** withdraw. **2** take.

preliminare (prelimi'nare) *adj,nm* preliminary.

preludio (pre'ludjo) *nm* prelude.

prematuro (prema'turo) *adj* premature.

premeditato (premedi'tato) *adj* premeditated.

premere* ('premere) *vt,vi* squeeze, press. *vi* **1** insist. **2** be urgent.

premiare (pre'mjare) *vt* reward. **premio** ('premjo) *nm* **1** prize. **2** reward. **3** award.

preminente (premi'nente) *adj* pre-eminent. **preminenza** (premi'nentsa) *nf* pre-eminence.

premura (pre'mura) *nf* **1** care,

attention. **2** hurry, urgency.

premuroso (premu'roso) *adj* thoughtful.

prenatale (prena'tale) *adj* antenatal.

prendere* ('prendere) *vt* **1** take. **2** seize, catch. **3** surprise. **4** receive, get, earn. **5** take up, occupy. **6** catch (illness). **7** treat, consider. **8** hit, catch. *vi* set, take root. **prendere a** begin to. **prendere a destra** turn right. **prendere con le buone** treat nicely. **prendere fuoco** catch fire. **prendersela con** *vr* get angry with.

prenotare (preno'tare) *vt* book, reserve.

preoccupare (preokku'pare) *vt* worry, be anxious. **preoccuparsi** *vr* get worried. **preoccupato** *adj* worried. **preoccupazione** *nf* worry.

preparare (prepa'rare) *vt* prepare. **prepararsi** *vr* get oneself ready. **preparazione** *nf* also **preparativo** *nm* preparation.

preposizione (prepozit'tsjone) *nf* preposition.

prepotente (prepo'tente) *adj* overbearing, tyrannical. **prepotenza** (prepo'tentsa) *nf* arrogance.

prerogativa (preroga'tiva) *nf* privilege, prerogative.

presa ('presa) *nf* **1** capture, seizure. **2** dose. **3** pinch. **4** electric plug.

presbite ('prezbite) *adj* longsighted.

prescrivere* (pres'krivere) *vt* prescribe.

presentare (prezen'tare) *vt* **1**

present. **2** introduce. **3** offer. **4** show. **presentarsi** *vr* appear.

presentatore *nm* compere.

presentazione *nf* introduction.

presente (pre'zente) *adj,nm* present.

presentire (presen'tire) *vt* foresee. **presentimento** (presenti 'mento) *nm* premonition.

presenza (pre'zentsa) *nf* presence.

preservativo (preserva'tivo) *nm* contraceptive.

presi ('presi) *v* see **prendere**.

preside ('preside) *nm* **1** principal. **2** dean.

presidente (presi'dente) *nm* president.

presidio (pre'sidjo) *nm* garrison.

presiedere (pre'sjedere) *vt,vi* preside over.

preso ('preso) *v* see **prendere**.

pressare (pres'sare) *vt* press. **pressa** ('pressa) *nf* press.

pressione (pres'sjone) *nf* pressure.

presso ('presso) *adv* near, nearby. **da presso** closely. **presso a** about to. ~*prep* **1** nearby. **2** in, at. **3** care of. **4** in the opinion of. **5** among. **presso a** in comparison with. **pressi** *nm pl* vicinity. **pressappoco** (pressap'poko) *adv* roughly, more or less.

prestabilire (prestabi'lire) *vt* arrange in advance.

prestare (pres'tare) *vt* **1** lend. **2** give.

prestigio (pres'tidʒo) *nm* **1** trick. **2** prestige. **gioco di prestigio** *nm* conjuring trick.

prestito ('prestito) *nm* loan.
dare in prestito lend.

presto ('presto) *adv* **1** quickly.
2 early. **3** soon. **al più presto** as quickly as possible. **fare presto** hurry.

presumere* (pre'zumere) *vi* presume. **presuntuoso** *adj* presumptuous. **presunzione** *nf* presumption.

presupporre* (presup'porre) *vt* presuppose.

prete ('prɛte) *nm* priest.

pretendere* (pre'tɛndere) *vt* **1** claim. **2** assert. **3** demand. **4** want, ask (a price). *vi* claim.

pretenzioso (preten'tsjoso) *adj* pretentious.

pretesa (pre'tesa) *nf* **1** claim. **2** pretension.

pretesto (pre'tɛsto) *nm* pretext, excuse.

prevalere* (preva'lere) *vi* prevail. **prevalersi** *vr* take advantage.

prevedere* (preve'dere) *vt* **1** foresee. **2** forecast.

prevenire* (preve'nire) *vt* anticipate.

preventivare (preventi'vare) *vt* allocate. **preventivo** *nm* budget.

previdenza (previ'dɛntsa) *nf* foresight.

previsione (previ'zjone) *nf* expectation. **previsioni del tempo** *nf pl* weather forecast.

prezioso (pret'tsjoso) *adj* precious.

prezzemolo (pret'tsemolo) *nm* parsley.

prezzo ('prɛttso) *nm* **1** cost. **2** price.

prigione (pri'dʒone) *nf* prison.

prigioniero *nm* prisoner.

prima ('prima) *adv* **1** first. **2** before. **3** beforehand. **4** formerly. *prep* before. *nf* **1** first night. **2** *mot* first gear. **3** first class. **prima o poi** sooner or later.

primavera (prima'vɛra) *nf* spring.

primitivo (primi'tivo) *adj* primitive.

primo ('primo) *adj* **1** first. **2** principal. *nm* first. **primogenito** (primo'dʒɛnito) *adj,nm* firstborn.

primula ('primula) *nf* primrose.

principale (print∫i'pale) *adj* main, chief, principal. *nm* manager, boss.

principe (print∫ipe) *nm* prince. **principessa** *nf* princess.

principio (prin't∫ipjo) *nm* **1** start, beginning. **2** principle.

priore (pri'ore) *nm rel* prior.

priorità (priori'ta) *nf* priority.

prisma (pri'zma) *nm* prism.

privare (pri'vare) *vt* deprive.

privatizzare (privatid'dzare) *vt* privatize.

privato (pri'vato) *adj* private.

privilegio (privi'ledʒo) *nm* privilege.

privo ('privo) *adj* lacking, wanting.

probabile (pro'babile) *adj* probable, likely. **probabilità** *nf* probability.

problema (pro'blɛma) *nm* problem.

procacciare (prokat't∫are) *vt* seek, obtain.

procedere (pro't∫edere) *vi* **1** proceed, go on. **2** start. **3** act. **procedimento** *nm* **1** process. **2** *law* proceedings.

processione (protʃes'sjone) nf
procession.

processo (pro'tʃɛsso) nm **1**
process. **2** *law* trial, lawsuit.

proclamare (prokla'mare) nf
proclaim, declare. **proclamazione** nf proclamation.

procreare (prokre'are) vt procreate.

procurare (proku'rare) vt **1** obtain. **2** cause.

proda ('prɔda) nf **1** bank,
shore. **2** edge.

prodigare (prodi'gare) vt lavish. **prodigo** ('prɔdigo) adj
lavish.

prodigio (pro'didʒo) nm miracle.

produrre* (pro'durre) vt **1** produce. **2** cause. **prodursi** vr
happen. **prodotto** nm product. **produttivo** adj productive. **produttore** nm producer. **produzione** nf production. **2** manufacture.

proemio (pro'ɛmjo) nm introduction.

profanare (profa'nare) vt profane. **profano** adj profane.

proferire* (profe'rire) vt pronounce.

professare (profes'sare) vt **1**
profess. **2** practise. **professione** nf profession. **professionista** nm professional.

professore nm **1** teacher. **2**
professor.

profeta (pro'fɛta) nm prophet.

profetico (pro'fɛtiko) adj prophetic. **profezia** (profet'tsia)
nf prophecy.

profilo (pro'filo) nm profile,
outline. **di profilo** in profile.

profittare (profit'tare) vi profit,
gain. **profitto** nm profit, gain.

profondo (pro'fondo) adj **1**
deep. **2** profound. **poco
profondo** shallow. **profondità** nf depth.

profugo ('prɔfugo) nm refugee.

profumare (profu'mare) vt perfume. **profumo** nm perfume.

profusione (profu'zjone) nf
profusion.

progettare (prodʒet'tare) vt
plan. **progetto** (pro'dʒɛtto)
nm plan, project.

prognosi ('prɔɲɲozi) nf prognosis.

programmare (program'mare)
vt program. **programma** nm
1 programme. **2** program.

progredire (progre'dire) vi
progress, advance. **progresso** (pro'grɛsso) nm progress.

proibire (proi'bire) vt forbid,
prohibit.

proiettare (projet'tare) vt
throw, project. vi project. **proiettile** (pro'jɛttile) nm **1**
missile. **2** shot, shell, bullet.
proiettore nm **1** searchlight. **2**
projector.

proletario (prole'tarjo) adj,nm
proletarian. **proletariato** nm
proletariat.

prolifico (pro'lifiko) adj prolific.

prologo ('prɔlogo) nm prologue.

prolungare (prolun'gare) vt
lengthen, extend, prolong.
prolungamento nm extension.

promettere* (pro'mettere) vt
promise. **promessa** nf promise.

prominente (promi'nɛnte) adj
prominent.

promiscuo (pro'miskuo) *adj* **1** mixed. **2** promiscuous.

promontorio (promon'torjo) *nm* headland, promontory.

promozione (promot'tsjone) *nf* promotion.

promuovere* (pro'mwovere) *vt* **1** promote. **2** encourage, provoke.

pronome (pro'nome) *nm* pronoun.

pronto ('pronto) *adj* **1** ready. **2** quick, prompt. **pronto soccorso** *nm* first aid. ~*interj* (on the telephone) hello!

prontuario (prontu'arjo) *nm* handbook.

pronunciare (pronun'tʃare) *vt* pronounce. **pronuncia** *nf* pronunciation.

propaganda (propa'ganda) *nf* propaganda.

propendere* (pro'pendere) *vi* incline. **propensione** *nf* inclination. **propenso** (pro'penso) *adj* inclined.

propizio (pro'pittsjo) *adj* favourable.

proponimento (proponi'mento) *nm* resolution.

proporre* (pro'porre) *vt* propose, suggest. **proporsi** *vr* intend.

proporzione (propor'tsjone) *nf* proportion. **proporzionale** *adj* proportional.

proposito (pro'pozito) *nm* **1** aim, intention. **2** theme, subject. **a proposito 1** by the way. **2** to the point. **a proposito di** with regard to.

proposizione (propozit'tsjone) *nf* proposition.

proposta (pro'posta) *nf* proposal.

proprietà (proprje'ta) *nf* **1** property. **2** ownership.

proprietario *nm* **1** owner, proprietor. **2** landlord.

proprio ('proprjo) *adj* **1** own. **2** suitable, convenient. **3** characteristic. **4** proper. *nm* one's own. *adv* **1** exactly, just, precisely. **2** really.

propulsione (propul'sjone) *nf* propulsion.

prora ('prora) *nf* prow, bows.

prorogare (proro'gare) *vt* defer, postpone, put off. **proroga** ('proroga) *nf* extension, adjournment.

prorompere* (pro'rompere) *vi* burst out.

prosa ('proza) *nf* prose.

prosciutto (proʃ'ʃutto) *nm* ham.

proscrivere* (pros'krivere) *vt* outlaw, proscribe.

proseguire (prose'gwire) *vt* continue, pursue. *vi* proceed, continue.

prosperare (prospe'rare) *vi* flourish, thrive. **prosperità** *nf* prosperity. **prospero** ('prospero) *adj* **1** favourable. **2** prosperous.

prospettiva (prospet'tiva) *nf* **1** perspective. **2** view. **3** prospect.

prospetto (pros'petto) *nm* **1** view. **2** prospectus.

prossimo ('prossimo) *adj* **1** near. **2** next. *nm* **1** fellow human being. **2** neighbour. **prossimità** *nf* nearness, proximity.

prostituire (prostitu'ire) *vt* prostitute. **prostituta** *nf* prostitute. **prostituzione** *nf* prostitution.

protagonista (protago'nista)
nm 1 protagonist. 2 chief actor.

proteggere* (pro'tɛddʒere) *vt*
protect, defend.

proteina (prote'ina) *nf* protein.

protendere* (pro'tendere) *vt*
extend. **protendersi** *vr* lean
forward.

protessi (pro'tɛssi) *v* see **proteggere.**

protestante (protes'tante) *adj,n*
Protestant.

protestare (protes'tare) *vi* protest. **protesta** (pro'tɛsta) *nf*
protest.

protetto (pro'tɛtto) *v* see **proteggere.**

protettore (protet'tore) *nm* 1
protector. 2 patron.

protezione (protet'tsjone) *nf* 1
protection. 2 patronage.

protocollo (proto'kɔllo) *nm* 1
protocol. 2 register.

prototipo (pro'tɔtipo) *nm* prototype.

protrarre* (pro'trarre) *vt* 1 prolong. 2 put off.

provare (pro'vare) *vt* 1 prove.
2 test, try. 3 feel, experience.
4 rehearsal. **prova** ('prɔva) *nf* 1 trial, test. 2 examination. 3 proof, evidence. 4
rehearsal. **prova generale**
dress rehearsal. **in prova** on
trial.

provenire* (prove'nire) *vi* come
from. **provenienza** (prove-
'njentsa) *nf* origin, source.

proverbio (pro'vɛrbjo) *nm*
proverb. **proverbiale** *adj*
proverbial.

provincia (pro'vintʃa) *nf* province. **provinciale** *adj* provincial.

provocare (provo'kare) *vt* provoke. **provocante** *adj* provocative. **provocazione** *nf*
provocation.

provvedere* (provve'dere) *vt*
provide, furnish, supply. *vi* attend to, take care of. **provvedimento** *nm* measure, precaution.

provvigione (provvi'dʒone) *nf*
commission.

provvisorio (provvi'zorjo) *adj*
provisional.

provvista (prov'vista) *nf* supply.

prua ('prua) *nf* prow.

prudente (pru'dɛnte) *adj* prudent, wise. **prudenza** *nf* prudence, caution.

prudere* ('prudere) *vi* itch.
prurito *nm* itch.

prugna ('pruɲɲa) *nf* plum.
prugna secca prune.
prugno *nm* plum tree.

pseudonimo (pseu'dɔnimo)
nm pseudonym.

psicanalisi (psika'nalizi) *nf* invar psychoanalysis. **psicanalista** *nm* psychoanalyst.

psichiatra (psi'kjatra) *nm* psychiatrist. **psichiatria** *nf* psychiatry. **psichiatrico** (psi-
'kjatriko) *adj* psychiatric.

psichico ('psikiko) *adj* psychic.

psicologo (psi'kɔlogo) *nm* psychologist. **psicologia** *nf* psychology. **psicologico** (psiko-
'lɔdʒiko) *adj* psychological.

psicopatico (psiko'patiko) *adj*
psychopathic. *nm* psychopath.

psicosi (psi'kɔzi) *nf* psychosis.

pubblicare (pubbli'kare) *vt*
publish. **pubblicazione** *nf*
publication. **pubblicità** *nf*
publicity, advertising.

pubblico ('pubbliko) adj 1 public. 2 state. nm 1 public. 2 audience.

pubertà (puber'ta) nf puberty.

pudico (pu'diko) adj modest, decent. **pudicizia** (pudi'tʃittsja) nf modesty.

pudore (pu'dore) nm modesty, decency.

puerile (pue'rile) adj childish.

pugilato (pudʒi'lato) nm boxing. **pugile** ('pudʒile) nm boxer.

pugnalare (puɲɲa'lare) vt stab. **pugnale** nm dagger.

pugno ('puɲɲo) nm 1 fist. 2 fistful. 3 punch. **fare a pugni** fight. **prendersi a pugni** begin to fight. **tirare pugni** punch.

pulce ('pultʃe) nf flea.

pulcino (pul'tʃino) nm chick.

puledro (pu'ledro) nm foal.

puleggia (puled:dʒa) nf pulley.

pulire (pu'lire) vt 1 clean. 2 polish. **pulito** adj 1 clean. 2 tidy. **pulizia** (pulit'tsia) nf cleaning.

pullman ('pulman) nm invar 1 mot coach. 2 (railway) pullman coach.

pulpito ('pulpito) nm pulpit.

pulsare (pul'sare) vi throb.

pungere* ('pundʒere) vt 1 prick. 2 sting.

punire (pu'nire) vt punish. **punizione** nf punishment.

punta ('punta) nf 1 point, tip, end 2 top. 3 pinch, touch. 4 promontory. **camminare in punta di piedi** walk on tiptoe. **ore di punta** nf pl rush hours. **punina** nf 1 pin. 2 gramophone needle. **puntina da disegno** drawing-pin.

puntare (pun'tare) vt 1 point, direct, aim. 2 set. 3 bet. vi push. **puntata** nf 1 thrust. 2 bet. 3 instalment, number.

punteggio (pun'tedːdʒo) nm score.

puntellare (puntel'lare) vt prop up. **puntello** (pun'tello) nm prop.

puntiglioso (puntiʎ'ʎoso) adj 1 punctilious. 2 obstinate.

punto ('punto) nm 1 point, dot. 2 stitch. 3 mark. 4 section. **fare punto** score. **in punto** exactly. ~adv no, not at all.

puntuale (puntu'ale) adj punctual. **puntualità** nf punctuality.

puntura (pun'tura) nf 1 prick, sting, bite. 2 injection. 3 pang.

punzecchiare (puntsek'kjare) vt prick.

può (pwɔ) v see **potere**.

puoi ('pwɔi) v see **potere**.

pupattola (pu'pattola) nf doll.

pupazzo (pu'pattso) nm puppet.

pupilla (pu'pilla) nf anat pupil.

purché (pur'ke) conj provided that.

pure ('pure) conj 1 however, nonetheless, yet. 2 even, still. adv also, too.

purgare (pur'gare) vt purge, cleanse. **purga** nf purge.

purgatorio (purga'tɔrjo) nm purgatory.

purificare (purifi'kare) vt purify.

puritano (puri'tano) adj,n Puritan.

puro ('puro) adj pure. **purità** nf purity.

purpureo (pur'pureo) adj crimson.

purtroppo (pur'trɔppo) *adv* unfortunately.

pus (pus) *nm invar* pus.

putrefare* (putre'fare) *vi* rot.

putrido ('putrido) *adj* rotten, putrid.

puzzare (put'tsare) *vi* stink. **puzzo** *nm* bad smell, stink. **puzzolente** (puttso'lɛnte) *adj* stinking.

Q

qua (kwa) *adv* here. **di qua** this way. **quaggiù** *adv* down here. **quassù** *adv* up here.

quacchero ('kwakkero) *nm* Quaker.

quaderno (kwa'dɛrno) *nm* 1 exercise book. 2 notebook.

quadrante (kwa'drante) *nm* 1 quadrant. 2 dial, face (of a clock).

quadrato (kwa'drato) *adj* square. *nm* 1 *math* square. 2 boxing ring.

quadretto (kwa'dretto) *nm* check (of material). **a quadretti** checked.

quadrifoglio (kwadri'fɔʎʎo) *nm* four-leaved clover.

quadro ('kwadro) *adj* square. *nm* 1 painting, picture. 2 *math* square. 3 *pl* game diamonds.

quadrupede (kwa'drupede) *adj,nm* quadruped.

quaglia ('kwaʎʎa) *nf* quail.

qualche ('kwalke) *adj invar* 1 some, a few. 2 any. **qualche volta** sometimes. **qualcheduno** *pron* someone. **qualcosa** (kwal'kɔsa) *pron also* **qualchecosa** something. **qualcuno** (kwal'kuno) *pron* 1 someone. 2 anyone. **qualora** (kwa'lora) *conj* if, in case.

qualsiasi (kwal'siasi) *adj* 1 any. 2 whatever. 3 ordinary.

qualunque *adj invar* any, whatever.

quale ('kwale) *adj* what, which. *pron* 1 who. 2 whom, which. 3 whose. *adv* like.

qualificare (kwalifi'kare) *vt* 1 qualify. 2 define. **qualificarsi** *vr* qualify. **qualifica** (kwa'lifika) *nf* qualification.

qualità (kwali'ta) *nf* 1 quality. 2 type, kind.

quando ('kwando) *conj* 1 when. 2 while.

quantità (kwanti'ta) *nf* quantity.

quanto ('kwanto) *adj* how much or many. **quanto tempo?** how long? ~*pron* 1 how much or many. 2 what. **tutto quanto** 1 the lot. 2 *pl* all. ~*adv* 1 how. 2 as much as. **quanto a** as regards. **quantunque** *conj* although.

quaranta (kwa'ranta) *adj,nm* forty. **quarantena** (kwaran'tɛna) *nf* quarantine. **quarantesimo** *adj* fortieth.

quaresima (kwa'rezima) *nf* Lent.

quartiere (kwar'tjɛre) *nm* 1 district, zone, quarter. 2 *mil* quarters.

quarto ('kwarto) *adj* fourth. *nm* quarter. **quartetto** *nm* quartet.

quarzo ('kwartso) *nm* quartz.

quasi ('kwazi) *adv* almost, nearly. *conj* as if.

quatto ('kwatto) *adj* 1 crouched. 2 silent. **quatto quatto** quietly.

quattordici (kwat'torditʃi) *adj* fourteen. *nm or f* fourteen.

quattordicesimo *adj* four-teenth.

quattrini (kwat'trini) *nm pl* money, cash.

quattro ('kwattro) *adj* four. **fare quattro passi** take a walk. ~*nm* or *f* four. **quattrocento** (kwattro'tʃento) *adj* four hundred. *nm* 1 four hundred. 2 fifteenth century.

quegli ('kweʎʎi) *adj* see **quello.**

quei ('kwei) *adj* see **quello.**

quel (kewl) *adj* see **quello.**

quello, quel, quella ('kwello, kwel, 'kwella) *pl* **quelli, quegli, quelle** *pron* 1 that man, he. 2 that (one). 3 *pl* those, the ones. *adj* 1 that. 2 *pl* those.

quercia ('kwertʃa) *nf* oak.

questionario (kwestjo'narjo) *nm* questionnaire.

questione (kwes'tjone) *nf* question, matter.

questo ('kwesto) *pron* 1 this man. 2 this (one). 3 *pl* these, the ones. *adj* 1 this. 2 *pl* these.

questore (kwes'tore) *nm* chief constable.

questura (kwes'tura) *nf* police station.

qui (kwi) *adv* here.

quietanza (kwje'tantsa) *nf* receipt.

quietare (kwje'tare) *vt* quieten. **quietarsi** *vr* calm down. **quiete** ('kwjɛte) *nf* calm.

quindi ('kwindi) *adv* therefore.

quindici ('kwinditʃi) *adj* fifteen. *nm* or *f* fifteen. **quindicesimo** *adj* fifteenth.

quinta ('kwinta) *nf* Th wing.

quinto ('kwinto) *adj* fifth. **quintetto** *nm* quintet.

quota ('kwɔta) *nf* 1 quota,

share. 2 instalment. 3 altitude. 4 *sport* odds. **prendere quota** gain height.

quotidiano (kwoti'djano) *adj* daily. *nm* daily newspaper.

R

rabarbaro (ra'barbaro) *nm* rhubarb.

rabberciare (rabber'tʃare) *vt* patch up.

rabbia ('rabbja) *nf* 1 rabies. 2 rage.

rabbino (rab'bino) *nm* rabbi.

rabbonire (rabbo'nire) *vt* placate. **rabbonirsi** *vr* calm down.

rabbrividire (rabbrivi'dire) *vi* shiver, shudder.

rabbuffare (rabbuf'fare) *vt* ruffle.

rabbuiare (rabbu'jare) *vi* grow dark. **rabbuiarsi** *vr* get dark.

raccapezzare (rakkapet'tsare) *vt* 1 gather. 2 understand.

raccapricciare (rakkaprit'tʃare) *vt* horrify. **raccapricciarsi** *vr* be horrified.

raccattare (rakkat'tare) *vt* pick up.

racchetta (rak'ketta) *nf* tennis racket.

racchiudere* (rak'kjudere) *vt* contain.

raccogliere* (rak'kɔʎʎere) *vt* 1 gather, collect, pick. 2 pick up. **raccogliersi** *vr* 1 assemble. 2 concentrate.

raccolta (rak'kɔlta) *nf* 1 harvest, crop. 2 collection.

raccolto (rak'kɔlto) *nm* crop, harvest.

raccomandare (rakkoman'dare) *vt* 1 recommend. 2 register (a letter, etc.). **racco-**

mandata *nf* registered letter.

raccomandazione *nf* recommendation.

raccomodare (rakkomo'dare) *vt* **1** repair, mend. **2** put in order.

racconciare (rakkon'tʃare) *vt* repair.

raccontare (rakkon'tare) *vt* tell, narrate, recount. **racconto** *nm* **1** account. **2** tale, story.

raccorciare (rakkor'tʃare) *vt* shorten.

raccordare (rakkor'dare) *vt* join, connect. **raccordo** *nm* **1** *mech* connection. **2** slip-road, link road.

raccostare (rakkos'tare) *vt also* **raccozzare** (rakkot'tsare) bring together.

radar ('radar) *nm* radar.

raddolcire (raddol'tʃire) *vt* sweeten.

raddoppiare (raddop'pjare) *vt,vi* double.

raddrizzare (raddrit'tsare) *vt* straighten.

radere* ('radere) *vt* shave.

radiare (ra'djare) *vt* cancel, cross out.

radiatore (radja'tore) *nm* radiator.

radiazione (radjat'tsjone) *nf* radiation.

radicale (radi'kale) *adj,n* radical.

radicchio (ra'dikkjo) *nm* chicory.

radice (ra'ditʃe) *nf* root.

radio[1] ('radjo) *nm* radium.
radioattività *nf* radioactivity.
radioattivo *adj* radioactive.
radio[2] ('radjo) *nf invar* radio.
radioascoltatore (radjoas-

kolta'tore) *nm* listener. **radiodiffusione** *nf* broadcasting.

radiografare (radjogra'fare) *vt* X-ray. **radiografia** *nf* X-ray.

rado ('rado) *adj* **1** sparse, thin. **2** infrequent. **di rado** rarely.

radunare (radu'nare) *vt* gather, collect. **radunarsi** *vr* assemble.

rafano ('rafano) *nm* radish.

raffica ('raffika) *nf* **1** gust, squall. **2** *mil* hail, burst.

raffigurare (raffigu'rare) *vt* represent.

raffinare (raffi'nare) *vt* refine. **raffinamento** *nm* *also* **raffinatezza** (raffina'tettsa) *nf* refinement. **raffineria** *nf* refinery.

raffreddare (raffred'dare) *vt* cool. *vi* get cold. **raffreddarsi** *vr* **1** get cold. **2** catch a cold. **raffreddore** *nm* cold, chill.

raffrenare (raffre'nare) *vt* restrain.

rafia ('rafja) *nf* raffia.

raganella (raga'nɛlla) *nf* **1** frog. **2** rattle.

ragazzo (ra'gattso) *nm* **1** boy. **2** boyfriend. **ragazza** *nf* **1** girl. **2** girlfriend. **ragazza alla pari** au pair.

raggiare (rad'dʒare) *vi* shine, beam. **raggio** *nm* ray, beam.

raggirare (rad'dʒare) *vt* trick, cheat. **raggiro** *nm* trick.

raggiungere* (rad'dʒundʒere) *vt* **1** reach, arrive at. **2** catch up with. **3** achieve. **4** hit (a target).

raggiustare (raddʒus'tare) *vt* **1** repair, mend. **2** put in order, tidy.

raggomitolare (raggomito'lare)

vt wind into a ball. **rag-gomitolarsi** *vr* curl up.

raggrinzare (raggrin'tsare) *vt* crease, wrinkle. *vi* become wrinkled.

raggruppare (raggrup'pare) *vt* group, assemble. **raggrup-parsi** *vr* assemble.

ragguagliare (raggwaʎ'ʎare) *vt* 1 level. 2 brief, inform. **rag-guaglio** *nm* 1 comparison. 2 information.

ragia ('radʒa) *nf* resin.

ragionare (radʒo'nare) *vi* reason. **ragionamento** *nm* reasoning.

ragione (ra'dʒone) *nf* 1 reason. 2 right. **aver ragione** be right. **ragioneria** *nf* 1 accountancy. 2 bookkeeping. **ragionevole** (radʒo'nevole) *adj* reasonable. **ragioniere** (radʒo'njere) *nm* accountant.

ragliare (raʎ'ʎare) *vi* bray.

ragno ('raɲɲo) *nm* spider. **ragnatela** *nf* spider's web.

ragù (ra'gu) *nm* sauce, ragout.

raion ('rajon) *nm* rayon.

rallegrare (ralle'grare) *vt* cheer. **rallegrarsi** *vr* 1 cheer up. 2 rejoice. **rallegrarsi con** congratulate.

rallentare (rallen'tare) *vt* slacken. **rallentarsi** *vr* slow down.

rame ('rame) *nm* copper.

rammaricare (rammari'kare) *vt* vex. **rammaricarsi** *vr* 1 lament, complain. 2 regret. **rammarico** (ram'mariko) *nm* regret.

rammendare (rammen'dare) *vt* 1 mend. 2 darn.

rammentare (rammen'tare) *vt* remember, recall. **rammentarsi** *vr* remember.

rammollire (rammol'lire) *vt* 1 soften. 2 melt.

ramo ('ramo) *nm* branch. **ramoscello** (ramoʃ'ʃello) *nm* twig.

rampicare (rampi'kare) *vi* climb.

rampollo (ram'pollo) *nm* 1 bot shoot. 2 scion.

rampone (ram'pone) *nm* harpoon.

rana ('rana) *nf* frog.

rancido ('rantʃido) *adj* rancid.

rancore (ran'kore) *nm* rancour.

randagio (ran'dadʒo) *adj* stray.

randello (ran'dello) *nm* club, stick.

rango ('rango) *nm* rank, status.

rannicchiarsi (rannik'kjarsi) *vr* crouch.

rannuvolare (rannuvo'lare) *vt* cloud. **rannuvolarsi** *vr* cloud over.

ranocchio (ra'nɔkkjo) *nm* frog.

ranuncolo (ra'nunkolo) *nm* buttercup.

rapa ('rapa) *nf* turnip.

rapace (ra'patʃe) *adj* rapacious.

rapida ('rapida) *nf* rapid.

rapido ('rapido) *adj* rapid, quick. *nm* express train.

rapina (ra'pina) *nf* robbery.

rapire (ra'pire) *vt* 1 snatch. 2 abduct, kidnap. 3 delight. **rapitore** *nm* kidnapper.

rappezzare (rappet'tsare) *vt* piece together. **rappezzo** (rap'pettso) *nm* patch.

rapporto (rap'pɔrto) *nm* 1 report. 2 relation, connection.

rappresaglia (rappre'saʎʎa) *nf* reprisal, retaliation.

rappresentare (rapprezen'tare) *vt* 1 represent. 2 perform, act. **rappresentarsi** *vr* imagine.

rappresentante nm **1** representative. **2** salesman. **rappresentazione** nf performance.

raro ('raro) adj rare.

rasare (ra'sare) vt **1** shave. **2** level.

raschiare (ras'kjare) vt scrape. vi clear one's throat.

rasente (razen'tare) vt go close to, skim. **rasente** prep close to.

rasi ('rasi) v see **radere**.

raso ('raso) v see **radere**. nm satin.

rasoio (ra'sojo) nm razor.

rassegnarsi (rassen'narsi) vr resign oneself. **rassegna** nf **1** mil inspection. **2** review. **3** report.

rasserenarsi (rassere'narsi) vr clear up.

rassettare (rasset'tare) vt **1** tidy, arrange. **2** repair, mend.

rassicurare (rassiku'rare) vt reassure. **rassicurarsi** vr be reassured.

rassomigliare (rassomiʎ'ʎare) vi resemble, look like. **rassomigliarsi** vr look alike. **rassomiglianza** (rassomiʎ-ʎantsa) nf resemblance.

rastrello (ras'trɛllo) nm rake. **rastrelliera** (rastrel'ljera) nf **1** hay rack. **2** dish rack.

rata ('rata) nf instalment. **comprare a rate** buy on hire purchase.

ratificare (ratifi'kare) vt confirm, ratify.

ratto[1] ('ratto) nm kidnapping.

ratto[2] ('ratto) nm rat.

rattoppare (rattop'pare) vt patch, mend.

rattrappire (rattrap'pire) vi be stiff.

rattristare (rattris'tare) vt sadden. **rattristarsi** vr become sad.

rauco ('rauko) adj hoarse.

ravanello (rava'nɛllo) nm radish.

ravioli (ravi'ɔli) nm pl pieces of stuffed pasta.

ravviare (ravvi'are) vt put in order, tidy.

ravvisare (ravvi'zare) vt recognize.

ravvivare (ravvi'vare) vt revive.

ravvolgere* (rav'vɔldʒere) vt wrap.

razionale (rattsjo'nale) adj rational.

razionare (rattsjo'nare) vt ration. **razione** nf ration.

razza ('rattsa) nf race, breed.

razzia (rat'tsia) nf raid. **razzismo** (rat'tsizmo) nm racialism. **razzista** nm racialist.

razzo ('raddzo) nm rocket.

re (re) nm invar king.

reagire (rea'dʒire) vi react.

reale[1] (re'ale) adj real. **realismo** nm realism. **realtà** nf reality.

reale[2] (re'ale) adj royal.

realizzare (realid'dzare) vt achieve, carry out. **realizzarsi** vr come about.

reato (re'ato) nm crime.

reattore (reat'tore) nm reactor.

reazione (reat'tsjone) nf reaction.

rebbio ('rebbjo) nm prong.

recapito (re'kapito) nm address.

recare (re'kare) vt **1** bring. **2** cause. **recarsi** vr go.

recensire (retʃen'sire) vt review. **recensione** nf review.

recente (re'tʃɛnte) adj recent, new.

recessione (retʃes'sjone) nf recession.

recingere* (re'tʃindʒere) vt surround, enclose. **recinto** nm enclosure.

recipiente (retʃi'pjɛnte) nm container.

reciproco (re'tʃiproko) adj mutual, reciprocal.

recitare (retʃi'tare) vt 1 recite. 2 perform. **recita** ('rɛtʃita) nf performance.

reclamare (rekla'mare) vi protest, complain. vt demand, claim. **reclamo** nm claim.

reclame (re'klam) nf 1 advertisement. 2 advertising.

reclusione (reklu'zjone) nf 1 seclusion. 2 imprisonment.

reclutare (reklu'tare) vt enlist, enrol, recruit. **recluta** nf recruit.

record ('rɛkord) nm invar record (in sport, etc.).

recriminare (rekrimi'nare) vi recriminate. **recriminazione** nf recrimination.

recto ('rɛkto) nm 1 recto, right-hand side of page. 2 reverse (of a coin).

redarguire (redargu'ire) vt reprove, reproach.

redattore (redat'tore) nm 1 writer. 2 editor. **redazione** nf 1 editing. 2 editorial staff.

reddito ('rɛddito) nm income, revenue.

redentore (reden'tore) nm redeemer. **redenzione** nf redemption.

redigere* (re'didʒere) vt compile, draft.

redine ('redine) nf rein.

reduce (re'dutʃe) nm survivor. adj returned.

refe ('refe) nm thread.

referendum (refe'rɛndum) nm invar referendum.

referenza (refe'rɛntsa) nf reference.

refettorio (refet'tɔrjo) nm refectory.

regalare (rega'lare) vt give. **regalo** nm gift.

regale (re'gale) adj regal.

regata (re'gata) nf boat race.

reggere* ('rɛddʒere) vt 1 hold, support. 2 direct. 3 rule. vi resist. **reggersi** vr stand. **reggente** (red'dʒɛnte) nm regent. **reggia** ('rɛddʒa) nf royal palace.

reggimento (reddʒi'mento) nm regiment.

reggipetto (reddʃi'pɛtto) nm invar also **reggiseno** nm bra. brassiere.

regia (re'dʒia) nf (film) direction.

regime (re'dʒime) nm 1 regime. 2 diet.

regina (re'dʒina) nf queen **reginetta** nf beauty queen.

regio ('rɛdʒo) adj royal.

regione (re'dʒone) nf region **regionale** adj regional.

regista (re'dʒista) nm 1 (of film) director. 2 Th producer.

registrare (redʒis'trare) vt note, register. 2 record. **re gistratore** nm tape-recorder **registratore di cassa** cash register. **registrazione** nf registration. 2 recording. **re gistro** nm register.

regnare (reɲˈɲare) *vi* reign. **regno** *nm* **1** kingdom. **2** reign.

regola (ˈrɛgola) *nf* rule. **in regola** in order.

regolare (regoˈlare) *vt* regulate, adjust. *adj* regular. **regolarità** *nf* regularity.

regolo (ˈrɛgolo) *nm* ruler. **regolo calcolatore** slide rule.

reincarnazione (reinkarnatˈtsjone) *nf* reincarnation.

relativo (relaˈtivo) *adj* **1** relative. **2** relevant. **relatività** *nf* relativity.

relazione (relatˈtsjone) *nf* **1** relation, relationship. **2** report.

relegare (releˈgare) *vt* **1** confine. **2** relegate.

religione (reliˈdʒone) *nf* religion. **religioso** (reliˈdʒoso) *adj* religious.

reliquia (reˈlikwja) *nf* relic.

reliquiario (reliˈkwarjo) *nm* shrine.

remare (reˈmare) *vi* row. **rematore** *nm* oarsman. **remo** *nm* oar.

reminiscenza (reminiʃˈʃentsa) *nf* **1** remembrance. **2** reminiscence.

remissivo (remisˈsivo) *adj* submissive.

remoto (reˈmɔto) *adj* remote.

rena (ˈrena) *nf* sand.

rendere* (ˈrendere) *vt* **1** give back, return. **2** give. **3** make. **4** yield. **rendersi** *vr* become. **rendersi conto** realize. **rendiconto** *nm comm* statement.

rendita (ˈrendita) *nf* income.

rene (ˈrɛne) *nm anat* kidney. **reni** (ˈrɛni) *nf pl anat* back.

renna (ˈrɛnna) *nf* reindeer.

Reno (ˈrɛno) *nm* Rhine.

reparto (reˈparto) *nm* **1** department, section. **2** *mil* detachment.

repellente (repelˈlɛnte) *adj* repulsive.

repertorio (reperˈtɔrjo) *nm* **1** index. **2** repertory.

replicare (repliˈkare) *vt* **1** reply. **2** repeat. **replica** (ˈrɛplika) *nf* **1** reply. **2** *Th* repeat performance, run.

reprensibile (reprenˈsibile) *adj* blameworthy.

repressione (represˈsjone) *nf* repression. **repressivo** *adj* repressive.

reprimere* (reˈprimere) *vt* check, suppress.

repubblica (reˈpubblika) *nf* republic. **repubblicano** *adj,n* republican.

reputare (repuˈtare) *vt* consider, judge. **reputazione** *nf* reputation.

requie (ˈrɛkwje) *nf* rest.

requisire (rekwiˈzire) *vt* requisition.

resa (ˈresa) *nf* **1** surrender. **2** return.

resi (ˈresi) *v see* **rendere.**

residente (resiˈdɛnte) *adj,nm* resident. **residenza** (resiˈdɛntsa) *nf* residence. **residenziale** *adj* residential.

residuo (reˈsiduo) *nm* remainder.

resina (ˈrezina) *nf* resin.

resistere (reˈsistere) *vi* **1** resist, hold out. **2** endure. **resistente** *adj* resistant. **resistenza** (resisˈtɛntsa) *nf* resistance.

reso (ˈreso) *v see* **rendere.**

resoconto (resoˈkonto) *nm* report.

respingere* (res'pind3ere) vt **1** repel, force back. **2** reject.

respirare (respi'rare) vi,vt breathe. **respirazione** nf respiration. **respiro** nm **1** breath. **2** rest.

responsabile (respon'sabile) adj responsible. **responsabilità** nf responsibility.

ressa ('ressa) nf crowd.

ressi ('ressi) v see **reggere**.

restare (res'tare) vi **1** stay, remain. **2** be left.

restaurare (restau'rare) vt restore. **restauro** nm restoration, repair.

restio (res'tio) adj reluctant.

restituire (restitu'ire) vt give back, restore.

resto ('resto) nm **1** rest, remainder. **2** change (money). **del resto** besides.

restringere* (res'trind3ere) vt **1** tighten, squeeze. **2** restrict. **3** take in (clothes). **restringersi** vr **1** narrow. **2** shrink. **3** close up. **restrizione** nf restriction.

rete ('rete) nf **1** net. **2** network. **3** sport goal. **reticella** (reti'tʃella) nf luggage rack.

reticente (reti'tʃente) adj reticent. **reticenza** (reti'tʃentsa) nf reticence.

reticolato (retiko'lato) nm wire netting.

retina ('retina) nf retina.

retorica (re'tɔrika) nf rhetoric. **retorico** (re'tɔriko) adj rhetorical.

retribuire (retribu'ire) vt **1** pay. **2** reward. **retribuzione** nf payment.

retro ('rɛtro) nm back, reverse side. **retrodatare** (retroda-

'tare) vt backdate. **retrogrado** (re'trɔgrado) adj backward, retrograde. **retroguardia** (retro'gwardja) nf rearguard. **retromarcia** (retro'martʃa) nf reverse gear. **retrospettivo** (retrospet'tivo) adj retrospective. **retrovisore** (retrovi'zore) nm driving mirror.

retrocedere* (retro'tʃedere) vi retreat.

retta ('retta) nf **dare retta** listen, pay attention.

rettangolo (ret'tangolo) nm rectangle. **rettangolare** adj rectangular.

rettificare (rettifi'kare) vt correct, rectify.

rettile ('rettile) nm reptile.

retto[1] ('retto) adj **1** straight. **2** honest. **3** correct, right. nm **1** right angle. **2** anat rectum.

retto[2] ('retto) v see **reggere**.

rettore (ret'tore) nm educ rector.

reumatismo (reuma'tizmo) nm rheumatism. **reumatico** (reu'matiko) adj rheumatic.

reverendo (reve'rɛndo) adj,nm reverend.

revisione (revi'zjone) nf revision.

revocare (revo'kare) vt annul.

revolver (re'vɔlver) nm invar revolver.

riabbassare (riabbas'sare) vt lower again.

riabbracciare (riabbrat'tʃare) vt embrace again.

riabilitare (riabili'tare) vt **1** rehabilitate. **2** reinstate. **riabilitazione** nf rehabilitation.

riaccendere* (riat'tʃɛndere) vt relight.

riaccompagnare (riakkompaɲ'ɲare) vt take back.

riacquistare (riakkwis'tare) vt regain.

riaddormentarsi (riaddormen'tarsi) vr fall asleep again.

riaffermare (riaffer'mare) vt reaffirm.

rialto (ri'alto) nm hill, rise.

rialzare (rial'tsare) vt lift up, raise. **rialzarsi** vr rise. **rialzo** (ri'altso) nm rise.

riammettere* (riam'mettere) vt readmit.

rianimare (riani'mare) vt revive.

riapertura (riaper'tura) nf reopening.

riapparire* (riappa'rire) vi reappear.

riaprire* (ria'prire) vt,vi reopen.

riassumere* (rias'sumere) vt 1 resume. 2 re-employ. 3 summarize. **riassunto** nm summary.

riattaccare (riattak'kare) vt 1 reattach. 2 hang up (telephone).

riattivare (riatti'vare) vt put back into operation.

ribadire (riba'dire) vt rivet.

ribaldo (ri'baldo) nm rogue.

ribaltare (ribal'tare) vt,vi, overturn. **ribaltarsi** vr capsize. **ribalta** nf 1 footlights. 2 flap.

ribassare (ribas'sare) vt lower. vi fall. **ribasso** nm fall, reduction.

ribattere (ri'battere) vt return (ball). vi retort.

ribellarsi (ribel'larsi) vr rebel, revolt. **ribelle** (ri'bɛlle) nm

rebel. adj rebellious. **ribellione** nf rebellion.

ribes ('ribes) nm invar gooseberry. **ribes nero** blackcurrant. **ribes spinoso** gooseberry bush.

riboccare (ribok'kare) vi overflow.

ribrezzo (ri'breddzo) nm shudder.

ributtare (ribut'tare) vt repel.

ricacciare (rikat'tʃare) vt drive back.

ricadere* (rika'dere) vi fall again. **ricaduta** nf relapse.

ricamare (rika'mare) vt embroider. **ricamo** nm embroidery.

ricambiare (rikam'bjare) vt exchange. **ricambio** nm exchange.

ricapitolare (rikapito'lare) vt sum up.

ricaricare (rikari'kare) vt reload.

ricattare (rikat'tare) vt blackmail. **ricattatore** nm blackmailer. **ricatto** nm blackmail.

ricavare (rika'vare) vt obtain, gain.

ricchezza (rik'kettsa) nf wealth.

riccio[1] ('rittʃo) nm hedgehog. **riccio di mare** sea urchin.

riccio[2] ('rittʃo) adj curly. nm curl. **ricciuto** adj curly.

ricco ('rikko) adj rich.

ricercare (ritʃer'kare) vt 1 seek. 2 investigate. **ricerca** nf research.

ricetta (ri'tʃetta) nf 1 med prescription. 2 recipe.

ricevere (ri'tʃevere) vt receive. **ricevimento** nm reception.

ricevitore *nm* receiver. **ricevuta** *nf* receipt.

richiamare (rikja'mare) *vt* **1** call back, recall. **2** attract, draw. **3** rebuke. **richiamo** *nm* **1** recall. **2** call.

richiedere* (ri'kjɛdere) *vt* **1** ask again. **2** demand, request. **3** need. **richiesta** (ri'kjɛsta) *nf* demand, request.

riciclare (ritʃi'klare) *vt* recycle.

ricino ('ritʃino) *nm* castor-oil plant. **olio di ricino** castor oil.

ricominciare (rikomin'tʃare) *vt* begin again.

ricompensa (rikom'pɛnsa) *nf* reward.

riconciliare (rikontʃi'ljare) *vt* reconcile. **riconciliarsi** *vr* be reconciled.

ricondurre* (rikon'durre) *vt* take back.

riconoscere* (riko'noʃʃere) *vt* **1** recognize. **2** acknowledge. **riconoscente** (rikonoʃ'ʃente) *adj* grateful. **riconoscenza** (rikonoʃ'ʃɛntsa) *nf* gratitude. **riconoscimento** *nm* recognition.

ricopiare (riko'pjare) *vt* copy out.

ricoprire* (riko'prire) *vt* cover.

ricordare (rikor'dare) *vt* **1** remember, recall. **2** remind of. **3** commemorate. **ricordarsi** *vr* remember. **ricordo** (ri'kɔrdo) *nm* **1** memory. **2** souvenir.

ricorrere* (ri'korrere) *vi* **1** turn to. **2** appeal. **3** recur.

ricostruire (rikostru'ire) *vt* reconstruct.

ricotta (ri'kɔtta) *nf* cottage cheese.

ricoverare (rikove'rare) *vt* **1** shelter. **2** admit to hospital. **ricovero** (ri'kɔvero) *nm* refuge.

ricrearsi (rikre'arsi) *vr* amuse oneself. **ricreazione** *nf* recreation.

ricredersi (rikre'dersi) *vr* change one's mind.

ricuperare (rikupe'rare) *vt* recover, salvage.

ricusare (riku'zare) *vt* refuse.

ridare (ri'dare) *vt* give back.

ridere* ('ridere) *vi* laugh.

ridicolo (ri'dikolo) *adj* ridiculous.

ridire* (ri'dire) *vt* **1** repeat. **2** find fault.

ridurre* (ri'durre) *vt* **1** reduce. **2** adapt. **riduzione** *nf* **1** reduction. **2** *mus* arrangement.

riempire* (riem'pire) *vt* **1** fill. **2** stuff. **3** fill in.

rientrare (rien'trare) *vi* **1** re-enter. **2** return.

rifare* (ri'fare) *vt* **1** do or make again. **2** repair.

riferire* (rife'rire) *vt* **1** ascribe. **riferirsi** *vr* refer. **riferimento** *nm* reference.

rifiutare (rifju'tare) *vt* **1** refuse. **2** reject. **rifiutarsi** *vr* refuse. **rifiuto** *nm* **1** refusal. **2** *pl* refuse, rubbish. **merce di rifiuto** *nf pl* waste goods.

riflessione (rifles'sjone) *nf* reflexion.

riflessivo (rifles'sivo) *adj* thoughtful.

riflesso (ri'flesso) *nm* **1** reflection. **2** reflex.

riflettere* (ri'flettere) *vt,vi* reflect. **riflettersi** *vr* be reflected. **riflettore** *nm* searchlight, floodlight.

rifondere* (ri'fondere) vt refund.

riformare (rifor'mare) vt 1 reform. 2 mil discharge. **riforma** nf 1 reform. 2 Reformation. **riformatore** nm reformer.

rifornire (rifor'nire) vt supply, provide. **rifornimento** nm supply. **stazione di rifornimento** nf filling station.

rifuggire (rifud'dʒire) vi 1 flee. 2 shun.

rifugiarsi (rifu'dʒarsi) vr take refuge. **rifugiato** nm refugee. **rifugio** nm refuge, shelter.

rifulgere* (ri'fuldʒere) vi shine.

rigaglie (ri'gaʎʎe) nf pl giblets.

rigare ('rigare) vt rule. **riga** nf 1 line, stripe. 2 row. 3 ruler. 4 parting (in hair). **a righe** striped. **rigato** adj lined, striped.

rigettare (ridʒet'tare) vt 1 throw back. 2 reject. **rigetto** (ri'dʒetto) nm rejection.

rigido ('ridʒido) adj 1 stiff, rigid. 2 strict, severe. **rigidezza** (ridʒi'dettsa) nf severity. **rigidità** nf rigidity.

rigirare (ridʒi'rare) vt turn. **rigirarsi** vr turn round. **rigiro** nm 1 turning. 2 trick.

rigo ('rigo) nm line.

rigoglioso (rigoʎ'ʎoso) adj exuberant.

rigore (ri'gore) nm rigour, harshness. **rigoroso** adj 1 severe. 2 rigorous.

rigovernare (rigover'nare) vt wash up (dishes).

riguardare (rigwar'dare) vt 1 look at again. 2 concern. 3 consider. vi overlook. **riguardarsi** vr take care of oneself. **riguardo** nm 1 regard, respect. 2 care. **riguardo a** as regards.

rilasciare (rilaʃ'ʃare) vt 1 leave again. 2 release. 3 issue. **rilascio** nm 1 release. 2 issue.

rilassare (rilas'sare) vt relax. **rilassarsi** vr slacken.

rilegare (rile'gare) vt 1 bind (a book). 2 set (a jewel). **rilegatura** nf binding.

rileggere* (ri'leddʒere) vt reread.

rilevare (rile'vare) vt 1 lift up. 2 notice. 3 point out. 4 survey. 5 understand. 6 relieve. 7 take over.

rilievo (ri'ljɛvo) nm relief.

rilucere* (ri'lutʃere) vi glitter.

riluttante (rilut'tante) adj reluctant. **riluttanza** (rilut'tantsa) nf reluctance.

rima ('rima) nf rhyme.

rimandare (riman'dare) vt 1 send back. 2 put off, postpone. **rimando** nm 1 return. 2 postponement.

rimanere* (rima'nere) vi 1 stay, remain. 2 be left, remain. **rimanere ferito** be wounded.

rimango (ri'mango) v see **rimanere**.

rimarrò (rimar'rɔ) v see **rimanere**.

rimasi (ri'masi) v see **rimanere**.

rimasto (ri'masto) v see **rimanere**.

rimasugli (rima'suʎʎi) nm pl leftovers.

rimbalzare (rimbal'tsare) vi rebound. **rimbalzo** nm rebound.

rimbambire (rimbam'bire) vi become childish.

rimbeccare (rimbek'kare) *vt* retort.

rimboccare (rimbok'kare) *vt* turn or tuck up.

rimbombare (rimbom'bare) *vi* resound.

rimborsare (rimbor'sare) *vt* refund, repay.

rimediare (rime'djare) *vi* cure. **rimedio** (ri'mɛdjo) *nm* cure, remedy.

rimescolare (rimesko'lare) *vt* **1** mix. **2** shuffle (cards).

rimessa (ri'messa) *nf* **1** shed. **2** garage.

rimettere (ri'mettere) *vt* **1** replace, return. **2** put on again. **3** lose. **4** postpone. **5** send. **6** pardon. **7** entrust. **rimettersi** *vr* **1** return. **2** recover. **3** (of the weather) clear up. **4** rely.

rimodernare (rimoder'nare) *vt* update, modernize.

rimontare (rimon'tare) *vt* **1** reassemble. **2** go up again. **3** remount. *vi* **1** remount. **2** date.

rimorchiare (rimor'kjare) *vt* tow. **rimorchio** (ri'mɔrkjo) *nm* trailer.

rimorso (ri'mɔrso) *nm* remorse.

rimpasto (rim'pasto) *nm* reshuffle.

rimpatriare (rimpa'trjare) *vi* return home. *vt* repatriate. **rimpatrio** (rim'patrjo) *nm* repatriation.

rimpiangere* (rim'pjandʒere) *vt* regret.

rimpiattino (rimpjat'tino) *nm* hide-and-seek.

rimpiccolire (rimpikko'lire) *vt* make smaller. *vi* become smaller.

rimpinzarsi (rimpin'tsarsi) *vr* overeat.

rimproverare (rimprove'rare) *vt* rebuke. **rimprovero** (rim'prɔvero) *nm* rebuke, reproof.

rimuovere* (ri'mwɔvere) *vt* **1** remove. **2** dissuade.

Rinascimento (rinaʃʃi'mento) *nm* Renaissance.

rincagnato (rinkaɲ'ɲato) *adj* snub (of a nose).

rincalzare (rinkal'tsare) *vt* **1** prop up. **2** tuck in. **3** chase.

rincarare (rinka'rare) *vt* increase the price of.

rincasare (rinka'sare) *vi* go home.

rinchiudere* (rin'kjudere) *vt* enclose, shut up.

rincontrare (rinkon'trare) *vt* meet.

rincorrere* (rin'korrere) *vt* chase, pursue. **rincorsa** *nf* short run.

rincrescere* (rin'kreʃʃere) *vi* cause regret. *v imp* be sorry.

rinculare (rinku'lare) *vi* recoil.

rinfiancare (rinfjan'kare) *vt* prop up.

rinforzare (rinfor'tsare) *vt* reinforce, strengthen. **rinforzo** (rin'fɔrtso) *nm* **1** support. **2** *mil* reinforcement.

rinfrescare (rinfres'kare) *vt* **1** cool. **2** refresh. **rinfrescarsi** *vr* **1** cool down. **2** have a cool drink. **rinfrescante** *adj* refreshing. **rinfresco** *nm* refreshment.

rinfusa (rin'fuza) *adv,adj* **alla rinfusa** higgledy-piggledy.

ringhiare (rin'gjare) *vi* growl. **ringhio** *nm* growl.

ringhiera (rin'gjɛra) *nf* **1** railing. **2** *pl* banisters.

ringiovanire (rindʒova'nire) *vt*

make younger. *vi* become younger.

ringraziare (ringrat'tsjare) *vt* thank. **ringraziamento** *nm* thanks.

rinnegare (rinne'gare) *vt* 1 deny. 2 disown.

rinnovare (rinno'vare) *vt* renew.

rinoceronte (rinotʃe'ronte) *nm* rhinoceros.

rinomato (rino'mato) *adj* famous.

rintoccare (rintok'kare) *vi* (of a clock) strike, (of a bell) toll.

rintoppare (rintop'pare) *vt* come across, bump into.

rintracciare (rintrat'tʃare) *vt* trace.

rintronare (rintro'nare) *vt* 1 shake. 2 stun. *vi* resound.

rintuzzare (rintut'tsare) *vt* blunt.

rinunciare (rinun'tʃare) *vi* give up, relinquish. *vt* renounce. **rinuncia** *nf* renunciation.

rinvenire* (rinve'nire) *vt* find. *vi* revive.

rinviare (rinvi'are) *vt* 1 send back. 2 put off, defer.

rinvigorire (rinvigo'rire) *vt* strengthen.

riordinare (riordi'nare) *vt* 1 tidy. 2 reorganize.

riorganizzare (riorganid'dzare) *vt* reorganize. **riorganizzazione** *nf* reorganization.

ripagare (ripa'gare) *vt* repay.

riparare (ripa'rare) *vt* 1 repair, mend. 2 protect. **riparazione** *nf* repair. **riparo** *nm* shelter. **senza riparo** irreparably.

ripartire (ripar'tire) *vt* divide, share. *vi* leave again.

ripassare (ripas'sare) *vt* 1 re-

cross. 2 revise. 3 retouch. 4 look over. **ripassata** *nf* 1 revision. 2 look over, inspection. **ripasso** *nm* revision.

ripensare (ripen'sare) *vi* 1 reconsider. 2 change one's mind.

ripentirsi (ripen'tirsi) *vr* repent.

ripercussione (riperkus'sjone) *nf* repercussion.

ripetere (ri'petere) *vt* repeat. **ripetizione** *nf* 1 repetition. 2 rehearsal.

ripiano (ri'pjano) *nm* shelf.

ripido ('ripido) *adj* steep.

ripiegare (ripje'gare) *vt* fold up.

ripiego (ri'pjɛgo) *nm* expedient.

ripieno (ri'pjɛno) *adj* stuffed. *nm* stuffing, filling.

riporre* (ri'porre) *vt* place.

riportare (ripor'tare) *vt* 1 take or bring back. 2 report. 3 win, obtain, receive. **riportarsi** *vr* refer.

riposare (ripo'sare) *vt* 1 put back. 2 rest. *vi* rest. **riposarsi** *vr* rest. **riposo** (ri'pɔso) *nm* rest. **a riposo** retired.

ripostiglio (ripos'tiʎʎo) *nm* 1 hiding place. 2 storeroom.

riprendere* (ri'prɛndere) *vt* 1 take back. 2 take again. 3 resume. 4 reprove. 5 film. *vi* revive. **riprendersi** *vr* 1 recover. 2 correct oneself.

ripresa (ri'presa) *nf* 1 resumption. 2 *sport* second half or round.

riprodurre* (ripro'durre) *vt* reproduce. **riproduzione** *nf* reproduction.

ripugnante (ripuɲ'ɲante) *adj*

repugnant. **ripugnanza** (ripuɲ'ɲantsa) *nf* repugnance.

ripulsione (ripul'sjone) *nf* repulsion. **ripulsivo** *adj* repulsive.

risaia (ri'saja) *nf* paddy field.

risalire (risa'lire) *vt* 1 go up again. 2 go back to, date from.

risaltare (risal'tare) *vi* stand out. **risalto** *nm* relief, prominence. **fare risalto** stand out.

risanare (risa'nare) *vt* cure.

risarcire (risar'tʃire) *vt* compensate.

risata (ri'sata) *nf* laugh.

riscaldare (riskal'dare) *vt* 1 heat, heat up. 2 warm. **riscaldarsi** *vr* warm up. **riscaldamento** *nm* heating. **riscaldatore** *nm* heater.

riscatto (ris'katto) *nm* ransom.

rischiarare (riskja'rare) *vt* 1 light up. 2 enlighten. 3 clear. *vi* light up. **rischiararsi** *vr* clear up. clear up.

rischiare (ris'kjare) *vt* risk. *vi* run the risk. **rischio** *nm* risk. **rischioso** (ris'kjoso) *adj* risky.

risciacquare (riʃʃak'kware) *vt* rinse.

risciò (riʃ'ʃɔ) *nm* rickshaw.

riscontrare (riskon'trare) *vt* 1 compare. 2 verify. **riscontrarsi** *vr* correspond. **riscontro** *nm* 1 checking. 2 comparison.

riscossa (ris'kɔssa) *nf* insurrection.

riscuotere* (ris'kwɔtere) *vt* 1 cash, draw, collect (one's salary). 2 obtain. 3 shake. **riscuotersi** *vr* 1 start. 2 *med* come round.

risentire (risen'tire) *vt* feel, experience. *vi* show signs of.

risentirsi *vr* take offence. **risentimento** *nm* resentment.

riserbo (ri'sɛrbo) *nm* reserve.

riservare (riser'vare) *vt* keep, reserve. **riserva** (ri'sɛrva) *nf* 1 stock, reserve. 2 reservation. 3 reserve, preserve. 4 *sport* reserve. **riservato** *adj* reserved.

risi ('risi) *v* see **ridere.**

risiedere (ri'sjɛdere) *vi* reside.

riso [1] ('riso) *v* see **ridere.**

riso [2] ('riso) *nm* rice.

riso [3] ('riso) *nm* 1 laugh. 2 laughter.

risolsi (ri'sɔlsi) *v* see **risolvere.**

risolto (ri'sɔlto) *v* see **risolvere.**

risoluto (riso'luto) *adj* determined. **risolutezza** (risolu'tettsa) *nf* determination.

risoluzione (risolut'tsjone) *nf* resolution.

risolvere* (ri'sɔlvere) *vt* 1 resolve, solve. 2 break down, dissolve. 3 decide. 4 annul. **risolversi** *vr* 1 dissolve. 2 make up one's mind.

risonare (riso'nare) *vi* resound, ring out. **risonanza** (riso'nantsa) *nf* 1 resonance. 2 echo.

risorgere* *vi* rise again. **risorgimento** *nm* 1 revival. 2 *cap* Italian 19th-century independence movement.

risorsa (ri'sorsa) *nf* resource.

risparmiare (rispar'mjare) *vt* 1 save. 2 spare. **risparmio** (ris'parmjo) *nm* saving. **cassa di risparmio** *nf* savings bank.

rispettare (rispet'tare) *vt* respect. **rispettabile** (rispet'tabile) *adj* respectable. **rispettabilità** *nf* respectability. **rispetto** (ris'pɛtto) *nm* respect.

rispetto a as regards. **rispettoso** (rispet'toso) *adj* respectful.

rispettivo (rispet'tivo) *adj* respective.

risplendere (ris'plɛndere) *vi* shine.

rispondere* (ris'pondere) *vi* 1 reply, answer. 2 be responsible for. 3 correspond. 4 respond. **rispondere di sì/no** answer yes/no.

risposi (ris'posi) *v* see **rispondere.**

risposta (ris'posta) *nf* 1 reply, answer. 2 response.

risposto (ris'posto) *v* see **rispondere.**

rissa ('rissa) *nf* brawl. **rissoso** (ris'soso) *adj* quarrelsome.

ristabilire (ristabi'lire) *vt* restore.

ristagnare (ristaɲ'ɲare) *vi* stagnate. **ristagno** *nm* stagnation.

ristampare (ristam'pare) *vt* reprint.

ristorante (risto'rante) *nm* restaurant.

ristorare (risto'rare) *vt* refresh, restore. **ristoro** (ris'toro) *nm* 1 relief. 2 refreshments.

ristretto (ris'tretto) *adj* 1 narrow. 2 restricted, limited.

risultare (risul'tare) *vi* result, ensure. **risultare chiaro** be clear. **risultato** *nm* result.

risuonare (risuo'nare) *vi* resound, ring out. **risuonanza** *nf* 1 resonance. 2 echo.

risurrezione (risurret'tsjone) *nf* resurrection.

risuscitare (risuʃʃi'tare) *vt* bring back to life, revive. *vi* rise again.

risvegliare (rizveʎ'ʎare) *vt* awaken, revive. **risveglio** *nm* revival.

ritaglio (ri'taʎʎo) *nm* 1 newspaper cutting. 2 scrap.

ritardare (ritar'dare) *vt* slow down, delay. *vi* 1 be late. 2 (of a watch) lose. **ritardo** *nm* delay. **in ritardo** late.

ritegno (ri'teɲɲo) *nm* restraint.

ritenere* (rite'nere) *vt* 1 keep back. 2 keep, hold. 3 consider. 4 remember. **ritenersi** *vr* consider oneself.

ritirare (riti'rare) *vt* 1 withdraw, draw back. 2 retract. 3 draw (money). **ritirarsi** *vr* 1 withdraw. 2 retire. **ritirata** *nf* 1 retreat. 2 lavatory. **ritiro** *nm* withdrawal.

ritmo ('ritmo) *nm* rhythm. **ritmico** ('ritmiko) *adj* rhythmic.

rito ('rito) *nm* rite. **rituale** *adj* ritual.

ritoccare (ritok'kare) *vt* touch up. **ritocco** (ri'tokko) *nm* retouch.

ritornare (ritor'nare) *vi* 1 return, come back. 2 recur. *vi* give back. **ritorno** *nm* return. **essere di ritorno** be back. **ritorno di fiamma** 1 backfire. 2 renewed passion.

ritrarre* (ri'trarre) *vt* 1 draw back. 2 reproduce. **ritrarsi** *vr* withdraw.

ritratto (ri'tratto) *nm* portrait.

ritroso (ri'troso) *adj* 1 reluctant. 2 shy.

ritrovare (ritro'vare) *vt* 1 find (again). 2 discover. 3 recover. **ritrovarsi** *vr* 1 meet. 2 find oneself. **ritrovo** (ri'trɔvo) *nm*

1 meeting. **2** meeting place. **ritrovo notturno** nightclub.

ritto ('ritto) *adj* **1** upright. **2** straight. **stare ritto** stand up. **~nm** right side.

riunire (riu'nire) *vt* **1** gather, collect. **2** reunite. **riunirsi** *vr* **1** be reunited. **2** meet. **riunione** *nf* meeting.

riuscire* (riuʃ'ʃire) *vi* **1** go out. **2** work or turn out. **3** result. **4** succeed, manage. **riuscita** *nf* **1** result. **2** success.

riva ('riva) *nf* bank, shore.

rivale (ri'vale) *adj, n* rival. **rivaleggiare** *vi* rival. **rivalità** *nf* rivalry.

rivedere* (rive'dere) *vt* **1** see again. **2** revise, examine.

rivelare (rive'lare) *vt* reveal, disclose. **rivelazione** *nf* revelation.

riverberare (riverbe'rare) *vt* reverberate.

riverire (rive'rire) *vt* respect. **riverente** (rive'rɛnte) *adj* reverent. **riverenza** (rive'rɛntsa) *nf* **1** reverence. **2** bow.

rivestire (rives'tire) *vt* **1** cover. **2** line.

riviera (ri'vjɛra) *nf* coast.

rivista (ri'vista) *nf* **1** mil parade. **2** magazine, review. **3** revue.

rivolgere* (ri'vɔldʒere) *vt* **1** turn (over). **2** direct. **rivolgersi** *vr* **1** turn round. **2** apply. **3** go towards. **rivolgimento** *nm* upheaval.

rivoltare (rivol'tare) *vt* turn. **rivoltarsi** *vr* revolt. **rivolta** *nf* revolt.

rivoltella (rivol'tɛlla) *nf* revolver.

rivoluzione (rivolut'tsjone) *nf*

revolution. **rivoluzionario** *adj* revolutionary.

rizzare (rit'tsare) *vt* raise, erect. **rizzarsi** *vr* **1** stand up. **2** stand on end.

roba ('rɔba) *nf* stuff, things, possessions.

robusto (ro'busto) *adj* strong, sturdy.

rocca ('rɔkka) *nf* fortress. **roccaforte** *nf* stronghold.

roccia ('rɔttʃa) *nf* rock. **roccioso** (rot'tʃoso) *adj* rocky.

rodaggio (ro'daddʒo) *nm* mot running in. **in rodaggio** running in.

Rodano ('rɔdano) *nm* Rhône.

rodere* ('rodere) *vt* **1** gnaw. **2** nibble. **roditori** *nm pl* rodents.

Rodesia (ro'dɛzja) *nf* Rhodesia. **rodesiano** *adj, n* Rhodesian.

rododendro (rodo'dɛndro) *nm* rhododendron.

rogna ('roɲɲa) *nf* **1** itch. **2** scabies.

rognone (roɲ'ɲone) *nm cul* kidney.

rollare (rol'lare) *vi naut* roll.

Roma ('roma) *nf* Rome. **romano** *adj, n* Roman.

Romania (roma'nia) *nf* Rumania. **romeno** *adj, n* Rumanian.

romanico (ro'maniko) *adj* romanesque.

romantico (ro'mantiko) *adj* romantic. **romanticismo** *nm* romanticism.

romanzo¹ (ro'mandzo) *adj* romance (language).

romanzo² (ro'mandzo) *nm* **1** novel. **2** romance. **roman-**

ziere (roman'dzjɛre) *nm* novelist.

romito (ro'mito) *nm* hermit.

rompere* ('rompere) *vt* break, smash. *vi* break. **rompere la testa** annoy. **rompersi** *vr* break up. **rompersi la testa** rack one's brains. **rompicapo** *nm* annoyance. **rompiscatole** (rompis'katole) *nm sl* pest, nuisance.

ronda ('ronda) *nf mil* rounds, patrol.

rondine ('rondine) *nf zool* swallow.

rondone (ron'done) *nm* swift.

ronzare (ron'dzare) *vi* buzz, hum, whirr. **ronzio** *nm* buzz, hum.

ronzino (rond'zino) *nm inf* nag.

rosa ('rɔza) *nf* rose. *adj invar,nm invar* pink.

rosario (ro'zarjo) *nm* rosary.

rosbif ('rɔzbif) *nm invar* roast beef.

rosicchiare (rosik'kjare) *vt* nibble.

rosmarino (rozma'rino) *nm* rosemary.

rosolare (rozo'lare) *vt cul* brown.

rosolia (rozo'lia) *nf* German measles.

rospo ('rɔspo) *nm* toad. **ingoiare un rospo** swallow an insult.

rosso ('rosso) *adj,nm* red. **rossetto** (ros'setto) *nm* lipstick. **rossore** *nm* shame.

rosticceria (rostittʃe'ria) *nf* shop selling cooked food.

rostro ('rɔstro) *nm* rostrum.

rotaia (ro'taja) *nf* 1 rail. 2 rut.

rotare (ro'tare) *vt,vi* rotate. **rotazione** *nf* rotation.

roteare (rote'are) *vt* whirl. *vi* wheel.

rotella (ro'tɛlla) *nf* wheel. **pattino a rotelle** *nm* roller-skate.

rotolare (roto'lare) *vt* roll. *vi* roll down. **rotolo** ('rɔtolo) *nm* roll.

rotondo (ro'tondo) *adj* round.

rotore (ro'tore) *nm* rotor.

rotta [1] ('rotta) *nf* 1 break. 2 rout. **a rotta di collo** at breakneck speed.

rotta [2] ('rotta) *nf* course, route.

rotto ('rotto) *v* see **rompere**. *adj* broken. **rottame** *nm* 1 fragment. 2 *pl* wreckage, ruins. **rottami di ferro** *nm pl* scrap iron. **rottura** *nf* break, breaking off.

rovesciare (roveʃ'ʃare) *vt* 1 upset, spill. 2 overturn. 3 turn inside out. 4 overthrow. **rovesciarsi** *vr* 1 overturn, capsize. 2 fall down. **rovescio** (ro'veʃʃo) *nm* wrong side, other side. **a rovescio** back to front. **capire a rovescio** misunderstand. **alla rovescia** 1 inside out. 2 upside down.

rovinare (rovi'nare) *vt* ruin. **rovina** *nf* fall, ruin.

rovistare (rovis'tare) *vt* ransack.

rovo ('rovo) *nm* bramble, blackberry bush.

rozzo ('roddzo) *adj* rough, coarse.

ruba ('ruba) *nf* **andare a ruba** sell like hot cakes.

rubacchiare (rubak'kjare) *vt* pilfer.

rubare (ru'bare) *vt* steal, rob. **rubacuori** (ruba'kwɔri) *nm sl* lady-killer.

rubinetto (rubi'netto) *nm* tap.

rubino (ru'bino) *nm* ruby.

rubrica (ru'brika) *nf* 1 directory. 2 feature, column.

rude ('rude) *adj* rough.

rudere ('rudere) *nm* ruin.

ruga ('ruga) *nf* wrinkle. **rugoso** (ru'goso) *adj* wrinkled.

rugby ('rugbi) *nm* rugby. **rugbista** *nm* rugby-player.

ruggine ('ruddʒine) *nf* rust. **rugginoso** (ruddʒi'noso) *adj* rusty.

ruggire (rud'dʒire) *vi* roar. **ruggito** *nm* roar.

rugiada (ru'dʒada) *nf* dew.

rullare (rul'lare) *vi* roll. *vi* 1 roll. 2 *aviat* taxi. **rullio** *nm* roll. **rullo** *nm* 1 roll. 2 *tech* roller. **rullo compressore** steamroller.

rum (rum) *nm* rum.

ruminare (rumi'nare) *vt* 1 chew. 2 ruminate.

rumore (ru'more) *nm* 1 noise, din. 2 rumour. **rumoroso** (rumo'roso) *adj* noisy.

rumoreggiare (rumored'dʒare) *vi* make a noise.

ruolo ('rwɔlo) *nm* 1 roll, list. 2 role.

ruota ('rwɔta) *nf* wheel. **ruota di ricambio** spare wheel. **girare a ruota libera** *vi* freewheel.

rupe ('rupe) *nf* cliff.

rupia (ru'pia) *nf* rupee.

ruppi ('ruppi) *v* see **rompere**.

rurale (ru'rale) *adj* rural.

ruscello (ruʃ'ʃello) *nm* stream.

russare (rus'sare) *vi* snore.

Russia ('russja) *nf* Russia. **russo** *adj,n* Russian. *nm* Russian (language).

rustico ('rustiko) *adj* rustic.

ruttare (rut'tare) *vi* belch, burp. **rutto** *nm* belch.

ruvido ('ruvido) *adj* rough, coarse. **ruvidezza** (ruvi'dettsa) *nf* coarseness.

ruzzare (rud'dzare) *vi* gambol.

ruzzolare (ruttso'lare) *vi* roll down.

S

sa (sa) *v* see **sapere**.

sabato ('sabato) *nm* Saturday.

sabbia ('sabbja) *nf* sand. **sabbie mobili** *n pl* quicksands. **sabbioso** (sab'bjoso) *adj* sandy.

sabotare (sabo'tare) *vt* sabotage. **sabotaggio** *nm* sabotage. **sabotatore** *nm* saboteur.

sacca ('sakka) *nf* 1 bag, satchel. 2 pocket.

saccarina (sakka'rina) *nf* saccharin.

saccente (sat'tʃente) *nm* know-all.

saccheggiare (sakked'dʒare) *vt* sack, plunder. **saccheggio** *nm* sack, pillage.

sacchetto (sak'ketto) *nm* paper bag.

sacco ('sakko) *nm* sack, bag. **sacco a pelo** sleeping-bag.

saccoccia (sak'kɔttʃa) *nf* pocket.

sacerdote (satʃer'dɔte) *nm* priest. **sacerdotale** *adj* priestly. **sacerdozio** (satʃer'dɔttsjo) *nm* priesthood.

sacramento (sakra'mento) *nm* sacrament.

sacrificare (sakrifi'kare) *vt* sacrifice. **sacrificio** *nm* sacrifice.

sacrilegio (sakri'lɛdʒo) *nm* sacrilege.

sacro ('sakro) *adj* holy, sacred.

sadico ('sadiko) *adj* sadistic. *nm* sadist. **sadismo** *nm* sadism.

saetta (sa'etta) *nf* arrow.

safari (sa'fari) *nm* safari.

saga ('saga) *nf* saga.

sagace (sa'gatʃe) *adj* clever, shrewd. **sagacità** *nf* sagacity.

saggezza (sad'dʒettsa) *nf* wisdom.

saggio[1] ('saddʒo) *adj* wise, prudent. *nm* sage.

saggio[2] ('saddʒo) *nm* **1** trial, test. **2** sample. **3** study, essay.

Sagittario (sadʒit'tarjo) *nm* Sagittarius.

sagoma ('sagoma) *nf* outline, profile.

sagra ('sagra) *nf* festival.

sagrestia (sagres'tia) *nf* sacristy. **sagrestano** *nm* sacristan.

sai ('sai) *v* see **sapere.**

sala ('sala) *nf* room, hall. **sala da pranzo** dining room. **sala operatoria** operating theatre.

salamandra (sala'mandra) *nf* salamander.

salame (sa'lame) *nm* pork sausage, salami.

salamoia (sala'mɔja) *nf* brine.

salario (sa'larjo) *nm* wages, salary.

saldare (sal'dare) *vt* **1** join, weld. **2** settle, pay (a bill). **saldezza** (sal'dettsa) *nf* firmness. **saldo** *adj* solid, firm.

sale ('sale) *nm* salt. **salare** *vt* salt. **salato** *adj* **1** salt, salty. **2** expensive. **saliera** (sa'ljɛra) *nf* saltcellar.

salgo ('salgo) *v* see **salire.**

salice ('salitʃe) *nm* willow.

salire* (sa'lire) *vt,vi* climb, go up. *vi* rise, increase. **salire in macchina** get into a car. **salita** *nf* ascent, climb.

saliva (sa'liva) *nf* saliva.

salma ('salma) *nf* corpse.

salmo ('salmo) *nm* psalm.

salmone (sal'mone) *nm* salmon.

salone (sa'lone) *nm* **1** hall. **2** assembly room.

salotto (sa'lɔtto) *nm* sitting room.

salpare (sal'pare) *vi* set sail.

salsa ('salsa) *nf* **1** sauce. **2** gravy. **salsiera** (sal'sjɛra) *nf* sauceboat.

salsiccia (sal'sittʃa) *nf* pork sausage.

salso ('salso) *adj* salt, salty.

saltare (sal'tare) *vi* jump, leap. *vt* **1** jump over. **2** miss. **saltare in aria** explode.

saltatoio (salta'tojo) *nm* perch.

saltellare (saltel'lare) *vi* skip, hop. **saltello** (sal'tɛllo) *nm* jump.

salterellare (salterel'lare) *vi* hop, skip. **salterello** (salte'rɛllo) *nm* skip, jump.

saltimbanco (saltim'banko) *nm* acrobat.

saltimbocca (saltim'bokka) *nm invar* meat in anchovy sauce.

salto ('salto) *nm* jump, leap. **salto mortale** somersault.

salubre ('salubre) *adj* healthy.

salume (sa'lume) *nm* salted meat. **salumeria** *nf* delicatessen.

salutare (salu'tare) *vt* greet, say hello or goodbye to. **andare a salutare** go and see.

salute 182

saluto *nm* **1** greeting. **2** salute. **tanti saluti** best regards.

salute (sa'lute) *nf* health. **salutare** *adj* salutary.

salva ('salva) *nf* salvo.

salvaguardare (salvagwar'dare) *vt* safeguard. **salvaguardia** *nf* safeguard.

salvare (sal'vare) *vt* **1** save. **2** rescue. **salvarsi** *vr* escape. **salvagente** (salva'dʒɛnte) *nm invar* lifebelt. **salvazione** *nf* salvation. **salvezza** (sal'vettsa) *nf* safety. **salvo** *adj* safe. *prep* except.

salvataggio (salva'taddʒo) *nm* rescue.

salvia ('salvja) *nf bot* sage.

sambuco (sam'buko) *nm* elder tree.

san (san) *adj* contraction of **santo**.

sanare (sa'nare) *vt* **1** cure, heal. **2** put right. **sanabile** (sa'nabile) *adj* curable.

sanatorio (sana'tɔrjo) *nm* sanatorium.

sancire (san'tʃire) *vt* sanction.

sandalo ('sandalo) *nm* sandal.

sangue ('sangwe) *nm* blood. **fare sangue** bleed.

sanguinare (sangwi'nare) *vi* bleed. **sanguigno** *adj* **1** blood. **2** blood-red. **sanguinoso** (sangwi'noso) *adj* bloody.

sanitario (sani'tarjo) *adj* sanitary.

sanno ('sanno) *v see* **sapere**.

sano ('sano) *adj* healthy, sound. **di sana pianta** entirely. **sano e salvo** safe and sound. **sanità** *nf* sanity.

santificare (santifi'kare) *vt* sanctify.

santo ('santo) *adj* holy, sacred. *nm* saint. **santità** *nf* holiness.

santuario (santu'arjo) *nm* sanctuary.

sanzionare (santsjo'nare) *vt* sanction, approve. **sanzione** *nf* sanction.

sapere* (sa'pere) *vt* know. **sapere di** taste of. **sapiente** (sa'pjɛnte) *adj* wise. *nm* wise man. **sapienza** (sa'pjɛntsa) *nf* wisdom, learning.

sapone (sa'pone) *nm* soap. **saponata** *nf* lather. **saponetta** *nf* bar of soap. **saponiera** (sapo'njɛra) *nf* soap dish.

sapore (sa'pore) *nm* taste, flavour. **saporito** *adj* **1** tasty. **2** witty. **3** expensive.

sappiamo (sap'pjamo) *v see* **sapere**.

saprò (sa'prɔ) *v see* **sapere**.

saracinesca (saratʃi'neska) *nf* roller blind.

sarcasmo (sar'kazmo) *nm* sarcasm. **sarcastico** (sar'kastiko) *adj* sarcastic.

sarchiare (sar'kjare) *vt* hoe, weed. **sarchio** *nm* hoe.

sarda ('sarda) *nf* pilchard. **sardina** *nf* sardine.

Sardegna (sar'denɲa) *nf* Sardinia. **sardo** *adj,n* Sardinian. **sardonico** (sar'dɔniko) *adj* sardonic.

sarei (sa'rɛi) *v see* **essere**.

sarò (sa'rɔ) *v see* **essere**.

sarto ('sarto) *nm* tailor. **sarta** *nf* dressmaker. **sartoria** *nf* tailor's shop.

sasso ('sasso) *nm* stone. **sassoso** (sas'soso) *adj* stony.

sassofono (sas'sɔfono) *nm* saxophone.

Satana ('satana) *nm* Satan.

satellite (sa'tɛllite) *nm* satellite.

satira ('satira) *nf* satire. **satireggiare** *vt* satirize. **satirico** (sa'tiriko) *adj* satirical.

saturare (satu'rare) *vt* saturate. **saturazione** *nf* saturation.

Saturno (sa'turno) *nm* Saturn.

sauna ('sauna) *nf* sauna.

savio ('savjo) *adj* wise. *nm* sage.

saziare (sat'tsjare) *vt* satisfy, fill. **sazio** *adj* full, sated.

sbaccellare (zbattʃe'lare) *vt* shell (peas).

sbadataggine (zbada'taddʒine) *nf* carelessness. **sbadato** *adj* careless.

sbadigliare (zbadiʎ'ʎare) *vi* yawn. **sbadiglio** *nm* yawn.

sbagliare (zbaʎ'ʎare) *vt* 1 miscalculate. 2 mistake. *vi* make a mistake. **sbagliarsi** *vr* make a mistake, be mistaken. **sbagliato** *adj* wrong, mistaken. **sbaglio** *nm* mistake, error.

sballare (zbal'lare) *vt* unpack.

sballottare (zballot'tare) *vt* toss about.

sbalordire (zbalor'dire) *vt* amaze, stun. *vi* be amazed. **sbalordimento** *nm* amazement.

sbalzare (zbal'tsare) *vt* 1 throw, fling. 2 dismiss. *vi* 1 bounce. **sbalzo** *nm* 1 bounce. 2 leap. **a sbalzi** by fits and starts.

sbandare (zban'dare) *vt* disband, disperse. *vi mot* skid. **sbandarsi** *vr* disperse.

sbandire (zban'dire) *vt* banish.

sbarazzare (zbarat'tsare) *vt* clear, rid. **sbarazzarsi di** *vr* get rid of.

sbarbare (zbar'bare) *vt* 1 uproot. 2 shave.

sbarcare (zbar'kare) *vt* put ashore, unload. *vi* go ashore, disembark. **sbarco** *nm* landing.

sbarrare (zbar'rare) *vt* block, bar. **sbarrare gli occhi** open one's eyes wide. **sbarra** *nf* 1 bar, barrier. 2 tiller.

sbatacchiare (zbatak'kjare) *vt,vi* bang, slam.

sbattere ('zbattere) *vt* 1 beat, shake. 2 bang, slam. *vi* slam. **sbattere fuori** throw out.

sbavare (zba'vare) *vi* dribble.

sbiadire (zbja'dire) *vi* fade.

sbieco ('zbjɛko) *adj* slanting, askew. **guardare di sbieco** look at askance.

sbigottire (zbigot'tire) *vt* dismay. **sbigottirsi** *vr* be dismayed. **sbigottimento** *nm* dismay. **sbigottito** *adj* dismayed, amazed.

sbilenco (zbi'lenko) *adj* crooked.

sbirciare (zbir'tʃare) *vt* eye, gaze at.

sbirro ('zbirro) *nm inf* cop, policeman.

sboccare (zbok'kare) *vi* 1 flow. 2 lead, come out. **sbocco** *nm* outlet.

sbocciare (zbot'tʃare) *vi* blossom, open.

sborsare (zbor'sare) *vt* pay out.

sbottonare (zbotto'nare) *vt* unbutton.

sbozzare (zbot'tsare) *vt* sketch. **sbozzo** ('zbɔttso) *nm* sketch.

sbranare (zbra'nare) *vt* tear to pieces.

sbrattare (zbrat'tare) *vt* clean, clear.

sbriciolare (zbritʃo'lare) *vt* crumble. **sbriciolarsi** *vr* crumble.

sbrigare (zbri'gare) *vt* finish off, deal with. **sbrigarsi** *vr* hurry.

sbrodolare (zbrodo'lare) *vt* stain, dirty.

sbronzo ('zbrontso) *adj inf* drunk.

sbucare (zbu'kare) *vi* come out.

sbucciare (zbut'tʃare) *vt* peel, skin. **sbucciarsi** *vr* graze. **sbucciapatate** *nm invar* potato peeler.

sbuffare (zbuf'fare) *vi* puff. **sbuffo** *nm* puff.

scabbia ('skabbja) *nf* scabies.

scabro ('skabro) *adj* rough.

scabroso (ska'broso) *adj* **1** rough. **2** difficult. **3** risqué.

scacchiera (skak'kjɛra) *nf* chessboard.

scacciare (skat'tʃare) *vt* chase or drive out.

scacco ('skakko) *nm* **1** square, check. **2** *pl* chess. **a scacchi** checked. **scacco matto** checkmate.

scadere* (ska'dere) *vi* **1** decline, decrease. **2** expire, be due. **scadente** (ska'dɛnte) *adj* of poor quality, shoddy. **scadenza** (ska'dɛntsa) *nf* expiry.

scafandro (ska'fandro) *nm* **1** diving suit. **2** spacesuit.

scaffale (skaf'fale) *nm* bookcase, bookshelf.

scafo ('skafo) *nm* hull.

scaglia ('skaʎʎa) *nf* **1** scale (of fish). **2** fragment. **scaglioso** (skaʎ'ʎoso) *adj* scaly.

scagliare (skaʎ'ʎare) *vt* throw, hurl.

scala ('skala) *nf* **1** stairs, staircase. **2** scale, proportion. **scala a piuoli** ladder. **scala mobile** escalator. **scalino** *nm* step, stair.

scalare (ska'lare) *vt* scale. **scalatore** *nm* mountain climber.

scaldare (skal'dare) *vt* warm up, heat. **scaldabagno** (skalda'baɲɲo) *nm* water heater.

scalfire (skal'fire) *vt* scratch.

scalo ('skalo) *nm* **1** wharf. **2** port of call. **volo senza scalo** non-stop flight.

scalogna (ska'loɲɲa) *nf inf* bad luck.

scaloppa (ska'lɔppa) *nf* escalope.

scalpello (skal'pɛllo) *nm* chisel.

scalpore (skal'pore) *nm* noise, row.

scaltro ('skaltro) *adj* shrewd, crafty. **scaltrezza** (skal'trettsa) *nf* cunning.

scalzare (skal'tsare) *vt* take shoes and socks from. **scalzo** *adj* barefoot.

scambiare (skam'bjare) *vt* **1** exchange. **2** mistake. **scambio** *nm* exchange.

scampanare (skampa'nare) *vi* peal, chime. **scampanata** *nf* peal.

scampare (skam'pare) *vt* save. *vi* escape. **scampo** *nm* refuge, safety. **non c'è scampo** there is no way out.

scampi ('skampi) *nm pl* scampi, prawns.

scampolo ('skampolo) *nm* remnant.

scanalare (skana'lare) *vt* groove. **scanalatura** *nf* groove.

scandalo ('skandalo) *nm* scandal. **scandalizzare** (skandalid'dzare) *vt* shock. **scandalizzarsi** *vr* be shocked. **scandaloso** (skanda'loso) *adj* scandalous, shocking.

scannare (skan'nare) *vt* slaughter.

scanno ('skanno) *nm* seat, bench.

scansare (skan'sare) *vt* avoid. **scansarsi** *vr* move aside.

scansia (skan'sia) *nf* bookcase.

scapigliare (skapiʎ'ʎare) *vt* ruffle, dishevel.

scapola ('skapola) *nf* shoulder-blade.

scapolo ('skapolo) *nm* bachelor.

scappare (skap'pare) *vi* run away, flee. **scappata** *nf* 1 visit, call. 2 escapade.

scarabocchiare (skarabok 'kjare) *vt* scribble. **scarabocchio** (skara'bɔkkjo) *nm* scribble.

scarafaggio (skara'faddʒo) *nm* cockroach.

scaramuccia (skara'muttʃa) *nf* skirmish.

scaricare (skari'kare) *vt* unload. **scaricarsi** *vr* 1 relax, unwind. 2 (of a clock) run down. **scarico** (ska'riko) *adj* 1 unloaded. 2 (of a watch, etc.) run down. *nm* unloading. **tubo di scarico** *nm* exhaust pipe.

scarlatto (skar'latto) *adj,nm* scarlet. **scarlattina** *nf* scarlet fever.

scarno ('skarno) *adj* thin, scanty.

scarpa ('skarpa) *nf* shoe. **scarpino** *nm* dancing shoe.

scarso ('skarso) *adj* 1 scarce. 2 meagre. 3 lean, poor. **scarsità** *nf* scarcity.

scartabellare (skartabel'lare) *vt* skim through (a book).

scartare (skar'tare) *vt* 1 unwrap. 2 reject. *vi* swerve.

scassare (skas'sare) *vt* break open. **scasso** *nm* housebreaking.

scassinatore (skassina'tore) *nm* burglar.

scatenare (skate'nare) *vt* unleash. **scatenarsi** *vr* break out. **scatenato** *adj* wild.

scatola ('skatola) *nf* 1 box. 2 tin, can. **in scatola** tinned. **rompere le scatole a** annoy.

scattare (skat'tare) *vi* 1 spring (up). 2 go off. *vt* take (a photo). **scatto** *nm* spring.

scaturire (skatu'rire) *vi* 1 gush. 2 spring.

scavare (ska'vare) *vt* 1 dig (up). 2 excavate. **scavo** *nm* excavation.

scegliere* (ʃeʎʎere) *vt* choose, pick.

sceicco (ʃe'ikko) *nm* sheik.

scelgo ('ʃelgo) *v* see **scegliere.**

scellerato (ʃelle'rato) *adj* wicked. **scelleratezza** (ʃellera 'tettsa) *nf* wickedness.

scellino (ʃel'lino) *nm* shilling.

scelsi ('ʃelsi) *v* see **scegliere.**

scelta ('ʃelta) *nf* choice, selection.

scelto 186

scelto ('ʃelto) v see **scegliere**. adj choice.

scemare (ʃe'mare) vt,vi diminish, reduce. **scemo**

scena ('ʃɛna) nf 1 stage. 2 scene. **scenata** nf row, commotion.

scendere* ('ʃendere) vi come or go down. 2 dismount. vt descend. **scendiletto** (ʃendi 'letto) nm invar bedside rug.

scenico ('ʃɛniko) adj scenic.

sceriffo (ʃe'riffo) nm sheriff.

scesa ('ʃesa) nf descent.

scesi ('ʃesi) v see **scendere**.

sceso ('ʃeso) v see **scendere**.

scettico ('ʃettiko) adj sceptical. nm sceptic. **scetticismo** nm scepticism.

scettro ('ʃettro) nm sceptre.

schedare (ske'dare) vt file.

scheda ('skɛda) nf 1 index card. 2 ballot paper, form. **schedario** nm 1 file. 2 filing cabinet.

scheggia ('skeddʒa) nf chip, splinter.

scheletro ('skɛletro) nm skeleton.

schema ('skɛma) nm outline, plan.

schermire (sker'mire) vi sport fence. **schermirsi** vr defend oneself. **scherma** nf fencing.

schermo ('skermo) nm screen.

schernire (sker'nire) vt sneer at. **scherno** nm scorn.

scherzare (sker'tsare) vi joke. **scherzo** nm joke. **per scherzo** as a joke. **scherzoso** adj playful.

schiacciare (skjat'tʃare) vt crush, squeeze. **schiaccianoci** nm invar nutcracker.

schiaffeggiare (skjaffed'dʒare)

vt slap. **schiaffo** nm slap, smack.

schiamazzare (skjamat'tsare) vi 1 squawk. 2 cluck. **schiamazzo** nm 1 squawking. 2 din.

schiantare (skjan'tare) vt break. vi inf burst.

schiarire (skja'rire) vt clear up. vi become light.

schiavo ('skjavo) nm slave. **schiavitù** nf slavery.

schidione (ski'djone) nm cul spit.

schiena ('skjɛna) nf back, spine. **schienale** nm back (of a chair).

schierare (skje'rare) vt line up. **schierarsi** vr take sides. **schiera** ('skjɛra) nf 1 rank. 2 formation.

schietto ('skjetto) adj pure. **schiettezza** (skjet'tettsa) nf 1 purity. 2 sincerity.

schifiltoso (skifil'toso) adj fussy.

schifo ('skifo) nm disgust. **che schifo!** how disgusting! **schifoso** (ski'foso) adj disgusting, revolting.

schioccare (skjok'kare) vt 1 crack (a whip). 2 smack. **schiocco** ('skjɔkko) nm 1 crack. 2 smack.

schioppo ('skjɔppo) nm gun. **schioppettata** nf shot.

schiumare (skju'mare) vt skim. vi foam. **schiuma** nf froth, foam. **schiumoso** (skju'moso) adj frothy.

schivare (ski'vare) vt avoid.

schizofrenia (skiddzofre'nia) nf schizophrenia.

schizzare (skit'tsare) vi gush, squirt. vt 1 splash. 2 sketch.

schizzo nm **1** squirt, splash. **2** sketch.

sci (ʃi) nm invar **1** ski. **2** skiing. **sci nautico** water-skiing.

scia ('ʃia) nf wake, trail.

scià (ʃa) nm shah.

sciabola ('ʃabola) nf sabre.

sciabordare (ʃabor'dare) vt (of water) lap. vi ripple.

sciacallo (ʃa'kallo) nm jackal.

sciacquare (ʃak'kware) vt rinse.

sciagura (ʃa'gura) nf misfortune. **sciagurato** adj unfortunate.

scialacquare (ʃalak'kware) vt dissipate.

scialbo ('ʃalbo) adj pale.

scialle ('ʃalle) nm shawl.

scialuppa (ʃa'luppa) nf sloop. **scialuppa di salvataggio** lifeboat.

sciamare (ʃa'mare) vi swarm. **sciame** nm swarm.

sciancato (ʃan'kato) adj **1** lame. **2** rickety. nm cripple.

sciare (ʃi'are) vi ski. **sciatore** nm skier.

sciarpa ('ʃarpa) nf scarf.

sciatto ('ʃatto) adj slovenly.

scientifico (ʃen'tifiko) adj scientific.

scienza ('ʃentsa) nf **1** knowledge. **2** science. **scienziato** nm scientist.

scimmia ('ʃimmja) nf monkey.

scimmiottare (ʃimmjot'tare) vt ape, imitate.

scimpanzè (ʃimpan'tse) nm chimpanzee.

scimunito (ʃimu'nito) adj silly. nm fool.

scintillare (ʃintil'lare) vi sparkle, glitter, twinkle. **scintilla** nf spark.

sciocco ('ʃɔkko) adj silly, foolish. nm fool. **sciocchezza** nf stupidity, foolishness.

sciogliere* ('ʃɔʎʎere) vt **1** untie, loosen. **2** melt, dissolve. **3** solve, resolve. **sciogliersi** vr **1** free oneself. **2** melt. **scioglilingua** nm invar tongue-twister.

sciolgo ('ʃɔlgo) v see **sciogliere**.

sciolsi ('ʃɔlsi) v see **sciogliere**.

sciolto ('ʃɔlto) v see **sciogliere**. adj **1** loose. **2** agile. **3** melted. **versi sciolti** nm pl blank verse.

scioperare (ʃope'rare) vi strike, go on strike. **scioperante** nm striker. **sciopero** ('ʃopero) nm strike.

sciorinare (ʃori'nare) vt hang out.

sciovinismo (ʃovi'nizmo) nm chauvinism.

scipito (ʃi'pito) adj tasteless.

scirocco (ʃi'rɔkko) nm sirocco.

sciroppo (ʃi'rɔppo) nm syrup. **sciroppato** adj in syrup.

sciupare (ʃu'pare) vt **1** waste. **2** spoil.

scivolare (ʃivo'lare) vi **1** slip, slide. **2** glide. **scivolo** ('ʃivolo) nm **1** slide, chute. **2** slipway.

scoccare (skok'kare) vt **1** shoot. **2** fling. **3** strike (hours). vi go off.

scocciare (skot'tʃare) vt inf annoy, bother.

scodella (sko'dɛlla) nf bowl, soup plate.

scodinzolare (skodintso'lare) vi (of a dog) wag its tail.

scoglio ('skɔʎʎo) nm **1** rock,

cliff. **2** obstacle. **scogliera** (skoʎ'ʎɛra) *nf* reef. **scoglioso** (skoʎ'ʎoso) *adj* rocky.

scoiattolo (sko'jattolo) *nm* squirrel.

scolare (sko'lare) *vt* drain. *vi* drip. **scolo** *nm* drainage. **scolapiatti** *nm invar* draining rack.

scolaro (sko'laro) *nm* schoolboy, pupil.

scolastico (sko'lastiko) *adj* scholastic.

scollatura (skolla'tura) *nf* neckline.

scolorire (skolo'rire) *vt* discolour. *vi* fade, lose colour.

scolpare (skol'pare) *vt* excuse. **scolparsi** *vr* defend oneself.

scolpire (skol'pire) *vt* sculpt, carve.

scombro ('skombro) *nm* mackerel.

scommettere* (skom'mettere) *vt* bet. **scommessa** *nf* bet.

scomodare (skomo'dare) *vt* disturb, bother. **scomodarsi** *vr* bother. **scomodo** ('skɔmodo) *adj* uncomfortable.

scomparire* (skompa'rire) *vi* disappear, vanish. **scomparsa** *nf* disappearance.

scompartire (skompar'tire) *vt* divide. **scompartimento** *nm* compartment.

scompigliare (skompiʎ'ʎare) *vt* **1** throw into disorder, upset. **2** ruffle. **scompiglio** *nm* disorder.

scomporre* (skom'porre) *vt* **1** break up. **2** disarrange. **scomporsi** *vr* lose composure.

scomunicare (skomuni'kare) *vt* excommunicate.

sconcertare (skontʃer'tare) *vt* disturb, disconcert.

sconcio ('skontʃo) *adj* indecent.

sconfessare (skonfes'sare) *vt* abjure, repudiate.

sconfitta (skon'fitta) *nf* defeat.

sconnettere* (skon'nettere) *vt* disconnect.

sconosciuto (skonoʃ'ʃuto) *adj* unknown.

sconquassare (skonkwas'sare) *vt* shatter.

sconsigliare (skonsiʎ'ʎare) *vt* dissuade.

sconsolato (skonso'lato) *adj* desolate.

scontare (skon'tare) *vt* **1** pay off. **2** pay for. **sconto** *nm* discount.

scontento (skon'tɛnto) *adj* dissatisfied, displeased. **scontentezza** (skonten'tettsa) *nf* discontent.

scontrarsi (skon'trarsi) *vr* **1** meet. **2** clash. **3** collide. **scontro** *nm* **1** encounter, clash. **2** collision.

scontrino (skon'trino) *nm* **1** ticket. **2** token, voucher.

scontroso (skon'troso) *adj* sullen, touchy.

sconvolgere* (skon'vɔldʒere) *vt* upset, disturb. **sconvolto** (skon'vɔlto) *adj* upset.

scopare (sko'pare) *vt* brush. **scopa** *nf* **1** broom. **2** Italian card game.

scoperta (sko'pɛrta) *nf* discovery.

scoperto (sko'pɛrto) *adj* uncovered.

scopo ('skɔpo) *nm* aim, purpose.

scoppiare (skop'pjare) *vi* **1**

burst, explode. **2** break out.
scoppio ('skɔppjo) *nm* **1** explosion, burst. **2** outburst. **3** outbreak.
scoppiettare (skoppjet'tare) *vi* crackle.
scoprire* (sko'prire) *vt* **1** uncover, disclose. **2** discover.
scoraggiare (skorad'dʒare) *vt* discourage. **scoraggiamento** *nm* discouragement.
scorciare (skor'tʃare) *vt* shorten. **scorciarsi** *vr* become shorter. **scorciatoia** *nf* short cut.
scordare[1] (skor'dare) *vt* forget. **scordarsi** *vr* forget.
scordare[2] (skor'dare) *vt* put out of tune. **scordarsi** *vr* go out of tune.
scorgere* ('skɔrdʒere) *vt* make out, discern.
scorpione (skor'pjone) *nm* **1** scorpion. **2** *cap* Scorpio.
scorrazzare (skorrat'tsare) *vi* wander.
scorrere* ('skorrere) *vi* **1** flow, run. **2** *pass. vt* scour. **scorreria** *nf* raid.
scorretto (skor'retto) *adj* incorrect.
scorsa ('skorsa) *nf* glance.
scorso ('skorso) *adj* past, last. **l'anno scorso** last year.
scortare (skor'tare) *vt* escort. **scorta** ('skɔrta) *nf* **1** escort. **2** store, stock.
scortese (skor'teze) *adj* discourteous, impolite. **scortesia** *nf* rudeness.
scorticare (scorti'kare) *vt* skin, flay.
scorza ('skɔrdza) *nf* **1** *bot* bark. **2** rind, skin, peel.

scoscendere* (skoʃ'ʃendere) *vi* **1** crash down. **2** split.
scosceso (scoʃ'ʃeso) *adj* steep.
scossa ('skɔssa) *nf* shake, jolt. **scossa elettrica** electric shock.
scossi ('skɔssi) *v* see **scuotere.**
scosso ('skɔsso) *v* see **scuotere.**
scostare (skos'tare) *vt* shift, remove. **scostarsi** *vr* move away.
scostumato (skostu'mato) *adj* dissolute.
Scotch (skɔtʃ) *nm invar Tdmk* sellotape.
scottare (skot'tare) *vt* burn, scald. *vi* burn. **scottatura** *nf* burn.
scovare (sko'vare) *vt* **1** drive out. **2** discover.
Scozia ('skɔttsia) *nf* Scotland.
scozzese (skot'tsese) *adj* Scottish, Scots. *nm,f* Scot.
screditare (skredi'tare) *vt* discredit.
scremare (skre'mare) *vt* skim.
screpolare (skrepo'lare) *vi* crack. **screpolarsi** *vr* split. **screpolatura** *nf* crack.
scribacchiare (skribak'kjare) *vt,vi* scribble.
scricchiolare (skrikkjo'lare) *vi* creak, squeak. **scricciolo** ('skrittʃolo) *nm* wren.
scrigno ('skriɲɲo) *nm* casket.
scriminatura (skrimina'tura) *nf* parting (in the hair).
scrissi ('skrissi) *v* see **scrivere.**
scritta ('skritta) *nf* inscription.
scritto ('skritto) *v* see **scrivere.** *adj* written. *nm* writing. **scrittore** *nm* writer. **scrittura** *nf* **1**

writing, handwriting. **2** contract.

scrivania (skriva'nia) *nf* writing desk.

scrivere* ('skrivere) *vt* write.

scroccare (skrok'kare) *vt* scrounge.

scrofa ('skrɔfa) *nf* sow.

scrollare (skrol'lare) *vt* shake, shrug.

scrosciare (skroʃ'ʃare) *vi* **1** pelt, pour. **2** roar.

scroscio ('skrɔʃʃo) *nm* **1** roar, burst. **2** shower. **piovere a scroscio** pour.

scrupolo ('skrupolo) *nm* scruple. **scrupoloso** *adj* scrupulous.

scrutare (skru'tare) *vt* investigate, search.

scrutinio (skru'tinjo) *nm* counting, count (of votes). **scrutinio segreto** secret ballot.

scucire (sku'tʃire) *vt* unpick.

scuderia (skude'ria) *nf* stable.

scudiscio (sku'diʃʃo) *nm* riding whip.

scudo ('skudo) *nm* shield.

sculacciare (skulat'tʃare) *vt* spank. **sculacciata** *nf* spanking, spank.

scultura (skul'tura) *nf* sculpture. **scultore** *nm* sculptor.

scuola ('skwola) *nf* school.

scuotere* ('skwɔtere) *vt* shake.

scure ('skure) *nf* axe.

scuro ('skuro) *adj* **1** dark. **2** gloomy.

scusare (sku'zare) *vt* excuse, pardon. **scusarsi** *vr* **1** apologize. **2** find excuses. **scusa** *nf* **1** excuse. **2** pretext. **chiedere scusa** ask pardon. ~*interj* **1** I beg your pardon! **2** excuse me!

sdegnare (zdeɲ'ɲare) *vt* scorn, disdain. **sdegno** *nm* scorn.

sdegnoso (zdeɲ'ɲoso) *adj* disdainful.

sdentato (zden'tato) *adj* toothless.

sdraia ('zdraja) *nf* deckchair.

sdraiare (zdra'jare) *vt* stretch out. **sdraiarsi** *vr* lie down.

sdraio ('zdrajo) **sedia a sdraio** *nf* deckchair.

sdrucciolare (zdruttʃo'lare) *vi* slip. **sdrucciolevole** (zdrutt-ʃo'levole) *adj* slippery. ̗

sdrucire (zdru'tʃire) *vt* tear.

se[1] (se) *conj* if, whether. **se mai 1** if ever. **2** if anything.

se[2] (se) *pron 3rd pers m,f s,pl* form of **sé.**

sé (se) *pron 3rd pers m,f s,pl* oneself, itself, himself, herself, themselves. **se stessa** *pron 3rd pers fs* herself. **se stesse** *pron 3rd pers f pl* themselves. **se stesso** *3rd pers m s* himself. **se stessi** *pron 3rd pers m pl* themselves.

sebbene (seb'bɛne) *conj* although.

seccare (sek'kare) *vt* **1** dry. **2** bore. **3** annoy. **seccatore** *nm* bore.

secchia ('sekkja) *nf* bucket, pail. **secchiello** (sek'kjello) *nm* pail.

secchio ('sekkjo) *nm* bucket, pail.

secco ('sekko) *adj* **1** dry. **2** lean.

secolare (seko'lare) *adj* **1** age-old. **2** secular, lay.

secolo ('sɛkolo) *nm* **1** century. **2** age.

secondario (sekon'darjo) *adj* secondary.

secondo[1] (se'kondo) *adj* second. *nm* **1** second. **2** main course. **seconda** *nf* second class.

secondo[2] (se'kondo) *prep* according to. **secondo me** in my opinion.

sedano ('sedano) *nm* celery.

sede ('sɛde) *nf* **1** seat. **2** head office.

sedere* (se'dere) *vi* sit, be seated. **sedersi** *vr* sit down. *nm* backside, bottom. **seduta** *nf* sitting, meeting.

sedia ('sɛdja) *nf* chair, seat. **sedia a dondolo** rocking chair.

sedici ('seditʃi) *adj* sixteen. *nm* or *f* sixteen. **sedicesimo** *adj* sixteenth.

sedile (se'dile) *nm* seat, bench.

sedimento (sedi'mento) *nm* sediment, deposit.

sedurre* (se'durre) *vt* seduce. **seduzione** (sedut'tsjone) *nf* seduction.

segale ('segale) *nf* rye.

segare (se'gare) *vt* saw. **sega** *nf* saw.

seggio ('sɛddʒo) *nm* seat. **seggiovia** *nf* chair lift.

seggiola ('sɛddʒola) *nf* chair. **seggiolino** *nm* baby's chair.

segheria (sege'ria) *nf* sawmill.

seghettato (seget'tato) *adj* serrated.

segmento (seg'mento) *nm* segment.

segnalare (seɲɲa'lare) *vt* signal. **segnalarsi** *vr* distinguish oneself. **segnale** *nm* signal.

segnare (seɲ'ɲare) *vt* **1** mark, note. **2** indicate, show. **3** *sport* score. **segnarsi** *vr* make the sign of the cross. **segno** *nm* **1** mark, sign. **2** target. **3** limit, extent. **cogliere nel segno** hit the mark. **per filo e per segno** in detail. **segnalibro** (seɲɲa'libro) *nm* bookmark.

segregare (segre'gare) *vt* segregate, isolate. **segregazione** *nf* segregation.

segretaria (segre'tarja) *nf* secretary. **segreteria** *nf* **1** secretary's office. **2** secretariat.

segreto (se'greto) *adj,nm* secret. **segretezza** (segre'tettsa) *nf* secrecy.

segugio (se'gudʒo) *nm* bloodhound.

seguire (se'gwire) *vt,vi* follow. **seguace** *nm* follower. **seguente** *adj* next, following. **seguitare** (segwi'tare) *vi* **1** continue. **2** follow. **seguito** *nm* **1** suite. **2** following. **3** sequence, series. **4** continuation. **di seguito** uninterruptedly. **in seguito di** owing to.

sei[1] ('sɛi) *adj* six. *nm* or *f* six. **seicento** (sei'tʃento) *adj* six hundred. *nm* **1** six hundred. **2** seventeenth century.

sei[2] ('sɛi) *v* see **essere**.

selce ('seltʃe) *nf* flint.

selciare (sel'tʃare) *vt* pave. **selciato** *nm* pavement.

selezionare (selettsjo'nare) *vt* select. **selezione** *nf* selection.

sella ('sella) *nf also* **sellino** *nm* saddle.

seltz ('selts) *nm* soda-water.

selva ('selva) *nf* forest, wood.

selvaggio (sel'vaddʒo) *adj* wild, savage. *nm* savage. **selvaggina** *nf* (hunting) game.

selvatico (sel'vatiko) *adj* wild.

semaforo (se'maforo) *nm* **1** signal. **2** traffic light.

semantica (se'mantika) *nf* semantics. **semantico** (se'mantiko) *adj* semantic.

sembiante (sem'bjante) *nm* appearance. **sembianza** (sem'bjantsa) *nf* **1** appearance. **2** *pl* features.

sembrare (sem'brare) *vi* seem, appear.

seme ('seme) *nm* **1** seed. **2** *game* suit.

semicerchio (semi'tʃerkjo) *nm* semicircle.

semifinale (semifi'nale) *nf* semifinal. **semifinalista** *nm* semifinalist.

seminare (semi'nare) *vt* sow.

seminario (semi'narjo) *nm* **1** seminary. **2** seminar.

semola ('semola) *nf* bran. **semolino** *nm* semolina.

semplice ('semplitʃe) *adj* simple, easy. **semplicità** *nf* simplicity. **semplificare** (semplifi'kare) *vt* simplify.

sempre ('sempre) *adv* **1** always, all the time, ever. **2** still. **una volta per sempre** once and for all. **sempreverde** *adj,nm* evergreen.

senape ('senape) *nf* mustard.

senato (se'nato) *nm* senate. **senatore** *nm* senator.

senile (se'nile) *adj* senile.

senno ('senno) *nm* judgment, commonsense.

seno ('seno) *nm* bosom, breast.

sensale (sen'sale) *nm* broker.

sensato (sen'sato) *adj* sensible.

sensazione (sensat'tsjone) *nf* sensation, feeling. **sensazionale** *adj* sensational.

sensibile (sen'sibile) *adj* **1** sensitive. **2** notable, considerable. **sensibilità** *nf* sensitivity.

sensitivo (sensi'tivo) *adj* sensitive. **sensitività** *nf* sensitivity.

senso ('senso) *nm* **1** sense. **2** meaning. **3** direction, way. **senso unico** one way. **senso vietato** no entry. **sensuale** *adj* sensual, sensuous. **sensualità** *nf* sensuality.

sentenza (sen'tentsa) *nf* **1** sentence, judgment. **2** saying.

sentiero (sen'tjero) *nm* path, way.

sentimento (senti'mento) *nm* feeling, sentiment. **sentimentale** *adj* sentimental.

sentinella (senti'nella) *nf* sentry, guard.

sentire (sen'tire) *vt* **1** feel. **2** hear, listen to. **3** smell. **4** taste. **sentirsi** *vr* feel. **sentirsela di** feel capable of.

sentore (sen'tore) *nm* **1** inkling. **2** feeling.

senza ('sentsa) *prep* without. **senz'altro!** of course! certainly!

separare (sepa'rare) *vt* separate, divide. **separarsi** *vr* separate. **separato** *adj* separate. **separazione** *nf* separation.

sepolcro (se'polkro) *nm* grave, tomb.

sepolto (se'polto) *v* see **seppellire. *adj* buried.

sepoltura (sepol'tura) *nf* burial. **seppellire*** (sepel'lire) *vt* bury.

seppi ('seppi) *v* see **sapere.**

seppia ('seppja) *nf* cuttlefish.

sequela (se'kwela) *nf* sequence. **sequenza** (se'kwentsa) *nf* sequence.

sequestrare (sekwes'trare) *vt*
seize, confiscate. **2** kidnap. **3**
confine. **sequestro** (se
'kwestro) *nm* seizure.

sera ('sera) *nf* evening. **abito
da sera** *nm* evening dress.
serata *nf* evening.

serbare (ser'bare) *vt* keep.

serbo ('serbo) *nm* reserve.
mettere in serbo store.

serbatoio (serba'tojo) *nm* **1**
tank. **2** reservoir.

serenata (sere'nata) *nf* sere-
nade.

sereno (se'reno) *adj* serene,
calm. **serenità** *nf* serenity.

sergente (ser'dʒente) *nm* ser-
geant.

serico ('seriko) *adj* silk, silky.

serie ('serje) *nf invar* **1** series. **2**
range.

serio ('serjo) *adj* serious, grave.
poco serio flighty. **sul ser-
io** really. **serietà** *nf* gravity.

sermone (ser'mone) *nm* ser-
mon.

serpe ('serpe) *nf* snake.

serpeggiare (serped'dʒare) *vi*
wind, meander.

serpente (ser'pente) *nm* snake,
serpent.

serra ('serra) *nf* greenhouse,
hothouse.

serraglio (ser'raʎʎo) *nm* me-
nagerie.

serrare (ser'rare) *vt* **1** lock
(up), close. **2** tighten. *vi* shut.
serrata *nf* lockout. **serratura**
nf lock.

servire (ser'vire) *vt,vi* serve. *vi*
make use of. *v imp* need.
servirsi *vr* **1** use. **2** help one-
self.

servizio (ser'vittsjo) *nm* **1** ser-
vice. **2** favour. **donna di**
servizio *nf* domestic help.
essere di servizio be on
duty. **fare servizio** operate,
be open. **servizio da caffè**
coffee set.

servo ('servo) *nm* servant.
serva ('serva) *nf* maid, ser-
vant. **servile** *adj* servile. **ser-
vitore** *nm* servant. **servi-
tù** *nf* **1** servitude, slavery. **2**
servants.

sesamo ('sɛzamo) *nm* sesame.

sessanta (ses'santa) *adj,nm* six-
ty. **sessantesimo** *adj* sixti-
eth.

sessione (ses'sjone) *nf* session.

sesso ('sɛsso) *nm* sex. **sessu-
ale** *adj* sexual. **sessualità** *nf*
sexuality.

sesto ('sɛsto) *adj* sixth.

seta ('seta) *nf* silk.

sete ('sete) *nf* **1** thirst. **2** desire,
longing. **avere sete** be
thirsty.

setola ('setola) *nf* bristle.

setta ('setta) *nf* sect.

settanta (set'tanta) *adj,nm* sev-
enty. **settantesimo** *adj* sev-
entieth.

sette ('sɛtte) *adj* seven. *nm or f*
seven. **settecento** (sette
'tʃento) *adj* seven hundred. *nm*
1 seven hundred. **2** eighteenth
century. **settimo** ('settimo)
adj seventh.

settembre (set'tembre) *nm*
September.

settentrione (setten'trjone) *nm*
north. **settentrionale** *adj*
northern.

settico ('settiko) *adj* septic.

settimana (setti'mana) *nf* week.
settimanale *adj* weekly. *nm*
weekly magazine.

settore (set'tore) *nm* sector.

severo (se'vero) *adj* **1** severe, harsh. **2** austere. **severità** *nf* rigour, severity.

sezionare (settsjo'nare) *vt* dissect. **sezione** *nf* **1** part, section. **2** department.

sfaccendare (sfatt∫en'dare) *vi* be busy. **sfaccendato** *adj* idle.

sfacciato (sfat't∫ato) *adj* impudent.

sfacelo (sfa't∫elo) *nm* ruin, collapse.

sfaldare (sfal'dare) *vt* flake. **sfaldarsi** *vr* flake off.

sfarzo (sfartso) *nm* pomp. **sfarzoso** (sfar'tsoso) *adj* showy.

sfasciare (sfa∫'∫are) *vt* smash. **sfasciarsi** *vr* **1** collapse. **2** crash.

sfavillare (sfavil'lare) *vi* sparkle, glitter.

sfavorevole (sfavo're'vole) *adj* unfavourable.

sfera (sfɛra) *nf* sphere. **sferico** ('sferiko) *adj* spherical.

sferrare (sfer'rare) *vt* **1** land, hit (a blow). **2** launch (an attack).

sferza (sfɛrtsa) *nf* whip, lash. **sferzare** *vt* whip.

sfiatato (sfja'tato) *adj* breathless.

sfidare (sfi'dare) *vt* challenge. **sfida** *nf* challenge.

sfiducia (sfi'dut∫a) *nf* distrust.

sfigurare (sfigu'rare) *vt* disfigure.

sfilacciare (sfilat't∫are) *vi* fray.

sfilare (sfi'lare) *vt* **1** unthread. **2** take off. *vi* march past. **sfilata** *nf* **1** procession, line. **2** march-past.

sfinge ('sfindʒe) *nf* sphinx.

sfinito (sfi'nito) *adj* exhausted.

sfiorare (sfjo'rare) *vt* **1** graze, skim, brush. **2** touch upon.

sfiorire (sfjo'rire) *vi* fade, wither.

sfocato (sfo'kato) *adj* out of focus.

sfogare (sfo'gare) *vt* vent, let out. **sfogarsi** *vr* pour out one's feelings. **sfogo** *nm* **1** outlet. **2** vent, free rein.

sfoggiare (sfod'dʒare) *vt,vi* show off. **sfoggio** ('sfɔddʒo) *nm* parade, display.

sfoglia ('sfɔʎʎa) *nf* rolled pastry. **pasta sfoglia** *nf* puff pastry.

sfogliare (sfoʎ'ʎare) *vt* leaf through, turn the pages of (of book).

sfolgorare (sfolgo'rare) *vi* flash, blaze.

sfollare (sfol'lare) *vi* **1** empty, disperse. **2** evacuate. **sfollato** *nm* evacuee.

sfondo ('sfondo) *nm* background.

sformare (sfor'mare) *vt* deform.

sfortuna (sfor'tuna) *nf* bad luck, misfortune. **sfortunato** *adj* unfortunate, unlucky.

sforzare (sfor'tsare) *vt* force. **sforzarsi** *vr* do one's best. **sforzo** *nm* effort.

sfrattare (sfrat'tare) *vt* **1** expel. **2** evict. **sfratto** *nm* eviction.

sfregare (sfre'gare) *vt* rub.

sfregiare (sfre'dʒare) *vt* deface. **sfregio** *nm* gash, scar.

sfrenare (sfre'nare) *vt* let loose. **sfrenato** *adj* unbridled.

sfrontato (sfron'tato) *adj* shameless.

sfruttare (sfrut'tare) *vt* exploit. **sfruttamento** *nm* exploitation.

sfuggire (sfud'dʒire) *vt* avoid. *vi* escape, elude. **di sfuggita** *adv* in passing.

sfumatura (sfuma'tura) *nf* 1 gradation, shade. 2 nuance.

sgabello (zga'bɛllo) *nm* stool.

sgambettare (zgambet'tare) *vi* scurry.

sganciare (zgan'tʃare) *vt* unhook.

sgangherare (zgange'rare) *vt* unhinge. **sgangherato** *adj* 1 awkward. 2 ramshackle. 3 coarse.

sgarbo ('zgarbo) *nm* rudeness. **sgarbatezza** (zgarba'tettsa) *nf* rudeness. **sgarbato** *adj* rude, impolite.

sgattaiolare (zgattaio'lare) *vi* slip away.

sgelare (zdʒe'lare) *vt,vi* thaw. **sgelarsi** *vr* thaw. **sgelo** ('zdʒɛlo) *nm* thaw.

sghembo ('zgembo) *adj* slanting, askew.

sghignazzare (zgiɲɲat'tsare) *vi* guffaw.

sgobbare (zgob'bare) *vi inf* 1 work hard. 2 swot.

sgocciolare (zgottʃo'lare) *vi* drip.

sgombrare (zgom'brare) *vt* 1 clear. 2 remove. *vi* move house.

sgombro[1] ('zgombro) *nm* removal.

sgombro[2] ('zgombro) *nm* mackerel.

sgomentare (zgomen'tare) *vt* terrify, frighten. **sgomento** *nm* dismay.

sgomitolare (zgomito'lare) *vt* unwind.

sgonfiare (zgon'fjare) *vt* deflate. **sgonfiarsi** *vr* go down. **sgonfio** *adj* deflated, flat.

sgorbiare (zgor'bjare) *vt* 1 scribble. 2 blot. **sgorbio** ('zgɔrbjo) *nm* 1 scribble. 2 blot.

sgorgare (zgor'gare) *vi* gush, pour.

sgradevole (zgra'devole) *adj* unpleasant.

sgradito (zgra'dito) *adj* unwelcome.

sgranare (zgra'nare) *vt* 1 shell, husk. 2 devour. **sgranare gli occhi** open one's eyes wide.

sgranchire (zgran'kire) *vt* stretch. **sgranchirsi** *vr* stretch.

sgravare (zgra'vare) *vt* unburden.

sgraziato (zgrat'tsjato) *adj* clumsy.

sgretolare (zgreto'lare) *vt* grind. **sgretolarsi** *vr* crumble.

sgridare (zgri'dare) *vt* scold, rebuke. **sgridata** *nf* scolding.

squainare (zgwai'nare) *vt* unsheathe.

squalcire (zgwal'tʃire) *vt* crease, wrinkle.

sguardo ('zgwardo) *nm* look, glance. **al primo sguardo** at first sight.

squazzare (zgwat'tsare) *vi* 1 splash about. 2 wallow.

sgusciare (zguʃ'ʃare) *vt* shell, husk. *vi* slip away.

si (si) *pron* 1 himself, herself, oneself, itself, themselves. 2 one, people, they. 3 one another, each other. **si fa così** it is done this way.

si (si) *adv* yes.

sia ('sia) v see **essere**. **sia...sia** both...and.

siamo ('sjamo) v see **essere**.

sibilare (sibi'lare) vi whistle.
sibilo (si'bilo) nm hiss, whistle.

sicché (sik'ke) conj so that, so.

siccità (sittʃi'ta) nf drought.

siccome (sik'kome) conj since, as.

Sicilia (si'tʃilja) nf Sicily. **siciliano** adj,n Sicilian.

sicomoro (siko'mɔro) nm sycamore.

sicuro (si'kuro) adj 1 safe, secure. 2 sure, certain. 3 reliable. **di sicuro** certainly. **mettere al sicuro** put in a safe place. **sicurezza** (siku 'rettsa) nf 1 security, safety. 2 certainty.

sidro ('sidro) nm cider.

siedo ('sjɛdo) v see **sedere**.

siepe ('sjɛpe) nf hedge.

siesta ('sjɛsta) nf siesta, nap.

siete ('sjɛte) v see **essere**.

sifilide (si'filide) nf syphilis.

sifone (si'fone) nm siphon.

sigaretta (siga'retta) nf cigarette.

sigaro ('sigaro) nm cigar.

sigillare (sidʒil'lare) vt seal. **sigillo** nm seal.

sigla ('sigla) nf 1 initials. 2 abbreviation. **sigla musicale** signature tune.

significare (siɲɲifi'kare) vt mean, signify. **significante** adj significant. **significativo** adj significant. **significato** nm meaning, sense.

signora (siɲ'ɲora) nf 1 lady, woman. 2 (title of address) Mrs. **signorina** nf 1 young lady. 2 (title of address) Miss.

signore (siɲ'ɲore) nm 1 man, gentleman. 2 (title of address) Mr. **signorile** adj refined.

signoreggiare (siɲɲored 'dʒare) vt dominate. **signoria** nf domination.

silenzio (si'lɛntsjo) nm silence. **silenzioso** (silen'tsjoso) adj silent, quiet.

silicio (si'litʃo) nm silicon. **chip di silicio** nm silicon chip.

sillaba ('sillaba) nf syllable.

siluro (si'luro) nm torpedo.

simbolo ('simbolo) nm symbol. **simboleggiare** vt symbolize. **simbolico** (sim'bɔliko) adj symbolic.

simile ('simile) adj like, alike, similar.

simmetria (simme'tria) nf symmetry.

simpatia (simpa'tia) nf liking, fondness. **simpatico** (sim'patiko) adj likeable, nice. **simpatizzare** vi take a liking.

simultaneo (simul'taneo) adj simultaneous.

sinagoga (sina'gɔga) nf synagogue.

sincero (sin'tʃero) adj sincere. **sincerità** nf sincerity.

sindacato (sinda'kato) nm trade union. **sindacalista** nm trade unionist.

sindaco ('sindako) nm mayor.

sinfonia (sinfo'nia) nf symphony.

singhiozzare (singjot'tsare) vi 1 hiccup. 2 sob. **singhiozzo** (sin'gjottso) nm 1 hiccup. 2 sob.

singolare (singo'lare) adj 1 singular. 2 peculiar.

singolo ('singolo) *adj* single, individual.

sinistro (si'nistro) *adj* 1 left. 2 sinister. *nm* misfortune.

sinistra *nf* 1 left hand. 2 left-hand side. 3 *pol* Left Wing.

sino ('sino) *prep* until, up to. **sin da** since.

sinonimo (si'nɔnimo) *adj* synonymous. *nm* synonym.

sintassi (sin'tassi) *nf invar* syntax.

sintesi ('sintezi) *nf invar* synthesis. **sintetico** (sin'tɛtiko) *adj* synthetic.

sintomo ('sintomo) *nm* symptom.

sinuoso (sinu'oso) *adj* winding.

sionismo (sio'nizmo) *nm* Zionism. **sionista** (sio'nista) *nm* Zionist.

sipario (si'parjo) *nm* curtain.

sirena (si'rɛna) *nf* 1 mermaid. 2 siren.

siringa (si'ringa) *nf* syringe.

sistemare (siste'mare) *vt* put in order, arrange, settle. **sistemarsi** *vr* settle down. **sistema** *nm* system, method.

sito ('sito) *nm* site, place.

situare (situ'are) *vt* place. **situazione** *nf* situation.

slacciare (zlat'tʃare) *vt* undo, untie.

slanciare (zlan'tʃare) *vt* throw. **slanciarsi** *vr* hurl oneself. **slancio** *nm* 1 rush. 2 impulse, burst.

sleale (zle'ale) *adj* disloyal, unfaithful. **slealtà** *nf* disloyalty.

slegare (zle'gare) *vt* untie.

slittare (zlit'tare) *vi* 1 slide. 2 skid. **slitta** *nf* sledge, sleigh.

slogare (zlo'gare) *vt* dislocate.

sloggiare (zlod'dʒare) *vt* dislodge. *vi* move out.

smacchiare (zmak'kjare) *vt* clean.

smagliarsi (zmaʎ'ʎarsi) *vr* (of stockings) rip, ladder. **smagliatura** *nf* (in a stocking) rip, ladder.

smalto ('zmalto) *nm* 1 enamel. 2 nail varnish.

smania ('zmanja) *nf* longing, desire.

smantellare (zmantel'lare) *vt* dismantle.

smargiasso (zmar'dʒasso) *nm* boaster.

smarrire (zmar'rire) *vt* lose, mislay. **smarrirsi** *vr* 1 lose one's way. 2 become confused.

smentire (zmen'tire) *vt* 1 deny. 2 contradict.

smeraldo (zme'raldo) *nm* emerald.

smettere* ('zmettere) *vt* stop, give up.

smilzo ('zmiltso) *adj* thin, lean.

sminuzzare (zminut'tsare) *vt* crumble.

smisurato (zmizu'rato) *adj* immense, huge.

smoccolare (zmokko'lare) *vt* snuff (a candle). *vi* swear.

smodato (zmo'dato) *adj* excessive.

smoking ('zmɔkiŋ) *nm invar* dinner jacket.

smontare (zmon'tare) *vt* 1 dismantle, take to pieces. 2 dishearten. *vi* dismount, get off.

smorfia ('zmɔrfja) *nf* grimace.

smorto ('zmɔrto) *adj* wan, pale.

smorzare (zmor'tsare) *vt* 1 dim, lower. 2 quench (thirst). 3 put out.

smuovere* ('zmwɔvere) vt move, shift.

snello ('znɛllo) adj 1 slim, slender. 2 agile.

snob (znɔb) nm invar snob. adj trendy.

snocciolare (znottʃo'lare) vt 1 stone (fruit). 2 pay out.

snodare (zno'dare) vt untie, loosen.

so (sɔ) v see **sapere.**

soave (so'ave) adj soft, gentle.

sobbalzare (sobbal'tsare) vi 1 jolt, jerk. 2 start, jump. **sobbalzo** nm 1 jolt. 2 jump, start.

sobborgo (sob'bɔrgo) nm suburb.

sobrio ('sɔbrjo) adj sober.

socchiudere (sok'kjudere) vt half-close.

soccombere (sok'kombere) vi give way.

soccorrere* (sok'korrere) vt assist, help.

soccorso (sok'korso) nm help, assistance.

sociale (so'tʃale) adj social. **socialismo** nm socialism. **socialista** nm socialist.

società (sotʃe'ta) nf 1 society. 2 company, firm.

socievole (so'tʃevole) adj sociable.

socio ('sɔtʃo) nm 1 member. 2 partner.

sociologia (sotʃolo'dʒia) nf sociology. **sociologo** (so'ʃɔlogo) nm sociologist.

soda ('sɔda) nf 1 soda. 2 soda-water.

soddisfare* (soddis'fare) vt,vi satify, fulfil. **soddisfacente** (soddisfa'tʃɛnte) adj satisfactory. **soddisfazione** nf satisfaction.

sodo ('sɔdo) adj hard, firm. adv 1 hard. 2 deeply, intensely.

sofà (so'fa) nm invar sofa, settee.

sofferente (soffe'rɛnte) adj suffering.

sofferenza (soffe'rɛntsa) nf suffering.

soffiare (sof'fiare) vt,vi 1 blow. 2 puff.

soffice ('sɔffitʃe) adj soft.

soffietto (sof'fjetto) nm bellows.

soffio ('sɔffjo) nm puff, whiff, breath.

soffitta (sof'fitta) nf attic, garret.

soffitto (sof'fitto) nm ceiling.

soffocare (soffo'kare) vt 1 suffocate, choke, strangle. 2 stifle. **soffocazione** nf suffocation.

soffrire* (sof'frire) vt 1 suffer. 2 endure, put up with, bear. vi suffer.

soggetto (sod'dʒetto) adj,nm subject. **recitare a soggetto** improvise. **soggettivo** adj subjective. **soggezione** nf 1 subjection. 2 embarrassment.

sogghignare (soggiɲ'ɲare) vi sneer.

soggiorno (sod'dʒorno) nm 1 stay. 2 living room.

soggiungere* (sod'dʒundʒere) vt add.

soglia ('sɔʎʎa) nf 1 doorstep. 2 threshold.

soglio ('sɔʎʎo) v see **solere.**

sogliola ('sɔʎʎola) nf zool sole.

sognare (soɲ'ɲare) vt,vi dream. **sogno** nm dream.

soia ('sɔja) nf soya.

solaio (so'lajo) nm attic.

solcare (sol'kare) vt plough, furrow. **solco** nm 1 furrow. 2 rut, track.

soldato (sol'dato) nm soldier. **soldatino** nm toy soldier.

soldo ('soldo) nm 1 penny. 2 pl money.

sole ('sole) nm sun. **solare** adj solar.

solenne (so'lɛnne) adj solemn, grave.

solere* (so'lere) vi be in the habit of.

soletta (so'letta) nf 1 sole (of a sock). 2 insole.

solido ('sɔlido) adj,nm solid. **solidificare** vt solidify. **solidificarsi** vr solidify.

solitario (soli'tarjo) adj lonely, solitary.

solito ('sɔlito) v see **solere**. adj usual, habitual. **di solito** usually.

solitudine (soli'tudine) nf solitude.

sollecitare (solletʃi'tare) vt urge. **sollecito** (sol'letʃito) adj prompt.

solleticare (solleti'kare) vt tickle. **solletico** (sol'letiko) nm tickle. **fare il solletico a** tickle.

sollevare (solle'vare) vt 1 lift, raise. 2 comfort. **sollevarsi** vr rise.

sollievo (sol'ljevo) nm relief.

solo ('solo) adj 1 alone. 2 only. 3 one, single. **una sola volta** once only. ~adv only. **da solo** by oneself, on one's own. **solamente** adv only. **solista** nm soloist.

solstizio (sol'stittsjo) nm solstice.

soltanto (sol'tanto) adv only.

solubile (so'lubile) adj soluble.

soluzione (solut'tsjone) nf solution.

soma ('sɔma) nf load. **bestia da soma** nf beast of burden.

somaro (so'maro) nm ass, donkey.

somigliare (somiʎ'ʎare) vt,vi resemble, be like. **somigliarsi** vr resemble one another. **somiglianza** (somiʎ'ʎantsa) nf resemblance.

sommare (som'mare) vt add up. **somma** nf 1 sum, total. 2 sum of money. **in somma** in a word. **sommario** adj,nm summary.

sommergere* (som'mɛrdʒere) vt submerge, flood. **sommergibile** (sommer'dʒibile) nm submarine.

sommesso (som'messo) adj 1 docile. 2 soft.

somministrare (somminis'trare) vt administer.

sommissione (sommis'sjone) nf submission.

sommo ('sommo) adj highest, supreme. nm summit. **sommità** nf summit.

sommozzatore (sommottsa 'tore) nm frogman, deep-sea diver.

sonaglio (so'naʎʎo) nm bell. **serpente a sonagli** nm rattlesnake.

sonare (so'nare) also **suonare** vt,vi 1 ring, sound. 2 mus play. **sonata** nf sonata. **sonatore** nm player.

sondare (son'dare) vt sound, test. **sondaggio** nm opinion poll, survey.

sonetto (so'netto) nm sonnet.

sonico ('sɔniko) adj sonic.

barriera sonica *nf* sound barrier.

sonnambulo (son'nambulo) *nm* sleepwalker.

sonnecchiare (sonnek'kjare) *vi* doze.

sonnifero (son'nifero) *nm* sleeping pill.

sonno ('sonno) *nm* sleep. **avere sonno** be sleepy.

sono ('sono) *v* see **essere.**

sonoro (so'nɔro) *adj* resonant. **onda sonora** *nf* soundwave.

sontuoso (sontu'oso) *adj* sumptuous.

soppiatto (sop'pjatto) **di soppiatto** *adv* secretly.

sopportare (soppor'tare) *vt* endure, bear, tolerate, stand.

sopprimere* (sop'primere) *vt* 1 suppress. 2 abolish.

sopra ('sopra) *prep* 1 above, over. 2 upon. **al di sopra di** above. **di sopra** 1 upstairs. 2 above.

soprabito (so'prabito) *nm* overcoat.

sopracciglio (soprat'tʃiʎʎo) *nm* eyebrow.

sopraccoperta (soprakko'pɛrta) *nf* 1 bedspread. 2 dust jacket (of a book).

sopraffare* (sopraf'fare) *vt* overcome.

sopraggiungere* (soprad'dʒundʒere) *vi* 1 arrive. 2 occur.

soprannaturale (soprannatu'rale) *adj,nm* supernatural.

soprannome (sopran'nome) *nm* nickname.

soprano (so'prano) *nm* soprano.

soprappiù (soprap'pju) *nm* extra.

soprascarpa (sopras'karpa) *nf* overshoe, galosh.

soprattassa (soprat'tassa) *nf* surtax.

soprattutto (soprat'tutto) *adv* above all.

sopravvenire* (sopravve'nire) *vi* 1 arrive. 2 occur.

sopravvivere* (soprav'vivere) *vi* survive. **sopravvissuto** *nm* survivor.

soprintendere* (soprin'tɛndere) *vi* supervise.

soqquadro (sok'kwadro) *nm* disorder, mess.

sorbire (sor'bire) *vt* sip.

sorcio ('sortʃo) *nm* mouse.

sordido ('sɔrdido) *adj* sordid.

sordo ('sordo) *adj* 1 deaf. 2 dull, low. **sordità** *nf* deafness. **sordomuto** (sordo'muto) *nm* deaf-mute.

sorella (so'rella) *nf* sister. **sorellastra** *nf* half-sister.

sorgere* ('sɔrdʒere) *vi* rise.

sorgente (sor'dʒɛnte) *nf* 1 spring, fountain. 2 source.

sormontare (sormon'tare) *vt* surmount.

sornione (sor'njone) *adj* cunning, sly.

sorpassare (sorpas'sare) *vt* 1 overtake. 2 exceed. **sorpassato** *adj* out-of-date. **sorpasso** *nm* overtaking.

sorprendere* (sor'prɛndere) *vt* 1 surprise. 2 catch. **sorprendente** (sorpren'dɛnte) *adj* surprising. **sorpresa** (sor'presa) *nf* surprise.

sorreggere* (sor'reddʒere) *vt* support.

sorridere* (sor'ridere) *vi* smile. **sorriso** (sor'riso) *nm* smile.

sorseggiare (sorsed'dʒare) *vt* sip. **sorso** *nm* sip.

sorsi ('sorsi) *v* sce **sorgere**.

sorta ('sorta) *nf* kind, sort.

sorte ('sorte) *nf* fate, destiny. **tirare a sorte** draw lots.

sorteggio (sor'teddʒo) *nm* draw.

sortilegio (sorti'ledʒo) *nm* witchcraft.

sortire[1] (sor'tire) *vt* **1** get, receive. **2** draw.

sortire[2] (sor'tire) *vi* **1** come out, emerge. **2** happen.

sorto ('sorto) *v* see **sorgere**.

sorvegliare (sorveʎ'ʎare) *vt* watch over, supervise. **sorvegliante** *nm* keeper, watchman. **sorveglianza** *nf* supervision.

sorvolare (sorvo'lare) *vt* **1** fly over. **2** skip over.

sosia ('sɔzja) *nm invar* double (of a person).

sospendere* (sos'pendere) *vt* **1** hang (up). **2** suspend. **sospensione** *nf* suspension.

sospettare (sospet'tare) *vt* **1** suspect. **2** distrust. **sospetto** (sos'petto) *vi* be suspicious. *adj* suspect. *nm* suspicion. **sospettoso** (sospet'toso) *adj* suspicious.

sospirare (sospi'rare) *vi* sigh. **sospiro** *nm* sigh.

sosta ('sɔsta) *nf* halt, stop. **divieto di sosta** no parking.

sostanza (sos'tantsa) *nf* substance.

sostegno (sos'teɲɲo) *nm* support.

sostenere* (soste'nere) *vt* **1** support, maintain. **2** uphold, defend. **3** affirm.

sostentare (sosten'tare) *vt* support.

sostituire (sostitu'ire) *vt* **1** replace, substitute. **2** take the place of. **sostituto** *nm* substitute.

sottaceti (sotta'tʃeti) *nm pl* pickles.

sottana (sot'tana) *nf* **1** petticoat. **2** skirt.

sotterraneo (sotter'raneo) *adj* underground. *nm* cave.

sotterrare (sotter'rare) *vt* **1** bury. **2** hide.

sottile (sot'tile) *adj* **1** fine, thin. **2** slim, slender. **3** subtle.

sottintendere* (sottin'tendere) *vt* **1** understand. **2** imply.

sotto ('sotto) *prep* under, below. **sott'acqua** *adv* underwater. **sott'olio** in oil. *~adv* below. **di sotto** below.

sottocoppa (sotto'kɔppa) *nf* saucer.

sottolineare (sottoline'are) *vt* underline.

sottomettere* (sotto'mettere) *vt* subdue, subject. *vr* submit.

sottopassaggio (sottopas'saddʒo) *nm* underground passage.

sottoporre* (sotto'porre) *vt* subject, submit. **sottoporsi** *vr* submit.

sottoscrivere* (sottos'krivere) *vt* sign. *vi* assent.

sottosopra (sotto'sopra) *adv* **1** upside down. **2** topsy-turvy.

sottotitolo (sotto'titolo) *nm* subtitle.

sottoveste (sotto'veste) *nf* **1** petticoat. **2** waistcoat.

sottovoce (sotto'votʃe) *adv* in a quiet voice.

sottrarre (sot'trarre) *vt* **1** remove, steal. **2** subtract. **3** save.

sovraccaricare 202

sottrarsi *vr* escape. **sottra-
zione** *nf* 1 subtraction. 2 theft.
sovraccaricare (sovrakkari
'kare) *vt* overload.
sovrano (so'vrano) *adj,nm* sov-
ereign.
sovrastare (sovras'tare) *vi*
dominate.
sovvenzionare (sovventsjo
'nare) *vt* subsidize. **sovven-
zione** *nf* subsidy.
sovversivo (sovver'sivo) *adj*
subversive.
sozzo ('sottso) *adj* filthy, dirty.
spaccare (spak'kare) *vt* break,
split. **spaccarsi** *vr* split,
crack. **spacco** *nm* split.
spaccamonti (spakka'monti)
nm invar boaster.
spacciare (spat'tʃare) *vt* 1 sell,
sell off. 2 spread, circulate.
spacciarsi per *vr* pass oneself
off as. **spaccio** *nm* 1 selling.
2 shop.
spada ('spada) *nf* sword.
spaesato (spae'zato) *adj* lost.
spaghetti (spa'getti) *nm pl* long
thin strips of pasta.
Spagna ('spaɲɲa) *nf* Spain.
spagnolo *adj* Spanish. *nm* 1
Spaniard. 2 Spanish (lan-
guage).
spago ('spago) *nm* string,
twine.
spaiato (spa'jato) *adj* odd, un-
matched.
spalancare (spalan'kare) *vt*
open wide.
spalare (spa'lare) *vt* shovel.
spalla ('spalla) *nf* 1 shoulder. 2
pl anat back. **alzare le
spalle** shrug one's shoulders.
spallata *nf* shrug. **spalliera**
(spal'ljɛra) *nf* 1 back (of a

seat). 2 head or foot (of a bed).
spallina *nf* epaulette.
spalmare (spal'mare) *vt*
spread, smear.
spandere* ('spandere) *vt* 1
shed. 2 spread.
sparare (spa'rare) *vt* fire,
shoot. **sparo** *nm* shot.
sparecchiare (sparek'kjare) *vt*
clear (the table).
spargere* ('spardʒere) *vt* 1
spread, scatter. 2 shed.
spargersi *vr* spread.
sparire* (spa'rire) *vi* disappear,
vanish.
sparpagliare (sparpaʎ'ʎare) *vt*
scatter.
spartire (spar'tire) *vt* divide,
share.
sparuto (spa'ruto) *adj* haggard.
spasimo ('spazimo) *nm* spasm.
spassarsi (spas'sarsi) *vr also*
spassarsela (spas'sarsela) en-
joy oneself. **spasso** *nm* en-
joyment, amusement. **andare
a spasso** go for a walk.
spaurire (spau'rire) *vt* frighten,
terrify.
spaventare (spaven'tare) *vt*
frighten, alarm. **spaventarsi**
vr take fright. **spaventapas-
seri** (spaventa'passeri) *nm in-
var* scarecrow. **spavento** *nm*
fear, terror. **spaventoso**
(spaven'toso) *adj* terrible.
spazio ('spattsjo) *nm* space.
spaziale *adj* 1 spatial. 2
space. **volo spaziale** *nm*
space flight. **spazioso** (spat
'tsjoso) *adj* spacious.
spazzare (spat'tsare) *vt* sweep
(away). **spazzacamino** *nm*
chimneysweep. **spazzaneve**
nm invar snowplough. **spaz-
zatura** *nf* rubbish.

spazzola ('spattsola) *nf* brush.
spazzolare *vt* brush. **spazzolino** *nm* toothbrush.

specchio ('spekkjo) *nm* mirror.
specchiarsi (spek'kjarsi) *vr* 1 look at oneself (in a mirror). 2 be reflected.

speciale (spe't∫ale) *adj* special.
specialista *nmf* specialist.
specialità *nf* speciality.
specializzarsi (spet∫alid 'dzarsi) *vr* specialize.

specie ('spet∫e) *nf invar* 1 species. 2 kind, type, sort. **(in) specie** especially.

specificare (spet∫ifi'kare) *vt* specify. **specifico** (spe 't∫ifiko) *adj* specific.

speculare (speku'lare) *vi* speculate. **speculatore** *nm* speculator. **speculazione** *nf* speculation.

spedire (spe'dire) *vt* send, post. **spedizione** *nf* expedition.

spegnere* ('speɲɲere) *vt* 1 put out, extinguish. 2 turn or switch off. **spegnersi** *vr* go out, be extinguished.

spellare (spel'lare) *vt* skin.

spelonca (spe'lonka) *nf* cavern.

spendere* ('spɛndere) *vt* spend.

spengo ('spɛngo) *v* see **spegnere.**

spennare (spen'nare) *vt* pluck.

spensi ('spɛnsi) *v* see **spengere.**

spensierato (spensje'rato) *adj* thoughtless.

spento ('spɛnto) *v* see **spegnere.** *adj* 1 switched out r off. 2 extinct, dead.

sperare (spe'rare) *vi* hope. *vt*

hope for. **speranza** (spe 'rantsa) *nf* hope.

spergiurare (sperdʒu'rare) *vi* perjure oneself.

sperimentare (sperimen'tare) *vt* 1 test, try. 2 experience. **sperimentale** *adj* experimental.

sperma ('spɛrma) *nm* sperm.

speronare (spero'nare) *vt* ram.
sperone *nm* spur.

sperperare (sperpe'rare) *vt* squander.

spesa ('spesa) *nf* 1 expense, cost. 2 shopping. 3 purchase. **a spese di** at the expense of. **essere spesato** have all expenses paid.

spesi ('spesi) *v* see **spendere.**

speso ('speso) *v* see **spendere.**

spesso ('spesso) *adj* 1 thick. 2 frequent. *adv* often. **spessore** *nm* thickness.

spettacolo (spet'takolo) *nm* 1 sight. 2 show. **spettacolare** *adj* spectacular.

spettare (spet'tare) *vi* 1 be up to. 2 be the duty or right of.

spettatore (spetta'tore) *nm* 1 spectator. 2 *pl* audience.

spettro ('spɛttro) *nm* ghost, spectre. **spettrale** *adj* ghostly.

spezie ('spɛttsje) *nf pl* spices.

spezzare (spet'tsare) *vt* break, smash. **spezzarsi** *vr* 1 break. 2 get broken. **spezzatino** *nm* stew.

spiacere* (spja't∫ere) *v imp* displease. **spiacevole** (spja 't∫evole) *adj* unpleasant.

spiaggia ('spjaddʒa) *nf* beach.

spianare (spja'nare) *vt* 1 smooth, flatten. 2 roll out (dough).

spiantare 204

spiantare (spjan'tare) *vt* up-root.

spiare (spi'are) *vt* spy upon. **spia** *nf* spy.

spiccare (spik'kare) *vt* 1 pick. 2 cut off. 3 pronounce clearly. 4 issue. *vi* stand out. **spiccare il volo** take flight.

spicchio (spikkjo) *nm* 1 segment, slice. 2 clove (of garlic).

spicciarsi (spit'tʃarsi) *vr* hurry.

spiccioli ('spittʃoli) *nm pl* small change.

spiedo ('spjedo) *nm cul* spit.

spiegare (spje'gare) *vt* 1 explain. 2 unfold, spread out. **spiegazione** *nf* explanation.

spietato (spje'tato) *adj* pitiless, ruthless.

spiga ('spiga) *nf* ear (of corn, etc.).

spilla ('spilla) *nf* brooch. **spillo** *nm* pin.

spilorcio (spi'lortʃo) *adj* mean, stingy.

spina ('spina) *nf* 1 thorn. 2 electrical plug. **birra alla spina** *nf* draught beer. **spina dorsale** spine. **filo spinato** *nm* barbed wire. **spinoso** (spi'noso) *adj* thorny.

spinacio (spi'natʃo) *nm* spinach.

spingere* ('spindʒere) *vt* 1 push, shove. 2 drive. 3 incite. **spingersi** *vr* 1 push forward. 2 dare.

spinsi ('spinsi) *v see* **spingere**.

spinta ('spinta) *nf* push, shove.

spinto ('spinto) *v see* **spingere**.

spionaggio (spio'naddʒo) *nm* espionage.

spira ('spira) *nf* coil. **spirale** *adj,nf* spiral.

spirare (spi'rare) *vi* 1 blow, breathe out. 2 breathe. 3 expire. *vt* exhale.

spirito ('spirito) *nm* 1 spirit. 2 ghost. 3 wit. **spiritoso** (spiri'toso) *adj* witty. **spirituale** *adj* spiritual.

splendere ('splendere) *vi* shine, gleam. **splendido** ('splendido) *adj* splendid, wonderful. **splendore** *nm* splendour.

spogliare (spoʎ'ʎare) *vt* 1 take off. 2 strip. **spogliarsi** *vr* undress. **spogliarello** (spoʎʎa'rello) *nm* striptease. **spogliatoio** *nm* changing room.

spoglio ('spoʎʎo) *nm* 1 sorting out. 2 examination.

spoletta (spo'letta) *nf* fuse.

spolverare (spolve'rare) *vt* dust.

sponda ('sponda) *nf* 1 edge. 2 bank.

spontaneo (spon'taneo) *adj* spontaneous.

sporcare (spor'kare) *vt* dirty, soil. **sporco** ('sporko) *adj* dirty.

sporgere* ('spordʒere) *vi* jut out. *vt* 1 put out. 2 stick out. **sporgersi** *vr* lean out.

sport (spɔrt) *nm invar* sport. **sportivo** *adj* sporting.

sporta ('spɔrta) *nf* shopping basket.

sportello (spor'tɛllo) *nm* 1 door. 2 counter. 3 window. shutter.

sposalizio (spoza'littsjo) *nm* wedding.

sposare (spo'zare) *vt* marry. **sposarsi** *vr* get married.

sposa ('spɔza) *nf* **1** bride. **2** wife. **sposo** ('spɔzo) *nm* **1** bridegroom. **2** husband.

spostare (spos'tare) *vt* move, shift.

sprangare (spran'gare) *vt* bolt. **spranga** *nf* bolt.

sprazzo ('sprattso) *nm* **1** spray. **2** flash.

sprecare (spre'kare) *vt* waste.

spremere ('spremere) *vt* **1** squeeze. **2** wring. **spremuta** *nf* fruit squash.

primacciare (sprimat'tʃare) *vt* shake.

sprizzare (sprit'tsare) *vt,vi* squirt.

sprofondare (sprofon'dare) *vi* **1** collapse. **2** sink. **sprofondarsi** *vr* **1** collapse. **2** sink.

spronare (spro'nare) *vt* spur on. **sprone** *nm* spur.

proporzionato (sproportsjo'nato) *adj* disproportionate.

proposito (spro'pozito) *nm* blunder.

provvisto (sprov'visto) *adj* ill-prepared, lacking. **alla sprovvista** unawares.

pruzzare (sprut'tsare) *vt* squirt, spray, sprinkle. **spruzzo** *nm* spray, splash.

pugna ('spuɲɲa) *nf* **1** sponge. **2** towelling.

pumare (spu'mare) *vi* foam. **spuma** *nf* foam, froth. **spumante** *nm* sparkling wine.

puntare (spun'tare) *vt* **1** blunt, break the point of. **2** check off. *vi* **1** appear, sprout. **2** (of the sun) rise. **spuntarsi** *vr* become blunt. **spuntino** *nm* snack.

sputare (spu'tare) *vt,vi* spit. **sputo** *nm* spit, spittle.

squadra ('skwadra) *nf* **1** squad, squadron. **2** team. **3** set square.

squadrare (skwa'drare) *vt* look squarely at.

squadriglia (skwa'driʎʎa) *nf* squadron.

squagliare (skwaʎ'ʎare) *vt* melt. **squagliarsi** *vr* melt.

squalificare (skwalifi'kare) *vt* disqualify. **squalifica** (skwa'lifika) *nf* disqualification.

squallido ('skwallido) *adj* **1** squalid. **2** bleak. **squallore** *nm* **1** squalor. **2** dreariness.

squalo ('skwalo) *nm* shark.

squama ('skwama) *nf* scale (of a fish).

squarciare (skwar'tʃare) *vt* tear, rip. **a squarciagola** *adv* at the top of one's voice. **squarcio** *nm* **1** tear. **2** gash.

squassare (skwas'sare) *vt* shake violently.

squattrinato (skwattri'nato) *adj* penniless.

squilibrare (skwili'brare) *vt* unbalance. **squilibrio** *nm* lack of balance.

squillare (skwil'lare) *vi* ring. **squilla** *nf* bell. **squillo** *nm* ring. **ragazza squillo** *nf* call-girl.

squisito (skwi'zito) *adj* **1** exquisite. **2** (of food) delicious.

squittire (skwit'tire) *vi* cheep, squeak.

sradicare (zradi'kare) *vt* uproot.

sregolato (zrego'lato) *adj* disordered.

stabile ('stabile) *adj* **1** stable, fixed. **2** permanent. **beni**

stabili *nm pl* real estate. **stabilità** *nf* stability. **stabilizzare** (stabilid'dzare) *vt* stabilize.

stabilire (stabi'lire) *vt* establish, fix, determine. **stabilirsi** *vr* settle. **stabilimento** *nm* 1 factory. 2 establishment.

staccare (stak'kare) *vt* 1 remove, take off. 2 detach. *vi* stand out. **staccarsi** *vr* 1 come off. 2 leave.

stacciare (stat'tʃare) *vt* sieve. **staccio** *nm* sieve.

stadio (stadjo) *nm* 1 stadium. 2 stage, phase.

staffa ('staffa) *nf* stirrup.

staffetta (staf'fetta) *nf* messenger. **corsa a staffetta** *nf* relay race.

staffile (staf'file) *nm* whip.

stagione (sta'dʒone) *nf* season. **stagionale** *adj* seasonal.

stagliare (staʎ'ʎare) *vi* stand out. **stagliarsi** *vr* stand out.

stagnare (stan'ɲare) *vi* stagnate. **stagnante** *adj* stagnant.

stagno[1] ('staɲɲo) *nm* pool.

stagno[2] ('staɲɲo) *nm* tin. **(carta) stagnola** *nf* 1 tinfoil. 2 silver paper.

staio ('stajo) *nm* bushel.

stalla ('stalla) *nf* stable.

stallo ('stallo) *nm* 1 seat. 2 *game* stalemate.

stallone (stal'lone) *nm* stallion.

stamattina (stamat'tina) *adv* also **stamani** this morning.

stamberga (stam'berga) *nf* hovel.

stambugio (stam'budʒo) *nm* small dark room.

stampare (stam'pare) *vt* 1 print. 2 publish. **stampa** *nf* 1 print, printing. 2 press.

stampante *nf* printer. **stampatello** (stampa'tɛllo) *nm* block letters. **stampato** *nm* printout. **stamperia** *nf* printing works. **stampo** *nm* mould, form.

stancare (stan'kare) *vt* tire. **stancarsi** *vr* become tired. **stanchezza** (stan'kettsa) *nf* tiredness. **stanco** *adj* tired.

standardizzare (standardid'dzare) *vt* standardize.

stanga ('stanga) *nf* barrier, bar. **stangata** *nf* blow.

stanghetta (stan'getta) *nf* 1 bolt. 2 side (of spectacles).

stanotte (sta'nɔtte) *adv* 1 tonight. 2 last night.

stante ('stante) *prep* on account of.

stantio (stan'tio) *adj* stale.

stantuffo (stan'tuffo) *nm* piston.

stanza ('stantsa) *nf* room. **stanza da bagno** bathroom.

stanziare (stan'tsjare) *vt* assign.

stappare (stap'pare) *vt* uncork.

stare* ('stare) *vi* 1 be. 2 stay remain. 3 be situated. 4 live **come stai?** how are you? **lasciar stare** leave alone **starci** be in agreement. **stare bene** 1 be well. 2 suit. **stare in piedi** stand. **stare male** be ill. 2 fit badly. **stare per** be on the point of. **stare seduto** be seated. **stiamo vedere!** let's wait and see! **sta bene!** it serves you right

starna ('starna) *nf* partridge.

starnutire (starnu'tire) *vi* sneeze. **starnuto** *nm* sneeze

stasera (sta'sera) *adv* this evening, tonight.

statalizzare (statalid'dzare) *vt*

nationalize. **statalizzazione** nf nationalization.

statico ('statiko) adj static.

statistica (sta'tistika) nf statistics. **statistico** adj statistical.

stato[1] ('stato) v see **essere**.

stato[2] ('stato) nm **1** state, condition. **2** status. **3** state, nation. **statale** adj state, of the state. **statista** nm statesman.

statua ('statua) nf statue.

statura (sta'tura) nf height, stature. **di alta/bassa statura** tall/short.

statuto (sta'tuto) nm statute.

stavolta (sta'vɔlta) adv inf this time.

stazionare (stattsjo'nare) vi park. **stazionamento** nm parking.

stazione (stat'tsjone) nf **1** station. **2** resort.

steccare (stek'kare) vt **1** fence in. **2** put in splints. **stecca** nf **1** small stick. **2** med splint. **3** rib (of an umbrella). **4** billiard cue. **5** false note. **steccato** nm fence. **stecco** nm twig. **stecchino** nm toothpick.

stella ('stella) nf star. **stellare** adj **1** stellar. **2** star-shaped.

stelo ('stelo) nm stem, stalk.

stemma ('stemma) nm coat of arms.

stemperare (stempe'rare) vt dissolve.

stempiato (stem'pjato) adj (of hair) thin at the temples.

stendardo (sten'dardo) nm standard, banner.

stendere* ('stendere) vt **1** spread, spread out. **2** extend, stretch out. **3** hang out (washing). **stendersi** vr stretch out.

stenodattilografo (stenodatti 'lɔgrafo) nm secretary, shorthand typist. **stenodattilografia** nf shorthand typing.

stenografia (stenogra'fia) nf shorthand.

stentare (sten'tare) vi **1** have difficulty. **2** be in want. **stentato** adj **1** stunted. **2** difficult. **stento** ('stento) nm **1** need, hardship. **2** effort. **a stento** hardly.

sterco ('sterko) nm dung.

stereofonico (stereo'fɔniko) adj stereophonic.

stereotipato (stereoti'pato) adj stereotyped.

sterile ('sterile) adj **1** sterile. **2** barren. **sterilità** nf sterility. **sterilizzare** (sterilid'dzare) vt sterilize. **sterilizzazione** nf sterilization.

sterlina (ster'lina) nf pound (sterling).

sterminare (stermi'nare) vt exterminate, destroy. **sterminio** nm slaughter, extermination. **sterminato** adj immense.

sternutire (sternu'tire) vi sneeze.

sterpo ('sterpo) nm twig.

sterzare (ster'tsare) vt steer. **sterzo** ('stertso) nm steering wheel.

stesso ('stesso) adj **1** same. **2** very. **fa lo stesso** it's all the same.

stesura (ste'sura) nf **1** drawing up, drafting. **2** draft.

stetoscopio (stetos'kɔpjo) nm stethoscope.

stetti ('stetti) v see **stare**.

stia ('stia) nf hen coop.

stigma ('stigma) *nm* mark, stigma.

stile ('stile) *nm* style. **stilista** *nm* stylist. **stilistica** (sti'listika) *nf* stylistics. **stilistico** (sti'listiko) *adj* stylistic.

stillare (stil'lare) *vi* drip, ooze. **stilla** *nf* drop.

stilografico (stilo'grafiko) **(penna) stilografica** *nf* fountain pen.

stimare (sti'mare) *vt* 1 estimate. 2 esteem. 3 value. 4 consider. **stima** *nf* 1 estimate. 2 esteem.

stimolare (stimo'lare) *vt* stimulate. **stimolante** *nm* stimulant. **stimolatore cardiaco** *nm* pacemaker. **stimolo** ('stimolo) *nm* 1 stimulus. 2 incentive.

stinco ('stinko) *nm inf* shin.

stingere* ('stindʒere) *vi* fade. **stingersi** *vr* fade.

stipare (sti'pare) *vt* cram together.

stipendio (sti'pɛndjo) *nm* salary.

stipo ('stipo) *nm* cabinet.

stipulare (stipu'lare) *vt* draw up.

stiracchiare (stirak'kjare) *vt* stretch.

stirare (sti'rare) *vt* 1 stretch. 2 iron. **stirarsi** *vr* stretch.

stirpe ('stirpe) *nf* race, descent.

stitico ('stitiko) *adj* constipated. **stitichezza** (stiti'kettsa) *nf* constipation.

stiva ('stiva) *nf naut* hold.

stivale (sti'vale) *nm* boot.

stizzire (stit'tsire) *vt* make angry. *vi* get angry. **stizzirsi** *vr* get angry. **stizza** *nf* anger.

stizzoso (stit'tsoso) *adj* irritable.

stocco ('stɔkko) *nm* rapier.

stoffa ('stɔffa) *nf* cloth, material.

stoico ('stɔiko) *adj,n* stoic.

stola ('stɔla) *nf* stole.

stolido ('stɔlido) *adj* 1 foolish. 2 dull.

stolto ('stɔlto) *adj* stupid, foolish. **stoltezza** (stol'tettsa) *nf* stupidity.

stomacare (stoma'kare) *vt* sicken. **stomachevole** (stoma'kevole) *adj* sickening. **stomaco** ('stɔmako) *nm* stomach.

stonare (sto'nare) *vi* 1 be out of tune. 2 clash. **stonato** *adj* out of tune.

stoppia ('stɔppja) *nf* stubble.

storcere* ('stɔrtʃere) *vt* twist. **storcersi** *vr* twist.

stordire (stor'dire) *vt* stun, daze. **stordito** *adj* stunned, amazed.

storia ('stɔrja) *nf* 1 history. 2 story, tale. **storico** ('stɔriko) *adj* historical. *nm* historian. **storiella** (sto'rjɛlla) *nf* 1 story. 2 fib.

storione (sto'rjone) *nm* sturgeon.

stormire (stor'mire) *vi* rustle. **stormo** *nm* 1 flock. 2 swarm.

stornare (stor'nare) *vt* 1 avert. 2 dissuade.

storno ('storno) *nm* starling.

storpiare (stor'pjare) *vt* 1 cripple. 2 maim. **storpio** ('stɔrpjo) *adj* 1 crippled. 2 maimed. *nm* cripple.

storta ('stɔrta) *nf* twist, sprain.

storto ('stɔrto) *adj* twisted, bent.

stoviglie (sto'viλλe) *nf pl* crockery.

strabico ('strabiko) *adj* cross-eyed.

strabiliare (strabi'ljare) *vi* be amazed. **strabiliarsi** *vr* be amazed.

strabismo (stra'bizmo) *nm* squint.

stracarico (stra'kariko) *adj* overloaded.

straccare (strak'kare) *vt* tire out. **stracco** *adj* exhausted.

stracchino (strak'kino) *nm* type of cheese.

stracciare (strat'tʃare) *vt* tear. **stracciatella** (strattʃa'tɛlla) *nf* soup with eggs and cheese. **straccio** ('strattʃo) *adj* torn. *nm* rag. **carta straccia** *nf* wastepaper. **straccivendolo** (strattʃi'vendolo) *nm* ragman.

stracuocere* (stra'kwɔtʃere) *vt* overcook. **stracotto** (stra'kɔtto) *adj* overcooked. *nm* stew.

strada ('strada) *nf* 1 street, road. 2 way. **stradale** *adj* road. **lavori stradali** *nm pl* road works. **stradario** (stra'darjo) *nm* street plan.

strafare* (stra'fare) *vi* do too much, overwork. **strafatto** *adj* 1 overdone. 2 overripe.

strage ('stradʒe) *nf* slaughter, massacre.

stralunare (stralu'nare) *vt* roll (one's eyes).

strambo ('strambo) *adj* strange.

stramberia *nf* oddity.

strame ('strame) *nm* fodder.

strampalato (strampa'lato) *adj* eccentric.

strangolare (strango'lare) *vt* strangle. **strangolamento** *nm* strangling. **strangolatore** *nm* strangler.

straniero (stra'njɛro) *adj* foreign. *nm* foreigner.

strano ('strano) *adj* strange, odd. **stranezza** (stra'nettsa) *nf* strangeness.

straordinario (straordi'narjo) *adj* extraordinary. *nm* overtime.

strapagare (strapa'gare) *vt* overpay.

strapazzare (strapat'tsare) *vt* ill-treat. **strapazzarsi** *vr* overdo things. **strapazzata** *nf* scolding. **strapazzato** *adj* ill-treated.

strapieno (stra'pjɛno) *adj* full up.

strapiombare (strapjom'bare) *vi* lean over.

strappare (strap'pare) *vt* 1 tear, rip. 2 pull out. **strappata** *nf* tug. **strappo** *nm* 1 pull, tug. 2 tear.

straripare (strari'pare) *vi* (of a river) overflow its banks.

strascicare (straʃʃi'kare) *vt also* **strascinare** drag. **strascico** ('straʃʃiko) *nm* train (of a dress).

stratagemma (strata'dʒemma) *nm* stratagem.

strategia (strate'dʒia) *nf* strategy. **strategico** (stra'tɛdʒiko) *adj* strategic.

strato ('strato) *nm* 1 layer, coat (of paint). 2 stratum.

stravagante (strava'gante) *adj* strange, odd, eccentric. **stravaganza** (strava'gantsa) *nf* eccentricity.

stravecchio (stra'vɛkkjo) *adj* very old.

stravizio (stra'vittsjo) *nm* excess.

stravolgere* (stra'vɔldʒere) *vt* twist. **stravolto** (stra'vɔlto) *adj* troubled.

straziare (strat'tsjare) *vt* torture, torment. **strazio** ('strattsjo) *nm* torment, torture.

stregare (stre'gare) *vt* bewitch. **strega** *nf* witch. **stregone** *nm* wizard. **stregoneria** *nf* witchcraft.

stregua ('stregwa) *nf* measure.

stremare (stre'mare) *vt* exhaust.

strenna ('strɛnna) *nf* Christmas present.

strepitare (strepi'tare) *vi* make a loud noise.

strepito ('strɛpito) *nm* din, noise. **strepitoso** (strepi'toso) *adj* noisy.

stretto[1] ('stretto) *v* see **stringere**. *adj* 1 narrow. 2 tight. 3 strict. 4 precise. 5 close, intimate. **a denti stretti** with clenched teeth. **stretta** *nf* grasp. **stretta di mano** handshake. **strettezza** (stret'tettsa) *nf* narrowness.

stretto[2] ('stretto) *nm* strait.

stria ('stria) *nf* stripe. **striato** *adj* striped.

stridere* ('stridere) *vi* 1 screech. 2 (of colours) clash. **strido** *nm* screech, shriek. **stridore** *nm* screeching. **stridulo** ('stridulo) *adj* shrill.

strillare (stril'lare) *vi* scream. **strillo** *nm* scream.

strimpellare (strimpel'lare) *vt* strum.

strinare (stri'nare) *vt* singe.

stringa ('stringa) *nf* lace, shoelace.

stringere* ('strindʒere) *vt* 1 tighten. 2 squeeze. 3 clasp, grasp. 4 conclude. 5 take in (a dress). *vi* be urgent.

strinsi ('strinsi) *v* see **stringere**.

striscia ('striʃʃa) *nf* 1 strip. 2 stripe.

strisciare (striʃ'ʃare) *vt* 1 drag. 2 graze. *vi* creep, crawl.

stritolare (strito'lare) *vt* crush.

strizzare (strit'tsare) *vt* 1 squeeze. 2 wring (clothes). **strizzare l'occhio** wink. **strizzata** *nf* squeeze. **strizzata d'occhio** wink.

strofe ('strɔfe) *nf also* **strofa** ('strɔfa) stanza.

strofinaccio (strofi'nattʃo) rag, duster, cloth. **strofinare** *vt* rub.

stroncare (stron'kare) *vt* 1 break off. 2 destroy.

stropicciare (stropit'tʃare) *vt* rub.

strozzare (strot'tsare) *vt* strangle, choke.

struggere* ('struddʒere) *vt* 1 melt. 2 consume. **struggersi** *vr* 1 melt. 2 torment oneself. **struggimento** *nm* torment.

strumento (stru'mento) *nm* 1 instrument. 2 tool. **strumentale** *adj* instrumental.

strusciare (struʃ'ʃare) *vt* rub.

strutto ('strutto) *nm* lard.

struttura (strut'tura) *nf* structure. **strutturale** *adj* structural. **strutturalismo** *nm* structuralism.

struzzo ('struttso) *nm* ostrich.

stuccare[1] (stuk'kare) *vt* putty, plaster, stucco. **stucco** *nm* plaster, putty.

stuccare[2] (stuk'kare) *vt* 1 sicken, nauseate. **2** annoy. **stuccarsi** vr be bored.

studente (stu'dɛnte) nm student. **studentesco** adj student. **studentessa** nf student.

studiare (stu'djare) vt study.

studio ('studjo) nm **1** study. **2** study, office. **3** studio. **borsa di studio** nf grant. **studioso** (stu'djoso) adj studious. nm scholar.

stufa ('stufa) nf **1** stove. **2** heater.

stufare (stu'fare) vt **1** stew. **2** inf bore. **stufato** nm stew. **stufo** adj inf fed up.

stuoia ('stwɔja) nf mat.

stuolo ('stwɔlo) nm crowd.

stupefare (stupe'fare) vt amaze. **stupefacente** (stupefa'tʃɛnte) nm drug.

stupido ('stupido) adj stupid, foolish. **stupidaggine** (stupi 'daddʒine) nf **1** stupid act. **2** nonsense. **stupidità** nf stupidity.

stupire (stu'pire) vt amaze. vi be amazed. **stupirsi** vr be amazed. **stupendo** (stu 'pɛndo) adj marvellous, wonderful. **stupore** nm astonishment.

stuprare (stu'prare) vt rape. **stupro** nm rape.

sturare (stu'rare) vt uncork. **sturabottiglie** nm invar corkscrew.

stuzzicare (stuttsi'kare) vt **1** poke, prod. **2** provoke. **3** arouse. **stuzzicadenti** (stuttsika'dɛnti) nm invar toothpick. **stuzzicante** adj appetizing.

su (su) adv up. prep **1** on, upon. **2** over. **3** about. **4** to-

wards. **in su** upwards. **su due piedi** at once. **su per up. su per giù** roughly. ~interj come on!

sua ('sua) poss adj, poss pron see **suo.**

subacqueo (su'bakkweo) adj underwater.

subaffittare (subaffit'tare) vt sublet.

subappaltare (subappal'tare) vt subcontract.

subbuglio (su'buʎʎo) nm confusion.

subcosciente (subkoʃ'ʃɛnte) adj,nm subconscious.

subentrare (suben'trare) vi replace.

subire (su'bire) vt undergo, suffer.

subitaneo (subi'taneo) adj sudden.

subito ('subito) adv immediately, at once.

sublime (su'blime) adj sublime.

subordinare (subordi'nare) vt subordinate. **subordinato** adj,n subordinate.

suburbio (su'burbjo) nm suburb. **suburbano** adj suburban.

succedere* (sut'tʃɛdere) vi **1** succeed, follow. **2** happen, occur. **succedersi** vr follow one another. **successione** nf succession. **successivo** adj following. **successo** (sut 'tʃɛsso) nm **1** outcome. **2** success. **successore** nm successor.

succhiare (suk'kjare) vt suck, suck up.

succinto (sut'tʃinto) adj succinct.

succo ('sukko) *nm* **1** juice. **2** sap. **succoso** *adj* juicy.

succulento (sukku'lεnto) *adj* succulent.

succursale (sukkur'sale) *nf* branch (office).

sud (sud) *nm* south. *adj invar* south, southern. **del sud 1** southern. **2** southerly. **verso sud** southwards. **sud-est** *nm* south-east. *adj invar* south-east, south-eastern. **del sud-est 1** south-eastern. **2** south-easterly. **sud-ovest** *nm* south-west. *adj invar* south-west, south-western. **del sud-ovest 1** south-western. **2** south-westerly.

sudare (su'dare) *vi* sweat, perspire. **sudato** *adj* covered in sweat. **sudore** *nm* sweat, perspiration.

sudario (su'darjo) *nm* shroud.

suddetto (sud'detto) *adj* abovementioned.

suddito ('suddito) *nm* subject, citizen.

suddividere* (suddi'videre) *vt* subdivide. **suddivisione** *nf* subdivision.

sudicio ('suditʃo) *adj* dirty, filthy. *nm* dirt. **sudicieria** *nf* filthiness. **sudiciume** *nm* dirt, filth.

sue ('sue) *poss adj*, *poss pron* see **suo**.

sufficiente (suffi'tʃεnte) *adj* sufficient, enough. **sufficienza** (suffi'tʃεntsa) *nf* sufficiency.

suffisso (suf'fisso) *nm* suffix.

suffragio (suf'fradʒo) *nm* vote, suffrage. **suffragista** *nf* suffragette.

suffumicare (suffumi'kare) *vt* fumigate.

suga ('suga) **carta suga** or **cartasuga** *nf* blotting paper.

suggellare (suddʒel'lare) *vt* seal. **suggello** *nm* seal.

suggerire (suddʒe'rire) *vt* suggest. **suggerimento** *nm* suggestion. **suggeritore** *nm* prompter.

suggestionare (suddʒestjo'nare) *vt* influence. **suggestione** *nf* instigation. **suggestivo** *adj* **1** evocative. **2** picturesque.

sughero ('sugero) *nm* cork.

sugli ('suʎʎi) contraction of **su gli**.

sugna ('suɲɲa) *nf* **1** fat. **2** grease.

sugo ('sugo) *nm* **1** juice. **2** gravy. **3** sauce. **4** essence, gist. **sugoso** (su'goso) *adj* juicy.

sui ('sui) contraction of **su i**.

suicidarsi (suitʃi'darsi) *vr* commit suicide. **suicida** *nm* one who has committed suicide. **suicidio** *nm* suicide.

suino (su'ino) *nm* **1** pig. **2** *pl* swine. **carne suina** *nf* pork.

sul (sul) contraction of **su il**.

sull' (sul) contraction of **su l'**.

sulla ('sulla) contraction of **su la**.

sulle ('sulle) contraction of **su le**.

sullo ('sullo) contraction of **su lo**.

sultanina (sulta'nina) *nf* (fruit) sultana.

sultano (sul'tano) *nm* sultan.

sunto ('sunto) *nm* summary.

suntuoso (suntu'oso) *adj* sumptuous.

suo, sua, suoi, sue ('suo,

'sua, 'swɔi, 'sue) *poss adj* **1** *3rd pers s* his, her, its. **2** *2nd pers s fml* your. *poss pron* **1** *3rd pers s* his, hers, its. **2** *2nd pers s fml* yours.

suocera ('swɔtʃera) *nf* mother-in-law.

suocero ('swɔtʃero) *nm* father-in-law.

suoi ('swɔi) *poss adj, poss pron* see **suo.**

suola ('swɔla) *nf* sole (of a shoe).

suoli ('swɔli) *v* see **solere.**

suolo ('swɔlo) *nm* **1** ground. **2** soil. **3** layer.

suonare (swo'nare) *vt,vi* **1** ring, sound. **2** *mus* play. **suono** ('swɔno) *nm* sound.

suora ('swɔra) *nf* nun, sister.

superare (supe'rare) *vt* **1** exceed, surpass. **2** overcome, get over. **superato** *adj* out-of-date.

superbo (su'pɛrbo) *adj* proud, arrogant. **superbia** (su'pɛrbja) *nf* pride.

superficiale (superfi'tʃale) *adj* superficial. **superficialità** *nf* superficiality.

superficie (super'fitʃe) *nf, pl* **superfici** or **superficie** surface.

superfluo (su'pɛrfluo) *adj* superfluous. *nm* surplus.

superiore (supe'rjore) *adj* **1** higher, upper. **2** superior. *nm* superior. **superiorità** *nf* superiority.

superlativo (superla'tivo) *adj,nm* superlative.

supermercato (supermer'kato) *nm* supermarket.

supersonico (super'sɔniko) *adj* supersonic.

superstite (su'pɛrstite) *adj* surviving. *nm* survivor.

superstizione (superstit'tsjone) *nf* superstition. **superstizioso** (superstit'tsjoso) *adj* superstitious.

supino (su'pino) *adj* supine. **cadere supino** fall on one's back.

suppellettile (suppel'lɛttile) *nf* furnishings, fittings.

suppergiù (supper'dʒu) *adv inf* roughly, approximately.

supplemento (supple'mento) *nm* supplement. **supplementare** *adj* supplementary, extra.

supplicare (suppli'kare) *vt* beg, implore. **supplica** ('supplica) *nf* petition.

supplire (sup'plire) *vt* take the place of. *vi* **1** make up (for). **2** take the place (of). **supplente** (sup'plɛnte) *adj,n* substitute.

supplizio (sup'plittsjo) *nm* torture.

supporre* (sup'porre) *vt* suppose, imagine. **supposizione** *nf* supposition. **supposto** (sup'posto) *adj* supposed. **supposto che** supposing.

supposta (sup'posta) *nf* suppository.

suppurare (suppu'rare) *vi* fester.

supremo (su'premo) *adj* supreme. **supremazia** (supremat'tsia) *nf* supremacy.

surclassare (surklas'sare) *vt* outclass.

surgelare (surdʒe'lare) *vt* freeze. **surgelato** *adj* frozen. **surgelati** *nm pl* frozen foods.

surrealismo (surrea'lizmo) *nm* surrealism. **surrealista** *adj* surrealist.

surrogare (surro'gare) *vt* take the place of, replace. **surrogato** *nm* substitute.

suscettibile (suʃʃet'tibile) *adj* susceptible.

suscitare (suʃʃi'tare) *vt* 1 arouse. 2 provoke, cause.

susina (su'sina) *nf* plum. **susino** *nm* plum tree.

susseguire (susse'gwire) *vi* follow.

sussidiare (sussi'djare) *vt* 1 subsidize. 2 support. **sussidiario** *adj* subsidiary. *nm* primary schoolbook. **sussidio** *nm* 1 aid, help. 2 subsidy.

sussiego (sus'sjɛgo) *nm* haughtiness.

sussistere (sus'sistere) *vi* 1 exist. 2 be valid.

sussultare (sussul'tare) *vi* start. **sussulto** *nm* start, jump.

sussurrare (sussur'rare) *vt,vi* whisper, murmur. **sussurro** *nm* murmur.

svagare (zva'gare) *vt* amuse. **svagarsi** *vr* enjoy oneself. **svago** *nm* amusement.

svaligiare (zvali'dʒare) *vt* rob, ransack.

svalutare (zvalu'tare) *vt* devalue. **svalutazione** *nf* devaluation.

svampare (zvam'pare) *vi* die down, calm down.

svanire (zva'nire) *vi* disappear, vanish.

svantaggio (zvan'taddʒo) *nm* disadvantage. **svantaggioso**

(zvantad'dʒoso) *adj* unfavourable.

svariare (zva'rjare) *vt* vary.

svedese (zve'dese) *adj* Swedish. *nm* 1 Swede. 2 Swedish (language).

svegliare (zveʎ'ʎare) *vt* awaken, wake up. **svegliarsi** *vr* wake up. **sveglia** *nf* alarm clock. **sveglio** *adj* 1 awake. 2 quick-witted.

svelare (zve'lare) *vt* reveal.

svelto ('zvelto) *adj* 1 quick. 2 quick-witted. 3 slim.

svendita ('zvendita) *nf* (clearance) sale.

svenire* (zve'nire) *vi* faint. **svenimento** *nm* faint, fainting fit.

sventolare (zvento'lare) *vt,vi* flutter.

sventrare (zven'trare) *vt* disembowel.

sventura (zven'tura) *nf* misfortune, bad luck. **sventurato** *adj* unlucky.

svergognato (zvergoɲ'ɲato) *adj* shameless.

svernare (zver'nare) *vi* spend the winter.

svestire (zves'tire) *vt* undress.

Svezia ('zvɛtsja) *nf* Sweden.

sviare (zvi'are) *vt* 1 divert. 2 lead astray. **sviarsi** *vr* go astray.

svignare (zviɲ'ɲare) *vi* slip away. **svignarsela** (zviɲ'ɲarsela) *vr* slip away.

sviluppare (zvilup'pare) *vt,vi* develop. **sviluppo** *nm* development.

svincolare (zvinko'lare) *vt* free.

svista ('zvista) *nf* oversight.

svitare (zvi'tare) *vt* unscrew.

Svizzera ('zvittsera) nf Switzerland. **svizzero** ('zvittsero) adj,n Swiss.

svogliato (zvoʎ'ʎato) adj unwilling.

svolazzare (zvolat'tsare) vi flutter.

svolgere* ('zvɔldʒere) vt 1 unwind. 2 develop. 3 carry out. **svolgersi** vr 1 take place. 2 unwind. **svolgimento** nm development.

svoltare (zvɔl'tare) vi turn. **svolta** ('zvɔlta) nf turn, bend.

svuotare (zvwo'tare) vt empty.

T

tabacco (ta'bakko) nm tobacco. **tabaccaio** nm tobacconist. **tabaccheria** nf tobacconist's shop.

tabella (ta'bɛlla) nf table, list.

tabernacolo (taber'nakolo) nm tabernacle.

tabù (ta'bu) adj,nm taboo.

tacca ('takka) nf notch, dent.

taccagno (tak'kaɲɲo) adj mean, miserly. nm miser.

taccheggiatore (takkeddʒa'tore) nm shoplifter.

tacchino (tak'kino) nm turkey.

taccio ('tattʃo) v see **tacere**.

tacco ('takko) nm heel.

taccuino (takku'ino) nm notebook.

tacere* (ta'tʃere) vi be quiet or silent. vt keep secret. **far tacere** silence.

tachigrafo (ta'kigrafo) nm tachograph.

tachimetro (ta'kimetro) nm speedometer.

tacito ('tatʃito) adj 1 silent. 2 tacit. **taciturno** adj quiet, taciturn.

tacqui ('takkwi) v see **tacere**.

tafano (ta'fano) nm horsefly.

tafferuglio (taffe'ruʎʎo) nm brawl.

taffettà (taffe'ta) nm taffeta.

taglia ('taʎʎa) nf 1 reward. 2 ransom. 3 size.

tagliare (taʎ'ʎare) vt 1 cut. 2 cut off. vi cut across. **tagliacarte** (taʎʎa'karte) nm invar paperknife. **tagliando** nm voucher. **tagliente** adj cutting, sharp. **taglio** nm cut, cutting.

tagliatelle (taʎʎa'tɛlle) nf pl long flat strips of pasta.

tagliola (taʎ'ʎɔla) nf trap, snare.

tagliuzzare (taʎʎut'tsare) vt chop finely, shred.

talco ('talko) nm talcum.

tale ('tale) adj 1 such, such a. 2 so. pron someone. **il tal dei tali** so-and-so. **talchè** conj so that. **talmente** adv so. **talora** adv now and again. **taluno** adj,pron some. **talvolta** (tal'vɔlta) adv sometimes.

taleggio (ta'leddʒo) nm type of cheese.

talento (ta'lɛnto) nm talent.

tallone (tal'lone) nm anat heel.

talpa ('talpa) nf zool mole.

tamburo (tam'buro) nm drum. **tamburare** also **tamburellare** vi drum. **tamburello** (tambu'rɛllo) nm tambourine.

Tamigi (ta'midʒi) nm Thames.

tamponare (tampo'nare) vt 1 plug, stop. 2 collide with, bump into. **tamponamento** nm collision. **tampone** nm pad.

tana ('tana) nf den, lair.

tanaglie (ta'naʎʎe) *nf pl* pincers, pliers.

tanfo ('tanfo) *nm* musty smell.

tangibile (tan'dʒibile) *adj* tangible.

tango ('tango) *nm* tango.

tanto ('tanto) *adj* 1 so much. 2 *pl* so many. *pron* 1 so much. 2 *pl* a lot of people. *adv* so, so much. **di tanto in tanto** from time to time. **ogni tanto** every now and then. **tanto quanto** as much as.

tappare (tap'pare) *vt* plug, stop up.

tappeto (tap'peto) *nm* carpet. **tappetino** *nm* rug.

tappezzare (tappet'tsare) *vt* 1 cover. 2 upholster. **tappezzeria** *nf* 1 tapestry. 2 upholstery. **fare tappezzeria** be a wallflower.

tappo ('tappo) *nm* stopper, cork.

tarantola (ta'rantola) *nf* tarantula.

tarchiato (tar'kjato) *adj* thickset, sturdy.

tardare (tar'dare) *vi* be late. *vt* delay. **tardi** *adv* late. **fare tardi** be late. **tardo** *adj* 1 slow. 2 late.

targa ('targa) *nf* 1 shield. 2 *mot* numberplate. 3 nameplate.

tariffa (ta'riffa) *nf* 1 price-list. 2 charge, rate, fare.

tarlo ('tarlo) *nm* woodworm.

tarma ('tarma) *nf* moth. **tarmato** *adj* moth-eaten.

tartagliare (tartaʎ'ʎare) *vi* stammer, stutter.

tartaro ('tartaro) *nm* tartar.

tartaruga (tarta'ruga) *nf* 1 tortoise. 2 turtle.

tartina (tar'tina) *nf* sandwich.

tartufo (tar'tufo) *nm* truffle.

tasca ('taska) *nf* pocket. **tascabile** (tas'kabile) *adj* pocketsized. **tascapane** *nm* haversack.

tassare (tas'sare) *vt* tax. **tassa** *nf* tax. **tassazione** *nf* taxation.

tassì (tas'si) *nm invar* taxi. **tassista** *nm* taxi driver.

tasso[1] ('tasso) *nm* yew tree.

tasso[2] ('tasso) *nm* badger.

tastare (tas'tare) *vt* 1 touch. 2 feel. **tastiera** *nf* keyboard. **tasto** *nm* 1 key. 2 feel, touch. **tastoni** *adv* gropingly. **andare a tastoni** grope.

tattica ('tattika) *nf* tactics. **tattico** ('tattiko) *adj* tactical.

tatto ('tatto) *nm* 1 sense of touch, touch. 2 tact.

tatuaggio (tatu'addʒo) *nm* tattoo.

tautologia (tautolo'dʒia) *nf* tautology.

taverna (ta'vɛrna) *nf* inn, tavern.

tavola ('tavola) *nf* 1 table. 2 board, slab. 3 plate, illustration. **tavola calda** snack-bar.

tavolo ('tavolo) *nm* table. **tavolino** *nm* table. **tavolino da notte** bedside table.

tazza ('tattsa) *nf* cup.

te (te) *pron 2nd pers m,f s fam* you. **da te** by yourself.

tè (tɛ) *nm invar* tea. **teiera** (te'jɛra) *nf* teapot.

teatro (te'atro) *nm* theatre. **teatrale** *adj* theatrical.

tecnica ('tɛknika) *nf* technique. **tecnico** ('tɛkniko) *adj* technical. *nm* technician, engineer. **tecnologia** *nf* technology.

tedesco (te'desko) *adj,n* German. *nm* German (language).

tedioso (te'djoso) *adj* tedious.

tegame (te'game) *nm* pan.

teglia ('teλλa) *nf* pan.

tegola ('tegola) *nf* tile.

tela ('tela) *nf* 1 cloth. 2 canvas, painting. 3 *Th* curtain.

telaio (te'lajo) *nm* loom, frame.

telecomunicazioni (tele-komunikat'tsjoni) *nfpl* telecommunications.

teleferica (tele'ferika) *nf* cableway.

telefonare (telefo'nare) *vi,vt* telephone. **telefonata** *nf* telephone call. **telefonata urbana/interurbana** local/long-distance call. **telefonico** (tele'foniko) *adj* telephonic. **cabina telefonica** *nf* telephone box. **telefonista** *nm* telephonist. **telefono** (te'lefono) *nm* telephone. **dare un colpo di telefono** ring.

telegiornale (teledʒor'nale) *nm* television news.

telegrafare (telegra'fare) *vt* wire, telegraph. **telegrafo** (te'legrafo) *nm* telegraph.

telegramma (tele'gramma) *nm* telegram.

telepatia (telepa'tia) *nf* telepathy.

teleschermo (teles'kermo) *nm* television screen.

telescopio (teles'kɔpjo) *nm* telescope.

televisione (televi'zjone) *nf* television. **televisione a colori** colour television. **televisore** (televi'zore) *nm* television set.

telone (te'lone) *nm* tarpaulin.

tema ('tɛma) *nm* 1 theme, subject. 2 essay, composition.

tematico (te'matiko) *adj* thematic.

temerario (teme'rarjo) *adj* rash, reckless. **temerarietà** *nf* boldness, recklessness.

temere (te'mere) *vt* 1 fear, be afraid of. 2 doubt. *vi* be afraid.

temperamento (tempera'mento) *nm* temperament.

temperare (tempe'rare) *vt* 1 moderate, mitigate, alleviate. 2 sharpen. **temperalapis** (tempera'lapis) *nm* also **temperamatite** *nm invar* pencil-sharpener. **temperato** *adj* moderate, temperate. **temperino** *nm* penknife.

temperatura (tempera'tura) *nf* temperature.

tempesta (tem'pɛsta) *nf* storm, tempest, hurricane. **tempestoso** (tempes'toso) *adj* 1 stormy. 2 agitated.

tempia ('tɛmpja) *nf anat* temple.

tempio ('tɛmpjo) *nm* 1 temple. 2 church.

tempo ('tɛmpo) *nm* 1 time, period. 2 weather. 3 tense. 4 *sport* half-time. 5 tempo, beat. **a tempo** on time. **tempo fa** some time ago.

temporale[1] (tempo'rale) *nm* storm, thunderstorm.

temporale[2] (tempo'rale) *adj* temporal, secular.

temporaneo (tempo'raneo) *adj* 1 temporary. 2 transient, transitory.

temprare (tem'prare) *vt* temper, strengthen.

tenace (te'natʃe) *adj* 1 tenacious. 2 stubborn. **tenacia** *nf* tenacity.

tenaglie (te'naʎʎe) *nf pl* pincers, pliers.

tenda ('tɛnda) *nf* 1 curtain. 2 awning. 3 tent. **tendina** *nf* curtain.

tendenza (ten'dɛntsa) *nf* 1 tendency. 2 trend. 3 inclination.

tendere* ('tɛndere) *vt* 1 stretch. 2 hang or hold out. 3 tighten. 4 lay. *vi* 1 tend. 2 incline, be inclined. **tendere le orecchie** prick up one's ears.

tendine ('tɛndine) *nm* tendon, sinew.

tenebre ('tɛnebre) *nf pl* darkness, gloom. **tenebroso** (tene'broso) *adj* gloomy, dark.

tenente (te'nɛnte) *nm* lieutenant.

tenere* (te'nere) *vt* 1 hold. 2 have. 3 keep. 4 contain. 5 occupy. 6 consider. *vi* 1 resemble. 2 hold, stick. 3 (of a dye) be fast. **tenere conto di** keep in mind. **tenere la destra/sinistra** keep to the right/left. **tenere stretto** clasp, grip. **tenere un discorso** give a speech. **tenersi** *vr* 1 hold or keep oneself. 2 stand. 3 consider oneself. 4 restrain oneself. 5 avoid. 6 follow. **tenersi pronto** be on the alert.

tenero ('tɛnero) *adj* 1 tender. 2 affectionate. **tenerezza** (tene'rettsa) *nf* 1 tenderness. 2 affection.

tengo ('tɛngo) *v* see **tendere.**

tenni ('tɛnni) *v* see **tenere.**

tennis ('tɛnnis) *nm* tennis. **tennista** *nm* tennis player.

tenore (te'nore) *nm* tenor. **tenore di vita** standard of living.

tensione (ten'sjone) *nf* 1 tension, strain. 2 voltage.

tentacolo (ten'takolo) *nm* tentacle.

tentare (ten'tare) *vt* 1 try, attempt. 2 test. 3 tempt. **tentativo** *nm* attempt. **tentazione** *nf* temptation.

tentennare (tenten'nare) *vi* 1 waver. 2 stagger, totter. 3 hesitate. *vt* shake.

tenue ('tɛnue) *adj* 1 slender, slight. 2 soft.

tenuta (te'nuta) *nf* 1 capacity. 2 estate. 3 uniform. 4 dress. **a tenuta d'acqua** watertight.

teologia (teolo'dʒia) *nf* theology. **teologo** (te'ɔlogo) *nm* theologian.

teorema (teo'rɛma) *nm* theorem.

teoria (teo'ria) *nf* theory, idea. **teorico** *adj* theoretical.

tepore (te'pore) *nm* mildness.

teppa ('teppa) *nf* mob, underworld.

terapia (tera'pia) *nf* therapy. **terapeutico** (tera'pɛutiko) *adj* therapeutic.

tergicristallo (terdʒikris'tallo) *nm* windscreen-wiper.

tergiversare (terdʒiver'sare) *vi* beat about the bush.

terme ('tɛrme) *nf pl* hot springs, spa. **termale** *adj* spa. **termico** ('tɛrmiko) *adj* thermal.

terminale (termi'nale) *nm* terminal.

terminare (termi'nare) *vt,vi* finish, end, terminate. **termine** ('tɛrmine) *nm* 1 limit, boundary. 2 term. 3 end, close.

termodinamica (termodi'namika) *nf* thermodynamics.

termometro (ter'mɔmetro) *nm* thermometer.

termonucleare (termonukle 'are) *adj* thermonuclear.

termos ('tɛrmos) *nm invar* Thermos *Tdmk*.

termosifone (termosi'fone) *nm* radiator. **riscaldamento a termosifone** *nm* central heating.

termostato (ter'mɔstato) *nm* thermostat.

terra ('tɛrra) *nf* 1 earth. 2 land. 3 ground, floor. 4 soil. 5 clay. **per terra** on the ground. **terracotta** (terra'kɔtta) *nf* terracotta. **terremoto** (terre'mɔto) *nm* earthquake.

terrapieno (terra'pjɛno) *nm* embankment, earthwork.

terrazza (ter'rattsa) *nf also* **terrazzo** (ter'rattso) *nm* terrace.

terreno[1] (ter'reno) *adj* earthly.

terreno[2] (ter'reno) *nm* 1 ground, soil, land. 2 site.

terribile (ter'ribile) *adj* terrible, fearful.

territorio (terri'tɔrjo) *nm* territory. **territoriale** *adj* territorial.

terrò (ter'rɔ) *v see* **tenere**.

terrore (ter'rore) *nm* terror. **terrorismo** *nm* terrorism. **terrorista** *nm* terrorist.

terzo ('tɛrtso) *adj* third. *nm* 1 third. 2 third party. **terza** *nf* 1 third class. 2 third gear.

tesa ('tesa) *nf* brim (of a hat).

teschio ('teskjo) *nm* skull.

tesi[1] ('tɛzi) *nf invar* thesis.

tesi[2] ('tesi) *v see* **tendere**.

teso ('teso) *v see* **tendere**. *adj* uptight.

tesoro (te'zɔro) *nm* 1 treasure.

2 treasury. **tesoreria** *nf* treasury. **tesoriere** *nm* treasurer.

tessera ('tɛssera) *nf* pass, card.

tessere ('tɛssere) *vt* weave.

tessile ('tɛssile) *adj,nm* textile.

tessuto *nm* 1 cloth, material, fabric. 2 *anat* tissue.

testa ('tɛsta) *nf* head. **dare alla testa** go to one's head. **in testa** on one's head. **rompersi la testa** rack one's brains.

testamento (testa'mento) *nm law* will.

testardo (tes'tardo) *adj* 1 stubborn. 2 headstrong.

testicolo (tes'tikolo) *nm* testicle.

testimone (testi'mone) *nm* witness. **testimoniare** *vt,vi* testify. **testimonianza** (testimo 'njantsa) *nf* testimony. **testimonio** (testi'mɔnjo) *nm* witness.

testo ('tɛsto) *nm* text. **libro di testo** *nm* textbook.

testone (tes'tone) *nm* obstinate person.

testuggine (tes'tuddʒine) *nf* tortoise.

tetro ('tɛtro) *adj* gloomy, sombre.

tetta ('tetta) *nf inf* 1 breast. 2 teat. **tettarella** (tetta'rɛlla) *nf* teat, dummy.

tetto ('tetto) *nm* roof. **tettoia** *nf* 1 shed. 2 roof.

Tevere ('tevere) *nm* Tiber.

ti (ti) *pron 2nd pers m,f s fam* you, to you.

tiara ('tjara) *nf* tiara.

tic (tik) *nm invar* 1 tic. 2 mannerism.

ticchettare (tikket'tare) *vi* tick.

ticchio ('tikkjo) *nm* **1** spasm. **2** whim.

tictac (tik'tak) *nm* tick, ticking.

tieni ('tjɛni) *v* see **tenere**.

tiepido ('tjɛpido) *adj* lukewarm.

tifo ('tifo) *nm* typhus.

tifone (ti'fone) *nm* typhoon.

tifoso (ti'foso) *nm* fan, supporter.

tiglio ('tiʎʎo) *nm* lime tree, linden.

tignuola (tiɲ'ɲɔla) *nf* moth.

tigre ('tigre) *nf* tiger.

timbrare (tim'brare) *vt* stamp.

timbro *nm* **1** stamp. **2** timbre. **timbro di gomma** rubber stamp.

timido ('timido) *adj* shy, timid. **timidezza** (timi'dettsa) *nf* shyness.

timo ('timo) *nm* thyme.

timone (ti'mone) *nm* rudder. **timoniera** (timo'njere) *nf* wheelhouse.

timore (ti'more) *nm* fear. **timoroso** (timo'roso) *adj* timorous.

timpano ('timpano) *nm* **1** kettledrum. **2** eardrum. **3** *arch* gable.

tingere* ('tindʒere) *vt* dye, tint.

tino ('tino) *nm* vat.

tinta ('tinta) *nf* **1** dye. **2** colour, shade. **tintoria** *nf* **1** drycleaner's shop. **2** dyeworks.

tipo ('tipo) *nm* **1** type. **2** *inf* chap, fellow. **tipico** ('tipiko) *adj* typical.

tipografia (tipogra'fia) *nf* printing.

tiranneggiare (tiranned'dʒare) *vt* oppress.

tiranno (ti'ranno) *nm* tyrant. *adj* tyrannical. **tirannia** *nf* tyranny. **tirannico** (ti'ranniko) *adj* tyrannical.

tirare (ti'rare) *vt* **1** pull, drag, draw. **2** pull out, extract. **3** throw. **4** shoot. **5** print. **6** draw, trace. *vi* **1** pull. **2** aim, tend. **3** (of the wind) blow. **4** be tight. **5** shoot. **tirare avanti** struggle on. **tirare calci** kick. **tirare giù** jot down. **tirare su 1** pull up. **2** bring up. **tirare vento** be windy. **tirarsi in là** *vr* move aside. **tirata** *nf* tug, pull. **tiratore** *nm* shooter. **tiratore scelto** marksman. **tiratura** *nf* **1** printing. **2** circulation. **tiro** *nm* **1** shooting, firing. **2** shot. **3** trick. **a tiro** within range.

tirchio ('tirkjo) *adj* mean, stingy.

tirocinio (tiro'tʃinjo) *nm* apprenticeship.

titolo ('titolo) *nm* **1** title. **2** headline. **3** security, share.

tizio ('tittsjo) *nm* **1** chap, fellow. **2** what's-his-name.

tizzo ('tittso) *nm* *also* **tizzone 1** brand. **2** ember.

toboga (to'bɔga) *nm* *invar* toboggan.

toccare (tok'kare) *vt* touch, feel. *vi* **1** happen. **2** be the duty of. **3** concern. **a chi tocca? tocca a me** whose turn is it? it's my turn. **tocco** *nm* touch. **al tocco** at one o'clock.

toga ('tɔga) *nf* gown.

togliere* ('tɔʎʎere) *vt* **1** take (away). **2** remove, take off. **togliersi di mezzo** *vr* get out of the way.

toletta (to'letta) *nf* **1** dressing-table. **2** toilet.

tolgo ('tɔlgo) v see **togliere**.

tollerare (tolle'rare) vt tolerate, bear. **tollerabile** (tolle'rabile) adj tolerable. **tolleranza** (tolle'rantsa) nf tolerance, toleration.

tolsi ('tɔlsi) v see **togliere**.

tolto ('tɔlto) v see **togliere**.

tomaia (to'maja) nf upper (of a shoe).

tomba ('tomba) nf tomb.

tomo ('tɔmo) nm tome, volume.

tonaca ('tɔnaka) nf 1 tunic. 2 habit.

tondo ('tondo) adj round.

tonfo ('tonfo) nm 1 thud. 2 splash.

tonico ('tɔniko) nm tonic.

tonnellata (tonnel'lata) nf ton.

tonno ('tonno) nm tuna fish.

tono ('tɔno) nm tone.

tonsilla (ton'silla) nf tonsil. **tonsillite** nf tonsillitis.

topazio (to'pattsjo) nm topaz.

topo ('tɔpo) nm 1 mouse. 2 rat. **topo di biblioteca** bookworm.

topografia (topogra'fia) nf topography.

toppa ('tɔppa) nf 1 patch. 2 lock.

torba ('tɔrba) nf peat.

torbido ('tɔrbido) adj 1 murky. 2 troubled.

torcere* ('tɔrtʃere) vt 1 twist. 2 wring.

torchiare (tor'kjare) vt press. **torchio** ('tɔrkjo) nm press.

torcia ('tɔrtʃa) nf torch.

tordo ('tordo) nm thrush.

Torino (to'rino) nf Turin.

torma ('tɔrma) nf swarm, throng.

tormentare (tormen'tare) vt torment. **tormento** nm 1 torment. 2 agony.

tornare (tor'nare) vi 1 return, go or come back. 2 turn out, prove to be. 3 become again. **tornare a fare** do again.

torneo (tor'nɛo) nm tournament.

toro ('tɔro) nm 1 bull. 2 cap Taurus.

torpedine (tor'pedine) nf torpedo.

torpido ('tɔrpido) adj torpid. **torpore** nm torpor, lethargy.

torre ('torre) nf 1 tower. 2 game rook. **torretta** nf turret.

torrefare (torre'fare) vt roast.

torrente (tor'rɛnte) nm torrent. **torrenziale** adj torrential.

torrido ('tɔrrido) adj torrid.

torrone (tor'rone) nm nougat.

torsi ('tɔrsi) v see **torcere**.

torso ('torso) nm trunk, torso.

torsolo ('tɔrsolo) nm stump.

torta ('tɔrta) nf cake.

tortellini (tortel'lini) nm pl stuffed rings of pasta.

torto[1] ('tɔrto) v see **torcere**.

torto[2] ('tɔrto) nm wrong. **a torto** wrongly. **avere torto** be wrong.

tortora ('tɔrtora) nf dove.

tortuoso (tortu'oso) adj winding, curving.

torturare (tortu'rare) vt torture. **tortura** nf torture.

torvo ('tɔrvo) adj surly.

tosare (to'zare) vt shear, clip. **tosatrice** nf lawn-mower.

Toscana (tos'kana) nf Tuscany. **toscano** adj,n Tuscan.

tossico ('tɔssiko) adj toxic. nm poison.

tossire (tos'sire) vi cough. **tosse** nf cough.

tostare (tos'tare) vt 1 roast. 2 toast. **tostapane** nm invar toaster.

totale (to'tale) adj total, complete. nm total.

totalitario (totali'tarjo) adj totalitarian.

totocalcio (toto'kaltʃo) nm football pools.

tovaglia (to'vaʎʎa) nf tablecloth. **tovagliolo** nm napkin.

tozzo ('tɔttso) nm piece, bit. adj stocky, squat.

tra (tra) prep 1 between. 2 among.

traballare (trabal'lare) vi stagger, totter.

traboccare (trabok'kare) vi overflow.

tracannare (trakan'nare) vt gulp down.

traccia ('trattʃa) nf 1 trace. 2 trail, track. 3 footprint. 4 outline. **tracciare** vt 1 outline. 2 trace.

trachea (tra'kɛa) nf windpipe.

tradire (tra'dire) vt 1 betray. 2 be unfaithful to. **tradimento** nm 1 betrayal. 2 treachery. 3 treason. **traditore** nm traitor. adj treacherous.

tradizione (tradit'tsjone) nf tradition. **tradizionale** adj traditional.

tradurre* (tra'durre) vt translate. **traduttore** nm translator. **traduzione** nf translation.

trafficare (traffi'kare) vi trade, deal. vt trade in. **trafficante** nm dealer. **traffico** ('traffiko) nm 1 trade. 2 traffic. 3 bustle. **traffico contrario** nm contraflow.

traforare (trafo'rare) vt pierce, bore.

tragedia (tra'dʒɛdja) nf tragedy. **tragico** ('tradʒiko) adj tragic. nm tragedian.

traggo ('traggo) v see **trarre.**

traghetto (tra'getto) nm 1 crossing. 2 ferryboat.

tragitto (tra'dʒitto) nm journey.

traguardo (tra'gwardo) nm winning post.

trai ('trai) v see **trarre.**

trainare (trai'nare) vt drag, haul.

tralasciare (tralaʃ'ʃare) vt 1 omit. 2 give up.

tralcio ('traltʃo) nm 1 bot shoot. 2 vine shoot.

traliccio (tra'littʃo) nm trellis.

tram (tram) nm invar tram.

trama ('trama) nf plot.

tramezzare (tramed'dzare) vt partition, separate. **tramezzo** (tra'mɛddzo) nm partition.

tramite ('tramite) nm way, means. prep by means of.

tramontana (tramon'tana) nf north wind.

tramontare (tramon'tare) vi 1 (of the sun) set, go down. 2 fade. **tramonto** nm sunset.

tramortire (tramor'tire) vi faint.

trampoli ('trampoli) nm pl stilts.

trampolino (trampo'lino) nm 1 springboard. 2 diving board.

tranello (tra'nɛllo) nm trap, plot.

trangugiare (trangu'dʒare) vt bolt, gulp down.

tranne ('tranne) prep except.

tranquillo (tran'kwillo) adj calm, peaceful, still. **tranquillità** nf calm, stillness.

transatlantico (transa'tlantiko) *adj* transatlantic. *nm* liner.

transitivo (transi'tivo) *adj* transitive.

transito ('transito) *nm* passage, transit.

transizione (transit'tsjone) *nf* transition.

tranvai (tran'vai) *nm invar* tram.

tranvia (tran'via) *nf* **1** tramway. **2** tram.

trapanare (trapa'nare) *vt* drill. **trapano** ('trapano) *nm* drill.

trapelare (trape'lare) *vi* **1** trickle. **2** leak out.

trapezio (tra'pɛttsjo) *nm* trapeze.

trapiantare (trapjan'tare) *vt* transplant. **trapianto** *nm* transplant.

trappola ('trappola) *nf* trap.

trarre* ('trarre) *vt* **1** drag, pull, draw. **2** throw. **3** obtain.

trasalire (trasa'lire) *vi* start, jump.

trasandare (trazan'dare) *vt* neglect. **trasandato** *adj* slovenly.

trascinare (traʃʃi'nare) *vt* drag, pull.

trascorrere* (tras'korrere) *vt* **1** spend, pass. **2** go through quickly (a book, etc.). *vi* pass.

trascurare (trasku'rare) *vt* **1** neglect. **2** ignore. **trascurato** *adj* **1** neglected. **2** careless.

trasferire (trasfe'rire) *vt* transfer, move. **trasferirsi** *vr* move. **trasferimento** *nm* transfer.

trasformare (trasfor'mare) *vt* change, transform. **trasformazione** *nf* transformation.

trasfusione (trasfu'zjone) *nf* transfusion.

trasgredire (trazgre'dire) *vt* infringe, violate.

traslocare (trazlo'kare) *vt,vi* move. **trasloco** (traz'lɔko) *nm* removal. **fare trasloco** move house.

trasmettere* (traz'mettere) *vt* **1** transmit. **2** send. **trasmissione** *nf* **1** transmission. **2** programme, broadcast.

trasognato (trasoɲ'ɲato) *adj* dreamy.

trasparente (traspa'rɛnte) *adj* transparent.

traspirare (traspi'rare) *vi* **1** perspire. **2** leak out. **traspirazione** *nf* perspiration.

trasportare (traspor'tare) *vt* transport. **trasporto** (tras'pɔrto) *nm* transport.

trassi ('trassi) *v see* **trarre.**

trastullare (trastul'lare) *vt* amuse. **trastullo** *nm* toy.

trasudare (trasu'dare) *vi* sweat.

trattare (trat'tare) *vt* **1** treat. **2** deal with, discuss. *vi* deal with, be about. **trattarsi di** *v imp* be a matter of. **trattativa** *nf* negotiation. **trattato** *nm* **1** treatise. **2** treaty.

trattenere* (tratte'nere) *vt* **1** keep or hold back. **2** detain, keep waiting. **3** entertain. **trattenersi** *vr* **1** remain, stay. **2** restrain oneself.

tratto[1] ('tratto) *v see* **trarre.**

tratto[2] ('tratto) *nm* **1** line, stroke. **2** stretch, space. **3** passage (in a book). **4** feature. **a un tratto** all of a sudden.

trattore (trat'tore) *nm* tractor.

trattoria (tratto'ria) *nf* restaurant.

trauma ('trauma) *nm* trauma.

travagliare (trava*ʎ*'ʎare) *vt* trouble. **travaglio** *nm* **1** toil. **2** suffering.

travasare (trava'zare) *vt* decant.

trave ('trave) *nf* beam, rafter.

traversare (traver'sare) *vt* cross. **traversa** *nf* crossbar. **traversata** *nf* crossing.

traverso (tra'vɛrso) *adj* oblique. **di traverso 1** askance. **2** amiss, the wrong way.

travestire (traves'tire) *vt* disguise. **travestimento** *nm* disguise.

travisare (travi'zare) *vt* distort, falsify.

travolgere* (tra'vɔldʒere) *vt* **1** overturn, upset. **2** overthrow.

tre (tre) *adj* three. *nm* or *f* three.

trecento (tre'tʃento) *adj* three hundred. *nm* **1** three hundred. **2** fourteenth century.

trebbiare (treb'bjare) *vt* thresh.

treccia ('trettʃa) *nf* plait.

tredici ('treditʃi) *adj* thirteen. *nm* or *f* thirteen. **tredicesimo** *adj* thirteenth.

tregua ('tregwa) *nf* **1** truce. **2** respite.

tremare (tre'mare) *vt* **1** tremble, shake. **2** shiver.

tremendo (tre'mɛndo) *adj* awful, fearful.

trementina (tremen'tina) *nf* turpentine.

tremito ('trɛmito) *nm* shiver, shudder.

tremolare (tremo'lare) *vi* quiver.

tremore (tre'more) *nm* tremor.

treno ('trɛno) *nm* train. **treno di vita** way of life.

trenta ('trenta) *adj,nm* thirty. **trentesimo** *adj* thirtieth.

trespolo ('trespolo) *nm* trestle.

triangolo (tri'angolo) *nm* triangle. **triangolare** *adj* triangular.

tribolare (tribo'lare) *vi* torment.

tribordo (tri'bordo) *nm* starboard.

tribù (tri'bu) *nf invar* tribe. **tribale** *adj* tribal.

tribuna (tri'buna) *nf* **1** platform. **2** gallery. **3** *sport* stand. **tribunale** *nm* **1** court. **2** tribunal.

tricheco (tri'kɛko) *nm* walrus.

triciclo (tri'tʃiklo) *nm* tricycle.

trifoglio (tri'fɔʎʎo) *nm* **1** clover. **2** shamrock.

triglia ('triʎʎa) *nf* red mullet.

trillare (tril'lare) *vi* **1** trill. **2** vibrate. **trillo** *nm* **1** ring. **2** trill.

trilogia (trilo'dʒia) *nf* trilogy.

trimestre (tri'mɛstre) *nm* term.

trina ('trina) *nf* lace.

trincare (trin'kare) *vt* drink greedily.

trincea (trin'tʃea) *nf* trench.

trinciare (trin'tʃare) *vt* cut up, mince.

trinità (trini'ta) *nf* trinity.

trio ('trio) *nm* trio.

trionfare (trion'fare) *vi* triumph. **trionfale** *adj* triumphal. **trionfo** *nm* **1** triumph. **2** *game* trumps.

triplice ('triplitʃe) *adj* triple.

tripode ('tripode) *nm* tripod.

trippa ('trippa) *nf* tripe.

triregno (tri'reɲɲo) *nm* papal tiara.

triste ('triste) *adj* sad. **tristezza** (tris'tettsa) *nf* sadness.

tristo ('tristo) *adj* bad, evil.

tritare (tri'tare) vt mince. **tritacarne** nm invar mincer. **tritatutto** nm invar slicer and shredder.

trittico ('trittiko) nm triptych.

trivellare (trivel'lare) vt drill. **trivella** (tri'vɛlla) nf drill.

triviale (tri'vjale) adj low, vulgar.

trofeo (tro'fɛo) nm trophy.

trogolo ('trɔgolo) nm trough.

troia ('trɔja) nf sow.

tromba ('tromba) nf trumpet. **tromba d'aria** tornado. **trombone** nm trombone.

troncare (tron'kare) vt break or cut off, interrupt. **tronco** nm **1** trunk (of a tree or body). **2** section.

trono ('trɔno) nm throne.

tropico ('trɔpiko) nm tropic. **tropicale** adj tropical.

troppo ('trɔppo) adj **1** too much. **2** pl too many. adv too, too much. **di troppo** in the way.

trota ('trɔta) nf trout.

trottare (trot'tare) vi trot. **trotto** nm trot.

trotterellare (trotterel'lare) vi **1** trot along. **2** toddle.

trottola ('trɔttola) nf spinning top.

trovare (tro'vare) vt **1** find, discover. **2** meet. **andare a trovare** visit. **trovarsi** vr **1** be, be situated. **2** feel.

truccare (truk'kare) vt **1** disguise, make up. **2** cheat. **truccarsi** vr make oneself up. **trucco** nm **1** make-up. **2** trick.

truciolo ('trutʃolo) nm wood shaving.

ruffare (truf'fare) vt swindle, cheat. **truffa** nf swindle,

fraud. **truffatore** nm swindler.

truppa ('truppa) nf troop.

tu (tu) pron 2nd pers m,f s fam you. **dare del tu** use the familiar form of address. **tu stesso** 2nd pers s fam yourself.

tua ('tua) poss adj, poss pron see **tuo.**

tuba ('tuba) nf **1** tuba. **2** top-hat.

tubare (tu'bare) vi coo.

tubercolosi (tuberko'lɔzi) nf invar tuberculosis.

tubo ('tubo) nm **1** pipe. **2** tube. **tubatura** nf piping. **tubetto** nm tube.

tue ('tue) poss adj, poss pron see **tuo.**

tuffare (tuf'fare) vt plunge, dip. **tuffarsi** vr dive, plunge. **tuffatore** nm diver. **tuffo** nm dive, plunge.

tulipano (tuli'pano) nm tulip.

tumore (tu'more) nm tumour.

tumulto (tu'multo) nm uproar, tumult.

tunica ('tunika) nf tunic.

tuo, tua, tuoi, tue ('tuo, 'tua, 'twɔi, 'tue) poss adj 2nd pers s fam your. poss pron 2nd pers s fam yours.

tuoi ('twɔi) poss adj, poss pron see **tuo.**

tuono ('twono) nm thunder. **tuonare** vi thunder.

tuorlo ('twɔrlo) nm egg yolk.

turare (tu'rare) vt stop, plug, cork.

turba ('turba) nf mob, crowd.

turbante (tur'bante) nm turban.

turbare (tur'bare) vt trouble, worry, disturb. **turbarsi** vr become agitated. **turbamento** nm disturbance.

turbina (tur'bina) *nf* turbine.

turbine ('turbine) *nm* **1** whirlwind. **2** hurricane.

turchese (tur'kese) *adj,nf* turquoise.

Turchia (tur'kia) *nf* Turkey.
turco *adj* Turkish. *nm* **1** Turk. **2** Turkish (language).

turchino (tur'kino) *adj* dark blue.

turismo (tu'rizmo) *nm* tourism.
turista *nm* tourist. **turistico** (tu'ristiko) *adj* touristic.

turlupinare (turlupi'nare) *vt* cheat.

turno ('turno) *nm* turn. **di turno** on duty.

tuta ('tuta) *nf* overalls.

tutela (tu'tɛla) *nf* guardianship.
tutore *nm* guardian.

tutto ('tutto) *adj* **1** all. **2** *pl* each, every. *pron* **1** all, everything. **2** *pl* all, everyone. **del tutto** completely. **innanzi tutto 1** first of all. **2** above all. **tutt'al più** at very most. **tutt'altro!** on the contrary! **tutti e due** both. **tutto il giorno** the whole day. **tuttavia** *conj* yet, nevertheless.

U

ubbia (ub'bia) *nf* whim.

ubbidire (ubbi'dire) *vt,vi* obey.
ubbidiente (ubbi'djɛnte) *adj* obedient. **ubbidienza** (ubbi'djɛntsa) *nf* obedience.

ubriacare (ubria'kare) *vt* intoxicate. **ubriacarsi** *vr* get drunk. **ubriachezza** (ubria'kettsa) *nf* drunkenness.
ubriaco *adj* drunk. **ubriacone** *nm* drunkard.

uccello (ut'tʃɛllo) *nm* bird.

uccelliera (uttʃel'ljɛra) *nf* aviary.

uccidere* (ut'tʃidere) *vt* kill.

uccisi (ut'tʃizi) *v* see **uccidere.**

ucciso (ut'tʃizo) *v* see **uccidere.** *adj* killed. *nm* victim.
uccisione *nf* killing, murder.
uccisore *nm* killer, murderer.

udire* (u'dire) *vt* hear.
udibile (u'dibile) *adj* audible.
udienza (u'djɛntsa) *nf* **1** hearing, sitting. **2** audience, interview. **udito** *nm* hearing.
uditore *nm* listener. **uditorio** (udi'tɔrjo) *nm* audience.

uffa ('uffa) *interj* what a bore!

ufficio (uf'fitʃo) *nm* **1** office. **2** department. **ufficio postale** post office. **ufficiale** *adj* official. *nm* official, officer.

ufo ('ufo) **a ufo** *adv* free, for nothing.

uggia ('uddʒa) *nf* dislike.

uggiolare (uddʒo'lare) *vi* whine.

ugola ('ugola) *nf* uvula.

uguagliare (ugwaʎ'ʎare) *vt* make even or equal, equalize.
uguagliarsi *vr* be equal.
uguaglianza *nf* equality.

uguale (u'gwale) *adj* **1** equal. **2** alike, identical. **per me è uguale** it's all the same to me.
ugualmente *adv* likewise.

ulcera ('ultʃera) *nf* ulcer.

uliva (u'liva) *nf* olive.

ulteriore (ulte'rjore) *adj* further, ulterior.

ultimo ('ultimo) *adj* last, final, latest. **ultimatum** *nm invar* ultimatum.

ultravioletto (ultravio'letto) *adj* ultraviolet.

ululare (ulu'lare) *vi* howl.

ululo ('ululo) *nm* howl, howling.

umanesimo (uma'nezimo) *nm* humanism. **umanista** *nm* humanist.

umanitario (umani'tarjɔ) *adj* humanitarian.

umano (u'mano) *adj* **1** human. **2** humane. **umanista** *nm* humanist. **umanità** *nf* humanity.

umbilico (umbi'liko) *nm* navel.

umido ('umido) *adj* damp, wet. *nm* **1** dampness, damp. **2** stew. **umidità** *nf* dampness.

umile ('umile) *adj* humble. **umiltà** *nf* humility.

umiliare (umi'ljare) *vt* humiliate, humble. **umiliante** *adj* humiliating. **umiliazione** *nf* humiliation.

umore (u'more) *nm* mood, humour. **umorismo** *nm* humour. **umoristico** (umo'ristiko) *adj* funny, humorous.

un (un) *see* **uno.**

una ('una) *see* **uno.**

unanime (u'nanime) *adj* unanimous. **unanimità** *nf* unanimity.

uncino (un'tʃino) *nm* hook. **uncinetto** *nm* crochet hook. **lavorare all'uncinetto** crochet.

indici ('unditʃi) *adj* eleven. *nm* or *f* eleven. **undicesimo** *adj* eleventh.

ungere* ('undʒere) *vt* grease, oil. **ungere le ruote** grease someone's palm. **ungersi** *vr* dirty oneself with grease.

Ingheria (unge'ria) *nf* Hungary. **ungherese** (unge'rese) *adj,n* Hungarian. *nm* Hungarian (language).

unghia ('ungja) *nf* **1** nail. **2** claw, talon. **unghiata** *nf* scratch.

unguento (un'gwɛnto) *nm* ointment.

unico ('uniko) *adj* **1** sole, only. **2** unique. **unicamente** *adv* only.

unicorno (uni'kɔrno) *nm* unicorn.

unificare (unifi'kare) *vt* unify. **unificazione** *nf* unification.

uniforme (uni'forme) *adj* uniform, even. *nf* uniform. **uniformità** *nf* uniformity.

unire (u'nire) *vt* join, unite, connect. **unione** *nf* union. **unito** *adj* united.

unità (uni'ta) *nf* **1** unity. **2** unit. **università** (universi'ta) *nf* university. **universitario** *adj* university. *nm* university student or teacher.

universo (uni'verso) *nm* universe. **universale** *adj* universal.

uno, un, una ('uno, un, 'una) *adj* one. *indef art* a, an. *pron* one, someone. **a uno a uno** one by one. **l'un l'altro** one another.

unto ('unto) *adj* greasy, oily. *nm* grease. **untuoso** (untu'oso) *adj* greasy, oily.

uomo ('wɔmo) *nm, pl* **uomini** man.

uopo ('wɔpo) *nm* need.

uovo ('wɔvo) *nm, pl* **uova** *f* egg. **uova strapazzate** scrambled eggs. **uovo affogato** poached egg.

uragano (ura'gano) *nm* hurricane.

uranio (u'ranjo) *nm* uranium.

Urano (u'rano) *nm* Uranus.

urbano (ur'bano) *adj* **1** urban, city. **2** urbane. **urbanistica** (urba'nistika) *nf* town planning.

urgente (ur'dʒɛnte) *adj* urgent. **urgenza** (ur'dʒɛntsa) *nf* urgency. **d'urgenza** urgently.

urinare (uri'nare) *vi* urinate. **urina** *nf* urine.

urlare (ur'lare) *vi* shout, howl. **urlata** *nf* howl. **urlo** *nm, pl* **urli** *m* or **urla** *f* howl.

urna ('urna) *nf* **1** urn. **2** ballot-box.

urrà (ur'ra) *interj* hurrah!

urtare (ur'tare) *vt* knock against, bump into. *vi* hit, run into. **urtarsi** *vr* **1** become annoyed. **2** collide. **urtata** *nf* shove. **urto** *nm* **1** collision, crash. **2** push. **3** clash.

usare (u'zare) *vi* **1** be accustomed. **2** be in fashion. *vt* use, employ. **usabile** (u'zabile) *adj* usable. **usanza** (u'zantsa) *nf* custom, habit. **usato** *adj* used, worn, second-hand. *nm* usual. **uso** *nm* **1** use. **2** custom. **usuale** *adj* usual.

uscio ('uʃʃo) *nm* door. **usciere** (uʃ'ʃɛre) *nm* usher.

uscire* (uʃ'ʃire) *vi* **1** go or come out, leave. **2** appear, be published. **uscita** *nf* exit, way out. **uscita di sicurezza** emergency exit.

usignolo (uziɲ'nɔlo) *nm* nightingale.

ussaro ('ussaro) *nm* hussar.

ustionare (ustjo'nare) *vt* burn. **ustione** *nf* burn.

usura (u'zura) *nf* usury. **usuraio** *nm* usurer.

usurpare (uzur'pare) *vt* usurp.

utensile (uten'sile) *nm* utensil, tool.

utente (u'tɛnte) *nm* user.

utero ('utero) *nm* womb.

utile ('utile) *adj* useful. *nm* gain, profit. **utilità** *nf* usefulness. **utilitario** *adj* utilitarian. **utilizzare** (utilid'dzare) *vt* use, utilize.

uva ('uva) *nf* grape. **uva passa** raisin. **uva secca** currant. **uva spina** gooseberry.

V

va' (va) *v* imperative form of **andare**.

vacante (va'kante) *adj* vacant. **vacanza** (va'kantsa) *nf* **1** holiday. **2** vacancy. **andare in vacanza** go on holiday.

vacca ('vakka) *nf* cow.

vaccinare (vattʃi'nare) *vt* vaccinate. **vaccino** *nm* vaccine.

vacillare (vatʃil'lare) *vi* **1** stagger. **2** hesitate.

vacuo ('vakuo) *adj* empty.

vada ('vada) *v* imperative form of **andare**.

vadano ('vadano) *v* imperative form of **andare**.

vado ('vado) *v* see **andare**.

vagabondare (vagabon'dare) *vi* wander, roam. **vagabondaggio** *nm* vagrancy. **vagabondo** *adj* vagabond, wandering. *nm* tramp.

vagare (va'gare) *vi* wander.

vaghezza (va'gettsa) *nf* vagueness.

vagina (va'dʒina) *nf* vagina.

vagire (va'dʒire) *vi* (of a newborn baby) cry.

vaglia[1] ('vaʎʎa) *nf* worth.

vaglia[2] ('vaʎʎa) *nm invar* money order. **vaglia postale** postal order.

vagliare (vaʎˈʎare) vt sift. **vaglio** nm sieve.

vago ('vago) adj vague.

vagone (vaˈgone) nm 1 wagon, truck. 2 carriage. **vagone letto** sleeping-car.

vai ('vai) v see **andare**.

vaiolo (vaˈjɔlo) nm smallpox.

valanga (vaˈlanga) nf avalanche.

valere* (vaˈlere) vi 1 be worth. 2 be equal or correspond to. **non vale!** it does not count! **vale a dire** that is to say. **valersi** vr make use of. **valevole** (vaˈlevole) adj valid. **validità** nf validity. **valido** ('valido) adj valid.

valgo ('valgo) v see **valere**.

valicare (valiˈkare) vt cross. **valico** ('valiko) nm pass.

valigia (vaˈlidʒa) nf suitcase. **fare le valigie** pack. **valigeria** nf leather goods shop.

valle ('valle) nf also **vallata** valley.

valletto (valˈletto) nm valet.

valore (vaˈlore) nm 1 value, worth. 2 courage, valour. 3 valuables. 4 pl shares. **mettere in valore** bring out. **valorizzare** (valoridˈdzare) vt make the most of, exploit. **valoroso** (valoˈroso) adj valiant.

valutare (valuˈtare) vt 1 value. 2 estimate. **valuta** nf 1 currency, money. 2 value. **valutazione** nf estimate.

valvola ('valvola) nf 1 valve. 2 electric fuse.

valzer ('valtser) nm invar waltz.

vampa ('vampa) nf 1 blaze, flame. 2 flush.

vampiro (vamˈpiro) nm vampire.

vandalo ('vandalo) nm vandal. **vandalismo** nm vandalism.

vaneggiare (vanedˈdʒare) vi rave.

vanesio (vaˈnɛzjo) adj vain.

vangare (vanˈgare) vt dig. **vanga** nf spade.

vangelo (vanˈdʒɛlo) nm gospel.

vaniglia (vaˈniʎʎa) nf vanilla.

vanno ('vanno) v see **andare**.

vano ('vano) adj 1 useless, vain. 2 vain, conceited. **vanità** nf vanity. **vanitoso** (vaniˈtoso) adj vain.

vantaggio (vanˈtaddʒo) nm advantage. **vantaggioso** (vantadˈdʒoso) adj advantageous.

vantare (vanˈtare) vt boast of. **vantarsi** vr boast. **vantatore** nm boaster.

vapore (vaˈpore) nm 1 steam, vapour. 2 steamer. **vaporetto** nm steamboat. **vaporizzatore** (vaporiddzaˈtore) nm spray, atomizer.

varare (vaˈrare) vt launch. **varo** nm launching.

varcare (varˈkare) vt go beyond, cross. **varco** nm way, passage.

variare (vaˈrjare) vt,vi vary, alter. **variabile** (vaˈrjabile) adj variable, changeable. **variante** nf variant. **variazione** nf variation. **varietà** nf variety.

varicella (variˈtʃɛlla) nf chickenpox.

varicoso (variˈkoso) adj varicose.

vario ('varjo) *adj* various.

varrò (var'rɔ) *v* see **valere**.

vasca ('vaska) *nf* 1 basin. 2 tank, tub.

vascello (vaʃ'ʃɛllo) *nm* ship.

vasellame (vazel'lame) *nm* crockery, dishes.

vaso ('vazo) *nm* 1 vase. 2 jar. 3 pot.

vassoio (vas'sojo) *nm* tray.

vasto ('vasto) *adj* vast, spacious.

Vaticano (vati'kano) *nm* Vatican.

ve (ve) *pron 2nd pers m,f pl fam* you, to you. *adv* there.

vecchio ('vekkjo) *adj* old. **vecchiaia** *nf* old age. **vecchietto** *nm* old man.

vedere* (ve'dere) *vt,vi* see. **farsi vedere** appear. **non vedere l'ora di** look forward to. **vedersi** *vr* meet. **vedetta** *nf* look-out. **veduta** *nf* view.

vedova ('vedova) *nf* widow. **vedovo** ('vedovo) *nm* widower.

vedrò (ve'drɔ) *v* see **vedere**.

veemente (vee'mɛnte) *adj* vehement. **veemenza** (vee'mɛntsa) *nf* vehemence.

vegetare (vedʒe'tare) *vi* vegetate. **vegetariano** *nm* vegetarian. **vegetazione** *nf* vegetation.

vegliare (veʎ'ʎare) *vi* 1 stay awake. 2 attend, watch. **veglia** *nf* 1 vigil. 2 evening party. **veglione** *nm* masked ball.

veicolo (ve'ikolo) *nm* vehicle.

vela ('vela) *nf* sail. **veleggiare** *vi* sail. **veliero** (ve'ljɛro) *nm* sailing ship.

velare (ve'lare) *vt* 1 veil. 2 cover. **velo** *nm* veil.

veleno (ve'leno) *nm* poison. **velenoso** (vele'noso) *adj* poisonous.

velino (ve'lino) *adj* vellum. **carta velina** *nf* tissue paper.

velivolo (ve'livolo) *nm* aircraft.

velleità (vellei'ta) *nf* empty wish.

vellicare (velli'kare) *vt* 1 tickle. 2 stimulate.

vello ('vello) *nm* 1 fleece. 2 *zool* coat.

velluto (vel'luto) *nm* velvet. **vellutato** *adj* velvet.

veloce (ve'lotʃe) *adj* quick, rapid, fast. **velocità** *nf* speed. **velodromo** (ve'lɔdromo) *nm* cycle track.

veltro ('veltro) *nm* greyhound.

vena ('vena) *nf* vein. **venato** *adj* veined.

vendemmiare (vendem'mjare) *vt* harvest (grapes). *vi* gather in the harvest. **vendemmia** *nf* wine harvest.

vendere ('vendere) *vt* sell. **venditore** *nm* seller.

vendetta (ven'detta) *nf* revenge.

vendicare (vendi'kare) *vt* revenge, avenge. **vendicativo** *adj* vindictive.

vendita ('vendita) *nf* sale. **in vendita** on sale.

venerare (vene'rare) *vt* worship, revere. **venerabile** (vene'rabile) *adj* venerable. **venerazione** *nf* veneration.

venerdì (vener'di) *nm* Friday. **venerdì santo** Good Friday.

Venere ('venere) *nf* Venus.

Venezia (ve'nɛttsja) *nf* Venice. **veneziano** *adj,n* Venetian.

vengo ('vɛngo) *v* see **venire.**

veniale (ve'njale) *adj* venial.

venire* (ve'nire) *vi* **1** come, arrive. **2** happen. **fare venire** send for. **venire a prendere** fetch. **venire bene/male** turn out well/badly. **venuta** *nf* coming, arrival.

venni ('venni) *v* see **venire.**

ventaglio (ven'taʎʎo) *nm* fan.

venti ('venti) *adj* twenty. *nm* or *f* twenty. **ventesimo** (ven 'tezimo) *adj* twentieth.

ventilare (venti'lare) *vt* ventilate. **ventilazione** *nf* ventilation.

vento ('vɛnto) *nm* wind. **ventoso** *adj* windy.

ventosa (ven'tosa) *nf* sucker.

ventre ('vɛntre) *nm* stomach, belly.

ventricolo (ven'trikolo) *nm* ventricle.

ventriloquo (ven'trilokwo) *nm* ventriloquist.

ventura (ven'tura) *nf* chance, fortune.

venturo (ven'turo) *adj* next, coming.

venusto (ve'nusto) *adj* beautiful.

verace (ve'ratʃe) *adj* true, real.

veranda (ve'randa) *nf* veranda.

verbo ('vɛrbo) *nm* **1** verb. **2** word. **verbale** *adj* verbal, oral. *nm* minutes.

verde ('vɛrde) *adj,nm* green. **essere al verde** be broke. **verdeggiare** *vi* turn green. **verdura** *nf* vegetables.

verdetto (ver'detto) *nm* verdict.

verecondo (vere'kondo) *adj* modest.

verga ('vɛrga) *nf* rod.

vergine ('vɛrdʒine) *nf* virgin. **verginità** *nf* virginity.

vergogna (ver'goɲɲa) *nf* shame. **che prova vergogna** ashamed. **vergognarsi** *vr* be ashamed. **vergognoso** (vergoɲ'ɲoso) *adj* **1** shameful. **2** bashful.

verificare (verifi'kare) *vt* verify, check. **verificarsi** *vr* happen. **verifica** (ve'rifika) *nf* check, inspection.

verme ('vɛrme) *nm* worm.

vermicelli (vermi'tʃelli) *nm pl* type of pasta.

vermiglio (ver'miʎʎo) *adj,nm* vermilion.

vermut ('vɛrmut) *nm invar* vermouth.

vernaccia (ver'nattʃa) *nf* type of white wine.

verniciare (verni'tʃare) *vt* varnish, paint. **vernice** *nf* paint, varnish.

vero ('vero) *adj* true, real. **verità** *nf* truth.

verosimile (vero'simile) *adj* probable.

verricello (verri'tʃello) *nm* winch.

verro ('vɛrro) *nm* boar.

verrò (ver'rɔ) *v* see **venire.**

versare (ver'sare) *vt* **1** pour. **2** spill. **3** deposit. **versarsi** *vr* spill. **versamento** *nm* **1** deposit. **2** payment.

versatile (ver'satile) *adj* versatile. **versatilità** *nf* versatility.

versione (ver'sjone) *nf* **1** version. **2** translation.

verso¹ ('vɛrso) *nm* **1** verse. **2** line.

verso² ('vɛrso) *nm* reverse (of a coin, etc.).

verso³ ('vɛrso) *prep* towards.

vertebrato (verte'brato) *adj,nm* vertebrate.

verticale (verti'kale) *adj* vertical.

vertice ('vertitʃe) *nm* summit, top.

vertigine (ver'tidʒine) *nf* dizziness. **avere le vertigini** feel dizzy. **vertiginoso** (vertidʒi'noso) *adj* dizzy.

vescica (veʃ'ʃika) *nf* bladder.

vescovo ('veskovo) *nm* bishop.

vespa ('vespa) *nf* 1 wasp. 2 *Tdmk* scooter.

vestaglia (ves'taʎʎa) *nf* dressing-gown.

vestibolo (ves'tibolo) *nm* hall, foyer.

vestigio (ves'tidʒo) *nm* trace.

vestire (ves'tire) *vt* dress, clothe. **veste** ('veste) *nf* dress, clothing. **vestiario** (ves'tjarjo) *nm* clothing. **vestito** *nm* 1 dress. 2 suit. 3 *pl* clothes.

veterano (vete'rano) *adj,nm* veteran.

veterinario (veteri'narjo) *nm* veterinary surgeon, vet.

veto ('veto) *nm* veto.

vetro ('vetro) *nm* glass. **vetro stratificato** *nm* laminated glass. **vetraio** *nm* glazier. **vetrata** *nf* glass door or window. **vetrina** *nf* 1 shopwindow. 2 glass case.

vetta ('vetta) *nf* summit.

vettovaglie (vetto'vaʎʎe) *nf pl* food supplies.

vettura (vet'tura) *nf* carriage, coach.

vezzeggiare (vettsed'dʒare) *vt* fondle. **vezzo** *nm* 1 habit. 2 affection. 3 *pl* charms. **vezzoso** (vet'tsoso) *adj* pretty.

vi (vi) *pron 2nd pers m,f pl fam* you, to you. *adv* there.

via[1] ('via) *nf* 1 street, road. 2 way. **per via aerea** airmail. **via di mezzo** middle course. **viale** *nm* avenue.

via[2] ('via) *adv* away.

viadotto (via'dotto) *nm* viaduct.

viaggiare (viad'dʒare) *vi* travel. **viaggiatore** *nm* traveller, passenger. **commesso viaggiatore** *nm* salesman. **viaggio** *nm* journey.

Via Lattia *nf* Milky Way.

viandante (vian'dante) *nm* wayfarer.

viavai (via'vai) *nm invar* bustle.

vibrare (vi'brare) *vi* vibrate, quiver. **vibrante** *adj* vibrant. **vibrazione** *nf* vibration.

vicario (vi'karjo) *nm* vicar.

viceconsole (vitʃe'konsole) *nm* vice-consul.

vicedirettore (vitʃediret'tore) *nm* assistant manager.

vicenda (vi'tʃenda) *nf* event. **a vicenda** in turn.

vicepresidente (vitʃepresi'dente) *nm* vice-president.

viceversa (vitʃe'versa) *adv* vice versa.

vicino (vi'tʃino) *adj* near, neighbouring. *nm* neighbour. *adv* close by. **vicino a** near. **vicinato** *nm* neighbourhood. **vicinanza** *nf* 1 vicinity. 2 *pl* neighbourhood.

vicolo ('vikolo) *nm* alley.

video ('video) *nm* video.

vidi ('vidi) *v* see **videre.**

vidimare (vidi'mare) *vt* stamp, authenticate.

vieni ('vjeni) *v* see **venire.**

vietare (vje'tare) *vt* forbid, prohibit.

vigilare (vidʒi'lare) *vt* watch over. **vigilante** *adj* watchful.

vigilanza *nf* vigilance. **vigile** ('vidʒile) *adj* watchful. *nm* policeman. **vigile del fuoco** fireman. **vigilia** *nf* 1 eve. 2 vigil.

vigliacco (viʎ'ʎakko) *adj* cowardly. *nm* coward. **vigliaccheria** *nf* cowardice.

vigna ('viɲɲa) *nf* 1 vineyard. 2 vine. **vigneto** (viɲ'ɲeto) *nm* vineyard.

vignetta (viɲ'ɲetta) *nf* cartoon.

vigore (vi'gore) *nm* strength, force. **entrare in vigore** come into force. **vigoroso** (vigo'roso) *adj* vigorous.

vile ('vile) *adj* low, mean, base.

villa ('villa) *nf* villa, country house.

villaggio (vil'laddʒo) *nm* village.

villano (vil'lano) *adj* rude. *nm* 1 peasant. 2 boor.

villeggiare (villed'dʒare) *vi* go on holiday. **villeggiante** *nm* holiday-maker. **villeggiatura** *nf* holiday.

viltà (vil'ta) *nf* 1 cowardice. 2 meanness.

viluppo (vi'luppo) *nm* tangle.

vimini ('vimini) *nm pl* wicker.

vincere* ('vintʃere) *vt* 1 win. 2 conquer. 3 beat. *vi* win. **vincersi** *vr* keep one's self-control. **vincitore** *nm* winner.

vincolare (vinko'lare) *vt* bind. **vincolo** ('vinkolo) *nm* bond, tie.

vino ('vino) *nm* wine.

viola¹ (vi'ɔla) *nf bot* violet. *adj,nm* violet, mauve.

viola² (vi'ɔla) *nf* viola.

violare (vio'lare) *vt* violate.

violentare (violen'tare) *vt* 1 force. 2 violate, rape. **violento** (vio'lɛnto) *adj* violent.

violenza (vio'lɛntsa) *nf* violence.

violetta (vio'letta) *nf* violet.

violino (vio'lino) *nm* violin.

violoncello (violon'tʃello) *nm* cello.

viottolo (vi'ɔttolo) *nm* track, path.

vipera ('vipera) *nf* viper.

virgola ('virgola) *nf* comma. **virgolette** *nf pl* inverted commas.

virile (vi'rile) *adj* virile, manly. **virilità** *nf* virility, manhood.

virtù (vir'tu) *nf* virtue. **virtuoso** (virtu'oso) *adj* virtuous. *nm* virtuoso.

virulento (viru'lɛnto) *adj* virulent.

virus ('virus) *nm invar* virus.

viscere ('viʃʃere) *nm anat* organ. *nf pl* bowels.

vischio ('viskjo) *nm* mistletoe.

visconte (vis'konte) *nm* viscount.

viscoso (vis'koso) *adj* sticky, viscous.

visibile (vi'zibile) *adj* visible. **visibilità** *nf* visibility.

visiera (vi'zjera) *nf* visor.

visione (vi'zjone) *nf* vision.

visitare (vizi'tare) *vt* 1 visit. 2 *med* examine. 3 inspect. **visita** ('vizita) *nf* 1 visit. 2 examination. **visitatore** *nm* visitor.

visivo (vi'zivo) *adj* visual.

viso ('vizo) *nm* face.

vispo ('vispo) *adj* lively.

vissi ('vissi) *v see* **vivere**.

vissuto (vis'suto) *v see* **vivere**.

vista

vista ('vista) *nf* **1** sight. **2** view.

visto ('visto) *v* see **videre**. *nm* visa.

vistoso (vis'toso) *adj* showy, striking.

visuale (vizu'ale) *adj* visual.

vita[1] ('vita) *nf* life. **vitale** *adj* vital. **vitalità** *nf* vitality.

vita[2] ('vita) *nf* waist.

vitamina (vita'mina) *nf* vitamin.

vite[1] ('vite) *nf* vine.

vite[2] ('vite) *nf* screw.

vitello (vi'tɛllo) *nm* **1** calf. **2** veal.

vittima ('vittima) *nf* victim.

vitto ('vitto) *nm* food. **vitto e alloggio** board and lodging.

vittoria (vit'tɔrja) *nf* victory.

vittorioso (vitto'rjoso) *adj* victorious.

vituperare (vitupe'rare) *vt* insult, disgrace. **vituperio** (vitu'perjo) *nm* **1** shame. **2** insult.

viva ('viva) *interj* hurrah! long live.

vivace (vi'vatʃe) *adj* **1** lively. **2** bright. **vivacità** *nf* liveliness.

vivaio (vi'vajo) *nm* **1** fish pond. **2** *bot* nursery.

vivanda (vi'vanda) *nf* food.

vivere* ('vivere) *vi,vt* live.

viveri (vi'veri) *nm pl* supplies, victuals.

vivido ('vivido) *adj* vivid.

vivisezione (viviset'tsjone) *nf* vivisection.

vivo ('vivo) *adj* **1** alive, living. **2** lively. **3** bright.

viziare (vit'tsjare) *vt* spoil. **viziato** *adj* spoilt.

vizio ('vittsjo) *nm* **1** bad habit, vice. **2** defect. **vizioso** (vit 'tsjoso) *adj* **1** depraved. **2** de-

fective. **circolo vizioso** *nm* vicious circle.

vizzo ('vittso) *adj* withered.

vocabolo (vo'kabolo) *nm* word. **vocabolario** *nm* **1** dictionary. **2** vocabulary.

vocale (vo'kale) *adj* vocal. *nf* vowel.

vocazione (vokat'tsjone) *nf* vocation.

voce ('votʃe) *nf* voice.

vociare (vo'tʃare) *vi* shout.

vodka ('vɔdka) *nf* vodka.

vogare (vo'gare) *vi* row. **voga** *nf* **1** rowing. **2** fashion, vogue. **vogatore** *nm* oarsman.

voglia (vɔʎʎa) *nf* wish, desire. **di buona/mala voglia** willingly/unwillingly.

voglio (vɔʎʎo) *v* see **volere**.

voi ('voi) *pron 2nd pers m,f pl fam* you. **voialtri** ('vojaltri) *pron 2nd pers m,f pl fam* you. **voi stesse** *pron 2nd pers pl fam* yourselves.

volano (vo'lano) *nm* shuttlecock.

volare (vo'lare) *vi* fly. **volante** *adj* flying. *nm* steering wheel. **volantino** *nm* leaflet. **volata** *nf* flight.

volatile (vo'latile) *adj* volatile.

volentieri (volen'tjeri) *adv* willingly.

volere* (vo'lere) *vt* **1** want, wish. **2** demand, require. **voler bene a** love. **volerci** be necessary. **volere dire** mean. ~*nm* will.

volgare (vol'gare) *adj* vulgar, common. **volgarità** *nf* vulgarity.

volgere* ('vɔldʒere) *vt,vi* turn. **volgersi** *vr* turn round.

volgo ('volgo) *nm* common people.

volli ('vɔlli) *v* see **volere**.

volo ('volo) *nm* flight.

volontà (volon'ta) *nf* will. **volontario** *adj* voluntary. *nm* volunteer. **volonteroso** (volonte'roso) *adj* willing.

volpe ('volpe) *nf* fox.

volsi ('vɔlsi) *v* see **volgere**.

volta¹ ('vɔlta) **1** time. **2** turn. **a volte** sometimes. **una volta** once.

volta² ('vɔlta) *nf arch* vault.

voltaggio (vol'taddʒo) *nm* voltage.

voltare (vol'tare) *vt,vi* turn. **voltarsi** *vr* turn round. **voltata** *nf* turn, turning.

volteggiare (volted'dʒare) *vi* **1** fly about. **2** vault.

volto¹ ('vɔlto) *v* see **volgere**.

volto² ('volto) *nm* face.

volubile (vo'lubile) *adj* fickle, changeable.

volume (vo'lume) *nm* volume.

voluminoso (volumi'noso) *adj* bulky.

voluttuoso (voluttu'oso) *adj* voluptuous.

vomitare (vomi'tare) *vt,vi* vomit. **vomito** ('vɔmito) *nm* vomit.

vorace (vo'ratʃe) *adj* greedy, voracious. **voracità** *nf* greed.

voragine (vo'radʒine) *nf* chasm.

vorrò (vor'rɔ) *v* see **volere**.

vortice ('vɔrtitʃe) *nm* whirl.

vostro ('vɔstro) *poss adj* 2nd *pers pl fam* your. *poss pron* 2nd *pers pl fam* yours.

votare (vo'tare) *vi* vote. **votante** *nm* voter. **votazione** *nf* voting, vote. **voto** *nm* **1** vow. **2** vote. **3** mark.

vulcano (vul'kano) *nm* volcano. **vulcanico** (vul'kaniko) *adj* volcanic.

vulnerabile (vulne'rabile) *adj* vulnerable.

vuoi ('vwɔi) *v* see **volere**.

vuole ('vwɔle) *v* see **volere**.

vuotare (vwo'tare) *vt* empty. **vuoto** ('vwɔto) *adj* empty. *nm* empty space, vacuum.

X

xenofobia (ksenofo'bia) *nf* xenophobia.

xeres ('ksɛres) *nm invar* sherry.

xerocopiare (kseroko'pjare) *vt* photocopy. **xerocopia** (ksero'kɔpja) *nf* photocopy.

xilofono (ksi'lɔfono) *nm* xylophone.

Y

yacht (jɔt) *nm invar* yacht.

yoga ('jɔga) *nm* yoga.

yoghurt ('jɔgurt) *nm* yoghurt.

Z

zabaione (dzaba'jone) *nm* dessert made of eggs and marsala.

zacchera ('tsakkera) *nf* splash of mud.

zaffare (tsaf'fare) *vt* plug, stop up.

zafferano (dzaffe'rano) *nm* saffron.

zaffiro (dzaf'firo) *nm* sapphire.

zagara ('dzagara) *nf* orange blossom.

zaino ('dzaino) *nm* rucksack.

zampa ('tsampa) *nf* paw, leg.

zampillare (tsampil'lare) *vi*

gush, spring. **zampillo** nm spurt.

zampogna (tsam'poɲɲa) nf bagpipe.

zana ('tsana) nf cradle.

zangola ('tsangola) nf churn.

zanna ('tsanna) nf tusk, fang.

zanzara (dzan'dzara) nf mosquito. **zanzariera** (dzandza'rjera) nf mosquito net.

zappare (tsap'pare) vt hoe. **zappa** nf hoe.

zar (tsar) nm tsar. **zarina** nf tsarina.

zattera ('tsattera) nf raft.

zavorra (dza'vɔrra) nf ballast.

zazzera ('tsattsera) nf shock of hair.

zebra ('dzɛbra) nf zebra.

zecca ('tsekka) nf mint. **nuovo di zecca** adj brand-new.

zefiro ('dzɛfiro) nm zephyr.

zelo ('dzɛlo) nm zeal. **zelante** adj zealous.

zenit ('dzɛnit) nm invar zenith.

zenzero ('dzendzero) nm ginger.

zeppa ('tseppa) nf wedge.

zeppo ('tseppo) adj crammed, stuffed. **pieno zeppo** crammed full.

zerbino[1] (dzer'bino) nm dandy. **zerbino**[2] (dzer'bino) nm doormat.

zero ('dzɛro) nm zero, nought.

zia ('tsia) nf aunt.

zibellino (dzibel'lino) nm sable.

zibetto (dzi'betto) nm civet.

zigomo ('dzigomo) nm cheekbone.

zigzag (dzig'dzag) nm invar zigzag. **camminare a zigzag** zigzag.

zimbello (tsim'bello) nm 1 decoy bird. 2 laughingstock.

zinco ('tsinko) nm zinc.

zingaro ('tsingaro) nm gipsy. **zingaresco** adj gipsy.

zio ('tsio) nm uncle.

zirlare (dzir'lare) vi chirp.

zitella (tsi'tɛlla) nf spinster. **zitellona** nf old maid.

zittire (tsit'tire) vt silence.

zitto ('tsitto) adj quiet, silent. **stare zitto** be quiet.

zoccolo ('tsɔkkolo) nm 1 clog. 2 hoof.

zodiaco (dzo'diako) nm zodiac.

zolfo ('tsolfo) nm sulphur.

zolla ('dzolla) nf clod, tuft. **zolletta** nf sugar lump.

zona ('dzɔna) nf zone, area.

zonzo ('dzondzo) andare a **zonzo** adv wander about, stroll.

zoo ('dzɔo) nm invar zoo.

zoologia (dzoolo'dʒia) nf zoology. **zoologico** (dzoo'lɔdʒiko) adj zoological. **giardino zoologico** nm zoo. **zoologo** (dzo'ɔlogo) nm zoologist.

zoppicare (tsoppi'kare) vi 1 limp. 2 be shaky. **zoppicante** adj 1 lame. 2 unsteady. **zoppo** ('tsɔppo) adj 1 lame. 2 wobbly, unsteady.

zotico ('dzɔtiko) adj rough, uncouth.

zucca ('tsukka) nf pumpkin. **zuccone** nm fool.

zucchero ('tsukkero) nm sugar. **zuccheriera** (tsukke'rjɛre) nf sugar bowl.

zucchino (tsuk'kino) nm courgette.

zuccotto (tsuk'kɔtto) nm iced sweet made of cream and chocolate.

zuffa ('tsuffa) nf scuffle.

zufolo ('tsufolo) nm whistle.

zulù (dzu'lu) *nm invar* Zulu.
zuppa ('tsuppa) *nf* soup. **zuppa inglese** *nf* trifle. **zup-**
piera (tsup'pjɛra) *nf* soup tureen.

A

a, an (ə, ən; *stressed* ei, æn) *indef art* un, uno *ms*. una, un' *fs*.

aback (ə'bæk) *adv* all'indietro. **taken aback** preso alla sprovvista.

abandon (ə'bændən) *vt* abbandonare, lasciare. *n* abbandono, trasporto *m*. **abandonment** *n* abbandono *m*. rinuncia *f*.

abashed (ə'bæʃt) *adj* intimidito, umiliato.

abate (ə'beit) *vt* mitigare, diminuire. *vi* calmarsi, indebolirsi.

abattoir ('æbətwɑː) *n* mattatoio *m*.

abbess ('æbis) *n* badessa *f*.

abbey ('æbi) *n* abbazia *f*.

abbot ('æbət) *n* abate *m*.

abbreviate (ə'briːvieit) *vt* abbreviare, accorciare. **abbreviation** *n* abbreviazione *f*.

abdicate ('æbdikeit) *vt* abdicare, rinunciare a. *vi* abdicare. **abdication** *n* abdicazione, rinuncia *f*.

abdomen ('æbdəmən) *n* addome *m*. **abdominal** *adj* addominale.

abduct (əb'dʌkt) *vt* rapire, portar via. **abduction** *n* rapimento, ratto *m*. **abductor** *n* rapitore *m*.

abet (ə'bet) *vt* incitare, istigare, favoreggiare.

abeyance (ə'beiəns) *n* sospensione *f*. **in abeyance** giacente.

abhor (əb'hɔː) *vt* abborrire, detestare. **abhorrence** *n* avversione, ripugnanza *f*. **abhorrent** *adj* odioso, ripugnante.

abide* (ə'baid) *vi* rimanere, dimorare. *vt* tollerare. **abide by** rispettare, tener fede a.

ability (ə'biliti) *n* abilità *f*. talento *m*.

abject ('æbdʒekt) *adj* abietto, vile, spregevole.

ablaze (ə'bleiz) *adj* in fiamme, risplendente.

able ('eibəl) *adj* **1** abile, esperto. **2** in grado di. **able-bodied** *adj* robusto, forte. **ably** *adv* abilmente.

abnormal (æb'nɔːməl) *adj* anormale. **abnormality** *n* anormalità *f*.

aboard (ə'bɔːd) *adv* a bordo. **go aboard** imbarcarsi. ~*prep* a bordo di.

abode (ə'boud) *n* dimora, residenza *f*.

abolish (ə'bɔliʃ) *vt* abolire, sopprimere. **abolition** *n* abolizione *f*.

abominable (ə'bɔminəbəl) *adj* abominevole, detestabile. **abomination** *n* **1** infamia *f*. **2** disgusto *m*.

Aborigine (æbə'ridʒini) *n* aborigeno *m*.

abort (ə'bɔːt) *vi* **1** abortire. **2** fallire. **abortion** *n* aborto *m*. **abortive** *adj* **1** abortivo. **2** mancato.

abound (ə'baund) *vi* abbondare.

about (ə'baut) *prep* **1** circa, intorno a. **2** riguardo a. *adv* **1** circa, quasi. **2** presso.

above (ə'bʌv) *adv* in alto, lassù. *prep* sopra, più di, oltre. **above all** soprattutto. **above-mentioned** suddetto. **above-board** *adv* lealmente, apertamente. *adj* leale.

abrasion (ə'breiʒən) n abrasione, escoriazione f. **abrasive** adj,n abrasivo m.

abreast (ə'brest) adv di fianco.

abridge (ə'bridʒ) vt abbreviare, ridurre. **abridgment** n sommario, riassunto m.

abroad (ə'brɔːd) adv all'estero.

abrupt (ə'brʌpt) adj 1 brusco, improvviso. 2 ripido, scosceso.

abscess ('æbses) n ascesso m.

abscond (əb'skɔnd) vi nascondersi, rendersi latitante.

absent ('æbsənt) adj assente, mancante. **absent-minded** adj distratto. **absentmindedness** n distrazione f. **absence** n assenza, mancanza f. **absentee** n persona abitualmente assente f. assente m.

absinthe ('æbsinθ) n assenzio m.

absolute ('æbsəluːt) adj 1 assoluto. 2 completo, perfetto.

absolve (əb'zɔlv) vt assolvere. **absolution** n assoluzione f.

absorb (əb'zɔːb) vt assorbire. **absorbent** adj assorbente. **absorption** n assorbimento m.

abstain (əb'stein) vi astenersi. **abstention** n astensione f. **abstinence** n astinenza f. digiuno m.

abstract (adj,n 'æbstrækt; v əb'strækt) adj astratto. n estratto, riassunto m. vt astrarre, rimuovere. **abstraction** n astrazione f.

absurd (əb'səːd) adj assurdo, ridicolo. **absurdity** n assurdità f.

abundance (ə'bʌndəns) n abbondanza f. **abundant** adj abbondante.

abuse (v ə'bjuːz; n ə'bjuːs) vt 1

abusare di. 2 insultare, maltrattare, ingiuriare. n 1 abuso, cattivo uso. 2 insulti m pl.

abusive adj 1 ingiurioso. 2 abusivo.

abyss (ə'bis) n abisso m.

abysmal adj abissale, profondo.

Abyssinia (æbə'siniə) n Abissinia f. **Abyssinian** adj,n abissino.

academy (ə'kædəmi) n accademia f. **academic** adj,n accademico, universitario m.

accelerate (ək'seləreit) vt accelerare. **acceleration** n accelerazione f. **accelerator** n acceleratore m.

accent ('æksənt) n accento m. **accentuate** vt accentuare, mettere in evidenza. **accentuation** n accentuazione f. enfasi f invar.

accept (ək'sept) vt accettare, accogliere, approvare. **acceptable** adj accettabile, ammissibile. **acceptance** n accettazione, approvazione f.

access ('ækses) n accesso, ingresso m. **accessible** adj accessibile.

accessory (ək'sesəri) adj accessorio. n 1 complice m. 2 accessorio m.

accident ('æksidnt) n 1 disgrazia f. incidente m. 2 accidente caso m. **by acciden** per caso. **accidental** adj for tuito, casuale.

acclaim (ə'kleim) vt acclamare **acclamation** n acclamazion f.

acclimatize (ə'klaimətaiz) v acclimatare.

accommodate (ə'kɔmədeit) vt

1 ricevere, ospitare. **2** metter d'accordo, conciliare. **3** adattare, conformare. **accommodating** *adj* accomodante, compiacente. **accommodation** *n* alloggio *m*.

accompany (ə'kʌmpəni) *vt* accompagnare. **accompaniment** *n* accompagnamento *m*.

accomplice (ə'kʌmplis) *n* complice *m,f*.

accomplish (ə'kʌmpliʃ) *vt* compiere, terminare, realizzare. **accomplished** *adj* esperto. **accomplishment** *n* **1** compimento *m*. **2** talento *m*.

accord (ə'kɔːd) *n* accordo, consenso *m*. **of one's own accord** spontaneamente. ~*vt* accordare, concedere. **accordance** *n* accordo *m*, conformità *f*. **accordingly** *adv* pertanto, di conseguenza, perciò, quindi. **according to** *adv* secondo, conformemente a.

accordion (ə'kɔːdiən) *n* fisarmonica *f*.

accost (ə'kɔst) *vt* indirizzarsi a, rivolgersi a.

account (ə'kaunt) *n* **1** conto, calcolo *m*. **2** versione *f*, resoconto *m*. **by all accounts** a quanto si dice. **on account of** a causa di. **on no account** per nessun motivo. ~*vt* considerare, riguardare. **account for** essere responsabile di, render conto di. **accountable** *adj* responsabile. **accountancy** *n* contabilità *f*. **accountant** *n* contabile *m*. **chartered accountant** ragioniere *m*.

accumulate (ə'kjuːmjuleit) *vt*

accumulare, ammassare. *vi* accumularsi. **accumulation** *n* accumulamento, ammasso *m*. **accumulative** *adj* accumulativo.

accurate ('ækjurət) *adj* accurato, preciso, esatto. **accuracy** *n* accuratezza, precisione *f*.

accuse (ə'kjuːz) *vt* accusare, incolpare. **accusation** *n* accusa *f*. **accused** *n* accusato, imputato *m*.

accustom (ə'kʌstəm) *vt* abituare.

ace (eis) *n* **1** asso *m*. **2** *inf* campione *m*.

ache (eik) *n* dolore, male *m*. *vi* dolere, far male.

achieve (ə'tʃiːv) *vt* **1** compiere, portare a termine. **2** ottenere, raggiungere. **achievement** *n* **1** compimento *m*. **2** impresa *f*, successo *m*.

acid ('æsid) *adj,n* acido *m*. **acidity** *n* acidità *f*.

acknowledge (ək'nɔlidʒ) *vt* ammettere, riconoscere. **acknowledge receipt** accusare ricevuta. **acknowledgment** *n* **1** riconoscimento *m*. ammissione *f*. **2** ricevuta *f*.

acne ('ækni) *n* acne *m*.

acorn ('eikɔːn) *n* ghianda *f*.

acoustic (ə'kuːstik) *adj* acustico. **acoustics** *n* acustica *f*.

acquaint (ə'kweint) *vt* informare, mettere al corrente. **be acquainted with 1** conoscere. **2** essere al corrente di. **acquaintance** *n* conoscenza *f*.

acquiesce (ækwi'es) *vi* acconsentire, assentire. **acquiescence** *n* acquiescenza *f*. **ac-**

quiescent *adj* acquiescente, docile.

acquire (ə'kwaiə) *vt* 1 acquistare, acquisire. 2 imparare. **acquisition** *n* acquisizione *f*. acquisto *m*. **acquisitive** *adj* avido di guadagno.

acquit (ə'kwit) *vt* 1 assolvere. 2 pagare. **acquit oneself well** comportarsi bene. **acquittal** *n* assoluzione *f*.

acre ('eikə) *n* acro *m*.

acrimony ('ækriməni) *n* acrimonia *f*. **acrimonious** *adj* acrimonioso.

acrobat ('ækrəbæt) *n* acrobata *m*. **acrobatic** *adj* acrobatico. **acrobatics** *n* acrobazia *f*.

across (ə'krɔs) *prep* attraverso, di là da. *adv* attraverso.

acrylic (ə'krilik) *adj* acrilico.

act (ækt) *n* 1 atto, decreto *m*. 2 azione *f*. gesto *m*. 3 *Th* atto *m*. *vi* agire, comportarsi. *vt* 1 fare. 2 *Th* recitare. **act as** fingere da. **acting** *n* recitazione *f*.

action ('ækʃən) *n* 1 azione *f*. fatto *m*. 2 effetto *m*. 3 processo *m*. **out of action** fuori servizio.

active ('æktiv) *adj* attivo. **activate** *vt* attivare. **activist** *n* attivista *m*. **activity** *n* attività, energia *f*.

actor ('æktə) *n* attore *m*.

actress ('æktris) *n* attrice *f*.

actual ('æktʃuəl) *adj* reale, vero, effettivo.

actuary ('æktʃuəri) *n* attuario *m*.

acupuncture ('ækjupʌŋktʃə) *n* agopuntura *f*.

acute (ə'kjuːt) *adj* 1 acuto, aguzzo. 2 perspicace.

adamant ('ædəmənt) *adj* duro, inflessibile.

Adam's apple ('ædəmz) *n* pomo d'Adamo *m*.

adapt (ə'dæpt) *vt* adattare, modificare. **adaptable** *adj* adattabile. **adaptability** *n* adattabilità *f*. **adaptation** *n* adattamento *m*.

add (æd) *vt* 1 aggiungere. 2 sommare. **add to** aumentare. **add up** sommare. **adding machine** *n* addizionatrice, calcolatrice *f*. **addition** *n* 1 aggiunta *f*. 2 addizione *f*. **in addition to** oltre a. **additional** *adj* addizionale. **additive** *adj,n* additivo *m*.

addendum (ə'dendəm) *n*, *pl* **addenda** aggiunta, appendice *f*.

adder ('ædə) *n* vipera, aspide *f*.

addict (*n* 'ædikt; *v* ə'dikt) *n* tossicomane, drogato *m*. *vt* abbandonarsi a. **addiction** *n* inclinazione, dedizione *f*.

addled ('ædld) *adj* putrido.

address (ə'dres) *n* 1 indirizzo, recapito *m*. 2 discorso *m*. *vt* 1 indirizzare. 2 rivolgere la parola a. **address book** *n* rubrica *f*. **addressee** *n* destinatario *m*.

adenoids ('ædinɔidz) *n pl* adenoidi *f pl*.

adept ('ædept) *adj* perito, esperto, abile.

adequate ('ædikwət) *adj* adeguato, sufficiente.

adhere (əd'hiə) *vi* aderire, attaccarsi. **adherent** *adj* aderente. *n* partigiano, seguace *m*. **adhesion** *n* adesione *f*. **adhesive** *adj* adesivo, viscoso. **adhesive plaster** *n* cerotto *m*.

adjacent (ə'dʒeisənt) *adj* adiacente, attiguo.

adjective ('ædʒiktiv) *n* aggettivo *m*.

adjoining (ə'dʒɔiniŋ) *adj* contiguo, vicino.

adjourn (ə'dʒə:n) *vt* aggiornare, rinviare. *vi* trasferirsi. **adjournment** *n* rinvio, aggiornamento *m*.

adjudicate (ə'dʒu:dikeit) *vi* giudicare, decidere.

adjust (ə'dʒʌst) *vt* aggiustare, adattare, regolare. **adjustment** *n* adattamento *m*.

ad-lib (æd'lib) *vt,vi* improvvisare. *n* improvvisazione *f*. *adj* improvvisato.

administer (əd'ministə) *vt* **1** amministrare, gestire, governare. **2** somministrare. *vi* contribuire. **administration** *n* **1** amministrazione, gestione *f*. **2** somministrazione *f*. **administrative** *adj* amministrativo. **administrator** *n* amministratore *m*.

admiral ('ædmərəl) *n* ammiraglio *m*. **admiralty** *n* **1** ammiragliato *m*. **2** Ministero della Marina *m*.

admire (əd'maiə) *vt* ammirare. **admirable** *adj* ammirevole. **admiration** *n* ammirazione *f*. **admirer** *n* ammiratore, corteggiatore *m*.

admit (əd'mit) *vt* **1** ammettere, riconoscere. **2** lasciar entrare. **admission** *n* **1** ammissione, entrata *f*. ingresso *m*. **2** confessione *f*. **admittance** *n* accesso *m*. entrata *f*. **no admittance** vietato l'ingresso.

ado (ə'du:) *n* **1** fatica, difficoltà *f*. **2** rumore, trambusto *m*.

adolescence (ædə'lesəns) *n* adolescenza *f*. **adolescent** *adj,n* adolescente.

adopt (ə'dɔpt) *vt* adottare. **adoption** *n* adozione *f*.

adore (ə'dɔ:) *vt* adorare, venerare. **adorer** *n* adoratore *m*. adoratrice *f*.

adorn (ə'dɔ:n) *vt* adornare, abbellire.

adrenaline (ə'drenəlin) *n* adrenalina *f*.

Adriatic (eidri'ætik) *adj* adriatico. **Adriatic (Sea)** *n* (Mare) Adriatico *m*.

adrift (ə'drift) *adv* alla deriva.

adroit (ə'drɔit) *adj* abile, destro.

adulation (ædju'leiʃən) *n* adulazione *f*.

adult ('ædʌlt) *adj,n* adulto.

adulterate (ə'dʌltəreit) *vt* adulterare, falsificare.

adultery (ə'dʌltəri) *n* adulterio *m*. **adulterer** *n* adultero *m*. **adulteress** *n* adultera *f*.

advance (əd'vɑ:ns) *n* **1** avanzamento, progresso *m*. marcia in avanti *f*. **2** anticipo *m*. **make advances** fare degli approcci. ~*vt* **1** avanzare, promuovere. **2** anticipare. *vi* avanzare, progredire. **advancement** *n* **1** progresso *m*. **2** promozione *f*.

advantage (əd'vɑ:ntidʒ) *n* vantaggio, profitto *m*. **take advantage of** approfittare di. **advantageous** *adj* vantaggioso.

advent ('ædvent) *n* **1** avenuta *f*. **2** *cap* avvento *m*.

adventure (əd'ventʃə) *n* avventura, impresa *f*. **adventurous** *adj* avventuroso.

adverb ('ædvə:b) *n* avverbio *m*.

adverse ('ædvɜ:s) *adj* avverso, contrario. **adversity** *n* avversità *f*.

advertise ('ædvətaiz) *vt* annunciare, fare pubblicità a. *vi* mettere annunci. **advertisement** *n* annuncio *m*. inserzione *f*. **advertising** *n* pubblicità *f*.

advise (əd'vaiz) *vt* consigliare, raccomandare. **advice** *n* consigli *m pl*. avviso *m*. **advisable** *adj* consigliabile, opportuno. **advised** *adj* giudizioso, prudente. **ill-/well-advised** incauto/saggio.

advocate (*n* 'ædvəkət; *v* 'ædvəkeit) *n* difensore, avvocato *m*. *vt* difendere, sostenere.

Aegean (i'dʒi:ən) *adj* egeo. **Aegean (Sea)** *n* (Mare) Egeo *m*.

aerate ('ɛəreit) *vt* aerare.

aerial ('ɛəriəl) *adj* aereo. *n* antenna *f*.

aerodynamics (ɛəroudai'næmiks) *n* aerodinamica *f*.

aeronautics (ɛərə'nɔːtiks) *n* aeronautica *f*. **aeronautical** *adj* aeronautico.

aeroplane ('ɛərəplein) *n* aeroplano *m*.

aerosol ('ɛərəsɔl) *n* aerosol *m invar*.

aesthetic (is'θetik) *adj* estetico. **aesthetics** *n* estetica *f*.

afar (ə'fɑː) *adv* lontano, in lontananza. **from afar** da lontano.

affable ('æfəbəl) *adj* affabile, cortese. **affability** *n* affabilità, cortesia *f*.

affair (ə'fɛə) *n* 1 affare *m*. 2 faccenda *f*. 3 relazione amorosa *f*.

affect[1] (ə'fekt) *vt* 1 concernere, riguardare. 2 commuovere.

affect[2] (ə'fekt) *vt* 1 affettare, ostentare. 2 fingere. **affectation** *n* affettazione, simulazione *f*. **affected** *adj* affettato, ricercato.

affection (ə'fekʃən) *n* affetto *m*. **affectionate** *adj* affettuoso, affezionato.

affiliate (ə'filieit) *vt* affiliare, associare. *vi* affiliarsi, unirsi.

affinity (ə'finiti) *n* affinità *f*, parentela *f*.

affirm (ə'fɜːm) *vt* affermare, confermare, asserire. **affirmation** *n* affermazione, asserzione *f*. **affirmative** *adj* affermativo. *n* affermativa *f*.

affix (ə'fiks) *vt* affiggere, apporre.

afflict (ə'flikt) *vt* affliggere, tormentare. **affliction** *n* afflizione *f*. dolore *m*.

affluence ('æfluəns) *n* abbondanza *f*. **affluent** *adj* ricco, opulente.

afford (ə'fɔːd) *vt* 1 concedere, offrire, dare. 2 permettere. **afford to** avere i mezzi di.

affront (ə'frʌnt) *n* affronto, insulto *m*. *vt* offendere, insultare.

Afghanistan (æf'gænistɑːn, -stæn) *n* Afganistan *m*. **Afghan** *adj,n* afghano.

afield (ə'fiːld) **far afield** *adv* molto lontano.

afloat (ə'flout) *adv* a galla, in mare.

afoot (ə'fut) *adv* in movimento.

aforesaid (ə'fɔːsed) *adj* suddetto, predetto.

afraid (ə'freid) *adj* spaventato, pauroso. **be afraid** aver paura.

afresh (ə'freʃ) *adv* da capo, di nuovo.

Africa ('æfrikə) *n* Africa *f*. **African** *adj,n* africano.

aft (ɑ:ft) *adv* a poppa.

after ('ɑ:ftə) *prep* **1** dopo, in seguito a. **2** secondo. *adv* dopo, poi. *conj* dopo che. **aftercare** *n* assistenza postoperatoria *f*. **after-effect** *n* conseguenza *f*. risultato *m*. **afterlife** *n* vita dell'al di là *f*. **aftermath** *n* conseguenze *f pl*. frutti *m pl*. **afternoon** *n* pomeriggio *m*. **afterthought** *n* ripensamento *m*. riflessione *f*. **afterwards** *adv* dopo, in seguito.

again (ə'gen) *adv* ancora, di nuovo. **again and again** ripetutamente. **as much again** altrettanto. **now and again** di tanto in tanto.

against (ə'genst) *prep* contro, in opposizione a.

age (eidʒ) *n* **1** età *f*. **2** periodo, secolo *m*. **be of age** essere maggiorenne. **be under age** essere minorenne. *~vi* invecchiare, invecchiarsi. **aged** *adj* vecchio, stagionato. **age-group** *n* persone pressapoco della stessa età *f pl*.

agency ('eidʒənsi) *n* agenzia, succursale *f*.

agenda (ə'dʒendə) *n* ordine del giorno *m*.

agent ('eidʒənt) *n* agente, rappresentante *m*.

aggravate ('ægrəveit) *vt* aggravare.

aggregate (*adj,n* 'ægrigit; *v* 'ægrigeit) *adj,n* aggregato *m*. *vt* aggregare.

aggression (ə'greʃən) *n* ag-

gressione *f*. **aggressive** *adj* aggressivo, offensivo. **aggressor** *n* aggressore *m*.

aggrieved (ə'gri:vd) *adj* addolorato.

aghast (ə'gɑ:st) *adj* atterrito, costernato.

agile ('ædʒail) *adj* agile.

agitate ('ædʒiteit) *vt* **1** agitare, scuotere. **2** turbare. **agitation** *n* agitazione *f*.

aglow (ə'glou) *adj* ardente.

agnostic (æg'nɔstik) *adj,n* agnostico.

ago (ə'gou) *adv* fa, passato. **long ago** molto tempo fa.

agog (ə'gɔg) *adv,adj* in ansia, bramoso.

agony ('ægəni) *n* agonia, angoscia *f*. dolore *m*. **agonize** *vi* agonizzare. **agonizing** *adj* angoscioso, lancinante.

agrarian (ə'grɛəriən) *adj* agrario, agricolo.

agree (ə'gri:) *vi* **1** accordarsi, convenire, andare d'accordo. **2** acconsentire. **agreeable** *adj* **1** piacevole. **2** disposto. **agreement** *n* **1** accordo *m*. **2** contratto, patto *m*.

agriculture ('ægrikʌltʃə) *n* agricoltura *f*. **agricultural** *adj* agricolo.

aground (ə'graund) *adv* a secco. **run aground** arenarsi, incagliarsi.

ahead (ə'hed) *adv* (in) avanti.

aid (eid) *n* **1** aiuto, soccorso *m*. sussidi *m pl*. **2** aiutante *m*. *vt* soccorrere, assistere.

ailment ('eilmənt) *n* indisposizione, malattia *f*.

aim (eim) *n* **1** mira *f*. **2** proposito, scopo *m*. *vt* **1** puntare,

2 dirigere. *vi* **1** mirare. **2** aspirare.

air (εə) *n* **1** aria, atmosfera *f.* **2** aspetto *m.* **in the open air** all'aperto. ~*vt* ventilare.

airborne ('εəbɔːn) *adj* **1** sostenuto dall'aria. **2** aviotrasportato.

air-conditioning *n* aria condizionata *f.*

aircraft ('εəkrɑːft) *n* aereo, velivolo *m.*

aircraft carrier *n* portaerei *f invar.*

airfield ('εəfiːld) *n* campo d'aviazione *m.*

airforce ('εəfɔːs) *n* aviazione, aereonautica *f.*

air-hostess *n* hostess *f.* assistente di volo *f.*

air lift *n* ponte aereo *m. vt* mandare per aereo.

airline ('εəlain) *n* linea aerea *f.*

airmail ('εəmeil) *n* posta aerea *f.* **by air mail** per via aerea.

airman ('εəmən) *n* aviatore *m.*

airport ('εəpɔːt) *n* aeroporto *m.*

air-raid *n* incursione aerea *f.*

airtight ('εətait) *adj* a tenuta d'aria, ermetico.

airy ('εəri) *adj* aerato, arioso, leggero.

aisle (ail) *n* navata *f.*

ajar (ə'dʒɑː) *adj,adv* socchiuso.

alabaster ('æləbɑːstə) *n* alabastro *m.*

alarm (ə'lɑːm) *n* **1** allarme *m.* **2** (electrical) suoneria elettrica *f. vt* allarmare, spaventare. **alarm clock** *n* sveglia *f.* **alarming** *adj* allarmante!

alas (ə'læs) *interj* ahimè!

Albania (æl'beiniə) *n* Albania *f.* **Albanian** *adj,n* albanese.

albatross ('ælbətros) *n* albatro *m.*

albeit (ɔːl'biːit) *conj* quantunque.

album ('ælbəm) *n* album *m invar.*

alchemy ('ælkəmi) *n* alchimia *f.*

alcohol ('ælkəhɔl) *n* alcool *m invar.* spirito *m.* **alcoholic** *adj* alcoolico. *n* alcolizzato *m.*

alcove ('ælkouv) *n* alcova *f.*

alderman ('ɔːldəmən) *n* assessore municipale *m.*

ale (eil) *n* birra *f.* **brown ale** *n* birra scura *f.* **pale ale** *n* birra chiara *f.*

alert (ə'lɔːt) *adj* vigilante. *n* allarme *m.* **on the alert** all'erta.

algebra ('ældʒibrə) *n* algebra *f.*

Algeria (æl'dʒiəriə) *n* Algeria *f.* **Algerian** *adj,n* algerino.

alias ('eiliəs) *adv* altrimenti detto, alias.

alibi ('ælibai) *n* alibi *m invar.*

alien ('eiliən) *adj* alieno, straniero, estraneo. *n* straniero, forestiero *m.* **alienate** *vt* alienare, estraniare. **alienation** *n* alienazione *f.*

alight[1] (ə'lait) *adj* in fiamme, illuminato. **set alight** dar fuoco a.

alight[2] (ə'lait) *vi* discendere, smontare, atterrare.

align (ə'lain) *vt* allineare. *vi* allinearsi. **alignment** *n* allineamento *m.*

alike (ə'laik) *adj* simile, somigliante. **be alike** assomigliarsi. ~*adv* similmente.

alimentary (æli'mentəri) *adj* alimentare, alimentario.

alimony ('æliməni) *n* alimenti *m pl*.

alive (ə'laiv) *adj* vivo, vivente.

alkali ('ælkəlai) *n*, *pl* **-is** *or* **-ies** alcale *m*.

all (ɔːl) *adj* tutto, intero. *adv* completamente. **all right** va bene. ~*pron* tutto.

allay (ə'lei) *vt* calmare, mitigare.

allege (ə'ledʒ) *vt* allegare, asserire.

allegiance (ə'liːdʒəns) *n* fedeltà, obbedienza *f*.

allegory ('æligəri) *n* allegoria *f*. **allegorical** *adj* allegorico.

allergy ('ælədʒi) *n* allergia *f*. **allergic** *adj* allergico.

alleviate (ə'liːvieit) *vt* alleviare, lenire, attenuare.

alley ('æli) *n* vicolo *m*.

alliance (ə'laiəns) *n* alleanza *f*. **allied** (ə'laid, 'ælaid) *adj* alleato, connesso.

alligator ('æligeitə) *n* alligatore *m*.

alliteration (əlitə'reiʃən) *n* allitterazione *f*.

allocate ('æləkeit) *vt* assegnare, distribuire. **allocation** *n* assegnamento, stanziamento *m*.

allot (ə'lɔt) *vt* assegnare, spartire.

allow (ə'lau) *vt* permettere, lasciare, concedere. **allow for** tener conto di. **allowance** *n* **1** assegno *m*. pensione *f*. **2** riduzione *f*.

alloy ('æloi) *n* lega metallica. *vt* amalgamare.

All Saint's Day *n* Ognissanti *m pl*.

allude (ə'luːd) *vi* alludere. **allusion** *n* allusione *f*.

allure (ə'luə) *vt* adescare, allet-

tare. **alluring** *adj* seducente, attraente.

ally (*n* 'ælai; *v* ə'lai) *n* alleato *m*. *vt* unire, alleare. *vi* allearsi.

almanac ('ɔːlmənæk) *n* almanacco, calendario *m*.

almighty (ɔːl'maiti) *adj* onnipotente.

almond ('ɑːmənd) *n* mandorla *f*. **almond tree** *n* mandorlo *m*.

almost ('ɔːlmoust) *adv* quasi.

alms (ɑːmz) *n pl invar* elemosina *f*. **almshouse** *n* ospizio di carità *m*.

aloft (ə'lɔft) *adv* in alto, in aria.

alone (ə'loun) *adj* solo, solitario. *adv* solamente.

along (ə'lɔŋ) *prep* lungo. *adv* avanti. **all along** sempre. **along with** insieme a. **alongside** *prep* accanto a, al fianco di. *adv* a fianco.

aloof (ə'luːf) *adj* riservato. *adv* a distanza.

aloud (ə'laud) *adv* a voce alta *or* forte.

alphabet ('ælfəbet) *n* alfabeto *m*. **alphabetical** *adj* alfabetico.

alpine ('ælpain) *adj* alpino. **Alps** (ælps) *n pl* Alpi *f pl*.

already (ɔːl'redi) *adv* già.

Alsatian (æl'seiʃən) *n* cane-lupo *m*.

also ('ɔːlsou) *adv* anche, inoltre, pure.

altar ('ɔːltə) *n* altare *m*. **altarpiece** *n* pala d'altare *f*. **altar rail** *n* balaustra *f*.

alter ('ɔːltə) *vt* alterare, cambiare. *vi* cambiarsi. **alteration** *n* alterazione, modifica *f*.

alternate (*adj* ɔːl'təːnit; *v* 'ɔːltəneit) *adj* alterno, alternato. *vt* alternare. *vi* alternarsi. **alternative** *adj* alternativo. *n* alternativa *f*.

although (ɔːlˈðou) *conj* sebbene, benchè, quantunque.

altitude (ˈæltitjuːd) *n* altitudine,
altezza *f*.

alto (ˈæltou) *n* contralto *m*.

altogether (ɔːltəˈgeðə) *adv* interamente, complessivamente.

aluminium (æljuˈminiəm) *n* alluminio *m*.

always (ˈɔːlweiz) *adv* sempre.

am (əm; *stressed* æm) *v* see **be**.

amalgamate (əˈmælgəmeit) *vt*
amalgamare. *vi* amalgamarsi.
amalgamation *n* amalgamazione *f*.

amass (əˈmæs) *vt* accumulare,
ammassare.

amateur (ˈæmətə) *n* dilettante
m,f.

amaze (əˈmeiz) *vt* meravigliare,
stupire. **amazed** *adj* stupito,
sorpreso. **amazing** *adj*
straordinario, sbalorditivo.

ambassador (æmˈbæsədə) *n*
ambasciatore *m*.

amber (ˈæmbə) *n* ambra *f*.

ambidextrous (æmbiˈdekstrəs)
adj ambidestro.

ambiguous (æmˈbigjuəs) *adj*
ambiguo.

ambition (æmˈbiʃən) *n* ambizione *f*. **ambitious** *adj*
ambizioso.

ambivalent (æmˈbivələnt) *adj*
ambivalente.

amble (ˈæmbəl) *vi* camminare
lentamente.

ambulance (ˈæmbjuləns) *n*
ambulanza *f*.

ambush (ˈæmbuʃ) *n* imboscata
f. agguato *m*. *vt* tendere un imboscata a.

amenable (əˈmiːnəbəl) *adj*
malleabile, trattabile.

amend (əˈmend) *vt* emendare,
migliorare. *vi* migliorarsi.
amendment *n* emendamento
m. **amends** *n pl* compenso *m*.
riparazione *f*. **make amends**
fare ammenda.

amenity (əˈmiːniti) *n* amenità *f*.

America (əˈmerikə) *n* America
f. **American** *adj,n* americano.

amethyst (ˈæmiθist) *n* ametista
f.

amiable (ˈeimiəbəl) *adj* amabile.

amicable (ˈæmikəbəl) *adj* amichevole.

amid (əˈmid) *prep also* **amidst**
fra, tra, in mezzo a.

amiss (əˈmis) *adv* male, erroneamente.

ammonia (əˈmouniə) *n* ammoniaca *f*.

ammunition (æmjuˈniʃən) *n*
munizioni *f pl*.

amnesty (ˈæmnəsti) *n* amnistia
f.

amoeba (əˈmiːbə) *n, pl* **-bae** *or*
-bas ameba *f*.

among (əˈmʌŋ) *prep also*
amongst tra, fra, in mezzo a.

amoral (eiˈmɔrəl) *adj* amorale.

amorous (ˈæmərəs) *adj* amoroso, erotico.

amorphous (əˈmɔːfəs) *adj*
amorfo.

amount (əˈmaunt) *n* ammontare, totale *m*. somma *f*. *vi*
ammontare, equivalere.

ampere (ˈæmpɛə) *n* ampère *m*

amphetamine (æmˈfetəmiːn) *n*
anfetamina *f*.

amphibian (æmˈfibiən) *adj,n*
anfibio *m*. **amphibious** *adj*
anfibio.

amphitheatre ('æmfiθiətə) *n* anfiteatro *m*.

ample ('æmpəl) *adj* ampio, abbondante.

amplify ('æmplifai) *vt* amplificare, ampliare. **amplification** *n* amplificazione *f*. **amplifier** *n* amplificatore *m*.

amputate ('æmpjuteit) *vt* amputare.

amuse (ə'mjuːz) *vt* divertire, dilettare. **amusement** *n* divertimento *m*. **amusing** *adj* divertente.

an (ən; *stressed* æn) *indef art see* **a.**

anachronism (ə'nækrənizəm) *n* anacronismo *m*.

anaemia (ə'niːmiə) *n* anemia *f*. **anaemic** *adj* anemico.

anaesthetic (ænis'θetik) *adj,n* anestetico *m*. **anaesthetist** *n* anestesista *m*. **anaesthetize** *vt* anestetizzare.

anagram ('ænəgræm) *n* anagramma *m*.

anal ('einl) *adj* anale.

analogy (ə'nælədʒi) *n* analogia *f*. **analogous** (ə'næləgəs) *adj* analogo.

analysis (ə'nælisis) *n, pl* **-ses** analisi *f invar.* **analyse** *vt* analizzare. **analyst** *n* analista *m*.

anarchy ('ænəki) *n* anarchia *f*. **anarchist** *n* anarchico *m*.

anatomy (ə'nætəmi) *n* anatomia *f*. **anatomical** *adj* anatomico.

ncestor ('ænsəstə) *n* antenato *m*.

nchor ('æŋkə) *n* ancora *f. vt* ancorare. *vi* ancorarsi.

nchovy ('æntʃəvi) *n* acciuga *f*.

ancient ('einʃənt) *adj* antico, vecchio.

ancillary (æn'siləri) *adj* sussidiario, ausiliario.

and (ən, ænd; *stressed* ænd) *conj* e, ed. **and so forth** e così via.

anecdote ('ænikdout) *n* aneddoto *m*.

anemone (ə'neməni) *n* anemone *m*.

anew (ə'njuː) *adv* di nuovo, da capo.

angel ('eindʒəl) *n* angelo *m*. **angelic** *adj* angelico.

angelica (æn'dʒelikə) *n* angelica *f*.

anger ('æŋgə) *n* ira, collera *f. vt* adirare, far andare in collera.

angle[1] ('æŋgəl) *n* **1** *math* angolo *m*. **2** punto di vista *m*. prospettiva *f*.

angle[2] ('æŋgəl) *vi* **1** pescare. **2** *inf* adescare. **angler** *n* pescatore *m*. **angling** *n* pesca con l'amo.

Anglican ('æŋglikən) *adj,n* anglicano.

angry ('æŋgri) *adj* arrabbiato, adirato, stizzito. **get angry** arrabbiarsi, adirarsi.

anguish ('æŋgwiʃ) *n* angoscia *f*.

angular ('æŋgjulə) *adj* angolare.

animal ('æniməl) *adj,n* animale *m*.

animate (*adj* 'ænimət; *v* 'ænimeit) *adj* animato, vivente. *vt* animare. **animation** *n* animazione, vivacità *f*.

aniseed ('ænisiːd) *n* semi di anice *m pl*.

ankle ('æŋkəl) *n* caviglia *f*.

annals ('ænlz) *n pl* annali *m pl*.

annex (ə'neks) *vt* annettere, unire. **annexe** *n* annesso, edificio secondario *m*.

annihilate (ə'naiəleit) *vt* annientare. **annihilation** *n* annientamento *m*.

anniversary (æni'vəːsəri) *n* anniversario *m*.

annotate ('ænəteit) *vt* annotare.

announce (ə'nauns) *vt* annunciare, render noto. **announcement** *n* annuncio *m*. dichiarazione *f*. **announcer** *n* annunciatore *m*.

annoy (ə'nɔi) *vt* disturbare, irritare. **annoying** *adj* seccante, fastidioso.

annual ('ænjuəl) *adj* annuale, annuo. *n* annuario *m*.

annuity (ə'njuːiti) *n* pensione annuale *f*.

annul (ə'nʌl) *vt* annullare.

anode ('ænoud) *n* anodo *m*.

anoint (ə'nɔint) *vt* consacrare, ungere.

anomaly (ə'nɔməli) *n* anomalia *f*.

anonymous (ə'nɔniməs) *adj* anonimo.

another (ə'nʌðə) *adj,pron* altro. **one another** l'un l'altro, si.

answer ('ɑːnsə) *n* risposta *f*. *vt* rispondere a.

ant (ænt) *n* formica *f*.

antagonize (æn'tægənaiz) *vt* opporsi, provocare. **antagonism** *n* antagonismo *m*.

Antarctic (æn'tɑːktik) *adj,n* antartico *m*.

antelope ('æntiloup) *n* antilope *f*.

antenatal (ænti'neitḷ) *adj* prenatale.

antenna (æn'tenə) *n,pl* **-tennae** antenna *f*.

anthem ('ænθəm) *n* inno *m*. antifona *f*.

anthology (æn'θɔlədʒi) *n* antologia *f*.

anthropology (ænθrə'pɔlədʒi) *n* antropologia *f*.

anti-aircraft *adj* antiaereo, contraereo.

antibiotic (æntibai'ɔtik) *adj,n* antibiotico *m*.

antibody ('æntibɔdi) *n* anticorpo *m*.

anticipate (æn'tisipeit) *vt* anticipare, aspettarsi, prevenire. **anticipation** *n* anticipazione *f*. anticipo *m*.

anticlimax (ænti'klaimæks) *n* conclusione banale *f*.

anticlockwise (ænti'klɔkwaiz) *adj,adv* in senso antiorario.

antics ('æntiks) *n pl* buffoneria, stramberia *f*.

anticyclone (ænti'saikloun) *n* anticiclone *m*.

antidote ('æntidout) *n* antidoto *m*.

antifreeze ('æntifriːz) *n* antigelo *m*.

antique (æn'tiːk) *n* oggetto antico *m*. *adj* antico, arcaico. **antique dealer** *n* antiquario *m*. **antiquated** *adj* antiquato. **antiquity** *n* **1** antichità *f*. **2** *pl* ruderi *m*.

anti-Semitic *adj* antisemita.

antiseptic (ænti'septik) *adj,n* antisettico *m*.

antisocial (ænti'souʃəl) *adj* antisociale.

antithesis (æn'tiθəsis) *n*, *pl* **-ses** antitesi *f invar*.

antler ('æntlə) *n* corno *m*, *pl* corna *f*.

antonym ('æntənim) *n* opposto *m*.

anus ('einəs) *n* ano *m*.

anvil ('ænvil) *n* incudine *f*.

anxious ('æŋkʃəs) *adj* ansioso, apprensivo. **anxiety** *n* ansietà, apprensione *f*.

any ('eni) *adj* 1 del, qualche. 2 ogni, qualsiasi, qualunque. *pron* 1 alcuno. 2 ne. **in any case** comunque. **anybody** *pron also* **anyone** 1 qualcuno, alcuno. 2 chiunque. **anyhow** *adv* in ogni caso, comunque, tuttavia. **anything** *pron* 1 qualche cosa. 2 qualunque cosa. **anyway** *adv* in ogni modo, in tutti i casi. **anywhere** *adv* dovunque, in qualunque luogo. **anywhere else** in qualsiasi altro luogo.

apart (ə'pɑːt) *adv* a parte, in disparte. **come apart** dividersi, sfasciarsi.

apartheid (ə'pɑːtait) *n* segregazione razziale *f*.

apartment (ə'pɑːtmənt) *n* 1 stanza, camera *f*. 2 appartamento *m*.

apathy ('æpəθi) *n* apatia *f*. **apathetic** *adj* apatico.

ape (eip) *n* scimmia *f*. *vt* scimmiottare, imitare.

aperitif (ə'peritif) *n* aperitivo *m*.

aperture ('æpətʃə) *n* apertura *f*.

apex ('eipeks) *n*, *pl* **apexes** *or* **apices** apice, vertice *m*.

apiece (ə'piːs) *adv* a testa, per ciascuno.

apology (ə'pɒlədʒi) *n* scusa, giustificazione *f*. **apologetic** *adj* spiacente, pieno di scuse. **apologize** *vi* scusarsi.

apostle (ə'pɒsəl) *n* apostolo *m*.

apostrophe (ə'pɒstrəfi) *n* apostrofo *m*.

appal (ə'pɔːl) *vt* spaventare, in-

orridire. **appalling** *adj* terribile, spaventoso.

apparatus (æpə'reitəs) *n*, *pl* **-tus** *or* **-tuses** apparato, apparecchio *m*.

apparent (ə'pærənt) *adj* apparente, visibile, chiaro.

appeal (ə'piːl) *vi* 1 appellarsi, fare appello a. 2 ricorrere in appello. 3 attrarre. *n* appello *m*. attrazione *f*.

appear (ə'piə) *vi* 1 apparire, comparire. 2 sembrare. **appearance** *n* 1 apparenza *f*. aspetto *m*. 2 apparizione *f*.

appease (ə'piːz) *vt* pacificare, calmare, placare.

appendix (ə'pendiks) *n*, *pl* **-ixes** *or* **-ices** appendice *f*. **appendicitis** *n* appendicite *f*.

appetite ('æpətait) *n* appetito *m*. **appetizing** *adj* appetitoso.

applaud (ə'plɔːd) *vt,vi* applaudire. **applause** *n* applauso *m*.

apple ('æpəl) *n* mela *f*. **apple tree** *n* melo *m*.

apply (ə'plai) *vt* applicare. *vi* 1 applicarsi, riferirsi. 2 rivolgersi. **apply oneself** dedicarsi. **appliance** *n* apparecchio, dispositivo *m*. **applicable** *adj* applicabile. **applicant** *n* candidato *m*. richiedente *m,f*. **application** *n* 1 applicazione *f*. 2 domanda, richiesta *f*.

appoint (ə'point) *vt* 1 fissare, stabilire. 2 nominare. **appointment** *n* 1 appuntamento, impegno *m*. 2 nomina *f*.

appraise (ə'preiz) *vt* stimare, valutare.

appreciate (ə'priːʃieit) *vt* apprezzare, rendersi conto di.

appreciable *adj* apprezzabile.
appreciation *n* apprezzamento, giudizio *m*.
apprehend (æpri'hend) *vt* **1** arrestare. **2** cogliere, afferrare.
apprehension *n* **1** timore *m*. **2** arresto *m*. **apprehensive** *adj* timoroso.
apprentice (ə'prentis) *n* apprendista *m*. *vt* mettere a far pratica. **apprenticeship** *n* apprendistato *m*.
approach (ə'proutʃ) *vt* avvicinare, avvicinarsi a. *vi* avvicinarsi. *n* **1** accostamento *m*. **2** accesso *m*.
appropriate (*adj* ə'proupriət; *v* ə'prouprieit) *adj* appropriate, adatto. *vt* **1** appropriarsi di. **2** assegnare.
approve (ə'pru:v) *vt* approvare, sanzionare. **approval** *n* approvazione *f*. **on approval** in prova, in visione.
approximate (*adj* ə'prɔksimət; *v* ə'prɔksimeit) *adj* approssimativo. *vt* approssimare.
apricot ('eiprikɔt) *n* albicocca *f*. **apricot tree** *n* albicocco *m*.
April ('eiprəl) *n* aprile *m*. **April Fool** *n* pesce d'aprile *m*.
apron ('eiprən) *n* grembiule, grembiale *m*.
apse (æps) *n* abside *f*.
apt (æpt) *adj* adatto, idoneo.
aptitude ('æptitju:d) *n* abilità, attitudine *f*.
aquarium (ə'kwɛəriəm) *n* acquario *m*.
Aquarius (ə'kwɛəriəs) *n* Aquario *m*.
aquatic (ə'kwætik) *adj* acquatico.
aqueduct ('ækwədʌkt) *n* acquedotto *m*.

Arabia (ə'reibiə) *n* Arabia *f*.
Arab *adj,n* arabo. **Arabic** *adj* arabico. **Arabic** (language) *n* arabo *m*.
arable ('ærəbəl) *adj* arabile.
arbitrary ('ɑ:bitrəri) *adj* arbitrario.
arbitrate ('ɑ:bitreit) *vt,vi* arbitrare. **arbitration** *n* arbitraggio, arbitrato *m*. **arbitrator** *n* arbitro *m*.
arc (ɑ:k) *n* arco *m*.
arcade (ɑ:'keid) *n* galleria *f*, portico *m*.
arch (ɑ:tʃ) *n* arco *m*. arcata, volta *f*. *vt* arcuare, curvare. *vi* arcuarsi.
archaeology (ɑ:ki'ɔlədʒi) *n* archeologia *f*. **archaeologist** *n* archeologo *m*.
archaic (ɑ:'keiik) *adj* arcaico.
archangel ('ɑ:keindʒəl) *n* arcangelo *m*.
archbishop (ɑ:tʃ'biʃəp) *n* arcivescovo *m*.
archduke (ɑ:tʃ'dju:k) *n* arciduca *m*.
archery ('ɑ:tʃəri) *n* tiro all'arco *m*.
archetype ('ɑ:kitaip) *n* archetipo *m*. **archetypal** *adj* archetipo.
archipelago (ɑ:ki'peləgou) *n*, *pl* -gos *or* -goes arcipelago *m*.
architect ('ɑ:kitekt) *n* architetto *m*. **architecture** *n* architettura *f*. **architectural** *adj* architettonico.
archives ('ɑ:kaivz) *n pl* archivio *m*.
archway ('ɑ:tʃwei) *n* passaggio a volta *m*.
arctic ('ɑ:ktik) *adj,n* artico *m*.
ardent ('ɑ:dnt) *adj* ardente, fervente.

ardour ('ɑːdə) n ardore, fervore m.

arduous ('ɑːdjuəs) adj arduo, difficile.

are (ə; stressed ɑː) v see **be**.

area ('ɛəriə) n area, zona f.

arena (ə'riːnə) n arena f.

Argentina (ɑːdʒən'tiːnə) n Argentina f. **Argentinian** adj,n Argentino.

argue ('ɑːgjuː) vi argomentare, discutere, disputare. **arguable** adj discutibile. **argument** n discussione, disputa f. **argumentative** adj polemico.

arid ('ærid) adj arido.

Aries ('ɛəriːz) n Ariete m.

arise* (ə'raiz) vi **1** alzarsi, sorgere. **2** derivare.

aristocrat ('æristəkræt) n aristocratico m. **aristocracy** n aristocrazia f.

arithmetic (ə'riθmətik) n aritmetica f.

arm[1] (ɑːm) n **1** braccio m,pl. braccia f.m. or bracci m. **2** (of a chair, etc.) bracciuolo m. **arm in arm** a braccetto. **armchair** n poltrona f. **armful** n bracciata f. **armhole** n giro della manica m. **armpit** n ascella f.

arm[2] (ɑːm) vt armare. vi armarsi.

armour ('ɑːmə) n armatura, corazza f. **armour-plated** adj corazzato. **armoury** n arsenale m.

arms (ɑːmz) n pl armi f pl. **in arms** armato.

army ('ɑːmi) n esercito m. armata f. **be in the army** prestare servizio militare.

aroma (ə'roumə) n aroma m.

arose (ə'rouz) v see **arise**.

around (ə'raund) adv intorno, all'intorno. prep intorno a.

arouse (ə'rauz) vt **1** destare, risvegliare. **2** eccitare.

arrange (ə'reindʒ) vt **1** accomodare, disporre, combinare. **2** mus adattare. **arrangement** n **1** accomodamento, ordinamento m. **2** mus arrangiamento m. **make arrangements** fare i preparativi.

array (ə'rei) vt **1** ornare. **2** mil schierare. n schiera f.

arrears (ə'riəz) n pl arretrati m pl.

arrest (ə'rest) n **1** arresto m. **2** sospensione f. vt **1** arrestare. **2** fermare, sospendere.

arrive (ə'raiv) vi arrivare, giungere. **arrival** n arrivo m. venuta f.

arrogant ('ærəgənt) adj arrogante. **arrogance** n arroganza f.

arrow ('ærou) n freccia f. **arrowroot** n fecola dell'arundinacca f.

arsenic ('ɑːsnik) n arsenico m.

arson ('ɑːsən) n incendio doloso m.

art (ɑːt) n arte f. **art gallery** n galleria d'arte f. **art school** n scuola d'arte f. **artful** adj subdolo, astuto.

artery ('ɑːtəri) n arteria f. **arterial** adj arterioso, arteriale.

arthritis (ɑː'θraitis) n artrite f.

artichoke ('ɑːtitʃouk) n carciofo m.

article ('ɑːtikəl) n articolo m. vt collocare come apprendista.

articulate (adj ɑː'tikjulət; v a: 'tikjuleit) adj articolato, distinto. vt,vi articolare.

artificial (ɑ:ti'fiʃəl) adj artificiale, artificioso.

artillery (ɑ:'tiləri) n artiglieria f.

artist ('ɑ:tist) n artista, pittore m. pittrice f. **artistic** adj artistico.

as (əz; stressed æz) conj 1 come. 2 poiché. 3 mentre. **as far as** sin dove. **as if** come se. **as long as** finché. **as for me** per quanto mi riguarda. **as soon as** non appena. **as it were** per così dire. ~adv così, come, tanto, quanto. pron che.

asbestos (æs'bestəs) n amianto m.

ascend (ə'send) vi ascendere, salire. vt salire. **ascension** n ascensione f.

ascertain (æsə'tein) vt assicurarsi di, accertarsi di.

ash[1] (æʃ) n cenere f. **ashtray** n portacenere m.

ash[2] (æʃ) n bot frassino m.

ashamed (ə'ʃeimd) adj che prova vergogna. **be ashamed** vergognarsi.

ashore (ə'ʃɔ:) adv a or sulla riva.

Ash Wednesday n le Ceneri f pl.

Asia ('eiʃə) n Asia f. **Asian** adj,n asiatico.

aside (ə'said) adv da parte, in disparte. n parole dette a parte f pl.

ask (ɑ:sk) vt 1 domandare, chiedere. 2 invitare. vi informarsi. **ask a question** rivolgere una domanda.

askew (ə'skju:) adv di traverso. adj obliquo, storto.

asleep (ə'sli:p) adv,adj addor-

mentato. **fall asleep** addormentarsi.

asparagus (ə'spærəgəs) n asparago m, pl asparagi m.

aspect ('æspekt) n aspetto m. apparenza f.

asphalt ('æsfælt) n asfalto m.

aspire (ə'spaiə) vi aspirare. **aspiring** adj ambizioso.

aspirin ('æspirin) n aspirina f.

ass (æs) n asino m.

assassin (ə'sæsin) n assassino m. **assassinate** vt assassinare. **assassination** n assassinio m.

assault (ə'sɔ:lt) n assalto, attacco m. vt assalire, aggredire.

assemble (ə'sembəl) vt riunire. vi riunirsi. **assembly** n 1 assemblea f. 2 montaggio m. **assembly hall** n sala da riunioni f. **assembly line** n catena di montaggio f.

assent (ə'sent) n consenso m. sanzione f. vi acconsentire, approvare.

assert (ə'sə:t) vt asserire, sostenere. **assert oneself** farsi valere. **assertion** n asserzione f.

assess (ə'ses) vt valutare, stimare. **assessment** n valutazione f.

asset ('æset) n 1 bene, vantaggio m. 2 pl comm attività f pl.

assign (ə'sain) vt assegnare, attribuire. **assignment** n 1 assegnazione f. 2 incarico m.

assimilate (ə'simileit) vt assimilare.

assist (ə'sist) vt assistere, aiutare. **assistance** n assistenza f.

assizes (ə'saiziz) n pl corte d'assise f.

associate (*v* ə'souʃieit; *n* ə 'souʃiit) *vt* associare. *vi* associarsi. **associate with** frequentare. ~*n* collega *m*. **association** *n* associazione *f*.

assort (ə'sɔːt) *vt* assortire, raggruppare. **assortment** *n* assortimento *m*.

assume (ə'sjuːm) *vt* assumere, fingere, presumere.

assure (ə'ʃuə) *vt* assicurare, rassicurare. **assurance** *n* assicurazione, certezza *f*.

asterisk ('æstərisk) *n* asterisco *m*.

asteroid ('æstərɔid) *n* asteroide *m*.

asthma ('æsmə) *n* asma *f*.

astonish (ə'stɔniʃ) *vt* stupire, meravigliare. **astonishment** *n* sorpresa *f*. stupore *m*.

astound (ə'staund) *vt* stupefare.

astray (ə'strei) *adv* fuori strada. **go astray** smarrirsi, traviarsi. **lead astray** sviare, traviare.

astride (ə'straid) *adv* a cavalcioni.

astrology (ə'strɔlədʒi) *n* astrologia *f*. **astrologer** *n* astrologo *m*. **astrological** *adj* astrologico.

astronaut ('æstrənɔːt) *n* astronauta *m*.

astronomy (ə'strɔnəmi) *n* astronomia *f*. **astronomer** *n* astronomo *m*. **astronomical** *adj* astronomico.

astute (ə'stjuːt) *adj* furbo, astuto.

asunder (ə'sʌndə) *adv* separatamente, a pezzi.

asylum (ə'sailəm) *n* asilo, rifugio *m*. **lunatic asylum** *n* manicomio *m*.

at (ət; *stressed* æt) *prep* **1** a, in. **2** da.

ate (eit) *v* see **eat.**

atheism ('eiθiizəm) *n* ateismo *m*. **atheist** *n* ateo *m*.

Athens ('æθinz) *n* Atene *f*.

athlete ('æθliːt) *n* atleta *m*. **athletic** *adj* atletico. **athletics** *n* atletica *f*.

Atlantic (ət'læntik) *adj* atlantico. **Atlantic (Ocean)** *n* (Oceano) Atlantico *m*.

atlas ('ætləs) *n* atlante *m*.

atmosphere ('ætməsfiə) *n* atmosfera *f*. **atmospheric** *adj* atmosferico. **atmospherics** *n pl* disturbi atmosferici *m pl*.

atom ('ætəm) *n* atomo *m*. **atom bomb** *n* bomba atomica *f*. **atomic** *adj* atomico.

atone (ə'toun) *vi* espiare, fare ammenda. **atonement** *n* espiazione, riparazione *f*.

atrocious (ə'trouʃəs) *adj* atroce. **atrocity** *n* atrocità *f*.

attach (ə'tætʃ) *vt* **1** attaccare. **2** attribuire. *vi* attaccarsi. **attachment** *n* attaccamento, affetto *m*.

attaché (ə'tæʃei) *n* addetto diplomatico *m*. **attaché case** *n* borsa per documenti *f*.

attack (ə'tæk) *n* **1** attacco *m*. offensiva *f*. **2** *med* accesso *m*. *vt* assalire, attaccare.

attain (ə'tein) *vt* raggiungere, ottenere. **attainment** *n* conseguimento *m*.

attempt (ə'tempt) *n* tentativo, attentato. *vt* tentare, provare, attentare a.

attend (ə'tend) *vt* frequentare, assistere a. *vi* prestare attenzione. **attendance** *n* **1** servizio *m*. **2** frequenza *f*. **3**

pubblico *m*. **attendant** *n* in-
serviente, accompagnatore *m*.
adj presente. **attention** *n* at-
tenzione, premura *f*. **pay at-
tention** fare attenzione. **at-
tentive** *adj* attento, pre-
muroso.

attic ('ætik) *n* attico *m*. soffitta
f.

attire (ə'taiə) *vt* vestire. *n* vestiti
m pl.

attitude ('ætitjuːd) *n* posa *f*. at-
teggiamento *m*.

attorney (ə'təːni) *n* procuratore
m. **attorney general** *n*
procuratore generale *m*.

attract (ə'trækt) *vt* attrarre.
attraction *n* attrazione *f*. **at-
tractive** *adj* attraente.

attribute (*n* 'ætribjuːt; *v* ə
'tribjuːt) *n* attributo *m*. qualità
f. *vt* attribuire, ascrivere.

aubergine ('oubəʒiːn) *n* me-
lanzana *f*.

auburn ('oːbən) *adj* color di
rame, ramato.

auction ('oːkʃən) *n* asta. *vt*
vendere all'asta. **auctioneer**
n banditore *m*.

audacious (oː'deiʃəs) *adj*
audace.

audible ('oːdibəl) *adj* udibile,
intelligibile.

audience ('oːdiəns) *n* pubblico
m. udienza *f*.

audiovisual (oːdiou'viʒuəl) *adj*
audiovisivo.

audit ('oːdit) *n* controllo *m*. ver-
ifica dei conti *f*. *vt* verificare.
auditor *n* revisore, sindaco *m*.

audition (oː'diʃən) *n* audizione
f. *vt* ascoltare in audizione.

auditorium (odi'toːriəm) *n*
auditorio *m*. sala per concerti *f*.

August ('oːgəst) *n* agosto *m*.

aunt (aːnt) *n* zia *f*.

au pair (ou 'pɛə) *adj,adv* alla
pari. *n* ragazza alla pari *f*.

aura ('oːrə) *n* atmosfera, aria *f*.

austere (oː'stiə) *adj* austero.
austerity *n* austerità *f*.

Australia (ɔ'streiliə) *n* Australia
f. **Australian** *adj,n* australia-
no.

Austria ('oːstriə) *n* Austria *f*.
Austrian *adj,n* austriaco.

authentic (oː'θentik) *adj* auten-
tico.

author ('oːθə) *n* autore *m*. au-
trice *f*.

authority (oː'θoriti) *n* autorità *f*.
on good authority da fonte
autorevole. **authoritarian** *adj*
autoritario, assolutista. **au-
thoritative** *adj* autoritario,
autorevole.

authorize ('oːθəraiz) *vt* autoriz-
zare. **authorization** *n*
autorizzazione *f*.

autistic (oː'tistik) *adj* autistico.

autobiography (oːtəbai'ɔgrəfi)
n autobiografia *f*. **autobio-
graphical** *adj* autobiografico.

autograph ('oːtəgraːf) *n*
autografo *m*. firma *f*. *vt*
autografare.

automatic (oːtə'mætik) *adj*
automatico.

automation (oːtə'meiʃən) *n*
automazione *f*.

autonomous (oː'tonəməs) *adj*
autonomo.

autumn ('oːtəm) *n* autunno *m*.

auxiliary (oːg'ziliəri) *adj*
ausiliario, ausiliare.

available (ə'veiləbəl) *adj* dis-
ponibile, libero.

avalanche ('ævəlaːnʃ) *n* valan-
ga *f*.

avenge (ə'vendʒ) *vt* vendicar-

avenue ('ævənjuː) *n* viale *m*.
average ('ævridʒ) *n* media *f*. *adj* medio. *vt* fare la media di.
aversion (ə'vəːʃən) *n* avversione, antipatia *f*.
aviary ('eiviəri) *n* uccelliera *f*.
aviation (eivi'eiʃən) *n* aviazione *f*.
avid ('ævid) *adj* avido.
avocado (ævə'kɑːdou) *n* avocado *m*.
avoid (ə'vɔid) *vt* evitare, schivare.
await (ə'weit) *vt* aspettare.
awake* (ə'weik) *vt* svegliare. *vi* svegliarsi. *adj* sveglio. **awaken** *vt* risvegliare. *vi* risvegliarsi. **awakening** *n* risveglio *m*.
award (ə'wɔːd) *n* ricompensa *f*. *vt* giudicare, conferire.
aware (ə'wɛə) *adj* conscio, consapevole. **awareness** *n* consapevolezza *f*.
away (ə'wei) *adv* lontano, via.
awe (ɔː) *n* timore reverenziale *m*. **awe-inspiring** *adj* maestoso. **awe-struck** *adj* in preda a timore.
awful ('ɔːfəl) *adj* terribile, spaventoso. **awfully** *adv* **1** terribilmente, notevolmente. **2** *inf* molto.
awkward ('ɔːkwəd) *adj* goffo, difficile.
awoke (ə'wouk) *v* see **awake.**
axe (æks) *n* ascia *f*.
axis ('æksis) *n*, *pl* **axes** asse *m*.
axle ('æksəl) *n* asse, assale *m*.
azalea (ə'zeiliə) *n* azalea *f*.

B

babble ('bæbəl) *vt* balbettare. *vi* ciarlare, far pettegolezzi. *n* **1** balbettio *m*. **2** chiacchiera *f*.
baboon (bə'buːn) *n* babbuino *m*.
baby ('beibi) *n* bimbo *m*. **babyhood** *n* prima infanzia *f*. **baby-sit** *vi* far da baby-sitter.
baccarat ('bækərɑː) *n* baccarà *m*.
bachelor ('bætʃələ) *n* **1** celibe, scapolo *m*. **2** *educ* laureato *m*. **Bachelor of Arts/Science** laureato in lettere/scienze.
back (bæk) *n* **1** *anat* dorso *m*. schiena *f*. **2** schienale *m*. parte posteriore *f*. *adj* **1** posteriore. **2** arretrato. *adv* **1** dietro, indietro. **2** di ritorno. **be back** essere di ritorno. ~*vt* **1** sostenere, aiutare. **2** scommettere (su). **back out** ritirarsi.
backache ('bækeik) *n* mal di schiena *m*.
backbone ('bækboun) *n* **1** spina dorsale *f*. **2** fermezza *f*.
backbreaking ('bækbreikiŋ) *adj* massacrante, faticosissimo.
backchat ('bæktʃæt) *n* rimbecco *m*.
backcloth ('bækklɔθ) *n* fondale *m*.
backdate ('bækdeit) *vt* retrodatare.
backdoor ('bækdɔː) *n* porta di servizio *f*. *adj* segreto.
backfire ('bækfaiə) *vi* **1** far ritorno di fiamma. **2** fallire. *n* ritorno di fiamma *m*.
backgammon ('bækgæmən) *n* tavola reale *f*.
background ('bækgraund) *n* **1** sfondo *m*. **2** precedenti *m pl*. retroscena *m*.
backhand ('bækhænd) *adj* di rovescio.
backlash ('bæklæʃ) *n* reazione sfavorevole *f*.

backlog ('bæklɔg) n arretrati m pl.

backstage (bæk'steidʒ) adj,adv dietro le quinte.

backstroke ('bækstrouk) n nuoto sul dorso m.

backward ('bækwəd) adj arretrato, tardivo. **backwards** adv indietro, all'indietro.

backwater ('bækwɔːtə) n acqua stagnante f.

bacon ('beikən) n lardo affumicato m. pancetta f.

bacteria (bæk'tiəriə) n pl batteri m pl.

bad (bæd) adj cattivo, malvagio, nocivo. **from bad to worse** di male in peggio. **not too bad** non c'è male. **bad-tempered** adj irascibile.

bade (beid) v see **bid**.

badge (bædʒ) n distintivo, emblema m.

badger ('bædʒə) n tasso m. vt tormentare.

badminton ('bædmintən) n badminton, volano m.

baffle ('bæfəl) vt eludere, confondere.

bag (bæg) n 1 sacco m. 2 borsa, borsetta f. vt insaccare. **baggage** n bagaglio m. **baggy** adj rigonfio. **bagpipes** n pl cornamusa f.

bail (beil) n cauzione, garanzia f. **go bail for** rendersi garante per. ~vt prestare cauzione.

bailiff ('beilif) n 1 ufficiale fiscale m. 2 fattore m.

bait (beit) n esca f. vt 1 adescare. 2 tormentare.

baize (beiz) n panno di lana m.

bake (beik) vt cuocere al forno. vi cuocersi. **baker** n fornaio

m. **bakery** n forno, panificio m.

balance ('bæləns) n 1 bilancia f. 2 comm bilancio m. 3 equilibrio m. armonia f. **lose one's balance** perdere l'equilibrio. ~vt 1 bilanciare 2 pareggiare. vi bilanciarsi. **balance sheet** n bilancio di esercizio m.

balcony ('bælkəni) n 1 balcone m. 2 Th balconata f.

bald (bɔːld) adj 1 calvo. 2 nudo, disadorno. **baldness** n 1 calvizie f. 2 semplicità f.

bale[1] (beil) n balla f. vt (straw, etc.) imballare.

bale[2] (beil) vt vuotare, aggottare. **bale out** lanciarsi col paracadute.

ball[1] (bɔːl) n 1 palla f. pallone m. 2 sfera f. **ball-bearing** n cuscinetto a sfere m.

ball[2] (bɔːl) n (dance) ballo m. **ballroom** n sala da ballo f.

ballad ('bæləd) n ballata f.

ballast ('bæləst) n zavorra f.

ballet ('bælei) n balletto m. **ballet-dancer** n ballerino m.

ballistic (bə'listik) adj balistico. **ballistics** n balistica f.

balloon (bə'luːn) n aerostato, pallone m.

ballot ('bælət) n 1 scheda f. 2 voto m. vi votare a scrutinio segreto. **ballot-box** n urna elettorale f.

Baltic ('bɔːltik) adj baltico. **Baltic (Sea)** n (Mare) Baltico m.

bamboo (bæm'buː) n bambù m.

ban (bæn) vt bandire, proibire. n bando m. interdizione f.

banal (bə'nɑːl) adj banale.

banana (bə'nɑ:nə) *n* banana *f.*
banana tree *n* banano *m.*

band[1] (bænd) *n* **1** comitiva *f.* **2** *mus* banda, orchestrina *f.*

band[2] (bænd) *n* (strip) benda, striscia, fascia *f.* **bandage** *n* benda *f. vt* bendare, fasciare.

bandit ('bændit) *n* bandito *m.*

bandy ('bændi) *vt* **1** gettare, lanciare. **2** scambiare. *adj* arcato, curvo, storto.

bang (bæŋ) *n* **1** fracasso, colpo rumoroso *m.* **2** esplosione *f. vt,vi* sbattere, rimbombare.

bangle ('bæŋgəl) *n* braccialetto *m.*

banish ('bæniʃ) *vt* bandire, esiliare. **banishment** *n* esilio, bando *m.*

banister ('bænistə) *n* ringhiera *f.*

banjo ('bændʒou) *n* banjo *m.*

bank[1] (bæŋk) *n* altura, sponda, riva *f.*

bank[2] (bæŋk) *n comm* banca *f. vt,vi* depositare in banca. **bank on** contare su. **bank account** *n* conto in banco *m.* **bankbook** *n* libretto di deposito *m.* **banker** *n* banchiere *m.* **banker's card** *n* carta di credito *f.* **bank holiday** *n* festività legale *f.* **banking** *n* operazione bancaria *f. adj* di banca. **banknote** *n* banconota *f.*

bankrupt ('bæŋkrʌpt) *adj,n* fallito. **go bankrupt** fallire. ~*vt* far fallire, rovinare. **bankruptcy** *n* bancarotta *f.*

banner ('bænə) *n* stendardo *m.* insegna *f.*

banquet ('bæŋkwit) *n* banchetto *m.*

baptize (bæp'taiz) *vt* battez-

zare. **baptism** *n* battesimo *m.*
baptismal *adj* battesimale.

bar (bɑ:) *n* **1** sbarra, spranga *f.* **2** barriera *f.* **3** bar *m invar.* **4** *law* tribunale *m.* **5** (of chocolate, etc.) tavoletta *f. vt* **1** impedire, sbarrare. **2** escludere.

barmaid *n* cameriera (al banco) *f.* **barman** *n* barista *m.*

barbarian (bɑ:'bɛəriən) *adj,n* barbaro. **barbaric** *adj* barbarico, incolto. **barbarity** *n* barbarie *f invar.* **barbarous** *adj* barbaro.

barbecue ('bɑ:bikju:) *n* festino all'aperto *m.*

barbed wire ('bɑ:bd) *n* filo spinato *m.*

barber ('bɑ:bə) *n* barbiere *m.*

barbiturate (bɑ:'bitjurət) *n* barbiturico *m.*

bare (bɛə) *adj* **1** nudo, scoperto, brullo. **2** vuoto. *vt* denudare, smascherare. **barefoot** *adj* scalzo. *adv* a piedi scalzi. **barely** *adv* appena, a mala pena.

bargain ('bɑ:gin) *n* affare *m.* occasione *f.* **into the bargain** in aggiunta. ~*vi* contrattare, pattuire.

barge (bɑ:dʒ) *n* chiatta *f.* barcone *m. v* **barge into** urtare contro.

baritone ('bæritoun) *n* baritono *m.*

bark[1] (bɑ:k) *n* (of a dog) abbaio, latrato *m. vi* abbaiare, latrare.

bark[2] (bɑ:k) *n bot* scorza, corteccia *f.*

barley ('bɑ:li) *n* orzo *m.* **barley sugar** *n* zucchero d'orzo *m.*

barn (bɑ:n) *n* granaio *m.*

barometer (bə'rɔmitə) *n* barometro *m*.

baron ('bærən) *n* barone *m*. **baronet** *n* baronetto *m*.

barracks ('bærəks) *n pl* caserma *f*.

barrel ('bærəl) *n* **1** barile *m*. botte *f*. **2** (of a gun) canna *f*.

barren ('bærən) *adj* desolato, nudo, sterile.

barricade ('bærikeid) *n* barricata *f*. *vt* barricare.

barrier ('bæriə) *n* barriera *f*.

barrister ('bæristə) *n* avvocato *m*.

barrow ('bærou) *n* carretta, carriola *f*.

barter ('bɑːtə) *vt* barattare, scambiare. *n* baratto, cambio *m*.

base[1] (beis) *n* base *f*. fondamento *m*. *vt* basare, fondare. **baseball** *n* base-ball *m*. **basement** *n* sottosuolo *m*.

base[2] (beis) *adj* vile, indegno. **baseness** *n* bassezza *f*.

bash (bæʃ) *vt inf* fracassare, colpire violentemente. *n* colpo *m*.

bashful ('bæʃfəl) *adj* timido, vergognoso.

basic ('beisik) *adj* basilare, fondamentale.

basil ('bæzəl) *n* basilico *m*.

basin ('beisən) *n* **1** bacino *m*. **2** lavabo *m*. catinella *f*.

basis ('beisis) *n, pl* **bases** base *f*. fondamento *m*.

bask (bɑːsk) *vi* scaldarsi, bearsi.

basket ('bɑːskit) *n* canestro, cesto *m*. **basketball** *n* pallacanestro *f*.

bass[1] (beis) *adj,n mus* basso *m*.

bass[2] (bæs) *n zool* pesce persico *m*.

bassoon (bə'suːn) *n* fagotto *m*.

bastard ('bɑːstəd) *adj,n* bastardo.

baste ('beist) *vt cul* spruzzare.

bat[1] (bæt) *n* **1** mazza *f*. racchetta *f*. *vi* battere. **batsman** *n* battitore *m*.

bat[2] (bæt) *n zool* pipistrello *m*.

batch (bætʃ) *n* **1** lotto *m*. partita *f*. **2** (of loaves) infornata *f*.

bath (bɑːθ) *n* bagno *m*. **have a bath** fare un bagno. **bathrobe** *n* accappatoio *m*. **bathroom** *n* stanza da bagno *f*.

bathe (beið) *vt* bagnare. *vi* farsi il bagno. *n* bagno *m*. **bathing costume** *n* costume da bagno *m*. **bathing trunks** *n pl* calzoncini da bagno *m pl*.

baton ('bætən) *n* **1** bastone (di comando) *m*. **2** bacchetta *f*.

battalion (bə'tæliən) *n* battaglione *m*.

batter[1] ('bætə) *vt* colpire, battere.

batter[2] ('bætə) *n* pastella *f*.

battery ('bætəri) *n* **1** pila, batteria *f*. **2** *also* **storage battery** accumulatore *m*.

battle ('bætl) *n* battaglia *f*. combattimento *m*. *vi* combattere, lottare. **battlefield** *n* campo di battaglia *m*. **battleship** *n* nave da battaglia *f*.

bawl (bɔːl) *vi* urlare, schiamazzare. *n* schiamazzo *m*.

bay[1] (bei) *n geog* baia, insenatura del mare *f*.

bay[2] (bei) *n arch* vano *m*. **bay window** *n* finestra sporgente.

bay[3] (bei) *vi* abbaiare, latrare. **at bay** *adv* a bada.

bay[4] (bei) n bot lauro m. **bay leaf** n foglia d'alloro f.

bay[5] (bei) adj baio. n cavallo baio m.

bayonet ('beiənit) n baionetta f.

be* (bi:) vi 1 essere. 2 esistere, vivere. 3 stare. 4 fare. v aux essere. **be about to** stare per. **be cold 1** (of a person) aver freddo. **2** (of the weather) far freddo. **be warm 1** (of a person) aver caldo. **2** (of the weather) far caldo.

beach (bi:tʃ) n. spiaggia f. lido m. **beachcomber** n vagabondo m.

beacon ('bi:kən) n faro m. segnalazione luminosa f.

bead (bi:d) n 1 perlina f. grano m. 2 goccia f. 3 pl rosario m.

beak (bi:k) n becco, rostro m.

beaker ('bi:kə) n coppa f.

beam (bi:m) n 1 trave f. 2 raggio m. 3 sorriso m. vi 1 irradiare. 2 sorridere.

bean (bi:n) n fagiolo m. fava f. **full of beans** pieno d'energia.

bear*[1] (bɛə) vt 1 sopportare, tollerare. 2 portare. 3 partorire. **bear a grudge** portare rancore. **bearable** adj sopportabile. **bearing** n 1 condotta f. 2 portamento m. 3 rientramento m. 4 tech cuscinetto m.

bear[2] (bɛə) n orso m.

beard (biəd) n barba f. **bearded** adj barbuto.

beast (bi:st) n bestia f. animale m.

beat* (bi:t) vt battere, bastonare. vi battere, palpitare. **beat about the bush** menare

il can per l'aia. ~n 1 battito, palpito m. 2 ronda f.

beauty ('bju:ti) n bellezza f. **beauty queen** n regina di bellezza f. **beautiful** adj bello.

beaver ('bi:və) n castoro m.

became (bi'keim) v see **become.**

because (bi'kɔ:z) conj poichè, perchè. **because of** a causa di.

beckon ('bekən) vt,vi accennare.

become* (bi'kʌm) vi diventare, divenire. vt addirsi a, star bene a. **becoming** adj adatto.

bed (bed) n 1 letto m. 2 (of a river) alveo m. **bedclothes** n pl coperte f pl. **bedding** n coperte per letto f pl. **bedridden** adj costretto a letto. **bedroom** n camera da letto f. **bedside** n capezzale m. **bedsitter** n monocamera f. **bedspread** n copriletto m.

bedraggled (bi'drægəld) adj inzaccherato, infangato.

bee (bi:) n ape f. **beehive** n alveare m.

beech (bi:tʃ) n faggio m.

beef (bi:f) n manzo m. **beefburger** ('bi:fbə:gə) n hamburger m.

been (bi:n) v see **be.**

beer (biə) n birra f.

beet (bi:t) n barbabietola f. **beetroot** n barbabietola f.

beetle ('bi:tl) n scarafaggio m.

befall* (bi'fɔ:l) vi accadere, succedere.

before (bi'fɔ:) adv prima, precedentemente. prep 1 davanti a. 2 prima di. conj prima che. **beforehand** adv in anticipo.

befriend (bi'frend) vt **1** aiutare, sostenere. **2** mostrarsi amico a.

beg (beg) vt implorare, pregare. vi elemosinare. **beggar** n mendicante m.

begin* (bi'gin) vt,vi cominciare, iniziare. **to begin with** innanzi tutto. **beginner** n principiante m,f. **beginning** n **1** inizio, esordio m. **2** origine f.

begrudge (bi'grʌdʒ) vt **1** invidiare. **2** lesinare.

behalf (bi'hɑːf) n vantaggio m. **on behalf of** a nome di, a favore di.

behave (bi'heiv) vi comportarsi. **behave oneself** comportarsi bene. **behaviour** n comportamento m. condotta f.

behind (bi'haind) prep dietro a. adv indietro, in ritardo. **behindhand** adv in arretrato, in ritardo.

behold* (bi'hould) vt scorgere, vedere.

beige (beiʒ) adj,nm beige.

being (*'*bi:iŋ) n **1** creatura f. **2** essere m. esistenza f. **for the time being** per il momento.

belch (beltʃ) vi ruttare.

belfry (*'*belfri) n campanile m.

Belgium (*'*beldʒəm) n Belgio m. **Belgian** adj,n belga.

believe (bi'li:v) vt **1** credere, aver fede in. **2** pensare, supporre. vi credere. **belief** n credenza, fede, convinzione f. **believer** n credente, fedele m,f.

bell (bel) n campana f. campanello m. **bellringer** n campanaro m.

bellow (*'*belou) vt,vi muggire,

rombare, tuonare. n muggito m.

bellows (*'*belouz) n pl mantice m.

belly (*'*beli) n pancia f. ventre m.

belong (bi'lɔŋ) vi appartenere, spettare, far parte di. **belongings** n pl effetti personali m pl. roba f.

below (bi'lou) prep sotto, al di sotto di. adv al di sotto, giù.

belt (belt) n **1** cintura f. **2** zona, regione f.

bench (bentʃ) n **1** panca f. sedile, seggio m. **2** banco di lavoro m. **3** law ufficio di magistrato m.

bend* (bend) vt curvare, piegare, torcere. vi piegarsi, chinarsi, adattarsi. n **1** curva, curvatura f. **2** inclinazione f.

beneath (bi'ni:θ) prep sotto, al di sotto di. adv sotto, in basso.

benefit (*'*benifit) n beneficio, vantaggio m. utilità f. vt giovare a, beneficare. vi profittare, avvantaggiarsi. **beneficial** adj utile, vantaggioso.

benevolent (bi'nevələnt) adj benevolo, caritatevole.

bent (bent) v see **bend**. adj **1** curvato. **2** risoluto. n tendenza f.

bereave* (bi'ri:v) vt privare, spogliare.

berry (*'*beri) n bacca f. chicco m.

berth (bəːθ) n **1** cuccetta f. **2** naut ormeggio m. vt ormeggiare.

beside (bi'said) prep accanto a, di fianco a, presso. **be beside oneself** essere fuori di sè. **besides** adv d'altronde, inoltre. prep oltre a.

besiege (bi'si:dʒ) vt assediare.

best (best) adj il migliore. adv nel modo migliore. n meglio, migliore m. **best man** n testimone dello sposo m. **bestseller** n libro di gran successo m.

bestow (bi'stou) vt elargire, conferire, dare.

bet* (bet) vt,vi scommettere. n scommessa, puntata f.

betray (bi'trei) vt tradire, svelare. **betrayal** n tradimento m.

better ('betə) adj migliore, meglio. **all the better** tanto meglio. **be better** star meglio. ~adv meglio. **better and better** di bene in meglio. **get the better of** avere la meglio su.

between (bi'twi:n) prep tra, fra, in mezzo a. adv in mezzo.

beverage ('bevridʒ) n bevanda f.

beware* (bi'wɛə) vi guardarsi, stare attento.

bewilder (bi'wildə) vt disorientare, confondere. **bewildering** adj sconcertante, sbalorditivo. **bewilderment** n confusione f. smarrimento m.

beyond (bi'jɔnd) adv oltre. prep al di là di, oltre.

bias ('baiəs) n inclinazione f. pregiudizio m. vt influenzare.

bib (bib) n bavaglino m.

Bible ('baibəl) n Bibbia f. **biblical** adj biblico.

bibliography (bibli'ɔgrəfi) n bibliografia f. **bibliographical** adj bibliografico.

biceps ('baiseps) n bicipite m.

bicker ('bikə) vi bisticciare, litigare. **bickering** n litigio m.

bicycle ('baisikəl) n bicicletta f.

bid* (bid) vt **1** comandare, ordinare. **2** offrire. **3** invitare. n offerta, proposta f. **bidder** n offerente m,f.

biennial (bai'eniəl) adj biennale.

bifocals (bai'foukəlz) n pl lenti bifocali fpl.

big (big) adj **1** grosso, grande. **2** ampio. **3** importante.

bigamy ('bigəmi) n bigamia f. **bigamist** n bigamo m.

bigoted ('bigətid) adj bigotto, fanatico.

bikini (bi'ki:ni) n bikini m.

bilingual (bai'liŋgwəl) adj bilingue.

bilious ('biliəs) adj biliare.

bill[1] (bil) n **1** conto m. fattura f. **2** pol progetto di legge m. **3** affisso m.

bill[2] (bil) n zool becco m.

billiards ('biliədz) n biliardo m.

billion ('biliən) n **1** bilione m. **2** US miliardo m.

bin (bin) n bidone m. deposito m.

binary ('bainəri) adj binario.

bind* (baind) vt **1** attaccare, legare. **2** rilegare. **3** obbligare. **be bound to** dovere. **binding** adj obbligatorio, impegnativo. n **1** legame m. **2** rilegatura f.

binoculars (bi'nɔkjuləz) n pl binocolo m.

biodegradable (baioudi'greidəbəl) adj biodegradabile.

biography (bai'ɔgrəfi) n biografia f. **biographical** adj biografico.

biology (bai'ɔlədʒi) n biologia f. **biological** adj biologico. **biologist** n biologo m.

birch (bə:tʃ) *n* betulla *f*.

bird (bə:d) *n* uccello *m*. **bird-cage** *n* gabbia per uccelli *f*.

birth (bə:θ) *n* **1** nascita *f*. **2** origine *f*. **3** discendenza *f*. **give birth to 1** partorire. **2** dar luogo a. **birth certificate** *n* certificato di nascita *m*. **birth control** *n* limitazione delle nascite *f*. **birthday** *n* compleanno *m*. **birthmark** *n* voglia *f*. **birth rate** *n* natalità *f*.

biscuit ('biskit) *n* biscotto *m*.

bishop ('biʃəp) *n* **1** vescovo *m*. **2** *game* alfiere *m*.

bit (bit) *n* **1** pezzetto *m*. briciola *f*. **2** tozzo, boccone *m*. **a bit more** un po'di più. **bit by bit** a poco a poco. **not to care a bit** infischiarsene.

bitch (bitʃ) *n* cagna *f*.

bite* (bait) *vt* mordere, pungere. *n* **1** morso, boccone *m*. **2** puntura *f*.

bitter ('bitə) *adj* **1** amaro. **2** aspro. **3** accanito. **bitterness** *n* **1** amarezza *f*. **2** rancore *m*.

bizarre (bi'zɑ:) *adj* bizzarro, strano.

black (blæk) *adj* nero, oscuro, sporco. *n* **1** nero. **2** *cap* negro *m*. **blacken** *vt* annerire. *vi* diventar nero. **blackness** *n* nerezza *f*.

blackberry ('blækbəri) *n* mora *f*. **blackberry bush** *n* rovo *m*.

blackbird ('blækbə:d) *n* merlo *m*.

blackboard ('blækbɔ:d) *n* lavagna *f*.

blackcurrant (blæk'kʌrənt) *n* ribes nero *m*.

black eye *n* occhio nero *m*.

blackleg ('blækleg) *n* truffatore, crumiro *m*.

blackmail ('blækmeil) *n* ricatto *m*. *vt* ricattare.

black market *n* mercato nerο *m*.

blackout ('blækaut) *n* **1** oscuramento *m*. **2** perdita mo mentanea della conoscenza *f*.

black pudding *n* sanguinacciο *m*.

blacksmith ('blæksmiθ) *n* fabbro *m*.

bladder ('blædə) *n* vescica *f*.

blade (bleid) *n* **1** lama *f*. **2** (oι grass) filo *m*.

blame (bleim) *n* biasimo *m*, colpa *f*. *vt* biasimare, rimproverare. **blameless** *adj* innocente.

blancmange (blə'mɔnʒ) *n* bιancomangiare *m*.

blank (blæŋk) *adj* **1** in bianco. **2** confuso. *n* **1** spazio vuoto *m*, lacuna *f*. **2** *mil* cartuccia a salvε *f*.

blanket ('blæŋkit) *n* coperta ε lana *f*.

blare (blɛə) *vi* squillare. *n* squillo *m*.

blaspheme (blæs'fi:m) *vt* bestemmiare. **blasphemouε** *adj* blasfemo, empio.

blast (blɑ:st) *n* esplosione, raffica *f*. squillo *m*. *vt* fare εplodere, rovinare.

blatant (bleitnt) *adj* evidente

blaze (bleiz) *n* fiamma vampata *f*. *vi* ardere, fiammεgiare. **blazer** *n* giacca spεtiva *f*.

bleach (bli:tʃ) *n* candeggina *vt* imbiancare, scolorire. scolorirsi.

bleak (bli:k) *adj* squallic

deserto, desolato. **bleakness** n desolazione, freddezza f.

bleat (bli:t) vi belare. n belato m.

bleed* (bli:d) vi sanguinare. **bleeding** n 1 emorragia f. 2 salasso m.

blemish ('blemiʃ) n macchia f. difetto m. vt macchiare, sfigurare.

blend (blend) vt mescolare. vi fondersi. n miscela f. miscuglio m.

bless (bles) vt benedire, consacrare. **bless you!** interj salute! **blessing** n benedizione f.

blew (blu:) v see **blow**[2].

blind (blaind) adj 1 cieco. 2 senza apertura. n 1 persiana f. 2 pretesto m. vt. 1 accecare. 2 ingannare. **blind alley** n vicolo cieco m. **blindfold** adv ad occhi bendati. vt bendare gli occhi a. **blind person** n cieco m.

blink (bliŋk) vi battere le palpebre, ammiccare. n occhiata f. **blinkers** n pl paraocchi m pl.

bliss (blis) n beatitudine f. **blissful** adj beato.

blister ('blistə) n bolla, vescica f.

blizzard ('blizəd) n tormenta f.

blob (blɔb) n macchia f.

bloc (blɔk) n blocco m.

block (blɔk) n 1 blocco, ceppo m. 2 (of houses) gruppo m. 3 ostacolo m. vt bloccare, ostacolare.

blockade (blɔ'keid) n blocco m. vt bloccare.

blond (blɔnd) adj,n biondo.

blood (blʌd) n 1 sangue m. 2 stirpe, parentela f. **blood-curdling** adj raccapricciante. **blood pressure** n pressione del sangue f. **bloodstream** n corrente sanguigna f. **bloodthirsty** adj assetato di sangue. **bloody** adj 1 sanguinoso, cruento. 2 sl maledetto.

bloom (blu:m) n 1 fiore m. fioritura f. 2 freschezza f. **blooming** adj 1 fiorente. 2 prosperoso.

blossom ('blɔsəm) n fiore m. fioritura f. vi fiorire, essere in fiore.

blot (blɔt) n 1 macchia f. 2 cancellatura f. 3 colpa f. vt 1 macchiare. 2 asciugare. **blotting paper** n carta assorbente f.

blotch (blɔtʃ) n macchia f. scarabocchio m.

blouse (blauz) n camicetta, blusa f.

blow[1] (blou) n colpo m.

blow*[2] (blou) vt 1 soffiare. 2 suonare. vi buffare. **blow one's nose** soffiarsi il naso. **blow up** (far) saltare per aria.

blubber ('blʌbə) n grasso di balena m.

blue (blu:) adj azzurro, celeste, blu. n blu m. **bluebell** n giacinto selvatico m.

bluff (blʌf) vi bluffare, ingannare.

blunder ('blʌndə) n errore, sbaglio m. papera f. vi commettere un errore grossolano.

blunt (blʌnt) adj 1 ottuso, spuntato. 2 sgarbato. vt ottundere, smussare. **bluntly** adv bruscamente.

blur (blə:) vt offuscare, con-

blush 266

fondere. *n* offuscamento *m*.
macchia *f*.

blush (blʌʃ) *n* rossore *m*. *vi* arrossire.

boar (bɔː) *n* cinghiale *m*.

board (bɔːd) *n* **1** asse *m*. tavola *f*. **2** pensione *f*. **3** commissione *f*. ministero *m*. **on board** a bordo. ~*vi* alloggiare. *vt* imbarcarsi. **boarder** *n* pensionante *m,f*. **boarding house** *n* pensione *f*. **boarding school** *n* collegio *m*.

boast (boust) *vi* gloriarsi, vantarsi. *n* vanto *m*.

boat (bout) *n* barca *f*. battello *m*. imbarcazione *f*.

bob (bɔb) *n* inchino *m*. *vi* **1** oscillare. **2** inchinarsi. **bob up** venire a galla.

bodice (ˈbɔdis) *n* corpetto, busto *m*.

body (ˈbɔdi) *n* **1** corpo. **2** tronco, cadavere *m*. **3** gruppo *m*. **4** *mot* carrozzeria *f*. **bodyguard** *n* guardia del corpo *f*.

bog (bɔg) *n* palude *f*. pantano *m*.

bohemian (bəˈhiːmiən) *adj* **1** boemo. **2** di artista.

boil[1] (bɔil) *vi* bollire. *vt* far bollire, lessare. **boil down** condensare, ridursi. **boiler** *n* caldaia *f*. **boiling point** *n* punto d'ebollizione *m*.

boil[2] (bɔil) *n* vescica *f*. foruncolo *m*.

boisterous (ˈbɔistərəs) *adj* impetuoso, turbolento.

bold (bould) *adj* audace, temerario, impudente. **boldness** *n* audacia, spavalderia *f*.

bolster (ˈboulstə) *n* cuscinetto *m*.

bolt (boult) *n* **1** *tech* bullone *m*.

2 catenaccio *m*. *vt* **1** sprangare. **2** imbullonare. *vi* scappare.

bomb (bɔm) *n* bomba *f*. *vt* bombardare. **bombard** *vt* bombardare.

bond (bɔnd) *n* **1** legame, vincolo *m*. **2** titolo *m*. **3** cauzione *f*.

bone (boun) *n* osso *m*, *pl* ossa *f*. **bony** *adj* ossuto.

bonfire (ˈbɔnfaiə) *n* falò *m*.

bonnet (ˈbɔnit) *n* **1** berretto, cappellino da donna *m*. **2** *mot* cofano *m*.

bonus (ˈbounəs) *n* gratifica, indennità *f*.

booby trap (ˈbuːbi) *n* mina nascosta *f*. tranello *m*.

book (buk) *n* **1** libro *m*. **2** registro *m*. *vt* **1** prenotare. **2** registrare, mettere in lista. **bookcase** *n* scaffale *m*. **booking office** *n* biglietteria *f*. ufficio prenotazioni *m*. **bookkeeping** *n* contabilità *f*. **booklet** *n* libretto, opuscolo *m*. **bookmaker** *n* allibratore *m*. **bookshop** *n* libreria *f*. **bookstall** *n* edicola *f*.

boom (buːm) *vi* **1** rimbombare. **2** essere in periodo di sviluppo. *n* **1** rimbombo *m*. **2** *comm* aumento improvviso, boom *m*.

boost (buːst) *n* spinta, pressione *f*. *vt* **1** alzare. **2** aumentare.

boot (buːt) *n* **1** stivale *m*. **2** *mot* portabagagli *m invar*.

booth (buːθ) *n* baracca, cabina *f*.

booze (buːz) *n inf* bevande alcoliche *f pl*. *vi inf* sbronzarsi.

border (ˈbɔːdə) *n* **1** confine, margine *m*. **2** bordo *m*. *vt* orlare. **border on** confinare con. **borderline** n linea di demarcazione f. adj marginale.

bore[1] (bɔː) n 1 buco m. 2 (of a gun) calibro m. vt forare, trapanare.

bore[2] (bɔː) vt annoiare, infastidire. n 1 seccatura, noia f. 2 seccatore m.

bore[3] (bɔː) v see **bear**[1].

born (bɔːn) adj nato, generato. **be born** nascere.

borough ('bʌrə) n borgo, capoluogo, comune m.

borrow ('bɔrou) vt farsi prestare, prendere a prestito.

bosom ('buzəm) n petto, seno m. adj intimo, del cuore.

boss (bɔs) n inf capo, direttore m. vt spadroneggiare. **bossy** adj autoritario, dispotico.

botany ('bɔtəni) n botanica f. **botanical** adj botanico. **botanist** n botanico m.

both (bouθ) adj,pron ambedue, entrambi. **both of them** tutti e due. **both...and** tanto ...quanto. ~adv insieme.

bother ('bɔðə) vt infastidire, seccare. vi preoccuparsi. n noia, seccatura f.

bottle ('bɔtl) n bottiglia f. vt imbottigliare. **bottleneck** n ingorgo m.

bottom ('bɔtəm) adj ultimo, inferiore. n 1 fondo m. base f. 2 inf sedere m.

bough (bau) n ramo m.

bought (bɔːt) v see **buy**.

boulder ('bouldə) n macigno m. raccia f.

bounce (bauns) vi rimbalzare. vt far rimbalzare. n balzo, salto m.

bound[1] (baund) v see **bind**. adj

1 legato. **2** rilegato. **3** obbligato.

bound[2] (baund) n (jump) salto, balzo m. vi saltare.

bound[3] (baund) n confine, limite m. **boundary** n limite m. frontiera f.

bound[4] (baund) adj diretto, con destinazione. **be bound for** essere diretto a.

boundary ('baundri) n limite m. frontiera f.

bouquet (buˈkei) n mazzo di fiori m.

bourgeois ('buəʒwaː) adj,n borghese.

bout (baut) n 1 periodo d'attività m. 2 med accesso m. 3 sport turno m. ripresa f.

bow[1] (bau) vt piegare. vi chinarsi, sottomettersi. n saluto, inchino m.

bow[2] (bou) n 1 arco m. 2 mus archetto m. **bow-legged** adj dalle gambe arcuate.

bow[3] (bau) n naut prua f.

bowels ('bauəlz) n pl intestini m pl. viscere f pl.

bowl[1] (boul) n ciotola, vaschetta f. recipiente m.

bowl[2] (boul) n boccia f. vt far rotolare. vi servire la palla.

box[1] (bɔks) n 1 scatola f. 2 cassetta f. 3 law banco dei testimoni m. 4 Th palco m. **box number** n casella postale f. **box office** n Th botteghino m.

box[2] (bɔks) vi fare del pugilato. vt schiaffeggiare. n ceffone, pugno m. **boxing** n pugilato m.

Boxing Day n giorno di San Stefano m.

boy (bɔi) n ragazzo m. **boyfriend** n amico, ragazzo m.

boyhood n adolescenza f.
boyish adj fanciullesco, giovanile.
boycott ('bɔikɔt) vt boicottare. n boicottaggio m.
bra (brɑː) n inf reggipetto m.
brace (breis) n 1 supporto m. 2 pl bretelle f pl. 3 coppia f. vt assicurare, fortificare.
bracelet ('breislət) n braccialetto m.
bracket ('brækit) n 1 mensola f. 2 parentesi f invar. vt 1 munire di supporto. 2 mettere tra parentesi.
brag (bræg) vi vantarsi.
braid (breid) n gallone m. vt intrecciare, legare con un nastro.
braille (breil) n braille m.
brain (brein) n 1 cervello m. 2 pl intelligenza f. senno m. **rack one's brains** lambiccarsi il cervello. **brainwash** vt fare il lavaggio del cervello a. **brainwave** n buona idea f.
braise (breiz) vt brasare, cuocere a stufato.
brake (breik) n freno m. vi frenare.
branch (brɑːntʃ) n 1 ramo m. 2 comm filiale f. vi diramarsi. **branch off** biforcarsi.
brand (brænd) n 1 tizzone m. 2 marchio m. 3 marca f. 4 qualità f. vt 1 marchiare. 2 stigmatizzare. **brand-new** adj nuovo fiammante.
brandish ('brændiʃ) vt brandire.
brandy ('brændi) n acquavite f.
brass (brɑːs) n 1 ottone m. 2 sl moneta f. adj di ottone. **brass band** n banda f.
brassiere ('bræziə) n reggipetto m.

brave (breiv) adj coraggioso, ardito. vt sfidare, affrontare.
brawl (brɔːl) n zuffa, disputa f. vi rissare, azzuffarsi.
bray (brei) vi ragliare. n raglio m.
brazen ('breizən) adj 1 impudente. 2 di ottone.
Brazil (brə'zil) n Brasile m. **Brazilian** adj,n brasiliano.
breach (briːtʃ) n 1 breccia f. 2 rottura f. 3 violazione f. vt far breccia in.
bread (bred) n pane m. **breadcrumb** n mollica, briciola f. **breadknife** n coltello da pane m. **breadwinner** n sostegno della famiglia m.
breadth (bredθ) n 1 larghezza, ampiezza f. 2 altezza f.
break* (breik) vt 1 rompere. 2 infrangere. 3 interrompere. vi rompersi. **break away** fuggire, distaccarsi. **break down** avere una panna. **breakdown** n 1 collasso, esaurimento nervoso m. 2 mot panna f. **break out** scoppiare. **break up** sciogliere. ~n 1 rottura f. 2 interruzione f. 3 pausa f. **breakthrough** n innovazione, conquista f.
breakfast ('brekfəst) n prima colazione f.
breast (brest) n petto, seno m. **breaststroke** n nuoto a rana m.
breath (breθ) n respiro, fiato, soffio m. **out of breath** ansimante. **breathtaking** adj sorprendente, affascinante.
breathe (briːð) vi respirare, soffiare, sussurrare. **breathe a sigh** sospirare. **breathing** n respirazione f.

breed* (bri:d) vt **1** generare. **2** allevare. vi nascere. n razza, stirpe, covata f. **breeding** n allevamento m.

breeze (bri:z) n brezza f.

brew (bru:) vt mescolare, fare fermentare. n mistura f. **brewery** n fabbrica di birra f.

bribe (braib) vt corrompere, allettare. n offerta a scopo di corruzione, bustarella f. **bribery** n corruzione f.

brick (brik) n mattone m.

bride (braid) n sposa f. **bridegroom** n sposo m. **bridesmaid** n damigella d'onore f.

bridge[1] (bridʒ) n ponte m. vt congiungere.

bridge[2] (bridʒ) n game bridge m.

bridle ('braidl) n briglia f. freno m. **bridlepath** n pista f.

brief (bri:f) adj breve, conciso. n riassunto m. istruzioni f pl. vt impartire istruzioni a. **briefcase** n cartella f. borsa d'avvocato f.

brigade (bri'geid) n brigata f. **brigadier** n generale di brigata m.

bright (brait) adj **1** risplendente, luminoso, chiaro. **2** allegro. **3** intelligente. **brighten** vt **1** rendere più brillante. **2** rallegrare. vi illuminarsi, schiarirsi.

brilliant ('briliənt) adj **1** brillante, splendido. **2** di talento.

brim (brim) n **1** orlo, bordo m. **2** (of a hat) tesa f.

bring* (briŋ) vt **1** portare, recare. **2** produrre, provocare. **bring about** far accadere. **bring up** educare.

brink (briŋk) n orlo, limite estremo m.

brisk (brisk) adj vivace, arzillo.

bristle ('brisəl) n setola f. vi rizzarsi.

Britain ('britn) n Gran Bretagna f. **British** adj britannico. **Briton** n inglese m,f.

brittle ('britl) adj fragile.

broad (brɔ:d) adj **1** largo, ampio. **2** generale. **3** marcato. **broad bean** n fava f. **broaden** vt allargare. vi allargarsi. **broad-minded** adj di larghe vedute.

broadcast* ('brɔ:dkɑ:st) n trasmissione radiofonica f. vt trasmettere per radio, diffondere.

broccoli ('brɔkəli) n broccoli m pl.

brochure ('brouʃə) n opuscolo m.

broke (brouk) v see **break**. adj inf rovinato, al verde.

broken ('broukən) v see **break**. adj rotto, sconnesso, affranto.

broker ('broukə) n mediatore, sensale, agente di cambio m.

bronchitis (brɔŋ'kaitis) n bronchite f.

bronze (brɔnz) n bronzo m. adj di bronzo.

brooch (broutʃ) n spilla f.

brood (bru:d) n covata f. vi covare. **2** meditare.

brook (bruk) n ruscello m.

broom (bru:m) n **1** scopa f. **2** bot ginestra f.

brothel ('brɔθəl) n bordello m. casa di tolleranza f.

brother ('brʌðə) n fratello m. **brotherhood** n fratellanza, fraternità f. **brother-in-law** n cognato m. **brotherly** adj fraterno.

brought (brɔːt) v see **bring**.

brow (brau) n sopracciglio m. fronte f.

brown (braun) adj marrone, castano. n bruno m. vt **1** brunire. **2** cul rosolare. vi diventare bruno.

browse (brauz) vi scartabellare.

bruise (bruːz) n contusione f. livido m. vt ammaccare. vi ammaccarsi.

brunette (bruːˈnet) adj,n bruna, brunetta f.

brush (brʌʃ) n **1** pennello m. **2** spazzola f. vt spazzolare. **brush against** sfiorare. **brush up** ripassare.

brusque (bruːsk) adj brusco, rude.

Brussels (ˈbrʌsəlz) n Bruxelles f. **Brussels sprout** n cavolino di Bruxelles m.

brute (bruːt) n bruto m. adj brutale, selvaggio. **brutal** adj brutale.

bubble (ˈbʌbəl) n bolla f. vi formare bolle.

buck[1] (bʌk) vi impennarsi.

buck[2] (bʌk) n zool daino, caprone m.

bucket (ˈbʌkit) n secchio.

buckle (ˈbʌkəl) n fibbia f. vt affibbiare, allacciare. vi affibbiarsi.

bud (bʌd) n germoglio, bocciolo m.

Buddhism (ˈbudizəm) n buddismo m. **Buddhist** adj,n buddista.

budget (ˈbʌdʒit) n bilancio preventivo m. vi fare un bilancio preventivo.

buffalo (ˈbʌfələu) n, pl **-loes** or **-los** bufalo m.

buffer (ˈbʌfə) n respingente, cuscinetto m.

buffet[1] (ˈbufit) n schiaffo m. vt schiaffeggiare.

buffet[2] (ˈbʌfei) n ristorante m. tavola calda f.

bug (bʌg) n **1** zool cimice f. **2** inf virus m.

bugle (ˈbjuːgəl) n tromba f.

build* (bild) vi costruire, fabbricare, nidificare. n corporatura f. **building** n fabbricato, edificio m. **building society** n credito edilizio m.

bulb (bʌlb) n **1** bot bulbo m. **2** (electric) lampadina f.

Bulgaria (bʌlˈgɛəriə) n Bulgaria f. **Bulgarian** adj,n bulgaro. **Bulgarian** (language) n bulgaro m.

bulge (bʌldʒ) n gonfiore m. protuberanza f. vi gonfiare, gonfiarsi.

bulk (bʌlk) n massa f. volume m. **bulky** adj ingombrante, voluminoso.

bull (bul) n toro m. **bulldog** n mastino m. **bulldozer** n livellatrice f. **bullfight** n corrida f. **bullet** (ˈbulit) n pallottola f. **bullet-proof** adj a prova di pallottola, corazzato.

bulletin (ˈbulətin) n bollettino m.

bully (ˈbuli) n gradasso, prepotente m. vt maltrattare, tiranneggiare.

bump (bʌmp) vt battere, urtare. vi sbattere. n colpo, bernoccolo m. **bumper** n paraurti m invar. adj inf abbondante.

bun (bʌn) n **1** cul focaccia f. **2** crocchia f.

bunch (bʌntʃ) n fascio, mazzo,

grappolo m. vt riunire, raggruppare.

bundle ('bʌndl) n fagotto, involto m. vt fare un involto di.

bungalow ('bʌŋgəlou) n casa ad un piano f.

bungle ('bʌŋgəl) vt guastare. n lavoro malfatto m.

bunk (bʌŋk) n cuccetta f.

bunker ('bʌŋkə) n **1** carbomile m. **2** sport ostacolo m.

buoy (bɔi) n boa f. **buoyant** adj **1** galleggiante. **2** allegro, esuberante.

burden ('bəːdn) n fardello, carico, onere m. vt caricare, opprimere.

bureau ('bjuərou) n, pl **-eaus** or **-eaux 1** ufficio m. **2** scrittoio m.

bureaucracy (bju'rɔkrəsi) n burocrazia f. **bureaucrat** n burocrate m.

burglar ('bəːglə) n ladro, scassinatore m. **burglar alarm** n campanello antifurto m. **burglary** n furto con scasso m. **burgle** vt svaligiare, scassinare.

burn* (bəːn) vt bruciare, incendiare. vi **1** bruciare, essere in fiamme. **2** scottare. n ustione, scottatura f.

burrow ('bʌrou) n tana f. vi fare una tana, nascondersi.

burst* (bəːst) vt far esplodere. vi scoppiare. n scoppio m. esplosione f.

bury ('beri) vt seppellire, sotterrare. **burial** n sepoltura f.

bus (bʌs) n autobus m invar.

bus-stop n fermata dell' autobus f.

bush (buʃ) n **1** cespuglio m. **2**

macchia f. **bushy** adj folto, cespuglioso.

business ('biznis) n affari m pl. commercio m. occupazione f. **business-like** adj pratico, sbrigativo. **businessman** n uomo d'affari m.

bust[1] (bʌst) n busto m.

bust[2] (bʌst) inf vt far saltare. vi andare in malora.

bustle ('bʌsəl) n attività disordinata f. trambusto m. vi muoversi, agitarsi.

busy ('bizi) adj indaffarato, occupato.

but (bət; stressed bʌt) conj ma. adv solo, soltanto. prep tranne, eccetto.

butcher ('butʃə) n macellaio m. vt massacrare, macellare. **butcher's shop** n macelleria f.

butler ('bʌtlə) n maggiordomo m.

butt[1] (bʌt) n **1** mozzicone m. **2** (of a gun) calcio m.

butt[2] (bʌt) n (person or object) bersaglio m. meta f.

butt[3] (bʌt) n cornata f. vt dar cornate a, cozzare.

butter ('bʌtə) n burro m. **buttercup** n ranuncolo m. **butterfly** n farfalla f. **butterscotch** n tipo di caramella m.

buttocks ('bʌtəks) n pl natiche f pl.

button ('bʌtn) n bottone m. vt abbottonare. **button up** abbottonarsi. **buttonhole** n occhiello m. vt inchiodare.

buttress ('bʌtrəs) n contrafforte f. sperone m.

buy* (bai) vt comprare, acquistare. n acquisto m. **buyer** n acquirente, compratore m.

buzz (bʌz) n 1 ronzio m. 2 inf
telefonata f. vi ronzare,
mormorare.
by (bai) prep 1 da, di, a, per,
in, con. 2 vicino a. 3 entro,
durante. adv 1 vicino. 2 da
parte. **by the way** a pro-
posito. **by-election** n ele-
zione straordinaria f. **bylaw** n
legge locale f. regolamento m.
bypass n circonvallazione f. vt
girare intorno a.
Byzantine (bi'zæntain, bai-)
adj,n bizantino.

C

cab (kæb) n tassì m invar. vet-
tura pubblica f.
cabaret ('kæbərei) n caffè con-
certo m.
cabbage ('kæbidʒ) n cavolo m.
cabin ('kæbin) n cabina, capan-
na f. **cabin cruiser** n
cabinato m.
cabinet ('kæbinət) n 1
armadietto m. 2 pol gabinetto
m. **cabinet-maker** n ebanista
m.
cable ('keibəl) n 1 cavo m. 2
cablogramma m. vt mandare
un cablogramma a. **cable car**
n funivia f.
cackle ('kækəl) vi schiamaz-
zare, ridacchiare. n 1 verso
della gallina m. 2 chiacchierio
m.
cactus ('kæktəs) n, pl -ti or
-tuses cactus m.
cadence ('keidns) n cadenza f.
cadet (kə'det) n cadetto m.
cafe ('kæfei) n caffè m invar.
ristorante m.
cafeteria (kæfi'tiəriə) n bar-
ristorante m.
caffeine ('kæfi:n) n caffeina f.

cage (keidʒ) n gabbia f.
cake (keik) n torta, focaccia f.
vt incrostare. vi incrostarsi, in-
durirsi.
calamity (kə'læməti) n calamità
f.
calcium ('kælsiəm) n calcio m.
calculate ('kælkjuleit) vt calco-
lare, valutare. **calculation** n
calcolo m. **calculator** n calco-
latore m. macchina calcolatrice
f.
calendar ('kælində) n cal-
endario m.
calf[1] (ka:f) n, pl **calves** anat
polpaccio m.
calf[2] (ka:f) n, pl **calves** zoo
vitello m.
calibre ('kælibə) n calibro m.
call (kɔ:l) vt 1 chiamare.
richiamare. 3 svegliare. vi
gridare. 2 fare scalo. 3 visitare.
call on visitare. **call up**
convocare. 2 richiamare. ~n 1
chiamata f. appello, grido m.
visita f. 3 vocazione f.
callbox n cabina telefonica f.
callous ('kæləs) adj calloso, in-
sensibile, spietato.
calm (ka:m) adj calmo, sereno.
n calma, quiete f. vt calmare.
calm down calmarsi.
calorie ('kæləri) n caloria f.
Cambodia (kæm'boudiə) n
Cambogia f. **Cambodian**
adj,n cambogiano.
came (keim) v see **come**.
camel ('kæməl) n cammello m.
camelhair n pelo di cammell
m.
camera ('kæmrə) n macchina
fotografica f. **cameraman** n
operatore m.
camouflage ('kæməfla:ʒ) n
mimetizzazione f. camuff

mento *m*. *vt* **1** mascherare. **2** *mil* mimetizzare.

camp[1] (kæmp) *n* accampamento, campo *m*. *vi* accampare, accamparsi. **camp bed** *n* brandina *f*. **camping** *n* campeggio *m*. **camping site** *n* luogo per campeggio *m*.

camp[2] (kæmp) *adj* effeminato.

campaign (kæm'pein) *n* campagna *f*. *vi* fare una campagna.

campus ('kæmpəs) *n* città universitaria *f*.

can[1] (kæn) *n* recipiente, bidone, barattolo *m*. *vt* mettere in scatola.

can[*2] (kæn) *v mod aux* **1** potere, essere in grado di. **2** sapere.

Canada ('kænədə) *n* Canadà *m*. **Canadian** *adj,n* canadese.

canal (kə'næl) *n* canale *m*.

canary (kə'nɛəri) *n* canarino *m*.

Canary Islands *n pl* Isole Canarie *f pl*.

cancel ('kænsəl) *vt* annullare, cancellare, sopprimere. **cancellation** *n* cancellazione *f*. annullamento *m*.

cancer ('kænsə) *n* **1** cancro *m*. **2** *cap* Cancro *m*.

candid ('kændid) *adj* franco, sincero.

candidate ('kændidət) *n* candidato *m*.

candle ('kændl) *n* candela *f*. **candlelight** *n* lume di candela *m*. **candlestick** *n* candelabro, candeliere *m*.

candour ('kændə) *n* franchezza *f*.

cane ('kein) *n* **1** canna *f*. **2** bastone da passeggio *m*. *vt* bastonare.

canine ('keinain) *adj* canino.

cannabis ('kænəbis) *n* ascisc *m*.

cannibal ('kænəbəl) *n* cannibale *m*.

cannon ('kænən) *n* cannone *m*.

cannot ('kænət) contraction of **can not**.

canoe (kə'nuː) *n* canoa *f*.

canon[1] ('kænən) *n* canone *m*. regola, disciplina *f*.

canon[2] ('kænən) *n rel* canonico *m*. **canonize** *vt* canonizzare.

canopy ('kænəpi) *n* baldacchino *m*. volta *f*.

canteen (kæn'tiːn) *n* mensa aziendale, cantina *f*.

canter ('kæntə) *n* piccolo galoppo *m*. *vi* andare al piccolo galoppo.

canton ('kæntən) *n* cantone *m*.

canvas ('kænvəs) *n* canovaccio *m*. tela, vela *f*.

canvass ('kænvəs) *vt* sollecitare.

canyon ('kænjən) *n* burrone *m*.

cap (kæp) *n* **1** berretto *m*. cuffia *f*. **2** *tech* cappuccio *m*.

capable ('keipəbəl) *adj* capace, abile.

capacity (kə'pæsiti) *n* **1** capacità, abilità *f*. **2** *tech* potenza *f*.

cape[1] (keip) *n* cappa, mantellina *f*.

cape[2] (keip) *n geog* capo, promontorio *m*.

caper ('keipə) *n* cappero *m*.

capital ('kæpitl) *n* **1** *geog* capitale *f*. **2** *comm* capitale *m*. **3** (letter) maiuscola *f*. *adj* **1** capitale, eccellente. **2** maiuscolo. **capitalism** *n* capitalismo *m*. **capitalist** *n* capitalista *m,f*. **capitalize** *vt* capitalizzare.

capricious (kə'priʃəs) adj capriccioso, volubile.

Capricorn ('kæprikɔːn) n Capricorno m.

capsicum ('kæpsikəm) n peperone, pimento m.

capsize (kæp'saiz) vi capovolgersi. vt rovesciare.

capsule ('kæpsjuːl) n capsula f.

captain ('kæptin) n capitano, comandante m.

caption ('kæpʃən) n **1** intestazione f. **2** (cinema) didascalia f.

captivate ('kæptiveit) vt attrarre, sedurre.

captive ('kæptiv) adj,n prigioniero, schiavo m.

capture ('kæptʃə) vt catturare, far prigioniero. n cattura f. arresto m.

car (kɑː) n **1** automobile, macchina f. **2** (railway) carro m. **car park** n posteggio m.

caramel ('kærəməl) n caramella f.

carat ('kærət) n carato m.

caravan ('kærəvæn) n carovana f.

caraway ('kærəwei) n cumino m.

carbohydrate (kɑːbou'haidreit) n carboidrato m.

carbon ('kɑːbən) n **1** sci carbonio m. **2** tech carbone m. **carbon paper** n carta carbone f. **carbon dioxide** n anidride carbonica f.

carburettor (kɑːbju'retə) n carburatore m.

carcass ('kɑːkəs) n carcassa f.

card (kɑːd) n carta f. **cardboard** n cartone m.

cardigan ('kɑːdigən) n giacchetta di lana f.

cardinal ('kɑːdinl) adj cardinale, principale. n cardinale m.

care (kɛə) n **1** ansietà f. **2** cura, premura, sollecitudine f. **3** custodia f. **care of** presso. ~ vi curarsi, preoccuparsi. **care for 1** voler bene a. **2** curare.

carefree adj spensierato.

careful adj attento, accurato.

careless adj trascurato, negligente. **caretaker** n custode, guardiano m.

career (kə'riə) n carriera f.

caress (kə'res) n carezza f. vt accarezzare.

cargo ('kɑːgou) n, pl **-goes** carico m.

Caribbean (kæri'biən) adj dei caraibi. **Caribbean (Sea)** n Mare dei Caraibi m.

caricature ('kærikətjuə) n caricatura f. vt far la caricatura di.

carnal ('kɑːnl) adj carnale, sensuale.

carnation (kɑː'neiʃən) n garofano m.

carnival ('kɑːnivəl) n carnevale m.

carnivorous (kɑː'nivərəs) adj carnivoro.

carol ('kærəl) n canto, inno natalizio m.

carpenter ('kɑːpintə) n carpentiere, falegname m.

carpet ('kɑːpit) n tappeto m.

carriage ('kæridʒ) n **1** carro m. vettura f. **2** (railway) vagone m. **3** trasporto m. **4** portamento m. **carriageway** n strada rotabile f.

carrier ('kæriə) n trasportatore m. **carrier bag** n sacchetto m.

carrot ('kærət) n carota f.

carry ('kæri) vt,vi portare. **carry away** trasportare. **car-**

ry on proseguire. **carry out** effettuare. **carrycot** n culla portabile f.

cart (ka:t) n carro, calesse m. **carthorse** n cavallo da traino m. **cartwheel** n ruota di carro f.

cartilage ('ka:tilidʒ) n cartilagine f.

carton ('ka:tn) n **1** scatola di cartone f. **2** (of cigarettes) stecca f.

cartoon (ka:'tu:n) n cartone m. **cartoonist** n disegnatore, vignettista m.

cartridge ('ka:tridʒ) n cartuccia f.

carve (ka:v) vt **1** Art intagliare, incidere. **2** tagliare. **carving** n intaglio m. **carving-knife** n trinciante m.

cascade (kæ'skeid) n cascata f.

case[1] (keis) n **1** caso, avvenimento m. **2** law causa f. processo m.

case[2] (keis) n **1** scatola, custodia f. **2** (for glasses, etc.) astuddio m.

cash (kæʃ) n cassa f. denaro m. contanti m pl. vt incassare, riscuotere. **cash desk** n cassa f.

cashier[1] (kæ'ʃiə) n cassiere m.

cashier[2] (kæ'ʃiə) vt destituire.

cashmere (kæʃ'miə) n cachemire m.

casino (kə'si:nou) n casinò.

casket ('ka:skit) n cofanetto, scrigno m.

casserole ('kæsəroul) n teglia, casseruola f.

cassette (kə'set) n cassetta f.

cassock ('kæsək) n tonaca, veste f.

cast* (ka:st) vt **1** gettare, lanciare. **2** reluctare. **3** fondere. n **1** lancio, getto, stampo m. **2** Th complesso m.

castanets (kæstə'nets) n pl nacchere f pl.

caste (ka:st) n casta f.

castle ('ka:səl) n castello m.

castrate (kæ'streit) vt castrare.

casual ('kæʒuəl) adj **1** accidentale, casuale, fortuito. **2** sportivo, semplice. **casualty** n **1** vittima m. **2** incidente, sinistro m.

cat (kæt) n gatto m. **cat's eye** n mot catarifrangente m.

catalogue ('kætəlɔg) n catalogo m. vt catalogare.

catamaran (kætəmə'ræn) n catamarano m.

catapult ('kætəpʌlt) n catapulta, fionda f.

cataract ('kætərækt) n cateratta f.

catarrh (kə'ta:) n catarro m.

catastrophe (kə'tæstrəfi) n catastrofe f.

catch* (kætʃ) vt **1** prendere, afferrare. **2** sorprendere. vi attaccarsi. n **1** cattura, preda f. **2** trucco m.

catechism ('kætikizəm) n catechismo m.

category ('kætigəri) n categoria f. **categorical** adj categorico. **categorize** vt classificare, giudicare.

cater ('keitə) vi provvedere cibo. **cater for** provvedere. **caterer** n fornitore, negoziante m.

caterpillar ('kætəpilə) n bruco m.

cathedral (kə'θi:drəl) n cattedrale f.

cathode ('kæθoud) n catodo m.

Catholic ('kæθlik) adj,n cattolico. **Catholicism** n cattolicesimo m.

catkin ('kætkin) n amento m.

cattle ('kætl) n pl bestiame m.

caught (kɔːt) v see **catch**.

cauliflower ('kɔliflauə) n cavolfiore m.

cause (kɔːz) n ragione, causa f. motivo m. vt causare, provocare.

causeway ('kɔːzwei) n strada rialzata f.

caustic ('kɔːstik) adj caustico, mordente.

caution ('kɔːʃən) n 1 cautela, prudenza f. 2 avvertimento m. vt ammonire, mettere in guardia.

cavalry ('kævəlri) n cavalleria f.

cave (keiv) n caverna, tana f.

caviar ('kæviɑː) n caviale m.

cavity ('kæviti) n cavità f.

cayenne (kei'en) n pepe di Caienna m.

cease (siːs) vt,vi cessare, finire. **cease-fire** n cessato il fuoco m. tregua f. **ceaseless** adj incessante.

cedar ('siːdə) n cedro m.

ceiling ('siːliŋ) n soffitto m.

celebrate ('seləbreit) vt celebrare, onorare. vi far festa. **celebration** n celebrazione f.

celebrity (si'lebriti) n celebrità f.

celery ('seləri) n sedano m.

celestial (si'lestiəl) adj celestiale.

celibate ('selibət) adj,n celibe m.

cell (sel) n 1 cella f. 2 sci cellula f.

cellar ('selə) n cantina f. sottosuolo m.

cello ('tʃelou) n violoncello m.

Cellophane ('seləfein) n Tdmk Cellophane m.

Celt (kelt) n Celta m. **Celtic** adj celtico.

cement (si'ment) n cemento m. vt cementare.

cemetery ('semətri) n cimitero m.

censor ('sensə) n censore m. vt censurare. **censorship** n censura f.

censure ('senʃə) n censura, critica f. vt criticare, biasimare.

census ('sensəs) n censimento m.

cent (sent) n 1 centesimo m. 2 soldo m.

centenary (sen'tiːnəri) adj,n centenario m.

centigrade ('sentigreid) adj centigrado.

centimetre ('sentimiːtə) n centimetro m.

centipede ('sentipiːd) n millepiedi m invar.

centre ('sentə) n centro m. vt centrare, concentrare. vi con centrarsi. **centre-forward** n centravanti m. **centre-half** n centromediano m. **central** adj centrale. **central heating** n riscaldamento centrale m. **centralize** vt centralizzare **centralization** n centralizzazione f.

century ('sentʃəri) n secolo m.

ceramic (si'ræmik) adj di cer amica. **ceramics** n ceramic c.

cereal ('siəriəl) n cereale m.

ceremony ('serəməni) n cer imonia f. **stand on ceremo ny** far complimenti. **ceremo nial** adj da cerimonia. n cer imonia *f*. **ceremonious** *adj* cerimonioso.

certain ('səːtn) *adj* certo, sicuro. **certainty** *n* certezza *f*.

certify ('səːtifai) *vt* attestare, certificare. **certificate** *n* certificato *m*.

Ceylon (si'lɔn) *n* Ceylon *m*. **Ceylonese** *adj*,*n* cingalese.

chaffinch ('tʃæfintʃ) *n* fringuello *m*.

chain (tʃein) *n* catena *f*. *vt* incatenare. **chain-smoke** *vi* fumare ininterrottamente. **chain-reaction** *n* reazione a catena *f*. **chain-store** *n* negozio a catena *m*.

chair (tʃeə) *n* **1** sedia *f*. seggio *m*. **2** *educ* cattedra *f*. **chair lift** *n* seggiovia *f*. **chairman** *n* presidente *m*.

chalet ('ʃælei) *n* chalet *m*.

chalk (tʃɔːk) *n* gesso *m*.

challenge ('tʃæləndʒ) *n* sfida, provocazione *f*. *vt* sfidare, provocare. **challenging** *adj* stimolante.

chamber ('tʃeimbə) *n* camera, sala *f*. **chambermaid** *n* cameriera *f*. **chamber music** *n* musica da camera *f*.

chamberlain ('tʃeimbəlin) *n* ciambellano *m*.

chameleon (kə'miːliən) *n* camaleonte *m*.

chamois ('ʃæmi) *n invar* pelle di camoscio *f*.

champagne (ʃæm'pein) *n* sciampagna *m*.

champion ('tʃæmpiən) *n* campione *m*. *vt* difendere, sostenere. **championship** *n* campionato *m*.

chance (tʃɑːns) *n* fortuna *f*. caso *m*. **by chance** per caso.

~*vt* arrischiare. *vi* accadere. *adj* fortuito, casuale.

chancellor ('tʃɑːnsələ) *n* cancelliere *m*.

chandelier (ʃændə'liə) *n* lampadario *m*.

change (tʃeindʒ) *vt* cambiare. *vi* mutarsi. *n* **1** cambio *m*. alterazione *f*. **2** (of money) moneta *f*. **changeable** *adj* mutevole.

channel ('tʃænl) *n* canale *m*. *vt* incanalare.

Channel Islands *n pl* Isole Normanne *f pl*.

chant (tʃɑːnt) *n* canto monotono *m*. cantilena *f*. *vi* cantare, salmodiare.

chaos ('keiɔs) *n* caos *m*.

chap[1] (tʃæp) *vt* screpolare. *vi* screpolarsi. *n* screpolatura *f*.

chap[2] (tʃæp) *n inf* tipo, individuo, ragazzo *m*.

chapel ('tʃæpəl) *n* cappella *f*.

chaperon ('ʃæpəroun) *n* compagna *f*. *vt* accompagnare.

chaplain ('tʃæplin) *n* cappellano *m*.

chapter ('tʃæptə) *n* capitolo *m*.

char[1] (tʃɑː) *vt* carbonizzare. *vi* carbonizzarsi.

char[2] (tʃɑː) *n inf* domestica a ore *f*. *vi* lavorare a giornata.

character ('kæriktə) *n* **1** carattere *m*. indole *f*. **2** personalità *f*. **3** personaggio *m*. **characteristic** *adj* caratteristico. *n* caratteristica *f*.

charcoal ('tʃɑːkoul) *n* carbonella *f*.

charge (tʃɑːdʒ) *vt* **1** far pagare. **2** incaricare. **3** caricare. *n* **1** spesa *f*. costo *m*. **2** incarico *m*. sorveglianza *f*. **3** accusa *f*. **4** *mil* carica *f*.

chariot ('tʃæriət) n cocchio m.

charisma (kə'rizmə) n carisma m.

charity ('tʃæriti) n carità, elemosina f. **charitable** adj caritatevole.

charm (tʃɑːm) n 1 fascino m. 2 incantesimo m. 3 amuleto m. vt affascinare, incantare, stregare. **charming** adj attraente, grazioso.

chart (tʃɑːt) n 1 carta nautica f. 2 grafico m. 3 cartella clinica f. vt fare la carta idrografica di, tracciare.

charter ('tʃɑːtə) n carta f. documento m. **charter flight** n volo speciale or charter m. ~ vt 1 noleggiare. 2 concedere statuto.

chase (tʃeis) vt cacciare, inseguire, rincorrere. n caccia f. inseguimento m.

chasm ('kæzəm) n abisso m.

chassis ('ʃæsi) n invar telaio m.

chaste (tʃeist) adj casto, virtuoso, severo.

chastise (tʃæ'staiz) vt castigare, punire. **chastisement** n castigo m. punizione f.

chat (tʃæt) n chiacchierata f. vi chiacchierare. **chatty** adj chiacchierone, ciarliero.

chatter ('tʃætə) n chiacchiera f. **chatterbox** n chiacchierone m. vi 1 chiacchierare. 2 battere i denti.

chauffeur ('ʃoufə) n autista m.

chauvinism ('ʃouvinizəm) n sciovinismo m. **chauvinist** n sciovinista m.

cheap (tʃiːp) adj 1 a buon mercato. 2 di scarso valore, spregevole.

cheat (tʃiːt) n 1 inganno m. 2 (person) imbroglione m. vt,vi ingannare, truffare.

check (tʃek) n 1 arresto, impedimento m. 2 controllo m. 3 (on material) quadretto m. 4 game scacco m. vt 1 controllare. 2 fermare. 3 tenere in scacco. **checkmate** n scacco matto m. vt dar scacco matto a. **checkpoint** n punto di controllo m. **check up** n 1 revisione f. 2 visita medica f.

cheek (tʃiːk) n 1 guancia, gota f. 2 inf sfrontatezza f. **cheekbone** n zigomo m. **cheeky** adj insolente.

cheer (tʃiə) n applauso m. vt rallegrare, incoraggiare. vi applaudire. **cheer up** n rallegrarsi. **cheerful** adj allegro.

cheese (tʃiːz) n formaggio m. **cheesecake** n torta di formaggio f.

cheetah ('tʃiːtə) n ghepardo m.

chef (ʃef) n capocuoco m.

chemical ('kemikəl) adj chimico. n prodotto chimico m.

chemist ('kemist) n 1 chimico m. 2 med farmacista m. **chemist's shop** n farmacia f.

chemistry ('kemistri) n chimica f.

cheque (tʃek) n assegno m. **chequebook** n libretto degli assegni m. **cheque card** n carta bancaria f.

cherish ('tʃeriʃ) vt 1 tener caro, amare. 2 nutrire.

cherry ('tʃeri) n ciliegia f. **cherry tree** n ciliegio m.

cherub ('tʃerəb) n cherubino m.

chess (tʃes) n scacchi m pl.

chessboard n scacchiera f.
chessman n pezzo degli scacchi m.
chest (tʃest) n 1 anat petto, torace m. 2 cassa f. **chest of drawers** n cassettone m.
chestnut ('tʃesnʌt) n castagna f. **chestnut tree** n castagno m.
chew (tʃuː) vt,vi masticare. **chew over** meditare. **chewing gum** n gomma da masticare f.
chick (tʃik) n pulcino m.
chicken ('tʃikən) n pollo, pollastro m. **chickenpox** n varicella f.
chicory ('tʃikəri) n cicoria f.
chief (tʃiːf) adj principale. n capo, comandante m.
chilblain ('tʃilblein) n gelone m.
child (tʃaild) n, pl **children** 1 bambino m. 2 figlio m. **childbirth** n parto m. **childhood** n infanzia f. **childish** adj puerile, infantile. **childlike** adj da bambino, infantile. **childminder** n bambinaia f.
chill (tʃil) n 1 med raffreddore m. 2 brivido m. vt raffreddare. adj freddo. **chilly** adj 1 freddoloso, frescolino. 2 senza cordialità.
chilli ('tʃili) n pepe di Caienna m.
chime (tʃaim) n scampanio m. vi risuonare, scampanare. vt suonare, battere.
chimney ('tʃimni) n camino, fumaiolo m. **chimneypot** n comignolo m. **chimneysweep** n spazzacamino m.
chimpanzee (tʃimpæn'ziː) n cimpanzè m.

chin (tʃin) n mento m.
china ('tʃainə) n porcellana f.
China ('tʃainə) n Cina f. **Chinese** adj,n cinese. **Chinese** (language) n cinese m.
chink[1] (tʃiŋk) n fessura, crepa f.
chink[2] (tʃiŋk) vt far tintinnare. vi tintinnare. n tintinnio m.
chip (tʃip) n 1 frammento m. scheggia f. 2 cul patatina fritta f. vt rompere. vi scheggiarsi.
chiropody (ki'rɔpədi) n arte del pedicure f. **chiropodist** n chiropodista m.
chirp (tʃəːp) n cinguettio, canto m. vi cinguettare, pigolare.
chisel ('tʃizəl) n scalpello, cesello m. vt cesellare, scalpellare.
chivalry ('ʃivəlri) n galanteria f.
chives (tʃaivz) n erba cipollina f.
chlorine ('klɔːriːn) n cloro m.
chlorophyll ('klɔrəfil) n clorofilla f.
chocolate ('tʃɔklit) n 1 cioccolato m. cioccolata f. 2 (sweet) cioccolatino m. adj di cioccolato.
choice (tʃɔis) n scelta f. assortimento m. adj scelto, di prima qualità.
choir (kwaiə) n coro m. **choirboy** n ragazzo cantore m. **choirmaster** n maestro di cappella m.
choke (tʃouk) vt soffocare, assfissiare. vi soffocarsi, ostruirsi.
cholera ('kɔlərə) n colera m.
choose* (tʃuːz) vt,vi scegliere.
chop[1] (tʃɔp) vt tagliare, spaccare. n 1 colpo m. 2 cul braciola f. **chopper** n accetta f.

chop² (tʃɔp) vi mutare.

chopsticks ('tʃɔpstiks) n pl bastoncini m pl.

chord (kɔːd) n 1 corda f. 2 mus accordo m.

chore (tʃɔː) n 1 lavoro m. 2 pl lavori in casa.

choreography (kɔri'ɔgrəfi) n coreografia f. **choreographer** n coreografo m.

chorus ('kɔːrəs) n coro m. **choral** adj corale.

chose (tʃouz) v see **choose**.

chosen ('tʃouzən) v see **choose**.

Christ (kraist) n Cristo m.

christen ('krisən) vt battezzare. **christening** n battesimo m.

Christian ('kristʃən) adj,n cristiano. **Christian name** n nome di battesimo m. **Christianity** n cristianesimo m.

Christmas ('krisməs) n Natale m. **Christmas tree** n albero di Natale m.

chromatic (krə'mætik) adj cromatico.

chrome (kroum) n cromo m.

chromium ('kroumiəm) n cromo m.

chromosome ('krouməsoum) n cromosomo m.

chronic ('krɔnik) adj cronico.

chronicle ('krɔnikəl) n cronaca f. vt narrare.

chronological (krɔnə'lɔdʒikəl) adj cronologico.

chrysalis ('krisəlis) n crisalide f.

chrysanthemum (kri'zænθiməm) n crisantemo m.

chubby ('tʃʌbi) adj paffuto, pienotto.

chuck (tʃʌk) vt lanciare. **chuck out** scacciare.

chuckle ('tʃʌkəl) n riso soffocato m. vi ridacchiare.

chunk (tʃʌŋk) n grosso pezzo m.

church (tʃəːtʃ) n chiesa f. **churchyard** n cimitero m.

churn (tʃəːn) n zangola f.

chute (ʃuːt) n 1 cascata d'acqua f. 2 scivolo m.

chutney ('tʃʌtni) n salsa indiana f.

cicada (si'kɑːdə) n cicala f.

cider ('saidə) n sidro m.

cigar (si'gɑː) n sigaro m. **cigarette** n sigaretta f. **cigarette lighter** n accendino m.

cinder ('sində) n 1 brace f. tizzone m. 2 pl cenere f.

cinecamera ('sinikæmrə) n macchina da presa f.

cinema ('sinəmə) n cinema m.

cinnamon ('sinəmən) n cannella f.

circle ('səːkəl) n 1 cerchio, circolo m. 2 Th galleria. 3 gruppo m. vt circondare, aggirare. vi volteggiare. **circular** adj circolare. **circulation** n 1 circolazione f. 2 tiratura f. **circulate** vi circolare. vt mettere in circolazione.

circuit ('səːkit) n circuito, giro m.

circumcise ('səːkəmsaiz) vt circoncidere. **circumcision** n circoncisione f.

circumference (sə'kʌmfərəns) n circonferenza f.

circumscribe ('səːkəmskraib) vt circoscrivere.

circumstance ('səːkəmstæns) n circostanza, condizione f.

circus ('səːkəs) n circo m.

cistern ('sistən) n cisterna f. serbatoio m.

cite (sait) *vt* citare.

citizen ('sitizən) *n* cittadino *m*. **citizenship** *n* cittadinanza *f*.

citrus ('sitrəs) *n* agrume *m*. **citrus fruits** agrumi *m pl*.

city ('siti) *n* città *f*.

civic ('sivik) *adj* civico.

civil ('sivəl) *adj* **1** civile. **2** cortese, educato. **civil engineering** *n* ingegneria civile *f*. **civil servant** *n* funzionario dello stato *m*. **civil service** *n* amministrazione statale *f*. **civil war** *n* guerra civile *f*.

civilian (si'viliən) *adj,n* borghese *m*.

civilization (sivilai'zeiʃən) *n* civiltà, civilizzazione *f*. **civilize** *vt* incivilire, civilizzare. **civilized** *adj* civile, civilizzato.

clad (klæd) *adj* vestito, rivestito.

claim (kleim) *n* **1** richiesta, pretesa, rivendicazione *f*. **2** diritto *m*. *vt* **1** chiedere, reclamare, rivendicare. **2** asserire.

clam (klæm) *n* mollusco *m*.

clamber ('klæmbə) *vi* arrampicarsi.

clammy ('klæmi) *adj* vischioso, viscido.

clamour ('klæmə) *n* clamore, schiamazzo *m*. *vi* gridare a gran voce, richiedere rumorosamente. **clamour for** strepitare per.

clamp (klæmp) *n* morsa, tenaglia *f*. *vt* stringere, incastrare.

clan (klæn) *n* tribù *f*.

clandestine (klæn'destin) *adj* clandestino.

clang (klæŋ) *vt* far risuonare. *vi* risuonare. *n* suono metallico *m*.

clank (klæŋk) *vt,vi* risuonare. *n* rumore metallico *m*.

clap (klæp) *n* **1** colpo, scoppio *m*. **2** battimano *m*. *vt,vi* applaudire. *vt* battere.

claret ('klærət) *n* chiaretto *m*.

clarify ('klærifai) *vt* chiarificare. *vi* chiarificarsi. **clarity** *n* **1** chiarezza *f*. **2** lucidità di mente *f*.

clarinet (klæri'net) *n* clarinetto *m*.

clash (klæʃ) *n* urto, conflitto *m*. *vi* **1** urtare, urtarsi. **2** (of colours) stonare. *vt* far cozzare.

clasp (klɑːsp) *vt* abbracciare, stringere, afferrare. *n* **1** fermaglio *m*. **2** abbraccio *m*. presa *f*.

class (klɑːs) *n* **1** classe, categoria *f*. **2** lezione *f*. *vt* classificare. **classroom** *n* aula *f*. **classify** *vt* classificare.

classic ('klæsik) *adj,n* classico *m*. **classical** *adj* classico.

clatter ('klætə) *vi* far fracasso. *vt* far risuonare. *n* fracasso, schiamazzo *m*.

clause (klɔːz) *n* **1** clausola *f*. **2** *gram* proposizione *f*.

claustrophobia (klɔːstrə'foubiə) *n* claustrofobia *f*.

claw (klɔː) *n* **1** artiglio *m*. **2** grinfia, chela *f*. *vt* artigliare, graffiare.

clay (klei) *n* argilla, creta *f*.

clean (kliːn) *adj* pulito, netto. *vt* pulire, purificare.

cleanse (klenz) *vt* pulire, depurare. **cleanser** *n* detersivo *m*.

clear (kliə) *adj* **1** chiaro, evidente. **2** libero. **3** limpido. *vt* **1** chiarire, schiarire. **2** assolvere. *vi* schiarirsi. **clear**

away 1 portar via. **2** dissiparsi. **clear off** andarsene.
clear up 1 rassettare. **2** rasserenarsi. **clearance** n **1** chiarificazione f. **2** sgombero m. **3** comm liquidazione f.
clearing n **1** schiarimento m. **2** radura f.

clef (klef) n chiave f.

clench (klentʃ) vt stringere, serrarsi.

clergy ('kləːdʒi) n clero m.
clergyman n ecclesiastico, pastore evangelico m.

clerical ('klerikəl) adj **1** clericale. **2** impiegatizio.

clerk (klɑːk) n impiegato, commesso m.

clever ('klevə) adj intelligente, abile, ingegnoso.

cliché ('kliːʃei) n luogo commune m.

click (klik) n suono secco, schiocco m. vi fare schioccare. vi produrre un suono breve e secco.

client ('klaiənt) n cliente m,f.
clientele n clientela f.

cliff (klif) n scogliera, rupe f.

climate ('klaimit) n clima m.

climax ('klaimæks) n apice, punto culminante m.

climb (klaim) vt salire, scalare. vi arrampicarsi. n ascesa f.

cling* (kliŋ) vi aggrapparsi, aderire, attaccarsi.

clinic ('klinik) n clinica f.
clinical adj clinico.

clip[1] (klip) vt tosare, tagliare. n tosatura f. taglio m.

clip[2] (klip) n molletta f. fermaglio m.

clitoris ('klitəris) n clitoride m.

cloak (klouk) n **1** mantello m. **2**

pretesto m. **cloakroom** n guardaroba m.

clock (klɔk) n orologio m. pendola f. **clocktower** n campanile m. **clockwise** adj,adv in senso orario. **clockwork** n meccanismo d'orologeria m.

clog (klɔg) n **1** (shoe) zoccolo m. **2** impedimento m. vt impedire, impacciare, intasare.

cloister ('klɔistə) n convento, monastero m.

close vt,vi (klouz) **1** chiudere. **2** terminare, finire. **close down** chiudere. adj (klous) **1** chiuso. **2** stretto. **3** intimo. **4** pesante. adv (klous) vicino, presso. n **1** (klouz) fine, conclusione f. **2** (klous) recinto, spazio, cintato m. **closeness** n **1** prossimità f. **2** afa f.

closet ('klɔzit) n gabinetto m. vt chiudere, rinchiudere.

clot (klɔt) n grumo, coagulo m. vi raggrumare, coagularsi.

cloth (klɔθ) n **1** stoffa, tela f. panno m. **2** tovaglia f.

clothe (klouð) vt vestire, abbigliare. **clothes** n pl indumenti, vestiti m pl. **clothes brush** n spazzola per vestiti f. **clothes line** n corda per stendere il bucato f. **clothes peg** n molletta per biancheria f. **clothing** n invar vestiario m. abiti m pl.

cloud (klaud) n nuvola f. **cloudburst** n raffica di pioggia f. **cloudy** adj **1** nuvoloso. **2** oscuro.

clove[1] (klouv) n chiodo di garofano m.

clove[2] (klouv) n (of garlic) spicchio m.

clover ('klouvə) n trifoglio m.

clown (klaun) n pagliaccio, buffone m.

club (klʌb) n **1** bastone m. **2** circolo m. associazione f. **3** game fiore m. v **club together** riunirsi.

clue (kluː) n indizio m. traccia f.

clump (klʌmp) n gruppo, cespo m.

clumsy ('klʌmzi) adj goffo, maldestro.

clung (klʌŋ) v see **cling**.

cluster ('klʌstə) n **1** grappolo m. **2** gruppo, sciame m.

clutch (klʌtʃ) n **1** stretta, presa f. **2** mot frizione f. vt afferrare, aggrapparsi a.

clutter ('klʌtə) n trambusto m. confusione f. vt scompigliare.

coach (koutʃ) n **1** mot corriera f. pullman m. **2** istruttore, allenatore m. vt allenare.

coal (koul) n carbone m. **coalmine** n miniera di carbone f.

coalition (kouə'liʃən) n coalizione f.

coarse (kɔːs) adj **1** grezzo. **2** ruvido, volgare, grossolano.

coast (koust) n costa f. litorale m. **coastguard** n guardia costiera f. **coastline** n costa f. litorale m.

coat (kout) n **1** cappotto, soprabito m. **2** (of an animal) pelliccia f. **3** rivestimento, strato m. vt spalmare, rivestire. **coat-hanger** n attaccapanni m invar. stampella f. **coat of arms** n insegna nobiliare f.

coax (kouks) vt persuadere.

cobble ('kɔbəl) n ciottolo m. **cobblestone** n ciottolo m. **cobbler** ('kɔblə) n calzolaio m.

cobra ('koubrə) n cobra m.

cobweb ('kɔbweb) n ragnatela f.

cock[1] (kɔk) n **1** gallo m. **2** maschio di uccelli m.

cock[2] (kɔk) vt **1** drizzare. **2** (a gun) armare.

cockle ('kɔkəl) n **1** zool cardio m. **2** bot loglio m.

cockpit ('kɔkpit) n **1** aviat carlinga f. **2** naut castello di poppa m.

cockroach ('kɔkroutʃ) n scarafaggio m.

cocktail ('kɔkteil) n cocktail m.

cocky ('kɔki) adj arrogante.

cocoa ('koukou) n cacao m.

coconut ('koukənʌt) n noce di cocco f.

cocoon (kə'kuːn) n bozzolo m.

cod (kɔd) n merluzzo m.

code (koud) n codice, cifrario m. vt codificare, cifrare.

codeine ('koudiːn) n codeina f.

co-education (kouedju'keiʃən) n istruzione in scuola mista f.

coerce (kou'əːs) vt costringere.

coexist (kouig'zist) vi coesistere.

coffee ('kɔfi) n caffè m invar. **coffee bar** n caffè f. **coffee bean** n chicco di caffè m. **coffee table** n tavolo da caffè m.

coffin ('kɔfin) n bara f.

cog (kɔg) n dente m.

cognac ('kɔnjæk) n cognac m.

cohabit (kou'hæbit) vi coabitare.

cohere (kou'hiə) vi aderire. **coherence** n coerenza f. **coherent** adj coerente.

coil (kɔil) n **1** matassa f. rotolo m. **2** (of a snake) spira f. **3** tech bobina f. vt avvolgere.

coin (kɔin) n moneta f. vt **1** coniare. **2** inventare.

coincide (kouin'said) vi coincidere. **coincidence** n coincidenza f.

colander ('kʌləndə) n colino m.

cold (kould) adj freddo. **be cold 1** (of a person) aver freddo. **2** (of the weather) fare freddo. ~n **1** freddo m. **2** med raffreddore m. **catch a cold** prendersi un raffreddore.

collaborate (kə'læbəreit) vi collaborare.

collapse (kə'læps) n crollo m. caduta f. vi **1** crollare, sprofondare. **2** accasciarsi.

collar ('kɔlə) n colletto, bavero, collare m. **collarbone** n clavicola f.

colleague ('kɔli:g) n collega m.

collect (kə'lekt) vt **1** riunire. **2** fare collezione di, raccogliere. vi radunarsi, ammassarsi. **collection** n **1** collezione, raccolta f. **2** colletta f. **collective** adj collettivo.

college ('kɔlidʒ) n collegio m.

collide (kə'laid) vi scontrarsi, urtarsi. **collision** n urto, scontro m.

colloquial (kə'loukwiəl) adj familiare. **colloquialism** n espressione familiare f.

colon ('koulən) n gram due punti m pl.

colonel ('kɔ:nl) n colonnello m.

colony ('kɔləni) n colonia f. **colonial** adj coloniale.

colossal (kə'lɔsəl) adj colossale.

colour ('kʌlə) n **1** colore m. tinta f. **2** colorito m. **3** pl bandiera f. vt colorire, dip-

ingere. vi arrossire, colorirsi. **colour-bar** n discriminazione razziale f. **colour-blind** adj daltonico. **coloured person** n persona di colore f.

colt (koult) n puledro m.

column ('kɔləm) n colonna f. **columnist** ('kɔləmnist) n giornalista, cronista m.

coma ('koumə) n coma m.

comb (koum) n **1** pettine m. **2** (of a cock) cresta f. vt **1** pettinare, strigliare. **2** perlustrare.

combat (n 'kɔmbæt; v kəm'bæt) n combattimento m. lotta f. vt combattere, lottare.

combine (v kəm'bain; n 'kɔmbain) vt combinare, unire. vi unirsi. n associazione f.

combustion (kəm'bʌstʃən) n combustione f.

come* (kʌm) vi **1** venire, arrivare. **2** avvenire. **3** derivare. **come about** accadere. **come across** incontrare per caso. **come back** ritornare. **come back** n ritorno m. **come round** riprendere i sensi.

comedy ('kɔmədi) n commedia f. **comedian** n comico m. **comic** adj comico, buffo. n giornale a fumetti m.

comet ('kɔmit) n cometa f.

comfort ('kʌmfət) n **1** agio, benessere m. comodità f. **2** sollievo m. vt confortare, consolare. **comfortable** adj confortevole, agiato.

comma ('kɔmə) n virgola f.

command (kə'ma:nd) vt comandare, ordinare, controllare. n **1** comando, ordine m. padronanza f. **commandment** n comandamento m.

commemorate (kə'meməreit) *vt* commemorare, celebrare.

commence (kə'mens) *vt* cominciare. *vi* esordire. **commencement** *n* inizio, principio *m.*

commend (kə'mend) *vt* raccomandare, lodare. **commendable** *adj* lodevole.

comment ('kɔment) *n* commento *m.* critica *f. vi* commentare, fare note critiche. **commentary** *n* commentario *m.* **commentator** *n* commentatore, radiocronista *m.*

commerce ('kɔmə:s) *n* commercio, scambio *m.* **commercial** *adj* commerciale. *n* pubblicità *f.* **commercial vehicle** *n* utilitaria *f.*

commission (kə'miʃən) *n* 1 commissione *f.* comitato *m.* 2 incarico *m.* 3 provvigione *f. vt* 1 incaricare. 2 *mil* dare una carica *a.* **commissioner** *n* commissario *m.*

commit (kə'mit) *vt* 1 commettere. 2 affidare, consegnare. **commit oneself** impegnarsi. **committed** *adj* impegnato.

committee (kə'miti) *n* comitato *m.* commissione *f.*

commodity (kə'mɔditi) *n* merce *f.*

common ('kɔmən) *adj* 1 comune, ordinario. 2 pubblico. 3 vulgare. *n* terreno demaniale *m.* **commonplace** *adj* banale, comune. *n* luogo comune *m.* banalità *f.* **commonsense** *n* buon senso *m.* **commonwealth** *n* confederazione *f.*

Common Market *n* Mercato Comune *m.*

commotion (kə'mouʃən) *n* agitazione *f.* tumulto *m.*

communal ('kɔmjuːnl) *adj* della comunità, comunale.

commune [1] (kə'mjuːn) *vi* comunicare, discutere.

commune [2] ('kɔmjuːn) *n* comune *m.*

communicant (kə'mjuːnikənt) *n* comunicando *m.*

communicate (kə'mjuːnikeit) *vt* comunicare, far conoscere. *vi* fare la comunione. **communication** *n* comunicazione, informazione *f.*

communion (kə'mjuːniən) *n* 1 comunione *f.* 2 *rel* santa comunione *f.*

communism ('kɔmjunizəm) *n* comunismo *m.* **communist** *adj,n* comunista.

community (kə'mjuːniti) *n* comunità *f.*

commute (kə'mjuːt) *vt* commutare. *vi* viaggiare con abbonamento, fare il pendolare. **commuter** *n* pendolare *m.*

compact [1] (*adj* kəm'pækt; *n* 'kɔmpækt) *adj* compatto, unito. *n* cipria compatta *f.*

compact [2] ('kɔmpækt) *n* accordo, trattato *m.*

companion (kəm'pæniən) *n* compagno, socio *m.* **companionship** *n* amicizia *f.* cameratismo *m.*

company ('kʌmpəni) *n* 1 compagnia *f.* 2 *comm* società *f.* 3 comitiva *f.*

compare (kəm'peə) *vt* comparare, confrontare. *vi* reggere al confronto. **comparable** *adj* paragonabile. **comparative** *adj* comparativo, comparato. **comparison** n paragone, confronto m.

compartment (kəm'pɑːtmənt) n scompartimento m.

compass ('kʌmpəs) n **1** bussola f. **2** circonferenza f. spazio m. **3** pl compasso m.

compassion (kəm'pæʃən) n compassione, pietà f. **compassionate** adj compassionevole.

compatible (kəm'pætibəl) adj compatibile.

compel (kəm'pel) vt costringere, obbligare.

compensate ('kɔmpənseit) vt compensare, ricompensare. vi compensarsi. **compensation** n compenso m.

compete (kəm'piːt) vi competere, concorrere. **competition** n competizione, gara f. concorso m. **competitive** adj di correnza, di competizione, competitivo, agonistico.

competent ('kɔmpitənt) adj competente, abile.

compile (kəm'pail) vt compilare.

complacent (kəm'pleisənt) adj compiacente, soddisfatto.

complain (kəm'plein) vi lagnarsi, lamentarsi. **complaint** n **1** lamentela f. **2** med malattia f.

complement (n 'kɔmplimənt; v 'kɔmpliment) n complemento m. vt completare. **complementary** adj complementare.

complete (kəm'pliːt) adj **1** completo, finito. **2** intero. vt completare, terminare.

complex ('kɔmpleks) adj complesso, intricato. n complesso m.

complexion (kəm'plekʃən) n carnagione f. colorito m.

complicate ('kɔmplikeit) v complicare.

compliment (n 'kɔmplimənt; v 'kɔmpliment) n complimento m. vt congratularsi con. **complimentary** adj **1** lusinghiero. **2** di favore.

comply (kəm'plai) vi accondiscendere, prestare osservanza.

component (kəm'pounənt) adj,n componente m.

compose (kəm'pouz) vt comporre. **compose oneself** calmarsi. **composed** adj calmo, composto. **composition** n composizione f. **composure** n calma, imperturbabilità f.

compound [1] (adj,n 'kɔmpaund; v kəm'paund) adj composto. n miscela f. composto m. vt mescolare, comporre.

compound [2] ('kɔmpaund) n cinta f.

comprehend (kɔmpri'hend) v comprendere. **comprehension** n comprensione f. **comprehensive** adj comprensivo, inclusivo, esauriente. **comprehensive school** n scuola secondaria f.

compress (v kəm'pres; n 'kɔmpres) vt comprimere. n compressa f.

comprise (kəm'praiz) vt comprendere, includere.

compromise ('kɔmprəmaiz) n compromesso m. vi venire a un compromesso, compromettere.

compulsion (kəm'pʌlʃən) n costrizione f. **compulsive** adj coercitivo.

compulsory (kəm'pʌlsəri) *adj* obbligatorio, irresistibile.

computer (kəm'pju:tə) *n* calcolatore *m*. **computerize** *vt* computerizzare.

comrade ('kɔmrəd, -reid) *n* compagno *m*.

concave ('kɔŋkeiv) *adj* concavo, a volta.

conceal (kən'si:l) *vt* nascondere, dissimulare.

concede (kən'si:d) *vt* ammettere, riconoscere.

conceit (kən'si:t) *n* 1 presunzione *f*. 2 idea ricercata *f*. **conceited** *adj* presuntuoso.

conceive (kən'si:v) *vt* 1 concepire. 2 immaginare.

concentrate ('kɔnsəntreit) *vt* concentrare. *vi* concentrarsi. **concentration camp** *n* campo di concentramento *m*.

concentric (kən'sentrik) *adj* concentrico.

concept ('kɔnsept) *n* concetto *m*.

conception (kən'sepʃən) *n* 1 concezione *f*. 2 idea *f*.

concern (kən'sə:n) *vt* 1 concernere, riguardare. 2 toccare. *n* 1 interesse *m*. faccenda *f*. 2 ansietà *f*. 3 azienda *f*. **concerning** *prep* riguardo a, circa.

concert (*n* 'kɔnsət; *v* kən'sə:t) *n* concerto *m*. *vt* concertare. **concerted** *adj* concertato, convenuto.

concertina (kɔnsə'ti:nə) *n* piccola fisarmonica *f*.

concerto (kən'tʃɛətou) *n* concerto *m*.

concession (kən'seʃən) *n* concessione *f*.

concise (kən'sais) *adj* conciso, breve.

conclude (kən'klu:d) *vt* 1 concludere. 2 dedurre. *vi* terminare. **conclusion** *n* 1 conclusione *f*. 2 decisione *f*.

concoct (kən'kɔkt) *vt* 1 mescolare. 2 preparare, tramare. **concoction** *n* 1 intruglio *m*. 2 storia inventata *f*.

concrete ('kɔŋkri:t) *adj* concreto. *n* cemento *m*.

concussion (kən'kʌʃən) *n* trauma *m*. commozione cerebrale *f*.

condemn (kən'dem) *vt* condannare, biasimare. **condemnation** *n* condanna *f*.

condense (kən'dens) *vt* condensare. **condensation** *n* condensazione *f*.

condescend (kɔndi'send) *vi* accondiscendere. **condescending** *adj* condiscendente.

condition (kən'diʃən) *n* 1 condizione *f*. 2 patto *m*. **conditional** *adj* condizionale.

condolence (kən'douləns) *n* condoglianza *f*.

condone (kən'doun) *vt* condonare, perdonare.

conduct (*n* 'kɔndʌkt; *v* kən'dʌkt) *n* condotta *f*. comportamento *m*. *vt* 1 condurre. 2 *mus* dirigere. **conductor** *n* 1 *mus* direttore d'orchestra *m*. 2 bigliettaio, capotreno *m*.

cone (koun) *n* 1 cono *m*. 2 *bot* pigna *f*.

confectioner (kən'fekʃənə) *n* pasticcere *m*. **confectioner's shop** *n* pasticceria *f*.

confederate (*adj,n* kən'fedərət; *v* kən'fedəreit) *adj,n* confederato, alleato *m*. *vi* associarsi.

confer (kən'fə:) *vi* conferire,

consultarsi. *vt* conferire. **conference** *n* conferenza *f*. congresso *m*.

confess (kən'fes) *vt,vi* confessare. **confession** *n* confessione *f*.

confetti (kən'feti) *n pl* coriandoli *m pl*.

confide (kən'faid) *vt* confidare. **confide in** confidarsi con, fare affidamento su. **confidence** *n* fiducia, confidenza *f*. **confident** *adj* 1 fiducioso, sicuro. 2 baldanzoso. **confidential** *adj* confidenziale, riservato.

confine (kən'fain) *vt* relegare, confinare, limitare. **confinement** *n* 1 imprigionamento *m*. reclusione *f*. 2 parto *m*.

confirm (kən'fə:m) *vt* 1 confermare, convalidare. 2 *rel* cresimare. **confirmation** *n* 1 conferma *f*. 2 *rel* cresima *f*. **confirmed** *adj* convinto.

confiscate ('kɒnfiskeit) *vt* confiscare.

conflict (*v* kən'flikt; *n* 'kɒnflikt) *vi* essere in conflitto, lottare. *n* conflitto *m*. lotta, guerra *f*.

conform (kən'fɔ:m) *vt* conformare. *vi* uniformarsi.

confound (kən'faund) *vt* 1 confondere. 2 turbare.

confront (kən'frʌnt) *vt* affrontare, mettere a confronto.

confuse (kən'fju:z) *vt* confondere, disorientare. **confusion** *n* 1 confusione *f*. 2 tumulto *m*.

congeal (kən'dʒi:l) *vt* congelare. *vi* coagularsi.

congenial (kən'dʒi:niəl) *adj* congeniale, affine.

congested (kən'dʒestid) *adj* congestionato, sovrappopolato.

congratulate (kən'grætjuleit) *vt* congratularsi con, rallegrarsi con. **congratulation** *n* felicitazione *f*.

congregate ('kɒngrigeit) *v* radunare. *vi* unirsi. **congregation** *n* congregazione *f*. insieme dei fedeli *m*.

congress ('kɒngres) *n* congresso *m*.

conical ('kɒnikəl) *adj* conico.

conifer ('kɒnifə) *n* conifera *f*.

conjugal ('kɒndʒugəl) *adj* coniugale.

conjugate ('kɒndʒugeit) *v* coniugare.

conjunction (kən'dʒʌŋkʃən) *n* 1 *gram* congiunzione *f*. 2 unione *f*.

conjure ('kʌndʒə) *vi* fare giochi di prestigio. *vt* scongiurare. **conjure up** evocare. **conjurer** *n* prestigiatore *m*.

connect (kə'nekt) *vt* 1 connettere, collegare. 2 associare. collegarsi. **connection** *n* connessione, attinenza *f*. parentela *f*. 3 (of trains, buses, etc.) coincidenza *f*.

connoisseur (kɒnə'sə:) *n* conoscitore, intenditore *m*.

connotation (kɒnə'teiʃən) *n* significato implicito *m*. connotazione *f*.

conquer ('kɒŋkə) *vt* conquistare, vincere. **conqueror** *n* conquistatore *m*.

conquest ('kɒŋkwest) *n* conquista *f*.

conscience ('kɒnʃəns) *n* coscienza *f*. **conscientious** *adj* coscienzioso.

conscious ('kɔnʃəs) adj conscio, consapevole, cosciente.

conscript ('kɔnskript) n conscritto m.

consecrate ('kɔnsikreit) vt consacrare.

consecutive (kən'sekjutiv) adj consecutivo.

consent (kən'sent) n accordo, consenso m. vi acconsentire, aderire.

consequence ('kɔnsikwəns) n 1 conseguenza f. risultato m. 2 importanza f.

conservative (kən'sə:vətiv) adj,n conservatore.

conservatory (kən'sə:vətri) n serra f. conservatorio m.

conserve (kən'sə:v) vt conservare. n conserva f.

consider (kən'sidə) vt considerare. vi pensare. **considerable** adj considerevole, notevole. **considerably** adv assai. **considerate** adj gentile, riguardoso. **consideration** n 1 considerazione, riflessione f. 2 riguardo m.

consign (kən'sain) vt consegnare, affidare. **consignment** n 1 consegna f. 2 partita di merci f.

consist (kən'sist) vi consistere, essere composto. **consistency** n consistenza, densità f. **consistent** adj coerente, logico.

console (kən'soul) vt consolare.

consolidate (kən'sɔlideit) vt consolidare. vi consolidarsi.

consonant ('kɔnsənənt) n consonante f.

conspicuous (kən'spikjuəs) adj cospicuo, evidente.

conspire (kən'spaiə) vi cospirare, congiurare.

constable ('kʌnstəbəl) n poliziotto m. guardia f.

Constance, Lake n Lago di Costanza m.

constant ('kɔnstənt) adj invariabile, costante, fedele. n math costante f.

constellation (kɔnstə'leiʃən) n costellazione f.

constipation (kɔnsti'peiʃən) n stitichezza f.

constituency (kən'stitjuənsi) n circoscrizione elettorale f.

constituent (kən'stitjuənt) adj costituente. n 1 costituente m. 2 elettore m.

constitute ('kɔnstitjuːt) vt costituire, fondare. **constitution** n costituzione f. statuto m.

constraint (kən'streint) n 1 repressione, costrizione f. 2 imbarazzo m.

constrict (kən'strikt) vt costringere, comprimere.

construct (kən'strʌkt) vt costruire. **construction** n costruzione f.

consul ('kɔnsəl) n console m. **consulate** ('kɔnsjulət) n consolato m.

consult (kən'sʌlt) vt consultare. **consultant** n consulente, esperto m.

consume (kən'sjuːm) vt consumare.

contact ('kɔntækt) n contatto m. vt mettere in contatto. vi mettersi in contatto. **contact lenses** n pl lenti a contatto f pl.

contagious (kən'teidʒəs) adj contagioso.

contain (kən'tein) vt 1 contenere. **2** reprimere. **container** n recipiente m.

contaminate (kən'tæmineit) vt contaminare.

contemplate ('kɔntəmpleit) vt contemplare, meditare. vi proporsi.

contemporary (kən'tempərəri) adj,n contemporaneo.

contempt (kən'tempt) n disprezzo m. **contemptuous** adj sprezzante.

content[1] ('kɔntent) n contenuto m. dose f.

content[2] (kən'tent) adj contento, soddisfatto. vt accontentare.

contest (n 'kɔntest; v kən'test) n contesa, gara f. vt,vi contestare, disputare. **contestant** n concorrente m,f.

context ('kɔntekst) n contesto m.

continent ('kɔntinənt) n continente m. adj **1** moderato. **2** casto. **continental** adj,n continentale.

contingency (kən'tindʒənsi) n contingenza f.

continue (kən'tinju) vt,vi continuare. **continual** adj continuo. **continuity** n continuità f. **continuous** adj continuo.

contour ('kɔntuə) n contorno m.

contraband ('kɔntrəbænd) n contrabbando m. adj di contrabbando.

contraception (kɔntrə'sepʃən) n pratiche antifecondative f pl. **contraceptive** adj,n antifecondativo, anticoncezionale m.

contract (n 'kɔntrækt; v kən'trækt) n **1** contratto m. **2** appalto m. vt contrarre. vi contrarsi, contrattare. **contraction** n contrazione f.

contradict (kɔntrə'dikt) vt contraddire. **contradiction** n contraddizione f.

contraflow ('kɔntrəflou) n traffico contrario m.

contralto (kən'træltou) n contralto f.

contraption (kən'træpʃən) n aggeggio m.

contrary ('kɔntrəri) adj contrario, opposto, sfavorevole. n contrario m. **on the contrary** al contrario.

contrast (v kən'trɑst; n 'kɔntrɑst) vt mettere in contrasto. vi far contrasto. n contrasto m.

contravene (kɔntrə'viːn) vt contravvenire a.

contribute (kən'tribjuːt) vt contribuire. vi contribuire a. **contribution** n **1** contributo m. **2** lit collaborazione f.

contrive (kən'traiv) vt **1** escogitare. **2** inventare.

control (kən'troul) n **1** autorità f. **2** controllo m. sorveglianza f. **3** freno m. **4** pl comandi m pl. vt **1** regolare, dirigere. **2** dominare.

controversy ('kɔntrəvəːsi, kən'trɔvəsi) n polemica, controversia f. **controversial** adj polemico, controverso.

convalesce (kɔnvə'les) vi essere in convalescenza. **convalescence** n convalescenza f.

convenience (kən'viːniəns) f convenienza, comodità f comodo m. **convenient** adj conveniente, adatto.

convent ('kɔnvənt) n convento m.

convention (kən'venʃən) n convenzione f. **conventional** adj tradizionale, convenzionale.

converge (kən'vəːdʒ) vi convergere.

converse¹ (kən'vəːs) vi conversare. **conversation** n conversazione f.

converse² ('kɔnvəːs) adj,n contrario, opposto m.

convert (v kən'vəːt; n 'kɔnvəːt) vt convertire, trasformare. n convertito m. **conversion** n conversione f. **convertible** adj 1 trasformabile. 2 mot decappottabile.

convex ('kɔnveks) adj convesso.

convey (kən'vei) vt 1 trasportare. 2 esprimere. **conveyor belt** n nastro trasportatore m.

convict (v kən'vikt; n 'kɔnvikt) vt condannare. n forzato, ergastolano m.

conviction (kən'vikʃən) n 1 law condanna f. 2 convinzione f.

convince (kən'vins) vt convincere.

convoy ('kɔnvɔi) n convoglio m. scorta f. vt convogliare, scortare.

cook (kuk) n cuoco m. vt 1 fare cuocere, cucinare. 2 inf falsificare. vi cuocersi. **cookery** n arte culinaria f. **cookery book** n libro di cucina m.

cool (kuːl) adj 1 fresco. 2 calmo. 3 disinvolto, senza entusiasmo. n fresco m. vt rinfrescare. vi raffreddarsi.

coop (kuːp) n stia f. v **coop up** rinchiudere.

cooperate (kou'ɔpəreit) vi cooperare. **cooperation** n cooperazione f. **cooperative** adj cooperativo.

coordinate (adj,n kou'ɔːdinət; v kou'ɔːdineit) adj coordinato. n math coordinata f. vt coordinare.

cope¹ (koup) vi far fronte, riuscire.

cope² (koup) n cappa di ecclesiastico f.

copious adj abbondante.

copper¹ ('kɔpə) n rame m. adj di rame.

copper² ('kɔpə) n inf poliziotto m.

copy ('kɔpi) n 1 copia, trascrizione f. 2 (of a book) esemplare m. vt 1 copiare. 2 imitare. **copyright** n diritto d'autore m.

coral ('kɔrəl) n corallo m. adj di corallo.

cord (kɔːd) n corda f. spago m.

cordial ('kɔːdiəl) adj,n cordiale m.

cordon ('kɔːdn) n cordone m.

corduroy ('kɔːdərɔi) n velluto a coste m.

core (kɔː) n 1 (of fruit) torsolo m. 2 centro m.

cork (kɔːk) n 1 sughero m. 2 (of a bottle) tappo m. vt tappare. **corkscrew** n cavatappi m invar.

corn¹ (kɔːn) n grano, granturco m. cereali m pl. **cornflakes** n pl fiocchi di granturco m pl. **cornflour** n farina di granturco f. **cornflower** n fiordaliso m.

corn² (kɔːn) n med callo m.

corner ('kɔːnə) n angolo m. vt
1 mettere alle strette. **2** comm
accaparrare.

cornet ('kɔːnit) n **1** mus cornet-
ta f. **2** cartoccio, cono m.

coronary ('kɔrənəri) adj
coronario.

coronation (kɔrə'neiʃən) n in-
coronazione f.

corporal[1] ('kɔːprəl) adj corpo-
rale, corporeo.

corporal[2] ('kɔːprəl) n mil capo-
porale m.

corporation (kɔːpə'reiʃən) n
corporazione f.

corps (kɔː) n invar corpo m.

corpse (kɔːps) n cadavere m.

correct (kə'rekt) adj corretto,
esatto. vt correggere. **correc-
tion** n correzione f.

correlate ('kɔrəleit) vt mettere
in correlazione. vi essere in
correlazione.

correspond (kɔri'spɔnd) vi
corrispondere, rispondere.
correspondence n corris-
pondenza f. **correspondent**
adj,n corrispondente.

corridor ('kɔridɔː) n corridoio
m.

corrode (kə'roud) vt corrodere.
vi corrodersi. **corrosion** n
corrosione f.

corrupt (kə'rʌpt) adj corrotto,
guasto. vt corrompere. **cor-
ruption** n corruzione, decom-
posizione f.

corset ('kɔːsit) n corsetto, bus-
to m.

Corsica ('kɔːsikə) n Corsica f.
Corsican adj,n corso.

cosmetic (koz'metik) adj,n cos-
metico m.

cosmopolitan (kɔzmə'pɔlitən)
adj,n cosmopolita.

cosmos ('kɔzmɔs) n cosmos m.
cosmic adj cosmico.

cost* (kɔst) n costo, prezzo m.
spesa f. vi,vt costare.

costume ('kɔstjuːm) n cos-
tume, abito m.

cosy ('kouzi) adj comodo, in-
timo.

cot (kɔt) n lettino per bambini
m. culla f.

cottage ('kɔtidʒ) n villino m.
casetta f. **cottage cheese** n
specie di ricotta f.

cotton ('kɔtn) n cotone m.
cottonwool n cotone idrofilo
m.

couch (kautʃ) n divano m.

cough (kɔf) n tosse f. vi tossire.

could (kud; unstressed kəd) v
see **can**.

council ('kaunsəl) n consiglio
m. **councillor** n consigliere
m.

counsel ('kaunsəl) n **1** consig-
lio, parere m. **2** law avvocato
m. vt raccomandare.

count[1] (kaunt) vt **1** contare,
calcolare. **2** considerare. vi
avere importanza, contare. n
conto, calcolo m. **countdown**
n conto alla rovescia m.

count[2] (kaunt) n (title) cont
m.

counter[1] ('kauntə) n **1** banc
m. cassa f. **2** game gettone m.

counter[2] ('kauntə) adj cor-
trario, opposto. adv contraria
mente. vt contraddire, oppor-
a.

counterattack ('kauntərətæk
n contrattacco m.

counterfeit ('kauntəfit) adj
contraffatto. n contraffazione
falsificazione f. vt contraffar
falsificare.

counterfoil ('kauntəfɔil) n matrice f.

counterpart ('kauntəpɑːt) n 1 sostituto m. 2 sosia m. 3 complemento m.

countess ('kauntis) n contessa f.

country ('kʌntri) n 1 paese m. nazione f. 2 campagna f. **countryside** n campagna f.

county ('kaunti) n contea f.

coup (kuː) n colpo audace m. **coup de grâce** n colpo di grazia m. **coup d'état** n colpo di stato m.

couple ('kʌpəl) n coppia f. paio m, pl paia f. vt accoppiare, agganciare.

coupon ('kuːpɔn) n tagliando, scontrino m.

courage ('kʌridʒ) n coraggio m. **courageous** adj coraggioso.

courgette (kuə'ʒet) n zucchino m.

courier ('kuriə) n corriere, messaggero m.

course (kɔːs) n 1 corso m. direzione f. 2 cul portata f. **in due course** a tempo debito. **of course** naturalmente.

court (kɔːt) n 1 corte f. 2 law tribunale m. 3 sport campo m. vt corteggiare. **court martial** n corte marziale f. **court-martial** vt processare davanti alla corte marziale. **courtyard** n cortile m.

courteous ('kəːtiəs) adj cortese. **courtesy** n cortesia f.

cousin ('kʌzən) n cugino m.

cove (kouv) n grotta, insenatura f.

covenant ('kʌvənənt) n patto, contratto m.

cover ('kʌvə) vt 1 coprire. 2 nascondere. n 1 coperto m. copertura f. 2 (of a book) copertina f. 3 riparo m.

cow (kau) n vacca f. **cowboy** n bovaro, cowboy m. **cowhand** n vaccaro m. **cowshed** n stalla f.

coward ('kauəd) n vigliacco, codardo m. **cowardly** adj codardo, vile.

cower ('kauə) vi acquattarsi, accasciarsi.

coy (kɔi) adj timido, modesto.

crab (kræb) n granchio m.

crack (kræk) vt 1 incrinare. 2 schiantare. 3 (a joke) fare. vi spaccarsi. n 1 spaccatura, screpolatura f. 2 schianto m. adj di prim'ordine.

cracker ('krækə) n petardo m. galletta f.

crackle ('krækəl) n crepitio m. vi crepitare.

cradle ('kreidl) n culla f.

craft (krɑːft) n 1 mestiere m. arte f. 2 naut imbarcazione f. **craftsman** n artigiano m. **craftsmanship** n artigianato m. abilità d'esecuzione f. **crafty** adj astuto, abile.

cram (kræm) vt stipare, rimpinzare. vi imbottirsi di nozioni.

cramp[1] (kræmp) n crampo m. vt paralizzare, causare crampi a.

cramp[2] (kræmp) n tech morsetto m.

crane (krein) n gru f invar.

crash (kræʃ) vt fracassare. vi 1 fracassarsi. 2 aviat precipitare. n 1 tonfo m. 2 comm crollo m.

adj intenso. **crash-helmet** *n* casco paraurti *m*.

crate (kreit) *n* gabbia d'imballaggio *f*.

crater ('kreitə) *n* cratere *m*.

crave (kreiv) *vt* desiderare ardentemente. **crave for** bramare.

crawl (krɔːl) *vi* **1** strisciare, trascinarsi. **2** brulicare. *n* **1** movimento strisciante *m*. **2** (swimming) crawl *m*.

crayfish ('kreifiʃ) *n* gambero *m*.

crayon ('kreiən) *n* pastello per disegno *m*.

craze (kreiz) *n* pazzia, mania *f*. **crazy** *adj* pazzo, instabile.

creak (kriːk) *n* cigolio *m*. *vi* scricchiolare, cigolare.

cream (kriːm) *n* crema, panna *f*. **creamy** *adj* cremoso.

crease (kriːs) *n* grinza, piegatura *f*. *vt* increspare. *vi* fare pieghe, sgualcirsi. **crease-resistant** *adj* antipiega.

create (kriˈeit) *vt* creare. **creation** *n* creazione *f*. creato *m*. **creative** *adj* creativo.

creature ('kriːtʃə) *n* creatura *f*.

creche (kreʃ) *n* nido, asilo infantile *m*.

credentials (kriˈdenʃəlz) *n pl* credenziali *f pl*.

credible ('kredibəl) *adj* credibile.

credit ('kredit) *n* **1** credito *m*. **2** fiducia *f*. **3** merito *m*. *vt* **1** credere, attribuire. **2** *comm* accreditare. **credit card** *n* carta di credito *f*.

creep* (kriːp) *vi* **1** insinuarsi, strisciare. **2** *bot* arrampicarsi.

cremate (kriˈmeit) *vt* cremare. **crematorium** *n* crematorio *m*.

creosote ('kriːəsout) *n* creosoto *m*.

crept (krept) *v* see **creep.**

crescent ('kresənt) *adj* crescente. *n* mezzaluna *f*.

cress (kres) *n* crescione *m*.

crest (krest) *n* **1** cresta *f*. ciuffo *m*. **2** pennacchio *m*. **crestfallen** *adj* abbattuto.

crevice ('krevis) *n* fessura, crepa *f*.

crew (kruː) *n* **1** *naut* equipaggio *m*. **2** squadra *f*.

crib (krib) *n* presepio, letto da bambino *m*.

cricket[1] ('krikit) *n* *zool* grillo *m*.

cricket[2] ('krikit) *n* *sport* cricket *m*.

crime (kraim) *n* crimine, delitto *m*. **criminal** *adj* criminale. *n* criminale, delinquente *m,f*.

crimson ('krimzən) *adj,n* cremisi *m*.

cringe (krindʒ) *vi* **1** acquattarsi. **2** sottomettersi.

crinkle ('kriŋkəl) *n* crespa, ruga *f*. *vi* increspare, raggrinzirsi.

cripple ('kripəl) *n* invalido, storpio *m*. *vt* storpiare, menomare.

crisis ('kraisis) *n, pl* **-ses** crisi *f invar*.

crisp (krisp) *adj* **1** croccante. **2** crespo. **3** frizzante. *n* patatina *f*.

criterion (kraiˈtiəriən) *n, pl* **-teria** *or* **-terions** criterio *m*.

criticize ('kritisaiz) *vt* criticare, censurare. **critic** *n* critico *m*. **critical** *adj* critico. **criticism** *n* critica *f*.

croak (krouk) *vi* gracchiare, gracidare, brontolare. *n* gracchio *m*.

crochet ('krouʃei) n lavoro all'uncinetto m. vt lavorare all'uncinetto.

crockery ('krɔkəri) n vasellame m.

crocodile ('krɔkədail) n coccodrillo m.

crocus ('kroukəs) n croco m.

crook (kruk) n 1 curva f. 2 inf imbroglione m.

crooked ('krukid) adj 1 storto, piegato. 2 inf disonesto.

crop (krɔp) n 1 raccolto m. 2 (of a bird) gozzo m. vt 1 mietere, falciare. 2 brucare. **crop up** capitare.

croquet ('kroukei) n croquet m.

cross (krɔs) n croce f. adj 1 trasversale. 2 imbronciato, contrario. vt 1 attraversare. 2 incrociare. 3 ostacolare. vi accoppiarsi. **cross-examine** vt sottoporre ad interrogatorio. **cross-eyed** adj strabico. **crossing** n 1 incrocio m. 2 traversata f. **cross-question** vt esaminare attentamente, sottoporre ad interrogatorio. **cross-reference** n riferimento m. **crossroads** n incrocio, crocevia m. **crossword** n parole incrociate f pl. **crossword puzzle** n cruciverba m.

crotchet ('krɔtʃit) n mus semiminima f.

crouch (krautʃ) vi rannicchiarsi.

crow[1] (krou) n zool corvo m. cornacchia f.

crow[2] (krou) vi 1 cantare. 2 esultare. n canto del gallo m.

crowd (kraud) n folla, massa f. vt affollare. vi accalcarsi.

crown (kraun) n 1 corona f. 2 cima, sommità f. vt 1 in-

coronare. 2 sormontare. **crowning** adj supremo, finale. n coronamento m. incoronazione f.

crucial ('kru:ʃəl) adj cruciale, critico.

crucify ('kru:sifai) vt crocifiggere. **crucifix** n crocifisso m. **crucifixion** n crocifissione f.

crude (kru:d) adj 1 grezzo, rozzo. 2 volgare. **crude oil** n petrolio grezzo m.

cruel ('kruəl) adj crudele. **cruelty** n crudeltà f.

cruise (kru:z) n crociera f. **cruiser** n incrociatore m.

crumb (krʌm) n mollica, briciola f.

crumble ('krʌmbəl) vi 1 sbriciolarsi, sgretolarsi. 2 crollare. vt sbriciolare.

crumple ('krʌmpəl) vt sgualcire. vi spiegazzarsi, sgualcirsi.

crunch (krʌntʃ) n sgretolio m. vt sgranocchiare.

crusade (kru:'seid) n crociata f.

crush (krʌʃ) n calca f. affollamento m. vt 1 sgualcire. 2 frantumare, annientare.

crust (krʌst) n crosta f.

crustacean (krʌs'teiʃən) adj,n crostaceo m.

crutch (krʌtʃ) n gruccia, stampella f.

cry (krai) n grido, richiamo, lamento m. vt,vi gridare. vi piangere.

crypt (kript) n cripta f. **cryptic** adj occulto, misterioso.

crystal ('kristl) n cristallo m. adj di cristallo. **crystallize** vt cristallizzare. vi fossilizzarsi.

cub (kʌb) n cucciolo m.

cube (kju:b) n cubo m. **cubic**

adj cubico. **cubicle** *n* cubicolo *m*.

cuckoo ('kukuː) *n* cuculo *m*.

cucumber ('kjuːkʌmbə) *n* cetriolo *m*.

cuddle ('kʌdl) *vt* abbracciare affettuosamente. *n* abbraccio affettuoso *m*.

cue[1] (kjuː) *n* spunto *m*. indicazione *f*.

cue[2] (kjuː) *n sport* stecca *f*.

cuff[1] (kʌf) *n* polsino *m*. **cufflinks** | *n* | *pl* gemelli da camicia *m pl*.

cuff[2] (kʌf) *vt* schiaffeggiare, picchiare. *n* pugno, schiaffo *m*.

culinary ('kʌlinri) *adj* culinario.

culprit ('kʌlprit) *n* accusato, colpevole *m*.

cult (kʌlt) *n* culto *m*.

cultivate ('kʌltiveit) *vt* coltivare.

culture ('kʌltʃə) *n* **1** cultura *f*. **2** coltivazione *f*. **cultural** *adj* culturale. **cultured** *adj* colto.

cumbersome ('kʌmbəsəm) *adj* ingombrante, scomodo.

cunning ('kʌniŋ) *n* furbizia, accortezza *f*. *adj* astuto, furbo.

cup (kʌp) *n* **1** tazza *f*. **2** *sport* coppa *f*. **cupful** *n* tazza piena *f*.

cupboard ('kʌbəd) *n* credenza *f*.

curate ('kjuərit) *n* curato *m*.

curator (kjuˈreitə) *n* sovrintendente *m,f*.

curb (kəːb) *n* freno *m*. *vt* frenare, reprimere.

curdle ('kəːdl) *vt* agghiacciare. *vi* rapprendersi, coagularsi.

cure (kjuə) *n* cura *f*. rimedio *m*. *vt* **1** guarire, sanare. **2** *cul* salare.

curfew ('kəːfjuː) *n* coprifuoco *m*.

curious ('kjuəriəs) *adj* curioso. **curiosity** *n* curiosità *f*.

curl (kəːl) *n* ricciolo *m*. *vt* arricciare. *vi* arrotolarsi. **curly** *adj* ricciuto.

currant ('kʌrənt) *n* **1** ribes *m*. **2** (dried) uva sultanina *f*.

current ('kʌrənt) *n* corrente *f*. *adj* attuale, in corso. **current account** *n* conto corrente *m*. **currency** *n* valuta, moneta legale *f*.

curry ('kʌri) *n* pietanza indiana *f*. *v* **curry favour with** cercare di avere il favore di. **curry powder** *n* curry, polvere di radice di curcuma *f*.

curse (kəːs) *n* maledizione, bestemmia *f*. *vt* maledire, imprecare. *vi* bestemmiare.

curt (kəːt) *adj* brusco, sbrigativo.

curtail (kəːˈteil) *vt* accorciare, restringere.

curtain ('kəːtn) *n* **1** cortina, tendina *f*. **2** *Th* sipario *m*.

curtsy ('kəːtsi) *n* inchino, riverenza *f*. *vi* inchinarsi, fare la riverenza.

curve (kəːv) *n* curva, diagramma *m*. *vt* curvare. *vi* piegarsi, svoltare.

cushion ('kuʃən) *n* cuscino *m*. *vt* imbottire, ammortizzare.

custard ('kʌstəd) *n* crema *f*.

custody ('kʌstədi) *n* custodia, detenzione *f*.

custom ('kʌstəm) *n* **1** usanza, abitudine *f*. **2** *comm* clientela *f*. **3** *pl* dogana *f*. **customs officer** *n* doganiere *m*. **customer** ('kʌstəmə) *n* cliente *m,f*. avventore *m*.

cut* (kʌt) n 1 taglio m. incisione f. 2 riduzione f. 3 (of clothes) linea f. vt,vi tagliare vt game alzare. **cut down 1** abbattere. **2** ridurre. **cut off** tagliar fuori. **cut out** ritagliare. **cut-price** adj a prezzo ridotto. **cutting** adj 1 tagliente. **2** mordace. n **1** taglio m. **2** ritaglio m.

cute (kjuːt) adj **1** svelto, ingegnoso. **2** grazioso.

cuticle ('kjuːtikəl) n cuticola f.

cutlery ('kʌtləri) n posate f pl.

cutlet ('kʌtlit) n cotoletta f.

cycle ('saikəl) n **1** ciclo m. **2** bicicletta f. vi andare in bicicletta.

cyclone ('saikloun) n ciclone m.

cygnet ('signit) n giovane cigno m.

cylinder ('silində) n cilindro m.

cymbal ('simbəl) n cembalo m.

cynic ('sinik) n cinico m. **cynical** adj cinico.

cypress ('saiprəs) n cipresso m.

Cyprus ('saiprəs) n Cipro f. **Cypriot** adj,n cipriota.

czar (zɑː) n zar m.

Czechoslovakia (tʃekəsləˈvækiə) n Cecoslovacchia f. **Czech** adj,n ceco. **Czech** (language) n ceco m.

D

dab (dæb) n colpetto m. macchia f. vt toccare leggermente, cospargere.

dabble ('dæbəl) vt inumidire. vi sguazzare. **dabble in** dilettarsi in.

daddy ('dædi) n inf also **dad** babbo, babbino m.

daffodil ('dæfədil) n narciso selvatico m.

daft (dɑːft) adj sciocco, matto.

dagger ('dægə) n stiletto, pugnale m.

dahlia ('deiliə) n dalia f.

daily ('deili) adj quotidiano, giornaliero. adv ogni giorno. n giornale, quotidiano m.

dainty ('deinti) adj raffinato, prelibato, grazioso.

dairy ('dɛəri) n latteria f. caseificio m. **dairy farm** n fattoria con cascina f.

daisy ('deizi) n margherita f.

dam (dæm) n diga f. argine m. vt arginare, sbarrare.

damage ('dæmidʒ) n danno, guasto m. vt danneggiare, avariare.

damn (dæm) vt dannare. n un bel niente m. **I don't give a damn!** non m'importa un fico! **damnable** adj **1** maledetto, dannabile. **2** detestabile. **damnation** n dannazione f.

damp (dæmp) adj umido, bagnato. n umidità f. vapore m. **dampen** 1 inumidire. **2** soffocare, deprimere.

damson ('dæmzən) n prugna damaschina f. **damson tree** n prugno di Damasco m.

dance (dɑːns) n **1** danza f. **2** ballo m. vi ballare.

dandelion ('dændilaiən) n dente di leone m.

dandruff ('dændrʌf) n forfora f.

Dane (dein) n danese m,f. **Danish** adj danese. **Danish** (language) n danese m.

danger ('deindʒə) n pericolo m. **dangerous** adj pericoloso.

dangle ('dæŋgəl) vt far ciondolare. vi penzolare.

dare (dɛə) vi osare. vt sfidare.
 daring adj audace, temerario.
dark (dɑːk) adj buio, cupo,
 scuro. n oscurità f. buio m.
 tenebre f pl. **darken** vt
 scurire, turbare. vi rabbuiarsi.
darling ('dɑːliŋ) adj caro,
 amatissimo. n tesoro m.
darn (dɑːn) vt rammendare. n
 rammendo m.
dart (dɑːt) n 1 dardo m. 2 movi-
 mento improvviso m. vi scag-
 liare, balzare, slanciarsi.
 dartboard n tirassegno per
 frecette m.
dash (dæʃ) n 1 slancio m. 2
 spruzzo m. 3 trattino m. vt 1
 cozzare. 2 spruzzare. vi 1
 slanciarsi. 2 sbattere violente-
 mente. **dashboard** n cruscot-
 to m.
data ('deitə) n pl dati, elementi
 m pl. **data processing** n
 elaborazione di dati f.
date[1] (deit) n 1 data f. 2 inf ap-
 puntamento m. **be up to
 date** 1 essere al corrente. 2 es-
 sere aggiornato. **out of date**
 antiquato. ~vt datare, mettere
 la data a. **date from** risalire
 a.
date[2] (deit) n bot dattero m.
daughter ('dɔːtə) n figlia f.
 daughter-in-law n nuora f.
dawdle ('dɔːdl) vi bighellonare,
 oziare.
dawn (dɔːn) n aurora, alba f. vi
 albeggiare.
day (dei) n giorno m. giornata f.
 by day di giorno. **day after
 tomorrow** dopodomani. **day
 before yesterday** l'altroieri.
 one day un bel giorno. **day-
 break** n spuntar del giorno m.
 daydream n fantasticheria f.

daylight n luce del giorno f.
daze (deiz) n stupore, sbalordi-
 mento m. vt sbalordire,
 stupefare.
dazzle ('dæzəl) vt abbagliare. n
 abbagliamento m.
dead (ded) adj 1 morto, es-
 tinto. 2 spento. 3 sordo. adv
 assolutamente. **deaden** vt at-
 tutire, affievolire. **deadline** n
 data di scadenza f. **deadlock**
 n punto morto m.
deaf (def) adj sordo. **deaf-aid**
 n apparecchio acustico m.
 deafen vt assordare. **deaf-
 mute** n sordomuto m.
deal*(diːl) vi 1 trattare. 2 oc-
 cuparsi. 3 negoziare. vt dis-
 tribuire. n 1 quantità f. 2 comm
 affare m. 3 accordo m. 4 game
 mano f.
dean (diːn) n 1 educ preside m.
 2 rel decano m.
dear (diə) adj 1 caro. 2 costoso.
death (deθ) n morte f. **death
 certificate** n certificato di
 morte m. **death duty** n tana
 di successione f. **death rate** n
 (indice di) mortalità f.
debase (di'beis) vt abbassare,
 degradare, svalutare.
debate (di'beit) n dibattito m.
 disputa f. vt,vi discutere, de-
 liberare.
debit ('debit) n debito m. vt ad-
 debitare.
debris ('debri) n detriti m pl.
debt (det) n debito m. **debtor**
 n debitore m.
decade ('dekeid) n decennio m.
decadent ('dekədənt) adj de-
 cadente.

decaffeinated (di:'kæfineitid)
adj decaffeinato.

decant (di'kænt) *vt* travasare.
decanter *n* caraffa *f*.

decay (di'kei) *n* **1** rovina *f*.
deperimento *m*. **2** putrefazione
f. *vi* decadere, andare in
rovina, deperire.

decease (di'si:s) *n* decesso *m*.
deceased *adj,n* defunto.

deceit (di'si:t) *n* inganno *m*.
frode *f*. **deceitful** *adj* ingan-
nevole, falso.

deceive (di'si:v) *vt* ingannare.
deceive oneself illudersi.

December (di'sembə) *n* dicem-
bre *m*.

decent ('di:sənt) *adj* **1** decente,
modesto. **2** onesto.

deceptive (di'septiv) *adj* ingan-
nevole.

decibel ('desibel) *n* decibel *m*.

decide (di'said) *vi* decidersi. *vt*
decidere. **decided** *adj* deciso,
risoluto.

deciduous (di'sidjuəs) *adj*
caduco.

decimal ('desiməl) *adj,n*
decimale *m*.

decipher (di'saifə) *vt* decifrare.

decision (di'siʒən) *n* decisione
f. **decisive** *adj* decisivo,
fermo.

deck (dek) *n* ponte *m*. coperta
f. *vt* coprire, adornare.
deckchair *n* sedia a sdraio *f*.

declare (di'klɛə) *vt* dichiarare,
proclamare. **declaration** *n*
dichiarazione *f*.

decline (di'klain) *vt* **1**
declinare. **2** rifiutare. *vi* deper-
ire. *n* **1** declino *m*. **2** deperi-
mento *m*. **3** decadenza *f*. **de-
clension** *n* declinazione *f*.

decorate ('dekəreit) *vt*

decorare, abbellire. **decora-
tion** *n* decorazione *f*. orna-
mento *m*.

decoy (*n* 'di:kɔi; *v* di'kɔi) *n* **1**
trappola *f*. **2** uccello da
richiamo *m*. *vt* adescare, ab-
bindolare.

decrease (di'kri:s) *n* diminu-
zione *f*. *vt,vi* diminuire.

decree (di'kri:) *n* decreto *m*.

decrepit (di'krepit) *adj*
decrepito.

dedicate ('dedikeit) *vt* dedi-
care. **dedicated** *adj* dedicato,
scrupoloso.

deduce (di'dju:s) *vt* dedurre.

deduct (di'dʌkt) *vt* dedurre,
sottrarre. **deduction** *n* sottra-
zione, deduzione *f*.

deed (di:d) *n* **1** atto *m*. **2** azione
f. **3** impresa *f*.

deep (di:p) *adj* profondo, alto.
n abisso *m*. *adv* profonda-
mente. **deepen** *vt* ap-
profondire. *vi* approfondirsi.
deep-freeze *n* congelatore *m*.
vt surgelare. **deep-seated**
adj radicato.

deer (diə) *n invar* cervo, daino
m.

deface (di'feis) *vt* sfigurare,
deturpare, cancellare.

default (di'fɔ:lt) *n* **1** mancanza
f. **2** *law* contumacia *f*.

defeat (di'fi:t) *n* sconfitta, dis-
fatta *f*. *vt* sconfiggere.

defect (*n* di:fekt; *v* di'fekt) *n*
difetto *m*. mancanza *f*. *vi* dis-
ertare, defezionare. **defec-
tion** *n* defezione *f*. abbandono
m. **defective** *adj* difettoso,
anormale.

defence (di'fens) *n* difesa *f*.
defenceless *adj* indifeso.

defend vt difendere. **defendant** n imputato m.

defer (di'fə:) vt differire, rimandare. **deference** n deferenza f. riguardo m. **deferential** adj deferente.

defiant (di'faiənt) adj ardito, provocante.

deficient (di'fiʃənt) adj deficiente, insufficiente.

deficit ('defisit) n deficit, disavanzo m.

define (di'fain) vt definire, determinare. **definition** n definizione f.

definite ('defənit) adj determinato, preciso. **definitely** adv definitivamente, senz'altro.

deflate (di'fleit) vt **1** sgonfiare. **2** comm deflazionare. vi sgonfiarsi. **deflation** n **1** sgonfiamento m. **2** comm deflazione m.

deform (di'fɔ:m) vt deformare.

defraud (di'frɔ:d) vt defraudare, privare.

defrost (di'frɔst) vt disgelare, sbrinare.

deft (deft) adj abile, destro.

defunct (di'fʌŋkt) adj defunto.

defy (di'fai) vt sfidare. **defiance** n sfida f.

degenerate (v di'dʒenəreit; adj,n di'dʒenərit) vi degenerare. adj,n degenerato.

degrade (di'greid) vt degradare. **degrading** adj avvilente.

degree (di'gri:) n **1** grado, punto m. **2** educ laurea f.

dehydrate (di:'haidreit) vt disidratare.

deity ('deiiti) n divinità f.

dejected (di'dʒektid) adj scoraggiato, abbattuto.

delay (di'lei) n ritardo, indugio, rinvio m. vt ritardare. vi indugiare.

delegate (n 'deligət; v 'deligeit) n delegato m. vt delegare.

delete (di'li:t) vt cancellare.

deliberate (di'libərət; v di 'libəreit) adj ponderato, intenzionale. vt,vi deliberare, riflettere.

delicate ('delikət) adj delicato, sensibile. **delicacy** n **1** delicatezza f. **2** leccornia f.

delicatessen (delikə'tesən) n pizzicheria f.

delicious (di'liʃəs) adj delizioso.

delight (di'lait) n gioia f. entusiasmo m. vt dilettare. **delightful** adj piacevole, simpatico.

delinquency (di'liŋkwənsi) n delinquenza f. **delinquent** n delinquente m.

deliver (di'livə) vt **1** distribuire, consegnare. **2** liberare. **3** partorire. **4** (a speech) pronunciare. **delivery** n **1** consegna, distribuzione f. **2** med parto m. **3** dizione f.

delta ('deltə) n delta m.

delude (di'lu:d) vt deludere, illudere.

delve (delv) vi scavare, far ricerche.

demand (di'mɑ:nd) n **1** domanda f. **2** esigenza f. vt **1** richiedere, domandare. **2** esigere.

democracy (di'mɔkrəsi) n democrazia f. **democrat** n democratico m. **democratic** adj democratico.

demolish (di'mɔliʃ) vt demolire. **demolition** n demolizione f.

demon ('di:mən) n demonio m.

demonstrate ('demənstreit) vt dimostrare. vi fare una dimostrazione. **demonstration** n 1 dimostrazione f. 2 pol manifestazione f.

demoralize (di'mɔrəlaiz) vt demoralizzare.

demure (di'mjuə) adj modesto, pudico.

den (den) n covo m. tana f.

denial (di'naiəl) n rifiuto, diniego m.

denim ('denim) n 1 tessuto di cotone m. 2 pl pantaloni, blue-jeans m pl.

Denmark ('denmɑːk) n Danimarca f.

denomination (dinɔmi'neiʃən) n 1 denominazione f. 2 confessione f. 3 comm taglio m. **denominator** n denominatore m.

denote (di'nout) vt denotare, indicare.

denounce (di'nauns) vi denunciare.

dense (dens) adj 1 denso, fitto. 2 inf stupido. **density** n densità f.

dent (dent) n incavo m. ammaccatura f. vt ammaccare, intaccare.

dental ('dentl) adj dentale. **dentist** n dentista m. **dentistry** n odontoiatria f. **denture** n dentiera f.

deny (di'nai) vt negare, smentire.

deodorant (di'oudərənt) n deodorante m.

depart (di'pɑːt) vi 1 partire. 2

deviare. **departure** n partenza f.

department (di'pɑːtmənt) n dipartimento, reparto m. **department store** n grande magazzino m.

depend (di'pend) vi 1 dipendere. 2 fare assegnamento. **dependable** adj fidato, sicuro. **dependant** n dipendente m,f. **dependence** n dipendenza f. **dependent** adj dipendente.

depict (di'pikt) vt descrivere, rappresentare.

deplete (di'pliːt) vt vuotare, esaurire.

deplore (di'plɔː) vt deplorare.

deport (di'pɔːt) vt deportare, esiliare. **deportment** n comportamento m.

depose (di'pouz) vt deporre.

deposit (di'pɔzit) n deposito m. vt depositare, posare.

depot ('depou) n magazzino m.

deprave (di'preiv) vt depravare.

depreciate (di'priːʃieit) vi deprezzarsi.

depress (di'pres) vt deprimere. **depression** n 1 depressione f. avvilimento m. 2 comm depressione f. crisi f invar.

deprive (di'praiv) vt privare.

depth (depθ) n profondità, altezza f.

deputize ('depjutaiz) vi fungere da delegato. **deputation** n deputazione f. **deputy** n deputato, delegato m.

derail (di'reil) vi deragliare. vt far deragliare. **derailment** n deragliamento m.

derelict ('derəlikt) adj derelitto, abbandonato.

deride (di'raid) vt deridere.

derive (di'raiv) vt,vi derivare. vi provenire.

derogatory (di'rɔgətri) adj calunnioso, sprezzante.

descend (di'send) vt,vi discendere, scendere. **descendant** n discendente m,f. **descent** n 1 discesa f. 2 discendenza f.

describe (di'skraib) vt descrivere. **description** n descrizione f.

desert[1] ('dezət) n deserto m.

desert[2] (di'zəːt) vt,vi disertare. **deserter** n disertore m. **desertion** n diserzione f. abbandono m.

desert[3] (di'zəːt) n merito m.

deserve (di'zəːv) vt meritare.

design (di'zain) n 1 progetto, disegno m. 2 intento m. vt progettare.

designate ('dezigneit) vt designare.

desire (di'zaiə) n desiderio m. passione f. vt desiderare, augurare.

desk (desk) n scrivania f.

desolate ('desələt) adj desolato, deserto.

despair (di'spɛə) n disperazione f. vi disperare.

desperate ('desprət) adj disperato, accanito.

despise (di'spaiz) vt disprezzare.

despite (di'spait) prep malgrado.

despondent (di'spondənt) adj scoraggiato, depresso.

dessert (di'zəːt) n frutta f. dolce m. **dessertspoon** n cucchiaio da dessert m.

destine ('destin) vt destinare.

destination n destinazione f.

destiny n destino m.

destitute ('destitjuːt) adj indigente.

destroy (di'strɔi) vt distruggere, abbattere. **destroyer** n naut cacciatorpediniere m.

detach (di'tætʃ) vt staccare, isolare. **detachable** adj staccabile. **detachment** n 1 distacco m. indifferenza f. 2 mil distaccamento m.

detail ('diːteil) n dettaglio, particolare m. vt specificare, dettagliare.

detain (di'tein) vt trattenere, detenere. **detainee** n confinato m.

detect (di'tekt) vt scoprire, scovare, percepire. **detective** n investigatore m. adj poliziesco.

detention (di'tenʃən) n detenzione f. arresto m.

deter (di'təː) vt trattenere, dissuadere. **deterrent** n arma f. freno m.

detergent (di'təːdʒənt) n detergente, detersivo m.

deteriorate (di'tiəriəreit) vi deteriorare, deteriorarsi.

determine (di'təːmin) vt determinare, stabilire. vi decidersi. **determination** n determinazione, risolutezza f.

detest (di'test) vt detestare. **detestable** adj odioso.

detonate ('detəneit) vt,vi detonare, esplodere.

detour ('diːtuə) n deviazione f. digressione f.

detract (di'trækt) vt detrarre.

devalue (di'væljuː) vt svalutare. **devaluation** n svalutazione f.

devastate ('devəsteit) vt devastare, rovinare.

develop (di'veləp) vt sviluppare, ampliare. vi svilupparsi. **development** n sviluppo m. crescita f.

deviate ('di:vieit) vi,vt deviare. **devious** adj tortuoso, remoto.

device (di'vais) n **1** congegno, dispositivo m. **2** mezzo, stratagemma m.

devil ('devəl) n diavolo, demonio m.

devise (di'vaiz) vt escogitare, progettare.

devoid (di'vɔid) adj privo.

devote (di'vout) vt dedicare, consacrare. **devotee** n devoto, fanatico m. **devotion** n devozione f. affetto m.

devour (di'vauə) vt divorare.

devout (di'vaut) adj devoto, fervente.

dew (dju:) n rugiada f.

dexterous ('dekstrəs) adj abile, capace.

diabetes (daiə'bi:tiz) n diabete m.

diagonal (dai'agənl) adj,n diagonale m.

diagram ('daiəgræm) n diagramma m.

dial (dail) n **1** (of a clock) quadrante m. **2** (of a telephone) disco combinatore m. vt comporre.

dialect ('daiəlekt) n dialetto m.

dialogue ('daiəlog) n dialogo n.

diameter (dai'æmitə) n diametro m.

diamond ('daiəmənd) n diamante m.

diaphragm ('daiəfræm) n diaframma m.

diarrhoea (daiə'riə) n diarrea f.

diary ('daiəri) n diario m.

dice (dais) n pl dadi m pl. vt tagliare a cubetti.

dictate (dik'teit:) vt,vi dettare. **dictation** n dettato m. **dictator** n dittatore m. **dictatorship** n dittatura f.

dictionary ('dikʃənri) n dizionario m.

did (did) v see **do**.

die (dai) vi morire.

diesel ('di:zəl) n diesel m.

diet ('daiət) n **1** dieta f. **2** alimentazione f. vi essere a dieta.

differ ('difə) vi **1** dissentire. **2** essere diverso.

difference ('difrəns) n **1** differenza f. **2** divergenza f. **different** adj differente. **differential** adj,n differenziale m. **differentiate** vt differenziare.

difficult ('difikəlt) adj difficile. **difficulty** n difficoltà f.

dig* (dig) vt,vi scavare. n **1** vangata f. **2** urto m. **3** scavi m pl. **4** pl camera, ammobiliata f.

digest (dai'dʒest) vt,vi digerire. **digestible** adj digeribile. **digestion** n digestione f.

digit ('didʒit) n numero semplice m. cifra f. **digital** adj digitale.

dignity ('digniti) n dignità f. **dignified** adj dignitoso, nobile.

dilapidated (di'læpideitid) adj decrepito, in rovina.

dilemma (di'lemə) n dilemma m.

diligent ('dilidʒənt) adj diligente.

dilute (dai'lu:t) vt diluire.

dim (dim) adj pallido, vago, ottuso. *vt* smorzare, offuscare. *vi* oscurarsi, indebolirsi.

dimension (di'menʃən) *n* dimensione *f*.

diminish (di'miniʃ) *vt* diminuire, ridurre. *vi* ridursi.

diminutive (di'minjutiv) *adj,n* diminutivo *m*.

dimple ('dimpəl) *n* fossetta *f*.

din (din) *n* rumore assordante, fracasso *m*.

dine (dain) *vi* pranzare. **dining car** *n* carrozza ristorante *f*. **dining room** *n* sala da pranzo *f*.

dinghy ('diŋgi) *n* lancia, barchetta *f*.

dingy ('dindʒi) *adj* scuro, sbiadito, sporco.

dinner ('dinə) *n* pranzo, desinare *m*. cena *f*. **dinner jacket** *n* smoking *m*.

dinosaur ('dainəsɔ:) *n* dinosauro *m*.

diocese ('daiəsis) *n* diocesi *f in var*.

dip (dip) *vt* 1 immergere, intingere, tuffare. 2 abbassare. *vi* 1 immergersi. 2 abbassarsi. *n* 1 immersione *f*. tuffo *m*. 2 pendenza *f*.

diphthong ('difθɔŋ) *n* dittongo *m*.

diploma (di'ploumə) *n* diploma *m*.

diplomacy (di'plouməsi) *n* diplomazia *f*. **diplomat** ('dipləmæt) *n* diplomatico *m*. **diplomatic** *adj* diplomatico.

direct (di'rekt) *vt* 1 dirigere. 2 indirizzare. 3 ordinare. *adj* 1 diretto. 2 sincero. **direction** *n* 1 direzione *f*. senso *m*. 2 istruzione *f*. **director** *n* 1 direttore *m*. 2 *Th* regista *m*. **direc-**

tory *n* elenco telefonico *m*. guida *f*.

dirt (də:t) *n* sporcizia, immondizia *f*. **dirty** *adj* sporco, sudicio. *vt* insudiciare, sporcare.

disability (disə'biliti) *n* incapacità, impotenza *f*. **disabled** *adj* invalido *m*.

disadvantage (disəd'vɑ:ntidʒ) *n* svantaggio *m*. **disadvantageous** *adj* svantaggioso.

disagree (disə'gri:) *vi* 1 nor andar d'accordo, differire. 2 far male. **disagreeable** *ad* sgradevole.

disappear (disə'piə) *vi* sparire **disappearance** *n* scompars *f*.

disappoint (disə'pɔint) *v* deludere. **disappointment** *n* delusione *f*.

disapprove (disə'pru:v) *vt,v* disapprovare. **disapproval** *n* disapprovazione *f*.

disarm (dis'ɑ:m) *vt* disarmare **disarmament** *n* disarmo *m*.

disaster (di'zɑ:stə) *n* disastr *m*. catastrofe *f*. **disastrou** *adj* disastroso.

disc (disk) *n* disco *m*. **dis jockey** *n* presentatore rad ofonico di dischi *m*.

discard (di'skɑ:d) *vt* scartar abbandonare.

discern (di'sə:n) *vt* percepir scorgere. **discernment** *n* di cernimento, acume *m*.

discharge (dis'tʃɑ:dʒ) *vt* scaricare. 2 congedare. 3 a solvere, liberare. *n* 1 scarico 2 *mil* congedo *m*. 3 *law* assol zione *f*.

disciple (di'saipəl) *n* discepo *m*.

discipline ('disəplin) n disciplina f.

disclose (dis'klouz) vt rivelare, svelare.

discomfort (dis'kʌmfət) n disagio m. vt mettere a disagio.

disconnect (diskə'nekt) vt 1 sconnettere. 2 tech disinnestare.

disconsolate (dis'kɔnsələt) adj sconsolato.

discontinue (diskən'tinjuː) vt, vi cessare.

discord ('diskɔːd) n discordia, disarmonia f.

discotheque ('diskətek) n discoteca f.

discount (n 'diskaunt; v dis'kaunt) n sconto m. riduzione f. vt scontare, ribassare.

discourage (dis'kʌridʒ) vt scoraggiare, dissuadere. **discouragement** n scoraggiamento m.

discover (dis'kʌvə) vt scoprire. **discovery** n scoperta f.

discredit (dis'kredit) vt screditare.

discreet (dis'kriːt) adj prudente, riservato.

discrepancy (dis'krepənsi) n contraddizione f. divario m. **discretion** n discrezione f. discernimento m.

discrete (dis'kriːt) adj separato, distinto.

discriminate (dis'krimineit) vt, vi discriminare, distinguere. **discrimination** n 1 discriminazione f. 2 discernimento m.

discus ('diskəs) n, pl **discuses** disco m.

discuss (dis'kʌs) vt discutere. **discussion** n discussione f.

disease (di'ziːz) n malattia f.

disembark (disim'bɑːk) vi sbarcare.

disengage (disin'geidʒ) vt disimpegnare, disinnestare.

disfigure (dis'figə) vt deturpare, sfigurare.

disgrace (dis'greis) n disonore m. vergogna f. vt disonorare, destituire.

disgruntled (dis'grʌntəld) adj di cattivo umore, scontento.

disguise (dis'gaiz) vt travestire, dissimulare. n 1 travestimento m. 2 finzione f.

disgust (dis'gʌst) n disgusto m. nausea f. vt disgustare.

dish (diʃ) n 1 piatto m. 2 cul pietanza f. vt scodellare, servire. **dishcloth** n strofinaccio per i piatti m. **dishwasher** n lavastoviglie f.

dishearten (dis'hɑːtn) vt scoraggiare.

dishevelled (di'ʃevəld) adj arruffato.

dishonest (dis'ɔnist) adj disonesto. **dishonesty** n disonestà f.

dishonour (dis'ɔnə) n disonore m. vt disonorare.

disillusion (disi'luːʒən) n disinganno m. vt disilludere.

disinfect (disin'fekt) vt disinfettare. **disinfectant** adj,n disinfettante m.

disinherit (disin'herit) vt diseredare.

disintegrate (dis'intigreit) vt disintegrare. vi disgregarsi.

disinterested (dis'intrəstid) adj disinteressato.

disjointed (dis'dʒɔintid) adj disgiunto, sconnesso.

dislike 306

dislike (dis'laik) vt non piacere. n antipatia, avversione f.

dislocate ('dislakeit) vt slogare, spostare.

dislodge (dis'lɔdʒ) vt sloggiare, scacciare.

disloyal (dis'lɔiəl) adj sleale.

dismal ('dizməl) adj tetro, cupo, lugubre.

dismantle (dis'mæntl) vt smantellare, demolire.

dismay (dis'mei) n sgomento m. vt costernare, spaventare.

dismiss (dis'mis) vt 1 licenziare, mandar via. 2 respingere. **dismissal** n 1 licenziamento m. 2 congedo m.

dismount (dis'maunt) vi scendere. vt smontare.

disobey (disə'bei) vt disubbidire a. **disobedient** adj disubbidiente. **disobedience** n disubbidienza f.

disorder (dis'ɔːdə) n 1 disordine m. 2 med disturbo m.

disorganized (dis'ɔːgənaizd) adj disorganizzato.

disown (dis'oun) vt smentire, rinnegare.

disparage (dis'pæridʒ) vt sottovalutare, disprezzare. **disparaging** adj sprezzante, spregiativo.

dispassionate (dis'pæʃənət) adj calmo, spassionato.

dispatch (dis'pætʃ) vt spedire, inviare, sbrigare. n 1 spedizione f. 2 dispaccio m. 3 prontezza f.

dispel (dis'pel) vt dissipare, disperdere.

dispense (dis'pens) vt dispensare, distribuire. **dispense with** fare a meno di. **dispensary** n dispensario m.

disperse (dis'pəːs) vt disperdere, sparpagliare. vi disperdersi.

displace (dis'pleis) vt spostare, soppiantare. **displacement** n 1 spostamento m. 2 naut dislocamento m.

display (dis'plei) n 1 mostra f. 2 ostentazione f. vt mostrare, ostentare, rivelare.

displease (dis'pliːz) vt dispiacere a, offendere.

dispose (dis'pouz) vt disporre. **dispose of** liberarsi di, eliminare. **disposal** n disposizione f. **disposition** n disposizione f. carattere m.

disprove (dis'pruːv) vt confutare, contraddire.

dispute (dis'pjuːt) n disputa, vertenza f. vt contestare. vi discutere.

disqualify (dis'kwɔlifai) vt sport squalificare. **disqualification** n squalifica f.

disregard (disri'gaːd) n noncuranza f. disprezzo m. vt ignorare, trascurare.

disreputable (dis'repjutəbəl) adj indecoroso, di cattiva fama.

disrespect (disri'spekt) n mancanza di rispetto f.

disrupt (dis'rʌpt) vt 1 mettere in confusione. 2 rompere, spaccare. **disruption** n disordine m.

dissatisfy (di'sætisfai) vt scontentare, deludere. **dissatisfaction** n scontento m.

dissect (di'sekt) vt sezionare, analizzare. **dissection** n sezionamento m.

dissent (di'sent) n dissenso m. vi dissentire.

dissimilar (di'similə) *adj* diverso.

dissociate (di'souʃieit) *vt* dissociare, separare.

dissolve (di'zɔlv) *vt* dissolvere. *vi* sciogliersi.

dissuade (di'sweid) *vt* dissuadere.

distance ('distəns) *n* distanza *f*.

distant ('distnt) *adj* **1** distante, lontano. **2** vago, riservato.

distaste (dis'teist) *n* ripugnanza *f*.

distil (dis'til) *vt* stillare, distillare.

distinct (dis'tiŋkt) *adj* **1** distinto, chiaro. **2** diverso. **distinction** *n* distinzione *f*. **distinctive** *adj* caratteristico.

distinguish (dis'tiŋgwiʃ) *vt* distinguere. **distinguished** *adj* distinto, illustre.

distort (dis'tɔːt) *vt* distorcere, alterare.

distract (dis'trækt) *vt* **1** distrarre. **2** turbare. **distraction** *n* **1** distrazione *f*. **2** svago *m*. **3** follia *f*.

distraught (dis'trɔːt) *adj* turbato, pazzo.

distress (dis'tres) *n* **1** dolore *m*. angoscia *f*. **2** miseria *f*. *vt* affliggere, tormentare.

distribute (dis'tribjuːt) *vt* distribuire. **distribution** *n* distribuzione *f*.

district ('distrikt) *n* distretto, quartiere *m*.

distrust (dis'trʌst) *n* diffidenza *f*. sospetto *m*. *vt* non aver fiducia in.

disturb (dis'təːb) *vt* disturbare. **disturbance** *n* perturbazione *f*. tumulto *m*.

ditch (ditʃ) *n* fossato *m*. *vt inf* piantare in asso.

ditto ('ditou) *n* idem, lo stesso *m*.

divan (di'væn) *n* divano *m*.

dive (daiv) *n* tuffo *m*. immersione *f*. *vi* tuffarsi, immergersi. **diving board** *n* trampolino *m*.

diverge (dai'vəːdʒ) *vi* divergere.

diverse (dai'vəːs) *adj* **1** differente. **2** vario.

diversify (di'vəːrsifai) *vt* differenziare.

divert (dai'vəːt) *vt* **1** deviare, sviare. **2** divertire. **diversion** *n* **1** diversione *f*. **2** diversivo *m*.

divide (di'vaid) *vt* dividere. *vi* separarsi. **divisible** *adj* divisibile. **division** *n* divisione *f*.

dividend ('dividend) *n* dividendo *m*.

divine (di'vain) *adj* divino. **divinity** *n* divinità *f*.

divorce (di'vɔːs) *n* divorzio *m*. *vt* **1** divorziare. **2** separare.

divulge (di'vʌldʒ) *vt* divulgare.

dizzy ('dizi) *adj* stordito, che ha il capogiro. **dizziness** *n* vertigine *f*.

do* (duː) *vt* fare, compiere. *vi* **1** bastare. **2** andare bene. **3** agire. **do one's utmost** fare tutto il possibile. **do up** abbottonare. **do without** fare a meno.

docile ('dousail) *adj* docile.

dock¹ (dɔk) *n naut* molo, bacino, portuario *m*. *vi* attraccare. **dockyard** *n* arsenale *m*.

dock² (dɔk) *n (tail)* troncone *m*. *vt* mozzare, ridurre.

dock³ (dɔk) *n law* banco degli imputati *m*.

doctor ('dɔktə) n dottore, medico m.

doctrine ('dɔktrin) n dottrina f.

document ('dɔkjumənt) n documento m. vt documentare. **documentary** adj,n documentario m.

dodge (dɔdʒ) vt schivare, eludere. vi scansarsi. n 1 sotterfugio m. 2 schivata f.

dog (dɔg) n cane m. vt pedinare. **dog-collar** n 1 collare per cani m. 2 inf collarino m. **dogged** adj ostinato.

dogma ('dɔgmə) n dogma m. **dogmatic** adj dogmatico.

dole (doul) n sussidio m. distribuzione f. **go on the dole** ricevere il sussidio per disoccupati. v **dole out** distribuire.

doll (dɔl) n bambola f.

dollar ('dɔlə) n dollaro m.

Dolomites ('dɔləmaits) n pl Dolomiti f pl.

dolphin ('dɔlfin) n delfino m.

domain (də'mein) n dominio m. proprietà f.

dome (doum) n cupola f.

domestic (də'mestik) adj domestico, casalingo. **domesticate** vt addomesticare.

dominate ('dɔmineit) vt,vi dominare. **dominant** adj dominante. **domineer** vi tiranneggiare.

dominion (də'miniən) n dominio m.

donate (dou'neit) vt donare. **donation** n 1 dono m. 2 pl carità f.

done (dʌn) v see **do**.

donkey ('dɔŋki) n asino m.

donor ('dounə) n donatore, donatrice f.

doom (du:m) n destino m. sorte, distruzione, morte f. **doomsday** n giorno del giudizio m.

door (dɔ:) n porta f. **doorbell** n campanello m. **doorhandle** n maniglia della porta f. **doorknob** n pomo della porta m. **doorknocker** n battente m. **doormat** n zerbino m. **doorstep** n gradino della porta m. **doorway** n soglia, entrata f.

dope (doup) n sl stupefacente m. vt sl narcotizzare, drogare.

dormant ('dɔ:mənt) adj dormiente, sopito, latente.

dormitory ('dɔ:mitri) n dormitorio m.

dormouse ('dɔ:maus) n ghiro m.

dose (dous) n dose f. vt somministrare a dosi, dosare. **dosage** n dosaggio m.

dot (dɔt) n punto, puntino m. **on the dot** in punto. ~vt mettere il punto su, punteggiare.

dote (dout) vi **dote on** essere infatuato di.

double ('dʌbəl) adj doppio. n 1 doppio m. 2 sosia m,f invar adv due volte tanto, in coppia. vt raddoppiare, doppiare. v piegarsi. **double bass** n contrabbasso m. **double-cross** vt tradire. **double-decker bus** n autobus a due piani m invar. **double-dutch** n lingua incomprensibile f. **double glazing** n vetro doppio m.

doubt (daut) n dubbio m. incertezza f. vt dubitare di. vi dubitare. **doubtful** adj ambiguo, incerto.

dough (dou) n pasta f. **doughnut** n ciambella f.

dove (dʌv) n colomba f.
dovecote n colombaia f.

dowdy ('daudi) adj sciatto, vestito male.

down[1] (daun) adv giù, in basso, di sotto. adj abbattuto, depresso. prep giù per. vt 1 abbattere. 2 inf tracannare.

down[2] (daun) n (soft fur etc.) lanugine f.

downcast ('daunkɑ:st) adj scoraggiato, abbattuto.

downfall ('daunfɔ:l) n caduta, rovina f.

downhearted (daun'hɑ:tid) adj depresso.

downhill ('daunhil) adj discendente. adv in pendio.

downpour ('daunpɔ:) n acquazzone m.

downright ('daunrait) adj vero, sincero. adv assolutamente.

downstairs (daun'stɛəz) adj di sotto. adv dabbasso. n pianterreno m.

downstream (daun'stri:m) adv seguendo la corrente.

downtrodden ('dauntrɔdn) adj calpestato, oppresso.

downward ('daunwəd) adj discendente. **downwards** adv dall'alto al basso, verso il basso.

dowry ('dauəri) n dote f.

doze (douz) n sonnellino m. vi sonnecchiare. **doze off** assopirsi.

dozen ('dʌzən) n dozzina f.

drab (dræb) adj sbiadito, scialbo.

draft (drɑ:ft) n 1 abbozzo m. 2 comm assegno m. 3 mil leva f. vt 1 redigere. 2 mil arruolare.

drag (dræg) vt 1 trascinare. 2

naut dragare. vi trascinarsi. **drag on** prolungarsi.

dragon ('drægən) n drago m. **dragonfly** n libellula f.

drain (drein) n canale, tubo di scarico m. vt prosciugare, drenare. vi defluire, prosciugarsi. **drainage** n fognatura f. drenaggio m. **draining board** n scolatoio m. **drainpipe** n tubo di scarico m.

drake (dreik) n anitra maschio m.

dram (dræm) n 1 (weight) dramma f. 2 sorso m.

drama ('drɑ:mə) n dramma m. arte drammatica f. **dramatic** adj drammatica. **dramatist** n drammaturgo m. **dramatize** vt drammatizzare, mettere in forma drammatica.

drank (dræŋk) v see **drink**.

drape (dreip) vt drappeggiare. **draper** ('dreipə) n negoziante di tessuti m. **drapery** n tendaggio m. tessuti m pl.

drastic ('dræstik) adj drastico.

draught (drɑ:ft) n 1 corrente d'aria f. 2 sorso m. **draughtsman** n disegnatore m.

draw[*] (drɔ:) vt 1 tirare, attirare, estrarre. 2 disegnare. **draw near** avvicinarsi. ~n 1 tirata f. 2 sport pareggio m. 3 estrazione f. 4 attrazione f. **drawback** n inconveniente, ostacolo m. **drawbridge** n ponte levatoio m. **drawer** n cassetto m. **drawing** n disegno m. **drawing pin** n puntina da disegno f. **drawing room** n salotto m.

drawl (drɔ:l) vt,vi strascicare.

dread (dred) n timore m. adj

terrible. *vt* temere, aver paura di. **dreadful** *adj* spaventoso, terribile.

dream* (driːm) *n* sogno *m*. *vt,vi* sognare.

dreary ('driəri) *adj* triste, cupo.

dredge (dredʒ) *vt* dragare. **dredger** *n* draga *f*.

dregs (dregz) *n pl* feccia *f*. scorie *f pl*.

drench (drentʃ) *vt* inzuppare, bagnare.

dress (dres) *vt* **1** vestire. **2** *med* bendare. **3** *cul* condire. *vi* abbigliarsi. **1** abito *m*. **2** vestito *m*. **dress circle** *n Th* prima galleria *f*. **dressmaker** *n* sarta da donna *f*. **dress rehearsal** *n* prova generale *f*. **dressing** *n* **1** *med* medicazione, benda *f*. **2** *cul* condimento *m*. **dressing-gown** *n* vestaglia *f*. **dressing-room** *n* spogliatoio, camerino *m*. **dressing-table** *n* tavola da toletta *f*.

dresser[1] ('dresə) *n Th* guardarobiere *m*.

dresser[2] ('dresə) *n* credenza *f*.

drew (druː) *v* see **draw**.

dribble ('dribəl) *n* gocciolamento *m*. *vi* gocciolare, sbavare.

drier ('draiə) *n* essiccatore *m*.

drift (drift) *n* **1** spinta *f*. **2** corrente *f*. **3** deriva *f*. **4** (of snow) monticello *m*. *vi* andare alla deriva.

drill (dril) *n* **1** *tech* trapano *m*. **2** *mil* esercitazione *f*. *vt* **1** *tech* trapanare. **2** *mil* addestrare.

drink* (driŋk) *vt,vi* bere. *n* bevanda *f*. **drinking water** *n* acqua potabile *f*.

drip (drip) *vi* gocciolare. *n* sgoc-

ciolio *m*. **drip-dry** *adj* che s'asciuga rapidamente e non si stira. **dripping** *adj* gocciolante. *n* **1** *cul* grasso colato *m*. **2** sgocciolio *m*.

drive* (draiv) *n* **1** corsa *f*. **2** viale *m*. **3** impulso *m*. *vt,vi* **1** guidare, condurre. **2** spingere. *vi* guidare. **drive away** scacciare. **drive mad** far impazzire. **drive off** partire. **driver** *n* guidatore, autista *m*. **driving licence** *n* patente automobilistica *f*. **driving school** *n* scuola guida *f*. **driving test** *n* esame di guida *m*.

drivel ('drivəl) *vi* **1** sbavare. **2** dire sciocchezze. *n* **1** bava *f*. **2** stupidaggini *f pl*.

drizzle ('drizəl) *vi* piovigginare. *n* pioggerella *f*.

dromedary ('drʌmədəri) *n* dromedario *m*.

drone[1] (droun) *n zool* fuco *m*.

drone[2] (droun) *vi* ronzare. *n* ronzio *m*.

droop (druːp) *vi* curvarsi, languire, afflosciarsi. **drooping** *adj* pendente, abbattuto.

drop (drɔp) *n* **1** goccio *m*. goccia *f*. **2** dislivello *m*. **3** abbassamento *m*. **4** pastiglia *f*. *vt* lasciar cadere. *vi* **1** cadere. **2** diminuire. **drop out** sparire, ritirarsi. **drop-out** *n* persona emarginata dalla società *f*.

drought (draut) *n* siccità *f*.

drove[1] (drouv) *v* see **drive**.

drove[2] (drouv) *n* mandria *f*. gregge *m*.

drown (draun) *vt,vi* annegare, affogare.

drowsy ('drauzi) *adj* sonnolento.

drudge (drʌdʒ) n sgobbone, schiavo m. vi sfacchinare.

drudgery n lavoro faticoso e monotono m.

drug (drʌg) n 1 droga f. stupefacente m. 2 prodotto chimico m. vt narcotizzare, drogare. **drug addict** n morfinomane m,f.

drum (drʌm) n 1 tamburo m. 2 tech rullo m. 3 anat timpano m. vi suonare il tamburo. vt tamburellare.

drunk (drʌŋk) v see **drink.** adj,n ubriaco. **drunken** adj ebbro, ubriaco.

dry (drai) adj 1 secco, arido. 2 monotono. vt seccare. vi asciugarsi. **dry-clean** vt lavare a secco. **dry-cleaning** n lavaggio a secco m.

dual ('djuəl) adj doppio, duplice. **dual carriageway** n strada a doppia carreggiata f.

dubious ('djuːbiəs) adj dubbio, esitante.

duchess ('dʌtʃis) n duchessa f.

duck[1] (dʌk) n anitra f. **duckling** n anatroccolo m.

duck[2] (dʌk) n 1 tuffo m. immersione f. 2 colpo m. vi 1 immergersi. 2 chinarsi di colpo. vt 1 tuffare. 2 chinare.

duct (dʌkt) n 1 condotto, canale m. 2 anat vaso m.

dud (dʌd) adj inutile, falso. n proiettile che non esplode m.

due (djuː) adj 1 dovuto, adatto. 2 scaduto. 3 atteso. **be due to** essere causato da. ~n spettanza f. debito m.

duel ('djuəl) n duello m.

duet (dju'et) n duetto m.

dug (dʌg) v see **dig.**

duke (djuːk) n duca m.

dulcimer ('dʌlsimə) n salterio m.

dull (dʌl) adj 1 tardo, lento. 2 sordo. 3 monotono. 4 cupo. vt 1 istupidire, intorpidire. 2 smussare. 3 offuscare. **dullness** n 1 stupidità, lentezza f. 2 monotonia f.

dumb (dʌm) adj 1 muto, reticente. 2 sciocco. **dumbfound** vt sbalordire, confondere.

dummy ('dʌmi) adj muto, falso. n 1 fantoccio m. 2 game morto m.

dump (dʌmp) n 1 mucchio, deposito m. 2 luogo di scarico m. vt scaricare, ammassare.

dumpling ('dʌmpliŋ) n gnocco m.

dunce (dʌns) n inf ignorante m,f. asino m.

dune (djuːn) n duna f.

dung (dʌŋ) n sterco, letame m.

dungeon ('dʌndʒən) n cella sotterranea f.

duplicate (adj,n 'djuːplikət; v 'djuːplikeit) adj doppio, duplicato m. vt duplicare.

durable ('djuərəbəl) adj durevole.

duration (djuə'reiʃən) n durata f.

during ('djuəriŋ) prep durante.

dusk (dʌsk) n crepuscolo m.

dust (dʌst) n polvere f. vt 1 impolverare. 2 spolverare. **dustbin** n pattumiera f. **duster** n spolverino m. **dustman** n netturbino m. **dustpan** n paletta per la spazzatura f.

Dutch (dʌtʃ) adj. olandese. **go Dutch** pagare alla romana.

Dutch (language) *n* olandese *m*. **Dutchman** *n* olandese *m*.

duty ('dju:ti) *n* **1** dovere, obbligo *m*. **2** *comm* dazio *m*. imposta *f*. **be on/off duty** essere in/fuori servizio. **duty-free** *adj* esente da dogana. **dutiful** *adj* rispettoso, obbediente.

duvet ('du:vei) *n* coperta imbottita con piume *f*.

dwarf (dwɔ:f) *n* nano *m*. *vt* rimpicciolire.

dwell* (dwel) *vi* **1** dimorare. **2** soffermarsi, restare. **dwelling** *n* abitazione, dimora *f*.

dwindle ('dwindļ) *vi* diminuire, consumarsi.

dye (dai) *n* tintura *f*. colorante *m*. *vt* tingere. *vi* tingersi.

dyke (daik) *n* diga *f*. argine *m*.

dynamic (dai'næmik) *adj* dinamico. **dynamics** *n* dinamica *f*.

dynamite ('dainəmait) *n* dinamite *f*.

dynasty ('dinəsti) *n* dinastia *f*.

dysentery ('disəntri) *n* dissenteria *f*.

dyslexia (dis'leksiə) *n* dislessia *f*.

E

each (i:tʃ) *adj* ogni, ciascuno. *pron* ognuno. **each other** l'un l'altro, si.

eager ('i:gə) *adj* ardente, avido, impaziente. **eagerness** *n* brama, impazienza *f*.

eagle ('i:gəl) *n* aquila *f*.

ear [1] (iə) *n anat* orecchio *m*. **turn a deaf ear** fare orecchi da mercante. **earache** *n* mal d'orecchi *m*. **eardrum** *n* timpano *m*. **earmark** *n* marchio

di riconoscimento *m*. *vt* assegnare. **earring** *n* orecchino *m*.

ear [2] (iə) *n bot* spiga *f*.

earl (ə:l) *n* conte *m*. **earldom** *n* contea *f*.

early ('ə:li) *adv* presto, di buon'ora. *adj* **1** primo. **2** mattiniero. **3** precoce.

earn (ə:n) *vt* guadagnare, meritarsi. **earnings** *n pl* guadagni *m pl*. stipendio *m*.

earnest ('ə:nist) *adj* serio, zelante. **in earnest** sul serio.

earth (ə:θ) *n* **1** terra *f*. mondo *m*. **2** terreno *m*. **earthenware** *n* terraglia *f*. **earthly** *adj* terrestre, terreno. **earthquake** *n* terremoto *m*. **earthworm** *n* lombrico *m*.

earwig ('iəwig) *n* forfecchia *f*.

ease (i:z) *n* **1** agio, comodo *m*. **2** riposo *m*. *vt* alleviare, calmare. *vi* attenuarsi. **easy** *adj* **1** facile, agevole. **2** disinvolto. *adv* facilmente, piano. **easygoing** *adj* facilone, poco esigente.

easel ('i:zəl) *n* cavalletto *m*.

east (i:st) *n* est, oriente *m*. d'est, orientale. **easterly** *ad* d'est, orientale. **eastern** *ad* orientale.

Easter ('i:stə) *n* Pasqua *f*.

eat* (i:t) *vt,vi* **1** mangiare. **2** corrodere.

eavesdrop ('i:vzdrɔp) *vi* origliare.

ebb (eb) *n* **1** riflusso *m*. **2** declino *m*. *vi* rifluire, abbassarsi.

ebony ('ebəni) *n* ebano *m*. *a* d'ebano, nero.

eccentric (ik'sentrik) *adj,n* eccentrico.

ecclesiastical (ikli:zi'æstikəl) *adj* ecclesiastico.

echo ('ekou) *n, pl* **echoes** eco *f, pl* echi *m. vi* echeggiare. *vt* ripetere.

eclair (ei'klɛə) *n* bignè *m.* pasta al cioccolato *f.*

eclipse (i'klips) *n* eclissi *f. vt* eclissare.

ecology (i:'kɔlədʒi) *n* ecologia *f.*

economy (i'kɔnəmi) *n* economia *f.* **economic** *adj* economico. **economics** *n* scienze economiche *f pl.* economia *f.* **economical** *adj* economico, parsimonioso. **economize** *vi* economizzare.

ecstasy ('ekstəsi) *n* ectasi *f in-var.*

eczema ('eksimə) *n* eczema *m.*

edge (edʒ) *n* **1** orlo, margine *m.* **2** (of a blade) filo *m.* **3** sponda *f.* **be on edge** avere i nervi tesi. ~*vt* bordare, rasentare. **edge one's way** farsi strada.

edible ('edibəl) *adj* commestibile.

Edinburgh ('edinbərə) *n* Edimburgo *f.*

edit ('edit) *vt* **1** redigere, corare. **2** dirigere. **editor** *n* redattore, direttore *m.* **editorial** *adj* editoriale. *n* articolo di fondo *m.*

edition (i'diʃən) *n* edizione *f.*

educate ('edjukeit) *vt* educare, istruire. **educated** *adj* istruito, colto. **education** *n* istruzione, pedagogia *f.* **educational** *adj* pedagogico, della scuola.

eel (i:l) *n* anguilla *f.*

eerie ('iəri) *adj* strano, misterioso.

effect (i'fekt) *n* **1** risultato *m.* consequenza *f.* **2** pl effetti personali *m pl. vt* compiere, eseguire. **effective** *adj* efficace.

effeminate (i'feminət) *adj* effeminato.

effervesce (efə'ves) *vi* essere effervescente.

efficient (i'fiʃənt) *adj* efficiente, abile.

effigy ('efidʒi) *n* effigie *f.*

effort ('efət) *n* sforzo *m.* **effortless** *adj* senza sforzo.

egg[1] (eg) *n* uovo *m, pl* uova *f.* **eggcup** *n* portauovo *m.* **eggshell** *n* guscio d'uovo *m.* **eggwhisk** *n* frullino *m.*

egg[2] (eg) *vt* **egg on** incitare, istigare.

ego ('i:gou) *n* ego *m.* **egocentric** *adj* egocentrico. **egoism** *n* egoismo *m.* **egotism** *n* egotismo *m.*

Egypt ('i:dʒipt) *n* Egitto *m.* **Egyptian** *adj,n* egiziano.

eiderdown ('aidədaun) *n* piumino *m.*

eight (eit) *adj,n* otto *m.* **eighth** *adj* ottavo.

eighteen (ei'ti:n) *adj,n* diciotto *m or f.* **eighteenth** *adj* diciottesimo.

eighty ('eiti) *adj,n* ottanta *m.* **eightieth** *adj* ottantesimo.

either ('aiðə) *adj,pron* **1** l'uno o l'altro. **2** tutti e due. *adv* nemmeno. **either...or** o...o.

ejaculate (i'dʒækjuleit) *vt* **1** esclamare. **2** eiaculare. **ejaculation** *n* **1** esclamazione *f.* **2** emissione *f.*

eject (i'dʒekt) *vt* espellere,

emettere. **ejection** n **1** espulsione f. **2** tech eiezione f.

eke (iːk) vt **eke out** aggiungere a, accrescere.

elaborate (adj i'læbrət; v i 'læbəreit) adj elaborato, minuzioso. vt elaborare.

elapse (i'læps) vi trascorrere.

elastic (i'læstik) adj,n elastico m. **elastic band** n elastico m.

elated (i'leitid) adj esaltato, esultante.

elbow ('elbou) n gomito m.

elder¹ ('eldə) adj maggiore, più vecchio. n maggiore m,f. **elderly** adj anziano.

elder² ('eldə) n bot sambuco m. **elderberry** n bacca del sambuco f.

eldest ('eldist) adj primogenito, maggiore.

elect (i'lekt) vt eleggere, designare, scegliere. adj scelto, eletto. **election** n elezione f. **electorate** n elettorato m.

electricity (ilek'trisiti) n elettricità f. **electric** adj elettrico. **electrician** n elettricista m. **electrify** vt **1** elettrificare. **2** elettrizzare. **electrocute** vt fulminare con l'elettricità. **electrode** (i'lektroud) n elettrodo m.

electromagnet (ilektrou'mægnit) n elettromagnete m. **electromagnetic** adj elettromagnetico.

electron (i'lektron) n elettrone m. **electronic** adj elettronico. **electronics** n elettronica f.

elegant ('eligənt) adj elegante. **elegance** n eleganza f.

element ('eləmənt) n elemento, fattore m. **elemental** adj degli elementi, essenziale. **ele-**

mentary adj elementare, schematico.

elephant ('eləfənt) n elefante m.

elevate ('eləveit) vt innalzare, esaltare. **elevation** n elevazione, altezza f. **elevator** n ascensore, elevatore m.

eleven (i'levən) adj,n undici m or f. **eleventh** adj undicesimo.

elf (elf) n folletto m.

eligible ('elidʒəbəl) adj eleggibile, accettabile.

eliminate (i'limineit) vt **1** eliminare. **2** scartare.

elite (ei'liːt) n elite f. fior fiore della società m.

ellipse (i'lips) n ellisse f.

elm (elm) n olmo m.

elocution (elə'kjuːʃən) n elocuzione f.

elope (i'loup) vi fuggire. **elopement** n fuga f.

eloquent ('eləkwənt) adj eloquente.

else (els) adv **1** altro. **2** altrimenti, oppure. **elsewhere** adv altrove.

elucidate (i'luːsideit) vt spiegare, chiarire.

elude (i'luːd) vt eludere, schivare.

emaciate (i'meisieit) vt emaciare. **emaciated** adj emaciato.

emanate ('eməneit) vi emanare, provenire.

emancipate (i'mænsipeit) vt emancipare. **emancipation** n emancipazione f.

embalm (im'baːm) vt imbalsamare.

embankment (im'bæŋkmənt) n argine m.

embargo (im'bɑːgou) *n*, *pl* **-goes** embargo *m*. proibizione *f*.

embark (im'bɑːk) *vt* imbarcare. *vi* imbarcarsi.

embarrass (im'bærəs) *vt* mettere in imbarazzo. **embarrassing** *adj* imbarazzante. **embarrassment** *n* imbarazzo *m*.

embassy ('embəsi) *n* ambasciata *f*.

embellish (im'beliʃ) *vt* abbellire, ornare.

ember ('embə) *n* **1** tizzone *m*. **2** *pl* brace *f*.

embezzle (im'bezəl) *vt* appropriarsi indebitamente di. **embezzlement** *n* appropriazione fraudolenta *f*.

embitter (im'bitə) *vt* amareggiare.

emblem ('embləm) *n* emblema *m*.

embody (im'bɔdi) *vt* **1** incarnare, personificare. **2** includere.

emboss (im'bɔs) *vt* scolpire in rilievo.

embrace (im'breis) *vt* abbracciare. *vi* abbracciarsi. *n* abbraccio *m*.

embroider (im'brɔidə) *vt* ricamare. **embroidery** *n* ricamo *m*.

embryo ('embriou) *n* embrione *m*.

emerald ('emrəld) *n* smeraldo *m*.

emerge (i'məːdʒ) *vi* emergere, affiorare.

emergency (i'məːdʒənsi) *n* emergenza *f*. **emergency exit** *n* uscita di sicurezza *f*.

emigrate ('emigreit) *vi* emigrare.

eminent ('eminənt) *adj* eminente.

emit (i'mit) *vt* emettere, emanare.

emotion (i'mouʃən) *n* emozione *f*. sentimento *m*. **emotional** *adj* emotivo, commovente.

empathy ('empəθi) *n* empatia *f*.

emperor ('empərə) *n* imperatore *m*.

emphasis ('emfəsis) *n*, *pl* **-ses** rilievo *m*. evidenza *f*. enfasi *f invar*. **emphasize** *vt* accentuare, mettere in evidenza. **emphatic** *adj* enfatico, espressivo.

empire ('empaiə) *n* impero *m*.

empirical (im'pirikəl) *adj* empirico.

employ (im'plɔi) *vt* **1** impiegare, servirsi di. **2** dare impiego a. **employee** *n* impiegato *m*. **employer** *n* datore di lavoro *m*. **employment** *n* impiego *m*. occupazione *f*. **employment exchange** *n* ufficio collocamento *m*.

empower (im'pauə) *vt* autorizzare.

empress ('emprəs) *n* imperatrice *f*.

empty ('empti) *adj* **1** vuoto. **2** vano. *vt* vuotare. *vi* vuotarsi. **empty-handed** *adj* a mani vuote. **empty headed** *adj* scervellato.

emu ('iːmjuː) *n* emu *m*.

emulate ('emjuleit) *vt* emulare.

emulsion (i'mʌlʃən) *n* emulsione *f*.

enable (i'neibəl) *vt* mettere in grado di.

enact (i'nækt) *vi* **1** *law* decretare. **2** *Th* rappresentare.

enamel (i'næməl) *n* smalto *m*. *vt* smaltare.

enchant (in'tʃɑ:nt) *vt* incantare. **enchantment** *n* incantesimo *m*.

encircle (in'sə:kəl) *vt* circondare, cingere.

enclose (in'klouz) *vt* **1** racchiudere. **2** includere.

encore ('ɔŋkɔ:) *n* *Th* bis *m*.

encounter (in'kauntə) *n* **1** incontro *m*. **2** lotta *f*. *vt* **1** incontrare. **2** affrontare.

encourage (in'kʌridʒ) *vt* incoraggiare. **encouragement** *n* incoraggiamento *m*.

encroach (in'kroutʃ) *vi* usurpare, abusare, intromettersi.

encumber (in'kʌmbə) *vt* ingombrare, ostacolare, opprimere.

encyclopedia (insaiklə'pi:diə) *n* enciclopedia *f*.

end (end) *n* **1** fine *f*. termine *m*. **2** scopo, fine *m*. **3** morte *f*. **make ends meet** sbarcare il lunario. ~*vt,vi* finire, concludere. **endless** *adj* senza fine, interminabile.

endanger (in'deindʒə) *vt* mettere in pericolo.

endeavour (in'devə) *n* sforzo, tentativo *m*. *vi* tentare, sforzarsi.

endemic (en'demik) *adj* endemico.

endive ('endaiv) *n* indivia *f*.

endorse (in'dɔ:s) *vt* **1** *comm* girare, firmare. **2** approvare. **endorsement** *n* **1** *comm* girata *f*. **2** altergato *m*.

endow (in'dau) *vt* dotare. **endowment** *n* dotazione *f*.

endure (in'djuə) *vt* **1** sopportare. **2** durare. *vi* durare.

enemy ('enəmi) *adj,n* nemico, *pl* nemici *m*.

energy ('enədʒi) *n* energia *f*. **energetic** *adj* energico.

enfold (in'fould) *vt* avvolgere.

enforce (in'fɔ:s) *vt* imporre, far rispettare. **enforcement** *n* **1** imposizione *f*. **2** *law* applicazione *f*.

engage (in'geidʒ) *vt* **1** impegnare, occupare. **2** *mot* ingranare. *vi* impegnarsi. **engaged 1** fidanzato. **2** occupato. **engagement** *n* **1** impegno, appuntamento *m*. **2** fidanzamento *m*.

engine ('endʒin) *n* motore *m*.

engineer (endʒi'niə) *n* **1** ingegnere *m*. **2** tecnico *m*. *vt* costruire, ideare. **engineering** *n* ingegneria *f*.

England ('inglənd) *n* Inghilterra *f*. **English** *adj* inglese. **English** (language) *n* inglese *m*. **English Channel** *n* Manica *f*. **Englishman** *n* inglese *m*.

engrave (in'greiv) *vt* intagliare, incidere. **engraving** *n* incisione *f*.

engross (in'grous) *vt* assorbire.

engulf (in'gʌlf) *vt* inghiottire, inabissare.

enhance (in'hɑ:ns) *vt* **1** migliorare. **2** accrescere.

enigma (i'nigmə) *n* enigma *m*. **enigmatic** *adj* enigmatico.

enjoy (in'dʒɔi) *vt* **1** godere. **2** apprezzare. **enjoy oneself** divertirsi. **enjoyment** *n* divertimento, piacere *m*.

enlarge (in'lɑːdʒ) vt espandere, ingrandire.

enlighten (in'laitn) vt illuminare. **enlightenment** n **1** spiegazione f. **2** cap Illuminismo m.

enlist (in'list) vt arruolare. vi arruolarsi.

enormous (i'nɔːməs) adj enorme, immenso.

enough (i'nʌf) adj abbastanza. adv sufficientemente, abbastanza. **be enough** bastare.

enquire (in'kwaiə) vi chiedere, domandare, informarsi. vt chiedere, domandare. **enquiry** n **1** domanda f. **2** inchiesta f. **enquiry office** n ufficio informazioni m.

enrage (in'reidʒ) vt far arrabbiare.

enrich (in'ritʃ) vt arricchire.

enrol (in'roul) vt arruolare, iscrivere. **enrolment** n arruolamento m.

ensign ('ensain) n bandiera, insegna f.

enslave (in'sleiv) vt assoggettare, asservire.

ensure (in'ʃuə) vt assicurare, garantire.

entail (in'teil) vt implicare.

entangle (in'tæŋgəl) vt impigliare, coinvolgere. **entanglement** n groviglio, imbroglio m.

enter ('entə) vt **1** entrare in. **2** iscrivere. vi entrare.

enterprise ('entəpraiz) n impresa, iniziativa f. **enterprising** adj intraprendente.

entertain (entə'tein) vt **1** intrattenere, divertire. **2** ricevere. **3** accarezzare. **entertaining** adj divertente. **entertainment** n festa f. spettacolo m.

enthral (in'θrɔːl) vt affascinare, incantare.

enthusiasm (in'θjuːziæzəm) n entusiasmo m. **enthusiast** n entusiasta m. **enthusiastic** adj entusiastico.

entice (in'tais) vt **1** sedurre. **2** allettare.

entire (in'taiə) adj intero, completo.

entitle (in'taitl) vt intitolare, dare diritto a.

entity ('entiti) n entità f.

entrails ('entreilz) n pl viscere f pl. intestini m pl.

entrance[1] ('entrəns) n **1** entrata f. ingresso m. **2** ammissione f. **entrance fee** n tassa d'iscrizione f.

entrance[2] (in'trɑːns) vt mandare in estasi.

entreat (in'triːt) vt supplicare. **entreaty** n supplica f.

entrench (in'trentʃ) vt trincerare.

entrepreneur (ɔntrəprə'nəː) n impresario, imprenditore m.

entrust (in'trʌst) vt affidare, consegnare.

entry ('entri) n **1** entrata f. ingresso m. **2** registrazione f.

entwine (in'twain) vt intrecciare.

enunciate (i'nʌnsieit) vt enunciare.

envelop (in'veləp) vt avviluppare.

envelope ('envəloup) n busta f.

environment (in'vairənmənt) n ambiente m.

envisage (in'vizidʒ) vt considerare, immaginare.

envoy ('envɔi) n inviato m.

envy ('envi) n invidia, gelosia f. vt invidiare.

enzyme ('enzaim) n enzima m.

epaulet ('epələt) n spallina f.

ephemeral (i'femərəl) adj effimero.

epic ('epik) adj epico. n epica f.

epidemic (epi'demik) n epidemia f. adj epidemico.

epilepsy ('epilepsi) n epilessia f. **epileptic** adj,n epilettico.

epilogue ('epilɔg) n epilogo m.

Epiphany (i'pifəni) n Epifania f.

episcopal (i'piskəpəl) adj episcopale.

episode ('episoud) n episodio m.

epitaph ('epitɑːf) n epitaffio m.

epitome (i'pitəmi) n epitome f.

epoch ('iːpɔk) n epoca f.

equable ('ekwəbəl) adj uniforme, costante.

equal ('iːkwəl) adj uguale, simile, pari. n pari m invar. vt uguagliare. **equalize** vt uguagliare. vt,vi sport pareggiare.

equate (i'kweit) vt uguagliare, paragonare. **equation** n equazione f. **equator** n equatore m.

equestrian (i'kwestriən) adj equestre.

equilateral (iːkwi'lætərəl) adj equilatero.

equilibrium (iːkwi'libriəm) n equilibrio m.

equinox ('iːkwinɔks) n equinozio m.

equip (i'kwip) vt 1 equipaggiare. 2 fornire. **equipment** n 1 equipaggiamento m. 2 attrezzatura f.

equity ('ekwiti) n giustizia f.

equivalent (i'kwivələnt) adj equivalente.

era ('iərə) n era, epoca f.

eradicate (i'rædikeit) vt sradicare.

erase (i'reiz) vt cancellare, raschiare.

erect (i'rekt) adj eretto, elevato. vt erigere, rizzare. **erection** n costruzione, erezione f.

ermine ('əːmin) n ermellino m.

erode (i'roud) vt erodere, corrodere. **erosion** n erosione f.

erotic (i'rɔtik) adj erotico.

err (əː) vi sbagliare.

errand ('erənd) n commissione f. **errand boy** n fattorino m.

erratic (i'rætik) adj erratico, irregolare.

error ('erə) n 1 errore m. 2 torto m.

erupt (i'rʌpt) vi erompere, eruttare. **eruption** n eruzione f.

escalate ('eskəleit) vt aumentare, accrescere. **escalator** n scala mobile f.

escalope (i'skæləp) n scaloppa f.

escape (i'skeip) vi fuggire, evadere, sfuggire. vt 1 evitare. 2 sfuggire. n 1 fuga f. 2 salvezza f.

escort (n 'eskɔːt; v is'kɔːt) n scorta f. vt scortare, accompagnare.

Eskimo ('eskimou) adj,n eschimese.

esoteric (esə'terik) adj esoterico.

especial (i'speʃəl) adj speciale. **especially** adv soprattutto, specialmente.

espionage ('espiənɑːʒ) n spionaggio m.

esplanade ('espləneid) n spianata, passeggiata lungo mare f.

essay ('esei) n saggio m.

essence ('esəns) n essenza f.
essential adj essenziale.

establish (i'stæbliʃ) vt 1 affermare. 2 fondare, stabilire. **establishment** n 1 fondazione f. 2 stabilimento m.

estate (i'steit) n proprietà f. patrimonio m. **estate agent** n mediatore m. **estate car** n giardiniera f.

esteem (i'sti:m) vt stimare, rispettare. n stima, considerazione f.

estimate (n 'estimət; v 'estimeit) n valutazione f. preventivo m. vt valutare, preventivare..

estuary ('estʃuəri) n estuario m.

etching ('etʃiŋ) n incisione, acquaforte f.

eternal (i'tə:nl) adj eterno. **eternity** n eternità f.

ether ('i:θə) n etere f.

ethereal (i'θiəriəl) adj etereo, leggero.

ethical ('eθikəl) adj etico, morale. **ethics** n pl etica f.

Ethiopia (i:θi'oupiə) n Etiopia f. **Ethiopian** adj,n etiope.

ethnic ('eθnik) adj etnico.

etiquette ('etikit) n etichetta f. cerimoniale m.

etymology (eti'mɔlədʒi) n etimologia f.

eucalyptus (ju:kə'liptəs) n eucalipto m.

Eucharist ('ju:kərist) n Eucarestia f.

eunuch ('ju:nək) n eunuco m.

euphemism ('ju:fəmizəm) n eufemismo m.

euphoria (ju:'fɔ:riə) n euforia f.

Europe ('juərəp) n Europa f. **European** adj,n europeo.

European Economic Community n Mercato Comune Europeo m.

euthanasia (ju:θə'neiziə) n eutanasia f.

evacuate (i'vækjueit) vt evacuare, sfollare. **evacuation** n evacuazione f.

evade (i'veid) vt evitare, eludere. **evasion** n evasione f. **evasive** adj evasivo.

evaluate (i'væljueit) vt valutare.

evangelical (i:væn'dʒelikəl) adj evangelico. **evangelist** n evangelista m.

evaporate (i'væpəreit) vi evaporare. vt far evaporare.

eve (i:v) n vigilia f.

even ('i:vən) adj 1 uguale, costante. 2 pari. 3 piano. adv perfino, anche. vt appianare, livellare. **even-tempered** adj di umore costante.

evening ('i:vəniŋ) n sera, serata f. **evening dress** n abito da sera m.

event (i'vent) n 1 avvenimento m. 2 eventualità f. 3 sport prova f. **eventual** adj eventuale, finale. **eventually** adv alla fine.

ever ('evə) adv 1 mai. 2 sempre. **for ever** per sempre. **evergreen** adj,n sempreverde m. **everlasting** adj eterno, perenne. **evermore** adv sempre.

every ('evri) adj ogni, ciascuno. **every now and then** di tanto in tanto. **everybody** pron ognuno, tutti. **everyday** adj di tutti i giorni. **everyone** *pron* ognuno, tutti. **everything** *pron* tutto, ogni cosa. **everywhere** *adv* dovunque.

evict (i'vikt) *vt* sfrattare. **eviction** *n* sfratto *m*.

evidence ('evidəns) *n* **1** evidenza, prova *f*. **2** *law* deposizione *f*. **evident** *adj* evidente, ovvio.

evil ('i:vəl) *adj* cattivo, malvagio. *n* male *m*.

evoke (i'vouk) *vt* evocare.

evolve (i'vɔlv) *vt* evolvere. *vi* svilupparsi. **evolution** *n* evoluzione *f*. sviluppo *m*.

ewe (ju:) *n* pecora *f*.

exact (ig'zækt) *adj* esatto, giusto. *vt* esigere, richiedere. **exacting** *adj* esigente, impegnativo.

exaggerate (ig'zædʒəreit) *vt,vi* esagerare. **exaggeration** *n* esagerazione *f*.

exalt (ig'zɔ:lt) *vt* esaltare, innalzare. **exaltation** *n* esaltazione *f*.

examine (ig'zæmin) *vt* esaminare, verificare. **examination** *n* esame *m*. **examiner** *n* ispettore, esaminatore *m*.

example (ig'zɑ:mpəl) *n* esempio *m*.

exasperate (ig'zɑ:spəreit) *vt* esasperare, inasprire.

excavate ('ekskəveit) *vt* scavare. **excavation** *n* scavo *m*.

exceed (ik'si:d) *vt* eccedere, superare.

excel (ik'sel) *vi* eccellere. *vt* battere.

Excellency ('eksələnsi) *n* (title) Eccellenza *f*.

excellent ('eksələnt) *adj* eccellente, ottimo.

except (ik'sept) *prep* eccetto, tranne, all'infuori di. **excepting** *prep* tranne. **exception** *n* eccezione *f*. **with the exception of** eccetto. **exceptional** *adj* eccezionale.

excerpt ('eksə:pt) *n* brano *m*.

excess (ik'ses) *n* eccesso *m*. **excessive** *adj* eccessivo.

exchange (iks'tʃeindʒ) *n* **1** scambio *m*. **2** *comm* cambio *m*. **3** (telephone) centralino *m*. *vt* cambiare, scambiare.

exchequer (iks'tʃekə) *n* tesoro *m*.

excise ('eksaiz) *n* imposta indiretta *f*.

excite (ik'sait) *vt* **1** eccitare. **2** provocare, suscitare. **excitement** *n* agitazione *f*.

exclaim (ik'skleim) *vt,vi* clamare, gridare. **exclamation** *n* esclamazione *f*. **exclamation mark** *n* punto esclamativo *m*.

exclude (ik'sklu:d) *vt* escludere, interdire. **exclusion** *n* esclusione *f*. **exclusive** *adj* scelto, esclusivo, unico.

excommunicate (eksk 'mju:nikeit) *vt* scomunicare.

excruciating (ik'skru:ʃieitiŋ *adj* straziante, tormentoso.

excursion (ik'skə:ʒən) *n* gita *f*.

excuse (*v* ik'skju:z; *n* ik'skju:s *vt* scusare, esentare. *n* scusa pretesto *m*.

execute ('eksikju:t) *vt* **1** eseguire. **2** giustiziare. **execution** *n* esecuzione *f*. **executioner** *n* boia *m invar*.

executive (ig'zekjutiv) *adj* e

ecutivo. n 1 pol potere esecutivo m. 2 comm dirigente m.

exempt (ig'zempt) adj esente. vt esentare, esonerare.

exercise ('eksəsaiz) n 1 esercizio m. 2 mil esercitazione f. **exercise book** n quaderno m.

exert (ig'zə:t) vt esercitare, fare uso di. **exert oneself** sforzarsi.

exhale (eks'heil) vt esalare, emanare.

exhaust (ig'zɔ:st) vt esaurire. n scarico, scappamento m. **exhaust pipe** n tubo di scappamento m. **exhausted** adj esaurito, sfinito.

exhibit (ig'zibit) vt esbire, esporre. n oggetto per mostra m. **exhibition** n mostra, esibizione f. **exhibitionism** n esibizionismo m.

exhilarate (ig'zilǝreit) vt rallegrare, esilarare.

exile ('egzail) n 1 esilio m. 2 esule m,f. vt esiliare, bandire.

exist (ig'zist) vi esistere. **existence** n esistenza f. **existent** adj esistente. **existentialism** n esistenzialismo m.

exit ('eksit) n uscita f.

exorbitant (ig'zɔ:bitənt) adj esorbitante.

exorcize ('eksɔ:saiz) vt esorcizzare.

exotic (ig'zɔtik) adj esotico.

expand (ik'spænd) vt espandere. vi dilatarsi. **expansion** n espansione f.

expanse (ik'spæns) n spazio m. estensione f.

expatriate (adj,n eks'pætriit; v eks'pætrieit) adj,n espatriato. vt esiliare, espatriare. **expatriation** n espatrio m.

expect (ik'spekt) vt 1 aspettare, aspettarsi. 2 pensare. **expectation** n 1 aspettativa f. 2 attesa f. 3 speranza f.

expedient (ik'spi:diənt) adj conveniente. n espediente, mezzo m.

expedition (ekspi'diʃən) n spedizione f.

expel (ik'spel) vt espellere.

expenditure (ik'spenditʃə) n spesa f.

expense (ik'spens) n 1 spesa f. 2 pl spese f pl. indennità f. **expensive** adj costoso, caro.

experience (ik'spiəriəns) n esperienza f. vt provare, subire.

experiment (ik'sperimənt) n esperimento m. vi fare esperimenti. **experimental** adj sperimentale.

expert ('ekspə:t) adj esperto, competente. n esperto, perito m. **expertise** n abilità f.

expire (ik'spaiə) vi 1 scadere. 2 morire.

explain (ik'splein) vt spiegare. **explanation** n spiegazione f.

expletive (ik'spli:tiv) n bestemmia f.

explicit (ik'splisit) adj esplicito.

explode (ik'sploud) vt 1 far esplodere. 2 demolire. vi esplodere, scoppiare. **explosive** adj,n esplosivo m.

exploit[1] (ik'sploit) vt sfruttare, utilizzare. **exploitation** n sfruttamento m. utilizzazione f.

exploit[2] ('eksploit) n impresa eroica f.

explore (ik'splɔ:) vt esplorare.

exponent (ik'spounənt) n esponente m.

export (v ik'spɔ:t, 'ekspɔ:t; n

'ekspɔ:t) *vt* esportare. *n* esportazione *f*.

expose (ik'spouz) *vt* esporre, scoprire, svelare. **exposure** *n* 1 esposizione *f*. 2 smascheramento *m*. 3 *phot* posa *f*.

express (ik'spres) *adj* 1 espresso. 2 preciso. *vt* esprimere. **expression** *n* 1 espressione *f*. 2 manifestazione *f*. **express train** *n* direttissimo *m*.

exquisite (ek'skwizit) *adj* squisito, fine.

extend (ik'stend) *vt* estendere, prolungare. *vi* estendersi. **extension** *n* estensione, proroga *f*. **extensive** *adj* esteso, vasto.

extent (ik'stent) *n* limite, grado, punto *m*.

exterior (ek'stiəriə) *adj* esteriore. *n* esterno *m*.

exterminate (ik'stə:mineit) *vt* distruggere, sterminare.

external (ek'stə:nl) *adj* esterno.

extinct (ik'stiŋkt) *adj* estinto, spento.

extinguish (ik'stiŋgwiʃ) *vt* estinguere, spegnere.

extra ('ekstrə) *adj* extra, straordinario. *n* 1 supplemento *m*. 2 edizione straordinaria *f*. 3 *Th* comparsa *f*. *adv* in più.

extract (ik'strækt) *n* estratto *m*. citazione *f*. *vt* estrarre. **extraction** *n* 1 estrazione *f*. 2 origine *f*.

extramural (ekstrə'mjuərəl) *adj* fuori dell'università.

extraordinary (ik'strɔ:dənri) *adj* straordinario.

extravagant (ik'strævəgənt) *adj* stravagante, eccessivo.

extreme (ik'stri:m) *adj* estremo, grave. *n* estremo *m*.

extremist *n* estremista *m*.

extremity *n* estremità *f*.

extricate ('ekstrikeit) *vt* districare, liberare.

extrovert ('ekstrəvə:t) *n* estroverso *m*.

exuberant (ig'zju:bərənt) *adj* esuberante.

eye (ai) *n* 1 occhio *m*. 2 (of needle) cruna *f*. *vt* 1 guardare. 2 sbirciare.

eyeball ('aibɔ:l) *n* bulbo oculare *m*.

eyebrow ('aibrau) *n* sopracciglio *m,pl* sopracciglia *f*.

eye-catching *adj* che salta all'occhio.

eyelash ('ailæʃ) *n* ciglio *m*, *pl* ciglia *f*.

eyelid ('ailid) *n* palpebra *f*.

eye-opener *n* fatto sorprendente *m*.

eye shadow *n* ombretto *m*.

eyesight ('aisait) *n* vista *f*.

eye-witness *n* testimone oculare *m,f*.

F

fable ('feibəl) *n* favola *f*.

fabric ('fæbrik) *n* 1 tessuto *m*. stoffa *f*. 2 struttura *f*. **fabricate** *vt* inventare, falsificare.

fabulous ('fæbjuləs) *adj* favoloso, leggendario.

façade (fə'sɑ:d) *n* 1 *arch* facciata *f*. 2 apparenza *f*.

face (feis) *n* 1 faccia *f*. volto *m*. 2 (of a clock) quadrante *m*. **lose face** perdere prestigio. ~ *vt* fronteggiare, essere esposte a. **facecloth** *n* telo per lavars il volto *m*. **facecream** *n* crema per il viso *f*. **facelift** *n* plastica facciale *f*. **face-pack**

n maschera di bellezza *f*. **face value** *n* valore nominale *m*.

facet ('fæsit) *n* **1** faccetta *f*. **2** aspetto *m*.

facetious (fə'si:ʃəs) *adj* gioviale, scherzoso.

facile ('fæsail) *adj* **1** facile. **2** superficiale. **facilitate** *vt* facilitare. **facility** *n* **1** facilità, destrezza *f*. **2** *pl* attrezzatura *f*.

facing ('feisiŋ) *n* rivestimento *m*.

facsimile (fæk'simoli) *n* facsimile *m*.

fact (fækt) *n* fatto *m*. **as a matter of fact** effettivamente. **in fact** infatti. **factual** *adj* effettivo, reale.

faction ('fækʃən) *n* **1** fazione *f*. **2** discordia *f*.

factor ('fæktə) *n* **1** fattore *m*. **2** agente *m*.

factory ('fæktəri) *n* fabbrica *f*, officina, azienda *f*.

faculty ('fækəlti) *n* facoltà *f*.

fad (fæd) *n* capriccio *m*. ubbria *f*.

fade (feid) *vi* **1** appassire. **2** scolorirsi. *vt* far sbiadire. **faded** *adj* sbiadito.

fag (fæg) *n* **1** lavoro pesante *m*. **2** *sl* sigaretta *f*. **fagged out** *adj* stanco morto.

Fahrenheit ('færənhait) *adj* Fahrenheit.

fail (feil) *vi* **1** venire a mancare. **2** diminuire. **3** *comm* fallire. *vt* **1** bocciare. **2** abbandonare. **without fail** *adv* senza fallo. **failing** *n* difetto *m*. debolezza *f*. *adj* debole. *prep* in mancanza di. **failure** *n* **1** insuccesso *m*. **2** indebolimento *m*. **3** fallimento *m*.

faint (feint) *vi* svenire. *adj* fiacco, incerto, tenue. *n* svenimento *m*. **faint-hearted** *adj* timido, pussilanime.

fair [1] (fɛə) *adj* **1** giusto, onesto. **2** chiaro, biondo. **3** bello. *adv* giustamente, lealmente. **fair play** *n* comportamento leale *m*. **fairly** *adv* abbastanza, giustamente.

fair [2] (fɛə) *n* mercato *m*. fiera *f*. **fairground** *n* spazio per la fiera *m*.

fairy ('fɛəri) *n* fata *f*. **fairytale** *n* fiaba *f*.

faith (feiθ) *n* fede, fiducia *f*. **faith-healing** *n* guarigione ottenuta con preghiere *f*. **faithful** *adj* fedele.

fake (feik) *vt* contraffare, fingere. *n* trucco *m*. *adj* falso.

falcon ('fɔːlkən) *n* falcone *m*.

fall [*] (fɔːl) *n* **1** caduta *f*. **2** crollo *m*. **3** ribasso *m*. *vi* cadere. **fall down** prostarsi. **fall off** staccarsi. **fall through** fallire.

fallacy ('fæləsi) *n* errore, sofisma *m*. **fallacious** *adj* fallace.

fallible ('fæləbəl) *adj* fallibile.

fallow ('fælou) *adj* fulvo, incolto.

false (fɔːls) *adj* falso. *adv* falsamente. **false alarm** *n* falso allarme *m*. **falsehood** *n* menzogna, bugia *f*. **false pretences** *n* *pl* millantato credito *m*. **false teeth** *n* *pl* dentiera *f*. **falsify** *vt* falsificare.

falter ('fɔːltə) *vi* **1** barcollare, indugiare. **2** balbettare.

fame (feim) *n* fama, rinomanza *f*.

familiar (fə'miliə) *adj* familiare, usuale. **familiarize** *vt* familiarizzare.

family ('fæmili) n famiglia f.
famine ('fæmin) n carestia f.
 famished adj affamato.
famous ('feiməs) adj famoso.
fan[1] (fæn) n **1** ventaglio m. **2** ventilatore m. vt far vento a, ventilare. **fanbelt** n cinghia del ventilatore f.
fan[2] (fæn) n tifoso, appassionato m. **fan club** n circolo di ammiratori m.
fanatic (fə'nætik) adj,n fanatico.
fanciful ('fænsifəl) adj fantasioso, bizzarro.
fancy ('fænsi) adj elaborato. n **1** immaginazione f. **2** capriccio m. **3** illusione f. vt **1** credere. **2** desiderare. **3** immaginare. **fancy dress** n costume m.
fanfare ('fænfɛə) n fanfara f.
fang (fæŋ) n zanna f.
fantasy ('fæntəsi) n fantasia f.
fantastic (fæn'tæstik) adj fantastico.
far (fɑː) adj lontano, distante. adv **1** lontano. **2** molto, assai. **far-fetched** adj improbabile, inverosimile. **far-off** adj lontano. **far-reaching** adj di grande portata.
farce (fɑːs) n farsa f.
fare (fɛə) n prezzo m. tariffa f.
Far East n Estremo Oriente m.
farewell (fɛə'wel) n addio, congedo m.
farm (fɑːm) n fattoria f. podere m. vt coltivare. vi fare l'agricoltore. **farmer** n coltivatore m. **farmhouse** n casa colonica f. **farmland** n terreno da coltivare m. **farmyard** n aia f.
farther ('fɑːðə) adj,adv più

lontano. **farthest** adj il più lontano.
fascinate ('fæsineit) vt affascinare. **fascination** n fascino m.
fascism ('fæʃizəm) n fascismo m. **fascist** n fascista m.
fashion ('fæʃən) n **1** moda f. **2** maniera f. vt foggiare, adattare. **fashionable** adj elegante, di moda.
fast[1] (fɑːst) adj **1** veloce. **2** saldo, costante. **3** inf dissoluto. adv **1** velocemente. **2** saldamente.
fast[2] (fɑːst) vi digiunare. n digiuno m.
fasten ('fɑːsən) vt attaccare, fissare. vi chiudersi. **fastener** n chiusura f. fermaglio m.
fastidious (fə'stidiəs) adj meticoloso, schizzinoso.
fat (fæt) adj **1** untuoso. **2** grasso. n grasso m.
fatal ('feitl) adj fatale, mortale. **fatality** n fatalità f.
fate (feit) n fato m. sorte f.
father ('fɑːðə) n padre m. **father-in-law** n suocero m. **fatherland** n patria f. **fatherly** adj paterno.
fathom ('fæðəm) n naut bracci m, pl braccia f. vt capire **fathomless** adj impenetrabile.
fatigue (fə'tiːg) n stanchezza f vt affaticare.
fatten ('fætn) vt,vi ingrassare.
fatuous ('fætjuəs) adj fatuo.
fault (fɔːlt) n **1** errore m. **2** colpa f. **3** difetto m. **fault** adj difettoso.
fauna ('fɔːnə) n fauna f.
favour ('feivə) n **1** favore m. parzialità f. vt favorire, prefer ire. **favourable** adj propizi

favorevole. **favourite** *adj* preferito. *n* favorito *m*.

fawn[1] (fɔːn) *n* **1** *zool* cerbiatto *m*. **2** fulvo *m*. *adj* fulvo.

fawn[2] (fɔːn) *vi* **fawn on** adulare.

fear (fiə) *n* paura *f*. *vt* temere, aver paura di. **fearless** *adj* ardimentoso.

feasible ('fiːzibəl) *adj* probabile, realizzabile.

feast (fiːst) *n* **1** festa *f*. **2** banchetto *m*. *vi* far festa, banchettare.

feat (fiːt) *n* azione, impresa *f*.

feather ('feðə) *n* piuma, penna *f*. **featherbed** *n* letto di piume *m*. **featherweight** *n* peso piuma *m*.

feature ('fiːtʃə) *n* **1** fattezza *f*. **2** *pl* fisionomia *f*. **3** caratteristica *f*. **4** articolo speciale *m*. *vt* **1** caratterizzare. **2** mettere in risalto.

February ('februəri) *n* febbraio *m*.

feckless ('fekləs) *adj* debole, inetto.

fed (fed) *v* see **feed**.

federal ('fedərəl) *adj* federale. **federate** *vt* imfederare. *vi* confederarsi. *adj* confederato. **federation** *n* federazione *f*.

fee (fiː) *n* **1** onorario *m*. **2** tassa *f*.

feeble ('fiːbəl) *adj* debole.

feed* (fiːd) *vt* nutrire. *vi* nutrirsi. **be fed up** essere stufo. ~*n* alimentazione, pastura *f*. **feedback** *n* reazione *f*.

feel* (fiːl) *vt* **1** sentire, percepire. **2** ritenere. *vi* sentirsi. **feel one's way** procedere a tastoni. ~*n* tatto *m*. **feeler** *n* **1** tentacolo *m*. **2**

sondaggio *m*. **feeling** *n* sentimento *m*. sensazione *f*.

feign (fein) *vt* fingere, simulare.

feint[1] (feint) *n* finta *f*. *vi* fare una finta.

feint[2] (feint) *adj* rigato leggermente.

feline ('fiːlain) *adj* felino.

fell[1] (fel) *v* see **fall**.

fell[2] (fel) *vt* abbattere.

fellow ('felou) *n* **1** compagno, collega *m*. **2** individuo *m*. **3** *educ* docente *m*. **fellowship** *n* **1** associazione *f*. **2** borsa di studio *f*.

felon ('felən) *n* criminale *m,f*. **felony** *n* crimine *m*.

felt[1] (felt) *v* see **feel**.

felt[2] (felt) *n* feltro *m*.

female ('fiːmeil) *adj* femminile, di sesso femminile. *n* donna, femmina *f*.

feminine ('feminin) *adj* femminile, femminino. **feminism** *n* femminismo *m*.

fence (fens) *n* recinto *m*. palizzata *f*. *vt* recintare. *vi* tirar di scherma. **fencing** *n* **1** *sport* scherma *f*. **2** recinto *m*.

fend (fend) *vt* **fend for oneself** provvedere a se stesso. **fend off** parare, schivare. **fender** *n* paraurti *m invar*.

fennel ('fenl) *n* finocchio *m*.

ferment (fə'ment) *vi* fermentare. *vt* fare fermentare. **fermentation** *n* fermentazione *f*.

fern (fəːn) *n* felce *f*.

ferocious (fə'rouʃəs) *adj* feroce.

ferret ('ferit) *n* furetto *m*. *vi* frugare. **ferret out** scoprire.

ferry ('feri) *n* traghetto *m*. **ferryboat** *n* nave traghetto *f*.

fertile ('fə:tail) *adj* fertile. **fertilize** *vt* fertilizzare.

fervent ('fə:vənt) *adj* fervente, ardente.

fervour ('fə:və) *n* fervore *m*.

fester ('festə) *vi* suppurare.

festival ('festivəl) *n* festival *m*. celebrazione *f*. **festivity** *n* festa *f*.

festoon (fes'tu:n) *vt* decorare con festoni. *n* festone *m*.

fetch (fetʃ) *vt* **1** andare a prendere, andare a chiamare. **2** dare. **fetching** *adj* attraente.

fete (feit) *n* festa *f*.

fetid ('fetid) *adj* fetido.

fetish ('fetiʃ) *n* feticcio *m*.

fetlock ('fetlɔk) *n* barbetta *f*.

fetter ('fetə) *n* catena *f*. *vt* incatenare.

feud (fju:d) *n* feudo *m*. **feudal** *adj* feudale.

fever ('fi:və) *n* febbre *f*. **feverish** *adj* febbricitante, eccitato.

few (fju:) *adj,pron* pochi, alcuni. **a few** qualche. **a few** alcuni. **quite a few** un numero considerevole.

fiancé (fi'ãsei) *n* fidanzato *m*. **fiancée** *n* fidanzata *f*.

fiasco (fi'æskou) *n* fiasco, insuccesso *m*.

fib (fib) *n* frottola, bugia *f*. *vi* raccontare frottole.

fibre ('faibə) *n* fibra *f*. **fibreglass** *n* lana di vetro *f*.

fickle ('fikəl) *adj* volubile.

fiction ('fikʃən) *n* **1** novellistica *f*. **2** finzione *f*. **fictitious** *adj* falso.

fiddle ('fidl) *n* **1** violino *m*. **2** *inf* imbroglio *m*. *vt* *inf* imbrogliare.

fidelity (fi'deliti) *n* fedeltà *f*.

fidget ('fidʒit) *vi* agitarsi, essere irrequieto.

field (fi:ld) *n* **1** campo *m*. **2** settore *m*. **fieldwork** *n* fortificazione *f*.

fiend (fi:nd) *n* demonio *m*. **fiendish** *adj* diabolico.

fierce (fiəs) *adj* **1** fiero, selvaggio. **2** ardente.

fiery ('faiəri) *adj* impetuoso.

fifteen (fif'ti:n) *adj,n* quindici *m* or *f*. **fifteenth** *adj* quindicesimo.

fifth (fifθ) *adj* quinto.

fifty ('fifti) *adj,n* cinquanta *m*. **fiftieth** *adj* cinquantesimo.

fig (fig) *n* fico *m*.

fight (fait) *vt,vi* combattere. *n* combattimento *m*. lotta *f*.

figment ('figmənt) *n* finzione, invenzione *f*.

figure ('figə) *n* **1** figura *f*. **2** *math* cifra *f*. **3** linea *f*. *vt* figurarsi, immaginare. *vi* apparire. **figure out** calcolare. **figurative** *adj* figurativo, simbolico. **figurehead** *n* uomo di paglia *m*.

filament ('filəmənt) *n* filamento *m*.

file[1] (fail) *n* schedario, archivio *m*. *vt* ordinare, archiviare. **filing cabinet** *n* casellario *f*.

file[2] (fail) *n* lima *f*. *vt* limare.

filial ('filiəl) *adj* filiale.

fill (fil) *vt* **1** riempire. **2** (a tooth) otturare. **3** ricoprire. *vi* riempirsi. **fill in** compilare. **fill up** *mot* fare il pieno. ~*n* sazietà, sufficienza *f*. **filling** *n* **1** otturazione *f*. **2** *cul* ripieno *m*. **filling station** stazione di rifornimento *f*.

fillet ('filit) *n* filetto *m*.

filly ('fili) *n* puledra *f*.

film (film) n **1** pellicola f. velo m. **2** film m. vt filmare. **film star** n diva, stella del cinema f.

filter ('filtə) n filtro m. vt filtrare.

filth (filθ) n sudiciume m. **filthy** adj sudicio, sporco, sordido.

fin (fin) n pinna f.

final ('fainl) adj ultimo, decisivo. n **1** sport finale f. **2** pl esami finali m pl. **finalize** vt mettere a punto, concludere.

finance ('fainæns) n finanza f. vt finanziare. **financial** adj finanziario. **financier** n finanziere m.

finch (fintʃ) n fringuello m.

find* (faind) vt trovare, scoprire. **find out** scoprire. n scoperta f.

fine¹ (fain) adj bello, buono, raffinato. adv bene. **fine arts** n pl belle arti f pl. **finery** n abiti delle feste m pl.

fine² (fain) n multa f. vt multare.

finesse (fi'nes) n delicatezza, sottigliezza f.

finger ('fiŋgə) n dito m,pl dita f. vt toccare con le dita. **fingermark** n ditata f. **fingernail** n unghia f. **fingerprint** n impronta digitale f. **fingertip** n punta delle dita f.

finish ('finiʃ) vt,vi finire. n **1** fine, conclusione f. **2** rifinitura f.

finite ('fainait) adj limitato, circoscritto.

Finland ('finlənd) n Finlandia f. **Finn** n finlandese m,f. **Finnish** adj finnico, finlandese. **Finnish** (language) n finlandese m.

fiord (fjɔːd) n fiordo m.

fir (fəː) n abete m. **fir cone** n pigna f.

fire (faiə) n **1** fuoco m. **2** incendio m. **catch fire** prendere fuoco. ~vt **1** incendiare. **2** (a gun, etc) sparare. **3** inf licenziare. vi **1** incendiarsi. **2** sparare.

fire alarm n allarme d'incendio m.

fire brigade n pompieri m pl.

fire drill n esercitazione di pompieri f.

fire-engine · n pompa antincendio f.

fire-escape n uscita di sicurezza f.

fireguard ('faiəgɑːd) n parafuoco m.

firelight ('faiəlait) n luce del focolare f.

fireman ('faiəmən) n pompiere m.

fireplace ('faiəpleis) n caminetto m.

fireproof ('faiəpruːf) adj antincendio.

fireside ('faiəsaid) n angolo del focolare m.

fire station n caserma dei pompieri f.

firework ('faiəwəːk) n fuoco d'artificio m.

firm¹ (fəːm) adj **1** solido. **2** risoluto. **firmly** adv fermamente.

firm² (fəːm) n ditta, società f.

first (fəːst) adj primo. adv prima di tutto. **first aid** n pronto soccorso m. **first-class** adj di prima qualità. **first-hand** adj,adv di prima mano. **first person** n prima persona *f*. **first-rate** *adj* ottimo.

fiscal ('fiskəl) *adj* fiscale.

fish (fiʃ) *n*, *pl* **fishes** *or* **fish** pesce *m*. *vi* pescare. **fisherman** *n* pescatore *m*. **fish finger** *n* bastoncino di pesce *m*. **fishing** *n* pesca *f*. *adj* da pesca. **fishing rod** *n* canna da pesca *f*. **fishmonger** *n* pescivendolo *m*. **fishslice** *n* paletta per il pesce *f*. **fishy** *adj inf* losco, ambiguo.

fission ('fiʃən) *n* fissione *f*.

fist (fist) *n* pugno *m*.

fit [1] (fit) *adj* **1** adatto. **2** sano, in forma. *n* misura *f*. *vt* **1** adattare. **2** convenire a. *vi* **1** andare bene. **2** convenire. **fitting** *adj* adatto, opportuno. *n* **1** prova *f*. **2** *pl* mobili *m pl*.

fit [2] (fit) *n med* convulsione *f*. accesso *m*. **fitful** *adj* spasmodico, incostante.

five (faiv) *adj,n* cinque *m*.

fix (fiks) *vt* **1** assicurare, sistemare. **2** riparare. *n inf* difficoltà *f*. **fixation** *n* fissazione *f*. **fixture** *n* **1** infisso *m*. **2** avvenimento sportivo *m*.

fizz (fiz) *vi* frizzare. **fizzy** *adj* effervescente, frizzante. **fizzle** *vi* frizzare. **fizzle out** fare fiasco.

flabbergast ('flæbəgɑːst) *vt inf* sbalordire.

flabby ('flæbi) *adj* floscio, molle.

flag [1] (flæg) *n* bandiera *f*. **flagpole** *n* asta della bandiera *f*.

flag [2] (flæg) *vi* pendere, avvizzire, indebolirsi.

flagon ('flægən) *n* flacone, bottiglione *m*.

flagrant ('fleigrənt) *adj* flagrante.

flair ('fleə) *n* istinto *m*. attitudine *f*.

flake (fleik) *n* **1** fiocco *m*. **2** scaglia *f*. *vt* sfaldare. *vi* squamarsi. **flaky** *adj* a scaglie.

flamboyant (flæm'bɔiənt) *adj* sgargiante, vistoso.

flame (fleim) *n* fiamma *f*.

flamingo (flə'miŋgou) *n* fenicottero *m*.

flan (flæn) *n* sformato *m*.

flank (flæŋk) *n* fianco, lato *m*. *vt* fiancheggiare.

flannel ('flænl) *n* flanella *f*. *adj* di flanella.

flap (flæp) *n* **1** lembo *m*. **2** colpo leggero *m*. **3** *tech* deflettore *m*. **be in a flap** essere agitato. ~*vt* **1** agitare. **2** (wings) battere. *vi* sbattere.

flare (fleə) *n* **1** bagliore *m*. fiammata *f*. **2** razzo *m*. *v* splendere, avvampare. **flare up** infiammarsi.

flash (flæʃ) *n* lampo, sprazzo *m*. *vi* lampeggiare, balenare. *vt* dirigere. **flashback** *n* scena retrospettiva *f*. **flashbulb** *n* lampada per fotolampo *f*. **flashlight** *n* fotolampo *m*.

flask (flɑːsk) *n* borraccia *f*. fiasco *m*.

flat [1] (flæt) *adj* **1** piatto. **2** insipido. **3** deciso. **flatfish** *n* sogliola *f*. **flat-footed** *adj* coi piedi piatti. **flatten** *vt* appiattire.

flat [2] (flæt) *n* appartamento *m*.

flatter ('flætə) *vt* adulare, lusingare. **flattering** *adj* lusinghiero. **flattery** *n* adulazione *f*.

flaunt (flɔːnt) vt ostentare. vi pavoneggiarsi.

flautist ('flɔːtist) n flautista m.

flavour ('fleivə) n gusto, sapore m. vt aromatizzare.

flaw (flɔː) n difetto m.

flax (flæks) n lino m.

flea (fliː) n pulce f.

fleck (flek) n chiazza f.

fled (fled) v see **flee**.

flee* (fliː) vt fuggire, abbandonare. vi fuggire.

fleece (fliːs) n vello m. vt 1 tosare. 2 sl derubare.

fleet (fliːt) n flotta f.

fleeting ('fliːtiŋ) adj fuggevole.

Fleming ('flemiŋ) n fiammingo m.

Flemish ('flemiʃ) adj fiammingo. **Flemish** (language) n fiammingo m.

flesh (fleʃ) n 1 carne f. 2 polpa f.

flew (fluː) v see **fly**.

flex (fleks) n filo m. **flexible** adj flessibile, arrendevole.

flick (flik) n colpo, buffetto m. vt far saltare con un colpetto.

flicker ('flikə) n barlume, guizzo m. vi tremolare.

flight[1] (flait) n 1 (of a bird, plane, etc.) volo m. 2 slancio m. 3 (of stairs) rampa f.

flight[2] (flait) n (departure) fuga f.

flimsy ('flimzi) adj 1 sottile, fragile. 2 inconsistente.

flinch (flintʃ) vi ritrarsi, sottrarsi.

fling* (fliŋ) vt gettare, lanciare. n lancio m.

flint (flint) n 1 selce f. 2 pietra focaia f.

flip (flip) n colpetto, buffetto m.

vt dare un buffetto a. **flipper** n pinna f.

flippant ('flipənt) adj impertinente, leggero.

flirt (flɔːt) n civetta f. vi civettare, flirtare.

flit (flit) vi 1 svolazzare. 2 andarsene.

float (flout) n 1 carro m. 2 galleggiante m. 3 comm riserva di cassa. vi 1 galleggiare. 2 fluttuare.

flock[1] (flɔk) n 1 gregge m. 2 folla f. vi affollarsi.

flock[2] (flɔk) n (of wool, etc.) fiocco di lana m.

flog (flɔg) vt frustare.

flood (flʌd) n 1 diluvio m. inondazione, piena f. 2 (of tears) torrente m. vt allagare, inondare. **floodlight** n riflettore m.

floor (flɔː) n 1 pavimento m. 2 piano m. **floorboard** n tavola di pavimento f.

flop (flɔp) vi fallire. **flop down** cadere. ~n 1 tonfo m. 2 inf fiasco m. **floppy** adj floscio. **floppy disc** n disco flessibile m.

flora ('flɔːrə) n flora f.

floral ('flɔːrəl) adj floreale. **florist** n fiorista m,f.

Florence ('florəns) n Firenze f. **Florentine** adj,n fiorentino.

flounce[1] (flauns) n gesto rapido m. vi sussultare, agitarsi.

flounce[2] (flauns) n falpalà m.

flounder[1] ('flaundə) vi dibattersi.

flounder[2] ('flaundə) n zool passera f.

flour (flauə) n farina f.

flourish ('flʌriʃ) vi prosperare,

fiorire. *vt* agitare. *n* **1** ornamento *m*. **2** squillo di tromba *m*.

flout (flaut) *vt* sprezzare.

flow (flou) *n* **1** flusso *m*. **2** corrente *f*. *vi* **1** scorrere. **2** circolare.

flown (floun) *v* see **fly**.

flower ('flauə) *n* fiore *m*. *vi* fiorire. **flowerbed** *n* aiuola *f*. **flowerpot** *n* vaso da fiori *m*.

fluctuate ('flʌktʃueit) *vi* fluttuare, oscillare. **fluctuation** *n* fluttuazione *f*.

flue (flu:) *n* canna del camino *f*.

fluent ('fluːənt) *adj* scorrevole. **fluently** *adv* correntemente.

fluff (flʌf) *n* lanugine, peluria *f*.

fluid ('fluːid) *adj,n* fluido *m*.

flung (flʌŋ) *v* see **fling**.

fluorescent (fluˈresənt) *adj* fluorescente.

fluoride ('fluəraid) *n* fluoruro *m*.

flush[1] (flʌʃ) *n* **1** rossore *m*. **2** violento flusso d'acqua *m*. **3** *game* colore *m*. *vi* arrossire. *vt* sciacquare. **flushed** *adj* accaldato.

flush[2] (flʌʃ) *adj* **1** a livello, rasente. **2** abbondante.

fluster ('flʌstə) *n* agitazione *f*. *vt* stordire, eccitare.

flute (fluːt) *n* flauto *m*.

flutter ('flʌtə) *n* **1** battito *m*. **2** agitazione *f*. *vt* **1** battere. **2** innervosire. *vi* sventolare.

flux (flʌks) *n* flusso *m*.

fly[1] (flai) *vi* volare, slanciarsi. *vt* far volare. **flyover** *n* cavalcavia *m*.

fly[2] (flai) *n* mosca *f*.

foal (foul) *n* puledro *m*.

foam (foum) *n* schiuma, bava *f*. *vi* spumeggiare, far bava.

focus ('foukəs) *n* **1** fuoco *m*. **2** centro *vt* **1** mettere a fuoco. **2** concentrare. *vi* convergere.

fodder ('fɔdə) *n* foraggio *m*.

foe (fou) *n* nemico, *pl* nemici, avversario *m*.

foetus ('fiːtəs) *n* feto *m*.

fog (fɔg) *n* nebbia *f*. **foghorn** *n* sirena da nebbia *f*. **foggy** *adj* nebbioso.

foible ('fɔibəl) *n* punto debole *m*.

foil[1] (fɔil) *vt* frustrare, sventare.

foil[2] (fɔil) *n* **1** lamina di metallo *f*. **2** carta stagnola *f*.

foil[3] (fɔil) *n* *sport* fioretto *m*.

foist (fɔist) *vt* rifilare, introdurre di soppiatto.

fold[1] (fould) *n* piega, ripiegatura *f*. *vt* **1** piegare. **2** (one's arms) incrociare. **folder** *n* cartella *f*.

fold[2] (fould) *n* (for sheep) ovile *m*.

foliage ('fouliidʒ) *n* fogliame *m*.

folk (fouk) *n* gente *f*. popolo *m*. **folkdance** *n* ballo popolare *m*. **folklore** *n* folclore *m*. **folksong** *n* canzone popolare *f*. **folktale** *n* racconto *m*. leggenda popolare *f*.

follicle ('fɔlikəl) *n* follicolo *m*.

follow ('fɔlou) *vt* **1** seguire. **2** imitare. *vi* seguire, risultare. **follower** *n* seguace *m,f*.

folly ('fɔli) *n* pazzia, follia *f*.

fond (fɔnd) *adj* amante, affezionato. **be fond of 1** voler bene a. **2** amare.

fondant ('fɔndənt) *adj,n* fondente *m*.

fondle ('fɔndl) *vt* accarezzare, vezzeggiare.

font (fɔnt) *n* fonte battesimale *f*.

food (fu:d) n cibo, nutrimento m.

fool (fu:l) n sciocco, stupido, buffone m. **make a fool of oneself** rendersi ridicolo. ~vt ingannare. **foolish** adj stolto, insensato.

foolscap ('fu:lzkæp) n carta protocollo f.

foot (fut) n, pl **feet** 1 anat piede m. 2 base f. 3 (measure) piede m. v **foot the bill** pagare il conto. **football** n 1 (game) calcio m. 2 pallone m. **footbridge** n passerella f. **foothold** n punto d'appoggio m.

footing n 1 punto d'appoggio m. 2 posizione f. **footnote** n nota in calce f. **footprint** n orma f. **footstep** n passo, rumore di passi m. **footwear** n calzatura f.

for (fə; stressed fɔː) prep per, adatto a, di. **for sale** in vendita. ~conj poichè, perchè.

forage ('fɔridʒ) n foraggio m.

forbear* (fə'bɛə) vt astenersi da. vi astenersi.

forbid* (fə'bid) vt proibire, impedire. **forbidding** adj severo, minaccioso.

force (fɔːs) n 1 forza f. vigore m. 2 validità f. 3 pl **forces** armate f pl. vt forzare, costringere. **forcible** adj forte.

forceps ('fɔːseps) n pl forcipe m.

ford (fɔːd) n guado m.

fore (fɔː) adj anteriore. n naut prua f.

forearm¹ ('fɔːrɑːm) n avambraccio m.

forearm² vt (fɔː'rɑːm) premunire.

forecast ('fɔːkɑːst) vt pre-

vedere, predire. n pronostico m. previsione f.

forecourt ('fɔːkɔːt) n cortile m.

forefather ('fɔːfɑːðə) n avo, antenato m.

forefinger ('fɔːfiŋgə) n dito indice m.

forefront ('fɔːfrʌnt) n prima linea f.

foreground ('fɔːgraund) n primo piano m.

forehand ('fɔːhænd) n 1 posizione superiore f. 2 sport colpo diritto m.

forehead ('fɔrid) n fronte f.

foreign ('fɔrin) adj straniero, estraneo. **foreigner** n straniero m.

foreleg ('fɔːleg) n zampa anteriore f.

forelock ('fɔːlɔk) n ciuffo m.

foreman ('fɔːmən) n caposquadra, capo-operaio m.

foremost ('fɔːmoust) adj primo, principale. adv in testa.

forensic (fə'rensik) adj forense.

forerunner ('fɔːrʌnə) n precursore m.

foresee* (fɔː'siː) vt prevedere.

foresight ('fɔːsait) n previsione, prudenza f.

forest ('fɔrist) n foresta f.

forestall (fɔː'stɔːl) vt prevenire, anticipare.

foretaste ('fɔːteist) n pregustazione f.

foretell (fɔː'tel) vt predire.

forethought ('fɔːθɔːt) n premeditazione, previdenza f.

forfeit ('fɔːfit) n multa, pena, perdita f. vt perdere.

forge¹ (fɔːdʒ) n fucina f. vt 1 forgiare. 2 contraffare, falsificare. **forgery** n 1 contraffa-

zione f. **2** documento falso m.
3 falsificazione f.

forge² (fɔ:dʒ) vi **forge ahead**
avanzare gradatamente.

forget* (fə'get) vt dimenticare.

forgetful adj smemorato, immemore.

forgive* (fə'giv) vt perdonare.

forgiving adj indulgente.

forgo* (fɔ:'gou) vt rinunziare a,
fare senza di.

fork (fɔ:k) n **1** cul forchetta f. **2**
forca f. **3** (in a road) biforcazione f. vi biforcarsi.

forlorn (fə'lɔ:n) adj sperduto,
desolato.

form (fɔ:m) n **1** forma f. **2**
modulo m. **3** classe f. **4** formalità f. vt formare. **formal** adj
formale. **formality** n **1**
formalità f. **2** convenzionalismo m. **formation** n formazione f. **formative** adj formativo.

former ('fɔ:mə) adj precedente,
anteriore. **formerly** adv in
passato, già.

formidable ('fɔ:midəbəl) adj
spaventoso, temibile.

formula ('fɔ:mjulə) n, pl **-las** or
-lae formula f. **formulate** vt
formulare.

forsake* (fə'seik) vt abbandonare.

fort (fɔ:t) n forte m.

forte ('fɔ:tei) n forte m.

forth (fɔ:θ) adv avanti. **and
so forth** e così via. **forthcoming** adj prossimo, imminente.

fortify ('fɔ:tifai) vt **1** mil fortificare. **2** rinvigorire, incoraggiare.

fortnight ('fɔ:tnait) n due settimane f pl. quindicina f.

fortress ('fɔ:trəs) n fortezza f.

fortune ('fɔ:tʃən) n **1** fortuna,
sorte f. **2** ricchezza f. **fortune-teller** n chiromante m,f.
fortunate adj fortunato.

forty ('fɔ:ti) adj,n quaranta m.
fortieth adj quarantesimo.

forum ('fɔ:rəm) n foro m.

forward ('fɔ:wəd) adj **1**
avanzato, precoce. **2** sfrontato.
adv avanti. n sport attaccante
m. vt **1** promuovere, agevolare,
inoltrare. **2** rispedire. **forwards** adv avanti, in poi.

fossil ('fɔsəl) n fossile m.

foster ('fɔstə) vt **1** allevare. **2**
favorire, incoraggiare. **fosterchild** n figlio adottivo m.
fostermother n madre adottiva f.

fought (fɔ:t) v see **fight**.

foul (faul) adj **1** sporco, infetto,
osceno, **2** (of weather) cattivo.
n sport fallo m. vt **1** sporcare. **2**
sport commettere un fallo su.
foul play n giuoco scorretto m.

found¹ (faund) v see **find**.

found² (faund) vt fondare, istituire. **foundation** n **1** istituzione f. **2** base f. **3** pl fondamenta f pl.

founder¹ ('faundə) n fondatore
m.

founder² ('faundə) vi affondare, sprofondarsi.

foundry ('faundri) n fonderia f.

fountain ('fauntin) n fontana,
sorgente f.

four (fɔ:) adj,n quattro m or f.
on all fours carponi. **fourposter** n letto a quattro
colonne m. **foursome** n
quartetto m. **fourth** adj quarto.

fourteen (fɔ:'ti:n) adj,n quattordici *m* or *f*. **fourteenth** *adj* quattordicesimo.

fowl (faul) *n* pollo, uccello *m*.

fox (fɔks) *n* volpe *f*. **foxglove** *n* digitale *m*. **foxhound** *n* cane per caccia alla volpe *m*. **foxhunting** *n* caccia alla volpe *f*.

foyer ('fɔiei) *n* ridotto *m*.

fraction ('frækʃən) *n* frazione *f*.

fracture ('fræktʃə) *n* frattura *f*. *vt* spaccare. *vi* fratturarsi.

fragile ('frædʒail) *adj* fragile.

fragment ('frægmənt) *n* frammento, brano *m*.

fragrant ('freigrənt) *adj* fragrante.

frail (freil) *adj* debole, fragile.

frame (freim) *n* 1 struttura *f*. 2 telaio *m*. 3 cornice *f*. 4 inquadratura *f*. **frame of mind** stato d'animo *m*. ~*vt* 1 costruire. 2 incorniciare. **framework** *n* struttura *f*. scheletro *m*.

franc (fræŋk) *n* franco *m*.

France (frɑːns) *n* Francia *f*.

franchise ('fræntʃaiz) *n* 1 diritto di voto *m*. 2 franchigia *f*.

frank (fræŋk) *adj* sincero, schietto.

frankfurter ('fræŋkfəːtə) *n* salsiccia tedesca *f*.

frantic ('fræntik) *adj* frenetico.

fraternal (frə'təːnl) *adj* fraterno. **fraternity** *n* fraternità, confraternità *f*. **fraternize** *vi* fraternizzare.

fraud (frɔːd) *n* frode *f*.

fraught (frɔːt) *adj* carico.

fray [1] (frei) *n* lotta *f*. conflitto *m*.

fray [2] (frei) *vt* consumare. *vi* logorarsi.

freak (friːk) *n* 1 capriccio *m*. 2 anomalia della natura *f*.

freckle ('frekəl) *n* lentiggine *f*.

free (friː) *adj* 1 libero. 2 esente. 3 gratuito. *adv* liberamente, gratuitamente. *vt* liberare. **freedom** *n* libertà *f*. **freehold** *n* proprietà fondiaria assoluta *f*. **freelance** *adj* a ore, indipendente. *n* giornalista indipendente *m*. **freewheel** girare a ruota libera. **free will** *n* libero arbitrio *m*.

freeze* (friːz) *vt* congelare, gelare. *vi* gelare. **freezing point** *n* punto di congelamento *m*.

freight (freit) *n* 1 carico mercantile *m*. 2 trasporto *m*. *vt* trasportare. **freight train** *n* treno merci *m*.

French (frentʃ) *adj* francese. **French** (language) *n* francese *m*. **French bean** *n* fagiolino verde *m*. **French dressing** *n* condimento alla francese *m*. **French horn** *n* corno da caccia *m*. **Frenchman** *n* francese *m*. **French window** *n* portafinestra *f*.

frenzy ('frenzi) *n* frenesia *f*.

frequency ('friːkwənsi) *n* frequenza *f*. **frequent** *adj* frequente, diffuso.

fresco ('freskou) *n*, *pl* **-oes** or **-os** affresco *m*.

fresh (freʃ) *adj* 1 fresco, nuovo. 2 vigoroso. **freshwater** *adj* d'acqua dolce.

fret [1] (fret) *vi* logorarsi, affliggersi.

fret [2] (fret) *n* arch fregio *m*. **fretwork** *n* lavoro di traforo *m*.

friar ('fraiə) *n* frate *m*.

friction ('frikʃən) *n* frizione *f*.

Friday ('fraidi) *n* venerdì *m*.

fridge (fridʒ) *n* frigorifero *m*.

friend (frend) *n* amico, *pl* amici

m. **friendly** *adj* amichevole, affabile. **friendship** *n* amicizia *f.*

frieze (fri:z) *n* fregio *m.*

fright (frait) *n* spavento *m.* paura *f.* **frighten** *vt* spaventare. **frightful** *adj* spaventoso, terribile. **frightfully** *adv* straordinariamente.

frigid ('fridʒid) *adj* frigido, freddo.

frill (fril) *n* fronzolo *m.*

fringe (frindʒ) *n* 1 frangia *f.* orlo *m.* 2 periferia *f. vt* ornare con frangia, orlare.

frisk (frisk) *vt* perquisire. *vi* saltellare.

fritter[1] ('fritə) *vt* sperperare, sciupare.

fritter[2] ('fritə) *n* frittella *f.*

frivolity (fri'vɔliti) *n* leggerezza, vanità *f.* **frivolous** *adj* leggero, frivolo.

frizz (friz) *vt* arricciare. *n* ricciolo *m.* **frizzy** *adj* ricciuto.

frizzle[1] ('frizl) *vt* arricciare. *vi* arricciarsi.

frizzle[2] ('frizəl) *cul vt* friggere. *vi* sfrigolare.

fro (fro) **to and fro** *adv* avanti e indietro.

frock (frɔk) *n* abito *m.*

frog (frɔg) *n* rana *f.* **frogman** *n* sommozzatore *m.*

frolic ('frɔlik) *vi* divertirsi. *n* scherzo *m.* **frolicsome** *adj* allegro, vivace.

from (frəm; *stressed* frɔm) *prep* 1 da. 2 da parte di. 3 per.

front (frʌnt) *adj* di fronte, anteriore. *n* 1 *arch* facciata *f.* 2 fronte *m.* 3 lungomare *m.* **in front of** davanti a.

frontier ('frʌntiə) *n* frontiera *f.* confine *m.*

frost (frɔst) *n* gelo *m.* brina *f.* **frostbite** *n* congelamento *m.* **frosty** *adj* gelato, congelato.

froth (frɔθ) *n* schiuma, spuma *f. vi* schiumare.

frown (fraun) *n* cipiglio *m. vi* aggrottare le ciglia.

froze (frouz) *v see* **freeze.**

frozen ('frouzn) *v see* **freeze.**

frugal ('fru:gəl) *adj* frugale, sobrio.

fruit (fru:t) *n* 1 frutta *f invar.* 2 frutto *m.* **fruit salad** *n* macedonia di frutta *f.* **fruitful** *adj* fertile, vantaggioso. **fruition** *n* realizzazione *f.* **fruitless** *adj* infruttuoso, vano.

frustrate (frʌs'treit) *vt* frustrare, deludere.

fry (frai) *vt,vi* friggere. **frying pan** *n* padella *f.*

fuchsia ('fju:ʃə) *n* fucsia *m.*

fuck (fʌk) *tab vt* chiavare. **fuck off!** *va'* fan culo!

fudge (fʌdʒ) *n* dolce caramellato con cioccolata *m.*

fuel ('fju:əl) *n* carburante *m.*

fugitive ('fju:dʒitiv) *adj* fuggente. *n* fuggiasco *m.*

fulcrum ('fʌlkrəm) *n* fulcro *m.*

fulfil (ful'fil) *vt* soddisfare, esaudire, completare. **fulfilment** *n* adempimento *m.* realizzazione *f.*

full (ful) *adj* pieno, completo, colmo, abbondante. **full-length** *adj* in tutta la lunghezza. **full moon** *n* luna piena *f.* **full stop** *n* punto *m.* **full-time** *adj,adv* orario completo *m.*

fumble ('fʌmbəl) *vi* 1 annaspare. 2 andare a tastoni.

fume (fju:m) *n* esalazione *f. vi* 1 esalare fumo. 2 irritarsi.

fun (fʌn) n allegria f. divertimento m **make fun of** prendere in giro. **funfair** n parco dei divertimenti m.

function ('fʌŋkʃən) n 1 funzione f. 2 cerimonia f. vi funzionare.

fund (fʌnd) n fondo m. riserva f.

fundamental (fʌndə'mentl) adj fondamentale.

funeral ('fjuːnərəl) n funerale m. adj funebre, funereo.

fungus ('fʌŋgəs) n, pl **fungi** or **funguses** bot fungo m.

funnel ('fʌnl) n 1 imbuto m. 2 naut ciminiera f.

funny ('fʌni) adj 1 divertente. 2 strano.

fur (fəː) n 1 pelo, pelame m. 2 pelliccia f.

furious ('fjuəriəs) adj furibondo, furioso.

furnace ('fəːnis) n fornace f.

furnish ('fəːniʃ) vt ammobiliare, fornire.

furniture ('fəːnitʃə) n mobilio m.

furrow ('fʌrou) n solco m. scia f.

further ('fəːðə) adj più lontano, ulteriore. adv oltre, inoltre. vt favorire, promuovere. **furthest** adj il più lontano, estremo.

furtive ('fəːtiv) adj furtivo.

fury ('fjuəri) n furia, violenza f.

fuse [1] (fjuːz) n 1 tech fusibile m. valvola f. 2 mil spoletta, miccia f. vi saltare.

fuse [2] (fjuːz) vt fondere. vi fondersi.

fuselage ('fjuːzəlɑːʒ) n fusoliera f.

fusion ('fjuːʒən) n fusione f.

fuss (fʌs) n trambusto m. agitazione f. vi affaccendarsi, preoccuparsi per nulla. **fussy** adj pignolo, meticoloso.

futile ('fjuːtail) adj inutile, vano.

future ('fjuːtʃə) adj,n futuro m.

fuzz (fʌz) n 1 lanuggine f. 2 sl polizia f. **fuzzy** adj 1 increspato. 2 confuso.

G

gabble ('gæbəl) n borbottio m. vt borbottare. vi parlare in modo confuso.

gable ('geibəl) n frontone m.

gadget ('gædʒit) n congegno, gingillo m.

gag [1] (gæg) n bavaglio m. vt imbavagliare.

gag [2] (gæg) n battuta comica f.

gaiety ('geiəti) n allegria f.

gaily ('geili) adv gaiamente.

gain (gein) n 1 guadagno, profitto m. 2 miglioramento m. vt guadagnare. vi profittare.

gait (geit) n andatura f.

gala ('gɑːlə) n gala f.

galaxy ('gæləksi) n galassia f.

gale (geil) n burrasca f.

gall (gɔːl) n bile f. fiele m.

gallant ('gælənt) adj valoroso, cortese.

galleon ('gæliən) n galeone m.

gallery ('gæləri) n galleria f. loggione m.

galley ('gæli) n 1 galera, galea f. 2 cambusa f.

gallon ('gælən) n gallone m.

gallop ('gæləp) n galoppo m. vi galoppare.

gallows ('gælouz) n pl forca f. patibolo m.

galore (gə'lɔː) adv in quantità.

galvanize ('gælvənaiz) *vt* galvanizzare.

gamble ('gæmbəl) *n* gioco d'azzardo *m*. *vi* giocare d'azzardo. *vt* **1** giocare. **2** rischiare. **gambler** *n* giocatore d'azzardo *m*.

game (geim) *n* **1** gioco *m*. **2** partita *f*. **3** (*hunting*) selvaggina *f*. *adj* **1** coraggioso. **2** pronto. **gamekeeper** *n* guardiacaccia *m*.

gammon ('gæmən) *n* prosciutto affumicato *m*.

gander ('gændə) *n* papero *m*.

gang (gæŋ) *n* squadra, banda *f*. *v* **gang up** allearsi. **gangster** *n* bandito *m*. **gangway** *n* corridoio, passaggio *m*. passerella *f*.

gangrene (gæŋ'gri:n) *n* cancrena *f*.

gap (gæp) *n* breccia, apertura, fessura, lacuna *f*.

gape (geip) *vi* **1** sbadigliare. **2** restare a bocca aperta. *n* sbadiglio *m*.

garage ('gærɑ:ʒ) *n* garage *m*. autorimessa *f*.

garbage ('gɑ:bidʒ) *n* **1** rifiuti *m pl*. **2** cosa spregevole *f*.

garble ('gɑ:bəl) *vt* alterare.

garden ('gɑ:dn) *n* giardino *m*. *vi* fare del giardinaggio. **gardener** *n* giardiniere *m*. **gardening** *n* giardinaggio *m*.

gargle ('gɑ:gəl) *vi* fare gargarismi. *n* liquido per gargarismi.

gargoyle ('gɑ:gɔil) *n* mascherone da grondaia *m*.

garland ('gɑ:lənd) *n* ghirlanda *f*.

garlic ('gɑ:lik) *n* aglio *m*.

garment ('gɑ:mənt) *n* indumento *m*.

garnish ('gɑ:niʃ) *vt* guarnire, ornare. *n* guarnizione *f*. contorno *m*.

garrison ('gærisən) *n* presidio *m*. guarnigione *f*. *vt* presidiare.

garter ('gɑ:tə) *n* giarrettiera *f*.

gas (gæs) *n* gas *m invar*. *vt* assfissiare con il gas. **gas cooker** *n* fornello a gas *m*. **gas fire** *n* stufa a gas *f*. **gasworks** *n pl* officina del gas *f*.

gash (gæʃ) *n* ferita *f*. squarcio *m*. *vt* sfregiare, tagliare.

gasket ('gæskit) *n* guarnizione *f*.

gasp (gɑ:sp) *n* rantolo *m*. *vi* boccheggiare, ansimare.

gastric ('gæstrik) *adj* gastrico. **gastronomic** *adj* gastronomico.

gate (geit) *n* cancello *m*. porta *f*. **gatecrash** *vt* entrare senza invito a.

gateau ('gætou) *n*, *pl* **-teaux** pasticcino *m*.

gather ('gæðə) *vt* **1** riunire. **2** raccogliere. **3** dedurre. *v* radunarsi. **gathering** *n* riunione *f*.

gauche (gouʃ) *adj* maldestro.

gaudy ('gɔ:di) *adj* vistoso, di gusto pesante.

gauge (geidʒ) *n* **1** misura *f*. **2** calibro *m*. *vt* misurare, stimare.

gaunt (gɔ:nt) *adj* magro, scarno.

gauze (gɔ:z) *n* garza *f*. velo *m*.

gave (geiv) *v* see **give.**

gay (gei) *adj* allegro, vivace.

gaze (geiz) *n* sguardo fisso *m*. *vi* guardare fissamente.

gazelle (gə'zel) *n* gazzella *f*.

gear (giə) *n* **1** meccanismo *m*. **2** mot marcia *f*. **3** utensili *m pl*.

adattare. **gearbox** n scatola del cambio f. **gear lever** n leva del cambio f.

gelatine ('dʒelətiːn) n gelatina f.

gelignite ('dʒelignait) n nitroglicerina f.

gem (dʒem) n gemma f. gioiello m.

Gemini ('dʒeminai) n pl Gemelli m pl.

gender ('dʒendə) n genere m.

gene (dʒiːn) n gene m.

genealogy (dʒini'ælədʒi) n genealogia f.

general ('dʒenərəl) adj generale, comune. **general election** n elezioni generali f pl. **general practitioner** n medico generico m. **generally** adv in generale, generalmente. **generalize** vt,vi generalizzare.

generate ('dʒenəreit) vt generare, produrre. **generation** n generazione f.

generic (dʒi'nerik) adj generico.

generous ('dʒenərəs) adj generoso, abbondante.

genetic (dʒi'netik) adj genetico. **genetics** n genetica f.

genial ('dʒiːniəl) adj cordiale, amabile.

genital ('dʒenitḷ) adj genitale. **genitals** n pl organi genitali m pl.

genius ('dʒiːniəs) n **1** genio m. **2** talento m.

genteel (dʒen'tiːl) adj garbato, compito.

gentian ('dʒenʃən) n genziana f.

gentile ('dʒentail) adj pagano. n gentile, pagano m.

gentle ('dʒentḷ) adj mite, nobile, cortese. **gentleman** n, pl **gentlemen** signore m.

genuflect ('dʒenjuflekt) vi genuflettersi.

genuine ('dʒenjuin) adj **1** genuino. **2** sincero. **3** puro.

genus ('dʒiːnəs) n, pl **genera** classe, specie f.

geography (dʒi'ɔgrəfi) n geografia f. **geographical** adj geografico.

geology (dʒi'ɔlədʒi) n geologia f. **geological** adj geologico.

geometry (dʒi'ɔmətri) n geometria f. **geometric** adj also **geometrical** geometrico.

geranium (dʒə'reiniəm) n geranio m.

geriatric (dʒeri'ætrik) adj geriatrico. **geriatrics** n geriatria, gerontologia f.

germ (dʒəːm) n germe m.

Germany ('dʒəːməni) n Germania f. **German** adj,n tedesco. **German** (language) n tedesco m. **German measles** n rosolia f. **Germanic** adj germanico.

germinate ('dʒəːmineit) vi germinare. **germination** n germinazione f.

gerund ('dʒerənd) n gerundio m.

gesticulate (dʒis'tikuleit) vi gesticolare.

gesture ('dʒestʃə) n gesto m.

get* (get) vt **1** ottenere, guadagnare. **2** prendere, afferrare. vi **1** divenire. **2** arrivare. **3** fare, farsi. **4** persuadere. **get off** scendere. **get on** montare. **get over** superare. **get up** alzarsi.

geyser ('gi:zə) n 1 *geog* geyser m. 2 scaldabagno m.

ghastly ('gɑ:stli) *adj* orrendo, spettrale.

gherkin ('gə:kin) n cetriolo m.

ghetto ('getou) n, *pl* **-os** or **-oes** ghetto m.

ghost (goust) n spirito, fantasma m.

giant ('dʒaiənt) n gigante m. *adj* gigantesco.

giddy ('gidi) *adj* stordito, vertiginoso. **giddiness** n vertigine f.

gift (gift) n regalo, dono m. **gifted** *adj* dotato, fornito di talento.

gigantic (dʒai'gæntik) *adj* gigantesco.

giggle n risatina sciocca f. *vi* far risatine.

gild (gild) *vt* dorare.

gill (gil) n *zool* branchia f.

gilt (gilt) *adj* dorato. n doratura f.

gimmick ('gimik) n trucco, stratagemma m.

gin (dʒin) n gin m.

ginger ('dʒindʒə) n zenzero m. *adj* fulvo. **ginger beer** n bibita allo zenzero f. **gingerbread** n pan di zenzero m.

gingham ('giŋəm) n percallina f.

Gipsy ('dʒipsi) n gitano, zingaro m.

giraffe (dʒi'rɑ:f) n giraffa f.

girder ('gə:də) n putrella f.

girdle ('gə:dl) n cintura f. busto m. *vt* cingere, fasciare.

girl (gə:l) n ragazza, fanciulla f.

Giro ('dʒairou) n sistema bancario m.

girth (gə:θ) n 1 giro m. circonferenza f. 2 sottopancia f.

give* (giv) *vt* 1 dare. 2 consegnare. *vi* cedere. **give away** 1 rivelare, tradire. 2 regalare. **give back** restituire. **give in** cedere. **give up** 1 smettere. 2 arrendersi.

glacier ('glæsiə) n ghiacciaio m.

glad (glæd) *adj* contento, allegro. **gladly** *adv* con piacere.

glamour ('glæmə) n fascino, incantesimo m. **glamorous** *adj* affascinante. **glamorize** *vt* rendere attraente, valorizzare.

glance (glɑ:ns) n occhiata f. sguardo m. *vi* dare un'occhiata, guardare di sfuggita.

gland (glænd) n ghiandola f.

glare (glɛə) n 1 riverbero m. 2 sguardo penetrante m. *vi* guardare con astio.

glass (glɑ:s) n 1 vetro m. 2 bicchiere m. 3 *pl* occhiali m pl. *adj* di vetro.

glaze (gleiz) n smalto m. vernice f. *vt* 1 fornire di vetro. 2 smaltare.

gleam (gli:m) n barlume m. *vi* scintillare, brillare.

glean (gli:n) *vt* 1 spigolare. 2 raccogliere.

glee (gli:) n allegria, gioia f.

glib (glib) *adj* scorrevole, loquace.

glide (glaid) n 1 scivolata f. 2 *mus* legamento m. 3 *aviat* volo libero m. *vi* 1 scorrere. 2 scivolare. 3 planare. **glider** n aliante m.

glimmer ('glimə) n barlume, lucichio m. *vi* brillare, luccicare.

glimpse (glimps) n visione f. colpo d'occhio m. **catch a glimpse of** vedere di sfuggita.

glint (glint) *n* scintillio *m. vi* scintillare.

glisten ('glisən) *vi* brillare.

glitter ('glitə) *n* scintillio *m.* lucentezza *f. vi* brillare, rifulgere.

gloat (glout) *vi* gongolare (malignamente).

globe (gloub) *n* **1** globo *m.* sfera *f.* **2** mappamondo *m.*

gloom[1] (glu:m) *n* oscurità *f.* buio *m.* **gloomy** *adj* annuvolato.

gloom[2] (glu:m) *n* malinconia, tristezza *f.* **gloomy** *adj* cupo, triste.

glory ('glɔ:ri) *n* gloria *f.* splendore *m.* **glorify** *vt* glorificare. **glorious** *adj* maestoso, splendido.

gloss[1] (glɔs) *n* lucentezza *f. vt* **1** lucidare. **2** rendere plausibile.

gloss[2] (glɔs) *n* chiosa *f.* commento *m. vt* interpretare, commentare.

glossary ('glɔsəri) *n* glossario, lessico *m.*

glove (glʌv) *n* guanto *m.*

glow (glou) *n* ardore *m.* incandescenza *f. vi* ardere, essere incandescente. **glow-worm** *n* lucciola *f.*

glower ('glauə) *vi* guardare con occhi torvi.

glucose ('glu:kous) *n* glucosio *m.*

glue (glu:) *n* colla *f. vt* incollare.

glum (glʌm) *adj* tetro, accigliato.

glut (glʌt) *n* sovrabbondanza. *vt* satollare, rimpinzare.

glutton ('glʌtn) *n* ghiottone,

goloso *m.* **gluttony** *n* ghiottoneria *f.*

gnarled (nɑ:ld) *adj* nodoso, rugoso.

gnash (næʃ) *vt* digrignare.

gnat (næt) *n* moscerino *m.* zanzara *f.*

gnaw (nɔ:) *vt* rodere, tormentare.

gnome (noum) *n* gnomo *m.*

go* (gou) *vi* **1** andare, partire. **2** funzionare. **3** divenire. **go about** occuparsi di. **go back** ritornare. **go down 1** discendere. **2** affondare. **go into** entrare. **go on** continuare. **go out 1** uscire. **2** spegnersi. **go up** salire. ~*n* **1** vigore *m.* **2** tentativo *m.*

goad (goud) *n* pungolo *m. vt* stimolare, incitare.

goal (goul) *n* **1** traguardo, scopo *m.* **2** *sport* rete, porta *f.* **goalkeeper** *n* portiere *m.* **goalpost** *n* palo della porta *m.*

goat (gout) *n* capra *f.*

gobble ('gɔbəl) *vt* inghiottire, tranguiare.

goblin ('gɔblin) *n* folletto *m.*

god (gɔd) *n* **1** idolo *m.* divinità *f.* **2** *cap* Dio *m.* **goddaughter** *n* figlioccia *f.* **godfather** *n* padrino *m.* **godmother** *n* madrina *f.* **godson** *n* figlioccio *m.* **goddess** *n* dea *f.*

goggles ('gɔgəlz) *n pl* occhiali di protezione *m pl.*

going ('gouiŋ) *n* **1** landare *m.* andatura *f.* **2** *sport* terreno. *adj* attivo.

gold (gould) *n* oro *m. adj* d'oro. **goldfish** *n* pesce rosso *m.* **goldmine** *n* **1** miniera d'oro *f.* **2** fonte di ricchezza *f.* **gold rush** *n* febbre dell'oro *f.*

goldsmith n orefice m. **golden** adj d'oro, aureo. **golden syrup** n melassa f.

golf (gɔlf) n golf m. **golfball** n palla da golf f. **golf club** n 1 mazza da golf f. 2 circolo del golf m. **golfcourse** n campo di golf m.

gondola ('gɔndələ) n gondola f. **gondolier** n gondoliere m.

gone (gɔn) v see **go**.

gong (gɔŋ) n gong m.

good (gud) adj 1 buono, onesto. 2 valido. n bene, vantaggio m. **for good** per sempre. **it is no good** è inutile.

good afternoon interj buon giorno!

goodbye (gud'bai) interj addio! arrivederci!

good evening interj buona sera!

Good Friday n Venerdì Santo m.

good-humoured adj di buon umore.

good-looking adj di bell' aspetto.

good morning interj buon giorno!

good night interj buona notte!

goods train n treno merci m.

good will n buona volontà f.

goose (guːs) n, pl **geese** n oca f. **gooseberry** n uva spina f.

gore[1] (gɔː) n sangue m.

gore[2] (gɔː) vt trafiggere con le corna.

gorge (gɔːdʒ) n gola f. vt satollare.

gorgeous ('gɔːdʒəs) adj magnifico, splendido.

gorilla (gə'rilə) n gorilla m.

gorse (gɔːs) n ginestra spinosa f.

gory ('gɔːri) adj insanguinato.

gosh (gɔʃ) interj perbacco!

gosling ('gɔzliŋ) n papero m.

gospel ('gɔspəl) n vangelo m.

gossip ('gɔsip) n 1 chiacchiera f. pettegolezzo m. 2 pettegolo m. vi far pettegolezzi.

got (gɔt) v see **get**.

Gothic ('gɔθik) adj gotico.

goulash ('guːlæʃ) n gulash m.

gourd (guəd) n zucca f.

gourmet (guə'mei) n buongustaio m.

govern ('gʌvən) vt governare, influenzare, controllare. **government** n governo m. **governmental** adj governativo. **governor** n 1 governatore m. 2 sl capo, principale m.

gown (gaun) n 1 veste f. 2 toga f.

grab (græb) vt afferrare, arraffare. n presa, stretta f.

grace (greis) n grazia f. **His/Your Grace** Sua/Vostra Grazia. **graceful** adj grazioso, leggiadro. **gracious** adj clemente, benigno.

grade (greid) n grado, rango m. vt graduare, classificare. **gradient** n pendenza f. gradiente m. **gradual** adj graduale. **graduate** n laureato m. vi laurearsi.

graffiti (grə'fiːti) n pl graffiti m. pl.

graft (grɑːft) vt 1 innestare. 2 trapiantare. n 1 bot innesto m. 2 med trapianto m.

grain (grein) n 1 grano m. 2 chicco m. 3 granello m.

gram (græm) n grammo m.

grammar ('græmə) n grammatica f. **grammar school** n

scuola secondaria f. **grammatical** adj grammaticale.

gramophone ('græməfoun) n grammofono m.

granary ('grænəri) n granaio m.

grand (grænd) adj grandioso, imponente. **grandeur** n grandiosità f. splendore m.

grandad ('grændæd) n inf also **grandpa** nonno m.

grandchild ('græntʃaild) n nipote m,f.

granddaughter ('grændɔ:tə) n nipote, nipotina f.

grandfather ('grænfɑ:ðə) n nonno m.

grandma ('grænmɑ:) n inf also **granny** nonnina f.

grandmother ('grænmʌðə) n nonna f.

grandparent ('grænpɛərənt) n nonno m.

grand piano n piano a coda m.

grandson ('grænsʌn) n nipote, nipotino m.

grandstand ('grændstænd) n tribuna d'onore f.

granite ('grænit) n granito m.

grant (grɑ:nt) vt concedere, ammettere. **take for granted** dare per scontato. n **1** concessione f. **2** educ borsa di studio f.

grape (greip) n **1** acino m. **2** pl uva f. **grapefruit** n pompelmo m. **grapevine** n vite f.

graph (græf) n grafico m. curva f. **graphic** adj grafico.

grapple ('græpəl) vi venire alle prese.

grasp (grɑ:sp) vt afferrare, capire. n **1** stretta f. **2** comprensione f.

grass (grɑ:s) n erba f. prato m.

grate[1] (greit) n griglia, graticola f.

grate[2] (greit) vt grattugiare. vi stridere.

grateful ('greitfəl) adj grato, riconoscente. **gratify** vt ricompensare, soddisfare.

gratitude ('grætitju:d) n gratitudine f.

grave[1] (greiv) n fossa, tomba f. **gravestone** n lapide f. **graveyard** n cimitero m.

grave[2] (greiv) adj serio, solenne, grave.

gravel ('grævəl) n ghiaia f.

gravity ('græviti) n gravità, serietà f.

gravy ('greivi) n sugo di carne m.

graze[1] (greiz) vi pascolare.

graze[2] (greiz) vt med sfiorare, scalfire. n scalfittura f.

grease (gri:s) n unto, grasso m. vt ungere, ingrassare. **greaseproof** adj deato.

great (greit) adj **1** grande. **2** celebre. **a great deal** molto.

Great Britain n Gran Bretagna f.

Greece (gri:s) n Grecia f. **Grecian** adj greco, pl greci. **Greek** adj,n greco, pl greci. **Greek** (language) n greco m.

greed (gri:d) n avidità, ingordigia f. **greedy** adj avido, goloso.

green (gri:n) adj **1** verde. **2** inesperto. n **1** prato m. **2** (colour) verde m. **3** pl verdura f. **greenery** n vegetazione f. **greenfly** n pidocchio delle piante m. **greengage** n prugna f. **greengrocer** n erbivendolo m. **greenhouse** n serra f.

Greenland ('gri:nlənd) *n* Groenlandia *f*. **Greenlander** *n* groenlandese *m,f*.

greet (gri:t) *vt* salutare. **greeting** *n* saluto *m*.

gregarious (gri'geəriəs) *adj* socievole, gregario.

grenade (gri'neid) *n* granata *f*.

grew (gru:) *v* see **grow**.

grey (grei) *adj,n* grigio *m*. **greyhound** *n* levriero *m*.

grid (grid) *n* griglia *f*.

grief (gri:f) *n* dolore *m*. angoscia *f*.

grieve (gri:v) *vt* affliggere. *vi* affliggersi. **grievance** *n* **1** lamentela *f*. **2** ingiustizia *f*.

grill (gril) *n* graticola *f*. *vt* cuocere ai ferri.

grille (gril) *n* griglia, inferriata *f*.

grim (grim) *adj* torvo, sinistro.

grimace ('grimis) *n* smorfia *f*. *vi* fare smorfie.

grime (graim) *n* sporcizia *f*. **grimy** *adj* sporco.

grin (grin) *n* sogghigno *m*. *vi* sogghignare.

grind* (graind) *vt* **1** macinare. **2** affilare. **3** (teeth) digrignare. *vi* sgobbare. *n* lavoro arduo *m*.

grip (grip) *vt* **1** afferrare. **2** attirare. *vi* afferrarsi. *n* stretta *f*.

gripe (graip) *n* colica *f*.

gristle ('grisəl) *n* cartilagine *f*.

grit (grit) *n* **1** sabbia *f*. pulviscolo *m*. **2** *inf* forza di carattere *f*. *vt* digrignare.

groan (groun) *n* gemito *m*. *vi* lamentarsi.

grocer ('grousə) *n* droghiere *m*. **grocer's shop** *n* drogheria *f*.

groin (grɔin) *n* inguine *m*.

groom (gru:m) *n* **1** palafreniere

m. **2** sposo *m*. *vt* strigliare, riordinare.

groove (gru:v) *n* scanalatura *f*. canale *m*. *vt* scanalare.

grope (group) *vi* brancolare, andare a tastoni.

gross (grous) *adj* **1** volgare, grossolano. **2** *comm* lordo. *n* massa *f*.

grotesque (grou'tesk) *adj* grottesco.

grotto ('grotou) *n*, *pl* **-toes** *or* **-tos** grotta *f*.

ground [1] (graund) *n* **1** terra *f*. terreno *m*. **2** motivo *m*. base *f*. **3** campo, fondo *m*. *vt* **1** basare. **2** trattenere a terra. *vi* incagliarsi. **ground floor** *n* pianterreno *m*. **groundsheet** *n* telone impermeabile *m*. **groundsman** *n* addetto a un campo sportivo *m*. **groundwork** *n* base *f*. fondamento *m*.

ground [2] (graund) *v* see **grind**. *adj* macinato, levigato.

group (gru:p) *n* gruppo *m*. *v* raggruppare.

grouse [1] (graus) *n* gallo cedrone *m*.

grouse [2] (graus) *vi* brontolare.

grove (grouv) *n* boschetto *m*.

grovel ('grɔvəl) *vi* umiliarsi.

grow* (grou) *vi* **1** crescere, aumentare. **2** diventare. *vt* coltivare. **grow up** crescere.

growth *n* **1** crescita *f*. aumento *m*. **2** *med* escrescenza *f*.

growl (graul) *n* brontolio, ringhio *m*. *vi* borbottare, ringhiare.

grub (grʌb) *n* **1** verme, lombrico *m*. **2** *sl* cibo *m*. **grubby** *adj* sporco.

grudge (grʌdʒ) *n* rancore, risentimento *m*. **bear a**

grudge avere del risentimento. ~*vt* lesinare, concedere a malincuore.

gruelling ('gru:əliŋ) *adj* estenuante.

gruesome ('gru:səm) *adj* macabro.

gruff (grʌf) *adj* burbero, arcigno.

grumble ('grʌmbəl) *vi* borbottare, lamentarsi. *n* lagnanza *f*.

grumpy ('grʌmpi) *adj* bisbetico, irritabile.

grunt (grʌnt) *vi* grugnire, brontolare. *n* grugnito, borbottio *m*.

guarantee (gærən'ti:) *n* **1** garanzia *f*. **2** garante *m*. *vt* garantire, assicurare, rendersi garante di. **guarantor** *n* garante *m*.

guard (gɑːd) *vt,vi* guardare. *n* **1** guardia *f*. **2** (railway) capotreno *m*. **3** protezione *f*. **guard's van** *n* carro di servizio *m*. **guardian** *n* guardiano *m*. **guardian angel** *n* angelo custode *m*.

guerrilla (gə'rilə) *n* guerrigliero *m*.

guess (ges) *n* congettura, supposizione *f*. *vt,vi* supporre, indovinare. **guesswork** *n* congettura *f*.

guest (gest) *n* ospite *m,f*. invitato *m*. **guesthouse** *n* pensione *f*.

guide (gaid) *n* guida *f*. cicerone *m*. *vt* dirigere, guidare. **guidance** *n* guida, direzione *f*. **guidebook** *n* guida *f*. manuale *m*. **guide-dog** *n* cane guida *m*.

guild (gild) *n* corporazione *f*.

guillotine (gilə'ti:n) *n* ghigliottina *f*. *vt* ghigliottinare.

guilt (gilt) *n* colpa *f*. **guilty** *adj* colpevole.

guinea ('gini) *n* ghinea *f*. **guinea pig** *n* porcellino d'India *m*. cavia *f*.

guitar (gi'tɑː) *n* chitarra *f*.

gulf (gʌlf) *n* **1** geog golfo *m*. **2** abisso *m*.

gull (gʌl) *n* gabbiano *m*.

gullet ('gʌlit) *n* gola *f*. esofago *m*.

gulp (gʌlp) *n* boccone, sorso *m*. *vt* inghiottire, trangugiare.

gum[1] (gʌm) *n* gengiva *f*.

gum[2] (gʌm) *n* gomma *f*. *vt* ingommare.

gun (gʌn) *n* **1** cannone *m*. **2** rivoltella *f*. fucile *m*. **gunman** *n* bandito, terrorista *m*. **gunpowder** *n* polvere da sparo *f*. **gunrunning** *n* contrabbando d'armi *m*. **gunshot** *n* colpo d'arma da fuoco *m*.

gurgle ('gə:gəl) *n* gorgoglio *m*. *vi* gorgogliare, mormorare.

gush (gʌʃ) *n* **1** sgorgo, zampillo *m*. **2** effusione *f*. *vi* **1** sgorgare. **2** abbandonarsi ad effusioni.

gust (gʌst) *n* raffica *f*.

gut (gʌt) *n* **1** budello *m*. *pl* budella *f*. **2** *pl sl* coraggio *m*. *vt* sventrare.

gutter ('gʌtə) *n* grondaia *f*. rigagnolo *m*.

guy[1] (gai) *n* **1** *inf* individuo, tipo *m*. **2** spauracchio *m*.

guy[2] (gai) *n* (rope) tirante di fissaggio *m*.

gymnasium (dʒim'neiziəm) *n* palestra *f*. **gymnast** *n* ginnasta *m*. **gymnastic** *adj* ginnastico. **gymnastics** n pl ginnastica f.

gynaecology (gaini'kɔlədʒi) n ginecologia f. **gynaecologist** n ginecologo m.

gypsum ('dʒipsəm) n pietra da gesso f.

H

haberdasher ('hæbdæʃə) n merciaio m. **haberdashery** n merceria f.

habit ('hæbit) n abitudine f. **habitable** adj abitabile. **habitual** adj abituale.

hack[1] (hæk) vt tagliare, troncare. n tacca f, taglio m. **hacksaw** n seghetto m.

hack[2] (hæk) n **1** (horse) ronzino m. **2** scribacchino m.

hackneyed ('hæknid) adj trito, banale.

had (hæd) v see **have**.

haddock ('hædək) n merluzzo m.

haemorrhage ('heməridʒ) n emorragia f.

hag (hæg) n strega, vecchiaccia f.

haggard ('hægəd) adj smunto, sparuto.

haggle ('hægl) vi mercanteggiare.

Hague, The (heig) n L'Aia f.

hail[1] (heil) n grandine f. vi grandinare. **hailstone** n chicco di grandine m. **hailstorm** n grandinata f.

hail[2] (heil) vt salutare, chiamare. n saluto m.

hair (hɛə) n **1** capelli m pl. **2** pelo m. **3** pelame m. **split hairs** cercare il pelo nell'uovo. **hairbrush** ('hɛəbrʌʃ) n spazzola per capelli f.

haircut ('hɛəkʌt) n taglio dei capelli m.

hairdo ('hɛəduː) n acconciatura f.

hairdresser ('hɛədresə) n parrucchiere m. parrucchiera f. **hairdressing** n mestiere del parrucchiere m.

hairdryer ('hɛədraiə) n asciugacapelli m invar.

hairgrip ('hɛəgrip) n forcina per capelli f.

hairnet ('hɛənet) n retina per capelli f.

hairpiece ('hɛəpiːs) n toupet m.

hair-raising adj raccapricciante, che fa rizzare i capelli.

hairstyle ('hɛəstail) n pettinatura f.

hairy ('hɛəri) adj peloso.

half (hɑːf) n, pl **halves** metà f. mezzo m. **go halves** fare a metà. ~adj mezzo. adv a mezzo.

half-a-dozen adj,n mezza dozzina f.

half-and-half adj,adv mezzo e mezzo.

half-back n mediano m.

half-baked adj **1** non completamente cotto. **2** incompleto.

half-breed n meticcio m.

half-brother n fratellastro m.

half-caste n mulatto m.

half-hearted adj esitante abulico.

half-hour n mezz'ora f.

half-mast adv **at half-mast** mezz'asta.

halfpenny ('heipni) n moneta da mezzo penny f.

half-pint n mezza pinta f.

half-sister n sorellastra f.

half-term *n* vacanza di metà trimestre *f*.

half-time *n* intervallo *m*.

halftone ('hɑːftoun) *n* mezzatinta *f*.

halfway (hɑːf'wei) *adj,adv* a mezza strada.

halfwit ('hɑːfwit) *n* tonto, stupido *m*.

halibut ('hælibət) *n*, *pl* **-buts** *or* **-but** sogliola atlantica *f*. halibut *m invar*.

hall (hɔːl) *n* sala *f*. salone *m*.

hallelujah (hæli'luːjə) *interj* alleluia *m*.

hallmark ('hɔːlmɑːk) *n* marchio *m*.

hallo (hə'lou) *interj* see **hello**.

hallowed ('hæloud) *adj* benedetto, santo.

Hallowe'en (hælou'iːn) *n* vigilia dell'Ognissanti *f*.

hallucination (həluːsi'neiʃən) *n* allucinazione *f*.

halo ('heilou) *n*, *pl* **-loes** *or* **-los** aureola *f*. alone *m*.

halt (hɔːlt) *n* fermata, sosta *f*. *vt* fermare. *vi* trattenersi.

halter ('hɔːltə) *n* cavezza *f*. capestro *m*.

halve (hɑːv) *vt* dimezzare.

ham (hæm) *n* prosciutto *m*.

hamburger ('hæmbəːgə) *n* **1** polpetta di carne *f*. **2** panino con polpetta *m*.

hammer ('hæmə) *n* martello *m*. *vt* martellare.

hammock ('hæmək) *n* amaca *f*.

hamper[1] ('hæmpə) *vt* ostacolare, impedire.

hamper[2] ('hæmpə) *n* paniere *m*.

hamster ('hæmstə) *n* criceto *m*.

hand (hænd) *n* **1** mano *f*, *pl* mani. **2** operaio *m*. **3** lato *m*. **4**

calligrafia *f*. **5** (of a clock) lancetta *f*. **at hand** a portata di mano. **on the other hand** d'altra parte. *—vt* porgere, consegnare, dare.

handbag ('hændbæg) *n* borsa, borsetta *f*.

handbook ('hændbuk) *n* manuale *m*.

handbrake ('hændbreik) *n* freno a mano *m*.

handcart ('hændkɑːt) *n* carretto a mano *m*.

handcuff ('hændkʌf) *n* manetta *f*. *vt* mettere le manette a.

handful ('hændful) *n* **1** manata, manciata *f*. **2** piccolo numero *m*.

hand grenade *n* granata *or* bomba a mano *f*.

handicap ('hændikæp) *n* **1** svantaggio, ostacolo *m*. **2** *sport* handicap *m*. *vt* **1** impedire, intralciare. **2** regolare un handicap. **handicapped** *adj* mutilato, menomato.

handicraft ('hændikrɑːft) *n* **1** artigianato *m*. **2** arte *f*.

handiwork ('hændiwəːk) *n* lavoro a mano *m*.

handkerchief ('hæŋkətʃif) *n* fazzoletto *m*.

handle ('hændl) *n* **1** manico *m*. **2** maniglia *f*. **3** manubrio *m*. *vt* maneggiare, trattare. **handle-bar** *n* manubrio *m*.

handmade (hænd'meid) *adj* fatto a mano.

hand-pick *vt* scegliere singolarmente, cogliere a mano.

handrail ('hændreil) *n* corrimano *m* ringhiera *f*.

handshake ('hændʃeik) *n* stretta di mano *f*.

handsome ('hænsəm) *adj* **1**

handstand 346

bello, ben fatto. **2** considerevole, generoso.

handstand ('hændstænd) n posata verticale sulle mani f.

handwriting ('hændraitiŋ) n calligrafia f.

handy ('hændi) adj **1** abile. **2** utile, a portata di mano.

hang* (hæŋ) vt **1** appendere. **2** impiccare. **3** attaccare. vi pendere. **hang back** esitare. **hang on 1** persistere. **2** rimanere attaccato. **hang out** stendere. **hang up 1** appendere. **2** riattaccare. **hanger** n gancio m. stampella f. **hangman** n boia m invar. **hangover** n malessere m. postumi di sbornia m pl.

hanker ('hæŋkə) vi agognare, bramare.

haphazard (hæp'hæzəd) adj casuale.

happen ('hæpən) vi avvenire, accadere. **happening** n avvenimento m.

happy ('hæpi) adj felice, contento. **happy-go-lucky** adj spensierato.

harass ('hærəs) vt molestare, tormentare. **harassment** n molestia f. tormento m.

harbour ('ha:bə) n **1** porto m. **2** rifugio m. vt **1** dar rifugio a. **2** albergare.

hard (ha:d) adj **1** duro. **2** difficile, faticoso. adv **1** energicamente. **2** molto. **hardback** n libro con la copertina dura m. **hardboard** n pannello di fibra di legno m. **hard-boiled** adj sodo. **hard-headed** adj ostinato. **hard-hearted** adj insensibile, senza cuore. **hardship** n disagio, stento m.

privazione f. **hardware** n ferramenta f pl. **harden** vt indurire. vi indurirsi.

hardly ('ha:dli) adv **1** appena, a stento. **2** quasi.

hardy ('ha:di) adj coraggioso, resistente.

hare (heə) n lepre f.

haricot ('hærikou) n fagiolino m.

hark (ha:k) vi ascoltare.

harm (ha:m) n torto, danno m. vt nuocere a, danneggiare.

harmonic (ha:'mɔnik) adj armonioso, armonico. **harmonica** n armonica f. **harmonize** vt armonizzare. vi andare d'accordo. **harmony** n armonia f.

harness ('ha:nis) n finimenti m pl. vt bardare, imbrigliare.

harp (ha:p) n arpa f.

harpoon (ha:'pu:n) n fiocina f. vt fiocinare.

harpsichord ('ha:psikɔ:d) n clavicembalo m.

harrow ('hærou) n erpice m. vt **1** erpicare. **2** straziare.

harsh (ha:ʃ) adj ruvido, aspro, severo. **harshness** n durezza, severità f.

harvest ('ha:vist) n raccolto m. vt mietere, raccogliere.

has (hæz) v see **have**.

hashish ('hæʃiʃ) n hascisc m.

haste (heist) n fretta f. **hasten** vt affrettare. vi affrettarsi.

hat (hæt) n cappello m. **bowler hat** bombetta f.

hatch[1] (hætʃ) vt covare. vi nascere. n covata f.

hatch[2] (hætʃ) naut portello, boccaporto m.

hatchback ('hætʃbæk) n auto a portellone posteriore f.

hatchet ('hætʃit) *n* scure, accetta *f*.

hate (heit) *vt* odiare, detestare. *n* odio *m*. **hateful** *adj* odioso.

haughty ('hɔːti) *adj* superbo, altezzoso.

haul (hɔːl) *vt* tirare, trainare. *n* bottino *m*. retata *f*.

haunch (hɔːntʃ) *n* anca *f*. fianco *m*.

haunt (hɔːnt) *vt* 1 frequentare. 2 perseguitare. *n* ritrovo *m*. tana *f*. **haunted** *adj* 1 perseguitato. 2 infestato da apparizioni.

have* (hæv) *vt* 1 avere. 2 possedere. 3 dovere. *v aux* avere. **have done** *or* **made** far fare.

haven ('heivən) *n* 1 porto *m*. 2 rifugio *m*.

haversack ('hævəsæk) *n* zaino *m*.

havoc ('hævək) *n* rovina, devastazione *f*.

hawk (hɔːk) *n* falco, sparviero *m*.

hawthorn ('hɔːθɔːn) *n* biancospino *m*.

hay (hei) *n* fieno *m*. **hayfever** *n* febbre da fieno *f*. **haystack** *n* mucchio di fieno *m*. **haywire** *adj* pazzo. **go haywire** eccitarsi.

hazard ('hæzəd) *n* rischio, azzardo *m*. *vt* arrischiare. **hazardous** *adj* rischioso.

haze (heiz) *n* 1 nebbia *f*. 2 confusione *f*.

hazel ('heizəl) *n* nocciuolo *m*.

hazelnut *n* nocciuola *f*.

he (hiː) *pron 3rd pers s* 1 egli *m*. 2 lui *m*. 3 colui *m*.

head (hed) *n* 1 *anat* testa *f*. 2 dirigente *m,f*. 3 capezzale *m*. 4 schiuma *f*. *vt* 1 colpire con la testa. 2 intestare. 3 dirigere. **head for** dirigersi verso.

headache ('hedeik) *n* mal di testa *m*.

heading ('hediŋ) *n* intestazione *f*.

headlight ('hedlait) *n* faro *m*.

headline ('hedlain) *n* titolo di prima pagina *m*.

headlong ('hedlɔŋ) *adv* a capofitto.

headmaster (hed'mɑːstə) *n* direttore, preside *m*.

headphone ('hedfoun) *n* cuffia *f*.

headquarters ('hedkwɔːtəz) *n pl* 1 *mil* quartiere generale *m*. 2 centro *m*.

headscarf ('hedskɑːf) *n* fazzoletto da testa *m*.

headstrong ('hedstrɔŋ) *adj* testardo.

headway ('hedwei) *n* progresso *m*.

heal (hiːl) *vt,vi* guarire.

health (helθ) *n* salute *f*. **health food** cibo macrobiotico *m*. **healthy** *adj* sano, salubre.

heap (hiːp) *n* mucchio, cumulo *m*. *vt* ammucchiare, accumulare.

hear* (hiə) *vt* 1 udire, ascoltare. 2 apprendere. *vi* udire, sentire. **hear about** avere notizie di. **hearing** *n* 1 udito *m*. 2 udienza *f*. **hearing aid** *n* apparecchio acustico *m*.

hearse (həːs) *n* carro funebre *m*.

heart (hɑːt) *n* 1 cuore *m*. 2 coraggio *m*. 3 centro *m*. **by heart** a memoria. **heart attack** *n* attacco cardiaco *m*. **heartbeat** *n* pulsazione *f*. **heartbroken** *adj* affranto, angosciato. **heartless** adj spietato, senza cuore. **hearty** adj cordiale, vigoroso.

hearth (hɑ:θ) n focolare m.

heat (hi:t) n **1** caldo m. **2** ardore m. **3** sport prova singola f. **heater** n radiatore m. stufetta f. **heatwave** n ondata di caldo f.

heath (hi:θ) n brughiera f.

heathen ('hi:ðən) adj,n pagano.

heather ('heðə) n erica f.

heave (hi:v) n sollevamento m. vt sollevare, issare. vi gonfiarsi.

heaven ('hevən) n cielo, paradiso m.

heavy ('hevi) adj pesante. **heavyweight** n sport peso massimo m.

Hebrew ('hi:bru:) adj ebreo, ebraico. n ebreo m. **Hebrew** (language) n ebraico m.

heckle ('hekəl) vt tempestare di domande.

hectare ('hekteə) n ettaro m.

hectic ('hektik) adj movimentato.

hedge (hedʒ) n siepe f. vt circondare con siepe. vi evitare di dare una risposta diretta. **hedgehog** n porcospino m.

heed (hi:d) n attenzione f. vt fare attenzione a, badare a.

heel (hi:l) n **1** calcagno m, pl calcagna f or calcagni m. **2** tacco m.

hefty ('hefti) adj **1** forte. **2** vigoroso.

height (hait) n **1** altezza f. **2** colmo m. **3** altura f. **heighten** vt **1** intensificare. **2** innalzare. vi accentuarsi.

heir (ɛə) n erede m,f. **heirloom** n cimelio di famiglia m.

held (held) v see **hold.**

helicopter ('helikɔptə) n elicottero m.

helium ('hi:liəm) n elio m.

hell (hel) n inferno m. **hellish** adj infernale.

hello (hə'lou) interj **1** salve! ciao! **2** (on the telephone) pronto!

helm (helm) n timone m.

helmet ('helmit) n casco, elmetto m.

help (help) n **1** aiuto m. assistenza f. **2** rimedio m. vt aiutare, assistere. **helpful** adj utile, vantaggioso. **helpless** adj indifeso, debole.

hem (hem) n orlo m. vt orlare.

hemisphere ('hemisfiə) n emisfero m.

hemp (hemp) n canapa f.

hen (hen) n **1** gallina f. **2** femmina f.

hence (hens) adv **1** di qui. **2** perciò. **henceforth** adv d'ora in avanti.

henna ('henə) n alcanna f.

her (hə:) pron 3rd pers s la, lei, le f. poss adj 3rd pers s (il) suo, (la) sua, (i) suoi, (le) sue.

herald ('herəld) n araldo, messaggero m. vt annunziare.

herb (hə:b) n erba aromatica f.

herd (hə:d) n gregge m. mandria f.

here (hiə) adv qui, qua. **hereafter** adv in futuro.

hereditary (hi'reditri) adj ereditario.

heredity (hi'rediti) n ereditarietà f.

heresy ('herəsi) n eresia f.

heritage ('heritidʒ) n eredità f.

hermit ('hə:mit) n eremita m.

hero ('hiərou) n, pl **-oes** n 1 eroe m. 2 protagonista m.

heroin ('herouin) n eroina f.

heroine ('herouin) n 1 eroina f. 2 protagonista f.

heron ('herən) n airone m.

herring ('heriŋ) n, pl **herrings** or **herring** aringa f.

hers (həːz) pron 3rd pers s il suo, la sua, i suoi, le sue, di lei. **herself** pron 3rd pers s 1 ella or lei stessa. 2 si, sè.

hesitate ('heziteit) vi esitare.

hesitation n esitazione f.

heterosexual (hetərə'sekʃuəl) adj eterosessuale.

hexagon ('heksəgən) n esagono m. **hexagonal** adj esagonale.

hibernate ('haibəneit) vi svernare, essere in letargo. **hibernation** n ibernazione f.

hiccup ('hikʌp) n singhiozzo m. vi avere il singhiozzo.

hide[1] (haid) vt nascondere. vi celarsi. **hide-and-seek** n nascondino m.

hide[2] (haid) n cuoio m. pelle f.

hideous ('hidiəs) adj orrendo, mostruoso.

hiding[1] ('haidiŋ) n nascondiglio m.

hiding[2] ('haidiŋ) n inf bastonatura, sculacciata f.

hierarchy ('haiərɑːki) n gerarchia f.

high (hai) adj 1 alto, elevato. 2 importante. 3 cul alterato. adv 1 in alto. 2 fortemente. **highbrow** adj intellettuale. **high-fidelity** n alta fedeltà f. **high-frequency** adj ad alta frequenza f. **highland** n altipiano m. regione montuosa f. **highlight** n momento culminante m. vt 1 mettere in risalto. 2 proiettare un fascio di luce su. **highpitched** adj stridulo, acuto. **high tide** n alta marea f. **highway** n strada maestra f.

Highness ('hainis) n Altezza f.

hijack ('haidʒæk) vt 1 sequestrare. 2 costringere a cambiar rotta. **hijacker** n pirata m.

hike (haik) n escursione a piedi f.

hilarious (hi'lɛəriəs) adj allegro, esilarante.

hill (hil) n colle m. collina f. **hillside** n pendio m. **hilltop** n sommità della collina f.

him (him) pers pron 3rd pers s lo, lui, gli m. **himself** pron 3rd pers s 1 egli or lui stesso. 2 si, sè.

hind (haind) adj posteriore. **hindleg** n gamba posteriore f. **hindsight** n senno di poi m.

hinder ('hində) vt impedire, ostacolare. **hindrance** n impedimento, ostacolo m.

Hindu ('hinduː) adj,n indù.

hinge (hindʒ) n perno, cardine m. cerniera f.

hint (hint) n 1 accenno m. allusione f. 2 consiglio m. vi accennare, insinuare, alludere. **take the hint** capire al volo.

hip (hip) n anat anca f. fianco m.

hippopotamus (hipə'pɔtəməs) n, pl **-muses** or **-mi** ippopotamo m.

hire (haiə) vt affittare, noleggiare. n affitto m. **for hire** da nolo.

his (hiz) pron 3rd pers s il suo, la sua, i suoi, le sue, di lui. poss adj 3rd pers s (il) suo, (la) sua, (i) suoi, (le) sue.

hiss (his) *vi* sibilare, fischiare. *n* sibilo, fischio *m*.

history ('histri) *n* storia *f*. **historian** *n* storico *m*. **historic** *adj* storico.

hit* (hit) *vt* **1** colpire. **2** urtare. **3** toccare. *n* **1** colpo *m*. **2** successo *m*.

hitch (hitʃ) *vt* agganciare. *vi* fare l'autostop. *n* difficoltà *f*. **hitch-hike** *vi* fare l'autostop.

hive (haiv) *n* alveare *m*.

hoard (hɔːd) *n* cumulo, tesoro *m*. *vt* ammassare.

hoarding ('hɔːdiŋ) *n* **1** recinto provvisorio *m*. **2** tabellone *m*.

hoarse (hɔːs) *adj* rauco. **hoarseness** *n* raucedine *f*.

hoax (houks) *n* inganno, scherzo *m*.

hobble ('hɔbəl) *vi* zoppicare.

hobby ('hɔbi) *n* passatempo svago *m*.

hock[1] (hɔk) *n* (of a horse) garetto *m*.

hock[2] (hɔk) *n* vino bianco del Reno *m*.

hockey ('hɔki) *n* hockey *m*.

hoe (hou) *n* zappa *f*. *vt* zappare.

hoist (hɔist) *n* montacarichi *m*. *vt* alzare, sollevare.

hold*[1] (hould) *vt* **1** tenere. **2** contenere. **3** trattenere. *vi* tenere. **hold back** trattenersi, esitare. **hold up 1** (traffic, etc.) fermare. **2** rapinare. ~*n* **1** presa *f*. **2** sostegno *m*. **holdall** *n* borsa da viaggio *f*. **holder** *n* **1** possessore *m*. **2** astuccio *m*.

hold[2] (hould) *n naut* stiva *f*.

hole (houl) *n* **1** buco *m*. buca *f*. **2** tana *f*.

holiday ('hɔlidi) *n* vacanza, festa *f*. **holiday-maker** *n* villeggiante *m,f*.

Holland ('hɔlənd) *n* Olanda *f*.

hollow ('hɔlou) *n* cavità *f*. fosso *m*. *adj* **1** cavo, vuoto. **2** falso. *vt* scavare.

holly ('hɔli) *n* agrifoglio *m*.

hollyhock *n* altea rosata *f*.

holster ('houlstə) *n* fondina *f*.

holy ('houli) *adj* santo, sacro.

homage ('hɔmidʒ) *n* omaggio *m*.

home (houm) *n* **1** casa *f*. focolare domestico *m*. **2** patria *f*. **3** rifugio *m*. *adj* **1** familiare, domestico. **2** nazionale. *adv* a casa, di ritorno. **2** a segno. **homecoming** *n* ritorno alla propria casa *m*. **homeland** *n* patria *f*. **homesick** *adj* nostalgico. **homesickness** *n* nostalgia *f*. **homework** *n* compiti *m pl*.

homosexual (houmə'sekʃuəl) *adj,n* omosessuale *m*.

honest ('ɔnist) *adj* onesto, leale, genuino. **honestly** *adv* veramente. **honesty** *n* onestà *f*.

honey ('hʌni) *n* miele *m*. **honeycomb** *n* favo *m*. **honeymoon** *n* luna di miele *f*. **honeysuckle** *n* caprifoglio *m*.

honour ('ɔnə) *n* onore *m*. **2** reputazione *f*. **His/Your Honour** Sua/Vostra Eccellenza. ~ *vt* onorare, rispettare. **honorary** *adj* onorario, onorifico. **honourable** *adj* stimato, onorevole.

hood (hud) *n* **1** cappuccio *m*. **2** *mot* mantice *m*. *vt* incappucciare. **hoodwink** *vt* ingannare.

hoof (huːf) *n*, *pl* **hoofs** or **hooves** zoccolo *m*.

hook (huk) *n* **1** gancio, uncinc

m. **2** amo *m.* **by hook or by crook** a qualunque costo. ~*vt* agganciare.

hooligan ('hu:ligən) *n* teppista *m.* **hooliganism** *n* teppismo *m.*

hoop (hu:p) *n* cerchio *m. vt* cerchiare.

hoot (hu:t) *n* grido *m. vi* **1** urlare. **2** *mot* suonare.

Hoover ('hu:və) *n Tdmk* aspirapolvere *m.*

hop[1] (hɔp) *n* balzo, salto *m. vi* saltellare.

hop[2] (hɔp) *n bot* luppolo *m.*

hope (houp) *n* speranza *f. vt,vi* sperare. **hopeful** *adj* fiducioso, promettente. **hopeless** *adj* disperato, irrimediabile.

horde (hɔ:d) *n* orda *f.*

horizon (hə'raizən) *n* orizzonte *m.* **horizontal** *adj* orizzontale.

hormone ('hɔ:moun) *n* ormone *m.*

horn (hɔ:n) *n* **1** corno *m, pl* corna *f. or* corni *m.* **2** *mot* clacson *m.*

hornet ('hɔ:nit) *n* calabrone *m.*

horoscope ('hɔrəskoup) *n* oroscopo *m.*

horrible ('hɔrəbl) *adj* orrendo, orribile.

horrid ('hɔrid) *adj* **1** spaventoso. **2** *inf* spiacevole.

horrify ('hɔrifai) *vt* atterrire, far inorridire.

horror ('hɔrə) *n* orrore *m.*

hors d'oeuvres (ɔ: 'də:vs) *n pl* antipasto *m.*

horse (hɔ:s) *n* cavallo *m.* **on horseback** *adv* a cavallo. **horse chestnut** *n* ippocastano *m.* **horsefly** *n* mosca cavallina *f.* **horsehair** *n* crine di

cavallo *m.* **horseman** *n* cavaliere *m.* **horsepower** *n* cavallo vapore *m.* **horseradish** *n* rafano *m.* **horseshoe** *n* ferro di cavallo *m.*

horticulture ('hɔ:tikʌltʃə) *n* orticultura *f.*

hose (houz) *n* tubo flessibile *m.*

hosiery ('houziəri) *n* maglieria *f.*

hospitable ('hɔspitəbəl) *adj* ospitale.

hospital ('hɔspitl) *n* ospedale *m.*

hospitality (hɔspi'tæliti) *n* ospitalità *f.*

host[1] (houst) *n* ospite *m.*

host[2] (houst) *n* (crowd) moltitudine, schiera *f.*

hostage ('hɔstidʒ) *n* ostaggio *m.*

hostel ('hɔstl) *n* locanda *f.* ostello *m.*

hostess ('houstis) *n* ospite *f.*

hostile ('hɔstail) *adj* nemico, ostile.

hot (hɔt) *adj* **1** caldo, bollente, ardente. **2** piccante. **3** pericoloso. **hot-blooded** *adj* ardente, dal sangue caldo. **hot dog** *n* panino imbottito con salsiccia *m.* **hothouse** *n* serra *f.* **hotplate** *n* fornello *m.* piastra riscaldente *f.* **hot-tempered** *adj* dal temperamento focoso. **hot-water bottle** *n* borsa dell'acqua calda *f.*

hotel (hou'tel) *n* albergo *m.*

hound (haund) *n* cane da caccia *m. vt* inseguire.

hour (auə) *n* ora *f.*

house (*n* haus; *v* hauz) **1** case *f.* **2** dinastia *f.* **3** ditta *f.* **4** *Th* sala *f. vt* alloggiare.

houseboat ('hausbout) n casa galleggiante f.

housebound ('hausbaund) adj costretto a casa.

household ('haushould) n famiglia f.

housekeeper ('hauski:pə) n governante, massaia f.

housemaid ('hausmeid) n cameriera f.

House of Commons n Camera dei Comuni f.

House of Lords n Camera dei Pari f.

houseproud ('hauspraud) adj orgoglioso della propria casa.

housewife ('hauswaif) n casalinga, donna di casa f.

housework ('hauswə:k) n faccende domestiche f pl.

housing ('hauziŋ) n alloggio m. **housing estate** n zona residenziale f.

hover ('hɔvə) vi librarsi sulle ali, ondeggiare, sorvolare. **hovercraft** n veicolo a cuscino pneumatico m. hovercraft m invar.

how (hau) adv 1 come, in che modo. 2 quanto. **how are you?** come stai? **how long** quanto tempo. **however** conj tuttavia. adv 1 comunque. 2 per quanto.

howl (haul) n ululato m. vi lamentarsi, ululare.

hub (hʌb) n 1 mot mozzo m. 2 centro m.

huddle ('hʌdl) n calca, folla f. vt metter insieme alla rinfusa. vi affollarsi.

huff (hʌf) n collera f.

hug (hʌg) n abbraccio m. vt abbracciare. vi abbracciarsi.

huge (hju:dʒ) adj enorme, vasto.

hulk (hʌlk) n carcassa f.

hull[1] (hʌl) n bot baccello, guscio m. vt sgusciare.

hull[2] (hʌl) n naut scafo m.

hullo (hə'lou) interj see **hello.**

hum (hʌm) vi ronzare, mormorare. vt cantare a bocca chiusa. n ronzio m.

human ('hju:mən) adj umano. n essere umano m. **human nature** n natura umana f. **humane** adj umano, compassionevole. **humanism** n umanesimo m. **humanitarian** adj filantropico. n filantropo m. **humanity** n umanità, benevolenza f.

humble ('hʌmbəl) adj umile, modesto. vt umiliare.

humdrum ('hʌmdrʌm) adj monotono.

humid ('hju:mid) adj umido. **humiliate** (hju'milieit) vt umiliare. **humiliation** n umiliazione f.

humility (hju'militi) n umiltà f.

humour ('hju:mə) n 1 umore m. 2 capriccio m. vt assecondare, compiacere. **humorist** n umorista m. **humorous** adj umoristico, comico.

hump (hʌmp) n gobba f.

hunch (hʌntʃ) n 1 gobba f. 2 inf sospetto, presentimento m. vt curvare. **hunchback** n gobbo m.

hundred ('hʌndrəd) adj,n cento m. n centinaio m, pl centinaia f. **hundredth** adj centesimo. **hundredweight** n misura di peso di 112 libbre f.

hung (hʌŋ) v see **hang.**

Hungary ('hʌŋgəri) n Ungheri-

f. **Hungarian** *adj,n* ungherese. **Hungarian** (language) *n* ungherese *m.*

hunger ('hʌŋgə) *n* fame *f. vi* bramare. **hunger-strike** *n* sciopero della fame *m.* **hungry** *adj* affamato. **be hungry** avere fame.

hunt (hʌnt) *n* **1** caccia *f.* **2** inseguimento *m. vt* **1** cacciare. **2** inseguire. **hunting** *n* caccia *f.* **huntsman** *n* cacciatore *m.*

hurdle ('hə:dl) *n* **1** ostacolo *m.* **2** barriera *f.*

hurl (hə:l) *vt* scagliare.

hurrah (hu'rɑː) *interj* urrà! evviva!

hurricane ('hʌrikein) *n* uragano, ciclone *m.*

hurry ('hʌri) *n* fretta, urgenza *f. vt* affrettare. *vi* precipitarsi.

hurt* (hə:t) *vt* **1** far male a. **2** offendere. **3** danneggiare. *vi* dolere.

husband ('hʌzbənd) *n* marito *m.*

hush (hʌʃ) *n* silenzio *m. interj* zitto! *vi* tacere. *vt* far tacere.

husk (hʌsk) *n* guscio, baccello *m.*

husky ('hʌski) *adj* rugoso, rauco.

hustle ('hʌsəl) *vt* spingere. *vi* affrettarsi. *n* spinta, fretta *f.*

hut (hʌt) *n* capanna, baracca *f.*

hutch (hʌtʃ) *n* conigliera *f.*

hyacinth ('haiəsinθ) *n* giacinto *m.*

hybrid ('haibrid) *adj,n* ibrido *m.*

hydraulic (hai'drɔːlik) *adj* idraulico.

hydro-electric (haidroui'lek-trik) *adj* idroelettrico.

hydrofoil ('haidroufɔil) *n* aliscafo *m.*

hydrogen ('haidrədʒən) *n* idrogeno *m.* **hydrogen bomb** *n* bomba all'idrogeno *f.*

hyena (hai'iːnə) *n* iena *f.*

hygiene ('haidʒiːn) *n* igiene *f.* **hygienic** *adj* igienico.

hymn (him) *n* inno *m.* **hymnbook** *n* libro di inni *m.*

hypermarket ('haipəma:kit) *n* ipermercato *m.*

hyphen ('haifən) *n* trattino *m.* lineetta di congiunzione *f.* **hyphenate** *vt* mettere un trattino a.

hypnosis (hip'nousis) *n, pl* **-ses** ipnosi *f.* **hypnotism** *n* ipnotismo *m.*

hypochondria (haipə'kɔndriə) *n* ipocondria *f.* **hypochondriac** *n* ipocondriaco.

hypocrisy (hi'pɔkrəsi) *n* ipocrisia *f.* **hypocrite** *n* ipocrita *m.* **hypocritical** *adj* ipocrito.

hypodermic (haipə'də:mik) *adj* ipodermico.

hypothesis (hai'pɔθəsis) *n, pl* **-ses** ipotesi *f invar.* **hypothetical** *adj* ipotetico.

hysterectomy (histə'rektəmi) *n* isterectomia *f.*

hysteria (his'tiəriə) *n* isterismo *m.* **hysterical** *adj* isterico. **hysterics** *n pl* attacco d'isteria *m.*

I

I (ai) *pron 1st pers s* io *m,f.*

ice (ais) *n* ghiaccio *m. vt* **1** ghiacciare. **2** *cul* glassare. **iceberg** *n* massa di ghiaccio galleggiante *f.* **ice-cream** *n* gelato *m.* **ice-cube** *n* cubetto di ghiaccio *m.* **ice hockey** *n* hockey su ghiaccio *m*. **ice rink** *n* pista di pattinaggio *f*. **icicle** *n* ghiacciolo *m*. **icing** *n* glassa *f*. **icy** *adj* gelido, ghiacciato.

Iceland ('aislənd) *n* Islanda *f*. **Icelandic** *adj* islandese. **Icelandic** (language) *n* islandese *m*. **Icelander** *n* islandese *m,f*.

icon ('aikən) *n* icona *f*.

idea (ai'diə) *n* idea *f*. concetto *m*.

ideal (ai'diəl) *adj,n* ideale *m*. **idealistic** *adj* idealistico. **idealize** *vt* idealizzare.

identify (ai'dentifai) *vt* identificare. **identification** *n* identificazione *f*.

identity (ai'dentiti) *n* identità *f*. **identity card** *n* carta d'identità *f*. **identical** *adj* identico. **identical twins** *n pl* gemelli monozigotici *m pl*.

ideology (aidi'ɔlədʒi) *n* ideologia *f*.

idiom ('idiəm) *n* idioma, dialetto *m*. **idiomatic** *adj* idiomatico.

idiosyncrasy (idiə'siŋkrəsi) *n* idiosincrasia *f*.

idiot ('idiət) *n* idiota *m*. **idiotic** *adj* idiota, ebete.

idle ('aidl) *adj* pigro, inutile, vano. *vi* oziare. **idleness** *n* pigrizia, indolenza *f*.

idol ('aidl) *n* idolo *m*. **idolatry** *n* idolatria *f*. **idolize** *vt* idolatrare.

idyllic (i'dilik) *adj* idillico.

if (if) *conj* se. **if anything** se mai.

igloo ('iglu:) *n* igloo *m*.

ignite (ig'nait) *vt* accendere. *vi* accendersi. **ignition** *n* ignizione, accensione *f*.

ignorant ('ignərənt) *adj* ignorante.

ignore (ig'nɔ:) *vt* ignorare, far finta di non vedere *or* sentire.

ill (il) *adj* **1** ammalato. **2** cattivo. *n* male, danno *m*. *adv* male. **ill-bred** *adj* maleducato. **illness** *n* malattia *f*. **ill-treat** *vt* maltrattare. **ill will** *n* cattiva volontà *f*.

illegal (i'li:gəl) *adj* illegale.

illegible (i'ledʒəbəl) *adj* illeggibile.

illegitimate (ili'dʒitimət) *adj* illegittimo.

illicit (i'lisit) *adj* illecito.

illiterate (i'litərət) *adj* analfabeta.

illogical (i'lɔdʒikəl) *adj* illogico.

illuminate (i'lu:mineit) *vt* rischiarare, illuminare. **illumination** *n* illuminazione *f*.

illusion (i'lu:ʒən) *n* illusione *f*.

illustrate ('iləstreit) *vt* spiegare, illustrare. **illustration** *n* illustrazione *f*.

illustrious (i'lʌstriəs) *adj* illustre, celebre.

image ('imidʒ) *n* immagine *f*. **imagery** *n* linguaggio figurato *m*.

imagine (i'mædʒin) *vt* immaginare, farsi un' idea di. **imaginary** *adj* immaginario. **imagination** *n* fantasia, immaginazione *f*. **imaginative** *adj* fantasioso.

imbecile ('imbisi:l) *adj,n* imbecile.

imitate ('imiteit) *vt* imitare. **imitation** *n* imitazione *f*. *ad* contraffatto, artificiale.

immaculate (i'mækjulət) *adj* immacolato.

immature (imə'tjuə) *adj* immaturo.

immediate (i'mi:diət) *adj* immediato, istantaneo. **immediately** *adv* subito, d'un tratto.

immense (i'mens) *adj* immenso. **immensely** *adv* moltissimo.

immerse (i'mə:s) *vt* immergere, tuffare.

immigrate ('imigreit) *vi* immigrare. **immigrant** *n* immigrante *m,f.* **immigration** *n* immigrazione *f.*

imminent ('iminənt) *adj* imminente.

immobile (i'moubail) *adj* immobile. **immobilize** *vt* immobilizzare.

immoral (i'mɔrəl) *adj* immorale.

immortal (i'mɔ:tl) *adj* immortale. **immortality** *n* immortalità *f.*

immovable (i'mu:vəbəl) *adj* inamovibile.

immune (i'mju:n) *adj* immune, esente. **immunize** *vt* immunizzare.

mp (imp) *n* diavoletto *m.*

mpact ('impækt) *n* **1** urto *m.* **2** impressione *f.*

mpair (im'pεə) *vt* indebolire, menomare.

mpart (im'pɑ:t) *vt* impartire, dare.

mpartial (im'pɑ:ʃəl) *adj* imparziale, giusto. **impartiality** *n* imparzialità *f.*

mpatient (im'peiʃənt) *adj* impaziente. **impatience** *n* impazienza *f.*

mpeach (im'pi:tʃ) *vt* imputare, incriminare. **im-**

peachment *n* accusa, incriminazione *f.*

impeccable (im'pekəbəl) *adj* impeccabile.

impediment (im'pedimənt) *n* ostacolo, impedimento *m.*

impel (im'pel) *vt* incitare, stimolare.

imperative (im'perativ) *adj* imperativo, urgente. *n* imperativo *m.*

imperfect (im'pə:fikt) *adj* imperfetto.

imperial (im'piəriəl) *adj* imperiale.

impersonal (im'pə:sənl) *adj* impersonale.

impersonate (im'pə:səneit) *vt* impersonare, imitare.

impertinent (im'pə:tinənt) *adj* impertinente.

impetuous (im'petʃuəs) *adj* impetuoso.

impetus ('impitəs) *n* impeto, slancio *m.*

impinge (im'pindʒ) *vi* **impinge on 1** urtare contro. **2** violare.

implement (*n* 'impləmənt; *v* 'impliment) *n* **1** utensile *m.* **2** *pl* attrezzi *m pl. vt* compiere, attuare.

implicit (im'plisit) *adj* implicito.

implore (im'plɔ:) *vt* implorare.

imply (im'plai) *vt* implicare, insinuare, significare.

import (*v* im'pɔ:t; *n* 'impɔ:t) *vt* **1** *comm* importare. **2** significare. *n* **1** *comm* importazione *f.* **2** portata *f.* significato *m.*

importance (im'pɔ:tns) *n* importanza *f.* **important** *adj* importante.

impose (im'pouz) *vt* imporre. *vi* imporsi. **impose on**

abusare di. **imposing** adj imponente, grandioso.

impossible (im'posəbəl) adj impossibile.

impostor (im'pɔstə) n impostore, imbroglione m.

impotent ('impətənt) adj impotente, debole.

impound (im'paund) vt sequestrare, confiscare.

impoverish (im'pɔvəriʃ) vt impoverire.

impress (im'pres) vt **1** fare buona impressione su. **2** inculcare. **3** stampare. **impression** n **1** impressione f. **2** ristampa f. **impressive** adj impressionante.

imprint (n 'imprint; v im'print) n impronta f. vt stampare.

improbable (im'prɔbəbəl) adj improbabile.

impromptu (im'prɔmptjuː) adj improvvisato. adv all'improvviso, a prima vista.

improper (im'prɔpə) adj erroneo, sconveniente.

improve (im'pruːv) vt,vi migliorare. **improvement** n miglioramento, progresso m.

improvise ('imprəvaiz) vt improvvisare. **improvisation** n improvvisazione f.

impudent ('impjudənt) adj sfrontato. **impudence** n impudenza f.

impulse ('impʌls) n impeto, stimolo m. **impulsive** adj impulsivo.

impure (im'pjuə) adj impuro, contaminato. **impurity** n impurità f.

in (in) prep **1** a, in. **2** entro, tra. **3** durante. **4** di. adv dentro, a casa.

inability (inə'biliti) n incapacità f.

inaccurate (in'ækjurət) adj impreciso, sbagliato. **inaccuracy** n inesattezza f.

inadequate (in'ædikwit) adj insufficiente.

inadvertent (inəd'vəːtnt) adj sbadato, involontario.

inane (i'nein) adj vuoto, insensato.

inarticulate (inɑː'tikjulət) adj inarticolato, indistinto.

inasmuch (inəz'mʌtʃ) conj **inasmuch as** in quanto che.

inaugurate (i'nɔːgjureit) vt inaugurare.

incapable (in'keipəbəl) adj incapace, inetto.

incendiary (in'sendiəri) adj,n incendiario m.

incense[1] ('insens) n incenso m.

incense[2] (in'sens) vt provocare, irritare.

incessant (in'sesənt) adj continuo.

incest ('insest) n incesto m. **incestuous** adj incestuoso.

inch (intʃ) n pollice m. **inch by inch** gradatamente.

incident ('insidənt) n **1** caso m. **2** episodio m. **incidental** adj fortuito, accidentale.

incite (in'sait) vt spronare, incitare.

incline (in'klain) vt inclinare. v propendere. n pendio m. **inclined** adj propenso.

include (in'kluːd) vt includere comprendere. **inclusion** n inclusione f. **inclusive** adj compreso.

incognito (inkɔg'niːtou) adj incognito. adv in incognito.

incoherent (inkou'hiərənt) *adj* incoerente.

income ('inkʌm) *n* reddito *m*. entrata *f*. **income tax** *n* tassa sul reddito *f*.

incompatible (inkəm'pætibəl) *adj* incompatibile.

incompetent (in'kɔmpətənt) *adj* incompetente, incapace.

incongruous (in'kɔŋgruəs) *adj* incongruo, assurdo.

inconsiderate (inkən'sidərit) *adj* sconsiderato, senza riguardi.

inconsistent (inkən'sistənt) *adj* inconsistente, incompatibile.

inconvenient (inkən'viːniənt) *adj* scomodo, *n* inopportuno. **inconvenience** *n* inconveniente, incomodo *m*. *vt* incomodare, disturbare.

incorporate (in'kɔːpəreit) *vt* incorporare. *vi* unirsi.

incorrect (inkə'rekt) *adj* inesatto, scorretto.

increase (*v* in'kriːs; *n* 'inkriːs) *n* aumento *m*. aggiunta *f*. *vt* accrescere. *vi* ingrandirsi.

incredible (in'kredəbəl) *adj* incredibile.

incubate ('inkjubeit) *vt,vi* covare. **incubator** *n* incubatrice *f*.

incur (in'kəː) *vt* incorrere in, esporsi a.

incurable (in'kjuərəbəl) *adj* incurabile.

indecent (in'diːsənt) *adj* indecente.

indeed (in'diːd) *adv* veramente, infatti, proprio, anzi.

indefinite (in'defənit) *adj* indefinito.

indent (in'dent) *vt* **1** dentellare.

2 iniziare a distanza dal margine.

independent (indi'pendənt) *adj* indipendente. **independence** *n* indipendenza *f*.

index ('indeks) *n*, *pl* **-exes** or **-ices** indice *m*. rubrica *f*. *vt* **1** corredare d'indice. **2** mettere in ordine alfabetico. **index finger** *n* dito indice *m*.

India ('indiə) *n* India *f*. **Indian** *adj,n* indiano.

indicate ('indikeit) *vt* indicare. **indicator** *n* indicatore *m*.

indifferent (in'difrənt) *adj* indifferente, mediocre.

indigestion (indi'dʒestʃən) *n* indigestione *f*.

indignant (in'dignənt) *adj* indignato.

indirect (indi'rekt) *adj* indiretto, secondario.

indispensable (indi'spensəbəl) *adj* indispensabile.

individual (indi'vidʒuəl) *adj* singolo, particolare. *n* individuo *m*.

indoctrinate (in'dɔktrineit) *vt* addottrinare.

indolent ('indələnt) *adj* indolente.

Indonesia (ində'niːziə) *n* Indonesia *f*. **Indonesian** *adj,n* indonesiano.

indoor ('indɔː) *adj* interno, da casa. **indoors** *adv* al coperto, all'interno.

induce (in'djuːs) *vt* indurre, produrre.

indulge (in'dʌldʒ) *vt* essere indulgente con. **indulge in** permettersi di. **indulgent** *adj* indulgente, condiscendente, benevolo.

industry ('indəstri) *n* **1** industria f. **2** diligenza f. **industrial** adj industriale. **industrious** adj operoso, attivo.

inefficient (ini'fiʃənt) adj inefficiente.

inept (i'nept) adj incapace, sciocco.

inequality (ini'kwɔliti) n ineguaglianza f.

inert (i'nəːt) adj inerte, apatico. **inertia** n inerzia, apatia f.

inevitable (in'evitəbəl) adj inevitabile.

infallible (in'fæləbəl) adj infallibile.

infamous ('infəməs) adj infame.

infant ('infənt) n neonato, bambino m. **infancy** n infanzia f. **infantile** adj infantile, puerile.

infantry ('infəntri) n fanteria f.

infatuate (in'fætʃueit) vt infatuare. **infatuation** n infatuazione f.

infect (in'fekt) vt infettare. **infection** n infezione f. contagio m.

infer (in'fəː) vt dedurre, arguire.

inferior (in'fiəriə) adj,n inferiore. **inferiority** n inferiorità f.

infernal (in'fəːnl) adj infernale.

infest (in'fest) vt infestare.

infidelity (infi'deliti) n infedeltà f.

infiltrate ('infiltreit) vt infiltrare. vi infiltrarsi.

infinite ('infinit) adj infinito, immenso. n infinito m. **infinity** n infinità f.

infinitive (in'finitiv) adj,n infinito m.

infirm (in'fəːm) adj infermo, malaticcio.

inflame (in'fleim) vt infiam-

mare. vi ardere, infiammarsi. **inflammable** adj infiammabile.

inflate (in'fleit) vt gonfiare. vi gonfiarsi. **inflation** n **1** gonfiatura f. **2** comm inflazione f.

inflection (in'flekʃən) n inflessione f.

inflict (in'flikt) vt infliggere.

influence ('influəns) n ascendenza, influenza f. vt influenzare.

influenza (influ'enzə) n influenza f.

influx ('inflʌks) n affluenza f.

inform (in'fɔːm) vt informare. **informant** n informatore m. **information** n **1** informazioni f pl. **2** law accusa f.

informal (in'fɔːməl) adj non ufficiale, semplice.

infrastructure ('infrəstrʌktʃə) n infrastruttura f.

infringe (in'frindʒ) vt violare. **infringe upon** trasgredire. **infringement** n violazione, infrazione f.

infuriate (in'fjuərieit) vt far infuriare.

ingenious (in'dʒiːniəs) adj ingegnoso.

ingredient (in'griːdiənt) n ingrediente m.

inhabit (in'hæbit) vt abitare. **inhabitant** n abitante m,f.

inhale (in'heil) vt inalare, aspirare.

inherent (in'hiərənt) adj inerente, intrinsico.

inherit (in'herit) vt,vi ereditare. **inheritance** n eredità f.

inhibit (in'hibit) vt inibire reprimere. **inhibition** n inibizione f.

inhuman (in'hju:mən) *adj* inumano, brutale.

initial (i'niʃəl) *adj,n* iniziale *f. vt* siglare.

initiate (i'niʃieit) *vt* **1** cominciare. **2** iniziare a. **initiative** *n* iniziativa *f.*

inject (in'dʒekt) *vt* iniettare. **injection** *n* iniezione *f.*

injure (indʒə) *vt* **1** danneggiare, ferire. **2** offendere. **injury** *n* **1** male *m.* ferita *f.* **2** offesa *f.*

injustice (in'dʒʌstis) *n* ingiustizia *f.*

ink (iŋk) *n* inchiostro *m. vt* imbrattare d'inchiostro.

inkling ('iŋkliŋ) *n* indizio, sentore *m.*

inland ('inlənd) *adv* interno. *n* retroterra *m.*

Inland Revenue *n* fisco *m.*

inmate ('inmeit) *n* **1** inquilino *m.* **2** ricoverato *m.*

inn (in) *n* osteria, locanda *f.*

innate (i'neit) *adj* istintivo, innato.

inner ('inə) *adj* interiore, intimo. **innermost** *adj* il più profondo.

innocent ('inəsənt) *adj* innocente, innocuo.

innocuous (i'nɔkjuəs) *adj* innocuo.

innovation (inə'veiʃən) *n* innovazione *f.*

innuendo (inju'endou) *n* insinuazione, allusione *f.*

innumerable (i'nju:mərəbəl) *adj* innumerevole.

inoculate (i'nɔkjuleit) *vt* inoculare.

input ('input) *n tech* potenza, entrata *f.* input *m invar.*

inquest ('inkwest) *n* inchiesta, indagine *f.*

inquire (in'kwaiə) *vt* domandare. *vi* **1** informarsi. **2** indagare. **inquiry** *n* **1** domanda *f.* **2** indagine *f.* **3** *law* inchiesta *f.*

inquisition (inkwi'ziʃən) *n* **1** inchiesta *f.* **2** *cap* Inquisizione *f.*

inquisitive (in'kwizitiv) *adj* curioso, indagatore.

insane (in'sein) *adj* pazzo, insensato.

insatiable (in'seiʃəbəl) *adj* insaziabile.

inscribe (in'skraib) *vt* incidere, iscrivere. **inscription** *n* iscrizione *f.*

insect ('insekt) *n* insetto *m.* **insecticide** *n* insetticida *m.*

insecure (insi'kjuə) *adj* malsicuro, instabile.

inseminate (in'semineit) *vt* fecondare.

insert (in'sə:t) *vt* inserire, introdurre. *n* inserzione *f.* allegato *m.* **insertion** *n* inserzione, aggiunta *f.*

inside (in'said) *prep* entro. *adv* **1** internamente. **2** dentro. *adj,n* interno *m.*

insidious (in'sidiəs) *adj* insidioso.

insight ('insait) *n* perspicacia *f.* intuito *m.*

insinuate (in'sinjueit) *vt* **1** sinuare. **2** introdurre.

insist (in'sist) *vi* insistere. **insistence** *n* insistenza *f.* **insistent** *adj* insistente.

insolent ('insələnt) *adj* insolente.

insomnia (in'sɔmniə) *n* insonnia *f.*

inspect (in'spekt) *vt* ispezionare, sorvegliare. **inspection** *n* ispezione *f*. **inspector** *n* ispettore *m*.

inspire (in'spaiə) *vt* ispirare, infondere. **inspiration** *n* ispirazione *f*.

instability (instə'biliti) *n* instabilità *f*.

install (in'stɔ:l) *vt* installare. **installation** *n* impianto *m*. installazione *f*.

instalment (in'stɔ:lmənt) *n* 1 *comm* rata *f*. 2 puntata *f*.

instance ('instəns) *n* esempio, caso *m*. **instant** *adj* istantaneo. *n* istante, momento *m*. **instantaneous** *adj* istantaneo.

instead (in'sted) *adv* invece.

instep ('instep) *n* collo del piede *m*.

instigate ('instigeit) *vt* istigare, incitare.

instil (in'stil) *vt* infondere, instillare.

instinct ('instiŋkt) *n* istinto *m*. **instinctive** *adj* istintivo, impulsivo.

institute ('institju:t) *n* istituto *m*. istituzione *f*. *vt* istituire, fondare. **institution** *n* istituzione *f*. ente *m*.

instruct (in'strʌkt) *vt* istruire, dare istruzioni a. **instruction** *n* 1 istruzione *f*. 2 *pl* disposizioni *f pl*.

instrument ('instrumənt) *n* strumento *m*. **instrumental** *adj* strumentale.

insubordinate (insə'bɔ:dinət) *adj* insubordinato.

insufferable (in'sʌfərəbəl) *adj* insopportabile.

insular ('insjulə) *adj* insulare.

insulate ('insjuleit) *vt* isolare. **insulation** *n* isolamento *m*.

insulin ('insjulin) *n* insulina *f*.

insult (*v* in'sʌlt; *n* 'insʌlt) *vt* insultare. *n* insulto *m*.

insure (in'ʃuə) *vt* assicurare, garantire. **insurance** *n* assicurazione *f*. **insurance company** *n* compagnia d'assicurazione *f*.

intact (in'tækt) *adj* intatto, integro.

intake ('inteik) *n* 1 *tech* presa *f*. 2 entrata *f*.

integral ('intigrəl) *adj* integrale, completo.

integrate ('intigreit) *vt* integrare, completare.

integrity (in'tegriti) *n* integrità *f*.

intellect ('intəlekt) *n* intelletto *m*. **intellectual** *adj,n* intellettuale.

intelligent (in'telidʒənt) *adj* intelligente. **intelligence** *n* 1 intelligenza *f*. 2 informazioni *f pl*. **intelligence service** *n* servizio segreto *m*. **intelligible** *adj* intelligibile, chiaro.

intend (in'tend) *vt* 1 intendere, proporsi. 2 destinare.

intense (in'tens) *adj* intenso, profondo. **intensify** *vt* intensificare. *vi* rafforzarsi. **intensity** *n* intensità *f*. vigore *m*. **intensive** *adj* intensivo. **intensive course** *n* corso accelerato *m*.

intent[1] (in'tent) *n* scopo, proposito *m*.

intent[2] (in'tent) *adj* intento, assorto.

intention (in'tenʃən) *n* intenzione *f*. proposito *m*.

inter (in'tə:) *vt* seppellire.

interact (intə'rækt) *vi* esercitare un'azione reciproca.

intercept (intə'sept) *vt* intercettare. **interception** *n* intercettamento *m*.

interchange (*v* intə'tʃeindʒ; *n* 'intətʃeindʒ) *vt* scambiare. *vi* scambiarsi. *n* scambio reciproco *m*.

intercourse ('intəkɔːs) *n* relazione *f*. rapporto *m*.

interest ('intrəst) *vt* interessare. *n* **1** interesse *m*. **2** interessamento *m*. **interesting** *adj* interessante.

interface ('intəfeis) *n* interfaccia *f*.

interfere (intə'fiə) *vi* interferire, intromettersi. **interfere with** ostacolare. **interference** *n* **1** ingerenza *f*. **2** *tech* interferenza *f*.

interim ('intərim) *adj* **1** provvisorio. **2** *pol* interino. *n* interim, intervallo *m*.

interior (in'tiəriə) *adj,n* interno *m*.

interjection (intə'dʒekʃn) *n* interiezione *f*.

interlude ('intəluːd) *n* **1** intervallo *m*. **2** *mus* intermezzo *m*.

intermediate (intə'miːdiət) *adj* intermedio. **intermediary** *adj,n* intermediario *m*.

interminable (in'təːminəbəl) *adj* interminabile.

intermission (intə'miʃən) *n* pausa *f*. intervallo *m*.

intermittent (intə'mitnt) *adj* intermittente.

intern (in'təːn) *vt* internare. **internee** *n* internato *m*.

internal (in'təːnl) *adj* interno.

international (intə'næʃənl) *adj* internazionale.

interpose (intə'pouz) *vt* interporre. *vi* interferire.

interpret (in'təːprit) *vt* interpretare. *vi* fare l'interprete. **interpretation** *n* interpretazione *f*. **interpreter** *n* interprete *m,f*.

interrogate (in'terəgeit) *vt* interrogare. **interrogation** *n* interrogazione *f*. **interrogative** *adj* interrogativo.

interrupt (intə'rʌpt) *vt* interrompere. **interruption** *n* interruzione *f*.

intersect (intə'sekt) *vt* intersecare. *vi* incrociarsi. **intersection** *n* intersecazione *f*.

interval ('intəvəl) *n* intervallo *m*.

intervene (intə'viːn) *vi* **1** intervenire. **2** accadere.

interview ('intəvjuː) *n* intervista *f*. colloquio *m*. *vt* intervistare.

intestine (in'testin) *n* intestino *m*.

intimate [1] ('intimit) *adj* intimo.

intimate [2] ('intimeit) *vt* intimare, accennare a.

intimidate (in'timideit) *vt* intimidire.

into ('intə; *stressed* 'intuː) *prep* in, dentro, entro.

intolerable (in'tɔlərəbəl) *adj* insopportabile, intollerabile. **intolerance** *n* intolleranza *f*. **intolerant** *adj* intollerante.

intonation (intə'neiʃən) *n* intonazione *f*. accento *m*.

intoxicate (in'tɔksikeit) *vt* ubriacare, inebriare.

intransitive (in'trænsitiv) *adj* intransitivo.

intricate ('intrikət) *adj* intricato, complicato.

intrigue (in'tri:g) *vt* incuriosire. *vi* intrigare. *n* intrigo *m*.

intrinsic (in'trinsik) *adj* intrinseco.

introduce (intrə'dju:s) *vt* **1** introdurre. **2** presentare. **introduction** *n* **1** introduzione *f*. **2** presentazione *f*.

introspective (intrə'spektiv) *adj* introspettivo.

introvert ('intrəvə:t) *adj* introverso, introvertito. *n* introvertito *m*.

intrude (in'tru:d) *vi* intromettersi. **intrusion** *n* intrusione *f*.

intuition (intju'iʃən) *n* intuito *m*. intuizione *f*. **intuitive** *adj* intuitivo.

inundate ('inʌndeit) *vt* inondare.

invade (in'veid) *vt* invadere, assalire. **invasion** *n* invasione *f*.

invalid[1] ('invəli:d) *adj,n* invalido.

invalid[2] (in'vælid) *adj* non valevole, nullo.

invaluable (in'væljubəl) *adj* inestimabile.

invariable (in'vɛəriəbəl) *adj* invariabile, costante.

invent (in'vent) *vt* inventare. **invention** *n* invenzione *f*.

inventory ('invəntəri) *n* inventario *m*.

invert (in'və:t) *vt* invertire. **inverted** *adj* rovesciato, capovolto. **inverted commas** *n pl* virgolette *f pl*.

invertebrate (in'və:təbreit) *adj,n* invertebrato *m*.

invest (in'vest) *vt* investire. **investment** *n* investimento *m*.

investigate (in'vestigeit) *vt* investigare, indagare. **investigation** *n* investigazione *f*.

invincible (in'vinsəbəl) *adj* invincibile.

invisible (in'vizəbəl) *adj* invisibile.

invite (in'vait) *vt* **1** invitare. **2** provocare. **invitation** *n* invito *m*.

invoice ('invɔis) *n* fattura *f*. *vt* fatturare.

invoke (in'vouk) *vt* invocare.

involve (in'vɔlv) *vt* **1** implicare, avvolgere, coinvolgere. **2** richiedere, comportare. **get involved** impegnarsi. **involvement** *n* implicazione *f*.

inward ('inwəd) *adj* interno, intimo. **inwards** *adv* internamente, verso l'interno.

Iodine ('aiədi:n) *n* iodio *m*.

ion ('aiən) *n* ione *m*.

Iran (i'ra:n) *n* Iran *m*. **Iranian** *adj,n* persiano.

Iraq (i'ra:k) *n* Iraq *m*. **Iraqi** *adj,n* iracheno.

Ireland ('aiələnd) *n* Irlanda *f*. **Irish** *adj* irlandese. **Irishman** *n* irlandese *m*.

iris ('airis) *n* **1** *anat* iride *f*. **2** *bot* giaggiolo *m*.

iron ('aiən) *n* **1** ferro *m*. **2** *dom* ferro da stiro *m*. *adj* di ferro. *vt* stirare. **ironing board** *n* tavola da stiro *f*. **ironmonger** *n* negoziante in ferramenta *m*. **Iron Curtain** *n* Cortina di ferro *f*.

irony ('airəni) *n* ironia *f*. **ironic** *adj* ironico.

irrational (i'ræʃənḷ) *adj* irrazionale, assurdo.

irregular (i'regjulə) *adj* irregolare.

irrelevant (i'reləvənt) *adj* non pertinente.

irresistible (iri'zistəbəl) *adj* irresistibile.

irrespective (iri'spektiv) *adj* noncurante.

irresponsible (iri'spɔnsəbəl) *adj* irresponsabile.

irrevocable (i'revəkəbəl) *adj* irrevocabile.

irrigate ('irigeit) *vt* irrigare. **irrigation** *n* irrigazione *f*.

irritate ('iriteit) *vt* irritare.

is (iz) *v* see **be**.

Islam ('izlɑːm) *n* islamismo *m*. **Islamic** *adj* islamico, maomettano.

island ('ailənd) *n* isola *f*.

isle (ail) *n* isola *f*.

isolate ('aisəleit) *vt* isolare, separare. **isolation** *n* isolamento *m*.

Israel ('izreiəl) *n* Israele *m*. **Israeli** *adj,n* israeliano.

issue ('iʃuː) *n* edizione *f*. numero *m*. **2** risultato *m*. **3** problema *m*. **4** prole *f*. *vt* **1** emettere. **2** pubblicare. **3** rilasciare. *vi* uscire.

it (it) *pron 3rd pers s* **1** esso *m*. essa *f*. **2** lo *m*. la *f*. **3** gli *m*. le *f*. **4** ci *m,f*. **5** ne, sè *m,f*. **its** *poss adj* (il) suo, (la) sua, (i) suoi, (le) sue. **itself** *pron 3rd pers s* **1** se stesso *or* esso stesso. **2** si, sè. sue.

italic (i'tælik) *adj* italico. **italics** *n pl* corsivi *m pl*.

Italy ('itəli) *n* Italia *f*. **Italian** *adj,n* italiano. **Italian** (language) *n* italiano *m*.

itch (itʃ) *n* prurito *m*. *vi* prudere.

item ('aitəm) *n* **1** *comm* voce *f*. capo *m*. **2** articolo *m*.

itinerary (ai'tinərəri) *n* itinerario *m*.

ivory ('aivəri) *n* avorio *m*. *adj* d'avorio.

ivy ('aivi) *n* edera *f*.

J

jab (dʒæb) *vt* colpire, dare un colpo secco a. *n* colpo *m*. stoccata *f*.

jack (dʒæk) *n* **1** *mot* cricco *m*. **2** *game* fante *m*. *v* **jack up** levare.

jackal ('dʒækəl) *n* sciacallo *m*.

jackdaw ('dʒækdɔː) *n* cornacchia *f*.

jacket ('dʒækit) *n* **1** giacca, giubba *f*. **2** *cul* buccia *f*. **3** (of a book) copertina *f*.

jackpot ('dʒækpɔt) *n* vincita *f*.

jade (dʒeid) *n* giada *f*.

jaded ('dʒeidid) *adj* stanco, sfinito.

jagged ('dʒægid) *adj* frastagliato, dentellato.

jaguar ('dʒægjuə) *n* giaguaro *m*.

jail (dʒeil) *n* carcere *m*. *vt* incarcerare.

jam[1] (dʒæm) *n* conserva di frutta, marmellata *f*. **jam-jar** *n* barattolo per marmellata *f*.

jam[2] (dʒæm) *vt* **1** pigiare. **2** bloccare. *vi* bloccarsi. *n* ingorgo *m*.

Jamaica (dʒə'meikə) *n* Giamaica *f*. **Jamaican** *adj,n* giamaicano.

jangle ('dʒæŋgəl) *n* suono stonato *m*. *vi* far rumori discordanti.

January ('dʒænjuəri) *n* gennaio *m*.

Japan (dʒə'pæn) n Giappone
m. **Japanese** adj,n giap-
ponese. **Japanese** (language)
n giapponese m.

jar¹ (dʒɑ:) n barattolo m. broc-
ca f.

jar² (dʒɑ:) vi discordare,
stridere. n discordanza f.
stridio m.

jargon (dʒɑ:gən) n gergo m.

jasmine ('dʒæzmin) n gelsomi-
no m.

jaundice ('dʒɔ:ndis) n itterizia
f.

jaunt (dʒɔ:nt) n gita f.

javelin ('dʒævlin) n giavellotto
m.

jaw (dʒɔ:) n mascella, mandibo-
la f. **jawbone** n osso mascel-
lare m. mascella f.

jazz (dʒæz) n jazz m.

jealous ('dʒeləs) adj geloso, in-
vidioso. **jealousy** n gelosia f.

jeans (dʒi:nz) n pl blue-jeans,
calzoni all'americana m pl.

jeep (dʒi:p) n jeep, camionetta
f.

jeer (dʒiə) vi schernire. n
scherno m. derisione f.

jelly ('dʒeli) n gelatina f. **jelly-
fish** n medusa f.

jeopardize ('dʒepədaiz) vt met-
tere in pericolo.

jerk (dʒə:k) n 1 strattone m. 2
sussulto m. vt dare uno strat-
tone a. vi sobbalzare.

jersey ('dʒə:zi) n maglia f.

Jersey ('dʒə:zi) n Jersey f.

jest (dʒest) n scherzo m. burla
f. vi scherzare.

Jesus ('dʒi:zəs) n Gesù m.

jet¹ (dʒet) n 1 spruzzo, zampil-
lo m. 2 aviat aviogetto m.

jet² (dʒet) n min giavazzo m.

ambra nera f. adj 1 d'ambra
nera. 2 nero lucido.

jetty ('dʒeti) n gettata f. molo
m.

Jew (dʒu:) n ebreo, giudeo m.
Jewish adj ebreo, giudeo.

jewel ('dʒu:əl) n gioiello m.
jeweller n gioielliere, orefice
m.

jig¹ (dʒig) n tech maschera di
montaggio f.

jig² (dʒig) n giga f.

jiggle ('dʒigəl) vi muoversi a
scatti.

jigsaw ('dʒigsɔ:) n (puzzle) gi-
oco di pazienza m.

jilt (dʒilt) vt piantare in asso.

jingle ('dʒingəl) n tintinnio m.
vi tintinnare.

job (dʒɔb) n impiego, lavoro,
affare m. impresa f.

jockey ('dʒɔki) n fantino m.

jodhpurs ('dʒɔdpəz) n pl
calzoni da cavallerizza m pl.

jog (dʒɔg) vr spingere, urtare.
vi muoversi a rilento. n 1
spinta, gomitata f. 2 andatura
lenta f.

join (dʒɔin) vt 1 unire, congi-
ungere. 2 partecipare a. vi
unirsi. **join up** arruolarsi. ~n
giuntura f. **joiner** n
falegname m. **joint** n 1 giun-
tura f. 2 cul pezzo di carne m.
3 anat articolazione f. adj
comune, collettivo.

joist (dʒɔist) n travetto m.

joke (dʒouk) n scherzo m. burla
f. **crack a joke** dire una bat-
tuta. ~vi burlare, celiare.

jolly ('dʒɔli) adj gaio, vivace.
adv inf molto.

jolt (dʒoult) n scossa f. sobbalzo
m. vt spingere, urtare. vi sob-
balzare.

Jordan ('dʒɔːdn) n Giordania f.
(River) Jordan n (fiume)
Giordano m. **Jordanian** adj,n
giordano.

jostle ('dʒɔsəl) n urto m.
gomitata f. vt spingere, urtare
col gomito. vi urtarsi.

journal ('dʒəːnl) n 1 giornale
m. 2 diario m. **journalism** n
giornalismo m. **journalist** n
giornalista m.

journey ('dʒəːni) n viaggio m.

jovial ('dʒouviəl) adj allegro,
gioviale.

joy (dʒɔi) n gioia, allegria f.
joyful adj gioioso.

jubilee ('dʒuːbiliː) n giubileo
m.

Judaism ('dʒuːdeiizəm) n gi-
udaismo m.

judge (dʒʌdʒ) n giudice m.
vt,vi giudicare. **judgment** n 1
giudizio m. 2 sentenza f.

judicial (dʒuːˈdiʃəl) adj gi-
uridico, giudiziale. **judi-
cious** adj giudizioso.

judo ('dʒuːdou) n giudò m.

jug (dʒʌg) n caraffa f. boccale
m.

juggernaut ('dʒʌgənɔːt) n gran
camion m.

juggle ('dʒʌgəl) vt 1 giocare. 2
ingannare. vi fare giochi di
prestigio. **juggler** n giocoliere
m.

juice (dʒuːs) n succo m. **juicy**
adj succoso, sostanzioso.

jukebox ('dʒuːkbɔks) n gram-
mofono automatico a gettoni,
jukebox m.

July (dʒuˈlai) n luglio m.

jumble ('dʒʌmbəl) n miscuglio
m. confusione f. vt mescolare,
gettare alla rinfusa. **jumble**

sale n vendita di merci varie
per beneficenza f.

jump (dʒʌmp) n salto, balzo,
sussulto m. vi 1 saltare,
trasalire. 2 (of prices, etc.) rin-
carare. vt saltare.

jumper ('dʒʌmpə) n 1 mag-
lione m. 2 casacchina f.

junction ('dʒʌŋkʃən) n 1 cogi-
unzione f. 2 (railway) nodo fer-
roviario m.

June (dʒuːn) n giugno m.

jungle ('dʒʌŋgəl) n giungla f.

junior ('dʒuːniə) adj minore,
cadetto. n minore, cadetto m.

juniper ('dʒuːnipə) n ginepro
m.

junk (dʒʌŋk) n cianfrusaglie f
pl.

junta ('dʒʌntə) n giunta f.

Jupiter ('dʒuːpitə) n Giove m.

jurisdiction (dʒuəris'dikʃən) n
giurisdizione f.

jury ('dʒuəri) n giuria f. **juror**
n giurato m.

just (dʒʌst) adj giusto, retto,
dovuto. adv 1 proprio, ap-
punto. 2 soltanto. 3 appena.

justice ('dʒʌstis) n giustizia f.
justice of the peace n gi-
udice conciliatore m.

justify ('dʒʌstifai) vt giustifi-
care, assolvere.

jut (dʒʌt) vi **jut out** sporgersi,
protendersi.

jute (dʒuːt) n iuta f.

juvenile ('dʒuːvənail) adj gi-
ovane, immaturo. n giovane,
ragazzo m. **juvenile delin-
quency** n delinquenza mi-
norile f.

juxtapose (dʒʌkstəˈpouz) vt af-
fiancare.

K

kaftan ('kæftn) n caffettano m.

kaleidoscope (kə'laidəskoup) n caleidoscopio m.

kangaroo (kæŋgə'ru:) n canguro m.

karate (kə'rɑ:ti) n karatè m.

kebab (kə'bæb) n carne marinata cotta allo spiedo f.

keel (ki:l) n chiglia f. v **keel over** capovolgere, rovesciarsi.

keen (ki:n) adj 1 aguzzo, acuto, perspicace. 2 appassionato.

keep* (ki:p) vt 1 tenere. 2 mantenere, conservare. 3 trattenere. vi 1 continuare. 2 mantenersi, restare. 3 durare. **keep on** continuare. **keep up** mantenere. **keeper** n guardiano m. custode m,f. **keepsake** n ricordo, pegno m.

keg (keg) n barilotto m.

kennel ('kenl) n canile m.

Kenya ('kenjə) n Kenia m. **Kenyan** adj,n keniano.

kept (kept) v see **keep**.

kerb (kə:b) n bordo del marciapiede m.

kernel ('kə:nl) n 1 mandorla f. 2 seme m. 3 nucleo m.

kettle ('ketl) n bollitore m. **kettledrum** n timpano m.

key (ki:) n 1 chiave f. 2 (of a piano, typewriter, etc.) tasto m. 3 mus tono m. **keyboard** n tastiera f. **keyhole** n buco della serratura m. **keyring** n portachiavi m invar.

khaki ('kɑ:ki) adj,n cachi m.

kibbutz (ki'buts) n kibbutz m. comunità agricola israeliana f.

kick (kik) n calcio m. pedata f. vt dar calci a, tirar pedate a. vi calciare. **kick off** dare il

calcio d'inizio. **kick-off** n calcio d'inizio m.

kid [1] (kid) n 1 capretto m. 2 sl bambino m.

kid [2] (kid) vt inf burlare, prendere in giro.

kidnap ('kidnæp) vt rapire. **kidnapper** n rapitore m. rapitrice f.

kidney ('kidni) n 1 anat rene m. 2 cul rognone m. **kidney bean** n fagiolo m.

kill (kil) vt 1 uccidere. 2 distruggere. **killer** n assassino, uccisore m.

kiln (kiln) n fornace f.

kilo ('ki:lou) n chilo m.

kilogram ('kiləgræm) n chilogrammo m.

kilometre (ki'lɔmitə) n chilometro m.

kilowatt ('kiləwɔt) n chilowatt m.

kimono (ki'mounou) n chimono m.

kin (kin) n parenti m pl.

kind [1] (kaind) adj buono, gentile. **kindness** n bontà, gentilezza f.

kind [2] (kaind) n specie, natura f. genere m.

kindergarten ('kindəga:tn) n asilo, giardino d'infanzia m.

kindle ('kindl) vt 1 accendere. 2 eccitare. vi infiammarsi.

kinetic (ki'netik) adj cinetico. **kinetics** n cinetica f.

king (kiŋ) n re m invar. monarca m. **kingdom** n reame, regno m. **kingfisher** n martin pescatore m.

kink (kiŋk) n 1 nodo m. 2

ghiribizzo *m*. *vt* attorcigliare. *vi* attorcigliarsi.

kiosk ('kiɔsk) *n* edicola *f*. chiosco *m*.

kipper ('kipə) *n* aringa affumicata *f*.

kiss (kis) *n* bacio *m*. *vt* baciare.

kit (kit) *n* equipaggiamento *m*. attrezzi *m pl*.

kitchen ('kitʃin) *n* cucina *f*.

kite (kait) *n* 1 aquilone *m*. 2 *zool* nibbio *m*.

kitten ('kitn) *n* gattino *m*.

kitty ('kiti) *n* fondi comuni *m pl*.

kiwi ('ki:wi) *n* kivi *m*.

kleptomania (kleptə'meiniə) *n* cleptomania *f*. **kleptomaniac** *n* cleptomane *m,f*.

knack (næk) *n* abilità, facoltà *f*.

knave (neiv) *n* 1 furfante *m*. 2 *game* fante *m*.

knead (ni:d) *vt* impastare, massaggiare.

knee (ni:) *n* ginocchio *m*, *pl* ginocchi *m*. *or* ginocchia *f*.

kneecap ('ni:kæp) *n* rotula *f*.

kneel* (ni:l) *vi* inginocchiarsi.

knew (nu:) *v* see **know**.

knickers ('nikəz) *n pl* mutandine *f pl*.

knife (naif) *n*, *pl* **knives** coltello *m*. *vt* pugnalare, accoltellare.

knight (nait) *n* cavaliere *m*.

knit* (nit) *vt* 1 lavorare a maglia. 2 (one's brows) aggrottare. *vi* 1 lavorare a maglia. 2 (one's bones) saldarsi. **knitting** *n* lavoro a maglia *m*. **knitting needle** *n* ferro da calza *m*. **knitwear** *n* maglieria *f*.

knob (nɔb) *n* 1 pomo *m*. manopola *f*. 2 protuberanza *f*. **knobbly** *adj* nodoso, bitorzoluto.

knock (nɔk) *n* colpo *m*. *vt* urtare, colpire, battere. *vi* bussare. **knock down** abbattere. **knock out** mettere fuori combattimento.

knot (nɔt) *n* nodo *m*. *vt* annodare.

know* (nou) *vt* 1 conoscere. 2 sapere. 3 riconoscere. **knowing** *adj* intelligente, accorto.

knowledge *n* conoscenza *f*. sapere *m*. **known** *adj* noto.

knuckle ('nʌkəl) *n* nocca delle dita, giuntura *f*.

Korea (kə'riə) *n* Corea *f*. **Korean** *adj,n* coreano.

kosher ('kouʃə) *adj* puro, lecito. *n* cibo permesso dalla religione ebraica *m*.

Kuwait (ku'weit) *n* Kuwait *m*. **Kuwaiti** *adj,n* kuwaitiano.

L

label ('leibəl) *n* etichetta *f*. cartellino *m*. *vt* 1 mettere le etichette a. 2 classificare.

laboratory (lə'bɔrətri) *n* laboratorio *m*.

labour ('leibə) *n* 1 lavoro *m*. fatica *f*. 2 manodopera *f*. 3 *med* doglie *f pl*. *vi* lavorare, affaticarsi. **labour-saving** *adj* che fa risparmiare lavoro. **laborious** *adj* laborioso. **Labour Party** *n* partito laburista *m*.

laburnum (lə'bə:nəm) *n* laburno *m*.

labyrinth ('læbərinθ) *n* labirinto *m*.

lace (leis) *n* 1 (of shoes) laccio *m*. 2 merletto *m*. *vt* allacciare.

lack (læk) *n* mancanza *f*. *vt* mancare di. *vi* mancare.

lacquer ('lækə) *n* lacca *f*. *vt* laccare.

lad 368

lad (læd) *n inf* ragazzo *m.*

ladder ('lædə) *n* **1** scala *f.* **2** (in a stocking) smagliatura *f.* *vi* smagliarsi.

laden ('leidn) *adj* carico.

ladle ('leidl) *n* mestolo *m.* *vt* versare.

lady ('leidi) *n* signora *f.* **lady-bird** *n* coccinella *f.*

lag[1] (læg) *vi* ritardare. *n* ritardo *m.*

lag[2] (læg) *vt* rivestire con materiale isolante.

lager ('lɑːgə) *n* birra chiara *f.*

laid (leid) *v* see **lay.**

lain (lein) *v* see **lie.**

lair (lɛə) *n* tana *f.*

laity ('leiəti) *n* laici *m pl.*

lake (leik) *n* lago *m.*

lamb (læm) *n* agnello *m.*

lame (leim) *adj* zoppo. *vt* storpiare.

lament (lə'ment) *n* lamento *m.* *vi* lamentarsi, dolersi. *vt* lamentare.

laminated ('læmineitid) *adj* laminato. **laminated plastics** *n* laminato plastico *m.* **laminated glass** *n* vetro stratificato *m.*

lamp (læmp) *n* lampada *f.* lume *m.* **lamppost** *n* lampione *m.* **lampshade** *n* paralume *m.*

lance (lɑːns) *n* lancia *f.*

land (lænd) *n* **1** terra *f.* **2** paese *m.* **3** terreno *m.* proprietà *f.* *vi* **1** sbarcare. **2** approdare. **3** *aviat* atterrare. *vt* **1** ottenere. **2** allungare. **land on one's feet** cadere in piedi. **landing** *n* **1** pianerottolo *m.* **2** atterraggio *m.* **3** sbarco *m.* **landlady** *n* padrona di casa, affittacamere *f.* **landlord** *n* padrone di casa, affittacamere,

proprietario *m.* **landmark** *n* punto di riferimento *m.* **landscape** *n* paesaggio *m.*

lane (lein) *n* **1** viottolo *m.* **2** *mot* corsia *f.*

language ('læŋgwidʒ) *n* lingua *f.* linguaggio *m.* **language laboratory** *n* laboratorio linguistico *m.*

lanky ('læŋki) *adj* allampanato.

lantern ('læntən) *n* lanterna *f.*

lap[1] (læp) *n* grembo, seno *m.*

lap[2] (læp) *n sport* giro di pista *m.*

lap[3] (læp) *vt* bere avidamente. *vi* lambire.

lapel (lə'pel) *n* risvolto *m.*

Lapland ('læplænd) *n* Lapponia *f.* **Lapp** *n* lappone *m,f.*

lapse (læps) *n* **1** errore *m.* **2** intervallo *m.* *vi* **1** sbagliare. **2** trascorrere. **3** scadere.

larceny ('lɑːsəni) *n* furto *m.*

larch (lɑːtʃ) *n* larice *m.*

lard (lɑːd) *n* lardo, strutto *m.* *vt* ungere con lardo.

larder ('lɑːdə) *n* dispensa *f.*

large (lɑːdʒ) *adj* grande, spazioso.

lark[1] (lɑːk) *n zool* allodola *f.*

lark[2] (lɑːk) *n* burla *f.*

larva ('lɑːvə) *n, pl* larvae larva *f.*

larynx ('læriŋks) *n* laringe *f.* **laryngitis** *n* laringite *f.*

laser ('leizə) *n* laser *m.*

lash (læʃ) *n* **1** frustata *f.* **2** (of an eye) ciglio *m, pl* cigli *m.* or ciglia *f.* *vt* frustare.

lass (læs) *n* ragazza, fanciulla *f.*

lasso (læ'suː) *n* lasso, laccio *m.*

last[1] (lɑːst) *adj* ultimo, scorso finale. *n* **1** fine *f.* **2** ultimo *m* *adv* per ultimo, l'ultima volta

at last finalmente. **to the last** fino all'ultimo.

last² (lɑ:st) *vi* durare, resistere.

latch (lætʃ) *n* chiavistello *m*.

late (leit) *adj* **1** tardi, tardivo. **2** recente. **3** defunto. *adv* tardi, in ritardo. **be late** essere in ritardo. **latecomer** *n* ritardatario *m*. **lately** *adj* ultimamente, recentemente.

latent ('leitnt) *adj* latente, nascosto.

lateral ('lætərəl) *adj* laterale.

latest ('leitist) *adj* ultimo. **at the latest** al più tardi.

lathe (leið) *n* tornio *m*.

lather ('lɑ:ðə) *n* schiuma *f*. *vt* insaponare. *vi* schiumare.

Latin ('lætin) *adj,n* latino *m*.

latitude ('lætitju:d) *n* latitudine *f*.

latter ('lætə) *adj* **1** ultimo. **2** posteriore.

lattice ('lætis) *n* grata, inferriata *f*.

laugh (lɑ:f) *vi* ridere. **laugh at** farsi beffe di. ~*n* risata *f*.

launch¹ (lɔ:ntʃ) *n* *naut* lancia, scialuppa *f*.

launch² (lɔ:ntʃ) *vt* **1** *aviat* lanciare. **2** *naut* varare. **launching pad** *n* piattaforma di lancio *f*.

launder ('lɔ:ndə) *vt* lavare e stirare. **laundry** *n* **1** (place) lavanderia *f*. **2** bucato *m*.

laurel ('lɔrəl) *n* lauro, alloro *m*.

lava ('lɑ:və) *n* lava *f*.

lavatory ('lævətri) *n* gabinetto *m*.

lavender ('lævində) *n* lavanda *f*.

lavish ('læviʃ) *adj* prodigo, generoso. *vt* prodigare, elargire.

law (lɔ:) *n* legge *f*. diritto *m*. **law-abiding** *adj* osservante della legge. **lawful** *adj* legale, consentito. **lawyer** *n* avvocato *m*.

lawn (lɔ:n) *n* prato *m*. **lawnmower** *n* falciatrice per prati *f*.

lax (læks) *adj* **1** trascurato. **2** rilasciato.

laxative ('læksətiv) *adj,n* lassativo *m*.

lay*¹ (lei) *vt* posare, collocare, adagiare. *vi* fare le uova. **lay aside** mettere da parte. **lay out** esporre, distendere. **layer** *n* strato *m*.

lay² (lei) *v* see **lie.**

lay³ (lei) *adj* laico. **layman** *n* secolare *m*.

laze (leiz) *vi* oziare, fare il pigro. **lazy** *adj* pigro, indolente. **laziness** *n* pigrizia *f*.

lead*¹ (li:d) *vt* **1** condurre, dirigere. **2** indurre. *vi* **1** cominciare. **2** lead **astray** traviare, sviare. ~*n* **1** comando *m*. **2** guida *f*. **3** guinzaglio *m*. **be in the lead** essere in testa. **leader** *n* **1** capo *m*. guida *f*. **2** articolo di fondo *m*. **leadership** *n* comando *m*. direzione *f*.

lead² (led) *n* piombo *m*.

leaf (li:f) *n*, *pl* **leaves 1** *bot* foglia *f*. **2** pagina *f*. **3** battente *m*. **leaflet** *n* volantino, manifestino *m*.

league (li:g) *n* lega, società *f*.

leak (li:k) *n* **1** *naut* falla *f*. **2** (of gas) fuga *f*. **3** fessura *f*. *vi* perdere, colare. **leak out** trapelare.

lean*¹ (li:n) *vi* **1** pendere, inclinare. **2** appoggiarsi. *vt* appoggiare. **lean out** sporgersi.

lean² (li:n) adj magro, esile.

leap* (li:p) vi balzare, lanciarsi. n salto, balzo m. **leapfrog** n cavalletta f. **leap year** n anno bisestile m.

learn* (lə:n) vt,vi imparare, studiare. **learned** adj colto, istruito.

lease (li:s) n contratto d'affitto m. vt affittare. **leasehold** n proprietà in affitto m.

leash (li:ʃ) n guinzaglio m.

least (li:st) adj minimo. n meno m. **at least** almeno. **not in the least** per niente. ~adv (il) meno, minimamente.

leather (leðə) n pelle f. cuoio m.

leave*¹ (li:v) vt abbandonare, lasciare. vi partire. **leave alone** lasciare in pace. **leave off** smettere.

leave² (li:v) n 1 permesso m. 2 congedo m.

Lebanon ('lebənən) n Libano m. **Lebanese** adj,n libanese.

lecherous ('letʃərəs) adj lascivo, vizioso.

lectern ('lektən) n leggio m.

lecture ('lektʃə) n 1 conferenza, lezione f. 2 inf ramanzina f. vi tenere delle lezioni. vt ammonire. **lecturer** n insegnante universitario m.

led (led) v see **lead**¹.

ledge (ledʒ) n sporgenza f.

ledger ('ledʒə) n libro mastro m.

lee (li:) n 1 riparo m. 2 sottovento m. adj sottovento. **leeward** adj,adv sottovento.

leech (li:tʃ) n sanguisuga f.

leek (li:k) n porro m.

leer (liə) n occhiata tendenziosa

f. vi guardare di traverso or biecamente.

left¹ (left) adj sinistro. n sinistra f. adv a sinistra. **left hand** n mano sinistra f. **left-handed** adj mancino. **left-wing** adj sinistro. **left-luggage office** n deposito bagagli m.

left² (left) v see **leave**.

leg (leg) n 1 anat gamba f. 2 (of furniture) piede m. 3 zool zampa f. **pull someone's leg** prendere in giro qualcuno.

legacy ('legəsi) n lascito m. eredità f.

legal ('li:gəl) adj legale. **legalize** vt legalizzare.

legend ('ledʒənd) n leggenda f.

legible ('ledʒibl) adj leggibile.

legion ('li:dʒən) n legione f.

legislate ('ledʒisleit) vi promulgare leggi. **legislation** n legislazione f.

legitimate (li'dʒitimət) adj legittimo.

leisure ('leʒə) n 1 agio m. 2 tempo a disposizione m.

lemon ('lemən) n limone m. **lemon tree** n limone m. **lemonade** n limonata f.

lend* (lend) vt prestare, imprestare.

length (leŋθ) n 1 lunghezza f. 2 durata f. 3 (of material, etc.) taglio m.

lenient ('li:niənt) adj indulgente, benevolo.

lens (lenz) n lente f.

lent (lent) v see **lend**.

Lent (lent) n Quaresima f.

lentil ('lentl) n lenticchia f.

Leo ('li:ou) n Leone m.

leopard ('lepəd) n leopardo, gattopardo m.

leper ('lepə) n lebbroso m.
leprosy n lebbra f.

lesbian ('lezbiən) adj lesbico. n lesbica f.

less (les) adj minore, meno. n meno m. adv,prep meno.
lessen vt,vi diminuire.

lesson ('lesən) n lezione f.

lest (lest) conj per paura che.

let (let) vt 1 permettere, lasciare. 2 affittare. **let down 1** piantare in asso. 2 allungare. **let know** far sapere. **let loose** sciogliere, scatenare.

lethal ('li:θəl) adj letale.

lethargy ('leθədʒi) n letargo m.
lethargic adj letargico.

letter ('letə) n lettera f. **letterbox** n buca delle lettere f. **lettering** n iscrizione f.

lettuce ('letis) n lattuga f.

leukaemia (lu:'ki:miə) n leucemia f.

level ('levəl) adj 1 uniforme. 2 a livello. n livello m. **on the level** onesto. ~vt 1 livellare, spianare. 2 (a gun) puntare. **level crossing** n passaggio a livello m. **level-headed** adj equilibrato.

lever ('li:və) n leva f. manubrio m.

levy ('levi) n 1 imposta f. 2 mil leva f. vt 1 imporre. 2 mil arruolare.

lewd (lu:d) adj lascivo, osceno.

liable ('laiəbəl) adj 1 soggetto. 2 responsabile. **liability** n 1 obbligo m. 2 responsabilità f. 3 tendenza f. 4 pl comm passività f, debiti m pl.

liaison (li'eizon) n 1 legame m. 2 mil collegamento m.

liar ('laiə) n bugiardo m.

libel ('laibəl) n calunnia f.

liberal ('libərəl) adj liberale, generoso. n liberale m,f.

liberate ('libəreit) vt liberare.

liberty ('libəti) n libertà f.

Libra ('li:brə) n Libra f.

library ('laibrəri) n biblioteca f. **librarian** n bibliotecario m.

libretto (li'bretou) n libretto d'opera m.

Libya ('libiə) n Libia f. **Libyan** adj,n libico.

licence ('laisəns) n 1 mot patente f. 2 licenza f. **license** vt permettere, autorizzare. **licensee** n colui che possiede un'autorizzazione m.

lichen ('laikən) n lichene m.

lick (lik) vt leccare. n leccata f.

lid (lid) n coperchio m.

lie*¹ (lai) n bugia, menzogna f. vi mentire.

lie² (lai) vi 1 giacere. 2 trovarsi. 3 consistere. **lie down** coricarsi.

lieutenant (lef'tenənt) n tenente m. **lieutenant colonel** n tenente colonnello m.

life (laif) n, pl **lives** vita f. **lifebelt** n cintura di salvataggio f. **lifeboat** n scialuppa di salvataggio f. **lifebuoy** n salvagente m. **lifeguard** n bagnino m. **lifeline** n sagola di salvataggio f. **lifetime** n durata della vita f.

lift (lift) vt alzare, sollevare. vi 1 levarsi. 2 dissiparsi. n 1 ascensore m. 2 passaggio m.

light*¹ (lait) adj chiaro, luminoso. n 1 luce f. lume m. 2 fuoco, fiammifero m. vt 1 accendere. 2 illuminare. **light up** illuminarsi. **lighter** n accendisigari m invar. **light-**

light²

house n faro m. **lighting** n illuminazione f.

light² (lait) adj **1** leggero. **2** semplice, frivolo. **light-headed** adj scervellato, frivolo. **light-hearted** adj allegro, gaio. **lightweight** n peso leggero m.

light³ (lait) vi scendere, smontare.

lighten¹ ('laitn) vt illuminare. vi **1** illuminarsi. **2** rischiararsi.

lighten² ('laitn) vt alleggerire. vi alleggerirsi.

lightning ('laitniŋ) n fulmine, lampo m.

like¹ (laik) prep come, alla maniera di. adj **1** simile, uguale. **2** tipico di. n simile, uguale m. **feel like** aver voglia di. **likelihood** n probabilità f. **likely** adj verosimile. adv probabilmente. **like-minded** adj dello stesso parere. **likeness** n **1** somiglianza f. **2** ritratto m. **likewise** adv similmente, lo stesso. **liking** n simpatia f.

like² (laik) vt **1** gradire, piacere a. **2** amare, preferire. vi desiderare, volere, piacere.

lilac ('lailək) n bot lilla f.

lily ('lili) n giglio m. **lily-of-the-valley** n mughetto m.

limb (lim) n **1** arto m. membro m, pl membra f. **2** bot ramo m.

limbo ('limbou) n limbo m.

lime¹ (laim) n calce, calcina f. **limelight** n luci della ribalta f pl. **limestone** n calcare m.

lime² (laim) n bot cedro m. **limejuice** n succo di cedro m. **lime tree** n tiglio m.

limerick ('limərik) n piccola poesia umoristica f.

limit ('limit) n **1** limite m. **2** inf colmo m. vt limitare. **limitation** n limitazione f.

limp¹ (limp) vi zoppicare. n andatura zoppicante f.

limp² (limp) adj molle, debole, floscio.

limpet ('limpit) n patella f.

linden ('lindən) n tiglio m.

line¹ (lain) n **1** linea, riga f. **2** corda f. **3** limite m. **4** campo d'attività m. **5** tipo m. vt rigare, segnare. **lineage** n lignaggio m. stirpe f. **linear** adj lineare.

line² (lain) vt (clothes, etc.) foderare. **lining** n fodera f.

linen ('linin) n **1** tela di lino f. **2** biancheria f invar. adj di lino. **linen basket** n cesto dei panni m.

liner ('lainə) n transatlantico m.

linger ('liŋgə) vi indugiare, soffermarsi.

lingerie ('lɔnʒəriː) n biancheria per signora f.

linguist ('liŋgwist) n linguista m. **linguistic** adj linguistico. **linguistics** n linguistica f.

link (liŋk) n **1** anello m. **2** legame m. **3** collegamento m. vt collegare. vi congiungersi.

linoleum (li'nouliəm) n linoleum m. **lino** n linoleum m.

linseed ('linsiːd) n semi di lino m pl.

lion ('laiən) n leone m. **lioness** n leonessa f.

lip (lip) n **1** labbro m, pl labbra f. **2** orlo m. **lip-read** vt capire dal movimento delle labbra. **lipstick** n rossetto m.

liqueur (li'kjuə) n liquore m.

liquid ('likwid) adj,n liquido m. **liquidate** vt liquidare. **liqui-**

dation *n* liquidazione *f*.
liquidize *vt* rendere liquido.

liquor ('likə) *n* bevanda alcoolica *f*.

liquorice ('likəris) *n* liquirizia *f*.

lira ('liərə) *n* lira *f*.

lisp (lisp) *n* blesità *f*. *vi* parlare bleso.

list (list) *n* lista *f*. elenco, listino *m*. *vt* elencare.

listen ('lisən) *vi* ascoltare. **listener** *n* ascoltatore *m*.

listless ('listləs) *adj* svogliato, apatico, languido.

lit (lit) *v see* **light**.

litany ('litəni) *n* litania *f*.

literal ('litərəl) *adj* letterale, alla lettera.

literary ('litərəri) *adj* letterario.

literate ('litərət) *adj* che sa leggere e scrivere.

literature ('litərətʃə) *n* letteratura *f*.

litre ('liːtə) *n* litro *m*.

litter ('litə) *n* **1** rifiuti *m pl.* cartacce *f pl.* **2** (*of animals*) figliata *f*. *vt* mettere in disordine. **litter-bin** *n* cestino dei rifiuti *m*.

little ('litl) *adj* **1** piccolo. **2** poco. **3** breve. *adv* poco, un po'. **little by little** a poco a poco. ~*n* poco, po' *m*. **little finger** *n* (dito) mignolo *m*. **little toe** *n* mignolo (del piede) *m*.

liturgy ('litədʒi) *n* liturgia *f*.

live[1] (liv) *vt,vi* vivere, abitare. **live on** nutrirsi di. **live up to** mettere in pratica, non venir meno a.

live[2] (laiv) *adj* **1** vivo, vivente. **2** ardente. **3** (*of electricity*) sottotensione. **livestock** *n* bestiame *m*.

livelihood ('laivlihud) *n* vita *f*.

lively ('laivli) *adj* vivace. **liveliness** *n* vivacità *f*.

liver ('livə) *n* fegato *m*.

livery ('livəri) *n* livrea *f*.

livid ('livid) *adj* **1** livido, cereo. **2** furioso.

living ('liviŋ) *adj* vivo, in esistenza. *n* **1** vita, sussistenza *f*. **2** *rel* benefizio *m*. **living room** *n* stanza di soggiorno *f*.

lizard ('lizəd) *n* lucertola *f*.

llama ('laːmə) *n* lama *m invar*.

load (loud) *n* carico, fardello *m*. *vt* caricare.

loaf[1] (louf) *n*, *pl* **loaves** pagnotta *f*. pane carré *m*.

loaf[2] (louf) *vi* oziare, vagabondare, bighellonare.

loan (loun) *n* prestito *m*. *vt* prestare.

loathe (louð) *vt* detestare, provare ripugnanza per. **loathing** *n* ripugnanza *f*. **loathsome** *adj* ripugnante.

lob (lɔb) *vt* tirare alto. *n* pallonetto *m*.

lobby ('lɔbi) *n* **1** atrio *m*. **2** *pol* corridoio *m*. *vi* sollecitar voti.

lobe (loub) *n* lobo *m*.

lobster ('lɔbstə) *n* aragosta *f*.

local ('loukəl) *adj* locale. *n* **1** *inf* pub *m invar*. **2** *pl* gente del luogo *f*. **locality** *n* località *f*. **localize** *vt* circoscrivere. **locate** *vt* **1** individuare, localizzare. **2** situare. **location** *n* luogo, sito *m*.

loch (lɔx) *n* lago *m*.

lock[1] (lɔk) *n* **1** (*of a door, etc.*) serratura *f*. **2** *naut* chiusa *f*. *vt* chiudere a chiave, sprangare. **lock in** chiudere dentro a chiave. **lock up** mettere sotto chiave, chiudere.

lock² (lɔk) *n* (of hair) riccio *m.* crocca *f.*

locker ('lɔkə) *n* armadietto *m.*

locket ('lɔkit) *n* medaglione *m.*

locomotive (loukə'moutiv) *n* locomotiva *f. adj* locomotivo.

locomotion *n* locomozione *f.*

locust ('loukəst) *n* locusta *f.*

lodge (lɔdʒ) *n* 1 villetta, dipendenza *f.* 2 portineria *f. vt* 1 alloggiare. 2 piazzare. 3 presentare. *vi* alloggiare.

lodger *n* pensionante *m,f.*

lodgings *n pl* camera d'affitto *f.*

loft (lɔft) *n* soffitta *f.* solaio *m.*

log (lɔg) *n* 1 tronco, ciocco *m.* 2 *naut* giornale di bordo *m.*

logbook *n mot* libretto di circolazione *m.*

logarithm ('lɔgəriðəm) *n* logaritmo *m.*

logic ('lɔdʒik) *n* logica *f.* **logical** *adj* logico.

loins (lɔinz) *n pl* fianchi *m pl.*

loiter ('lɔitə) *vi* bighellonare.

lollipop ('lɔlipɔp) *n* lecca lecca *m invar.*

London ('lʌndən) *n* Londra *f.*

lonely ('lounli) *adj* solitario, solo. **loneliness** *n* solitudine *f.*

long¹ (lɔŋ) *adj* 1 lungo. 2 lento. **a long time ago** molto tempo fa. **in the long run** a lungo andare. ~*adv* a lungo. **all day long** tutto il giorno. **as long as I want** finchè voglio. **as long as** purchè. **long-distance** *adj* interurbano. **long-playing** *adj* a lunga durata. **long-range** *adj* a lunga scadenza, a lunga portata. **long-sighted** *adj* 1 presbite. 2 previdente. **longstanding** *adj* di vecchia data, di lunga data. **long wave** *n* onda lunga *f.* **longwinded** *adj* 1 prolisso. 2 noioso.

long² (lɔŋ) *vi* struggersi per, desiderare ardentemente. **long to** non veder l'ora di.

longevity (lɔŋ'geviti) *n* longevità *f.*

longitude ('lɔŋgitjuːd) *n* longitudine *f.*

loo (luː) *n inf* gabinetto *m.*

look (luk) *n* 1 sguardo *m.* occhiata *f.* 2 apparenza *f. vi* 1 guardare. 2 sembrare, parere. **look after** prendersi cura di. **look at** guardare. **look for** cercare. **look on** to dare su. **look out** fare attenzione.

loom¹ (luːm) *n* telaio *m.*

loom² (luːm) *vi* intravedersi, apparire.

loop (luːp) *n* cappio *m. vi* descrivere una curva.

loophole ('luːphoul) *n* scappatoia *f.*

loose (luːs) *adj* 1 sciolto, libero. 2 allentato. 3 sfrenato, dissoluto. 4 vago, libero. **at a loose end** senza nulla da fare. ~*vt* sciogliere. **loosen** *vt* 1 allentare. 2 sciogliere.

loot (luːt) *n* bottino *m. vt* saccheggiare. **looting** *n* saccheggio *m.*

lop (lɔp) *vt* 1 mozzare. 2 potare.

lopsided (lɔp'saidid) *adj* storto, pencolante.

lord (lɔːd) *n* 1 sovrano, signore *m.* 2 *cap* Pari *m invar.* **lordship** *n* potere *m.* signoria *f.* **Your Lordship** Vostra Signoria, Vostra Eccellenza.

lorry ('lɔri) *n* camion *m invar.* autocarro *m.*

lose* (luːz) vt perdere, smarrire. vi **1** rimetterci. **2** (of a watch) ritardare. **lose one's temper** arrabbiarsi. **lose one's way** smarrirsi. **loser** n perdente m.

loss (lɔs) n perdita f.

lost (lɔst) v see **lose.**

lot (lɔt) n **1** sorte, ventura f. destino m. **2** comm partita f. **3** quantità f.

lotion ('louʃən) n lozione f.

lottery ('lɔtəri) n lotteria f. lotto m.

lotus ('loutəs) n loto m.

loud (laud) adj **1** forte, alto, rumoroso. **2** (of colours) vistoso. adv alto, forte. **loud-mouthed** adj sguaiato, vociferatore. **loudness** n sonorità f. **loudspeaker** n altoparlante m.

lounge (laundʒ) n **1** salotto m. **2** sala di ritrovo f. vi poltrire, oziare.

louse (laus) n, pl **lice** pidocchio m. **lousy** adj **1** pidocchioso. **2** inf sordido, pessimo.

love (lʌv) n **1** amore m. **2** sport zero m. **fall in love with** innamorarsi di. ~vt **1** amare. **2** voler bene a. **lovely** adj bello, carino, piacevole. **lover** n amante m,f. **lovesick** adj malato d'amore.

low[1] (lou) adj **1** basso. **2** volgare. adv **1** basso. **2** sottovoce. **lowbrow** adj incolto, di bassa levatura. **low frequency** n bassa frequenza f. **low-grade** adj inferiore, di qualità inferiore. **lowland** n pianura f. bassopiano m. adj di pianura. **low-necked** adj scollato. **low-pitched** adj basso. **low tide** n bassa marea f.

low[2] (lou) vi muggire.

lower ('louə) vt abbassare. vt,vi calare, diminuire. **lowercase** adj minuscolo. **lower classes** classi inferiori f pl.

loyal ('lɔiəl) adj fedele, leale. **loyalty** n fedeltà, lealtà f.

lozenge ('lɔzindʒ) n pastiglia f.

LSD n LSD f.

lubricate ('luːbrikeit) vt lubrificare. **lubrication** n lubrificazione f.

lucid ('luːsid) adj **1** chiaro, limpido. **2** lucido.

luck (lʌk) n fortuna f. **good luck!** auguri! **lucky** adj fortunato.

lucrative ('luːkrətiv) adj lucroso, lucrativo.

ludicrous ('luːdikrəs) adj ridicolo, irrisorio.

lug (lʌg) vt trascinare.

luggage ('lʌgidʒ) n bagaglio m.

lukewarm (luːk'wɔːm) adj tiepido.

lull (lʌl) n pausa, calma f. **lullaby** n ninna-nanna f.

lumbago (lʌm'beigou) n lombaggine f.

lumber[1] ('lʌmbə) n legname m.
lumberjack n boscaiolo, taglialegna m.

lumber[2] ('lʌmbə) vi muoversi goffamente.

luminous ('luːminəs) adj luminoso.

lump (lʌmp) n **1** massa f. pezzo m. **2** gonfiore m. vt ammassare.

lunacy ('luːnəsi) n pazzia f.

lunar ('luːnə) adj lunare.

lunatic ('luːnətik) adj,n pazzo, matto m.

lunch (lʌntʃ) n colazione f.

pranzo m. vi far colazione, pranzare.

lung (lʌŋ) n polmone m.

lunge (lʌndʒ) n affondo m. vi scagliarsi.

lurch[1] (ləːtʃ) n sbandata f. vi barcollare.

lurch[2] (ləːtʃ) n **leave in the lurch** piantare in asso.

lure (luə) vt allettare. n allettamento m.

lurid ('luərid) adj 1 spettrale. 2 raccapricciante.

lurk (ləːk) vi stare in agguato, essere nascosto.

luscious ('lʌʃəs) adj succulento.

lush (lʌʃ) adj lussureggiante.

lust (lʌst) n cupidigia, libidine f. v **lust for** or **after** bramare. **lustful** adj bramoso, avido.

lustre ('lʌstə) n lustro m.

lute (luːt) n liuto m.

Luxembourg ('lʌksəmbəːg) n Lussemburgo m.

luxury ('lʌkʃəri) n lusso m. adj di lusso.

lynch (lintʃ) vt linciare.

lynx (liŋks) n lince f.

lyre ('laiə) n lira f.

lyrics ('liriks) n pl parole di una canzone f pl. **lyrical** adj lirico.

M

mac (mæk) n inf impermeabile m.

macabre (mə'kɑːbrə) adj macabro.

macaroni (mækə'rouni) n maccheroni m pl.

mace[1] (meis) n mazza f.

mace[2] (meis) n bot macis m or f.

machine (mə'ʃiːn) n macchina f. **machine-gun** n mitraglia-

trice f. mitragliatore m. **machinery** n 1 macchinario m. 2 meccanismo m. 3 procedimento m. **machinist** n 1 macchinista n. 2 meccanico m. 3 lavorante m,f.

mackerel ('mækrəl) n sgombro m.

mackintosh ('mækintɔʃ) n impermeabile m.

mad (mæd) adj 1 matto, pazzo. 2 inf arrabbiato. **madness** n pazzia f.

madam ('mædəm) n signora f.

made (meid) v see **make**.

Madonna (mə'dɔnə) n Madonna f.

madrigal ('mædrigəl) n madrigale m.

magazine (mægə'ziːn) n 1 periodico, mensile m. 2 mil caricatore m.

Maggiore, Lake (mædʒi'ɔːri) n Lago Maggiore m.

maggot ('mægət) n larva f.

magic ('mædʒik) n magia f. adj magico. **magical** adj magico. **magician** n mago m.

magistrate ('mædʒistreit) n magistrato m.

magnanimous (mæg'næniməs) adj magnanimo.

magnate ('mægneit) n magnate m.

magnet ('mægnit) n calamita f. magnete m. **magnetic** adj magnetico. **magnetism** n magnetismo m. **magnetize** vt magnetizzare.

magnificent (mæg'nifisənt) adj magnifico.

magnify ('mægnifai) vt 1 ingrandire. 2 esagerare. **magnifying glass** n lente d'ingrandimento f.

magnitude ('mægnitjuːd) *n* grandezza, magnitudine *f*.

magnolia (mæg'nouliə) *n* magnolia *f*.

magpie ('mægpai) *n* gazza *f*.

mahogany (mə'hɔgəni) *n* mogano *m*. *adj* di mogano.

maid (meid) *n* domestica *f*. **maiden** *adj* inaugurale, primo. *n* fanciulla, signorina *f*. **maiden name** *n* cognome da ragazza *m*.

mail (meil) *n* posta *f*. *vt* imbucare, mandare per posta. **mailbag** *n* sacco postale *m*. **mailing list** *n* elenco di indirizzi per l'invio di materiale pubblicitario, etc. *m*. **mail order** *n* ordinazione per posta *f*.

maim (meim) *vt* ferire gravemente, mutilare.

main (mein) *adj* principale. **mainland** *n* terraferma *f*. **mainsail** *n* vela (di) maestra *f*. **mainspring** *n* 1 *tech* molla principale *f*. 2 agente principale *m*. **mainstream** *n* corrente principale *f*. **mains** *n pl* 1 fognatura *f*. 2 rete elettrica *f*.

maintain (mein'tein) *vt* 1 mantenere. 2 sostenere. **maintenance** *n* 1 manutenzione *f*. 2 mantenimento *m*.

maize (meiz) *n* granturco *m*.

majesty ('mædʒisti) *n* maestà *f*. **majestic** *adj* maestoso.

major ('meidʒə) *adj* maggiore, più importante. *n* maggiore *m*. **major general** *n* generale di divisione *m*. **majority** *n* 1 maggioranza *f*. 2 maggior età *f*.

make* (meik) *vt* 1 fare, costruire. 2 costringere a. *vi* fare.

make for avviarsi verso. **make off** squagliarsela. **make out** 1 scorgere. 2 riempire. **make up 1** completare. 2 inventare. **3** *Th* truccare. **make-up** *n* trucco *m*. **make up for** compensare. ~*n* 1 forma, fabbricazione *f*. 2 marca *f*. **make-believe** *n* finzione *f*. **make-shift** *adj* improvvisato.

maladjusted (mælə'dʒʌstid) *adj* incapace di adattarsi.

malaria (mə'leəriə) *n* malaria *f*.

Malaya (mə'leiə) *n* Malesia *f*. **Malay** *adj,n* malese. **Malay** (language) *n* malese *m*.

Malaysia (mə'leiziə) *n* Malaysia *f*. **Malaysian** *adj,n* malese.

male (meil) *adj* maschile. *n* maschio *m*.

malfunction (mæl'fʌŋkʃən) *vi* funzionare male. *n* funzionamento imperfetto *m*.

malice ('mælis) *n* malignità *f*. **malignant** (mə'lignənt) *adj* maligno.

mallet ('mælət) *n* maglio *m*.

malnutrition (mælnju'triʃən) *n* malnutrizione *f*.

malt (mɔːlt) *n* malto *m*.

Malta ('mɔːltə) *n* Malta *f*. **Maltese** *adj,n* maltese.

maltreat (mæl'triːt) *vt* maltrattare.

mammal ('mæməl) *n* mammifero *m*.

mammoth ('mæməθ) *adj* immenso.

man (mæn) *n, pl* **men** uomo *m*, *pl* uomini *m*. *vt* equipaggiare. **man-handle** *vt* malmenare. **manhole** *n* chiusino *m*. **man-made** *adj* artificiale. **manpower** *n* manodopera *f*.

manslaughter *n* omicidio preterintenzionale *m*.

Man, Isle of *n* Isola di Man *f*.

manage ('mænidʒ) *vt* dirigere. *vi* cavarsela. **manage to** riuscire a. **manageable** *adj* docile. **management** *n* direzione *f*. **manager** *n* direttore *m*.

mandarin ('mændərin) *n* mandarino *m*.

mandate ('mændeit) *n* mandato *m*. **mandatory** *adj* obbligatorio.

mandolin ('mændəlin) *n* mandolino *m*.

mane (mein) *n* criniera *f*.

mange (meindʒ) *n* rogna *f*. **mangy** *adj* 1 rognoso. 2 *inf* squallido.

mangle[1] ('mæŋgəl) *vt* rovinare, deformare.

mangle[2] ('mæŋgəl) *n* mangano, strizzatoio *m*. *vt* mangiare.

mango ('mæŋgou), *n*, *pl* **-goes** or **-gos** mango *m*.

mania ('meiniə) *n* mania *f*. **maniac** *n* maniaco *m*. **manic** *adj* maniaco.

manicure ('mænikjuə) *n* manicure, cosmesi delle mani *f*. *vt* fare la manicure. **manicurist** *n* manicure *m,f*.

manifest ('mænifest) *adj* evidente, palese, manifesto. *vt* dimostrare.

manifesto (mæni'festou) *n* manifesto *m*.

manifold ('mænifould) *adj* molteplice.

manipulate (mə'nipjuleit) *vt* 1 manipolare. 2 manovrare, maneggiare. **manipulation** *n* 1 manipolazione *f*. maneggio *m*.

mankind ('mænkaind) *n* umanità *f*.

manner ('mænə) *n* maniera *f*. modo *m*. **mannerism** *n* manierismo *m*.

manoeuvre (mə'nuːvə) *n* manovra *f*. *vt,vi* manovrare.

manor ('mænə) *n* maniero *m*.

mansion ('mænʃən) *n* casa signorile *f*.

mantelpiece ('mæntəlpiːs) *n* mensola *f*.

mantilla (mæn'tilə) *n* mantiglia *f*.

mantle ('mæntl) *n* mantello *m*.

manual ('mænjuəl) *adj* manuale.

manufacture (mænju'fæktʃə) *n* manifattura *f*. *vt* fabbricare. **manufacturer** *n* fabbricante *m*.

manure (mə'njuə) *n* letame *m*. *vt* concimare.

manuscript ('mænjuskript) *n* manoscritto *m*.

Manx (mæŋks) *adj* dell'isola di Man.

many ('meni) *adj* molti. **a good many** parecchi. **as many** altrettanti. **how many?** quanti? **many a** molti. **so many** tanti.

Maori ('mauri) *adj,n* maori *invar*.

map (mæp) *n* 1 mappa, carta *f*. 2 (of a town) pianta *f*. *vt* fare la carta di. **map out** tracciare.

maple ('meipəl) *n* acero *m*.

mar (mɑː) *vt* guastare.

marathon ('mærəθən) *n* maratona *f*.

marble ('mɑːbəl) *n* 1 marmo *m*. 2 *game* billia, pallina *f*. *adj* di marmo, marmoreo.

march (mɑːtʃ) n marcia f. vi marciare.

March (mɑːtʃ) n marzo m.

marchioness ('mɑːʃənis) n marchesa f.

mare (meə) n cavalla f.

margarine (mɑːdʒə'riːn) n margarina f.

margin ('mɑːdʒin) n margine m. **marginal** adj marginale.

marguerite (mɑːgə'riːt) n margherita f.

marigold ('mærigould) n calendola f.

marijuana (mæri'wɑːnə) n marijuana f.

marinade (n mæri'neid) n marinata f. **marinate** vt marinare.

marine (mə'riːn) adj marino. n soldato di marina m. **maritime** adj marittimo.

marital ('mæritl) adj maritale, coniugale.

marjoram ('mɑːdʒərəm) n maggiorana f.

mark[1] (mɑːk) n **1** segno, marchio m. impronta f. **2** educ voto m. vt **1** segnare, marcare. **2** educ correggere. **mark out** tracciare. **marksman** n tiratore scelto m.

mark[2] (mɑːk) n comm marco m.

market ('mɑːkit) n **1** mercato m. **2** comm borsa f. vt mettere in vendita. **market garden** n orto m. **market research** n ricerca di mercato f.

marmalade ('mɑːməleid) n marmellata f.

maroon[1] (mə'ruːn) adj,n marrone rossastro m.

maroon[2] (mə'ruːn) vt abbandonare.

marquee (mɑː'kiː) n grande tenda f.

marquess ('mɑːkwis) n marchese m.

marquise (mɑː'kiːz) n marchesa f.

marrow ('mærou) n **1** midollo m. **2** bot zucca f. **marrowbone** n ossobuco m.

marry ('mæri) vt sposare. vi sposarsi. **marriage** n matrimonio m. **marriage certificate** n certificato di matrimonio m.

Mars (mɑːz) n Marte m.

marsh (mɑːʃ) n palude f. **marshy** adj paludoso. **marshmallow** n **1** bot altea f. **2** specie di caramella f.

marshal ('mɑːʃəl) n maresciallo m. vt ordinare.

marsupial (mɑː'sjuːpiəl) adj,n marsupiale m.

martial ('mɑːʃəl) adj marziale.

martin ('mɑːtin) n balestruccio m.

martini (mɑː'tiːni) n martini m invar.

martyr ('mɑːtə) n martire m. **martyrdom** n martirio m.

marvel ('mɑːvəl) n meraviglia f. vi meravigliarsi. **marvellous** adj meraviglioso.

Marxism ('mɑːksizəm) n marxismo m. **Marxist** adj,n marxista.

marzipan ('mɑːzipæn) n marzapane m.

mascara (mæ'skɑːrə) n mascara m.

mascot ('mæskɔt) n mascotte f, pl mascottes.

masculine ('mæskjulin) adj maschile, mascolino.

mash (mæʃ) *vt* schiacciare, pestare.

mask (mɑ:sk) *n* maschera *f*. *vt* mascherare.

masochism ('mæsəkizəm) *n* masochismo *m*. **masochist** *n* masochista *m*. **masochistic** *adj* masochistico.

mason ('meisən) *n* **1** muratore *m*. **2** massone *m*. **masonic** *adj* massonico. **masonry** *n* **1** muratura *f*. **2** massoneria *f*.

masquerade (mæskə'reid) *n* **1** ballo in maschera *m*. mascherata *f*. **2** finzione *f*. *vi* mascherarsi.

mass[1] (mæs) *n* massa *f*. **masses of** un sacco di. ~*vt* adunare, ammassare. **mass media** *n* mass media *m pl*. **mass-produce** *vt* produrre in massa.

mass[2] (mæs) *n rel* messa *f*.

massacre ('mæsəkə) *n* massacro *m*. *vt* massacrare.

massage ('mæsɑːʒ) *vt* massaggiare. *n* massaggio *m*.

massive ('mæsiv) *adj* massiccio.

mast (mɑ:st) *n* albero *m*.

master ('mɑstə) *n* **1** padrone *m*. **2** *educ* maestro, professore *m*. *vt* dominare. **masterful** *adj* imperioso. **mastermind** *n* cervello *m*. **masterpiece** *n* capolavoro *m*.

masturbate ('mæstəbeit) *vi* masturbarsi. **masturbation** *n* masturbazione *f*.

mat (mæt) *n* **1** stuoia *f*. **2** (table) sottovaso, sottopiatto *m*.

matador ('mætədɔ:) *n* matador *m*, *pl* matadores.

match[1] (mætʃ) *n* fiammifero *m*. **matchbox** *n* scatola da fiam-

miferi *f*. **matchstick** *n* fiammifero *m*.

match[2] (mætʃ) *n* **1** uguale *m*,*f*. pari *m*,*f* invar. **2** *sport* partita *f*. incontro *m*. **3** matrimonio *m*. *vt* **1** uguagliare. **2** andar bene con. **3** opporre. *vi* andar bene insieme.

mate (meit) *n* **1** *inf* compagno, amico *m*. **2** *naut* ufficiale in seconda *m*. *vt* accoppiare. *vi* accoppiarsi.

material (mə'tiəriəl) *n* **1** materiale *m*. **2** stoffa *f*. *adj* **1** materiale. **2** essenziale. **materialist** *n* materialista *m*. **materialistic** *adj* materialistico. **materialize** *vi* realizzarsi.

maternal (mə'tə:nl) *adj* materno. **maternity** *n* maternità *f*.

mathematics (mæθə'mætiks) *n* matematica *f*.

matins ('mætinz) *n pl* mattutino *m*.

matinee ('mætinei) *n* (rappresentazione) diurna *f*.

matriarchal ('meitriɑːkəl) *adj* matriarcale.

matrimony ('mætriməni) *n* matrimonio *m*.

matrix ('meitriks) *n*, *pl* **matrices** or **matrixes** matrice *f*.

matron ('meitrən) *n* **1** *educ* governante *f*. **2** *med* capoinfermiera *f*.

matter ('mætə) *n* **1** materia *f*. **2** contenuto *m*. **3** faccenda, questione *f*. **as a matter of fact** a dire il vero. **printed matter** *n* stampati *m pl*. **what's the matter?** che c'è? ~*vi* importare, aver importanza.

Matterhorn ('mætəhɔːn) *n* Cervino *m*.

mattress ('mætrəs) n materasso m.

mature (mə'tjuə) adj maturo. vt,vi maturare. **maturity** n maturità f.

maudlin ('mɔːdlin) adj piagnucoloso, sentimentale.

maul (mɔːl) vt dilaniare, straziare.

Maundy Thursday ('mɔːndi) n Giovedì Santo m.

mausoleum (mɔːsə'liəm) n mausoleo m.

mauve (mouv) adj,n malva m invar.

maxim ('mæksim) n massima f.

maximum ('mæksiməm) adj,n massimo m. **maximize** vt rendere massimo.

may (mei) v mod aux potere. **it may be so** può darsi. **maybe** adv forse, può darsi che.

May (mei) n maggio m. **May Day** n primo maggio m. festa del lavoro f. **maypole** n albero di maggio m.

mayonnaise (meiə'neiz) n maionese f.

mayor ('mɛə) n sindaco m. **mayoress** n sindaca f.

maze (meiz) n labirinto m.

me (miː) pers pron 1st pers s mi, me.

meadow ('medou) n prato m.

meagre ('miːgə) adj magro.

meal[1] (miːl) n cul pasto m.

meal[2] (miːl) n farina grossa f.

mean*[1] (miːn) vt **1** significare, voler dire. **2** intendere. **3** destinare. **mean well** essere ben intenzionato.

mean[2] (miːn) adj **1** meschino, di basso conio. **2** gretto, tirchio, taccagno. **3** medio.

meander (mi'ændə) vi serpeggiare. n meandro m.

meaning ('miːniŋ) n significato m. **meaningful** adj significativo. **meaningless** adj privo di significato.

means (miːnz) n pl mezzo m. **by all means** certo, senz'altro. **by no means** non...affatto, niente affatto.

meantime ('miːntaim) adv intanto. **in the meantime** nel frattempo.

measles ('miːzəlz) n morbillo m.

measure ('meʒə) n misura f. **made to measure** confezionato su misura. ~vt,vi misurare. **measurement** n misura f.

meat (miːt) n carne f.

mechanic (mi'kænik) n meccanico m. **mechanical** adj meccanico. **mechanical engineering** n ingegneria meccanica f. **mechanism** n meccanismo m. **mechanize** vt meccanizzare.

medal ('medl) n medaglia f. **medallion** n medaglione m.

meddle ('medl) vi immischiarsi, intromettersi.

media ('miːdiə) **mass media** n mezzi di comunicazione di massa m pl.

medial ('miːdiəl) adj mediano, medio.

median ('miːdiən) adj mediano. n mediana f.

mediate ('miːdieit) vt,vi mediare. **mediator** n mediatore m.

medical ('medikəl) adj medico. n esame medico m. **medication** n medicazione f. **medi-**

cine n 1 medicina f. 2 farmaco m.

medieval (medi'i:vəl) adj medievale.

mediocre (mi:di'oukə) adj mediocre. **mediocrity** n mediocrità f.

meditate ('mediteit) vt,vi meditare. **meditator** n meditatore m.

Mediterranean (meditə'reiniən) adj mediterraneo. **Mediterranean (Sea)** (Mare) Mediterraneo m.

medium ('mi:diəm) n,pl **media** or **mediums** mezzo m. **happy medium** giusto mezzo. ~ adj medio.

meek (mi:k) adj remissivo, mite.

meet* (mi:t) vt incontrare. vi 1 incontrarsi. 2 riunirsi. **meet with 1** imbattersi in. **2** subire. **meeting** n riunione, assemblea f.

megaphone ('megəfoun) n megafono m.

melancholy ('melənkəli) n malinconia f. adj malinconico.

mellow ('melou) adj 1 maturo. **2** amabile. **3** addolcito. **4** morbido. vt far maturare, addolcire. vi maturare, addolcirsi.

melodrama ('melədrɑ:mə) n melodramma m. **melodramatic** adj melodrammatico.

melody ('melədi) n melodia f.

melon ('melən) n melone m.

melt* (melt) vt squagliare, sciogliere, fondere. vi squagliarsi, sciogliersi, fondere. **melt down** fondere. **melting** n fusione f. **melting point** n punto di fusione m.

member ('membə) n membro, socio m. **member of Parliament** n deputato m. **membership** n 1 appartenenza f. **2** totale dei membri m.

membrane ('membrein) n membrana f.

memento (mə'mentou) n, pl **-os** or **-oes** ricordo m.

memo ('memou) n inf memorandum m.

memoir ('memwɑ:) n 1 nota biografica f. **2** pl memorie f pl.

memorandum (memə'rændəm) n, pl **-dums** or **-da** memorandum m.

memory ('meməri) n 1 memoria f. **2** ricordo m. **memorable** adj memorabile. **memorial** n monumento m. adj commemorativo. **memorize** vt imparare a memoria.

menace ('menəs) n minaccia f. vt minacciare. **menacing** adj minaccioso.

menagerie (mə'nædʒəri) n serraglio m.

mend (mend) vt 1 riparare, rammendare. **2** migliorare. vi rimettersi, migliorare. **mend one's ways** ravvedersi. n aggiustatura f. rammendo m. **mending** n 1 riparazione f. **2** roba da riparare f.

menial ('mi:niəl) adj umile, servile. n servo m.

menopause ('menəpɔ:z) n menopausa f.

menstrual ('menstruəl) adj mestruale. **menstruate** vi mestruare.

mental ('mentl) adj mentale. **mental hospital** n manicomio m. **mentality** n mentalità f.

menthol ('menθɒl) *n* mentolo *m*.

mention ('menʃ ən) *vt* far menzione di, citare, menzionare. **don't mention it!** di nulla! ~ *n* menzione, citazione *f*.

menu ('menju:) *n* menu *m invar*.

mercantile ('mə:kəntail) *adj* mercantile.

mercenary ('mə:sənəri) *adj* mercenario, venale. *n* mercenario *m*.

merchant ('mə:tʃ ənt) *n* commerciante, mercante *m*. **merchant bank** *n* banca *f*. **merchant navy** *n* marina mercantile *f*. **merchandise** *n* merce, mercanzia *f*.

mercury ('mə:kjuri) *n* mercurio *m*.

mercy ('mə:si) *n* misericordia, pietà, clemenza *f*.

mere (miə) *adj* puro, semplice, mero.

merge (mə:dʒ) *vt* fondere, amalgamare. *vi* fondersi. **merger** *n* fusione *f*.

meridian (mə'ridiən) *n* meridiano *m*.

meringue (mə'ræŋ) *n* meringa *f*.

merit ('merit) *n* merito *m*. *vt* meritare.

mermaid ('mə:meid) *n* sirena *f*.

merry ('meri) *adj* 1 allegro, giocondo. 2 *inf* brillo, alticcio. **merry-go-round** giostra *f*. carosello *m*.

mesh (meʃ) *n* maglia *f*.

mesmerize ('mezməraiz) *vt* ipnotizzare.

ness (mes) *n* 1 pasticcio *m*. confusione *f*. 2 mensa *f*. *v*

mess about perdere tempo. **mess up** guastare.

message ('mesidʒ) *n* 1 messaggio *m*. 2 commissione *f*. **messenger** *n* messaggero, fattorino *m*.

met (met) *v see* **meet**.

metabolism (mi'tæbəlizəm) *n* metabolismo *m*.

metal ('met) *n* metallo *m*. *adj* di metallo, metallico. **metallic** *adj* metallico. **metallurgy** *n* metallurgia *f*.

metamorphosis (metə 'mɔ:fəsis) *n*, *pl* **metamorphoses** metamorfosi *f invar*.

metaphor ('metəfə) *n* metafora *f*. **metaphorical** *adj* metaforico.

metaphysics (metə'fiziks) *n* metafisica *f*. **metaphysical** *adj* metafisico.

meteor ('mi:tiə) *n* meteora *f*. **meteorology** *n* meteorologia *f*.

meter ('mi:tə) *n* 1 contatore *m*. 2 *mot* parchimetro *m*.

methane ('mi:θein) *n* metano *m*.

method ('meθəd) *n* metodo *m*. **methodical** *adj* metodico. **methodology** *n* metodologia *f*.

Methodist ('meθədist) *n* metodista *m*.

meticulous (mi'tikjuləs) *adj* meticoloso.

metre ('mi:tə) *n* metro *m*. **metric** *adj* metrico.

metropolis (mə'trɒpəlis) *n* metropoli *f invar*. **metropolitan** *adj* metropolitano.

Mexico ('meksikou) *n* Messico *m*. **Mexican** *adj* messicano.

miaow (mi'au) *n* miagolio *m. vi* miagolare.

microbe ('maikroub) *n* microbo *m.*

microphone ('maikrəfoun) *n* microfono *m.*

microscope ('maikrəskoup) *n* microscopio *m.*

mid (mid) *adj* **1** mezzo, di mezzo, a metà. **2** pieno. **midday** *n* mezzogiorno *m.* **midland** *adj* interno. **midmorning** *n* metà mattina *f.* **midnight** *n* mezzanotte *f.* **midstream** *n* centro della corrente *m.* **midsummer** *n* mezza estate *f.* **midway** *adj,adv* a metà strada. **midweek** *n* metà (della) settimana *f.*

middle ('midl) *n* mezzo, centro *m.* metà *f. adj* di mezzo, medio. **middle finger** *n* (dito) medio *m.* **middle-aged** *adj* di mezz'età. **middle-class** *adj* borghese.

Middle Ages *n pl* medioevo *m.*

Middle East *n* Medio Oriente *m.*

midget ('midʒit) *n* nano *m.*

midst (midst) *n* mezzo, centro *m.*

midwife ('midwaif) *n* ostetrica *f.* **midwifery** *n* ostetricia *f.*

might[1] (mait) *v* see **may.**

might[2] (mait) *n* forza, potenza *f.*

migraine ('mi:grein) *n* emicrania *f.*

migrate (mai'greit) *vi* **1** *zool* migrare. **2** emigrare. **migration** *n* **1** migrazione *f.* **2** emigrazione *f.*

mike (maik) *n inf* microfono *m.*

Milan (mi'læn) *n* Milano *f.* **Milanese** *adj,n* milanese.

mild (maild) *adj* **1** mite, gentile. **2** dolce, leggero. **3** clemente. **mildly** *adv* gentilmente.

mildew ('mildju:) *n* muffa *f.*

mile (mail) *n* miglio *m, pl* miglia *f.* **mileage** *n* distanza percorsa in miglia *f.* chilometraggio *m.* **mileometer** *n* contamiglia, contachilometri *m.* **milestone** *n* pietra miliare *f.*

militant ('militənt) *adj,n* militante. **military** *adj* militare.

milk (milk) *n* latte *m. vt* mungere. **milkman** *n* lattaio *m.* **Milky Way** *n* Via Lattea *f.*

mill (mil) *n* **1** mulino *m.* **2** fabbrica *f.* stabilimento *m.* **3** macinino *m.* **millstone** *n* macina *f.*

millennium (mi'leniəm) *n, pl* **-niums** *or* **-nia** millennio *m.*

milligram ('miligræm) *n* milligrammo *m.*

millilitre ('milili:tə) *n* millilitro *m.*

millimetre ('milimi:tə) *n* millimetro *m.*

million ('miliən) *n* milione *m.* **millionaire** *n* milionario *m.* **millionth** *adj* milionesimo.

mime (maim) *n* mimo *m. vt,vi* mimare. **mimic** *n* mimo, imitatore *m. vt* imitare. **mimicry** *n* mimica *f.*

mimosa (mi'mouzə) *n* mimosa *f.*

minaret (minə'ret) *n* minareto *m.*

mince (mins) *vt* tritare, tagliuzzare. *n* carne tritata *f.* **mincer** *n* tritatutto *m.*

mind (maind) *n* **1** mente *f.* **2** memoria *f.* **make up one's mind** decidersi. ~*vt* **1** badare a, fare attenzione a. **2** occuparsi di. *vi* stare attento. **do you mind?** ti dispiace? **never mind!** non importa!

mine[1] (main) *poss pron 1st pers s* mio, il mio, mia, la mia, miei, i miei, mie, le mie.

mine[2] (main) *n* **1** miniera *f*. **2** *mil* mina *f*. *vt* **1** scavare, estrarre. **2** *mil* minare. **miner** *n* minatore *m*.

mineral ('minərəl) *adj,n* minerale *m*. **mineral water** *n* acqua minerale *f*.

minestrone (mini'strouni) *n* minestrone *m*.

mingle ('miŋgəl) *vt* mischiare. *vi* mescolarsi.

miniature ('miniətʃə) *n* miniatura *f*. *adj* in miniatura.

minim ('minim) *n* minima *f*. **minimize** *vt* minimizzare. **minimum** *adj,n* minimo *m*.

mining ('mainiŋ) *n* attività mineraria, estrazione *f*. *adj* minerario.

minister ('ministə) *n* **1** ministro *m*. **2** *rel* pastore *m*. **ministerial** *adj* ministeriale. **ministry** *n* **1** ministero *m*. **2** *rel* clero *m*.

mink (miŋk) *n* visone *m*.

minor ('mainə) *adj* minore, più piccolo, secondario. *n* minorenne *m,f*. **minority** *n* **1** minoranza *f*. **2** *law* qualità di minorenne *f*.

minstrel ('minstrəl) *n* menestrello *m*.

mint[1] (mint) *n bot* menta *f*.

mint[2] (mint) *n* zecca *f*. *vt* coniare.

minuet (minju'et) *n* minuetto *m*.

minus ('mainəs) *adj,prep* meno.

minute[1] ('minit) *n* **1** minuto *m*. **2** momento *m*. **3** *pl* verbale *m*.

minute[2] (mai'njuːt) *adj* **1** minuto. **2** particolareggiato.

miracle ('mirəkəl) *n* miracolo *m*. **miraculous** *adj* miracoloso.

mirage ('miraːʒ) *n* miraggio *m*.

mirror ('mirə) *n* specchio *m*. *vt* rispecchiare.

mirth (məːθ) *n* ilarità, allegria *f*. riso *m*, *pl* risa *f*.

misbehave (misbi'heiv) *vi* comportarsi male. **misbehaviour** *n* cattiva condotta *f*.

miscarriage (mis'kæridʒ) *n* **1** *med* aborto *m*. **2** insuccesso *m*. **miscarry** *vi* **1** abortire. **2** fare cilecca.

miscellaneous (misə'leiniəs) *adj* miscellaneo. **miscellany** *n* miscellanea *f*.

mischance (mis'tʃaːns) *n* disavventura *f*.

mischief ('mistʃif) *n* **1** birichinata *f*. **2** danno *m*. **mischievous** *adj* birichino, dispettoso.

misconceive (miskən'siːv) *vt* fraintendere, farsi un'idea erronea di. **misconception** *n* malinteso *m*. idea erronea *f*.

misconduct (miskən'dʌkt) *n* **1** cattiva condotta *f*. **2** cattiva amministrazione *f*.

misdeed (mis'diːd) *n* misfatto *m*.

miser ('maizə) *n* avaro *m*. **miserly** *adj* avaro.

miserable ('mizərəbəl) *adj* **1** triste, infelice. **2** misero, miserabile.

misery ('mizəri) *n* depressione, sofferenza *f*.

misfire (mis'faiə) vi **1** inceparsi. **2** fare fiasco, mancare il bersaglio.

misfit ('misfit) n **1** spostato m. **2** vestito che non va bene m.

misfortune (mis'fɔːtʃən) n sfortuna f.

misgiving (mis'giviŋ) n **1** dubbio, sospetto m. **2** diffidenza f.

misguided (mis'gaidid) adj sviato.

mishap ('mishæp) n infortunio m.

mislay (mis'lei) vt smarrire.

mislead (mis'liːd) vt **1** ingannare. **2** fuorviare. **misleading** adj fallace.

misprint (n 'misprint; v mis'print) n errore di stampa m. vt stampare male.

miss[1] (mis) vt **1** mancare, sbagliare. **2** sentire la mancanza di. **3** perdere. **4** evitare. vi mancare, sbagliare. **miss out** omettere. ~n colpo mancato, sbaglio m. **missing** adj **1** mancante, smarrito. **2** mil disperso.

miss[2] (mis) n **1** signorina f. **2** cap (title of address) Signorina.

missile ('misail) n missile m.

mission ('miʃən) n missione f. **missionary** adj,n missionario m.

mist (mist) n foschia f. vi appannarsi. **misty** adj **1** fosco. **2** nebuloso.

mistake* (mis'teik) n sbaglio, errore m. vt **1** sbagliare. **2** fraintendere. **3** scambiare.

mister ('mistə) n signore m.

mistletoe ('misəltou) n vischio m.

mistress ('mistrəs) n **1** signora f. **2** padrona f. **3** professoressa f. **4** amante f.

mistrust (mis'trʌst) vt non fidarsi di. n diffidenza f. **mistrustful** adj diffidente.

misunderstand* (misʌndə 'stænd) vt fraintendere. **misunderstanding** n equivoco m.

misuse (v mis'juːz; n mis'juːs) vt **1** far cattivo uso di, usare a sproposito. **2** maltrattare. n cattivo uso m.

mitre ('maitə) n mitra f.

mitten ('mitn) n manopola f.

mix (miks) vt mischiare, combinare, mettere insieme. vi mischiarsi, andar bene insieme. **mixture** n **1** misto m. mistura f. **2** miscela f.

moan (moun) n gemito, lamento m. vi gemere, lamentarsi. vt lamentare.

moat (mout) n fossato m.

mob (mɔb) n marmaglia f. popolaccio m. vt assalire.

mobile ('moubail) adj **1** mobile. **2** mutevole. **mobility** n mobilità f. **mobilize** vt mobilitare. vi mobilitarsi. **mobilization** n mobilitazione f.

mock (mɔk) vt deridere, prendere in giro. adj finto. **mockery** n derisione f.

mode (moud) n modo m.

model ('mɔdl) n **1** modello m. **2** Art modello m. **3** indossatrice f. adj esemplare, modello. vt modellare. vi fare l'indossatore.

moderate (adj,n 'mɔdərət; v 'mɔdəreit) adj,n moderato. vt moderare. **moderation** n moderazione f.

modern ('mɔdən) *adj* moderno.
modernize *vt* modernizzare.

modest ('mɔdist) *adj* modesto.
modesty *n* modestia *f.*

modify ('mɔdifai) *vt* **1** modificare. **2** temperare. **modifier** *n* parola modificante *f.*

modulate ('mɔdjuleit) *vt* modulare.

module ('mɔdju:l) *n* modulo *m.*

mohair ('mouhɛə) *n* mohair *m.*

moist (mɔist) *adj* umido.
moisten *vt* inumidire. *vi* inumidirsi. **moisture** *n* vapore condensato *m.* **moisturize** *vt* umidificare.

mole[1] (moul) *n* neo *m.*
mole[2] (moul) *n zool* talpa *f.*

molecule ('mɔlikju:l) *n* molecola *f.* **molecular** *adj* molecolare.

molest (mə'lest) *vt* molestare.

mollusc ('mɔləsk) *n* mollusco *m.*

molten ('moultən) *adj* fuso.

moment ('moumənt) *n* **1** momento *m.* **2** importanza *f.*
momentary *adj* momentaneo.
momentous *adj* grave, di grande importanza. **momentum** *n* **1** *sci* momento *m.* **2** slancio *m.*

monarch ('mɔnək) *n* monarca *m.* **monarchy** *n* monarchia *f.*

monastery ('mɔnəstri) *n* monastero, convento *m.* **monastic** *adj* monastico.

Monday ('mʌndi) *n* lunedì *m.*

money ('mʌni) *n* quattrini, soldi *m pl.* denaro *m.*
moneybox *n* salvadanaio *m.*
money order *n* vaglia *m invar.* **monetarism** *n* monetarismo *m.* **monetary** *adj* monetario.

mongrel ('mʌngrəl) *adj,n* bastardo *m.*

monitor ('mɔnitə) *n* **1** monitor *m invar.* **2** addetto all'ascolto di trasmissioni estere *m. vt* **1** controllare. **2** ascoltare.

monk (mʌŋk) *n* monaco, frate *m.*

monkey ('mʌŋki) *n* scimmia *f.*

monochrome ('mɔnəkroum) *adj* monocromo. *n* monocromato *m.*

monogamy (mə'nɔgəmi) *n* monogamia *f.*

monologue ('mɔnəlɔg) *n* monologo *m.*

monopoly (mə'nɔpəli) *n* monopolio *m.* **monopolize** *vt* monopolizzare.

monosyllable ('mɔnəsiləbəl) *n* monosillabo *m.* **monosyllabic** *adj* monosillabico, monosillabo.

monotone ('mɔnətoun) *n* tono uniforme *m.* **monotonous** *adj* monotono. **monotony** *n* monotonia *f.*

monsoon (mɔn'su:n) *n* monsone *m.*

monster ('mɔnstə) *n* mostro *m.* **monstrous** *adj* mostruoso.

month (mʌnθ) *n* mese *m.*
monthly *adj* mensile. *adv* mensilmente.

monument ('mɔnjumənt) *n* monumento *m.* **monumental** *adj* monumentale.

moo (mu:) *vi* muggire. *n* muggito *m.*

mood[1] (mu:d) *n* umore *m.*
moody *adj* capriccioso.

mood[2] (mu:d) *n gram* modo *m.*

moon (mu:n) *n* luna *f.* **moonlight** *n* chiaro di luna *m.*

moor[1] (muə) *n* brughiera *f.*

moorhen *n* gallinella d'acqua *f*. **moorland** *n* brughiera *f*.

moor² (muə) *vt* ormeggiare. **moorings** *n pl* ormeggio *m*.

Moor (muə) *n* nioro, saraceno *m*. **Moorish** *adj* moresco.

mop (mɔp) *n* **1** strofinaccio *m*. **2** (of hair) zazzera *f*. *vt* **1** asciugare. **2** raccogliere. **mop up** pulire.

mope (moup) *vi* darsi alla malinconia, immusonirsi.

moped ('mouped) *n* ciclomotore *m*.

moral ('mɔrəl) *adj* morale. *n* **1** morale *f*. **2** *pl* morale *f*. **morale** *n* morale *m*. **morality** *n* moralità *f*. **moralize** *vi* moraleggiare. *vt* moralizzare.

morbid ('mɔːbid) *adj* morboso.

more (mɔː) *adj* più, di più, maggiore. *adv* **1** di più, più. **2** ancora. **more and more** sempre più. **once more** ancora una volta. **moreover** *adj* inoltre.

morgue (mɔːg) *n* obitorio *m*.

morning ('mɔːniŋ) *n* mattina, mattinata *f*. mattino *m*. **this morning** stamattina, stamane.

Morocco (məˈrɔkou) *n* Marocco *m*. **Moroccan** *adj,n* marocchino.

moron ('mɔːrɔn) *n* **1** *med* oligofrenico *m*. **2** *inf* idiota *m*.

morose (məˈrous) *adj* scontroso.

morphine ('mɔːfiːn) *n* morfina *f*.

morse code (mɔːs) *n* alfabeto Morse *m*.

mortal ('mɔːtl) *adj,n* mortale *m*. **mortality** *n* mortalità *f*.

mortar¹ ('mɔːtə) *n* mortaio *m*.

mortar² ('mɔːtə) *n* (for building) malta *f*.

mortgage ('mɔːgidʒ) *n* ipoteca *f*. *vt* ipotecare.

mortify ('mɔːtifai) *vt* mortificare.

mortuary ('mɔːtjuəri) *n* camera mortuaria *f*.

mosaic (mouˈzeiik) *n* mosaico *m*.

mosque (mɔsk) *n* moschea *f*.

mosquito (məˈskiːtou) *n*, *pl* **-oes** *or* **-os** zanzara *f*.

moss (mɔs) *n* muschio *m*.

most (moust) *adj* **1** il maggior numero di, la maggior quantità di, la maggior parte di. **2** più. *n* massimo, più *m*. **at the most** al massimo. **make the most of** usar bene, sfruttare. ~*adv* più, di più. **mostly** *adv* per lo più, per la maggior parte.

motel (mouˈtel) *n* motel *m*.

moth (mɔθ) *n* farfalla notturna *f*.

mother ('mʌðə) *n* madre, mamma *f*. **motherly** *adj* materno. **motherhood** *n* maternità *f*. **mother-in-law** *n* suocera *f*. **mother superior** *n* (madre) superiora *f*.

motion ('mouʃən) *n* **1** movimento, moto *m*. **2** *pol* mozione *f*. *vt,vi* far segno a. **motionless** *adj* immobile.

motive ('moutiv) *n* motivo *m*. *adj* motore.

motor ('moutə) *n* motore *m*. *vi* andare in macchina. **motor car** *n* automobile, macchina *f*. auto *f invar*. **motor cycle** *n* motocicletta *f*. **motorist** *n* automobilista *m*. **motorway** *n* autostrada *f*.

mottle ('mɔtl) vt chiazzare.

motto ('mɔtou) n, pl **-oes** or **-os** motto m.

mould[1] (mould) n stampo m. vt 1 formare, modellare. 2 plasmare.

mould[2] (mould) n muffa f. **mouldy** adj 1 ammuffito. 2 stantio.

moult (moult) vi fare la muda.

mound (maund) n 1 collinetta f. 2 mucchio m.

mount[1] (maunt) vt 1 montare, salire. 2 (jewels) incastonare. vi 1 salire, montare. 2 aumentare. n (of a picture, etc.) montatura f.

mount[2] (maunt) n monte m. montagna f.

mountain ('mauntin) n montagna f. **mountaineer** n alpinista m. **mountaineering** n alpinismo m. **mountainous** adj montuoso, montagnoso.

mourn (mɔ:n) vi lamentarsi. vt lamentare, piangere, esser in lutto per. **mourning** n cordoglio, lutto m. lamentazione f.

mouse (maus) n, pl **mice** topo m. **mousetrap** n trappola per i topi f.

mousse (mu:s) n dolce di panna montata e aromi m.

moustache (mə'sta:ʃ) n baffi m pl.

mouth (mauθ) n 1 bocca f. 2 (of a river) foce f. **mouthful** n boccone m. **mouthpiece** n 1 bocchino m. 2 organo, portavoce m.

move (mu:v) vi 1 muoversi, spostarsi. 2 cambiar casa, traslocare. 3 far progressi. vt 1 muovere, spostare. 2 trasportare. 3 commuovere. 4 proporre. **move in** occupare. **move out** sgombrare. ~n 1 mossa f. 2 trasloco m. 3 manovra f. **movable** adj movibile, mobile. **movement** n movimento m. **moving** adj 1 commovente. 2 mobile. 3 in moto.

mow* (mou) vt falciare. **mow down** falciare, abbattere. **mower** n falciatrice f.

Mr ('mistə) (title of address) Signor.

Mrs ('misiz) (title of address) Signora.

much (mʌtʃ) adj,adv molto, assai. **how much** quanto. **so much** tanto. **too much** troppo.

muck (mʌk) n 1 sterco m. 2 sudiciume m.

mud (mʌd) n fango m. **muddy** adj fangoso. **mudguard** n parafango m.

muddle ('mʌdl) vt 1 impasticciare. 2 confondere. n 1 pasticcio m. 2 confusione f.

muff (mʌf) n manicotto m.

muffle ('mʌfəl) vt 1 (sound) smorzare, attenuare. 2 imbacuccare, avvolgere.

mug (mʌg) n 1 boccale m. 2 sl muso, grugno m. vt sl assalire.

mulberry ('mʌlbəri) n mora f. **mulberry bush** n gelso m.

mule[1] (mju:l) n zool mulo m.

mule[2] (mju:l) n pianella f.

mullet ('mʌlit) n triglia f.

multiple ('mʌltipəl) adj molteplice, multiplo m.

multiply ('mʌltiplai) vt moltiplicare. vi moltiplicarsi.

multiracial ('mʌltireiʃəl) adj multirazziale.

multitude ('mʌltitjuːd) n moltitudine f.

mum (mʌm) n inf mamma f.

mumble ('mʌmbəl) vi borbottare.

mummy[1] ('mʌmi) n mummia f.

mummy[2] ('mʌmi) n inf mamma f.

mumps (mʌmps) n pl orecchioni m pl.

munch (mʌntʃ) vt sgranocchiare. vi masticare rumorosamente.

mundane ('mʌndein) adj mondano.

municipal (mjuˈnisipəl) adj municipale, comunale. **municipality** n municipio, comune m.

mural ('mjuərəl) adj murale. n pittura murale f.

murder ('məːdə) vt assassinare. n assassinio m. **murderer** n assassino m. **murderous** adj 1 brutale. 2 micidiale.

murmur ('məːmə) n mormorio m. vt,vi mormorare.

muscle ('mʌsəl) n muscolo m.

muse (mjuːz) n musa f. vi rimuginare, meditare.

museum (mjuːˈziəm) n museo m.

mushroom ('mʌʃrum) n fungo m.

music ('mjuːzik) n musica f. **music centre** n impianto stereofonico m. **musical** adj musicale. **musician** n musicista m.

musk (mʌsk) n muschio m.

musket ('mʌskit) n moschetto m.

Muslim ('muzlim) adj,n islamico, mussulmano.

muslin ('mʌzlin) n mussolina f.

mussel ('mʌsəl) n cozza f.

must* (mʌst) v mod aux dovere.

mustard ('mʌstəd) n senape, mostarda f.

mute (mjuːt) adj,n muto.

mutilate ('mjuːtileit) vt mutilare. **mutilation** n mutilazione f.

mutiny ('mjuːtini) n ammutinamento m. vi ammutinarsi.

mutter ('mʌtə) vt,vi borbottare.

mutton ('mʌtn) n carne di montone f.

mutual ('mjuːtjuəl) adj mutuo, reciproco.

muzzle ('mʌzəl) n 1 muso m. 2 museruola f. 3 (of a gun) bocca f. vt mettere la museruola a.

my (mai) poss adj 1st pers s (il) mio, (la) mia, (il) miei, (le) mie. **myself** pron 1st pers s 1 io stesso. 2 me stesso, mi, me.

myrrh (məː) n mirra f.

myrtle ('məːtl) n mortella f.

mystery ('mistəri) n mistero m. **mysterious** adj misterioso.

mystic ('mistik) adj,n mistico m. **mysticism** n misticismo m. **mystify** vt sconcertare.

mystique (miˈstiːk) n mistica f.

myth (miθ) n mito m. **mythical** adj mitico. **mythology** n mitologia f. **mythological** adj mitologico.

N

nag[1] (næg) vt rimbrottare. vi brontolare.

nag[2] (næg) n inf ronzino m.

nail (neil) n 1 anat unghia f. 2 chiodo m. **hit the nail on the head** colpire nel segno. ~ vt inchiodare. **nailbrush** n spazzolino per le unghie m.

near

nailfile *n* lima per le unghie *f.*

nail varnish *n* smalto *m.*

naive (nai'iːv) *adj* ingenuo.

naked ('neikid) *adj* nudo.

name (neim) *n* nome *m. vt* **1** chiamare. **2** nominare. **3** fissare. **nameless** *adj* senza nome, anonimo. **namely** *adv* vale a dire. **namesake** *n* omonimo *m.*

nanny ('næni) *n* governante, bambinaia *f.*

nap¹ (næp) *n* pisolino *m.*

nap² (næp) *n* (of material) pelo *m.*

napalm ('neipɑːm) *n* napalm *m.*

napkin ('næpkin) *n* salvietta *f.* tovagliolo *m.*

Naples ('neipəlz) *n* Napoli *f.*

nappy ('næpi) *n* pannolino *m.*

narcotic (naː'kɔtik) *adj,n* narcotico, stupefacente *m.*

narrate (nə'reit) *vt* narrare, raccontare. **narration** *n* narrazione *f.* racconto *m.* **narrative** *n* narrativa *f. adj* narrativo. **narrator** *n* narratore *m.*

narrow ('nærou) *adj* **1** stretto. **2** ristretto. *vt* **1** assottigliare. **2** restringere. *vi* **1** assottigliarsi. **2** restringersi. **narrowly** *adv* per un pelo. **narrow-minded** *adj* gretto.

nasal ('neizəl) *adj* nasale.

nasturtium (nə'stəːʃəm) *n* nasturzio *m.*

nasty ('nɑːsti) *adj* **1** sgradevole, disgustoso. **2** cattivo. **nastily** *adv* con cattiveria. **nastiness** *n* cattiveria *f.*

nation ('neiʃən) *n* nazione *f.* popolo *m.* **national** *adj* nazionale. **national anthem** *n* inno nazionale *m.* **national**

insurance *n* assicurazione sociale *f.* **national service** *n* servizio di leva *m.* leva *f.* **nationality** *n* nazionalità *f.* **nationalize** *vt* nazionalizzare. **nationalization** *n* nazionalizzazione *f.* **nationwide** *adj* nazionale.

native ('neitiv) *n* oriundo, indigeno, nativo *m. adj* **1** nativo, natio. **2** innato.

nativity (nə'tiviti) *n* natività *f.*

natural ('nætʃərəl) *adj* naturale. **natural gas** metano *m.* **natural history** *n* storia naturale *f.* **natural science** *n* scienze naturali *f pl.* **naturalize** *vt* naturalizzare.

nature ('neitʃə) *n* natura *f.*

naughty ('nɔːti) *adj* **1** cattivo, birichino. **2** indecente.

nausea ('nɔːsiə, -ziə) *n* nausea *f.* **nauseate** *vt* nauseare.

nautical ('nɔːtikəl) *adj* nautico.

naval ('neivəl) *adj* navale.

nave (neiv) *n* navata centrale *f.*

navel ('neivəl) *n* ombelico *m.*

navigate ('nævigeit) *vt* **1** pilotare, dirigere. **2** mantenere in rotta. *vi* navigare. **navigator** *n* **1** ufficiale di rotta *m.* **2** navigatore *m.*

navy ('neivi) *n* marina militare *f.* **navy blue** *adj,n* blu scuro *m.*

Neapolitan (niə'pɔlitn) *adj,n* napoletano.

near (niə) *adj* **1** vicino, prossimo. **2** intimo. **3** esalt. **4** stretto. *adv* **1** vicino. **2** quasi. **near at hand** a portata di mano. **near by** vicino. ~*prep* vicino a, accanto a. *vt* avvicinarsi a. *vi* avvicinarsi. **nearby** *adj,adv* vicino. **near-**

ly *adv* quasi. **nearside** *n* lato a *or* di sinistra *m*.

Near East *n* Vicino Oriente *m*.

neat (ni:t) *adj* **1** nitido, accurato, ordinato. **2** elegante. **3** (of drinks) liscio.

nebulous ('nebjuləs) *adj* nebuloso, vago.

necessary ('nesəsəri) *adj* necessario. **necessity** *n* necessità *f*. bisogno *m*. **of necessity** necessariamente. **necessitate** *vt* necessitare.

neck (nek) *n* collo *m*. **neckband** *n* colletto *m*. **necklace** *n* collana *f*. **neckline** *n* scollatura *f*.

nectar ('nektə) *n* nettare *m*.

need (ni:d) *n* **1** bisogno *m*. necessità *f*. **2** povertà *f*. **if need be** all'occorrenza. ~*vt* **1** aver bisogno di. **2** dovere. **3** chiedere. *vi* occorrere. **needless** *adj* superfluo. **needy** *adj* bisognoso.

needle ('ni:dl) *n* **1** ago *m*. **2** (knitting) ferro *m*. **3** *tech* puntina *f*. **needlework** *n* cucito, ricamo *m*.

negate (ni'geit) *vt* negare. **negative** *adj* negativo. *n* **1** negazione *f*. **2** *phot* negativa *f*.

neglect (ni'glekt) *vt* trascurare. *n* trascuratezza *f*. **negligent** *adj* negligente. **negligible** *adj* trascurabile.

negotiate (ni'gouʃieit) *vi* discutere, intavolare trattative. *vt* **1** negoziare. **2** superare. **negotiation** *n* trattiva *f*. **negotiator** *n* negoziatore *m*.

Negro ('ni:grou) *adj or n, pl* **-oes** negro *m*.

neigh (nei) *n* nitrito *m*. *vi* nitrire.

neighbour ('neibə) *n* vicino *m*. **neighbourhood** *n* vicinato *m*.

neither ('naiðə) *adj,pron* nessuno dei due, un l'uno né l'altro. *adv* nè. *conj* neppure, nemmeno. **neither...nor** nè...nè.

neon ('ni:ən) *n* neon *m*.

nephew ('nevju:) *n* nipote *m*.

nepotism ('nepətizəm) *n* nepotismo *m*.

Neptune ('neptju:n) *n* Nettuno *m*.

nerve (nə:v) *n* **1** nervo *m*. **3** *inf* sfacciataggine *f*. **nerve-racking** *adj* esasperante. **nervous** *adj* **1** nervoso, timido. **2** vigoroso. **nervous breakdown** *n* esaurimento nervoso *m*. **nervous system** *n* sistema nervoso *m*.

nest (nest) *n* nido *m*. *vi* nidificare.

nestle ('nesəl) *vi* annidarsi.

net [1] (net) *n* rete *f*. *vt* prendere con la rete. **netball** *n* pallavolo *f*. **network** *n* rete *f*.

net [2] (net) *adj* netto. *vt* ricavare.

Netherlands ('neðələndz) *n pl* Paesi Bassi *m pl*.

nettle ('netl) *n* ortica *f*.

neurosis (njuə'rousis) *n, pl* **-ses** nevrosi *f invar*. **neurotic** *adj* nevrotico.

neuter ('nju:tə) *adj* **1** neutro. **2** castrato. *n* neutro *m*.

neutral ('nju:trəl) *adj* **1** neutrale. **2** *tech* neutro. **3** *mot* folle. **neutrality** *n* neutralità *f*. **neutralize** *vt* neutralizzare.

neutron ('nju:trɔn) *n* neutrone *m*.

never ('nevə) *adv* mai non...mai. **never mind**

pazienza! **nevertheless** *adv,conj* nondimeno, tuttavia.

new (njuː) *adj* **1** nuovo. **2** fresco. **brand new** nuovo di zecca. **newcomer** *n* nuovo venuto *m*. **news** *n* **1** notizie *f pl*. novità *f*. **2** (on radio, etc.) notiziario *m*. informazioni *f pl*. **a piece of news** una notizia *f*. **newsagent** *n* giornalaio *m*. **newspaper** *n* giornale, quotidiano *m*. **newsreel** *n* cinegiornale *m*.

newt (njuːt) *n* tritone *m*.

New Testament *n* Nuovo Testamento *m*.

New Year *n* Anno Nuovo *m*. **Happy New Year!** Buon Anno!

New Zealand ('ziːlənd) *n* Nuova Zelanda *f*. *adj* della Nuova Zelanda. **New Zealander** *n* neozelandese *m,f*.

next (nekst) *adj* **1** prossimo. **2** vicino. **3** successivo, seguente. *adv* dopo, poi, in seguito. **next day** l'indomani. **next to nothing** quasi niente.

nib (nib) *n* pennino *m*.

nibble ('nibəl) *vt,vi* **1** mordicchiare. **2** sbocconcellare. **3** brucare.

nice (nais) *adj* **1** piacevole, buono, bello. **2** sottile, delicato. **3** fine, raffinato. **nicely** *adv* **1** molto bene, gradevolmente. **2** esattamente.

niche (nitʃ) *n* nicchia *f*.

nick (nik) *n* tacca *f*. *vt* **1** intaccare. **2** *inf* rubare.

nickel ('nikəl) *n* **1** nichel *m*. **2** *comm* nichelino *m*.

nickname ('nikneim) *n* soprannome, nomignolo *m*. *vt* soprannominare.

nicotine ('nikətiːn) *n* nicotina *f*.

niece (niːs) *n* nipote *f*.

Nigeria (nai'dʒiəriə) *n* Nigeria *f*. **Nigerian** *adj,n* nigeriano.

nigger ('nigə) *n derog* negro *m*.

niggle ('nigəl) *vi* preoccuparsi d'inezie. **niggling** *adj* insignificante.

night (nait) *n* notte, nottata, sera *f*. **nightclub** *n* locale notturno *m*. **nightdress** *n* camicia da notte *f*. **nightmare** *n* incubo *m*. **night-time** *n* notte *f*. **nightwatchman** *n* guardiano notturno *m*.

nightingale ('naitiŋgeil) *n* usignolo *m*.

nil (nil) *n* zero *m*.

Nile (nail) *n* Nilo *m*.

nimble ('nimbəl) *adj* agile, svelto.

nine (nain) *adj,n* nove *m*. **ninth** *adj* nono.

nineteen (nain'tiːn) *adj,n* diciannove *m or f*. **nineteenth** *adj* diciannovesimo.

ninety ('nainti) *adj,n* novanta *m*. **ninetieth** *adj* novantesimo.

nip[1] (nip) *n* pizzico, pizzicotto *m*. *vt* pizzicare.

nip[2] (nip) *n* (small amount) bicchierino *m*.

nipple ('nipəl) *n* capezzolo *m*.

nit (nit) *n* lendine *m*.

nitrogen ('naitrədʒən) *n* azoto *m*.

no[1] (nou) *adv* **1** no. **2** non. *n, pl* **noes** no *m*.

no[2] (nou) *adj* **1** nessun, nessuno. **2** non, niente.

noble ('noubəl) *adj,n* nobile *m*. **nobleman** *n* nobiluomo, nobile *m*. **nobility** *n* nobiltà *f*.

nobody ('noubədi) *pron* nessuno. *n* illustre sconosciuto *m*.

nocturnal (nɔk'təːnl) *adj* notturno.

nod (nɔd) *vi* 1 inchinare la testa, fare un cenno col capo. 2 annuire. 3 addormentarsi, sonnecchiare. *vt* accennare col capo. *n* cenno *m*.

node (noud) *n* nodo *m*.

noise (nɔiz) *n* rumore, chiasso *m*. **noisy** *adj* rumoroso, chiassoso.

nomad ('noumæd) *n* nomade *m,f*. **nomadic** *adj* nomade.

nominal ('nɔminl) *adj* 1 nominale. 2 nominativo.

nominate ('nɔmineit) *vt* nominare, designare. **nomination** *n* nomina *f*.

nominative ('nɔminətiv) *adj,n* nominativo *m*.

non- *pref* non, non-.

nonchalant ('nɔnʃələnt) *adj* noncurante.

nondescript ('nɔndiskript) *adj* scadente.

none (nʌn) *pron* 1 nessuno. 2 niente. **none other than** nientedimeno che. ~*adj* nessuno. *adv* non...affatto, mica. **none the less** nondimeno.

nonentity (nɔn'entiti) *n* nullità *f*.

nonsense ('nɔnsəns) *n* 1 nonsenso *m*. insensatezza *f*. 2 sciocchezze *f pl*. **nonsensical** *adj* assurdo.

noodles ('nuːdlz) *n pl* pasta *f*.

noon (nuːn) *n* mezzogiorno *m*.

no-one *pron* nessuno.

noose (nuːs) *n* nodo scorsoio *m*.

nor (nɔː) *conj* né, e non, e neanche.

norm (nɔːm) *n* 1 norma *f*. 2 quota *f*. **normal** *adj* normale.

Norse (nɔːs) *adj,n* norvegese *m*. **Norse** (language) *n* norvegese *m*.

north (nɔːθ) *n* nord, settentrione *m*. *adj* del nord, settentrionale. **northerly** *adj* di, da, *or* a nord. **northern** *adj* settentrionale, del nord. **north-east** *n* nordest *m*. **north-easterly** *adj* di, da, *or* a nordest. **north-eastern** *adj* del *or* dal nordest. **north-west** *n* nordovest *m*. **north-westerly** *adj* di, da, *or* a nordovest. **north-western** *adj* del *or* dal nordovest.

North America *n* America del Nord *m*. **North American** *adj,n* nordamericano *m*.

Northern Ireland *n* Irlanda del Nord *f*.

Norway ('nɔːwei) *n* Norvegia *f*. **Norwegian** *adj,n* norvegese. **Norwegian** (language) *n* norvegese *m*.

nose (nouz) *n* 1 naso *m*. 2 *aviat* muso *m*. **nosy** *adj* curioso.

nostalgia (nɔ'stældʒiə) *n* nostalgia *f*. **nostalgic** *adj* nostalgico.

nostril ('nɔstril) *n* narice *f*.

not (nɔt) *adv* non. **not at all!** di nulla!

notch (nɔtʃ) *n* tacca *f*. intaglio *m*. *vt* intaccare.

note (nout) *n* 1 nota *f*. appunto *m*. 2 biglietto *m*. 3 *mus* nota *f*. *vt* rilevare, fare attenzione a. **note down** prender nota di. **notable** *adj* notevole. **notation** *n* notazione *f*. **notebook** *n* taccuino *m*. **noted** *adj* celebre. **notepaper** n carta da lettere f. **noteworthy** adj degno di nota.

nothing ('nʌθiŋ) n nessuna cosa f. niente, nulla m. **for nothing** gratis. ~adv niente affatto. **nothingness** n nulla m.

notice ('noutis) n **1** annuncio, avviso m. **2** conoscenza, attenzione f. **3** recensione f. **4** preavviso m. **take no notice of** ignorare. **notice board** n quadro (degli) annunci m.

notify ('noutifai) vt informare, notificare a. **notification** n comunicazione, notifica f.

notion ('nouʃən) n idea, nozione f.

notorious (nou'tɔːriəs) adj famigerato, notorio. **notoriety** n notorietà f.

notwithstanding (nɔtwiθ 'stændiŋ) prep nonostante. adv lo stesso.

nougat ('nuːgaː) n torrone m.

nought (nɔːt) n zero m.

noun (naun) n sostantivo m.

nourish ('nʌriʃ) vt nutrire, alimentare. **nourishing** adj nutriente. **nourishment** n nutrimento, cibo m.

novel[1] ('nɔvəl) n romanzo m. **novelist** n romanziere m.

novel[2] ('nɔvəl) adj nuovo, insolito. **novelty** n novità f.

November (nou'vembə) n novembre m.

novice ('nɔvis) n novizio m.

now (nau) adv **1** adesso, ora. **2** dunque. conj ora che. **just now** appena adesso, proprio adesso. **now and then** di quando in quando. **nowa-** days adv oggi, al giorno d'oggi.

nowhere ('nouwɛə) adv in nessun luogo.

noxious ('nɔkʃəs) adj nocivo, pericoloso.

nozzle ('nɔzəl) n becco m. imboccatura f.

nuance ('njuːəns) n sfumatura f.

nucleus ('njuːkliəs) n nucleo m. **nuclear** adj nucleare.

nude (njuːd) adj,n nudo. **nudist** n nudista m. **nudity** n nudità f.

nudge (nʌdʒ) n gomitata f. vt dare una gomitata a.

nugget ('nʌgit) n pepita f.

nuisance ('njuːsəns) n **1** fastidio m. noia f. **2** (person) seccatore m.

null (nʌl) adj nullo. **null and void** annullato.

numb (nʌm) adj intorpidito. vt intorpidire. **numbness** n intorpidimento, torpore m.

number ('nʌmbə) n numero m. cifra f. vt numerare, contare. **a number of** parecchi. **numeral** adj,n numerale m. **numerate** vt enumerare, contare, numerare. **numerical** adj numerico. **numerous** adj numeroso.

nun (nʌn) n suora, religiosa, monaca f. **nunnery** n convento m.

nurse (nəːs) n **1** infermiera f. **2** bambinaia f. vt **1** curare. **2** allattare. **3** covare. **nursery** n **1** stanza dei bambini f. **2** bot vivaio m. serra f. **nursery rhyme** n poesia per bambini f. **nursery school** n asilo m. **nursing home** n clinica f.

nurture ('nɔːtʃə) *vt* allevare, nutrire.

nut (nʌt) *n* **1** noce *f.* **2** *tech* dado *m.* **nutcrackers** *n* schiaccianoci *m.* **nutmeg** *n* noce moscata *f.* **nutshell** *n* guscio di noce *m.* **in a nutshell** in poche parole.

nutrition (nju:'trɪʃən) *n* nutrizione *f.* **nutritious** *adj* nutriente, nutritivo.

nuzzle (nʌzəl) *vt* annusare. *vi* annidarsi, accoccolarsi.

nylon ('nailən) *n* nailon *m.*

nymph (nimf) *n* ninfa *f.*

O

oak (ouk) *n* quercia *f.*

oar (ɔː) *n* remo *m.* *vi* remare. **oarsman** *n* rematore *m.*

oasis (ou'eisis) *n, pl* **oases** oasi *f invar.*

oath (ouθ) *n* **1** (promise) giuramento *m.* **2** bestemmia *f.*

oats (outs) *n pl* avena *f.* **oatmeal** *n* farina d'avena *f.*

obedient (ə'biːdiənt) *adj* ubbidiente, obbediente. **obedience** *n* ubbidienza, obbedienza *f.*

obese (ou'biːs) *adj* obeso, corpulento. **obesity** *n* obesità *f.*

obey (ə'bei) *vt* ubbidire, obbedire.

obituary (ə'bitjuəri) *n* necrologia *f.*

object (*n* 'ɔbdʒikt; *v* əb'dʒekt) *n* **1** oggetto *m.* **2** scopo, fine *m.* *vi* obiettare, protestare. **objection** *n* obiezione *f.* **objective** *n* obiettivo, scopo *m.* *adj* obiettivo.

oblige (ə'blaidʒ) *vt* **1** costringere, obbligare. **2** fare un favore a. **be obliged to 1** dovere. **2** essere riconoscente a. **obligation** *n* obbligazione *f.* dovere *m.* **obligatory** *adj* obbligatorio. **obliging** *adj* gentile, cortese.

oblique (ə'bliːk) *adj* obliquo.

obliterate (ə'blitəreit) *vt* cancellare, distruggere. **obliteration** *n* distruzione, obliterazione *f.*

oblivion (ə'bliviən) *n* oblio *m.* **oblivious** *adj* dimentico, immemore.

oblong ('ɔblɔŋ) *adj* oblungo. *n* rettangolo *m.*

obnoxious (əb'nɔkʃəs) *adj* odioso, offensivo.

oboe ('oubou) *n* oboe *m.*

obscene (əb'siːn) *adj* osceno, impudico. **obscenity** *n* oscenità *f.*

obscure (əb'skjuə) *adj* oscuro, sconosciuto. *vt* oscurare. **obscurity** *n* oscurità *f.*

observe (əb'zɔːv) *vt* **1** osservare, notare. **2** celebrare. **observance** *n* osservanza, rito *m.* **observant** *adj* osservante, attento. **observation** *n* osservazione *f.* **observatory** *n* osservatorio *m.* **observer** *n* osservatore *m.*

obsess (əb'ses) *vt* ossessionare. **obsessed** *adj* ossesso. **obsession** *n* ossessione *f.*

obsolescent (ɔbsə'lesənt) *adj* che cade in disuso. **obsolescence** *n* disuso *m.*

obsolete ('ɔbsəliːt) *adj* caduto in disuso, disusato.

obstacle ('ɔbstəkəl) *n* ostacolo, impedimento *m.*

obstinate ('ɔbstinət) *adj* ostinato, inflessibile. **obstinacy** n ostinazione f.

obstruct (əb'strʌkt) vt impedire, ostruire. **obstruction** n ostacolo, impedimento m.

obtain (əb'tein) vt ottenere, raggiungere.

obtrusive (əb'tru:siv) adj importuno, indiscreto.

obtuse (əb'tju:s) adj 1 ottuso. 2 stupido.

obverse ('ɔbvə:s) n 1 faccia f. 2 (of a page) retto m.

obvious ('ɔbviəs) adj ovvio, evidente.

occasion (ə'keiʒən) n 1 occasione f. 2 causa f. motivo m. vt occasionare. **occasional** adj occasionale, raro. **occasionally** adv qualche volta.

Occident ('ɔksidənt) n occidente m.

occult (ɔ'kʌlt) adj occulto, misterioso, segreto.

occupy ('ɔkjupai) vt 1 occupare. 2 impiegare. 3 abitare in. **occupation** n 1 occupazione f. 2 lavoro m. professione f. **occupational** adj del lavoro. **occupier** n abitante m,f.

occur (ə'kə:) vi succedere, capitare, accadere. **occurrence** n avvenimento, caso m.

ocean ('ouʃən) n oceano m.

ochre ('oukə) n ocra f.

octagon ('ɔktəgən) n ottagono m. **octagonal** adj ottagonale.

octane ('ɔktein) n ottano m.

octave ('ɔktiv) n ottava f.

October (ɔk'toubə) n ottobre m.

octopus ('ɔktəpəs) n, pl -puses or -pi polipo m.

oculist ('ɔkjulist) n oculista m.

odd (ɔd) adj 1 dispari invar. 2 strano, bizzarro, eccentrico. **odds and ends** cianfrusaglie f pl. **oddity** n 1 bizzarria, stranezza f. 2 persona eccentrica f. **oddment** n articolo spaiato m. **odds** n pl 1 probabilità f. 2 differenza f. **odds and ends** avanzi m pl.

ode (oud) n ode f.

odious ('oudiəs) adj odioso.

odour ('oudə) n odore, profumo m. fragranza f.

oesophagus (i:'sɔfəgəs) n esofago m.

oestrogen ('i:strədʒən) n estrogeno m.

oestrus ('i:strəs) n estro m.

of (əv; stressed ɔv) prep 1 di. 2 da. 3 a, in. 4 per. **of course** naturalmente.

off (ɔf) adv lontano, via. prep da. adj 1 più distante. 2 laterale. 3 esterno. 4 libero. **be well off** essere ricco.

offal ('ɔfəl) n frattaglie f pl.

offend (ə'fend) vt offendere. **offence** n 1 offesa, ingiuria f. 2 contravvenzione f. 3 delitto m. **offender** n offensore m. **offensive** adj offensivo, oltraggioso, spiacevole. n offensiva f.

offer ('ɔfə) vt offrire, porgere. n offerta, proposta f. **on offer** in vendita.

offhand (ɔf'hænd) adj indifferente, noncurante.

office ('ɔfis) n 1 ufficio m. 2 ministero m. **take office** entrare in carica. **officer** n ufficiale m. **official** n funzionario, impiegato m. adj ufficiale.

officious (ə'fiʃəs) adj ufficioso.

offing ('ɔfiŋ) **in the offing** adv in vista.

off-licence n negozio dove si vendono bevande alcoliche m.

off-peak adj non di punta.

off-putting adj dissuadente.

off-season adj fuori stagione.

offset ('ɔfset) vt controbilanciare.

offshore (ɔf'ʃɔ:) adv al largo. adj di terra.

offside (ɔf'said) adj,adv fuori gioco.

offspring ('ɔfspriŋ) n discendenti, figli m pl.

offstage (ɔf'steidʒ) adv,adj fuori scena.

often ('ɔfən) adv spesso, molte volte. **how often?** quante volte?

ogre ('ougə) n orco m.

oil (ɔil) n **1** olio m. **2** petrolio m. **3** gasolio m. vt lubrificare, ungere. **oilfield** n giacimento di petrolio, campo petrolifero m. **oilskin** n impermeabile m. **oily** adj oleoso.

ointment ('ɔintmənt) n unguento m.

old (ould) adj **1** vecchio. **2** antico. **old age** n vecchiaia f. **old-fashioned** adj fuori moda.

Old Testament n Antico Testamento m.

olive ('ɔliv) n oliva f. **olive oil** n olio d'oliva m. **olive tree** n olivo m.

omelette ('ɔmlət) n frittata f.

omen ('oumen) n presagio, augurio m.

ominous ('ɔminəs) adj sinistro, di cattivo augurio. **ominously** adv minaccievolmente.

omit (ə'mit) vt omettere, tralas-

ciare. **omission** n omissione f.

omnibus ('ɔmnibəs) n autobus m invar.

omnipotent (ɔm'nipətənt) adj onnipotente.

on (ɔn) prep **1** su, sopra. **2** a, di. adv **1** avanti. **2** su, sopra. **and so on** e così via.

once (wʌns) adv una volta. **all at once** ad un tratto. **at once** subito.

one (wʌn) adj,n uno. adj unico, solo. pron **1** (l')uno m. (l')una f. **2** si, uno. **one and all** tutti quanti. **one by one** uno dopo l'altro. poss pron 3rd pers s il suo, la sua, i suoi, le sue. **oneself** pron 3rd pers s **1** se stesso. **2** sè. **one-sided** adj **1** unilaterale. **2** ingiusto. **one-way** adj a senso unico.

onion ('ʌniən) n cipolla f.

onlooker ('ɔnlukə) n spettatore m.

only ('ounli) adj solo, unico. adv soltanto, non...che. **if only** se almeno. **only just** appena.

onset ('ɔnset) n **1** inizio m. **2** attacco m.

onslaught ('ɔnslɔ:t) n assalto m.

onus ('ounəs) n onere m.

onward ('ɔnwəd) adv avanti. **onwards** adv avanti. **from now onwards** da ora in poi.

ooze (u:z) vi colare, trapelare.

opal ('oupəl) n opale m.

opaque (ou'peik) adj opaco.

open ('oupən) vt **1** aprire. **2** cominciare, iniziare. adj **1** aperto. **2** chiaro, franco. **wide open** spalancato. **in the open** all'aperto. **open-**

air adj all'aria aperta. **open-ended** adj senza limiti. **open-handed** adj generoso. **open-hearted** adj franco, sincero. **open-minded** adj liberale, spregiudicato. **open-mouthed** adj,adv a bocca aperta. **open-plan** adj ambiente aperto. **opening** n 1 apertura f. 2 occasione f.

opera ('ɔprə) n opera f. **opera house** n teatro dell'opera m. **operetta** n operetta f.

operate ('ɔpəreit) vt 1 operare. 2 dirigere. vt,vi operare, agire. **operation** n 1 operazione f. 2 med intervento chirurgico m. **operative** adj operativo, attivo.

opinion (ə'piniən) n opinione f. parere m. **opinion poll** n scrutinio dell'opinione pubblica m.

opium ('oupiəm) n oppio m.

opponent (ə'pounənt) n avversario, opponente, rivale m.

opportune (ɔpə'tjuːn) adj opportuno.

opportunity (ɔpə'tjuːniti) n occasione f.

oppose (ə'pouz) vt contrapporre, opporre, combattere. **opposed** adj contrario.

opposite ('ɔpəzit) adj contrario, opposto, diverso. n contrario m. prep in faccia a, di fronte a. **opposition** n opposizione f.

oppress (ə'pres) vt opprimere. **oppression** n oppressione f. **oppressive** adj oppressivo. **oppressor** n oppressore, tiranno m.

opt (ɔpt) vi scegliere.

optical ('ɔptikəl) adj ottico.

optician n ottico m. **optics** n pl ottica f.

optimism ('ɔptimizəm) n ottimismo m. **optimist** n ottimista m. **optimistic** adj ottimistico.

option ('ɔpʃən) n scelta, opzione f. **optional** adj facoltativo.

opulent ('ɔpjulənt) adj opulento. **opulence** n opulenza f.

or (ɔː) conj o, oppure. **or else** altrimenti.

oral ('ɔːrəl) adj orale.

orange ('ɔrindʒ) n 1 bot arancia f. 2 (colour) arancio m. adj arancione. **orange tree** n arancio m.

oration (ɔ'reiʃən) n orazione f. discorso m. **orator** n oratore m.

orbit ('ɔːbit) n orbita f.

orchard ('ɔːtʃəd) n frutteto m.

orchestra ('ɔːkistrə) n orchestra f. **orchestrate** vt orchestrare. **orchestration** n orchestrazione f.

orchid ('ɔːkid) n orchidea f.

ordain (ɔː'dein) vt 1 ordinare, decretare. 2 rel ordinare, consacrare.

ordeal (ɔː'diːl) n prova f. travaglio m.

order ('ɔːdə) n 1 ordine m. 2 comm ordinazione f. 3 grado m. vt ordinare, comandare. **in order that** affinchè, perchè. **in order to** per. **orderly** adj ordinato, regolato. n attendente m.

ordinal ('ɔːdinl) adj ordinale.

ordinary ('ɔːdənri) adj ordinario, solito, normale, comune. **out of the ordina-**

ry straordinario. **ordinarily** *adv* di solito.

ore (ɔ:) *n* minerale *m*.

oregano (ɔri'gɑ:nou) *n* origano *m*.

organ ('ɔ:gən) *n* organo *m*.

organism ('ɔ:gənizəm) *n* organismo *m*. **organic** *adj* organico.

organize ('ɔ:gənaiz) *vt* organizzare. **organization** *n* organizzazione *f*. **organizer** *n* organizzatore *m*.

orgasm ('ɔ:gæzəm) *n* orgasmo *m*.

orgy ('ɔ:dʒi) *n* orgia *f*.

Orient ('ɔ:riənt) *n* oriente, levante *m*. **oriental** *adj* orientale.

orientate ('ɔ:rienteit) *vt* orientare.

origin ('ɔridʒin) *n* origine *f*. **original** *adj* originale, nuovo. *n* originale *m*. **originality** *n* originalità *f*. **originate** *vt* originare, produrre. *vi* originarsi, derivare. **originate from** provenire da.

Orlon ('ɔ:lɔn) *n Tdmk* Orlon *m*.

ornament ('ɔ:nəmənt) *n* ornamento *m*. *vt* ornare, adornare, abbellire. **ornamental** *adj* decorativo.

ornate (ɔ:'neit) *adj* ornato.

ornithology (ɔ:ni'θɔlədʒi) *n* ornitologia *f*. **ornithologist** *n* ornitologo *m*.

orphan ('ɔ:fən) *adj,n* orfano *m*. **orphanage** *n* orfanotrofio *m*.

orthodox ('ɔ:θədɔks) *adj* ortodosso.

orthography (ɔ:'θɔgrəfi) *n* ortografia *f*.

orthopaedic (ɔ:θə'pi:dik) *adj* ortopedico.

oscillate ('ɔsəleit) *vi* oscillare.

ostensible (ɔ'stensəbəl) *adj* ostensibile, preteso. **ostensibly** *adv* ostensibilmente.

ostentatious (ɔsten'teiʃəs) *adj* vanitoso, ostentato.

osteopath ('ɔstiəpæθ) *n* specialista di osteopatia *m*.

ostracize ('ɔstrəsaiz) *vt* ostracizzare.

ostrich ('ɔstritʃ) *n* struzzo *m*.

other ('ʌðə) *adj* altro, diverso. **every other day** ogni due giorni. **on the other hand** d'altra parte. ~*pron* l'altro. **each other** l'un l'altro. **otherwise** *adv* altrimenti.

otter ('ɔtə) *n* lontra *f*.

ought* (ɔ:t) *v mod aux* dovere.

ounce (auns) *n* oncia *f*.

our (auə) *poss adj 1st pers pl* (il) nostro, (la) nostra, (i) nostri, (le) nostre. **ours** *poss pron 1st pers pl* il nostro, la nostra, i nostri, le nostre. **ourselves** *pron 1st pers pl* **1** noi stessi. **2** ci.

oust (aust) *vt* espellere, cacciare.

out (aut) *adv* fuori, via. *prep* fuori di. *adj* **1** di fuori. **2** (of a fire, etc.) spento. **out of work** disoccupato. **out-of-date** *adj* fuori moda.

outboard ('autbɔ:d) *adj* fuoribordo.

outbreak ('autbreik) *n* **1** scoppio *m*. **2** *med* epidemia *f*.

outburst ('autbə:st) *n* **1** scoppio *m*. esplosione *f*. **2** tirata *f*.

outcast ('autkɑ:st) *n* proscritto *m*.

outcome ('autkʌm) *n* risultato, esito *m*.

outcry ('aʊtkrai) n clamore, grido m.

outdo (aʊt'duː) vt superare, sorpassare.

outdoor ('aʊtdɔː) adj all'aperto, di fuori. **outdoors** adv fuori di casa, all'aria aperta.

outer ('aʊtə) adj esterno, esteriore.

outfit ('aʊtfit) n 1 abito, corredo m. 2 equipaggiamento m.

outgoing ('aʊtgəʊiŋ) adj partente, uscente.

outgrow (aʊt'grəʊ) vt diventare troppo grande per.

outhouse ('aʊthaʊs) n tettoia f. edificio annesso m.

outing ('aʊtiŋ) n gita, escursione f.

outlandish (aʊt'lændiʃ) adj strano, bizzarro.

outlaw ('aʊtlɔː) n bandito, fuorilegge m. vt bandire, proscrivere.

outlay ('aʊtlei) n spesa f.

outlet ('aʊtlet) n uscita f. sbocco m.

outline ('aʊtlain) n 1 contorno m. 2 abbozzo m. vt abbozzare, delineare.

outlive (aʊt'liv) vt sopravvivere a.

outlook ('aʊtluk) n prospetto m. veduta f.

outlying ('aʊtlaiiŋ) adj remoto, lontano.

outnumber (aʊt'nʌmbə) vt superare in numero.

outpatient ('aʊtpeiʃənt) n malato esterno m.

outpost ('aʊtpəʊst) n avamposto m.

output ('aʊtput) n produzione f.

outrage (aʊt'reidʒ) n oltraggio

m. vt oltraggiare, violare.

outrageous adj oltraggioso, esorbitante.

outright ('aʊtrait) adv 1 subito, immediatamente. 2 apertamente. adj completo.

outside (aʊt'said) adj esterno, esteriore. adv fuori, all'aperto. prep fuori di. n esterno m. superficie f. **at the outside** al massimo. **outsider** n estraneo m.

outsize (aʊt'saiz) adj di taglia fuori misura.

outskirts ('aʊtskəːts) n pl periferia f. dintorni m pl.

outspoken (aʊt'spəʊkən) adj franco, esplicito.

outstanding (aʊt'stændiŋ) adj 1 prominente. 2 comm non pagato. 3 eminente.

outstrip (aʊt'strip) vt superare, sorpassare.

outward ('aʊtwəd) adj esterno, esteriore. **outwards** adv fuori, esternamente.

outweigh (aʊt'wei) vt 1 sorpassare in importanza. 2 sorpassare in peso.

outwit (aʊt'wit) vt superare in furberia.

oval ('əʊvəl) adj,n ovale m.

ovary ('əʊvəri) n ovaia f.

ovation (əʊ'veiʃən) n ovazione f.

oven ('ʌvən) n forno m.

over ('əʊvə) prep 1 sopra, su. 2 attraverso. 3 più di, oltre. **over here** da questa parte. **over there** laggiù. ~adv 1 al di sopra. 2 oltre. **all over** dappertutto. **over and over again** continuamente.

overall ('əʊvərɔːl) n 1 (woman's)

grembiule *m*. **2** (workman's) tuta *f*.

overbalance (ouvə'bæləns) *vi* perdere l'equilibrio.

overbearing (ouvə'bɛəriŋ) *adj* arrogante.

overboard ('ouvəbɔːd) *adv* fuori bordo, in mare.

overcast ('ouvəkɑːst) *adj* coperto di nuvole.

overcharge (ouvə'tʃɑːdʒ) *vt* far pagare troppo.

overcoat ('ouvəkout) *n* soprabito, cappotto *m*.

overcome (ouvə'kʌm) *vt* superare, vincere. *adj* commosso.

overdo (ouvə'duː) *vt* **1** esagerare. **2** *cul* cuocere troppo.

overdose ('ouvədous) *n* dose troppo forte *f*.

overdraft ('ouvədrɑːft) *n* credito allo scoperto *m*.

overdraw* (ouvə'drɔː) *vt* trarre allo scoperto.

overdue (ouvə'djuː) *adj* in ritardo, non pagato in tempo.

overestimate (ouvər'estimeit) *vt* sopravalutare.

overfill (ouvə'fil) *vt* riempire troppo.

overflow (*v* ouvə'flou; *n* 'ouvəflou) *vt* inondare. *vi* **1** traboccare. **2** straripare. *n* inondazione *f*.

overhang (*v* ouvə'hæŋ; *n* 'ouvəhæŋ) *vt* sovrastare a. *n* strapiombo *m*.

overhaul (ouvə'hɔːl) *vt* esaminare, restaurare.

overhead (*adv* ouvə'hed; *adj,n* 'ouvəhed) *adv* in alto. *adj* di sopra. **overheads** *n pl* spese generali *f pl*.

overhear (ouvə'hiə) *vt* sentire per caso.

overheat (ouvə'hiːt) *vt,vi* riscaldare troppo.

overjoyed (ouvə'dʒɔid) *adj* molto felice, colmo di gioia.

overland (*adv* ouvə'lænd; *adj, adv* 'ouvəlænd) *adj, adv* per terra.

overlap (*v* ouvə'læp; *n* 'ouvəlæp) *vi* **1** sovrapporsi. **2** coincidere. *n* sovrapposizione *f*.

overlay (*v* ouvə'lei; *n* 'ouvəlei) *vt* coprire. *n* copertura *f*.

overleaf (ouvə'liːf) *adv* al rovescio. **see overleaf** vedi retro.

overload (*v* ouvə'loud; *n* 'ouvəloud) *vt* sovraccaricare. *n* sovraccarico *m*.

overlook (ouvə'luk) *vt* passare sopra, trascurare.

overnight (*adv* ouvə'nait; *adj* 'ouvənait) *adv* durante la notte. *adj* **1** per una notte. **2** compiute durante la notte.

overpower (ouvə'pauə) *vt* soggiogare, vincere.

overrate (ouvə'reit) *vt* sopravalutare.

overreach (ouvə'riːtʃ) *vt* oltrepassare.

overrule (ouvə'ruːl) *vt* annullare.

overrun (*v* ouvə'rʌn) *vt* invadere.

overseas (ouvə'siːz) *adj* d'oltremare. *adv* oltremare.

overshadow (ouvə'fædou) *vt* **1** ombreggiare. **2** oscurare.

overshoot (ouvə'fuːt) *vt* oltrepassare.

oversight ('ouvəsait) *n* svista *f*. sbaglio *m*.

oversleep (ouvə'sli:p) *vi* dormire oltre l'ora giusta.

overspend (ouvə'spend) *vi* spendere troppo.

overt ('ouvə:t) *adj* aperto, evidente.

overtake (ouvə'teik) *vt* sorpassare, raggiungere.

overthrow (*v* ouvə'θrou; *n* 'ouvəθrou) *vt* rovesciare, sconfiggere. *n* sconfitta *f*.

overtime ('ouvətaim) *n* ore straordinarie *f pl*.

overtone ('ouvətoun) *n* sfumatura *f*. sottinteso *m*.

overture ('ouvətʃə) *n* preludio *m*.

overturn (ouvə'tə:n) *vt* rovesciare, capovolgere.

overweight (*adj* ouvə'weit *n* 'ouvəweit) *adj* grasso, che pesa troppo. *n* eccesso di peso *m*.

overwhelm (ouvə'welm) *vt* opprimere, sconvolgere.

overwork (*v* ouvə'wə:k; *n* 'ouvəwə:k) *vi* lavorare troppo. *vt* far lavorare troppo. *n* eccesso di lavoro *m*.

overwrought (ouvə'rɔ:t) *adj* sovreccitato.

ovulate ('ɔvjuleit) *vi* ovulare.

owe (ou) *vt* dovere. **owing to** *prep* a causa di.

owl (aul) *n* gufo *m*.

own (oun) *adj* proprio. *vt* possedere. **own up** confessare. **owner** *n* proprietario, padrone *m*. **ownership** *n* possesso *m*. diritti di proprietà *m pl*.

ox (ɔks) *n*, *pl* **oxen** bue *m*, *pl* buoi. **oxtail** *n* coda di bue *f*.

oxygen ('ɔksidʒən) *n* ossigeno *m*.

oyster ('ɔistə) *n* ostrica *f*.

P

pace (pciə) *n* **1** passo *m*. **2** velocità *f*. *vt* misurare con i passi. *vi* passeggiare, camminare lento. **pacemaker** *n* stimolatore cardiaco *m*.

Pacific (pə'sifik) *adj* pacifico. **Pacific (Ocean)** *n* (Ocean) Pacifico *m*.

pacify ('pæsifai) *vt* pacificare. **pacifism** *n* pacifismo *m*. **pacifist** *n* pacifista *m*.

pack (pæk) *n* **1** pacco *m*. **2** *game* mazzo *m*. **3** (of hounds) muta *f*. **4** (of thieves) banda *f*. *vt* imballare, impaccare. *vi* fare le valigie. **package** *n* pacco *m*. balla *f*. **packet** *n* pacchetto *m*. **packhorse** *n* cavallo da soma *m*.

pact (pækt) *n* patto *m*.

pad[1] (pæd) *n* **1** cuscinetto, tampone *m*. **2** blocco *m*. **3** *zool* zampa *f*. *vt* imbottire.

pad[2] (pæd) *n* passo *m*. *vi* camminare silenziosamente.

paddle[1] ('pædl) *n* **1** (of a boat) pagaia *f*. remo *m*. *vt* pagaiare, remare.

paddle[2] ('pædl) *vi* sguazzare.

paddock ('pædɔk) *n* recinto per cavalli *m*.

paddyfield ('pædifi:ld) *n* risaia *f*.

padlock ('pædlɔk) *n* lucchetto *m*. *vt* chiudere col lucchetto.

paediatric (pi:di'ætrik) *adj* pediatrico. **paediatrics** *n* pediatria *f*.

pagan ('peigən) *adj,n* pagano.

page[1] (peidʒ) *n* (of a book) pagina *f*.

page[2] (peidʒ) *n* paggio, fattorino *m*.

pageant ('pædʒənt) *n* spettacolo storico *m.* **pageantry** *n* spettacolo sfarzoso *m.*

pagoda ('pɔ'goudɔ) *n* pagoda *f.*

paid (peid) *v* see **pay.**

pain (pein) *n* dolore, male *m.* sofferenza *f.* **painful** *adj* doloroso. **painstaking** *adj* laborioso, diligente.

paint (peint) *n* colore *m.* vernice *f.* *vt* colorire, dipingere. **paintbrush** *n* pennello *m.* **painter** *n* 1 *Art* pittore *m.* 2 imbianchino *m.* **painting** *n* 1 pittura *f.* 2 quadro *m.*

pair (peɔ) *n* paio *m, pl* paia *f.* coppia *f.* *vi* appaiare, accoppiare. **pair off** andare in due, appaiare.

Pakistan (paːkiˈstaːn) *n* Pakistan *m.* **Pakistani** *adj,n* pachistano.

pal (pæl) *n inf* amico, compagno *m.*

palace ('pælis) *n* palazzo *m.*

palate ('pælət) *n* palato *m.* **palatable** *adj* appetitoso, gustoso.

pale (peil) *adj* pallido. **paleness** *n* pallidezza *f.*

Palestine ('pælistain) *n* Palestina *f.* *adj,n* palestinese.

palette ('pælit) *n* tavolozza *f.* **palette knife** *n* spatola *f.*

palm[1] (paːm) *n anat* palmo *m.* **palmistry** *n* chiromanzia *f.*

palm[2] (paːm) *n bot* palma *f.* **Palm Sunday** *n* Domenica delle Palme *f.*

pamper ('pæmpə) *vt* accarezzare, viziare.

pamphlet ('pæmflət) *n* opuscolo, libretto *m.*

pan (pæn) *n* padella *f.* tegame *m.* **pancake** *n* frittella *f.*

Panama ('pænəmaː) *n* Panama *m.*

pancreas ('pæŋkriəs) *n* pancreas *m.*

panda ('pændə) *n* panda *f.*

pander ('pændə) *n* mezzano *m.* *vi* fare il mezzano.

pane (pein) *n* vetro *m.*

panel ('pænl) *n* 1 pannello *m.* 2 lista *f.* *vt* pannellare, rivestire di legno. **panelling** *n* rivestimento *m.*

pang (pæŋ) *n* dolore acuto, spasimo *m.*

panic* ('pænik) *n* panico *m.* *vi* essere colto dal panico.

pannier ('pæniə) *n* paniere, cesto *m.*

panorama (pænəˈraːmə) *n* panorama *m.* **panoramic** *adj* panoramico.

pansy ('pænzi) *n* viola del pensiero *f.*

pant (pænt) *vi* ansare, anelare. *n* anelito *m.*

panther ('pænθə) *n* pantera *f.*

pantomime ('pæntəmaim) *n* pantomima *f.*

pantry ('pæntri) *n* dispensa *f.*

pants (pænts) *n* mutande *f pl.*

papal ('peipəl) *adj* papale, pontificio.

paper ('peipə) *n* 1 carta *f.* 2 documento *m.* 3 giornale *m.* *vt* coprire di carta, tappezzare con carta. **paperback** *n* edizione economica *f.* **paperclip** *n* serracarte *m.* **paperwork** *n* amministrazione *f.*

papier-mâché (pæpeiˈmæʃei) *n* cartapesta *f.*

papist ('peipist) *n* papista *m.*

paprika ('pæprikə) *n* paprica *f.*

par (paː) *n* pari, parità *f.*

above/below par sopra/sotto la pari. **on a par with** pari a.

parable ('pærəbəl) n parabola f.

parachute ('pærəʃuːt) n paracadute m. **parachutist** n paracadutista m.

parade (pə'reid) n parata, mostra f. vt far mostra di. vi sfilare in parata.

paradise ('pærədais) n paradiso m.

paradox ('pærədɔks) n paradosso m. **paradoxical** adj paradossale.

paraffin ('pærəfin) n petrolio combustibile m.

paragraph ('pærəgraːf) n paragrafo m.

parallel ('pærəlel) adj 1 parallelo. 2 analogo. n 1 math parallela f. 2 geog parallelo m. vt paragonare.

paralyse ('pærəlaiz) vt paralizzare. **paralysis** n paralisi f.

paramount ('pærəmaunt) adj supremo, sommo.

paranoia (pærə'nɔiə) n paranoia f.

parapet ('pærəpit) n parapetto m.

paraphernalia (pærəfə'neiliə) n roba f. oggetti m pl.

paraphrase ('pærəfreiz) n parafrasi f. vt parafrasare.

parasite ('pærəsait) n parassita m.

paratrooper ('pærətruːpə) n soldato paracadutista m.

parcel ('paːsəl) n pacco, pacchetto m. vt impacchettare.

parch (paːtʃ) vt arsicciare. vi diventare riarso. **parched** adj riarso.

parchment ('paːtʃmənt) n pergamena f.

pardon ('paːdn) n perdono m. grazia, amnistia f. vt perdonare. **pardon me!** mi scusi! **pardonable** adj scusabile.

pare (peə) vt sbucciare, pelare.

parent ('peərənt) n genitore m. **parenthood** n paternità, maternità f.

parenthesis (pə'renθəsis) n, pl -ses parentesi f.

parish ('pæriʃ) n 1 rel parrocchia f. 2 comune m. **parishioner** n parrocchiano m.

parity ('pæriti) n parità f.

park (paːk) n parco m. vt posteggiare. **parking** n posteggio m. **parking meter** n parchimetro m.

parliament ('paːləmənt) n parlamento m. **camera dei deputati** f. **parliamentary** adj parlamentare.

parlour ('paːlə) n salotto m.

parochial (pə'roukiəl) adj 1 comunale. 2 rel parrocchiale.

parody ('pærədi) n parodia f. vt parodiare.

parole (pə'roul) n parola d'onore f. **on parole** lasciato libero sulla parola.

parquet ('paːkei) n pavimento di legno lucido m.

parrot ('pærət) n pappagallo m.

parry ('pæri) vt 1 parare. 2 evitare.

parsley ('paːsli) n prezzemolo m.

parsnip ('paːsnip) n pastinaca f.

parson ('paːsən) n parroco, prete m.

part (paːt) n 1 parte f. 2 pezzo

m. **3** regione *f.* **spare part** pezzo di ricambio. ~*vt* dividere, separare. *vi* dividersi, separarsi. **part with** disfare di. **parting** *n* **1** separazione, divisione *f.* **2** (in hair) scrimmatura *f.* **part-time** *adj* a mezza giornata.

partake (pɑːˈteik) *vi* partecipare, prendere parte.

partial (ˈpɑːʃəl) *adj* parziale. **be partial to** avere un debole per.

participate (pɑːˈtisipeit) *vi* partecipare. **participation** *n* partecipazione *f.*

participle (ˈpɑːtisəpəl) *n* participio *m.*

particle (ˈpɑːtikəl) *n* particola, particella *f.*

particular (pəˈtikjulə) *adj* particolare, preciso. *n* particolare, dettaglio *m.*

partisan (pɑːtiˈzæn) *adj,n* partigiano.

partition (pɑːˈtiʃən) *n* **1** partizione *f.* **2** (in a room) tramezzo *m. vt* **1** dividere. **2** tramezzare.

partner (ˈpɑːtnə) *n* **1** compagno *m.* **2** *comm* socio *m. vt* fare da campagno di, ballare con. **partnership** *n* **1** società *f.* **2** associazione *f.*

partridge (ˈpɑːtridʒ) *n* pernice *f.*

party (ˈpɑːti) *n* **1** ricevimento *m.* festa *f.* **2** *pol* partito *m.* **3** gruppo *m.*

pass (pɑːs) *vt* **1** passare. **2** attraversare. **3** superare. *vi* **1** succedere. **2** accadere. *n* **1** lasciapassare *m.* **2** (through a mountain) passo *m.* **passer-by** *n* passante *m.* **password** *n* parola d'ordine *f.*

passage (ˈpæsidʒ) *n* **1** passaggio *m.* **2** corridoio *m.* **3** viaggio *m.*

passenger (ˈpæsindʒə) *n* viaggiatore *m.*

passion (ˈpæʃən) *n* passione *f.* **passionate** *adj* appassionato.

passive (ˈpæsiv) *adj* passivo.

passivity (pæˈsiviti) *n* passività *f.*

Passover (ˈpɑːsouvə) *n* Pasqua degli ebrei *f.*

passport (ˈpɑːspɔːt) *n* passaporto *m.*

past (pɑːst) *adj* **1** passato, trascorso. **2** scorso. **3** ultimo. *prep* dopo, oltre. *n* passato *m.* **past participle** *n* participio passato *m.*

pasta (ˈpæstə) *n* pasta *f.*

paste (peist) *n* colla *f. vt* incollare.

pastel (ˈpæstəl) *n* pastello *m.*

pasteurize (ˈpæstəraiz) *vt* pastorizzare.

pastime (ˈpɑːstaim) *n* passatempo, svago *m.*

pastoral (ˈpæstərəl) *adj* pastorale.

pastry (ˈpeistri) *n* **1** pasticceria *f.* pasticcio *m.* **2** pasta *f.*

pasture (ˈpɑːstʃə) *n* pascolo *m.* pastura *f.*

pasty[1] (ˈpeisti) *adj* pallido.

pasty[2] (ˈpæsti) *n* pasticcio *m.*

pat[1] (pæt) *n* **1** colpetto *m.* carezza *f.* **2** (of butter) panetto *m. vt* accarezzare.

pat[2] (pæt) *adj* pronto, opportuno. *adv* a proposito.

patch (pætʃ) *n* **1** toppa *f.* **2** (of land) pezzo *m. vt* raccomodare, rappezzare. **patchwork** *n* rappezzamento, mosaico *m.*

pâté (ˈpætei) *n* pasticcio *m.*

patent ('peitnt) n brevetto m. adj aperto, evidente. vt prendere un brevetto per. **patent leather** n cuoio verniciato m.

paternal (pə'tə:nl) adj paterno. **paternity** n paternità f.

path (pɑ:θ) n sentiero m. via, strada f.

pathetic (pə'θetik) adj patetico, commovente.

pathology (pə'θɔlədʒi) n patologia f.

patience ('peiʃəns) n pazienza f. **patient** adj paziente. n paziente m,f. malato sotto cura m.

patio ('pætiou) n patio m.

patriarchal (peitri'ɑ:kəl) adj patriarcale.

patriot ('pætriət) n patriota m. **patriotic** adj patriottico. **patriotism** n patriottismo m.

patrol (pə'troul) n pattuglia f. vi andare di pattuglia.

patron ('peitrən) n 1 patrono, protettore m. 2 (customer) cliente m. **patronage** n patronato m. protezione f. **patronize** vt 1 proteggere. 2 frequentare. **patronizing** adj condiscendente.

patter[1] ('pætə) n (noise) picchiettìo m. vi picchiettare.

patter[2] ('pætə) n (talk) cicalìo m.

pattern ('pætən) n 1 modello, disegno m. 2 esempio m. vt modellare.

paunch (pɔ:ntʃ) n pancione m.

pauper ('pɔ:pə) n indigente, mendicante m.

pause (pɔ:z) n pausa, fermata f. vi far pausa, fermarsi.

pave (peiv) vt pavimentare. **pavement** n marciapiede m.

pavilion (pə'viljən) n padiglione m. tenda f.

paw (pɔ:) n zampa f. vt zampare. **paw the ground** scalpitare.

pawn[1] (pɔ:n) vt impegnare. n pegno m. **pawnbroker** n prestatore su pegni m.

pawn[2] (pɔ:n) n game pedina f.

pay* (pei) vt 1 pagare. 2 fare. vi rendere. n paga f. stipendio, salario m. **payment** n pagamento m. **payroll** n distinta dei salari f.

pea (pi:) n pisello m.

peace (pi:s) n pace, tranquillità f. **peaceful** adj tranquillo.

peach (pi:tʃ) n pesca f. **peach tree** n pesco m.

peacock ('pi:kɔk) n pavone m.

peak (pi:k) n 1 cima, vetta f. picco m. 2 (of a cap) visiera f.

peal (pi:l) n 1 scoppio, scroscio m. 2 (of bells) scampanìo m. vi 1 scampanare, risonare. 2 (of thunder) tuonare.

peanut ('pi:nʌt) n arachide, nocciolina americana f.

pear (peə) n pera f. **pear tree** n pero m.

pearl (pə:l) n perla f. **mother of pearl** n madreperla f.

peasant ('pezənt) n contadino m. adj contadinesco. **peasantry** n contadini m pl.

peat (pi:t) n torba f.

pebble ('pebəl) n ciottolo, sasso m.

peck (pek) vt,vi beccare. n 1 beccata f. 2 bacetto m.

peckish ('pekiʃ) adj che ha fame.

peculiar (pi'kju:liə) adj 1 par-

ticolare, speciale. **2** strano.
peculiarity n particolarità,
stranezza f.

pedal ('pedl) n pedale m. vi
pedalare.

peddle ('pedl) vt vendere in
piccola quantità. vi fare il
venditore ambulante. **pedlar**
n merciaiuolo ambulante m.

pedestal ('pedistəl) n piedestal-
lo m.

pedestrian (pi'destriən) n
pedone m. adj pedestre. **pe-
destrian crossing** n passag-
gio pedonale m.

pedigree (pedigri:) n genea-
logia f. albero genealogico m.
adj di razza pura.

peel (pi:l) n buccia, pelle f. vt
sbucciare, pelare. **peelings** n
pl bucce f pl.

peep (pi:p) n occhiata f.
sguardo furtivo m. vi spiare,
guardare furtivamente.

peer [1] (piə) n pari m invar.
peerage n nobiltà f.

peer [2] (piə) vi guardare da vici-
no.

peevish ('pi:viʃ) adj irritabile,
brontolone.

peg (peg) n gancio m. **2** mol-
letta f. appiglio m. vt fissare
con mollette.

pejorative (pi'dʒɔrətiv) adj
peggiorativo.

pelican ('pelikən) n pellicano
m.

pellet ('pelit) n **1** pallina, pal-
lottola f. **2** pillola f.

pelmet ('pelmit) n pendaglio
sopra le tende m.

pelt [1] (pelt) vt,vi colpire, tirare.

pelt [2] (pelt) n pelliccia, pelle
greggia f.

pelvis ('pelvis) n pelvi f. bacino
m.

pen [1] (pen) n penna f. **foun-
tain pen** n penna stilografica f.
penfriend n amico per corris-
pondenza m. **penknife** n
temperino m. **pen nib** n pen-
nino m.

pen [2] (pen) n **1** recinto m. **2** (for
sheep) ovile m. vt rinchiudere.

penal ('pi:nl) adj penale. **pe-
nalize** vt punire. **penalty** n
pena, penalità f. **penalty
kick** n calcio di rigore m.

penance ('penəns) n penitenza
f.

pencil ('pensəl) n matita f. lapis
m invar. **pencil-sharpener** n
taglialapis m invar.

pendant ('pendənt) n pen-
dente, pendaglio m.

pending ('pendiŋ) adj pen-
dente. prep in attesa di.

pendulum ('pendjuləm) n
pendolo m.

penetrate ('penitreit) vt pene-
trare. **penetration** n penetra-
zione f.

penguin ('peŋgwin) n pinguino
m.

penicillin (peni'silin) n penicil-
lina f.

peninsula (pə'ninsjulə) n
penisola f. **peninsular** adj
peninsulare.

penis ('pi:nis) n pene m.

penitent ('penitənt) adj
penitente.

pennant ('penənt) n banderuo-
la f. pennone m.

penny ('peni) n **1** pl **pennies**
British unit of currency. **2** pl
pence soldo m. **penniless**
adj senza un soldo, povero, in-
digente.

pension ('penʃən) n pensione f. v **pension off** mettere in pensione. **pensioner** n pensionato m.

pensive ('pensiv) adj pensieroso.

pent (pent) adj rinchiuso. **pent-up** adj represso.

pentagon ('pentəgɔn) n pentagono m.

Pentecost ('pentikɔst) n Pentecoste f.

penthouse ('penthaus) n tettoia f.

people ('pi:pəl) n 1 gente f. (race) popolo m. nazione f. vt popolare.

pepper ('pepə) n pepe m. **peppercorn** n granello di pepe m. **peppermill** n macinino da pepe m. **peppermint** n 1 menta peperina f. 2 (sweet) caramella alla menta f.

per (pə:) prep per, per mezzo di.

perambulator (pə'ræmbjuleitə) n carrozzina f.

perceive (pə'si:v) vt 1 accorgersi di. 2 osservare. 3 capire. **perceptible** adj percettibile, visibile.

per cent (pə 'sent) prep per cento.

percentage (pə'sentidʒ) n percentuale f.

perception (pə'sepʃən) n percezione, nozione f. **perceptive** adj percettivo.

perch[1] (pə:tʃ) n zool pesce persico m.

perch[2] (pə:tʃ) n posatoio m. vi appollaiarsi, posarsi.

percolate ('pə:kəleit) vt,vi filtrare. **percolator** n filtro m.

percussion (pə'kʌʃən) n percussione f.

perennial (pə'reniəl) adj perenne, eterno.

perfect (adj,n 'pə:fikt; v n 'fekt) adj perfetto, completo. n gram tempo perfetto m. vt perfezionare. **perfection** n perfezione f.

perforate ('pə:fəreit) vt perforare. **perforation** n perforazione f. buco m.

perform (pə'fɔ:m) vt,vi 1 eseguire, compire. 2 Th rappresentare. **performance** n 1 esecuzione f. adempimento f. 2 Th rappresentazione f. spettacolo m.

perfume (n 'pə:fju:m; v pə 'fju:m) n profumo m. fragranza f. vt profumare. **perfumery** n profumeria f.

perhaps (pə'hæps) adv forse.

peril ('perəl) n pericolo, rischio m. **perilous** adj pericoloso.

perimeter (pə'rimitə) n perimetro m.

period ('piəriəd) n 1 periodo m. 2 epoca f. 3 med mestruazioni f pl. **periodic** adj periodico. **periodical** n periodico, giornale m. rivista f.

peripheral (pə'rifərəl) adj periferico.

perish ('periʃ) vi 1 perire, morire. 2 guastarsi. **perishable** adj deperibile.

perjury ('pə:dʒəri) n spergiuro m.

perk (pə:k) vi **perk up** rianimarsi. **perky** adj impertinente, vivace.

permanent ('pə:mənənt) adj permanente, durevole.

permeate ('pə:mieit) vt permeare, penetrare.

permit (v pə'mit; n 'pə:mit) vt permettere, lasciare. n permesso, lasciapassare m. licenza f.

permission n permesso m. licenza f. **permissive** adj permissivo.

permutation (pə:mju'teiʃən) n permutazione f.

peroxide (pə'rɔksaid) n perossido m.

perpendicular (pə:pən'dikjulə) adj,n perpendicolare f.

perpetual (pə'petʃuəl) adj perpetuo, continuo.

perpetuate (pə'petʃueit) vt perpetuare.

perplex (pə'pleks) vt confondere, imbarazzare. **perplexed** adj perplesso. **perplexity** n perplessità f. imbarazzo m.

persecute ('pə:sikju:t) vt perseguitare, importunare. **persecution** n persecuzione f.

persevere (pə:si'viə) vi perseverare. **perseverance** n perseveranza f.

Persia ('pə:ʃə) n Persia f. **Persian** adj,n persiano. **Persian** (language) n persiano m.

persist (pə'sist) vi persistere, ostinarsi. **persist in** persistere a. **persistence** n persistenza f. **persistent** adj persistente, tenace.

person ('pə:sən) n persona f. **personage** n personaggio m. **personal** adj personale. **personality** n personalità f. **personify** vt personificare. **personnel** n personale m.

perspective (pə'spektiv) n prospettiva, vista f.

Perspex ('pə:speks) n Tdmk Perspex m.

perspire (pə'spaiə) vi sudare, traspirare. **perspiration** n sudore m.

persuade (pə'sweid) vt persuadere. **persuasion** n persuasione f. **persuasive** adj persuasivo.

pert (pə:t) adj 1 impertinente, sfrontato. 2 vivace.

pertain (pə'tein) vi appartenere. **pertinent** adj pertinente, relativo. **pertinence** n pertinenza f.

perturb (pə'tə:b) vt perturbare, confondere, agitare.

Peru (pə'ru:) n Perù m. **Peruvian** adj,n peruviano.

pervade (pə'veid) vt pervadere, permeare, diffondersi in. **pervasive** adj penetrante, diffuso.

perverse (pə'və:s) adj perverso, malvagio. **perversity** n perversità, malvagità f.

pervert (v pə:'və:t; n 'pə:və:t) vt pervertire, corrompere. n pervertito m. **perversion** n perversione f.

pessimism ('pesimizəm) n pessimismo m. **pessimist** n pessimista m. **pessimistic** adj pessimistico.

pest (pest) n peste, pestilenza f. **pesticide** n pesticida f.

pester ('pestə) vt annoiare, tormentare.

pet (pet) n 1 favorito m. 2 animale favorito m. adj favorito, preferito. vt accarezzare. **pet name** n nomignolo m.

petal ('petl) n petalo m.

peter ('pi:tə) vi **peter out** diminuire, finire, morire.

petition (pi'ti∫ən) n petizione, supplica f. vt **1** supplicare. **2** presentare una petizione a.

petrify ('petrifai) vt **1** pietrificare. **2** stupire, spaventare.

petroleum (pi'trouliəm) n petrolio m. **petrol** n benzina f.

petticoat ('petikout) n sottoveste f.

petty ('peti) adj insignificante, meschino, triviale. **petty cash** n spese minute f pl. **petty officer** n sottufficiale di marina m. **pettiness** n piccolezza, meschinità f.

petulant ('petjulənt) adj petulante, capriccioso, irritabile.

pew (pju:) n panca di chiesa f.

pewter ('pju:tə) n peltro m.

phantom ('fæntəm) n fantasma, spettro m. adj spettrale, irreale.

pharmacy ('fɑːməsi) n farmacia f. **pharmacist** n farmacista m.

pharynx ('færiŋks) n faringe f.

phase (feiz) n fase f.

pheasant ('fezənt) n fagiano m.

phenomenon (fi'nɔminən) n, pl **-na** fenomeno m. **phenomenal** adj fenomenale.

philanthropy (fi'lænθrəpi) n filantropia f. **philanthropist** n filantropo m.

philately (fi'lætəli) n filatelia f.

philatelist n filatelico m.

Philistine ('filistain) n filisteo m.

philosophy (fi'lɔsəfi) n filosofia f. **philosopher** n filosofo m.

philosophical adj filosofico.

phlegm (flem) n flemma f.

phlegmatic (fleg'mætik) adj flemmatico, calmo.

phobia ('foubiə) n fobia f.

phoenix ('fi:niks) n fenice f.

phone (foun) inf n telefono m. vt,vi telefonare. **phone call** n inf telefonata f.

phonetic (fə'netik) adj fonetico. **phonetics** n fonetica f.

phoney ('founi) adj fasullo, falso, finto.

phosphate ('fɔsfeit) n fosfato m.

phosphorescence (fɔsfə'resəns) n fosforescenza f. **phosphorescent** adj fosforescente.

phosphorus ('fɔsfərəs) n fosforo m. **phosphorous** adj fosforoso.

photo ('foutou) n inf foto f invar.

photocopy ('foutoukɔpi) vt fotocopiare. n fotocopia f.

photogenic (foutə'dʒenik) adj fotogenico.

photograph ('foutəgrɑːf) n fotografia f. vt fotografare. **photographer** n fotografo m. **photographic** adj fotografico. **photography** n fotografia f.

phrase (freiz) n **1** frase f. **2** modo di dire m. vt esprimere, dire. **phrasebook** n libro di frasi m.

physical ('fizikəl) adj fisico. **physical education** n educazione fisica f.

physician (fi'zi∫ən) n medico, dottore m.

physics ('fiziks) n fisica f. **physicist** n fisico m.

physiognomy (fizi'ɔnəmi) n fisionomia f.

physiology (fizi'ɔlədʒi) n fisiologia f. **physiological** adj fisiologico. **physiologist** n fisiologo m.

physiotherapy (fiziou'θerəpi)

n fisioterapia *f.* **physiothera-pist** *n* fisioterapista *m.*

physique (fi'zi:k) *n* fisico *m.* costituzione *f.*

piano (pi'ænou) *n* pianoforte *m.* **grand piano** pianoforte a coda. **pianist** *n* pianista *m.*

pick[1] (pik) *n* scelta *f. vt* **1** scegliere. **2** cogliere. **3** (a lock) aprire. **pick up** raccogliere. **picking** *n* raccolta *f.* **pickpocket** *n* borsaiolo *m.*

pick[2] (pik) *n* (tool) piccone *m.*

picket ('pikit) *n* picchetto, palo *m. vt* picchettare.

pickle ('pikəl) *n* **1** salamoia *f.* **2** *pl* sottaceti *m pl. vt* mettere sotto aceto, marinare. **pickled** *adj* in aceto.

picnic* ('piknik) *n* merenda all'aperto *f.* picnic *m. vi* mangiare all'aperto.

pictorial (pik'tɔ:riəl) *adj* pittorico, illustrato.

picture ('piktʃə) *n* **1** quadro *m.* pittura *f.* **2** immagine *f.* **3** *pl* cinema *m. vt* figurare, descrivere.

picturesque (piktʃə'resk) *adj* pittoresco.

pidgin ('pidʒən) *n* pidgin, gergo *m.*

pie (pai) *n* **1** (meat) pasticcio *m.* **2** (fruit) torta, crostata *f.*

piece (pi:s) *n* **1** pezzo *m.* parte *f.* **2** (of material) pezza *f.* **piecemeal** *adv* a spizzico, pezzo per pezzo. **piecework** *n* lavoro a cottimo *m.*

pied (paid) *adj* screziato, variegato.

pier (piə) *n* **1** molo *m.* banchina *f.* **2** *arch* pilone *m.*

pierce (piəs) *vt* penetrare,

perforare. **piercing** *adj* penetrante, acuto.

piety ('paiəti) *n* pietà *f.*

pig (pig) *n* maiale, porco *m.* **pig-headed** *adj* ostinato, testardo. **pig-iron** *n* ghisa *f.* **piglet** *n* porcellino *m.* **pigskin** *n* pelle di cinghiale *f.* **pigsty** *n* porcile *m.* **pigtail** *n* treccia *f.*

pigeon ('pidʒən) *n* piccione *m.* colomba *f.* **pigeonhole** *n* casella *f.*

piggyback ('pigibæk) *n* cavalcata sul dorso *f. adv* sul dorso.

pigment ('pigmənt) *n* pigmento, colore *m.*

pike (paik) *n* picca *f.*

pilchard ('piltʃəd) *n* sardella *f.*

pile[1] (pail) *n* mucchio, ammasso *m. vt* ammucchiare, accumulare.

pile[2] (pail) *n tech* palo *m.* **pile-driver** *n* battipalo *m.*

pile[3] (pail) *n* (of material, etc.) pelo *m.*

piles (pəlz) *n pl* emorroidi *f pl.*

pilfer ('pilfə) *vt* rubacchiare. **pilferer** *n* ladroncello *m.*

pilgrim ('pilgrim) *n* pellegrino *m.* **pilgrimage** *n* pellegrinaggio *m.*

pill (pil) *n* pillola, compressa *f.*

pillage ('pilidʒ) *n* saccheggio *m. vt* saccheggiare.

pillar ('pilə) *n* pilastro *m.* colonna *f.* **pillar-box** *n* buca delle lettere *f.*

pillion ('piliən) *n* sedile posteriore *m.*

pillow ('pilou) *n* guanciale, cuscino *m.* **pillowcase** *n* federa *f.*

pilot ('pailət) *n* pilota *m. vt* pilotare.

pimento (pi'mentou) n pimento m.

pimple ('pimpəl) n pustoletta f. foruncolo m.

pin (pin) n spillo m. vt appuntare, fissare. **pins and needles** n formicolio m. **pincushion** n portaspilli m invar.

pinpoint vt segnalare con precisione. **pinstripe** adj a striscie fine.

pinafore ('pinəfɔ:) n grembiule m.

pincers ('pinsəz) n pl tenaglie f pl.

pinch (pintʃ) vt 1 pizzicare, stringere. 2 sl rubare. n 1 pizzicotto m. 2 pizzico m. presa f.

pine[1] (pain) n pino m. **pine cone** n pigna f.

pine[2] (pain) vi languire, sospirare per, consumarsi.

pineapple ('painæpəl) n ananasso m. ananas m invar.

ping-pong ('piŋpɔŋ) n Tdmk tennis da tavola m.

pinion ('piniən) n tech pignone m.

pink (piŋk) adj,n rosa m invar.

pinnacle ('pinəkəl) n sommo, colmo m. cima f.

pint (paint) n pinta f.

pioneer (paiə'niə) n pioniere m. vt preparare la via a.

pious (paiəs) adj pio, religioso.

pip[1] (pip) n game macchia f.

pip[2] (pip) n bot granelle, seme m.

pipe (paip) n 1 tubo, condotto m. 2 (tobacco) pipa f. 3 mus piffero m. **pipedream** n progetto inattuabile m. **pipeline** n 1 condotto di petrolio m. 2 linea di comunicazione m.

pipette n pipetta f.

piquant ('pi:kənt) adj piccante. **piquancy** n gusto piccante m.

pique (pi:k) n irritazione f. vt offendere, irritare.

pirate ('pairət) n pirata m. **piracy** n pirateria f.

pirouette (piru'et) n piroetta f. vi piroettare.

Pisces ('pisi:z) n pl Pesci m pl.

piss (pis) tab vi pisciare. **piss off!** va' via! n orina f.

pistachio (pis'tæʃiou) n pistacchio m.

pistol ('pistəl) n pistola f.

piston ('pistən) n pistone, stantuffo m.

pit (pit) n 1 fossa, buca f. pozzo m. 2 miniera f. **pitfall** n trappola f.

pitch[1] (pitʃ) n 1 punto, lancio m. 2 mus tono m. vt 1 lanciare, gettare. 2 fissare. vi beccheggiare. **pitchfork** n forcone m.

pitch[2] (pitʃ) n pece f.

pith (piθ) n midollo m.

pittance ('pitns) n piccola quantità f.

pituitary gland (pi'tjuətri) n pituitario m.

pity ('piti) n pietà, compassione f. vt avere pietà di. **pitiful** adj pietoso.

pivot ('pivət) n pernio m. asse f. vt imperniare.

pizza ('pi:tsə) n pizza f.

placard ('plæka:d) n affisso, cartellone m.

placate (plə'keit) vt placare, pacificare.

place (pleis) n luogo, posto m. **out of place** inopportuno. **take place** accadere, succedere, avere luogo. ~vt porre, mettere. **placename** n nome di località m.

placenta (plə'sentə) n placenta f.

placid ('plæsid) adj tranquillo, sereno.

plagiarize ('pleidʒəraiz) vt plagiare. **plagiarism** n plagio m. **plagiarist** n plagiario m.

plague (pleig) n 1 peste, pestilenza f. 2 flagello m. vt tormentare, importunare.

plaice (pleis) n passerino m.

plaid (plæd) n mantello scozzese m.

plain (plein) adj 1 semplice, ordinario. 2 evidente, chiaro. n pianura f. **plain-clothes** adj in borghese.

plaintiff ('pleintif) n attore m.

plaintive ('pleintiv) adj lamentoso, triste, querulo.

plait (plæt) n treccia f. vt intrecciare.

plan (plæn) n piano, disegno, progetto m. vt progettare, fissare. vi fare progetti.

plane[1] (plein) n 1 piano m. 2 aviat aereoplano m.

plane[2] (plein) n tech pialla f. vt piallare.

plane[3] (plein) n bot platano m.

planet ('plænit) n pianeta m.

plank (plæŋk) n asse, tavola f.

plankton ('plæŋktən) n plancton m.

plant (plɑ:nt) n 1 bot pianta f. 2 tech impianto m. attrezzi m pl. vt piantare. **plantation** n piantagione f.

plaque (plɑ:k) n placca, lastra f.

plasma ('plæzmə) n plasma m.

plaster ('plɑ:stə) n 1 med cerotto m. 2 gesso m. 3 stucco m. vt ingessare, intonacare. **plaster of Paris** n 1 gesso m. 2 med

ingessatura f. **plasterer** n intonacatore m.

plastic ('plæstik) adj plastico. n plastica f. **plastic surgery** n chirurgia estetica f.

Plasticine ('plæstisi:n) n Tdmk Plastilina Tdmk f.

plate (pleit) n 1 cul piatto m. 2 placca, lamina f. 3 argenteria f. 4 illustrazione f. vt 1 placcare, laminare. 2 inargentare. **platelayer** n guardalinea m.

plateau ('plætou) n altipiano m.

platform ('plætfɔ:m) n 1 piattaforma f. 2 (railway) marciapiede, binario m. banchina f.

platinum ('plætnəm) n platino m.

platonic (plə'tɔnik) adj platonico.

plausible ('plɔ:zəbəl) adj plausibile.

play (plei) n 1 gioco, divertimento m. 2 Th dramma m. commedia f. vt 1 giocare a. 2 rappresentare. 3 suonare. vi scherzare. **playful** adj scherzoso. **playground** n cortile di ricreazione m. **playgroup** n asilo m. **playhouse** n teatro m. **playmate** n compagno di gioco m. **playschool** n asilo m. **playwright** n drammaturgo m. **playing card** n carta da gioco f. **playing field** n campo di gioco m.

plea (pli:) n 1 scusa f. pretesto m. 2 law causa, difesa f. 3 supplica f.

plead (pli:d) vt 1 perorare. 2 allegare. vi implorare, appellarsi.

pleasant ('plezənt) adj

piacevole, gradevole, simpatico.

please (pli:z) *vt,vi* piacere, soddisfare. **pleased** *adj* contento, soddisfatto. **pleasing** *adj* piacevole, gradevole.

pleasure ('pleʒə) *n* piacere, favore *m*.

pleat (pli:t) *n* piega, ripiegatura *f. vt* piegare.

plectrum ('plektrəm) *n, pl* **-tra** *or* **-trums** plettro *m*.

pledge (pledʒ) *n* impegno *m*. promessa *f. vt* impegnare.

plenty ('plenti) *n* abbondanza *f*. **plenty of** tanto. **plentiful** *adj* abbondante.

pliable ('plaiəbəl) *adj* 1 pieghevole, flessibile. 2 influenzato facilmente.

plight (plait) *n* condizione *f*. stato *m*.

plimsoll ('plimsəl) *n* scarpa da tennis *f*.

plod (plɔd) *vi* camminare a fatica. **plodder** *n* sgobbone *m*.

plonk (plɔŋk) *vt* buttare giù.

plot¹ (plɔt) *n* 1 complotto *m*. cospirazione *f*. 2 (of a book) intreccio *m. vt* 1 complottare. 2 fare un piano di. **plotter** *n* cospiratore *m*.

plot² (plɔt) *n* (of ground) pezzo di terreno *m*.

plough (plau) *n* aratro *m. vt* arare, solcare. **ploughing** *n* aratura *f*.

pluck (plʌk) *vt* 1 cogliere, tirare. 2 spennare. **pluck up courage** farsi coraggio. ~*n* 1 strappo *m*. 2 *inf* coraggio, fegato *m*. **plucky** *adj* coraggioso.

plug (plʌg) *n* 1 tappo, tampone, zaffo *m*. 2 *tech* spina

f. 3 *mot* candela *f. vt* tamponare, tappare, zaffare.

plum (plʌm) *n* prugna, susina *f*. **plum tree** *n* prugno, susino *m*.

plumage ('plu:midʒ) *n* piumaggio *m*. penne *f pl*.

plumb (plʌm) *n* piombo *m*. *adj,adv* a piombo. *vt* 1 piombare. 2 *naut* scandagliare.

plumber *n* idraulico, tubista *m*. **plumbing** *n* piombatura *f*.

plume (plu:m) *n* penna, piuma *f*. pennacchio *m*.

plump¹ (plʌmp) *adj* grassoccio, paffuto.

plump² (plʌmp) *vi* cadere a piombo. **plump for** scegliere.

plunder ('plʌndə) *n* bottino, saccheggio *m. vt* rubare, saccheggiare.

plunge (plʌndʒ) *n* tuffo *m. vt* tuffare, immergere. *vi* 1 tuffarsi. 2 precipitare.

pluperfect (plu:'pə:fikt) *n* passato anteriore *m*.

plural ('pluərəl) *adj,n* plurale *m*.

plus (plʌs) *prep* più. *adj* in più.

plush (plʌʃ) *n* felpa *f. adj* lussuoso.

Pluto ('plu:tou) *n* Plutone *m*.

ply¹ (plai) *vt* 1 adoperare, usare. 2 applicare, manipolare.

ply² (plai) *n* spessore *m*. **plywood** *n* legno compensato *m*.

pneumatic (nju:'mætik) *adj* pneumatico. **pneumatic drill** *n* trapano pneumatico *m*.

pneumonia (nju:'mouniə) *n* polmonite *f*.

poach¹ (poutʃ) *vi* andare a caccia di frodo. **poacher** *n* cacciatore di frodo *m*. **poaching** *n* caccia di frodo *f*.

poach² (poutʃ) *vt* cuocere.
poached egg *n* uovo in camicia *m*.

pocket ('pɔkit) *n* tasca *f*. *vt* intascare, appropriarsi. **pocket-knife** *n* temperino *m*. **pocket-money** *n pl* soldi per le piccole spese *m pl*.

pod (pɔd) *n* baccello, guscio *m*.

poem ('pouim) *n* **1** poesia *f*. **2** (epic) poema *m*.

poet ('pouit) *n* poeta *m*. **poetic** *adj* poetico. **poetry** *n* poesia *f*.

poignant ('pɔinjənt) *adj* intenso, commovente. **poignancy** *n* acutezza, violenza *f*.

point (pɔint) *n* **1** punto *m*. **2** (of a pencil, etc.) punta *f*. **be on the point of** stare per. **to the point** a proposito. *~vt* appuntare, puntare. **point out** additare, mostrare. **point-blank** *adj* diretto. *adv* a bruciapelo. **pointed** *adj* appuntato, acuto. **pointless** *adj* inutile.

poise (pɔiz) *n* **1** equilibrio *m*. **2** portamento *m*. *vt* equilibrare, bilanciare. *vi* equilibrarsi.

poison ('pɔizən) *n* veleno *m*. *vt* avvelenare, intossicare. **poisonous** *adj* velenoso.

poke (pouk) *vt* **1** colpire, dare una botta a. **2** (fire) attizzare. **poke fun at** deridere. *~n* spinta, puntata *f*. **poky** *adj* piccolo.

poker¹ ('poukə) *n* attizzatoio *m*.

poker² ('poukə) *n game* poker *m*.

Poland ('poulənd) *n* Polonia *f*. **Pole** *n* polacco *m*.

polar ('poulə) *adj* polare. **po-**

lar bear *n* orso bianco *m*. **polarization** *n* polarizzazione *f*. **polarize** *vt* polarizzare.

pole¹ (poul) *n* palo, polo *m*. **pole-vault** *vi* saltare all'asta.

pole² (poul) *n geog* polo *m*. **Pole Star** *n* stella polare *f*.

polemic (pə'lemik) *n* polemica *f*. *adj* polemico.

police (pə'liːs) *n* polizia *f*. **policeman** *n* poliziotto, carabiniere, vigile urbano *m*. **police station** *n* questura *f*. posto di polizia *m*.

policy¹ ('pɔlisi) *n pol* politica, linea di condotta *f*. sistema *m*.

policy² ('pɔlisi) *n* (insurance) polizza *f*.

polish ('pɔliʃ) *n* **1** lucido *m*. crema, vernice *f*. **2** raffinatezza *f*. *vt* **1** lustrare, lucidare. **2** raffinare. **polishing** *n* verniciatura *f*.

Polish ('pouliʃ) *adj* polacco. **Polish** (language) *n* polacco *m*.

polite (pə'lait) *adj* cortese, gentile. **politeness** *n* cortesia, gentilezza *f*.

politics ('pɔlitiks) *n* politica *f*. **political** *adj* politico. **politician** *n* politico *m*.

polka ('pɔlkə) *n* polca *f*.

poll (poul) *n* elezione, votazione *f*. scrutinio *m*. *vt* ottenere. **polling booth** *n* cabina elettorale *f*.

pollen ('pɔlən) *n* polline *m*. **pollinate** *vt* pollinare.

pollute (pə'luːt) *vt* contaminare, corrompere. **pollution** *n* contaminazione, corruzione *f*. inquinamento *m*.

polyester (pɔli'estə) *n* poliestere *m*.

polygamy (pə'ligəmi) *n*

poligamia *f.* **polygamist** *n* poligamo *m.* **polygamous** *adj* poligamo.

polygon ('pɔligən) *n* poligono *m.* **polygonal** *adj* poligonale.

Polynesia (pɔli'ni:ziə) *n* Polinesia *f.* **Polynesian** *adj,n* polinesiano.

polystyrene (pɔli'stairi:n) *n* polistirene *m.*

polytechnic (pɔli'teknik) *adj,n* politecnico *m.*

polythene ('pɔliθi:n) *n* politene *m.*

polyunsaturated (pɔliʌn'sætʃəreitid) *adj* poliinsaturo.

pomegranate ('pɔmigrænət) *n* melagrana *f.*

pommel ('pʌməl) *n* pomo, pomolo *m. vt* battere, percuotere.

pomp (pɔmp) *n* pompa, ostentazione *f.* **pompous** *adj* pomposo, affettato.

pond (pɔnd) *n* stagno, laghetto *m.*

ponder ('pɔndə) *vt,vi* considerare, meditare.

pony ('pouni) *n* cavallino *m.*

poodle ('pu:dl) *n* cane barbone *m.*

pool [1] (pu:l) *n* (of water, etc.) stagno *m.* pozzanghera *f.*

pool [2] (pu:l) *n* **1** *comm* fondo comune *m.* **2** *pl* totocalcio *m. vt* mettere in comune.

poor (puə, pɔ:) *adj* **1** povero, indigente. **2** scarso, misero. **poorly** *adv* male. *adj* indisposto.

pop [1] (pɔp) *n* schiocco, scatto *m. vt,vi* schioccare, esplodere. **pop in** fare una breve visita. **pop out** uscire per un attimo. **popcorn** *n* pop-corn *m.*

chicchi di granoturco arrostiti *m pl.*

pop [2] (pɔp) *adj* popolare. **pop music** *n* musica pop *f.*

pope (poup) *n* Papa *m.*

poplar ('pɔplə) *n* pioppo *m.*

poppy ('pɔpi) *n* papavero *m.*

popular ('pɔpjulə) *adj* **1** popolare, alla moda. **2** ben voluto. **popularity** *n* popolarità, voga *f.*

populate ('pɔpjuleit) *vt* popolare. **population** *n* popolazione *f.*

porcelain ('pɔ:slin) *n* porcellana *f.*

porch (pɔ:tʃ) *n* portico, vestibolo, atrio *m.*

porcupine ('pɔ:kjupain) *n* porcospino *m.*

pore [1] (pɔ:) *vt* **pore over 1** studiare con diligenza. **2** meditare.

pore [2] (pɔ:) *n* poro *m.*

pork (pɔ:k) *n* carne di maiale *f.*

pornography (pɔ:'nɔgrəfi) *n* pornografia *f.* **pornographic** *adj* pornografico.

porous ('pɔ:rəs) *adj* poroso.

porpoise ('pɔ:pəs) *n* marsovino *m.*

porridge ('pɔridʒ) *n* pappa fatta con farina di avena *f.*

port [1] (pɔ:t) *n* (harbour) porto *m.*

port [2] (pɔ:t) *n naut* babordo *m.* sinistra *f.*

port [3] (pɔ:t) *n* (drink) vino di Oporto *m.*

portable ('pɔ:təbəl) *adj* portabile, portatile.

porter [1] ('pɔ:tə) *n* (of baggage) facchino, portabagagli *m.*

porter [2] ('pɔ:tə) *n* portinaio, portiere *m.*

portfolio (pɔːt'fouliou) n 1 cartella f. 2 pol portafoglio m.

porthole ('pɔːthoul) n bocca porto m.

portion ('pɔːʃən) n porzione, parte f.

portrait ('pɔːtrit) n ritratto m. **portrait painter** n ritrattista m.

portray (pɔː'trei) vt 1 fare il ritratto a, dipingere. 2 descrivere.

Portugal ('pɔːtjugəl) n Portogallo m. **Portuguese** adj,n portoghese. **Portuguese** (language) n portoghese m.

pose (pouz) vt proporre. vi atteggiarsi, posare. n posa f. atteggiamento m.

posh (pɔʃ) adj elegante.

position (pə'ziʃən) n 1 posizione, situazione f. 2 posto, impiego m. vt collocare.

positive ('pɔzitiv) adj positivo, sicuro, certo.

possess (pə'zes) vt possedere, avere. **possessed** adj possesso. **possession** n possesso, possedimento m. **possessive** adj possessivo. **possessor** n posseditore m.

possible ('pɔsəbəl) adj possibile. **possibly** adv forse, può darsi.

post[1] (poust) n palo, pilastro m. vt affiggere. **poster** n affisso, avviso m.

post[2] (poust) n (job) posto, impiego m.

post[3] (poust) n (mail) posta f. vt imbucare. **postal** adj postale. **postal order** n vaglia m invar. **postage** n affrancatura, tariffa postale f. **postbox** n cassetta postale f.

postcard n cartolina f.

postcode n codice postale m.

postman n postino m. **postmark** n timbro postale m.

post office n ufficio postale m.

posterior (pɔs'tiəriə) adj posteriore.

posterity (pɔs'teriti) n posterità f.

postgraduate (poust'grædjuət) adj di perfezionamento. n perfezionando m.

posthumous ('pɔstjuməs) adj postumo. **posthumously** adv dopo la morte.

post-mortem (poust'mɔːtəm) n autopsia f.

postpone (pəs'poun) vt posporre, rimandare, rinviare. **postponement** n rinvio m.

postscript ('pousskript) n poscritto m.

postulate ('pɔstjuleit) vt postulare, domandare.

posture ('pɔstʃə) n posizione f. atteggiamento m.

pot (pɔt) n 1 vaso m. 2 pentola f. vt piantare in vaso.

potassium (pə'tæsiəm) n potassio m.

potato (pə'teitou) n, pl -toes patata f.

potent ('poutnt) adj potente, forte. **potency** n potenza, forza f.

potential (pə'tenʃəl) adj,n potenziale m.

pothole ('pɔthoul) n 1 marmitta f. 2 (in a road) buca f.

potion ('pouʃən) n pozione, bevanda f.

potter ('pɔtə) vi gingillarsi.

pottery ('pɔtəri) n ceramica f. stoviglie f pl.

pouch (paut∫) *n* borsa *f.* sacchetto *m.*

poultice ('poultis) *n* cataplasma *m.*

poultry ('poultri) *n* pollame *m.*

pounce (pauns) *vi* piombare. **pounce upon** gettarsi addosso a. ~*n* spolvero *m.*

pound[1] (paund) *vt* polverizzare, battere.

pound[2] (paund) *n* **1** (weight) libbra *f.* **2** (currency) sterlina *f.*

pour (po:) *vt* versare, spargere. *vi* riversarsi.

pout (paut) *vi* fare il broncio. *n* broncio *m.*

poverty ('povəti) *n* miseria, povertà *f.* **poverty-stricken** *adj* miserabile, indigente.

powder ('paudə) *n* **1** polvere *f.* **2** (face) cipria *f.* *vt* **1** spolverizzare. **2** incipriare. **powder room** *n* toilette *f invar.* **powdery** *adj* polveroso.

power ('pauə) *n* **1** potere *m.* potenza *f.* **2** energia *f.* **3** potestà *f.* **4** possibilità *f.* **powerful** *adj* potente. **powerless** *adj* senza potere, impotente.

practicable ('præktikəbəl) *adj* praticabile.

practical ('præktikəl) *adj* pratico. **practically** *adv* quasi.

practice ('præktis) *n* **1** pratica *f.* esercizio *m.* **2** clientela *f.* **3** abitudine *f.* **out of practice** fuori esercizio. **practise** *vt* esercitare, praticare. *vi* esercitarsi. **practised** *adj* pratico, esperto. **practising** *adj* praticante.

practitioner (præk'ti∫ənə) *n* **1** professionista *m.* **2** medico *m.*

pragmatic (præg'mætik) *adj* prammatico.

prairie ('prɛəri) *n* prateria *f.*

praise (preiz) *n* lode *f.* elogio *m.* *vt* lodare, elogiare, vantare. **praiseworthy** *adj* lodevole.

pram (præm) *n* carrozzina *f.*

prance (pra:ns) *vi* **1** saltellare. **2** (of a horse) impennarsi.

prank (præŋk) *n* scherzo, tiro *m.* burla *f.*

prattle ('præt) *vi* chiacchierare, cianciare. *n* chiacchierio *m.*

prawn (pro:n) *n* palemone *m.*

pray (prei) *vt,vi* pregare. **prayer** *n* preghiera, supplica *f.* **prayerbook** *n* libro di preghiere *m.*

preach (pri:t∫) *vt,vi* predicare. **preacher** *n* predicatore *m.*

precarious (pri'kɛəriəs) *adj* precario, incerto.

precaution (pri'ko:∫ən) *n* precauzione *f.*

precede (pri'si:d) *vt* precedere. **precedence** *n* precedenza *f.* **precedent** *n* precedente *m.*

precinct ('pri:siŋkt) *n* **1** recinto *m.* **2** *pl* confini, limiti *m pl.*

precious ('pre∫əs) *adj* **1** prezioso. **2** ricercato.

precipice ('presipis) *n* precipizio *m.*

precipitate (prə'sipiteit) *vt* precipitare. *adj* affrettato, precipitato.

precis ('preisi) *n* sunto *m.*

precise (pri'sais) *adj* preciso, esatto, scrupoloso. **precision** *n* precisione, esattezza *f.*

precocious (pri'kou∫əs) *adj* precoce.

preconceive (pri:kən'si:v) *vt* formare un'opinione di in anticipo. **preconceived** *adj* preconcetto. **preconception** *n* preconcetto, pregiudizio *m.*

predatory ('predətəri) *adj*
predatorio, rapace.

predecessor (pri:diseə) *n*
predecessore *m*.

predestine (pri:'destin) *vt*
predestinare. **predestination**
n predestinazione *f*.

predicament (pri'dikəmənt) *n*
imbroglio *m*. situazione diffi-
cile *f*.

predicate (*n* 'predikit; *v*
'predikeit) *n* predicato *m*. *vt*
predicare.

predict (pri'dikt) *vt* predire.
prediction *n* predizione *f*.

predominate (pri'dəmineit) *vi*
predominare, prevalere. **pre-
dominance** *n* predominio *m*.
predominant *adj* predomi-
nante.

pre-eminent *adj* preminente.
pre-eminence *n* preminenza
f.

preen (pri:n) *vt* pulire. **preen
oneself** pavoneggiarsi.

prefabricate (pri'fæbrikeit) *vt*
prefabbricare. **prefab** *n* casa
prefabbricata *f*.

preface ('prefis) *n* prefazione *f*.
vt premettere, scrivere la
prefazione a.

prefect ('pri:fekt) *n* **1** prefetto
m. **2** *educ* capoclasse, prefetto
m.

prefer (pri'fə:) *vt* preferire.
preferable *adj* preferibile.
preference *n* preferenza *f*.
preferential *adj* preferenziale.

prefix ('pri:fiks) *n* prefisso *m*. *vt*
premettere.

pregnant ('pregnənt) *adj* **1** (of
a woman) incinta. **2** (of an
animal) gravida. **3** pregnante,
fecondo. **pregnancy** *n*
gravidanza *f*.

prehistoric (pri:his'tɔrik) *adj*
preistorico.

prejudice ('predʒədis) *n* pregi-
udizio *m*. *vt* pregiudicare,
compromettere. **prejudiced**
adj prevenuto.

preliminary (pri'liminəri) *adj,n*
preliminare *m*.

prelude ('prelju:d) *n* preludio
m. *vt,vi* preludere, preann-
nunziare.

premarital (pri:'mæritl) *adj*
prematrimoniale.

premature ('premətʃə) *adj*
prematuro, precoce.

premeditate (pri:'mediteit) *vt*
premeditare. **premeditation**
n premeditazione *f*.

premier ('premiə) *adj* primo. *n*
primo ministro *m*.

premiere ('premieə) *n* *Th*
prima *f*.

premise ('premis) *n* **1** premessa
f. **2** *pl* locali *m pl*.

premium ('pri:miəm) *n*
premio, aggio *m*. **premium
bond** *n* titoli dello stato *m pl*.

preoccupied (pri:'ɔkjupaid)
adj preoccupato.

prepare (pri'peə) *vt* **1**
preparare. **2** apparecchiare. *vi*
prepararsi. **be prepared to**
essere pronto a. **preparation**
n preparazione *f*. preparativo
m. **preparatory** *adj* pre-
paratorio.

preposition (prepə'ziʃən) *n*
preposizione *f*.

preposterous (pri'pɔstərəs)
adj assurdo.

prerogative (pri'rɔgətiv) *n*
prerogativa *f*. privilegio *m*.

Presbyterian (prezbi'tiəriən)
adj,n presbiteriano.

prescribe (pri'skraib) *vt,vi* **1**

prescrivere. **2** *med* ordinare.
prescription *n* ricetta medica
f.

presence ('prezns) *n* **1**
presenza *f*. **2** aspetto *m*.
present[1] ('prezənt) *adj* attuale,
presente. *n* presente *m*. **at
present** adesso. **for the present** per il momento. **present participle** *n* participio
presente *m*. **presently** *adv*
fra poco.
present[2] (*v* pri'zent; *n*
'prezənt) *vt* **1** presentare. **2**
regalare a. **3** *Th* rappresentare.
n regalo *m*. **presentation** *n*
presentazione *f*.

preserve (pri'zə:v) *n* **1** conserva, marmellata *f*. **2** (for animals) riserva *f*. *vt* conservare,
preservare, salvare. **preservation** *n* **1** preservazione *f*. **2**
salvezza *f*.

preside (pri'zaid) *vi* presiedere.
president ('prezidənt) *n* presidente *m*. **presidential** *adj*
presidenziale.

press (pres) *vt* **1** premere,
comprimere, stringere. **2**
stirare. *n* **1** stampa *f*. **2** *tech*
torchio *m*. **3** calca *f*. **press
conference** *n* conferenza
stampa *f*. **press-stud** *n* automatico *m*. **press-up** *n* esercizio di ginnastica alzando il
corpo con le braccia *m*.
pressing *adj* urgente, incalzante.
pressure ('preʃə) *n* **1** pressione, costrizione *f*. **2** urgenza
f. **pressure cooker** *n* pentola a pressione *f*. **pressurize**
vt pressurizzare, costringere.
prestige (pres'ti:ʒ) *n* prestigio
m.

presume (pri'zju:m) *vt*
presumere, supporre. **presumption** *n* **1** presunzione,
supposizione *f*. **2** arroganza *f*.
presumptuous *adj* presuntuoso, arrogante.

pretend (pri'tend) *vt* fingere,
far finta di. *vi* pretendere.
pretence *n* pretesa, scusa *f*.
pretesto *m*. **pretension** *n*
pretesa *f*. **pretentious** *adj*
prentenzioso, arrogante.
pretentiousness *n* arroganza
f.

pretext ('pri:tekst) *n* pretesto
m. scusa *f*.

pretty ('priti) *adj* bellino, carino, grazioso. *adv* quasi, press'a
poco, piuttosto.

prevail (pri'veil) *vi* prevalere,
predominare. **prevalent** *adj*
prevalente.

prevent (pri'vent) *vt* impedire.
prevention *n* prevenzione *f*.
preventive *adj* preventivo.

preview ('pri:vju:) *n* anteprima
f.

previous ('pri:viəs) *adj*
precedente, anteriore. **previously** *adv* prima.

prey (prei) *n* preda *f*. *v* **prey
on** **1** predare. **2** consumare.

price (prais) *n* prezzo, costo *m*.
vt valutare, fissare il prezzo di.
price-list *n* listino dei prezzi
m.

prick (prik) *n* pungolo *m*. puntura *f*. *vt* pungere,
punzecchiare. **prick one's
ears** drizzare gli orecchi.
prickle *n* spina *f*. **prickly** *adj*
spinoso, pungente.

pride (praid) *n* orgoglio *m*.
superbia *f*. *v* **pride oneself
on** vantarsi di.

priest (priːst) *n* prete, sacerdote *m*. **priesthood** *n* sacerdozio *m*.

prim (prim) *adj* affettato, preciso.

primary ('praiməri) *adj* primario, elementare, fondamentale. **primary school** *n* scuola elementare *f*.

primate *n* **1** ('praimit) *rel* primate *m*. **2** ('praimeit) *pl* primati *m pl*.

prime (praim) *adj* primo, principale, fondamentale. *n* fiore, colmo *m*. *vt* **1** istruire. **2** caricare. **prime minister** *n* primo ministro *m*.

primitive ('primitiv) *adj* primitivo.

primrose ('primrouz) *n* primula *f*.

prince (prins) *n* principe *m*.

princess (prin'ses) *n* principessa *f*.

principal ('prinsəpəl) *adj* principale, primo. *n* capo, direttore, principale, padrone *m*.

principality (prinsi'pæliti) *n* principato *m*.

principle ('prinsəpəl) *n* principio *m*.

print (print) *n* **1** stampa, impressione *f*. **2** *phot* prova *f*. *vt* stampare, imprimere. **out of print** esaurito. **printer** *n* stampatore, tipografo *m*. **printing** *n* stampa, tiratura *f*. **printout** *n* stampato *m*.

prior ('praiə) *adj* antecedente, precedente. *adv* prima. **priority** *n* priorità *f*.

prise (praiz) *vt* far leva su. **prise open** forzare.

prism ('prizəm) *n* prisma *m*.

prison ('prizən) *n* prigione *f*. carcere *m*. **prisoner** *n* prigioniero, detenuto *m*.

private ('praivit) *adj* **1** privato, personale. **2** confidenziale. *n* soldato semplice *m*. **privacy** *n* solitudine, intimità *f*. **privatize** *vt* privatizzare.

privet ('privit) *n* ligustro *m*.

privilege ('privilidʒ) *n* privilegio *m*.

prize[1] (praiz) *n* premio *m*. **prizewinner** *n* premiato, vincitore *m*.

prize[2] (praiz) *vt* valutare, apprezzare.

probable ('prɔbəbəl) *adj* probabile. **probability** *n* probabilità *f*. **probably** *adv* probabilmente.

probation (prə'beiʃən) *n* probazione, prova *f*. **on probation** in prova. **probation officer** *n* ufficiale sorvegliante *m*. **probationary** *adj* probatorio.

probe (proub) *vt* **1** sondare. **2** esaminare a fondo. *n* sonda *f*.

problem ('prɔbləm) *n* problema *m*.

proceed (prə'siːd) *vi* **1** procedere, continuare. **2** derivare. **procedure** *n* procedura *f*. procedimento *m*. **proceeding** *n* **1** azione *f*. procedimento *m*. **2** *pl* atti *m pl*. **proceeds** *n pl* profitti *m pl*.

process ('prouses) *n* processo, corso *m*. *vt* processare, preparare.

procession (prə'seʃən) *n* processione *f*. corteo *m*.

proclaim (prə'kleim) *vt* proclamare, dichiarare. **proc-**

lamation n proclamazione, dichiarazione f.

procreate ('proukrieit) vt procreare. **procreation** n procreazione f.

procure (prə'kjuə) vt procurare.

prod (prɔd) vt stimolare, pungere. n pungolo m.

prodigy ('prɔdidʒi) n prodigio, miracolo m.

produce (v prə'djuːs; n 'prɔdjuːs) vt 1 produrre, fabbricare. 2 Th mettere in scena. n prodotto m. **producer** n 1 produttore m. 2 Th direttore m. **product** n prodotto, frutto m. **production** n 1 produzione f. 2 Th messa in scena f.

productive adj produttivo, fertile. **productivity** n produttività f.

profane (prə'fein) adj profano. vt profanare.

profess (prə'fes) vt,vi professare, dichiarare. **profession** n professione f. mestiere m. **professional** adj professionale. n professionista m. **professor** n professore universitario m. **professorship** n cattedra f.

proficient (prə'fiʃənt) adj esperto, bravo. **proficiency** n abilità f.

profile ('proufail) n profilo m.

profit ('prɔfit) n 1 profitto, guadagno m. 2 utile, vantaggio m. vi approfittare, trarre vantaggio. **profitable** adj utile, vantaggioso.

profound (prə'faund) adj profondo, intenso.

profuse (prə'fjuːs) adj profuso,

prodigo. **profusion** n profusione, prodigalità f.

programme ('prougræm) n programma m. **program** (in computers) n programma m. vt programmare.

progress (n 'prougres; v prə 'gres) n 1 progresso, corso, avanzamento m. vi progredire, procedere, avanzare. **progression** n progresso m. **progressive** adj progressivo.

prohibit (prə'hibit) vt proibire, vietare, interdire. **prohibition** n proibizione f. **prohibitive** adj proibitivo.

project (n 'prɔdʒekt; v prə 'dʒekt) n progetto, disegno, piano m. vt 1 progettare. 2 proiettare. vi sporgere. **projectile** n proiettile m. **projection** n prominenza, sporgenza f. **projector** n 1 progettista m. 2 phot proiettore m.

proletariat (prouli'teəriət) n proletariato m. **proletarian** adj,n proletario.

proliferate (prə'lifəreit) vi prolificare.

prolific (prə'lifik) adj prolifico, fecondo.

prologue ('proulɔg) n prologo m.

prolong (prə'lɔŋ) vt prolungare, tirare in lungo.

promenade (prɔmə'nɑːd) n 1 passeggiata f. 2 lungomare m.

prominent ('prɔminənt) adj 1 prominente. 2 eminente, importante. 3 notevole. **prominence** n prominenza, eminenza, importanza f.

promiscuous (prə'miskjuəs) adj promiscuo. **promiscuity** n promiscuità f.

promise ('promis) n promessa f. vt,vi promettere.

promote (prə'mout) vt promuovere, favorire. **promotion** n 1 promozione f. 2 comm lancio m.

prompt (prompt) adj pronto, rapido. vt 1 stimolare, ispirare. 2 Th suggerire. **prompter** n suggeritore m. **prompting** n stimolo m. suggestione f. **promptness** n prontezza f.

prone (proun) adj incline, disposto, prono.

prong (proŋ) n rebbio m. punta f.

pronoun ('prounaun) n pronome m.

pronounce (prə'nauns) vt pronunciare, dire, dichiarare. **pronunciation** n pronuncia f.

proof (pru:f) n 1 prova f. 2 (of drink) grado m. vt rendere impermeabile. **proofreader** n correttore di bozze m.

prop[1] (prop) vt puntellare, sostenere. n appoggio, puntello, sostegno m.

prop[2] (prop) n Th oggetto teatrale m.

propaganda (propə'gændə) n propaganda f.

propagate ('propəgeit) vt propagare, spargere.

propel (prə'pel) vt spingere avanti, avviare. **propeller** n elica f.

proper ('propə) adj 1 proprio. 2 particolare. 3 adatto. 4 esatto, giusto, corretto. **proper noun** n nome proprio m. **properly** adv bene, giustamente.

property ('propəti) n proprietà f. possesso m. beni m pl.

prophecy ('profisi) n profezia f.

prophesy ('profisi) vt,vi profetizzare, predire.

prophet ('profit) n profeta m. **prophetic** adj profetico.

proportion (prə'pɔ:ʃən) n proporzione, parte f. **out of proportion** fuori di misura.

propose (prə'pouz) vt 1 proporre, suggerire. 2 (a toast, etc.) fare. vi fare una proposta di matrimonio. **proposal** n proposta, offerta f. **proposition** n proposizione, proposta f. progetto m.

proprietor (prə'praiətə) n proprietario m.

propriety (prə'praiəti) n proprietà, convenienza f.

propulsion (prə'pʌlʃən) n propulsione f.

prose (prouz) n prosa f.

prosecute ('prosikju:t) vt processare. **prosecution** n processo m. **prosecutor** n accusatore m.

prospect ('prospekt) n 1 prospetto m. vista f. 2 prospettiva f. 3 speranza f. vi esplorare, fare ricerche. **prospective** adj prospettivo, aspettato, futuro. **prospectus** n prospetto, programma, manifesto m.

prosper ('prospə) vi prosperare, riuscire. **prosperity** n prosperità f. **prosperous** adj prospero, felice, fortunato.

prostitute ('prostitju:t) n prostituta, puttana f. vt prostituire. **prostitution** n prostituzione f.

prostrate (v pros'treit; adj 'prostreit) vt 1 prostrare. 2 abbatere. adj prostrato, abbatuto.

protagonist (prə'tægənist) *n* protagonista *m*.

protect (prə'tekt) *vt* proteggere, difendere. **protection** *n* protezione *f*. **protective** *adj* protettivo. **protectorate** *n* protettorato *m*.

protégé ('prɔtiʒei) *n* protetto *m*.

protein ('proutiːn) *n* proteina *f*.

protest (*n* 'proutest; *v* prə'test) *n* protesta *f*. **under protest** protestando. ~*vt,vi* protestare.

Protestant ('prɔtistənt) *adj,n* protestante.

protocol ('proutəkɔl) *n* protocollo *m*.

proton ('proutɔn) *n* protone *m*.

prototype ('proutətaip) *n* prototipo *m*.

protrude (prə'truːd) *vt,vi* sporgere.

proud (praud) *adj* fiero, orgoglioso, superbo, arrogante.

prove (pruːv) *vt* provare, dimostrare. *vi* mostrarsi.

proverb ('prɔvəːb) *n* proverbio *m*. **proverbial** *adj* proverbiale.

provide (prə'vaid) *vt* provvedere, procurare, fornire. **provided** *conj* purché. **provision** *n* **1** provvedimento *m*. **2** provviste *f pl*. **provisional** *adj* provvisorio.

province ('prɔvins) *n* **1** provincia *f*. **2** competenza *f*. **provincial** *adj,n* provinciale.

proviso (prə'vaizou) *n* stipulazione *f*.

provoke (prə'vouk) *vt* provocare, irritare. **provocation** *n* provocazione *f*. **provocative** *adj* provocativo, provocatore.

prow (prau) *n* prua *f*.

prowess ('prauis) *n* bravura, prodezza *f*. valore *m*.

prowl (praul) *vi* vagare, gironzolare, vagolare. **prowler** *n* girellone, predone *m*.

proximity (prɔk'simiti) *n* prossimità, vicinanza *f*.

prude (pruːd) *n* persona di modestia affettata *f*.

prudent ('pruːdṇt) *adj* prudente, cauto, giudizioso. **prudence** *n* prudenza *f*.

prune [1] (pruːn) *n* prugna secca *f*.

prune [2] (pruːn) *vt* potare, troncare. **pruning** *n* potatura *f*.

pry (prai) *vi* rovistare, ficcare il naso.

psalm (sɑːm) *n* salmo *m*.

pseudonym ('sjuːdənim) *n* pseudonimo *m*.

psychedelic (saiki'delik) *adj* psicodelico.

psychiatry (sai'kaiətri) *n* psichiatria *f*. **psychiatric** *adj* psichiatrico. **psychiatrist** *n* psichiatra *m*.

psychic ('saikik) *adj* psichico.

psychoanalysis (saikouə'nælisis) *n* psicoanalisi *f*. **psychoanalyst** *n* psicoanalista *m*.

psychology (sai'kɔlədʒi) *n* psicologia *f*. **psychological** *adj* psicologico. **psychologist** *n* psicologo *m*.

psychopath ('saikəpæθ) *n* psicopatico *m* **psychopathic** *adj* psicopatico.

psychosomatic (saikousə'mætik) *adj* psicosomatico.

pub (pʌb) *n* bar *m invar*. osteria, birreria *f*.

puberty ('pjuːbəti) *n* pubertà *f*.

public ('pʌblik) *adj,n* pubblico *m*. **publican** *n* proprietario del bar m. **public holiday** n giorno di festa m. **public house** n bar m invar. osteria, birreria f. **public relations** n servizio di stampa e propaganda m. **public school** n scuola privata f.

publication (pʌbliˈkeiʃən) n pubblicazione f.

publicity (pʌbˈlisiti) n pubblicità f.

publicize ('pʌblisaiz) vt pubblicare.

publish ('pʌbliʃ) vt pubblicare, promulgare. **publisher** n 1 editore m. 2 casa editrice f. **publishing** n pubblicazione f.

pucker ('pʌkə) vt raggrinzare, increspare, corrugare. vi raggrinzarsi, incresparsi. n grinza, crespa, riga f.

pudding ('pudiŋ) n budino, dolce m.

puddle ('pʌdl) n pozzanghera f.

puff (pʌf) n 1 sbuffo, soffio m. 2 piumino m. vt,vi soffiare, sbuffare. **puff pastry** n pasta sfoglia f.

pull (pul) n 1 tirata f. strappo, sforzo m. 2 sl influenza f. vt,vi 1 tirare, trascinare. 2 trarre, strappare. **pull down** demolire. **pull up** fermarsi. **pullover** n pullover m invar. maglione m.

pulley ('puli) n puleggia f.

pulp (pʌlp) n polpa f. vt ridurre in polpa.

pulpit ('pʌlpit) n pulpito m.

pulsate (pʌl'seit) vi pulsare, battere, palpitare.

pulse (pʌls) n polso m.

pulverize ('pʌlvəraiz) vt polverizzare.

pump (pʌmp) n pompa f. vt 1 pompare. 2 ottenere informazione da. **pump up** gonfiare.

pumpkin ('pʌmpkin) n zucca f.

pun (pʌn) n gioco di parole m.

punch[1] (pʌntʃ) n pugno m. vt dare pugni a.

punch[2] (pʌntʃ) n (tool) strumento per perforare. vt perforare.

punch[3] (pʌntʃ) n cul ponce m.

punctual ('pʌŋktʃuəl) adj puntuale. **punctuality** n puntualità f.

punctuate ('pʌŋktʃueit) vt punteggiare. **punctuation** n punteggiatura, puntuazione f.

puncture ('pʌŋktʃə) n 1 mot bucatura f. 2 med puntura f. vt forare, bucare.

pungent ('pʌndʒənt) adj acre, pungente, aspro.

punish ('pʌniʃ) vt punire, castigare. **punishment** n punizione, pena f. castigo m.

punt[1] (pʌnt) n naut chiatta f. vt spingere.

punt[2] (pʌnt) vi game scommettere.

pupil[1] ('pju:pəl) n scolaro, alunno m.

pupil[2] ('pju:pəl) n anat pupilla f.

puppet ('pʌpit) n marionetta f. burattino m.

puppy ('pʌpi) n cagnolino m.

purchase ('pə:tʃis) vt comprare, acquistare. n compera f. acquisto m. **purchaser** n compratore m.

pure (pjuə) adj puro, chiaro. **purity** n purità, purezza f.

purgatory ('pə:gətri) n purgatorio m.

purge (pə:dʒ) n 1 purga f. purgante m. 2 pol epurazione f. vt

1 purgare, purificare. **2** *pol* epurare.

purify ('pjuərifai) *vt* purificare. **purification** *n* purificazione *f*.

Puritan ('pjuəritən) *n* puritano *m*. **puritanical** *adj* puritano.

purl (pəːl) *vt,vi* smerlare.

purple ('pəːpəl) *n* porpora *f*. *adj* purpureo, violaceo.

purpose ('pəːpəs) *n* proposito, scopo, fine *m*. intenzione *f*. **on purpose** apposta.

purr (pəː) *vi* fare le fusa. *n* fusa *f*.

purse (pəːs) *n* borsellino *m*.

pursue (pə'sjuː) *vt* **1** perseguire, incalzare. **2** cercare. **pursuer** *n* inseguitore *m*. **pursuit** *n* **1** inseguimento *m*. **2** ricerca *f*.

pus (pʌs) *n* pus *m*. marcia *f*.

push (puʃ) *vt* spingere, urtare, premere. **push on** avanzarsi. **push through** sbrigare. ~*n* spinta *f*. urto, impulso *m*. **pushchair** *n* carrozzino *m*.

pussy ('pusi) *n inf* micio *m*.

put* (put) *vt* **1** mettere, porre. **2** collocare, presentare. **put off 1** rinviare. **2** dissuadere. **put on** indossare. **put up** aumentare. **put up with** sopportare.

putrid ('pjuːtrid) *adj* putrido, marcio, putrefatto.

putty ('pʌti) *n* stucco *m*.

puzzle ('pʌzəl) *n* enigma, indovinello *m*. *vt* confondere, sbalordire. **puzzled** *adj* perplesso.

PVC *n* PVC *m*.

Pygmy ('pigmi) *adj,n* pigmeo.

pyjamas (pə'dʒaːməz) *n pl* pigiama *m*.

pylon ('pailən) *n* pilone *m*.

pyramid ('pirəmid) *n* piramide *f*.

Pyrex ('paireks) *n Tdmk* pirofila *f*.

python ('paiθən) *n* pitone *m*.

Q

quack[1] (kwæk) *n* gracidio *m*. *vi* gracidiare.

quack[2] (kwæk) *n* ciarlatano *m*.

quadrangle ('kwɔdræŋgəl) *n* quadrangolo *m*.

quadrant ('kwɔdrənt) *n* quadrante *m*.

quadrilateral (kwɔdri'lætərəl) *adj,n* quadrilatero *m*.

quadruped ('kwɔdruped) *adj,n* quadrupede *m*.

quadruple ('kwɔdrupəl) *adj,n* quadruplo *m*. *vt* quadruplare. **quadruplet** *n* uno di quattri nati in un solo parto *m*.

quail[1] (kweil) *n* quaglia *f*.

quail[2] (kweil) *vi* tremare, avere paura.

quaint (kweint) *adj* **1** strano. **2** pittoresco.

quake (kweik) *vi* tremolare.

Quaker ('kweikə) *n* quacchero *m*.

qualify ('kwɔlifai) *vt* **1** qualificare, abilitare. **2** moderare, mitigare. *vi* abilitarsi. **qualification** *n* **1** titolo *m*. qualifica *f*. **2** condizione, riserva *f*. **qualified** *adj* qualificato, competente.

quality ('kwɔliti) *n* qualità *f*.

qualm (kwaːm) *n* **1** scrupolo *m*. **2** nausea *f*. malessere *m*.

quandary ('kwɔndəri) *n* impaccio *m*. situazione difficile *f*.

quantify ('kwɔntifai) *vt* quantificare.

quantity ('kwɒntiti) *n* quantità *f*.

quarantine ('kwɒrəntiːn) *n* quarentena *f*.

quarrel ('kwɒrəl) *n* disputa, lite, contesa *f*. *vi* litigare, disputare. **quarrelsome** *adj* litigioso.

quarry[1] ('kwɒri) *n* cava, pietraia *f*. *vt* scavare.

quarry[2] ('kwɒri) *n* (prey) preda *f*.

quart (kwɔːt) *n* quarto di un gallone *m*.

quarter ('kwɔːtə) *n* 1 quarto *m*. 2 trimestre *m*. 3 quartiere *m*. località *f*. 4 *pl mil* quartieri *m pl*. **at close quarters** da vicino. ~*vt* dividere in quarti. **quarterly** *adj* trimestrale. **quarterdeck** *n* cassero *m*. **quartermaster** *n* commissario *m*.

quartet (kwɔː'tet) *n* quartetto *m*.

quartz (kwɔːts) *n* quarzo *m*.

quash[1] (kwɒʃ) *vt* schiacciare.

quash[2] (kwɒʃ) *vt law* annullare, invalidare.

quaver ('kweivə) *n mus* croma *f*. *vi* tremolare, vibrare.

quay (kiː) *n* banchina *f*. molo *m*.

queasy ('kwiːzi) *adj* 1 nauseante. 2 delicato. **feel queasy** sentire la nausea.

queen (kwiːn) *n* 1 regina *f*. 2 *game* donna *f*. **beauty queen** reginetta *f*.

queer (kwiə) *adj* strano, bizzarro, curioso. *n sl* finocchio *m*.

quell (kwel) *vt* reprimere, domare, soffocare.

quench (kwentʃ) *vt* spegnere,

estinguere. **quench one's thirst** dissetarsi.

query ('kwiəri) *n* domanda, questione *f*. *vt* 1 domandare. 2 mettere in dubbio.

quest (kwest) *n* ricerca *f*. **in quest of** in cerca di.

question ('kwestʃən) *n* 1 domanda, questione *f*. 2 dubbio *m*. 3 soggetto *m*. **ask a question** fare una domanda. **out of the question** impossibile. ~*vt* 1 interrogare. 2 mettere in dubbio. **question mark** *n* punto interrogativo *m*. **questionable** *adj* discutibile. **questionnaire** *n* questionario *m*.

queue (kjuː) *n* coda, fila *f*. *vi* far coda.

quibble ('kwibəl) *vi* cavillare, equivocare. *n* cavillo *m*. scappatoia *f*.

quick (kwik) *adj* 1 presto, rapido. 2 svelto, vivace. 3 intelligente. *adv* presto, subito. *n* vivo *m*. **quicken** *vt* affrettare. **quickness** *n* prontezza, rapidità *f*. **quicksand** *n* sabbia mobile *f*. **quicksilver** *n* mercurio, argento vivo *m*. **quickstep** *n* quickstep *m*. **quicktempered** *adj* irascibile. **quick-witted** *adj* acuto.

quid (kwid) *n sl* sterlina *f*.

quiet[1] ('kwaiət) *n* quiete, tranquillità *f*. silenzio *m*.

quiet[2] ('kwaiət) *adj* 1 quieto, tranquillo, placido. 2 modesto. **be quiet!** sta zitto! **on the quiet** quatto quatto. ~*vt* acquietare. *vi* acquietarsi. **quieten** *vt* calmare, quietare, pacificare. *vi* calmarsi.

quill (kwil) *n* **1** penna *f*. **2** (of a porcupine) spina *f*.

quilt (kwilt) *n* piumino *m*. *vt* trapuntare.

quinine (kwi'ni:n) *n* chinino *m*.

quintessence (kwin'tesəns) *n* quintessenza *f*.

quintet (kwin'tet) *n* quintetto *m*.

quirk (kwə:k) *n* vezzo, frizzo *m*.

quit* (kwit) *vt* lasciare, abbandonare. *vi* partire. **be quits** essere pari. **notice to quit** *n* disdetta *f*.

quite (kwait) *adv* tutto, affatto, proprio, completamente.

quiver¹ ('kwivə) *vi* tremare, vacillare. *n* brivido, tremito *m*.

quiver² ('kwivə) *n sport* faretra *f*.

quiz (kwiz) *n, pl* **quizzes** questionario *m*. **quiz** *m invar*. *vt* fare delle domande a.

quizzical ('kwizikəl) *adj* curioso.

quoit (kɔit) *n* anello (di ferro, etc.) *m*.

quota ('kwoutə) *n* quota, rata *f*.

quote (kwout) *vt* **1** citare. **2** *comm* quotare. **quotation** *n* **1** citazione *f*. brano *m*. **2** *comm* quotazione *f*. **quotation marks** *n pl* virgolette *f pl*.

R

rabbi ('ræbai) *n* rabbino *m*.

rabbit ('ræbit) *n* coniglio *m*.

rabble ('ræbəl) *n* plebaglia *f*.

rabies ('reibi:z) *n* idrofobia, rabbia *f*. **rabid** *adj* **1** fanatico. **2** furioso. **3** *med* rabbioso, idrofobo.

race¹ (reis) *n* (competition) corsa, gara *f*. *vt* far correre in una corsa. *vi* correre. **race-**

course *n* campo di corse *m*. pista *f*. **racehorse** *n* cavallo da corsa *m*.

race² (reis) *n* (people) razza, stirpe *f*. **race relations** *n pl* relazioni razziali *f pl*. **racial** *adj* razziale, di razza. **racist** *adj* razzista.

rack (ræk) *n* **1** rastrelliera *f*. **2** (for plates) scolapiatti *m*. **3** (for luggage, etc.) rete *f*. *vt* tormentare. **rack one's brains** stillarsi il cervello.

racket¹ ('rækit) *n* chiasso, rumore, fracasso *m*.

racket² ('rækit) *n sport* racchetta *f*.

radar ('reidɑ:) *n* radar *m invar*.

radial ('reidiəl) *adj* radiale.

radiant ('reidiənt) *adj* raggiante, irradiato, brillante. **radiance** *n* splendore *m*.

radiate ('reidieit) *vt* raggiare, diffondere, irradiare. **radiation** *n* irradiazione *f*. **radiator** *n* **1** termosifone *m*. **2** *mot* radiatore *m*.

radical ('rædikəl) *adj,n* radicale *m*.

radio ('reidiou) *n* radio *f invar*.

radioactive (reidiou'æktiv) *adj* radioattivo. **radioactivity** *n* radioattività *f*.

radish ('rædiʃ) *n* ravanello *m*.

radium ('reidiəm) *n* radio *m*.

radius ('reidiəs) *n, pl* **-dii** *or* **-diuses** raggio *m*.

raffia ('ræfiə) *n* rafia *f*.

raffle ('ræfəl) *n* lotteria privata *f*. *vt* vendere per mezzo di una lotteria.

raft (rɑ:ft) *n* zattera, chiatta *f*.

rafter ('rɑ:ftə) *n* trave *f*.

rag¹ (ræg) *n* straccio, cencio *m*.

ragged *adj* **1** cencioso, stracciato. **2** aspro, ruvido.

rag² (ræg) *vt* prendere in giro.

rage (reidʒ) *n* **1** collera, furia *f*. **2** mania, passione *f*. **all the rage** di moda. ~*vi* infuriare.

raid (reid) *n* scorreria, incursione *f*. *vt* invadere, fare un'incursione in.

rail (reil) *n* **1** sbarra *f*. **2** (of banisters, etc.) ringhiera *f*. **3** (railway) rotaia *f*. **railing** *n* cancellata *f*. **railway** *n* ferrovia *f*. **railway line** *n* binario *m*.

rain (rein) *n* pioggia *f*. *v imp* piovere. **rainbow** *n* arcobaleno *m*. **raindrop** *n* goccia di pioggia *f*. **rainfall** *n* caduta di pioggia *f*.

raise (reiz) *vt* **1** alzare. **2** sollevare. **3** allevare. **4** innalzare, aumentare.

raisin ('reizən) *n* uva secca *f*.

rajah ('rɑːdʒə) *n* ragià *f*.

rake (reik) *n* rastrello *m*. *vt* rastrellare, raccogliere.

rally ('ræli) *n* **1** ripresa *f*. **2** riunione *f*. **3** *mot* rally *m*. *vt* raccogliere, riunire. *vi* rimettersi.

ram (ræm) *n* montone *m*. *vt* **1** ficcare. **2** *naut* speronare.

ramble ('ræmbəl) *n* passeggiata *f*. giro *m*. *vi* **1** vagare. **2** divagare.

ramp (ræmp) *n* rampa, salita *f*.

rampage ('ræmpeidʒ) *n* furia, condotta violenta *f*. *vi* smaniare, scalmanarsi.

rampant ('ræmpənt) *adj* **1** predominante. **2** violento.

rampart ('ræmpɑːt) *n* bastione *m*. difesa *f*.

ramshackle ('ræmˌʃækəl) *adj* sgangherato, rovinato.

ran (ræn) *v* see **run**.

ranch (rɑːntʃ) *n* podere *m*. fattoria *f*.

rancid ('rænsid) *adj* rancido.

rancour ('ræŋkə) *n* rancore, risentimento *m*. acrimonia *f*.

random ('rændəm) *adj* casuale, a caso. **at random** a casaccio.

rang (ræŋ) *v* see **ring**.

range (reindʒ) *n* **1** serie, portata *f*. **2** *sport* campo di tiro *m*. **3** *geog* catena *f*. *vt* ordinare, collocare. *vi* stendersi.

rank¹ (ræŋk) *n* **1** fila *f*. **2** classe, condizione *f*. **3** rango, grado *m*. **rank and file** *n* gregari *m pl*. ~*vt* **1** classificare. **2** ordinare. *vi* prendere posto.

rank² (ræŋk) *adj* rancido, schifoso, turpe.

rankle ('ræŋkəl) *vi* bruciare.

ransack ('rænsæk) *vt* frugare, saccheggiare.

ransom ('rænsəm) *n* riscatto *m*. *vt* riscattare.

rap (ræp) *n* colpo, colpetto *m*. picchiata *f*. *vt* battere, colpire, picchiare.

rape (reip) *n* violenza carnale *f*. *vt* violare.

rapid ('ræpid) *adj* rapido, veloce. *n* rapida *f*. **rapidity** *n* velocità, rapidità *f*.

rapier ('reipiə) *n* spada *f*.

rapture ('ræptʃə) *n* entusiasmo *m*. estasi *f*.

rare¹ (reə) *adj* **1** raro, scarso. **2** insolito. **3** prezioso. **rarity** *n* rarità *f*.

rare² (reə) *adj cul* poco cotto.

rascal ('rɑːskəl) *n* furfante, briccone *m*.

rash¹ (ræʃ) *adj* precipitoso, inconsiderato, avventato. **rashness** *n* imprudenza *f*.

rash² (ræʃ) n med eruzione f.

rasher ('ræʃə) n fetta di prosciutto f.

raspberry ('rɑːzbri) n lampone m. **raspberry cane** n lampone m.

rat (ræt) n ratto m.

rate (reit) n **1** prezzo m. tariffa f. **2** imposta f. **3** velocità f. **4** comm tasso m. **at any rate** comunque. ~vt **1** valutare. **2** stimare, considerare. **rate payer** n contribuente m.

rather ('rɑːðə) adv piuttosto, alquanto, abbastanza. interj certo!

ratio ('reiʃiou) n ragione, proporzione f.

ration ('ræʃən) n **1** razione f. **2** pl viveri m pl. vt razionare. **rationing** n razionamento m.

rational ('ræʃənəl) adj ragionevole, razionale. **rationalism** n razionalismo m. **rationalization** n razionalizzazione f. **rationalize** vt razionalizzare.

rattle ('rætl) n **1** (toy) sonaglio m. **2** rumore, fracasso, tintinnio m. vt risuonare. vi far rumore.

raucous ('rɔːkəs) adj rauco, aspro.

ravage ('rævidʒ) vt devastare, rovinare. **ravages** n pl danni m pl. devastazione f.

rave (reiv) vi delirare. **rave about** andare pazzo per.

raven ('reivən) n corvo m. adj corvino. **ravenous** adj affamato, vorace.

ravine (rə'viːn) n burrone m. gola f.

ravioli (rævi'ouli) n pl ravioli m pl.

ravish ('ræviʃ) vt **1** violare,

stuprare. **2** estasiare. **ravishing** adj incantevole.

raw (rɔː) adj **1** crudo. **2** greggio. **3** inesperto. **raw materials** n pl materie prime f pl.

ray (rei) n raggio m.

rayon ('reiɔn) n raion m.

razor ('reizə) n rasoio m. **razor blade** n lametta f.

reach (riːtʃ) vt **1** arrivare a, giungere, raggiungere. vi stendersi. n portata, capacità f. **out of/within reach** fuori/alla mano.

react (ri'ækt) vi reagire. **reaction** n reazione f. **reactionary** adj,n reazionario. **reactor** n reattore m.

read* (riːd) vt **1** leggere. **2** studiare. **reading** n lettura f.

readjust (riːə'dʒʌst) vt raggiustare. **readjustment** n raggiustamento m.

ready ('redi) adj **1** pronto, preparato. **2** disposto. **get ready** prepararsi. **ready-made** adj confezionato. **ready money** n contanti m pl. **readiness** n prontezza f.

real (riəl) adj **1** reale. **2** vero, genuino. **real estate** n beni immobili m pl. **realism** n realismo m. **realist** n realista m. **realistic** adj realistico. **reality** n realtà f. **really** adv proprio. interj davvero!

realize ('riəlaiz) vt **1** accorgersi di, rendersi conto di. **2** realizzare. **realization** n realizzazione f.

realm (relm) n regno, dominio m.

reap (riːp) vt mietere, raccogliere.

reappear (riːə'piə) vi riapparire. **reappearance** *n* ricomparsa *f*.

rear[1] (riə) *n* parte posteriore *f*. dietro *m*. **in the rear** al di dietro. ~*adj* posteriore. **rear admiral** *n* contrammiraglio *m*. **rearguard** *n* retroguardia *f*.

rear[2] (riə) *vt* allevare, coltivare. *vi* impennarsi. **rearing** *n* allevamento *m*.

rearrange (riə'reindʒ) *vt* riordinare, riarrangiare. **rearrangement** *n* riordinamento *m*.

reason ('ri:zən) *n* ragione, causa *f*. motivo *m*. *vi* ragionare, discorrere. **reasonable** *adj* ragionevole, giusto. **reasoning** *n* ragionamento *m*.

reassure (ri:ə'ʃuə) *vt* rassicurare.

rebate ('ri:beit) *n* sconto *m*. riduzione, restituzione *f*.

rebel (*adj,n*, 'rebəl; *v* ri'bel) *adj,n* ribelle. *vi* ribellarsi. **rebellion** *n* ribellione, rivolta *f*. **rebellious** *adj* ribelle, disubbidiente.

rebound (*v* ri'baund; *n* 'ri:baund) *vi* rimbalzare. *n* **1** rimbalzo *m*. **2** reazione *f*.

rebuff (ri'bʌf) *n* rifiuto *m*. *vt* respingere, rifiutare.

rebuild (ri:'bild) *vt* ricostruire. **rebuilding** *n* ricostruzione *f*.

rebuke (ri'bju:k) *n* rimprovero, biasimo *m*. sgridata *f*. *vt* rimproverare, sgridare.

recall (ri'kɔ:l) *vt* richiamare, ricordare, rievocare.

recede (ri'si:d) *vi* recedere, ritirarsi.

receipt (ri'si:t) *n* ricevuta, quietanza *f*.

receive (ri'si:v) *vt* ricevere, ac-

cogliere. **receiver** *n* **1** (telephone) ricevitore *m* **2** destinatario *m*.

recent ('ri:sənt) *adj* recente, nuovo. **recently** *adv* di recente, in questi giorni.

receptacle (ri'septəkəl) *n* recipiente, ricettacolo *m*.

reception (ri'sepʃən) *n* **1** ricevimento *m*. accoglienza *f*. **2** *tech* ricezione *f*. **receptionist** *n* segretaria *f*. **receptive** *adj* recettivo.

recess (ri'ses) *n* **1** nicchia, alcova *f*. recesso *m*. **2** vacanze *f pl*.

recession (ri'seʃən) *n* recessione *f*.

recipe ('resipi) *n* ricetta *f*.

recipient (ri'sipiənt) *n* destinatario *m*. *adj* ricevente, ricettivo.

reciprocate (ri'siprəkeit) *vt* contraccambiare, reciprocare. **reciprocity** *n* reciprocità *f*. **reciprocal** *adj* reciproco.

recite (ri'sait) *vt* recitare, narrare, raccontare. **recital** *n* **1** racconto *m*. narrazione *f*. **2** *mus* concerto *m*.

reckless ('rekləs) *adj* temerario, imprudente. **recklessness** *n* temerità, imprudenza *f*.

reckon ('rekən) *vt* **1** contare, computare. **2** giudicare. **reckoning** *n* conto, calcolo *m*.

reclaim (ri'kleim) *vt* **1** redimere. **2** (land) bonificare. **reclamation** *n* **1** redenzione *f*. **2** bonifica *f*.

recline (ri'klain) *vt* appoggiare, reclinare. *vi* appoggiarsi, sdraiarsi.

recluse (ri'klu:s) n recluso, eremita m.

recognize ('rekəgnaiz) vt riconoscere. **recognition** n riconoscimento m.

recoil (ri'kɔil) vi rinculare, indietreggiare. n rinculo, indietreggiamento m.

recollect (rekə'lekt) vt ricordarsi di. **recollection** n ricordo m. memoria f.

recommence (ri:kə'mens) vt,vi ricominciare.

recommend (rekə'mend) vt raccomandare. **recommendation** n raccomandazione f.

recompense ('rekɔmpens) n ricompensa, rimunerazione f. vt ricompensare, rimunerare.

reconcile ('rekənsail) vt riconciliare, comporre. **reconciliation** n riconciliazione f. **reconciliatory** adj riconciliatorio.

reconstruct (ri:kən'strʌkt) vt ricostruire. **reconstruction** n ricostruzione f.

record (v ri'kɔ:d; n 'rekɔ:d) vt registrare, notare. n **1** ricordo, registro m. **2** sport record, primato m. **3** mus disco m. **record player** n giradischi m.

recount (ri'kaunt) vt raccontare, narrare.

recover (ri'kʌvə) vt ricuperare, riprendere. vi rimettersi, guarire. **recovery** n **1** ricupero m. **2** med guarigione f.

recreation (rekri'eiʃən) n divertimento, passatempo m. ricreazione f.

recruit (ri'kru:t) n recluta f. vt reclutare. **recruitment** n reclutamento m.

rectangle ('rektæŋgəl) n ret-

tangolo m. **rectangular** adj rettangolare.

rectify ('rektifai) vt correggere, rettificare.

recuperate (ri'kju:pəreit) vt ricuperare. vi ricuperarsi, rimettersi. **recuperation** n ricupero m.

recur (ri'kə:) vi ricorrere, ritornare. **recurrence** n **1** ricorrenza f. **2** med ripresa f. **recurrent** adj ricorrente, periodico.

recycle (ri'saikəl) vt riciclare.

red (red) adj,n rosso m. **turn red** arrossire. **redcurrant** n ribes m. **red-handed** adj in flagrante. **reddish** adj rossastro.

redeem (ri'di:m) vt redimere, riscattare, salvare. **redeeming** adj compensatore. **redemption** n redenzione f.

redevelop (ri:di'veləp) vt ricostruire. **redevelopment** n ricostruzione f.

Red Indian n pellerossa m,f.

redress (ri'dres) n riparazione f. rimedio m. vt riparare, correggere.

reduce (ri'dju:s) vt ridurre, diminuire. **reduction** n riduzione, diminuzione f.

redundant (ri'dʌndənt) adj ridondante, superfluo. **redundancy** n ridondanza f.

reed (ri:d) n canna f.

reef (ri:f) n scoglio m. scogliera f.

reek (ri:k) n fumo, vapore, puzzo m. vi puzzare.

reel¹ (ri:l) n **1** aspo, rocchetto m. **2** phot rotolo m. vt aggomitolare.

reel² (ri:l) vi vacillare, girare.

re-establish (riːiˈstæbliʃ) *vt* ristabilire. **re-establishment** *n* ristabilimento *m*.

refectory (riˈfektəri) *n* refettorio *m*. mensa *f*.

refer (riˈfəː) *vt* **1** riferire, rimandare. **2** attribuire, ascrivere. *vi* **1** rivolgersi. **2** alludere. **referee** *n* arbitro *m*. *vt* arbitrare. **reference** *n* **1** riferimento *m*. allusione *f*. **2** referenza, raccomandazione *f*. **referendum** *n*, *pl* **-da** referendum *m*.

refill (*v* riːˈfil; *n* ˈriːfil) *vt* riempire, rifornire. *n* rifornimento *m*. refill *m* invar.

refine (riˈfain) *vt* raffinare, purificare. **refined** *adj* colto, elegante. **refinement** *n* raffinatezza, eleganza, sottigliezza *f*. **refinery** *n* raffineria *f*.

reflation (riˈfleiʃən) *n* inflazione controllata *f*.

reflect (riˈflekt) *vt* riflettere. *vi* riflettere, pensare, meditare. **reflection** *n* **1** riflessione *f*. **2** biasimo *m*. **reflective** *adj* riflessivo, pensieroso. **reflector** *n* riflettore *m*.

reflex (ˈriːfleks) *adj,n* riflesso *m*. **reflexive** *adj* riflessivo.

reform (riˈfɔːm) *n* riforma *f*. *vt* riformare, correggere. *vi* riformarsi, correggersi. **reformation** *n* riforma *f*. **reformer** *n* riformatore *m*.

refract (riˈfrækt) *vt* rifrangere.

refrain[1] (riˈfrein) *vi* frenarsi, trattenersi.

refrain[2] (riˈfrein) *n* ripresa *f*.

refresh (riˈfreʃ) *vt* rinfrescare, ristorare. **refreshments** *n pl* rinfreschi *m pl*.

refrigerate (riˈfridʒəreit) *vt* refrigerare. **refrigeration** *n* refrigerazione *f*. **refrigerator** *n* frigorifero *m*.

refuel (riːˈfjuːəl) *vt* rifornire di carburante. *vi* rifornirsi di carburante.

refuge (ˈrefjuːdʒ) *n* rifugio, asilo *m*. **take refuge** rifugiarsi. **refugee** *n* rifugiato, esule, profugo *m*.

refund (*v* riˈfʌnd; *n* ˈriːfʌnd) *vt* rimborsare, restituire. *n* rimborso *m*.

refuse[1] (riˈfjuːz) *vt* rifiutare, vietare. *vi* rifiutarsi. **refusal** *n* rifiuto *m*.

refuse[2] (ˈrefjuːs) *n* immondizie *f pl*. rifiuti *m pl*.

refute (riˈfjuːt) *vt* confutare, ribattere.

regain (riˈgein) *vt* riprendere, riacquistare, ricuperare.

regal (ˈriːgəl) *adj* regale, reale.

regard (riˈgɑːd) *n* **1** rispetto *m*. **2** sguardo *m*. **3** considerazione, stima *f*. **4** *pl* saluti *m pl*. **with regard to** quanto a. ~*vt* considerare, stimare. **regardless** *adj* senza riguardo. **regardless of** indifferente a.

regatta (riˈgɑːtə) *n* regata *f*.

regent (ˈriːdʒənt) *n* reggente *m*. **regency** *n* reggenza *f*.

regime (reiˈʒiːm) *n* regime *m*.

regiment (ˈredʒimənt) *n* reggimento *m*. *vt* reggimentare. **regimental** *adj* reggimentale. **regimentation** *n* reggimentazione *f*.

region (ˈriːdʒən) *n* regione *f*. **regional** *adj* regionale.

register (ˈredʒistə) *n* **1** registro *m*. **2** *pol* lista elettorale *f*. *vt* **1** registrare, indicare. **2** (post) raccomandare. *vi* iscriversi.

registrar n segretario m. **registration** n registrazione f.
registry office n ufficio dello stato civile m. anagrafe f.

regress (ri'gres) vi regredire.
regression n regressione f.
regressive adj regressivo.

regret (ri'gret) vt deplorare, rammaricarsi di. n dispiacere, rammarico, rincrescimento m.
regrettable adj spiacevole.

regular ('regjulə) adj regolare, normale, ordinato. **regular soldier** n soldato di professione m. **regularity** n regolarità f.

regulate ('regjuleit) vt regolare, moderare. **regulation** n 1 regola, ordinanza f. 2 regolamento m. adj regolamentare.
regulator n regolatore m.

rehabilitate (riːə'biliteit) vt riabilitare. **rehabilitation** n riabilitazione f.

rehearse (ri'həːs) vt 1 ripetere, narrare. 2 Th provare. **rehearsal** n 1 ripetizione f. 2 Th prova f.

reheat (riː'hiːt) vt riscaldare di nuovo.

reign (rein) n regno m. vi regnare.

reimburse (riːim'bəːs) vt rimborsare, rifondere. **reimbursement** n rimborso m.

rein (rein) n 1 redine f. 2 freno m.

reincarnation (riːinkɑː'neiʃən) n rincarnazione f.

reindeer ('reindiə) n invar renna f.

reinforce (riːin'fɔːs) vt rinforzare, rafforzare. **reinforcement** n rinforzo m.

reinstate (riːin'steit) vt ristabilire, reintegrare. **reinstatement** n ristabilimento m. reintegrazione f.

reinvest (riːin'vest) vt rinvestire. **reinvestment** n rinvestimento m.

reissue (riː'iʃuː) n 1 ristampa f. 2 comm nuova emissione f. vt 1 ristampare, ripubblicare. 2 comm emettere di nuovo.

reject (v ri'dʒekt, n 'riːdʒekt) vt rifiutare, respingere. n rifiuto m. **rejection** n rifiuto m. ripulsa f.

rejoice (ri'dʒɔis) vi rallegrarsi, gioire, godere. **rejoicing** n allegrezza, gioia f.

rejuvenate (ri'dʒuːvəneit) vt ringiovanire. **rejuvenation** n ringiovanimento m.

relapse (ri'læps) n ricaduta f. vi ricadere.

relate (ri'leit) vt 1 raccontare, narrare. 2 riferire. vi riferirsi, aver rapporto. **related** adj connesso, congiunto. **be related to** essere parente di.
relation n 1 parente m,f. 2 narrazione f. 3 rapporto m.
relationship n 1 parentela f. 2 rapporto m. **relative** n parente m,f. adj relativo, rispettivo. **relativity** n relatività f.

relax (ri'læks) vt rilassare, allentare, riposare. vi riposarsi, distrarsi. **relaxation** n 1 ricreazione f. riposo m. 2 rilassamento m. 3 svago m.

relay (n 'riːlei; v ri'lei) n 1 muta f. 2 trasmissione f. vt 1 cambiare. 2 ritrasmettere. **relay race** n corsa a staffetta f.

release (ri'liːs) vt liberare, lasciar andare. n liberazione f.

relent (ri'lent) *vi* pentirsi, cedere. **relentless** *adj* inflessibile, severo.

relevant ('reləvənt) *adj* relativo, pertinente. **relevancy** *n* rapporto *m*.

reliable (ri'laiəbəl) *adj* fidato, sicuro. **reliability** *n* fidatezza, sicurezza *f*.

relic ('relik) *n* 1 reliquia *f*. 2 *pl* resti, avanzi *m pl*.

relief (ri'li:f) *n* 1 sollievo, soccorso *m*. 2 aiuto *m*. 3 rilievo *m*. 4 *mil* cambio *m*.

relieve (ri'li:v) *vt* 1 sollevare, mitigare. 2 soccorrere, aiutare.

religion (ri'lidʒən) *n* religione *f*. **religious** *adj* religioso, pio, devoto.

relinquish (ri'liŋkwish) *vt* abbandonare, rinunziare a. **relinquishment** *n* abbandono *m*.

relish ('reliʃ) *n* 1 gusto *m*. 2 condimento *m*. *vt* gustare, godere.

relive (ri:'liv) *vi,vt* rivivere.

reluctant (ri'lʌktənt) *adj* riluttante, poco disposto a. **reluctance** *n* riluttanza, avversione *f*. **reluctantly** *adv* con riluttanza.

rely (ri'lai) *vi* contare, fidarsi. **reliance** *n* confidanza, fiducia *f*.

remain (ri'mein) *vi* rimanere, restare. **remainder** *n* 1 resto, rimanente *m*. 2 *math* avanzo *m*. **remains** *n pl* resti, avanzi *m pl*.

remand (ri'mɑ:nd) *vt* rimandare in carcere sotto processo.

remark (ri'mɑ:k) *n* osservazione *f*, commento *m*. *vt* osservare, notare. *vi* fare commenti. **remarkable** *adj* notevole, straordinario.

remarry (ri:'mæri) *vt* risposare. *vi* risposarsi.

remedy ('remədi) *n* rimedio *m*. *vt* rimediare a.

remember (ri'membə) *vt* ricordarsi di, rimembrare. *vi* ricordarsi. **remembrance** *n* ricordo *m*. memoria, rimembranza *f*.

remind (ri'maind) *vt* ricordare, richiamare alla mente. **reminder** *n* ricordo *m*.

reminiscence (remi'nisəns) *n* reminiscenza *f*. **reminiscent** *adj* che fa ricordare.

remiss (ri'mis) *adj* negligente, trascurato. **remission** *n* remissione *f*. perdono *m*.

remit (ri'mit) *vt* 1 rimandare. 2 rimettere. 3 ridurre. *vi* mitigarsi. **remittance** *n* rimessa *f*.

remnant ('remnənt) *n* 1 resto, avanzo *m*. 2 (of material) scampolo *m*.

remorse (ri'mɔ:s) *n* rimorso *m*.

remote (ri'mout) *adj* lontano, remoto.

remove (ri'mu:v) *vt* 1 spostare, trasferire, rimuovere. 2 eliminare. *vi* sgombrare, trasferirsi. **removal** *n* spostamento, trasferimento *m*.

remunerate (ri'mju:nəreit) *vt* rimunerare. **remuneration** *n* rimunerazione *f*. **remunerative** *adj* rimunerativo.

renaissance (ri'neisəns) *n* rinascimento *m*.

rename (ri:'neim) *vt* rinominare.

render ('rendə) *vt* rendere, fare.

rendezvous ('rɔndivuː) *n* appuntamento *m*.

renew (ri'njuː) *vt* **1** rinnovare. **2** sostituire. **renewal** *n* **1** rinnovamento *m*. **2** ripresa *f*.

renounce (ri'nauns) *vt* rinunciare a, ripudiare. **renouncement** *n* rinuncia *f*. **renunciation** *n* rinunzia *f*.

renovate ('renəveit) *vt* rinnovare. **renovation** *n* rinnovamento *m*.

renown (ri'naun) *n* fama, rinomanza *f*. **renowned** *adj* famoso, celebre.

rent (rent) *vt* affittare, prendere in affitto, noleggiare. *n* affitto *m*. **rental** *n* affitto *m*.

reopen (riː'oupən) *vt* riaprire. *vi* riaprirsi. **reopening** *n* riapertura *f*.

reorganize (riː'ɔːgənaiz) *vt* riorganizzare. **reorganization** *n* riorganizzazione *f*.

repair (ri'peə) *vt* riparare, rifare, aggiustare. *vi* rifugiarsi, recarsi. *n* **1** riparazione *f*. **2** stato *m*.

repartee (repə'tiː) *n* risposta pronta *f*. rimbecco *m*.

repatriate (riː'pætrieit) *vt* rimpatriare. **repatriation** *n* rimpatrio *m*.

repay (ri'pei) *vt* **1** rimborsare, restituire. **2** ricompensare. **repayment** *n* **1** rimborso *m*. restituzione *f*. **2** ricompensa *f*.

repeal (ri'piːl) *vt* abrogare, revocare, annullare. *n* abrogazione *f*. annullamento *m*.

repeat (ri'piːt) *vt* ripetere, rifare. *vi* ripetersi. *n* ripetizione *f*. **repeatedly** *adv* ripetutamente.

repel (ri'pel) *vt* respingere. **repellent** *adj* repellente.

repent (ri'pent) *vi* pentirsi. **repentance** *n* penitenza *f*. **repentant** *adj* penitente, contrito.

repercussion (riːpə'kʌʃən) *n* ripercussione *f*.

repertoire ('repətwaː) *n* repertorio *m*.

repertory ('repətri) *n* repertorio *m*.

repetition (repə'tiʃən) *n* ripetizione, copia *f*.

replace (ri'pleis) *vt* **1** rimettere a posto, restituire. **2** sostituire. **replacement** *n* restituzione, sostituzione *f*.

replay (*v* riː'plei; *n* 'riːplei) *vt* giocare di nuovo. *n* **1** partita ripetuta *f*. **2** ripetizione *f*.

replenish (ri'pleniʃ) *vt* riempire, rifornire.

replica ('replikə) *n* replica *f*. facsimile *m*.

reply (ri'plai) *n* risposta *f*. *vi* rispondere.

report (re'pɔːt) *n* **1** rapporto, resoconto *m*. **2** diceria *f*. **3** *educ* pagella *f*. *vt* **1** rapportare, raccontare. **2** fare la cronaca di. *vi* fare il cronista. **reporter** *n* giornalista, corrispondente *m,f*.

repose (ri'pouz) *n* riposo *m*. *vi* **1** riposarsi. **2** fondarsi.

represent (repri'zent) *vt* rappresentare. **representation** *n* rappresentazione *f*. **representative** *n* **1** rappresentante *m,f*. **2** deputato *m*. *adj* rappresentativo.

repress (ri'pres) *vt* reprimere, frenare. **repression** *n* repressione *f*. **repressive** *adj* repressivo.

reprieve (ri'pri:v) *n* proroga, sospensione, grazia *f*. *vt* sospendere la sentenza di, graziare.

reprimand ('reprimɑ:nd) *n* rimprovero *m*. sgridata *f*. *vt* rimproverare, sgridare.

reprint (*v* ri:'print; *n* 'ri:print) *vt* ristampare. *n* ristampa *f*.

reprisal (ri'praizəl) *n* rappresaglia *f*.

reproach (ri'proutʃ) *vt* rimproverare, biasimare. *n* rimprovero, biasimo *m*.

reproduce (ri:prə'dju:s) *vt* riprodurre. *vi* riprodursi. **reproduction** *n* riproduzione *f*.

reptile ('reptail) *n* rettile *m*.

republic (ri'pʌblik) *n* repubblica *f*. **republican** *adj,n* repubblicano.

repudiate (ri'pju:dieit) *vt* ripudiare, sconfessare. **repudiation** *n* ripustio *m*. sconfessione *f*.

repugnant (ri'pʌgnənt) *adj* ripugnante, spiacevole, contrario. **repugnance** *n* ripugnanza, avversione *f*. | |

repulsion (ri'pʌlʃən) *n* ripulsione, ripulsa *f*. rifiuto *m*. **repulsive** *adj* ripulsivo, schifoso, ripugnante.

repute (ri'pju:t) *n* fama *f*. nome *m*. *vt* reputare, stimare, credere. **reputable** *adj* stimabile, reputato, onorevole. **reputation** *n* riputazione, fama *f*. onore *m*. **reputedly** *adv* secondo l'opinione generale.

request (ri'kwest) *n* richiesta, domanda *f*. *vt* chiedere, domandare, pregare.

requiem ('rekwiəm) *n* requiem *m*.

require (ri'kwaiə) *vt* **1** richiedere, esigere. **2** domandare. **3** aver bisogno di. **requirement** *n* **1** bisogno *m*. **2** esigenza *f*.

requisition (rekwi'ziʃən) *n* **1** richiesta, domanda *f*. **2** requisizione *f*. *vt* requisire.

re-read (ri:'ri:d) *vt* rileggere.

re-route (ri:'ru:t) *vt* deviare.

re-run (ri:'rʌn) *vt* ripetere. *n* ripetizione *f*.

resale ('ri:seil) *n* rivendita *f*.

rescue ('reskju:) *n* **1** soccorso, aiuto *m*. **2** liberazione *f*. *vt* **1** soccorrere, aiutare. **2** liberare.

research (ri'sə:tʃ) *n* **1** ricerca *f*. **2** studio *m*. *vi* far ricerche, ricercare. **researcher** *n* ricercatore, investigatore *m*.

resell (ri:'sel) *vt* rivendere.

resemble (ri'zembəl) *vt* somigliare a, assomigliare a. **resemblance** *n* somiglianza, rassomiglianza *f*.

resent (ri'zent) *vt* offendersi di, arrabbiarsi per. **resentful** *adj* acrimonioso, risentito. **resentment** *n* risentimento *m*.

reserve (ri'zə:v) *vt* riservare. *n* **1** riserva *f*. **2** riserbo *m*. riservatezza *f*. **reservation** *n* **1** riserva *f*. **2** prenotazione *f*. **reserved** *adj* riservato.

reservoir ('rezəvwɑ:) *n* serbatoio *m*. cisterna *f*.

reside (ri'zaid) *vi* abitare, dimorare, stare. **residence** *n* abitazione, residenza, dimora *f*. **resident** *n* residente, abitante *m,f*. *adj* residente. **residential** *adj* residenziale.

residue ('rezidjuː) *n* residuo, resto, avanzo *m*.

resign (ri'zain) *vt* rinunciare a. *vi* dimettersi. **resignation** *n* 1 dimissione *f*. 2 rassegnazione *f*. **resigned** *adj* rassegnato.

resilient (ri'ziliənt) *adj* 1 rimbalzante, elastico. 2 capace di ricupero. **resilience** *n* 1 elasticità *f*. 2 capacità di ricupero.

resin ('rezin) *n* resina *f*. **resinous** *adj* resinoso.

resist (ri'zist) *vt* resistere a, opporsi a. *vi* resistere. **resistance** *n* resistenza *f*. **resistant** *adj* resistente.

resit (riː'sit) *vt* rifare.

resolute ('rezəluːt) *adj* risoluto, deciso, determinato. **resolution** *n* 1 risoluzione *f*. 2 decisione *f*. 3 determinazione *f*.

resolve (ri'zɔlv) *vt* risolvere, decidere. *vi* risolversi, decidersi. *n* risoluzione, decisione *f*.

resonant ('rezənənt) *adj* risonante. **resonance** *n* risonanza *f*.

resort (ri'zɔːt) *vi* ricorrere, recarsi. *n* 1 ricorso, ritrovo *m*. 2 stazione di villeggiatura *f*.

resound (ri'zaund) *vi* risuonare, echeggiare.

resource (ri'zɔːs) *n* 1 risorsa *f*. 2 espediente, mezzo *m*. **resourceful** *adj* intraprendente.

respect (ri'spekt) *n* riguardo, rispetto *m*. stima *f*. *vt* stimare, rispettare. **respectable** *adj* rispettabile. **respectful** *adj* rispettoso. **respective** *adj* rispettivo.

respite ('respait) *n* 1 tregua *f*. 2 respiro, riposo *m*.

respond (ri'spɔnd) *vi* rispondere, reagire. **response** *n* risposta *f*. **responsibility** *n* responsabilità *f*. **responsible** *adj* responsabile. **responsive** *adj* responsivo.

rest[1] (rest) *n* riposo *m*. sosta *f*. *vi* 1 riposarsi. 2 appoggiarsi. 3 fermarsi, stare. *vt* far riposare. **restless** *adj* agitato, turbato, inquieto. **restlessness** *n* agitazione *f*.

rest[2] (rest) *n* 1 resto, rimanente *m*. 2 altri *m pl*.

restaurant ('restərɔnt) *n* ristorante *m*. trattoria *f*.

restore (ri'stɔː) *vt* 1 restaurare. 2 ristabilire. 3 restituire. **restoration** *n* 1 restaurazione, restituzione *f*. 2 *arch* restauro *m*.

restrain (ri'strein) *vt* trattenere, frenare, reprimere. **restraint** *n* freno, ritegno *m*. restrizione *f*.

restrict (ri'strikt) *vt* restringere, limitare. **restriction** *n* restrizione *f*. **restrictive** *adj* restrittivo.

result (ri'zʌlt) *n* risultato, esito *m*. conseguenza *f*. *vi* risultare.

resume (ri'zjuːm) *vt* 1 riprendere. 2 riassumere. **resumption** *n* ripresa *f*.

résumé ('rezumei) *n* sunto *m*.

resurrect (rezə'rekt) *vt* risuscitare. **resurrection** *n* risurrezione *f*.

retail ('riːteil) *n* vendita al minuto *or* al dettaglio *f*. *adj* al minuto, al dettaglio. *vt* vendere al minuto *or* al dettaglio. **retailer** *n* venditore al minuto *m*.

retain (ri'tein) *vt* ritenere, mantenere, conservare.

retaliate (ri'tælieit) *vt* ricambiare insulto. *vi* rendere la pariglia, reagire. **retaliation** *n* rappresaglia, vendetta *f*.

retard (ri'ta:d) *vt,vi* ritardare.

reticent ('retisənt) *adj* reticente. **reticence** *n* reticenza *f*.

retina ('retinə) *n* retina *f*.

retire (ri'taiə) *vi* ritirarsi, andare in pensione. **retirement** *n* ritiro, riposo *m*.

retort[1] (ri'tɔ:t) *n* ritorsione, risposta aspra *f*. *vi* ribattere, rispondere aspramente. *vi* rimbeccare.

retort[2] (ri'tɔ:t) *n* sci storta *f*.

retrace (ri'treis) *vt* rintracciare. **retrace one's steps** rifare la strada.

retract (ri'trækt) *vt* ritirare, ritrarre, disdire. *vi* ritrattarsi.

retreat (ri'tri:t) *n* 1 ritiro, asilo *m*. 2 *mil* ritirata *f*. *vi* ritirarsi, andarsene.

retrieve (ri'tri:v) *vt* ricuperare, riprendere, riacquistare.

retrograde ('retrəgreid) *adj* retrogrado.

retrogressive (retrə'gresiv) *adj* regressivo.

retrospect ('retrəspekt) *n* sguardo retrospettivo *m*. **in retrospect** in retrospettivo.

return (ri'tə:n) *vi* tornare, ritornare. *vt* 1 rendere, restituire. 2 contraccambiare. *n* 1 ritorno *m*. 2 rinvio *m*. restituzione *f*. 3 *comm* rendiconto *m*. **return ticket** *n* biglietto di andata e ritorno *m*.

reunite (ri:ju:'nait) *vt* riunire.

vi riunirsi. **reunion** *n* riunione *f*.

reveal (ri'vi:l) *vt* rivelare, manifestare. **revelation** *n* rivelazione *f*.

revel ('revəl) *vi* **revel in** divertirsi di.

revenge (ri'vendʒ) *n* vendetta *f*.

revenue ('revənju:) *n* 1 entrata *f*. reddito *m*. 2 fisco *m*.

reverberate (ri'və:bəreit) *vi* riverberare, risuonare. **reverberation** *n* riverberazione *f*. riverbero *m*.

reverence ('revərəns) *n* riverenza, venerazione *f*.

reverse (ri'və:s) *n* 1 contrario, opposto *m*. 2 rovescio *m*. 3 *mot* retromarcia *f*. *adj* 1 contrario. 2 rovescio. *vt* 1 rivoltare, capovolgere. 2 revocare. *vi mot* far retromarcia.

revert (ri'və:t) *vi* ritornare.

review (ri'vju:) *n* 1 rivista *f*. 2 recensione *f*. 3 revisione *f*. *vt* 1 rivedere, ripassare. 2 criticare, recensire.

revise (ri'vaiz) *vt* rivedere, correggere. **revision** *n* revisione, correzione *f*.

revive (ri'vaiv) *vt* ravvivare, rinnovare. *vi* rianimarsi, rinascere. **revival** *n* rinascimento, risorgimento *m*.

revoke (ri'vouk) *vt* revocare, ritirare.

revolt (ri'voult) *n* rivolta, ribellione *f*. *vi* ribellarsi, rivoltarsi. *vt* disgustare. **revolting** *adj* ripugnante, disgustoso, nauseante. **revolution** *n* rivoluzione *f*. **revolutionary** *adj,n* rivoluzionario.

revolve (ri'vɔlv) *vi* girare. **re-**

volving adj girevole, rotante.

revolver n revolver m invar.

revue (ri'vjuː) n rivista f.

revulsion (ri'vʌlʃən) n ripugnanza, repulsione f.

reward (ri'wɔːd) n ricompensa f. compenso m. vt ricompensare, retribuire, premiare.

rhetoric ('retərik) n retorica f. **rhetorical** adj retorico. **rhetorical question** n domanda retorica f.

rheumatism ('ruːmətizəm) n reumatismo m. **rheumatic** adj reumatico.

rhinoceros (rai'nɔsərəs) n rinoceronte m.

Rhodesia (rou'diːʃə) n Rhodesia f. **Rhodesian** adj,n rhodesiano.

rhododendron (roudə'dendrən) n rododendro m.

rhubarb ('ruːbɑːb) n rabarbaro m.

rhyme (raim) n rima, poesia f. vt mettere in rima. vi rimare.

rhythm ('riðəm) n ritmo m. **rhythmic** adj ritmico.

rib (rib) n 1 anat costola f. 2 stecca f.

ribbon ('ribən) n nastro m.

rice (rais) n riso m.

rich (ritʃ) adj ricco. **riches** pl ricchezze f pl. **richness** n ricchezza, opulenza f.

rickety ('rikiti) adj zoppicante, sgangherato.

rid* (rid) vt liberare, sbarazzare. **get rid of** liberarsi di, sbarazzarsi di. **riddance** n liberazione f.

riddle¹ ('ridl) n indovinello, enigma m.

riddle² ('ridl) vt crivellare, vagliare.

ride* (raid) vt cavalcare. vi andare a cavallo. n 1 cavalcata f. 2 corsa f. giro m. **rider** n cavaliere m. **riding** n equitazione f.

ridge (ridʒ) n 1 geog cresta, cima f. 2 arch colmo, comignolo m. 3 solco m.

ridicule ('ridikjuːl) n ridicolo m. vt mettere in ridicolo, canzonare. **ridiculous** adj ridicolo.

rife (raif) adj dominante, diffuso, generale. **be rife** imperversare.

rifle¹ ('raifəl) n fucile m. carabina f.

rifle² ('raifəl) vt svaligiare, saccheggiare, rubare.

rift (rift) n (of a friendship) spaccatura, rottura f.

rig (rig) n 1 arnese m. 2 naut impianto m. vt truccare. **rigging** n attrezzatura f.

right (rait) adj 1 destro. 2 giusto. 3 opportuno. adv 1 bene. 2 diritto. 3 a destra. n 1 diritto m 2 destra f. **on the right** a destra. ~vt 1 correggere. 2 raddrizzare. **right angle** n angolo retto m. **right hand** n mano destra f. **right-handed** adj destro. **right of way** n diritto di passaggio m. **right-wing** adj della destra.

righteous ('raitʃəs) adj giusto, retto, virtuoso. **righteousness** n giustizia f.

rigid ('ridʒid) adj rigido, inflessibile.

rigour ('rigə) n rigore m. severità f. **rigorous** adj rigoroso, rigido.

rim (rim) n orlo, bordo, margine m.

rind (raind) n **1** bot buccia f. **2** (of cheese) crosta f. **3** (of bacon) contenna f.

ring[1] (riŋ) n **1** anello m. **2** cerchio m. **3** sport recinto m. **4** comm sindacato m. vt circondare. **ringleader** n caporione m. **ring-road** n strada circolare f. **ringside** adj vicino all'arena.

ring[2] (riŋ) n **1** suono, squillo, tintinnio m. **2** risonanza f. vi suonare, squillare. vt **1** suonare. **2** chiamare. **ring up** telefonare.

rink (riŋk) n recinto di pattinaggio m. pista di pattinaggio f.

rinse (rins) vt risciacquare. n risciacquatura f.

riot ('raiət) n tumulto m. rivolta f. vi tumultuare, sollevarsi. **riotous** adj tumultuante, sedizioso.

rip (rip) n lacerazione f. squarcio, strappo m. vt squarciare, strappare.

ripe (raip) adj maturo. **ripen** vt,vi maturare. **ripeness** n maturità f.

ripple ('ripəl) n increspamento m. vi incresparsi.

rise* (raiz) vi **1** alzarsi, levarsi. **2** (of sun) sorgere. **3** salire, aumentare. n **1** geog salita, elevazione f. **2** comm aumento m.

risk (risk) n rischio, pericolo m. vt rischiare, azzardare.

rissole ('risoul) n crocchetta f.

rite (rait) n rito m.

ritual ('ritjuəl) adj,n rituale m.

rival ('raivəl) adj,n rivale. vt rivaleggiare. **rivalry** n rivalità f.

river ('rivə) n fiume m. **down river** a valle. **up river** a

monte. **river bank** n argine m. **riverbed** n letto del fiume m. **riverside** n riva del fiume f.

rivet ('rivit) n chiodo ribadito m. vt ribadire, fissare.

road (roud) n strada, via f. **roadblock** n blocco stradale m. **roadside** n ciglio della strada m. **roadworthy** adj atto a prendere la strada.

roam (roum) vi girovagare, vagare, errare. vt percorrere.

roar (rɔː) n **1** urlo, ruggito m. **2** muggito m. **3** (of laughter) scroscio m. vi **1** urlare, ruggire. **2** muggire. **3** scrosciare. **4** scoppiare.

roast (roust) n arrosto m. vt **1** arrostire. **2** (coffee) tostare. **roast beef** n arrosto di manzo m.

rob (rɔb) vt rubare, spogliare, svaligiare. **robber** n ladro m. **robbery** n furto m.

robe (roub) n vestito lungo. m toga f.

robin ('rɔbin) n pettirosso m.

robot ('roubɔt) n automa m.

robust (rou'bʌst) adj robusto, forte, vigoroso.

rock[1] (rɔk) n **1** roccia, rupe f. **2** sasso, scoglio m. **rock-bottom** adj bassissimo. **rock garden** n giardino alpino m. **rocky** adj roccioso, sassoso.

rock[2] (rɔk) vt cullare, dondolare. vi vacillare, oscillare, dondolarsi. **rocker** n asse ricurvo m. **rocking-chair** n sedia a dondolo f. **rocking-horse** n cavallo a dondolo m.

rocket ('rɔkit) n razzo m. vi rimbalzare.

rod (rod) n 1 bacchetta, verga f. 2 (fishing) canna per pescare f.

rode (roud) v see **ride**.

rodent ('roudnt) n roditore m.

roe (rou) n uova di pesce f pl.

rogue (roug) n 1 briccone, furfante m. 2 (child) birichino m. **roguish** adj 1 furfante, furbo. 2 birichino.

role (roul) n ruolo m.

roll (roul) n 1 rotolo m. 2 (bread) panino m. 3 elenco m. 4 rullo m. vt 1 arrotolare. 2 rullare. vi 1 rotolarsi. 2 rullare. **rollcall** n appello m. **roller** n cilindro, rullo m. **roller-skate** n pattino a rotelle m. **rolling pin** n matterello m.

Roman Catholic adj,n cattolico.

romance n ('roumæns) 1 romanzo m. favola f. 2 avventura amorosa f. vi (rə'mæns) favoleggiare. **romantic** adj 1 romantico. 2 romanzesco. **romanticism** n romanticismo m. **romanticize** vt rendere romantico.

Rome (roum) n Roma f. **Roman** adj,n romano.

romp (romp) vi giocare con chiasso. n gioco chiassoso m. **rompers** n pl pagliaccetto da bambino m.

roof (ru:f) n tetto m. vt coprire con tetto.

rook[1] (ruk) n cornacchia f. **rookery** n cornacchiaia f.

rook[2] (ruk) n game torre f.

room (ru:m) n 1 stanza, sala, camera f. 2 posto, spazio m. **roomy** adj spazioso, ampio.

roost (ru:st) n posatoio m. pertica f. vi appollaiarsi.

root[1] (ru:t) n radice f. vi attecchire, radicarsi. vi 1 piantare. 2 fissare.

root[2] (ru:t) vi frugacchiare, sradicare.

rope (roup) n corda, fune f. filo m. vt legare, cingere.

rosary ('rouzəri) n rosario m.

rose (rouz) n rosa f. **rose bush** n rosaio m. **rosette** n rosetta f. nastrino m. **rosy** adj roseo, colore di rosa.

rosemary ('rouzməri) n rosmarino m.

rot (rot) vt putrefare, corrompere. vi marcire, guastarsi, imputridire. n 1 putrefazione, decadenza f. 2 sl sciocchezze f pl.

rota ('routə) n lista f. **rotary** adj rotatorio, rotante. **rotate** vt,vi rotare. **rotation** n rotazione, successione f.

rotor ('routə) n rotore m.

rotten ('rotn) adj marcio, putrido, guasto.

rouble ('ru:bl) n rublo m.

rouge (ru:ʒ) n rossetto m.

rough (rʌf) adj 1 ruvido, rozzo. 2 grossolano, crudo. 3 agitato. 4 tempestoso. 5 approssimativo. **rough and ready** improvvisato. **roughness** n ruvidezza f.

roulette (ru:'let) n roulette f.

round (raund) n 1 tondo m. 2 cerchio m. 3 giro m. 4 sfera f. 5 sport ripresa f. adj 1 rotondo, circolare, sferico. 2 intero. 3 franco. adv in giro, all'intorno. prep intorno a. **roundabout** n rotatoria f. adj indiretto.

rouse (rauz) vt 1 svegliare. 2 provocare, incitare. **rousing** adj eccitante, travolgente.

route (ru:t) *n* via, strada *f*. itinerario *m*. *vt* avviare.

routine (ru:'ti:n) *n* **1** abitudine, usanza *f*. **2** uso *m*. *adj* abitudinario.

rove (rouv) *vi* errare, vagare.

row¹ (rou) *n* (line) fila, riga *f*. rango *m*.

row² (rou) *vi,vt sport* remare. **rower** *n* rematore, canottiere *m*. **rowing** *n* canottaggio *m*. **rowing boat** barca a remi *f*.

row³ (rau) *n* **1** chiasso, rumore *m*. **2** lite *f*. *vi* litigare.

rowdy ('raudi) *adj* rumoroso, tumultuoso, litigioso.

royal ('rɔiəl) *adj* reale, regale. **royalist** *n* realista *m*. **royalty** *n* **1** regalità *f*. reali *m pl*. **2** *comm* diritti d'autore *m pl*.

rub (rʌb) *n* **1** fregamento, strofinamento *m*. **2** *med* frizione *f*. *vt* **1** fregare, strofinare. **2** lucidare. *vi* fregarsi. **rub out** cancellare.

rubber ('rʌbə) *n* gomma *f*. **rubber band** *n* elastico *m*.

rubbish ('rʌbiʃ) *n* **1** immondizia *f*. rifiuti *m pl*. **2** sciocchezze *f pl*.

rubble ('rʌbəl) *n* macerie *f pl*.

ruby ('ru:bi) *n* rubino *m*. *adj* di rubino, vermiglio.

rucksack ('rʌksæk) *n* sacco da montagna *m*.

rudder ('rʌdə) *n* timone *m*.

rude (ru:d) *adj* grossolano, offensivo, sgarbato. **rudeness** *n* grossolanità, inciviltà *f*.

rudiment ('ru:dimənt) *n* **1** rudimento *m*. **2** *pl* elementi *m pl*. **rudimentary** *adj* rudimentale.

rueful ('ru:fəl) *adj* triste, malinconico.

ruff (rʌf) *n* gorgiera *f*.

ruffian ('rʌfiən) *n* furfante, scellerato *m*.

ruffle ('rʌfəl) *vt* **1** increspare. **2** arruffare. **3** agitare. **4** irritare.

rug (rʌg) *n* **1** tappeto, tappetino *m*. **2** coperta da viaggio *f*.

rugby ('rʌgbi) *n* rugby *m*.

rugged ('rʌgid) *adj* ruvido, rozzo, aspro. **ruggedness** *n* ruvidezza *f*.

ruin ('ru:in) *n* **1** rovina *f*. **2** disgrazia *f*. disastro *m*. *vt* rovinare. **ruinous** *adj* rovinoso, dannoso.

rule (ru:l) *n* **1** regola, legge *f*. **2** governo, dominio *m*. **as a rule** di solito. *vt* regolare, governare, dirigere. **ruler** *n* **1** sovrano, governatore *m*. **2** math regolo *m*. **ruling** *adj* dirigente. *n* decisione *f*.

rum (rʌm) *n* rum *m*.

rumble ('rʌmbəl) *vi* rimbombare, rumoreggiare. *n* rumorio *m*.

rummage ('rʌmidʒ) *vt,vi* rovistare. *n* ricerca *f*. rovistìo *m*.

rumour ('ru:mə) *n* diceria, voce *f*. *vt* far correre voce.

rump (rʌmp) *n* **1** *cul* culatta *f*. **2** natiche *f pl*. **rump steak** *n* bistecca *f*.

run* (rʌn) *vi,vt* correre. *vi* **1** fluire. **2** (of colour) spandere. *vt* condurre. **run away** fuggire. **run out of** esaurire. **run over** (of a car, etc.) investire. ~*n* **1** corsa *f*. **2** serie *f invar*. **3** corso, recinto *m*. **4** gita *f*. **5** smagliatura *f*. **in the long run** a lungo andare. **runway** *n* pista di decollo *f*. **runner** *n* **1** fattorino, messaggero *m*. **2** *sport* corridore *m*.

runner bean n fagiolo rampicante m. **runner-up** n secondo in una gara m. **running** n 1 corsa f. 2 marcia f. funzionamento m. 3 direzione f. adj 1 corrente. 2 consecutivo.

rung[1] ('rʌŋ) v see **ring**[2].

rung[2] ('rʌŋ) n piolo m.

rupee (ru:'pi:) n rupia f.

rupture ('rʌptʃə) n 1 rottura f. 2 med ernia f. vt rompere.

rural ('ruərəl) adj rurale, campestre.

rush[1] (rʌʃ) vi precipitarsi, affrettarsi. vt prendere d'assalto. n 1 impeto m. 2 attacco m. 3 fretta, furia f. **rush hour** n ora di punta f.

rush[2] (rʌʃ) n bot giunco m.

Russia ('rʌʃə) n Russia f. **Russian** adj,n russo. **Russian (language)** n russo m.

rust (rʌst) n ruggine f. vi corrodere. vi arrugginirsi. **rusty** adj rugginoso.

rustic ('rʌstik) adj rustico, campagnolo, rurale.

rustle ('rʌsəl) n fruscio, mormorio m. vi frusciare, stormire.

rut[1] (rʌt) n 1 rotaia f. solco m. 2 abitudine fissa f.

ruthless ('ru:θləs) adj spietato, crudele, inesorabile.

rye (rai) n segale f.

S

Sabbath ('sæbəθ) n domenica f.

sable ('seibəl) n zibellino m. adj di zibellino.

sabotage ('sæbətɑːʒ) n sabotaggio m. vt sabotare.

sabre ('seibə) n sciabola f.

saccharin ('sækərin) n saccarina f.

sachet ('sæʃei) n sacchetto m.

sack (sæk) n sacco m. **get the sack** essere licenziato. ~vt inf congedare.

sacrament ('sækrəmənt) n sacramento m.

sacred ('seikrid) adj 1 sacro, consacrato. 2 santo.

sacrifice ('sækrifais) n sacrificio m. vt,vi sacrificare.

sacrilege ('sækrilidʒ) n sacrilegio m. **sacrilegious** adj sacrilego.

sad (sæd) adj triste, addolorato, doloroso. **sadden** vt attristare, rattristare. **sadness** n tristezza f.

saddle ('sædl) n sella f. vt sellare. **saddle with** gravare di. **saddler** n sellaio m.

sadism ('seidizəm) n sadismo m. **sadist** n sadista m.

safari (sə'fɑːri) n safari m invar.

safe (seif) adj salvo, sicuro, sano, intatto. **safe and sound** sano e salvo. ~n 1 cassaforte f. 2 cul guardavivande m invar.

safeguard n salvaguardia f. vt salvaguardare. **safely** adv in salvo. **safety** n sicurezza, salvezza f. **safety belt** n cintura di sicurezza f. **safety pin** n spillo di sicurezza m. **safety valve** n valvola di sicurezza f.

saffron ('sæfrən) n zafferano m.

sag (sæg) vi ripiegarsi, curvarsi. n depressione f.

saga ('sɑːgə) n saga f.

sage[1] (seidʒ) n savio m. adj saggio, prudente.

sage[2] (seidʒ) n bot salvia f.

Sagittarius (sædʒi'tɛəriəs) n Sagittario m.

sago ('seigou) n sago m.

said (sed) v see **say**.

sail (seil) n **1** vela f. **2** viaggio sul mare m. **3** (of a windmill, etc.) ala f. vi navigare, veleggiare. vt navigare, percorrere. **sailing** n navigazione f. **sailor** n marinaio m.

saint (seint) n santo m. **saintly** adj santo, pio.

sake (seik) n ragione, causa f.

salad ('sæləd) n insalata f. **salad dressing** n condimento d'insalata m.

salamander ('sæləmændə) n salamandra f.

salami (sə'lɑːmi) n salame m pl.

salary ('sæləri) n stipendio, salario m. paga f.

sale (seil) n **1** vendita f. **2** liquidazione f. **3** spaccio m. **for sale** da vendere. **on sale** in vendita. **salesman** n commesso, venditore m. **salesmanship** n arte commerciale f.

saliva (sə'laivə) n saliva f. **salivate** vi salivare.

sallow ('sælou) adj olivastro, pallido.

salmon ('sæmən) n salmone m.

salon ('sælɔn) n salone, negozio m.

saloon (sə'luːn) n **1** sala f. salone m. **2** mot vettura salone f.

salt (sɔːlt) n sale m. adj salato, salso. vt salare. **salt cellar** n saliera f.

salute (sə'luːt) vt salutare. n **1** saluto m. **2** mil salva f.

salvage ('sælvidʒ) n salvataggio, ricupero m. vt salvare, ricuperare.

salvation (sæl'veiʃən) n salvazione, salvezza f.

same (seim) adj **1** stesso, medesimo. **2** monotono. pron stesso m. **all the same** nondimeno. **the same to you!** altrettanto!

sample ('sɑːmpəl) n campione, modello, esemplare m. vt assaggiare.

sanatorium (sænə'tɔːriəm) n sanatorio m. casa di salute f.

sanction ('sæŋkʃən) n **1** sanzione f. **2** autorizzazione f. permesso m. vt **1** sanzionare. **2** permettere, autorizzare.

sanctuary ('sæŋktʃuəri) n santuario, asilo m.

sand (sænd) n sabbia, rena f. vt coprire di sabbia. **sandpaper** n carta vetrata f. **sandpit** n cava di rena f. **sandy** adj sabbioso.

sandal ('sændl) n sandalo m.

sandwich ('sænwidʒ) n sandwich, panino imbottito m. tartina f. vt serrare in mezzo.

sane (sein) adj sano di mente, equilibrato. **sanity** n sanità di mente f.

sang (sæŋ) v see **sing**.

sanitary ('sænitri) adj sanitario, igienico. **sanitary towel** n assorbente igienico m. **sanitation** n igiene f.

sank (sæŋk) v see **sink**.

sap (sæp) n bot succhio m. vt indebolire.

sapphire ('sæfaiə) n zaffiro m.

sarcasm ('sɑːkæzəm) n sarcasmo m. **sarcastic** adj sarcastico.

sardine (sɑː'diːn) n sardina f.

Sardinia (sɑː'diniə) n Sardegna f. **Sardinian** adj,n sardo.

sardonic (sɑː'dɔnik) adj sardonico.

sari ('sɑːri) n sari m invar.

sash[1] (sæʃ) n cintura, sciarpa f.

sash[2] (sæʃ) n arch telaio m. **sash-window** n finestra all'inglese f.

sat (sæt) v see **sit**.

Satan ('seitn) n Satana m.

satchel ('sætʃəl) n cartella, borsa f.

satellite ('sætəlait) n satellite m.

satin ('sætin) n raso m.

satire ('sætaiə) n satira f. **satirical** adj satirico.

satisfy ('sætisfai) vt soddisfare, contentare. vi soddisfare, dare soddisfazione. **satisfaction** n soddisfazione, contentezza f. **satisfactory** adj soddisfacente.

saturate ('sætʃəreit) vt saturare. **saturation** n saturazione f.

Saturday ('sætədi) n sabato m.

Saturn ('sætən) n Saturno m.

sauce (sɔːs) n salsa f. condimento m. **saucepan** n pentola, casseruola f. tegame m. **saucer** n sottocoppa, piattino m. **saucy** adj insolente, impertinente.

Saudi Arabia ('saudi) n Arabia Saudita f.

sauna ('sɔːnə) n sauna f.

saunter ('sɔːntə) vi gironzare, girovagare.

sausage ('sɔsidʒ) n **1** (fresh) salsiccia f. **2** (smoked) salame m.

savage ('sævidʒ) adj selvaggio,

selvatico, feroce. n selvaggio, barbaro m. vt mordere.

save[1] (seiv) vt **1** salvare, preservare. **2** conservare. **3** risparmiare. vi economizzare. **savings** n pl risparmi m pl.

save[2] (seiv) prep eccetto, tranne, salvo.

saviour ('seiviə) n **1** salvatore m. **2** cap Redentore m.

savoury ('seivəri) adj saporoso, saporito, gustoso. n piatto saporito m.

saw[1] (sɔː) n sega f. vt segare. **sawdust** n segatura f.

saw[2] (sɔː) v see **see**[1].

saxophone ('sæksəfoun) n sassofono m.

say* (sei) vt,vi dire, affermare. **have one's say** dire la sua. **saying** n adagio, proverbio m.

scab (skæb) n tigna, rogna f.

scaffold ('skæfəld) n palco, patibolo m. **scaffolding** n impalcatura f.

scald (skɔːld) vt scottare. n scottatura, scottata f.

scale[1] (skeil) n zool scaglia, squama f.

scale[2] (skeil) n **1** piatto della bilancia m. **2** pl bilancia f.

scale[3] (skeil) n **1** gradazione, scala f. **2** mus gamma f. vt **1** scalare, graduare. **2** scavalcare.

scallop ('skɔləp) n **1** zool pettine m. **2** smerlo m. dentellatura f. vt smerlare.

scalp (skælp) n cuoio capelluto m. vt scotennare.

scalpel ('skælpəl) n scalpello m.

scampi ('skæmpi) n pl scampi m pl.

scan (skæn) vt **1** scrutare, esaminare. **2** lit scandire.

scandal ('skændl) *n* **1** scandalo *m.* maldicenza *f.* **2** vergogna *f.*
scandalous *adj* scandaloso.

Scandinavia (skændi'neiviə) *n* Scandinavia *f.* **Scandinavian** *adj,n* scandinavo.

scant (skænt) *adj* scarso, insufficiente. **scanty** *adj* **1** poco, scarso. **2** sommario.

scapegoat ('skeipgout) *n* capro espiatorio *m.*

scar (ska:) *n* cicatrice *f.* sfregio, segno *m.* *vt* cicatrizzare, sfregiare. *vi* cicatrizzarsi.

scarce (skeəs) *adj* raro, scarso. **scarcely** *adv* appena, quasi. **scarcity** *n* scarsezza *f.*

scare (skeə) *vt* spaventare, impaurire. **be scared** aver paura. ~*n* spavento, panico *m.* paura *f.* **scarecrow** *n* spauracchio *m.*

scarf (ska:f) *n* sciarpa, cravatta *f.*

scarlet ('ska:lit) *adj,n* scarlatto *m.* **scarlet fever** *n* scarlattina *f.*

scathing ('skeiðiŋ) *adj* mordace, feroce.

scatter ('skætə) *vt* spargere, diffondere, disperdere. *vi* spargersi, disperdersi.

scavenge ('skævindʒ) *vt* spazzare. **scavenger** *n* spazzino *m.*

scene (si:n) *n* **1** scena, scenata *f.* **2** spettacolo *m.* **scenery** *n* **1** paesaggio, panorama *m.* **2** *Th* scenario *m.*

scent (sent) *n* **1** odore, profumo *m.* **2** (of an animal) fiuto *m.* *vt* profumare.

sceptic ('skeptik) *n* scettico *m.* **sceptical** *adj* scettico. **scepticism** *n* scetticismo *m.*

sceptre ('septə) *n* scettro *m.*

schedule ('ʃedju:l) *n* orario, prospetto *m.* scheda *f.* *vt* schedare.

scheme (ski:m) *n* schema, progetto, piano *m.* *vt* progettare. *vi* far progetti, macchinare.

schizophrenia (skitsou'fri:niə) *n* schizofrenia *f.* **schizophrenic** *adj* schizofrenico.

scholar ('skɔlə) *n* **1** erudito, letterato *m.* **2** (pupil) scolaro, alunno *m.* **3** borsista *m.* **scholarship** *n* **1** borsa di studio *f.* **2** erudizione *f.*

scholastic (skə'læstik) *adj* scolastico.

school[1] (sku:l) *n educ* scuola *f.* liceo, ginnasio, collegio *m.* *vt* istruire. **schoolboy** *n* scolaro *m.* **schoolgirl** *n* scolara *f.* **schoolmaster** *n* maestro, professore *m.* **schoolmistress** *n* maestra, professoressa *f.* **schoolteacher** *n* insegnante *m,f.*

school[2] (sku:l) *n* frotta *f.*

schooner ('sku:nə) *n* goletta *f.*

science ('saiəns) *n* scienza *f.* **science fiction** *n* fantascienza *f.* **scientific** *adj* scientifico. **scientist** *n* scienziato *m.*

scissors ('sizəz) *n pl* forbici *f. pl.*

scoff[1] (skɔf) *n* derisione *f.* scherno *m.* *vi* beffare, schernire. **scoff at** beffarsi di, deridere.

scoff[2] (skɔf) *vt,vi sl* mangiare in fretta.

scold (skould) *vt* sgridare, rimproverare. *vi* brontolare.

scone (skoun) *n* focaccina *f.*

scoop (sku:p) *n* **1** paletta *f.* **2**

ramaiolo *m.* **3** *inf* colpo *m. vt* scavare, vuotare. **scoop up** raccogliere.

scooter ('sku:tə) *n* motoretta *f.*

scope (skoup) *n* **1** portata *f.* **2** prospettiva *f.* campo *m.*

scorch (skɔ:tʃ) *vt* bruciare, scottare. *n* scottatura *f.*

score (skɔ:) *n* **1** *sport* punti *m. pl.* **2** sconto *m.* **3** tacca *f.* **4** ventina *f.* **5** *mus* partitura *f. vt* **1** *sport* segnare. **2** intagliare. *vi* far punti. **scoreboard** *n* tabellone *m.*

scorn (skɔ:n) *n* sdegno, disprezzo, spregio *m. vt* sdegnare, sprezzare. **scornful** *adj* sdegnoso, sprezzante.

Scorpio ('skɔ:piou) *n* Scorpione *m.*

scorpion ('skɔ:piən) *n* scorpione *m.*

Scot (skɔt) *n* scozzese *m,f.*

Scotch (skɔtʃ) *adj* scozzese. *n* whisky *m invar.*

Scotland ('skɔtlənd) *n* Scozia *f.*

Scots (skɔts) *adj* scozzese.

Scottish ('skɔtiʃ) *adj* scozzese.

scoundrel ('skaundrəl) *n* mascalzone, scellerato *m.*

scour[1] ('skauə) *vt* (clean) pulire, nettare, fregare.

scour[2] ('skauə) *vt* percorrere.

scout (skaut) *n* esploratore *m. vi* esplorare, perlustrare. *vt* respingere.

scowl (skaul) *n* sguardo torvo *m. vi* aggrottare le ciglia.

scramble ('skræmbəl) *n* parapiglia, confusione *f. vi* affrettarsi, sgambare, arrampicarsi. **scrambled eggs** *n pl* uova strapazzate *f pl.*

scrap (skræp) *n* pezzetto, frammento *m.* briciola *f. vt* riget-

tare, scartare. **scrapbook** *n* album *m invar.* **scrap iron** *n* ferraccio *m.*

scrape (skreip) *vt* raschiare, grattare, scrostare. *n* **1** raschiatura *f.* **2** imbroglio, impaccio *m.*

scratch (skrætʃ) *n* graffio *m.* graffiatura *f. vt* **1** graffiare, grattare. **2** *sport* ritirare.

scrawl (skrɔ:l) *n* scarabocchio *m. vt,vi* scarabocchiare.

scream (skri:m) *vi* gridare, strillare, urlare. *n* grido, strillo *m.*

screech (skri:tʃ) *n* strillo *m. vt,vi* strillare.

screen (skri:n) *n* **1** riparo *m.* **2** parafuoco, paravento *m.* **3** (cinema, etc.) schermo *m. vt* nascondere, proteggere.

screw (skru:) *n* vite *f. vt* avvitare, torcere. **screwdriver** *n* cacciavite *m.*

scribble ('skribəl) *n* scarabocchio *m. vt,vi* scarabocchiare.

script (skript) *n* scritto *m.* scrittura *f.*

Scripture ('skriptʃə) *n* Sacra Scrittura *f.*

scroll (skroul) *n* rotolo *m.*

scrounge (skraundʒ) *vt,vi* mendicare, scroccare.

scrub[1] (skrʌb) *vt* strofinare, fregare. *n* strofinata *f.* **scrubbing brush** *n* spazzola dura *f.*

scrub[2] (skrʌb) *n* (bush) macchia, boscaglia *f.*

scruffy ('skrʌfi) *adj* scadente, trascurato, disordinato.

scruple ('skru:pəl) *n* scrupolo *m.* **scrupulous** *adj* scrupoloso.

scrutiny ('skru:tini) *n* esame,

scrutinio *m*. **scrutinize** *vt* scrutinare, investigare.

scuffle ('skʌfəl) *n* baruffa, rissa, zuffa *f*.

scullery ('skʌləri) *n* retrocucina *m*.

sculpt (skʌlpt) *vt* scolpire. **sculptor** *n* scultore *m*. **sculpture** *n* scultura *f*.

scum (skʌm) *n* **1** spuma, schiuma *f*. **2** feccia *f*. *vt* schiumare.

scurf (skə:f) *n* forfora *f*.

scythe (saið) *n* falce *f*.

sea (si:) *n* mare *m*.

seabed ('si:bed) *n* letto del mare *m*.

seafaring ('si:feəriŋ) *adj* marinaro.

seafront ('si:frʌnt) *n* marina *f*.

seagull ('si:gʌl) *n* gabbiano *m*.

seahorse ('si:hɔ:s) *n* cavalluccio marino, ippocampo *m*.

seal [1] (si:l) *n* **1** sigillo, timbro, suggello *m*. **2** segno *m*. *vt* sigillare, bollare.

seal [2] (si:l) *n zool* foca *f*. **sealskin** *n* pelle di foca *f*.

sea-level *n* livello del mare *m*.

sea-lion *n* otaria *f*.

seam (si:m) *n* **1** cucitura, costura *f*. **2** *geog* vena *f*. giacimento *m*.

seaman ('si:mən) *n* marinaio *m*. **seamanship** *n* arte marinaresca *f*.

search (sə:tʃ) *n* ricerca, perquisizione, visita *f*. *vt* perquisire. *vi* cercare, ricercare. **searching** *adj* penetrante, scrutatore. **searchlight** *n* proiettore *m*.

seashore ('si:ʃɔ:) *n* spiaggia *f*.

seasick ('si:sik) *adj* che soffre il mal di mare. **seasickness** *n* mal di mare *m*.

seaside ('si:said) *n* marina, spiaggia *f*.

season ('si:zən) *n* **1** stagione *f*. **2** tempo *m*. *vt* condire. **season ticket** *n* tessera *f*. **seasoning** *n cul* condimento *m*.

seat (si:t) *n* **1** sedia *f*. posto *m*. **2** fondo *m*. **3** *anat* sedere *m*. **4** *pol* seggio *m*. **5** castello *m*. *vt* **1** far sedere. **2** installare. **seat belt** *n* cintura di sicurezza *f*.

seaweed ('si:wi:d) *n* alga *f*.

secluded (si'klu:did) *adj* ritirato, solitario. **seclusion** *n* solitudine *f*.

second [1] ('sekənd) *adj* secondo. *vt* secondare. **second-best** *adj* di seconda qualità, di riserva. **second-class** *adj* di seconda classe, inferiore. **second-hand** *adj* d'occasione. **second nature** *n* seconda natura *f*. **second-rate** *adj* inferiore, di secondo grado. **secondary** *adj* secondario. **secondary school** *n* scuola media *f*.

second [2] ('sekənd) *n* (of time) secondo *m*.

secret ('si:krət) *adj* segreto, nascosto, ritirato. *n* segreto *m*. **secretive** *adj* segreto, riservato.

secretary ('sekrətri) *n* **1** segretaria *f*. **2** *pol* ministro *m*.

secrete (si'kri:t) *vt* secernere.

sect (sekt) *n* setta *f*.

sectarian (sek'teəriən) *adj,n* settario. **sectarianism** *n* spirito settario *m*.

section ('sekʃən) *n* sezione, parte, divisione *f*.

sector ('sektə) *n* settore *m*.

secular ('sekjulə) *adj* **1** laico. **2** mondano. **3** secolare.

secure (si'kjuə) *adj* sicuro, certo, salvo. *vt* 1 ottenere. 2 assicurare. 3 chiudere. **security** *n* 1 sicurezza *f*. 2 *law* garanzia *f*. 3 *pl* titoli *m pl*.

sedate (si'deit) *adj* calmo, composto. *vt* rendere tranquillo. **sedation** *n* sedazione *f*. **sedative** *adj,n* sedativo, calmante *m*.

sediment ('sedimənt) *n* sedimento, deposito *m*.

seduce (si'djuːs) *vt* sedurre. **seduction** *n* seduzione *f*. **seductive** *adj* seducente.

see[*1] (siː) *vt,vi* 1 vedere. 2 capire. **see to** occuparsi di.

see[2] (siː) *n rel* sede *f*. diocesi *f invar*.

seed (siːd) *n* seme *m*. semenza *f*. **seedling** *n* pianticella *f*. **seedy** *adj* 1 trascurato, malconcio. 2 *inf* indisposto.

seek* (siːk) *vt* cercare.

seem (siːm) *vi* sembrare, parere. **seeming** *adj* apparente.

seep (siːp) *vi* gocciolare.

seesaw ('siːsɔː) *n* altalena *f*.

seethe (siːð) *vi* bollire, agitarsi.

segment ('segmənt) *n* 1 segmento *m*. 2 pezzo *m*. 3 spicchio *m*. porzione *f*.

segregate ('segrigeit) *vt* segregare. **segregation** *n* segregazione *f*.

seize (siːz) *vt* 1 afferrare, prendere. 2 confiscare, sequestrare. **seizure** *n* 1 afferramento *m*. confisca *f*. 2 *med* attacco *m*.

seldom ('seldəm) *adv* di rado, raramente.

select (si'lekt) *vt* 1 scegliere. 2 *sport* selezionare. *adj* scelto,

eletto. **selection** *n* scelta, selezione *f*. **selective** *adj* selettivo.

self (self) *n, pl* **selves** persona *f*. io *m*. *adj,pron* stesso.

self-assured *adj* confidente.

self-aware *adj* conscio di sè.

self-catering *adj* con cucina.

self-centred *adj* egocentrico.

self-confident *adj* sicuro di sè. **self-confidence** *n* sicurezza di sè *f*.

self-conscious *adj* imbarazzato.

self-contained *adj* 1 indipendente. 2 riservato.

self-defence *n* difesa personale *f*.

self-discipline *n* autodisciplina *f*.

self-employed *adj* che lavora in proprio.

self-expression *n* espressione personale *f*.

self-government *n* autonomia *f*.

self-indulgent *adj* indulgente con sè stesso.

self-interest *n* interesse personale *m*.

selfish ('selfiʃ) *adj* egoista, egoistico.

self-made *adj* fatto da sè.

self-pity *n* autocommiserazione *f*.

self-portrait *n* autoritratto *m*.

self-respect *n* dignità *f*. amor proprio *m*.

self-righteous *adj* compiaciuto.

self-sacrifice *n* abnegazione *f*. sacrificio di sè *m*.

selfsame ('selfseim) *adj* proprio lo stesso.

self-satisfied *adj* soddisfatto di sè.

self-service *adj,n* self-service *invar.*

self-sufficient *adj* bastante a sè.

self-will *n* ostinazione *f.*

sell* (sel) *vt* vendere, smerciare, spacciare. *vi* vendersi.

Sellotape ('seləteip) *n Tdmk* Scotch *Tdmk.*

semantic (si'mæntik) *adj* semantico. **semantics** *n* semantica *f.*

semaphore ('seməfɔ:) *n* semaforo *m.*

semibreve ('semibri:v) *n* semibreve *f.*

semicircle ('semisə:kəl) *n* semicircolo *m.* **semicircular** *adj* semicircolare.

semicolon (semi'koulən) *n* punto e virgola *m.*

semidetached (semidi'tætʃt) *adj* gemello, accoppiato.

semifinal (semi'fainl) *n* semifinale *f.*

seminar ('seminɑ:) *n* seminario *m.*

semiprecious (semi'preʃəs) *adj* semiprezioso.

semiquaver (semi'kweivə) *n* semicroma *f.*

semivowel ('semivauəl) *n* semivocale *f.*

semolina (seməli:nə) *n* semolino *m.*

senate ('senət) *n* senato *m.* **senator** *n* senatore *m.*

send* (send) *vt* mandare, inviare, spedire. **send for** far venire.

Senegal (seni'gɔ:l) *n* Senegag-

lia *f.* **senegalese** *adj,n* senegalese.

senile ('si:nail) *adj* senile.

senior ('si:niə) *adj* **1** maggiore, più anziano. **2** principale. *n* seniore, maggiore *m.*

sensation (sen'seiʃən) *n* sensazione, impressione *f.* **sensational** *adj* sensazionale.

sense (sens) *n* **1** senso *m.* **2** facoltà *f.* **sense of humour** senso dell'umorismo. ~*vt* indovinare. **senseless** *adj* **1** assurdo, stupido. **2** senza conoscenza.

sensible ('sensəbəl) *adj* **1** ragionevole, saggio. **2** sensibile. **sensibility** *n* sensibilità *f.*

sensitive ('sensitiv) *adj* **1** sensibile, sensitivo. **2** impressionabile. **sensitivity** *n* sensitività *f.*

sensual ('senʃuəl) *adj* sensuale, carnale. **sensuality** *n* sensualità, voluttà *f.*

sensuous ('senʃuəs) *adj* sensuoso, sensuale.

sentence ('sentəns) *n* **1** *gram* frase *f.* **2** *law* sentenza, condanna *f. vt* condannare.

sentiment ('sentimənt) *n* **1** sentimento *m.* **2** idea, opinione *f.* **sentimental** *adj* sentimentale.

sentry ('sentri) *n* sentinella, guardia *f.*

separate (*v* 'sepəreit; *adj* 'seprit) *vt* separare, dividere. *vi* separarsi, dividersi. *adj* separato, diviso, distinto. **separation** *n* separazione, divisione *f.*

September (sep'tembə) *n* settembre *m.*

septet (sep'tet) *n* settimino *m.*

septic ('septik) *adj* settico.

sequel ('si:kwəl) n seguito m. conseguenza f.

sequence ('si:kwəns) n successione f. serie f invar.

sequin ('si:kwin) n lustrino m.

serenade (serə'neid) n serenata f.

serene (si'ri:n) adj calmo, sereno, tranquillo. **serenity** n serenità, tranquillità f.

serf (sə:f) n servo della gleba, schiavo m.

sergeant ('sa:dʒənt) n sergente m. **sergeant major** n sergente maggiore m.

serial ('siəriəl) n romanzo or film a puntate m. **serialize** vt pubblicare a puntate.

series ('siəri:z) n 1 successione f. seguito m. 2 serie f invar.

serious ('siəriəs) adj grave, serio. **seriousness** n gravità f.

sermon ('sə:mən) n predica f. sermone m.

serpent ('sə:pənt) n serpente m.

serrated (sə'raitid) adj dentellato.

serve (sə:v) vt,vi 1 servire. 2 sport mandare. 3 portare. **servant** n domestico, servo m. **service** ('sə:vis) n 1 servizio m. 2 impiego m. 3 utilità f. 4 servigio m. 5 rel ufficio divino. vt mettere in ordine, aggiustare. **service station** n stazione di servizio f.

serviette (sə:vi'et) n tovagliolo m.

servile ('sə:vail) adj servile.

session ('seʃən) n sessione, seduta f.

set* (set) vt 1 mettere, porre. 2 dare. 3 regolare. 4 ridurre. 5 stabilire. 6 montare. 7 as-

segnare. vi 1 rapprendersi. 2 (of the sun) tramontare. **set about** mettersi a. **set out** partire. ~n 1 collezione f. serie f invar. 2 (television, etc.) apparecchio m. 3 (of hair) messa in piega f. adj 1 fisso. 2 posto. 3 regolare. **setback** n 1 regresso m. 2 med ricaduta f. **setting** n 1 ambiente m. 2 (of the sun) tramonto m.

settee (se'ti:) n divano m.

settle ('setl) vt 1 accomodare, fissare. 2 stabilire. 3 decidere. 4 pagare. vi stabilirsi, fissarsi. **settlement** n 1 decisione f. 2 colonia f.

seven ('sevən) adj,n sette m or f. **seventh** adj settimo.

seventeen (sevən'ti:n) adj,n diciassette m or f. **seventeenth** adj diciassettesimo.

seventy ('sevənti) adj,n settanta m. **seventieth** adj settantesimo.

several ('sevrəl) adj 1 parecchi. 2 diversi. pron parecchi.

severe (si'viə) adj 1 severo, austero. 2 duro, rigido. **severity** n severità f.

sew* (sou) vt,vi cucire. **sewing** n cucito m. **sewing machine** n macchina da cucire f.

sewage ('su:idʒ) n fognatura, scolatura f.

sewer ('su:ə) n fogna, cloaca f.

sex (seks) n sesso m. **sexual** adj sessuale. **sexuality** n sessualità f. **sexy** adj sexy invar.

sextet (seks'tet) n sestetto m.

shabby ('ʃæbi) adj 1 trasandato, mal vestito. 2 malconcio. 3 meschino, gretto.

shack (ʃæk) n capanna f.

shade (ʃeid) n 1 ombra, oscurità f. **2** gradazione f. vt **1** ombreggiare, oscurare. **2** proteggere, parare. **shading** n sfumatura f.

shadow ('ʃædou) n ombra, riflessione f. vt **1** ombreggiare, oscurare. **2** sorvegliare, spiare. **shadow cabinet** n gruppo di ministri dell'opposizione m.

shaft (ʃɑːft) n **1** asta f. **2** raggio m. **3** tech asse m.

shaggy ('ʃægi) adj peloso, irsuto, ispido.

shake* (ʃeik) vt **1** scuotere, agitare. **2** scrollare. **3** stringere. vi tremolare, vacillare, agitarsi. n scossa f. urto, tremito m.

shall* (ʃəl; stressed ʃæl) v mod aux **1** dovere. **2** expressed by the future tense.

shallot (ʃə'lɔt) n scalogno m.

shallow ('ʃælou) adj **1** basso. **2** superficiale, leggero. n bassofondo m.

sham (ʃæm) n finzione, simulazione f. inganno m. adj finto, falso. vt fingere, simulare.

shame (ʃeim) n vergogna, ignominia, onta f. **what a shame!** che peccato! ~vt svergognare. **shamefaced** adj vergognoso, timido.

shampoo (ʃæm'puː) n shampoo m invar.

shamrock ('ʃæmrɔk) n trifoglio d'Irlanda m.

shandy ('ʃændi) n bibita fatta di birra e di limonata f.

shanty [1] ('ʃænti) n capanna f.

shanty [2] ('ʃænti) n (song) canzone marinaresca f.

shape (ʃeip) n forma, figura f. vt **1** formare. **2** modellare. **3**

dirigere, concepire. **shapeless** adj informe.

share (ʃɛə) n **1** parte, porzione, quota f. **2** comm azione f. vt **1** dividere. **2** condividere. vi partecipare. **shareholder** n azionista m.

shark (ʃɑːk) n zool pescecane m.

sharp (ʃɑːp) adj **1** acuto, affilato. **2** penetrante, furbo. **3** piccante. **4** aspro, severo. adv pronto. n mus diesis m. **sharp-sighted** adj di vista acuta. **sharpen** vt **1** appuntare, affilare. **2** eccitare.

shatter ('ʃætə) vt **1** fracassare, spezzare. **2** distruggere.

shave (ʃeiv) vt fare la barba a. vi farsi la barba. n rasatura f.

shawl (ʃɔːl) n scialle m.

she (ʃiː) pron 3rd pers s lei, ella f.

sheaf (ʃiːf) n, pl **sheaves** covone, fascio m.

shear* (ʃiə) vt tosare. **shears** n pl cesoie f pl.

sheath (ʃiːθ) n guaina f. fodero, astuccio m. **sheathe** vt ringuainare, foderare.

shed [1] (ʃed) n rimessa, tettoia f. capannone m.

shed* [2] (ʃed) vt versare, spargere, perdere.

sheen (ʃiːn) n lustro, splendore m.

sheep (ʃiːp) n invar pecora f. **sheepdog** n cane pastore m. **sheepish** adj timido, goffo. **sheepskin** n pelle di pecora f.

sheer [1] (ʃiə) adj **1** puro, semplice. **2** a piombo invar. perpendicolare. **3** diafano. adv perpendicolarmente.

sheer [2] (ʃiə) vi cambiare rotta.

sheet (ʃiːt) n **1** le... (of paper) foglio m. ... m. **2** ...al, etc.) lastra f. ...met-

sheikh (ʃeik) n sceicco ...

shelf (ʃelf) n, pl **shelves** fale m. mensola f. **shelf-li...** durata di conservazione f.

shell (ʃel) n **1** conchiglia f. gus-cio m. **2** involucro m. **3** mil proiettile, bossolo m. vt **1** sgus-ciare. **2** mil bombardare.

shellfish n mollusco, cros-taceo, frutto di mare m.

shelter ('ʃeltə) n riparo, ricovero m. vt riparare.

shelve (ʃelv) vt **1** mettere su scaffali, archiviare. **2** mettere da parte, differire.

shepherd ('ʃepəd) n pastore m. **shepherdess** n pastorella f.

sherbet ('ʃəːbət) n sorbetto m.

sheriff ('ʃerif) n sceriffo m.

sherry ('ʃeri) n sherry, vino di Xeres m.

shield (ʃiːld) n **1** scudo m. **2** riparo m. vt riparare.

shift (ʃift) n **1** spostamento m. sostituzione f. **2** turno m. vt spostare. vi sostituirsi. **shifty** adj furtivo, equivoco.

shilling ('ʃiliŋ) n scellino m.

shimmer ('ʃimə) n luccichio m. vi luccicare.

shin (ʃin) n stinco m. tibia f.

shine* (ʃain) vt lucidare. vi brillare, risplendere. n bril-lantezza, luce f.

ship (ʃip) n nave, imbarcazione f. vt **1** inviare, spedire. **2** im-barcare. **shipment** n **1** carico m. **2** consegna f. **shipshape** adj,adv a posto, in ordine. **shipwreck** n naufragio m. **shipyard** n cantiere navale m.

shirk (ʃəːk) vt evitare.

shirt (ʃəːt) n camicia f.

shit (ʃit) n tab merda f.

shiver ('ʃivə) n tremolio, brivido m. vi tremare, rab-brividire.

shock¹ (ʃɔk) n **1** urto, impatto m. **2** spavento m. impressione f. vt spaventare, impressionare. **shock absorber** n ammortiz-tore m. **shocking** adj ter-..le.

..² (ʃɔk) n (of hair) zazzera

sho...

shoe ('ʃɔdi) adj scadente.

f. vt fe...) scarpa, calzatura inga f. ... n str-laio m. **shoelace** n calzo-**shoemaker** n calzoler-ia f. **shop** n calzoler-

shone (ʃɔn) v se... **shine.**

shook (ʃuk) v see **shake.**

shoot* (ʃuːt) vt **1** lanciare, tirare. **2** fucilare. **3** (film) girare. vi **1** tirare. **2** cacciare. **3** crescere, germinare. n **1** bot rampollo m. **2** caccia f. **shooting** n **1** tiro m. **2** caccia f.

shop (ʃɔp) n negozio m. botte-ga f. vi fare gli acquisti. **shop assistant** n commesso m. **shop floor** n **1** fabbrica, of-ficina f. **2** gli operai che lavorano nella fabbrica m pl. **shopkeeper** n negoziante m. **shoplifter** n taccheggiatore m. **shopping** n spesa f. **shop steward** n membro della com-missione interna m. **shopwindow** n vetrina f.

shore¹ (ʃɔː) n riva, spiaggia, costa f.

shore² (ʃɔː) vt puntellare.

shorn (ʃɔːn) v see **shear.**

short (ʃɔːt) adj **1** breve, corto.

...ture) basso. **3** privo. **4**
...co. *adv* corto. *vt,vi* met-
...re in corto circuito.
shortage *n* mancanza, carenza
f. **shorten** *vt* accorciare,
ridurre. *vi* raccorciarsi.
shortly *adv* fra poco. **shorts**
n pl calzoncini *m pl*.
shortcoming ('ʃɔːtkʌmɪŋ) *n*
difetto, ostacolo *m*.
short cut *n* scorciatoia *f*. *n*
shorthand ('ʃɔːthænd) *n* crip-
stenografia *f*. **shorthand-
ist** *n* stenodattilografo *m* di
short-handed *adj*
manodopera.
shortlived ('ʃɔ...d) *adj* di
breve durata.
short-sighted *adj* miope.
short-tempered *adj* irritabile,
brusco.
short-term *adj* a breve
scadenza.
short wave *n* onda corta *f*.
shot[1] (ʃɔt) *n* **1** colpo, sparo *m*.
2 *phot* fotografia *f*. **shotgun** *n*
fucile *m*.
shot[2] (ʃɔt) *v* see **shoot**.
should (ʃəd; *stressed* ʃud) *v* see
shall.
shoulder ('ʃouldə) *n* spalla *f*.
shoulder-blade *n* scapola *f*.
shout (ʃaut) *vt,vi* gridare.
shout at rimproverare. ~*n*
grido *m*.
shove (ʃʌv) *vt,vi* spingere. *n*
spinta *f*.
shovel ('ʃʌvəl) *n* pala *f*. badile
m. *vt* spalare.
show[*] (ʃou) *vt* **1** mostrare. **2**
manifestare. **3** dimostrare. *vi*
mostrarsi. **show off** *vi* pavoneg-
giarsi, esibire. ~*n* **1** mostra *f*.
2 spettacolo *m*. **3** sembianza *f*.
4 pompa *f*. **show business**

dello spettacolo *m*.
show case *n* campionario *m*.
showdown *n* resa
show... *f*. **showdown** *n* resa
...onti *f*. **show-jumping** *n*
...corso ippico *m*. **show-
manship** *n* capacità propa-
...gandistica *f*. **showroom** *n*
...sala d'esposizione *f*.
shower ('ʃauə) *n* **1** doccia *f*. **2**
(of rain) acquazzone, rovescio
m. *vt* inondare. **showerproof**
adj impermeabile.
shrank (ʃræŋk) *v* see **shrink**.
shred (ʃred) *n* strappo,
brandello, frammento *m*. bric-
iola *f*. *vt* fare a brandelli, strac-
ciare.
shrewd (ʃruːd) *adj* accorto,
scaltro. **shrewdness** *n* ac-
cortezza, sagacia *f*.
shriek (ʃriːk) *n* grido, strillo *m*.
vi gridare, strillare.
shrill (ʃril) *adj* acuto, stridulo.
shrimp (ʃrimp) *n* gamberetto
m.
shrine (ʃrain) *n* **1** tempio, al-
tare *m*. **2** sacrario *m*.
shrink* (ʃriŋk) *vi* restringersi.
vt diminuire, raccorciare.
shrink from rifuggire da,
tirarsi indietro.
shrivel ('ʃrivəl) *vi* avvizzire,
aggrinzarsi.
shroud (ʃraud) *n* sudario *m*. *vt*
1 avvolgere. **2** celare, nascon-
dere.
Shrove Tuesday (ʃrouv) *n*
Martedì Grasso *m*.
shrub (ʃrʌb) *n* arbusto *m*.
shrubbery *n* boschetto *m*.
macchia *f*.
shrug (ʃrʌg) *vt* scrollare. *vi*
scrollare le spalle. *n* alzata *f*.
spalle *f*.
shrunk (ʃrʌŋk) *v* see **shrink**.

shudder ('ʃʌdə) *n* brivido, fremito *m*. *vi* rabbrividire, fremere.

shuffle ('ʃʌfəl) *vt* mischiare, mescolare. *vi* trascinarsi.

shun (ʃʌn) *vt* evitare, schivare.

shunt (ʃʌnt) *vt* deviare, smistare. *n* scambio *m*.

shut* (ʃʌt) *vt* chiudere, serrare. **shut down** chiudere. **shut in** rinchiudere. **shut out** escludere. ~*adj* chiuso.

shutter ('ʃʌtə) *n* imposta *f*.

shuttle ('ʃʌtəl) *n* navetta *f*.

shuttlecock ('ʃʌtəlkɔk) *n* volano *m*.

shy (ʃai) *adj* timido. *vi* esitare. **shyness** *n* timidezza *f*.

Sicily ('sisəli) *n* Sicilia *f*. **Sicilian** *adj,n* siciliano.

sick (sik) *adj* **1** ammalato, indisposto. **2** *inf* disgustato, stufo. **be sick** vomitare. **sicken** *vt* nauseare. *vi* ammalarsi. **sickening** *adj* disgustoso, nauseante. **sickness** *n* malattia *f*. malessere *m*.

side (said) *n* **1** lato, fianco *m*. **2** parte *f*. **3** bordo *m*. *adj* **1** di lato, laterale. **2** indiretto. **sideboard** *n* credenza *f*. **side effect** *n* effetto secondario *m*. **sidelight** *n* fanalino *m*. **sideline** *n* **1** attività secondaria *f*. **2** *game* fuoricampo *m*. **sideshow** *n* spettacolo secondario *m*. **sidestep** *vt* evitare. **sidetrack** *vt* distrarre. **sideways** *adv* lateralmente. **siding** *n* raccordo *m*.

sidle ('saidl) *vi* procedere con timore *or* furtivamente.

siege (si:dʒ) *n* assedio *m*.

siesta (si'estə) *n* siesta *f*.

sieve (siv) *n* setaccio *m*. *vt* setacciare.

sift (sift) *vt* stacciare, separare, distinguere.

sigh (sai) *n* sospiro *m*. *vi* sospirare.

sight (sait) *n* **1** vista *f*. **2** spettacolo *m*. *vt* avvistare, intravedere. **sightread** *vt* leggere a prima vista. **sightseeing** *n* giro turistico *m*.

sign (sain) *n* **1** segno, cenno *m*. **2** indizio *m*. traccia *f*. **3** segnale *m*. *vt* **1** firmare, sottoscrivere. **signpost** *n* indicatore stradale *m*.

signal ('signl) *n* segnale *m*. *vi* segnalare, fare segnalazioni.

signature ('signətʃə) *n* firma *f*.

signify ('signifai) *vt* significare. **significance** *n* significato *m*. **significant** *adj* significativo, importante.

silence ('sailəns) *n* silenzio *m*. quiete *f*. *vt* ridurre al silenzio. **silencer** *n* silenziatore *m*. **silent** *adj* silenzioso, taciturno.

silhouette (silu:'et) *n* profilo *m*. sagoma *f*. *vt* profilare.

silicon ('silikən) *n* silicio *m*. **silicon chip** *n* chip di silicio *m*.

silk (silk) *n* seta *f*. *adj* di seta. **silkworm** *n* baco da seta *m*.

sill (sil) *n* **1** soglia *f*. **2** (of a window) davanzale *m*.

silly ('sili) *adj* sciocco, stupido.

silt (silt) *n* limo *m*. sedimenti *m pl*.

silver ('silvə) *n* argento *m*. *adj* argenteo, d'argento.

similar ('similə) *adj* **1** simile. **2** pari. **similarity** *n* somiglianza *f*.

simile ('simili) *n* similitudine *f*.

simmer ('sɪmə) vt bollire lentamente. vi ribollire. **simmer down** calmarsi.

simple ('sɪmpəl) adj semplice.
simple-minded adj ingenuo.
simplicity n semplicità f.
simplify vt semplificare.
simply adv semplicemente, assolutamente.

simultaneous (sɪməl'teɪnɪəs) adj simultaneo.

sin (sɪn) n peccato m. colpa f. vi peccare.

since (sɪns) adv da allora, dopo. prep da quando. conj **1** dacchè, poichè. **2** da quando.

sincere (sɪn'sɪə) adj sincero, genuino.

sinew ('sɪnjuː) n **1** anat tendine m. **2** struttura, fibra f. tendine m.

sing* (sɪŋ) vt,vi cantare. **singer** n cantante m,f.

singe (sɪndʒ) vt scottare, strinare.

single ('sɪŋgəl) adj **1** singolo, solo. **2** celibe, nubile. v **single out** scegliere, isolare. **single-handed** adj da solo, senza aiuto. **single-minded** adj schietto, semplice. **singly** adv individualmente, ad uno ad uno.

singular ('sɪŋgjulə) adj,n singolare m. **singularly** adv insolitamente, particolarmente.

sinister ('sɪnɪstə) adj sinistro.

sink* (sɪŋk) vi **1** affondare. **2** abbassarsi. vt affondare. n lavandino, acquaio m.

sinner ('sɪnə) n peccatore m.

sinus ('saɪnəs) n cavità f. seno m.

sip (sɪp) vt sorseggiare. n sorso m.

siphon ('saɪfən) n sifone m. vt sifonare.

sir (səː) n **1** signore m. **2** cap Sir m.

siren ('saɪərən) n sirena f.

sirloin ('səːlɔɪn) n lombo m.

sister ('sɪstə) n **1** sorella f. **2** rel suora. **3** med infermiera f. **sisterhood** n sorellanza f. **sister-in-law** n cognata f.

sit* (sɪt) vi **1** sedere, sedersi. **2** posare. vt far sedere. **sit down** accomodarsi. **sit-in** n sit-in m. **sitting** n **1** seduta, adunanza f. **2** phot seduta di posa f. **sitting room** n salotto m.

site (saɪt) n sito, luogo m. vt situare.

situation (sɪtju'eɪʃən) n **1** situazione f. **2** posto, lavoro m.

six (sɪks) adj,n sei m or f.
sixth adj sesto.

sixteen (sɪks'tiːn) adj,n sedici m or f. **sixteenth** adj sedicesimo.

sixty ('sɪksti) adj,n sessanta m or f. **sixtieth** adj sessantesimo.

size (saɪz) n **1** misura f. **2** grandezza f. v **size up** misurare la capacità di.

sizzle ('sɪzəl) vi sfrigolare. n sfrigolio m.

skate[1] (skeɪt) n pattino m. vi pattinare. **skating** n pattinaggio m.

skate[2] (skeɪt) n zool razza f.

skeleton ('skelətn) n **1** scheletro m. **2** telaio m. **3** schema m.

sketch (sketʃ) n **1** bozzetto m. **2** Th scenetta f. vt abbozzare.

skewer ('skjuə) n spiedo m.

ski (skiː) n sci m invar. vi sciare. **skiing** n sci m. **ski-lift** n sciovia f.

skid (skid) n slittamento m. vi
slittare.

skill (skil) n abilità f. **skilful**
adj pratico, abile.

skim (skim) vt **1** schiumare,
scremare. **2** sfiorare. **skim
through** scorrere rapida-
mente.

skimp (skimp) vi fare
economie. **skimpy** adj scarso.

skin (skin) n **1** pelle f. **2** (rind)
buccia f. vt scorticare. **skin-
diving** n immersione senza
scafandro f. **skin-tight** adj
aderente. **skinny** adj magro,
ossuto.

skip (skip) n balzo, saltello m.
vi saltellare. vt omettere.

skipper ('skipə) n capitano m.

skirmish ('skə:miʃ) n scher-
maglia f.

skirt (skə:t) n sottana, gonna f.
vt rasentare.

skittle ('skitl) n birillo m.

skull (skʌl) n cranio, teschio m.

skunk (skʌŋk) n moffetta f.

sky (skai) n cielo m. **sky-high**
adv alle stelle. **skylark** n al-
lodola f. **skyline** n orizzonte
m. **skyscraper** n grattacielo
m.

slab (slæb) n lastra, piastra f.

slack (slæk) adj **1** fiacco, in-
erte. **2** lento. **3** negligente. n
imbando m. **slacken** vt ral-
lentare, ridurre. vi rallentarsi.

slacks (slæks) n pl pantaloni m
pl.

slalom ('slɑ:ləm) n slalom m.

slam (slæm) vt,vi sbattere. n
sbattuta f.

slander ('slændə) n calunnia f,
diffamazione f. vt diffamare.

slang (slæŋ) n gergo m.

slant (slɑ:nt) vi inclinarsi. vt
inclinare. n inclinazione f.

slap (slæp) n schiaffo m. vt
schiaffeggiare, dare pacche a.
slapdash adj noncurante. adv
senza riguardi. **slapstick** n
commedia grossolana f.

slash (slæʃ) vt **1** tagliare,
sfregiare. **2** ridurre. n taglio,
spacco m.

slat (slæt) n assicella, stecca f.

slate (sleit) n **1** ardesia f. **2**
lavagna f. **3** tegola f.

slaughter ('slɔ:tə) n macello,
massacro m. vt macellare.
slaughterhouse n mattatoio
m.

slave (sleiv) n schiavo m.

sledge (sledʒ) n slitta f.

sledgehammer ('sledʒhæmə) n
mazza f. maglio m.

sleek (sli:k) adj liscio, lustro.

sleep* (sli:p) vi dormire. n son-
no, riposo m. **sleeper** n (rail-
way) traversina f. **sleeping-
bag** n sacco a pelo m. **sleep-
ing-car** n vagone letto m.
sleeping-pill n sonnifero m.
sleepwalking n sonnambulis-
mo m. **sleepy** adj assonnato.
feel sleepy avere sonno.

sleet (sli:t) n nevischio m. v imp
nevischiare.

sleeve (sli:v) n **1** manica f. **2**
(of a record) copertina f.

sleigh (slei) n slitta f.

slender ('slendə) adj esile, snel-
lo.

slept (slept) v see **sleep.**

slice (slais) n fetta, porzione f.
vt affettare.

slick (slik) adj liscio, disinvolto.

slide* (slaid) vi scivolare, scor-
rere. vt far scorrere. n **1** scivo-
lata f. **2** scivolo m. **3** phot

diapositiva *f*. **slide rule** *n* regolo calcolatore *m*.

slight (slait) *adj* esile. *vt* disdegnare. *n* affronto *m*. **slightly** *adv* leggermente, un po'.

slim (slim) *adj* smilzo, snello. *vi* dimagrire.

slime (slaim) *n* fanghiglia *f*.

sling* (sliŋ) *vt* scagliare. *n* **1** fionda *f*. **2** med fascia *f*.

slink* (sliŋk) *vi* strisciare, camminare furtivamente.

slip[1] (slip) *vt,vi* scivolare. *n* **1** scivolata *f*. **2** passo falso *m*. **3** federa *f*. **4** sottoveste *m*. **slippery** *adj* scivoloso, viscido.

slip[2] (slip) *n* (cutting) ritaglio *m*.

slipper ('slipə) *n* pantofola *f*.

slit* (slit) *n* taglio *m*. fessura *f*. *vt* tagliare, fendere.

slobber ('slobə) *n* bava *f*. *vi* sbavare.

slog (slɔg) *vi* sgobbare.

slogan ('slougən) *n* motto *m*.

slop (slɔp) *vt* schizzare. **slops** *n* cibi liquidi *m pl*.

slope (sloup) *n* pendio *m*. china *f*. *vi* pendere, inclinarsi.

sloppy ('slɔpi) *adj* **1** trascurato. **2** *sl* sdolcinato.

slot (slɔt) *n* fessura, scanalatura *f*.

slouch (slautʃ) *vi* ciondolare.

slovenly ('slʌvənli) *adj* sciatto.

slow (slou) *adj* **1** lento. **2** tardo. **3** (of a clock) indietro. *adv* piano, adagio. *v* **slow down** rallentare.

slug (slʌg) *n* zool lumaca *f*. **sluggish** *adj* indolente, tardo.

sluice (slu:s) *n* chiusa *f*.

slum (slʌm) *n* **1** catapecchia *f*. **2** *pl* quartieri poveri *m pl*.

slumber ('slʌmbə) *vi* dormire pacificamente. *n* dormita *f*.

slump (slʌmp) *n comm* caduta dei prezzi *f*. ribasso *m*. *vi* **1** subire un tracollo. **2** lasciarsi andare.

slung (slʌŋ) *v see* **sling**.

slur (slə:) *vt* biascicare. *n* **1** macchia *f*. **2** *mus* legatura *f*.

slush (slʌʃ) *n* fanghiglia *f*.

sly (slai) *adj* astuto, malizioso, sornine.

smack[1] (smæk) *n* gusto, sapore *m*. *v* **smack of** sapere di.

smack[2] (smæk) *vt* schiaffeggiare, schioccare. *n* schiaffo, schiocco *m*. *adv inf* in pieno.

small (smɔ:l) *adj* piccolo, basso. **smallholding** *n* piccola fattoria *f*. **small-minded** *adj* meschino. **smallpox** *n* vaiolo *m*.

smart (smɑ:t) *adj* **1** furbo. **2** elegante. **3** svelto. *vi* dolere. **smarten** *vt* abbellire, ravvivare. **smarten up** ravvivarsi.

smash (smæʃ) *vt* fracassare, rovinare. *n* **1** fracasso *m*. **2** disastro *m*. **3** scontro *m*.

smear (smiə) *vt* **1** macchiare. **2** spalmare. *n* macchia *f*.

smell* (smel) *n* **1** odore *m*. **2** (sense of) odorato *m*. *vt* sentire l'odore di, fiutare. *vi* sentire.

smile (smail) *vi* sorridere. *n* sorriso *m*.

smirk (smə:k) *vi* sorridere con affettazione. *n* sorriso affettato *m*.

smock (smɔk) *n* grembiule *m*.

smog (smɔg) *n* smog *m*.

smoke (smouk) *n* fumo *m*. *vt,vi* fumare.

smooth (smu:ð) *adj* **1** liscio. **2** facile. *vt* lisciare, appianare.

smother ('smʌðə) *vt,vi* soffocare.

smoulder ('smouldə) *vi* bruciare lentamente.

smudge (smʌdʒ) *n* macchia *f.* scarabocchio *m. vt* macchiare.

smug (smʌg) *adj* soddisfatto.

smuggle ('smʌgəl) *vt* contrabbandare. **smuggler** *n* contrabbandiere *m.* **smuggling** *n* contrabbando *m.*

snack (snæk) *n* spuntino *m.* **snack-bar** *n* tavola calda *f.*

snag (snæg) *n* ostacolo, intoppo *m.*

snail (sneil) *n* chiocciola *f.*

snake (sneik) *n* serpe *f.* serpente *m.*

snap (snæp) *vt,vi* schioccare. *n* schiocco *m. adj* improvvisa.

snapshot *n* istantanea *f.*

snarl (snɑ:l) *vt* aggrovigliare. *n* intrico, imbroglio *m.*

snatch (snætʃ) *n* **1** rapimento *m.* **2** tentativo di prendere *m.* **3** brandello, pezzo *m. vt* afferrare, carpire.

sneak (sni:k) *n* spione *m.*

sneer (sniə) *vi* ghignare. *n* ghigno *m.*

sneeze (sni:z) *vi* sternutire. *n* sternuto *m.*

sniff (snif) *vt,vi* fiutare, annusare. *n* annusata *f.*

snip (snip) *n* forbiciata *f.* ritaglio *m. vi* fare tagli.

snipe (snaip) *n* beccaccino *m.*

snivel ('snivəl) *vi* frignare.

snob (snɔb) *n* snob *m invar.*

snooker ('snu:kə) *n* gioco di biliardo *m.*

snoop (snu:p) *vi* curiosare.

snooty ('snu:ti) *adj* altezzoso.

snooze (snu:z) *vi* sonnecchiare. *n* pisolino *m.*

snore (snɔ:) *vi* russare. *n* russare *m.*

snort (snɔ:t) *n* sbuffata *f. vi* sbuffare.

snout (snaut) *n* muso, grugno *m.*

snow (snou) *n* neve *f. v imp* nevicare. **snowball** *n* palla di neve *f.* **snowdrift** *n* cumulo di neve *m.* **snowdrop** *n* bucaneve *m invar.* **snowflake** *n* fiocco di neve *m.* **snowman** *n* fantoccio di neve *m.* **snowplough** *n* spazzaneve *m.* **snowstorm** *n* tormenta di neve *f.*

snub (snʌb) *vt* fare un affronto a. *n* affronto *m. adj* camuso.

snuff (snʌf) *n* tabacco da fiuto *m.*

snug (snʌg) *adj* comodo, intimo.

snuggle ('snʌgəl) *vi* rannicchiarsi, accoccolarsi.

so (sou) *adv* **1** così, talmente. **2** anche. **and so on** e così via. **so many** tanti. **so what?** e allora? ~*conj* quindi, perciò. **so-and-so** *pron* un tale. **so-called** *adj* cosiddetto. **so-so** *adv* così così.

soak (souk) *vt* bagnare, inzuppare. *n* bagno *m.*

soap (soup) *n* sapone *m.* **soap powder** *n* detersivo *m.*

soar (sɔ:) *vi* librarsi, veleggiare.

sob (sɔb) *n* singhiozzo, singulto *m. vi* singhiozzare.

sober ('soubə) *adj* sobrio, lucido. *v* **sober up** smaltire una sbornia.

social ('souʃəl) *adj* sociale, socievole. **sociable** *adj* socievole, affabile. **socialism** n socialismo m. **socialist** n socialista m. **society** n 1 società f. 2 comunità, compagnia f. **sociology** n sociologia f.

sock[1] (sok) n calza f. calzino m.

sock[2] (sok) sl vt percuotere, colpire. n pugno m. percossa f.

socket ('sokit) n 1 incavo m. 2 (electric) presa f. 3 anat orbita f.

soda ('soudə) n soda f. **soda-water** n acqua di selz f. selz m invar.

sofa ('soufə) n sofà, divano m.

soft (soft) adj soffice, tenero, tenue. **soften** vt ammorbidire. vi placarsi, intenerirsi. **soft-hearted** adj compassionevole. **softly** adv dolcemente.

soggy ('sogi) adj fradicio, inzuppato.

soil[1] (soil) n terreno m. terra f.

soil[2] (soil) vt insudiciare, sporcare.

solar ('soulə) adj solare. **solar plexus** n plesso solare m.

sold (sould) v see **sell**.

solder ('soldə) n lega per saldatura f. vt saldare.

soldier ('souldʒə) n soldato, militare m.

sole[1] (soul) adj solo, unico.

sole[2] (soul) n 1 anat pianta del piede f. 2 suola f. vt risuolare.

sole[3] (soul) n zool sogliola f.

solemn ('soləm) adj solenne, grave.

solicitor (sə'lisitə) n avvocato, procuratore legale m.

solid ('solid) adj 1 solido, massiccio. 2 posato. **solidarity** n

solidarietà f. **solidify** vt solidificare. vi solidificarsi.

solitary ('solitri) adj 1 solitario, isolato. 2 unico, solo.

solitude ('solitjuːd) n solitudine f. isolamento m.

solo ('soulou) n assolo m. **soloist** n solista m.

solstice ('solstis) n solstizio m.

soluble ('soljubəl) adj 1 solubile. 2 risolvibile.

solution (sə'luːʃən) n 1 risoluzione f. 2 sci soluzione f.

solve (solv) vt risolvere, chiarire, sciogliere, spiegare. **solvent** adj,n solvente m.

sombre ('sombə) adj tetro, triste, fosco.

some (sʌm) adj 1 qualche, alcuni, dei. 2 un po' di, del. pron 1 alcuni. 2 ne, un po'. adv circa. **somebody** pron qualcuno. **somehow** adv in qualche modo, in un modo o nell'altro. **someone** pron qualcuno. **something** pron qualche cosa. **sometime** adv un tempo, un giorno o l'altro, presto o tardi. **sometimes** adv qualche volta, talvolta, a volte, di quando in quando. **somewhat** adv piuttosto, un po'. **somewhere** adv qualche posto or luogo.

somersault ('sʌməsɔːlt) n capriola f. salto mortale m. vi fare salti mortali.

son (sʌn) n figlio, figliolo m. **son-in-law** n genero m.

sonata (sə'nɑːtə) n sonata f.

song (soŋ) n canzone f. canto m.

sonic ('sonik) adj sonico.

sonnet ('sonit) n sonetto m.

soon (suːn) adv presto, tosto,

tra poco. **as soon as** non appena. **the sooner the better** prima è meglio è.

soot (sut) *n* fuliggine *f*.

soothe (su:ð) *vt* calmare, placare, lenire. **soothing** *adj* calmante, riposante.

sophisticated (sə'fistikeitid) *adj* sofisticato, raffinato.

soprano (sə'prɑːnou) *n* soprano *m,f*.

sorbet ('sɔːbit) *n* sorbetto *m*.

sordid ('sɔːdid) *adj* sordido, gretto.

sore (sɔː) *adj* **1** addolorato. **2** irritato, offeso. *n* piaga, ulcera *f*. **soreness** *n* dolore *m*.

sorrow ('sɔrou) *n* **1** dispiacere, dolore *m*. **2** rincrescimento *m*. **sorrowful** *adj* addolorato.

sorry ('sɔri) *adj* **1** spiacente, dolente. **be sorry** dispiacersi. ~*interj* scusate!

sort (sɔːt) *n* **1** sorta *f*. genere *m*. **2** modo *m*. maniera *f*. **out of sorts** giù di giri. ~*vt* classificare, scegliere.

soufflé ('suːflei) *n* soufflé, sformato *m*.

sought (sɔːt) *v* see **seek**.

soul (soul) *n* **1** anima *f*. **2** creatura *f*. **not a soul** nessuno. **soul-destroying** *adj* struggente. **soulful** *adj* sentimentale, pieno di sentimento.

sound[1] (saund) *n* rumore, suono *m*. *vi,vi* suonare. **sound-proof** *adj* **1** isolato acusticamente. **2** fonoassorbente.

sound[2] (saund) *adj* **1** giusto, logico. **2** solido, in buona condizione.

sound[3] (saund) *vt* sondare, scandagliare.

soup (suːp) *n* zuppa, minestra *f*. brodo *m*.

sour (sauə) *adj* **1** acido, acerbo, stizzoso. **2** aspro.

source (sɔːs) *n* fonte, sorgente, origine *f*.

south (sauθ) *n* sud, mezzogiorno *m*. *adj* del sud, meridionale. **southerly** *adj* del sud, meridionale. **southern** *adj* del sud, del meridione.

south-east *n* sud-est *m*.

south-west *n* sud-ovest *m*.

South Africa *n* Africa del Sud *f*. **South African** *adj,n* sud-africano.

South America *n* America del Sud *f*. **South American** *adj,n* sud-americano.

South Pole *n* polo sud *m*.

souvenir (suːvə'niə) *n* ricordo *m*.

sovereign ('sɔvrin) *n* **1** sovrano *m*. re *m invar*. **2** *comm* sterlina, moneta d'oro *f*. *adj* sovrano. **sovereignty** *n* sovranità *f*.

Soviet Union ('souviət) *n* Unione Sovietica *f*.

sow[*1] (sou) *vt* seminare, spargere, piantare.

sow[2] (sau) *n* scrofa *f*.

soya bean ('sɔiə) *n* soia *f*.

spa (spɑː) *n* sorgente minerale, stazione termale *f*.

space (speis) *n* spazio *m*. *vt* spaziare, disporre ad intervalli. **spaceman** *n* astronauta *m*. **spaceship** *n* astronave *f*. **spacious** *adj* spazioso, ampio. **spaciousness** *n* spazio *m*.

spade[1] (speid) *n* vanga *f*. badile *m*.

spade[2] (speid) *n game* picche *f pl*.

Spain (spein) *n* Spagna *f*.

Spaniard *nm* spagnolo *m*.
Spanish *adj* spagnolo.
Spanish (language) *n* spagnolo *m*.

span[1] (spæn) *n* **1** spanna *f*. palmo *m*. **2** periodo di tempo *m*. *vt* stendersi attraverso.

span[2] (spæn) *v* see **spin**.

spaniel ('spæniəl) *n* spaniel *m*.

spank (spæŋk) *vt* sculacciare.

spanner ('spænə) *n* chiave inglese *f*.

spare (speə) *adj* **1** d'avanzo, in più, extra. **2** parco, frugale. **3** disponibile. *vt* **1** risparmiare. **2** fare a meno di.

spark (spɑːk) *n* scintilla, favilla *f*. lampo *m*. *vi* scintillare, emettere scintille. **spark off** lanciare. **spark plug** *n* candela *f*.

sparkle ('spɑːkəl) *n* bagliore *m*. scintilla *f*. *vi* emettere scintille, risplendere.

sparrow ('spærou) *n* passero *m*.

sparse (spɑːs) *adj* rado, sparso.

spasm ('spæzəm) *n* spasmo, spasimo *m*. contrazione *f*. **spastic** *adj* spastico.

spat (spæt) *v* see **spit**.

spatial ('speiʃəl) *adj* spaziale.

spatula ('spætjulə) *n* spatula *f*.

spawn (spɔːn) *n* uova *f pl*. *vt,vi* deporre.

speak* (spiːk) *vi* parlare. *vt* esprimere, pronunciare. **speak out** parlare francamente. **speak up** alzare la voce.

spear (spiə) *n* lancia, asta, fiocina *f*. *vt* fiocinare, trafiggere.

special ('speʃəl) *adj* **1** speciale, particolare. **2** straordinario.

specialist *n* specialista *m*. **speciality** *n* specialità *f*. **specialize** *vi* specializzarsi.

species ('spiːʃiːz) *n* specie *f invar*. genere, tipo *m*.

specify ('spesifai) *vt* specificare, precisare. **specific** *adj* specifico, particolare.

specimen ('spesimən) *n* campione, modello, esemplare *m*.

speck (spek) *n* granello, punto *m*. macchiolina *f*. *vt* macchiare, chiazzare.

spectacle ('spektəkəl) *n* **1** spettacolo *m*. vista *f*. **2** *pl* occhiali *m pl*. **spectacular** *adj* spettacolare, spettacoloso.

spectator (spek'teitə) *n* spettatore *m*.

spectrum ('spektrəm) *n* spettro *m*.

speculate ('spekjuleit) *vi* **1** meditare, considerare. **2** *comm* speculare. **speculation** *n* speculazione *f*. **speculator** *n* speculatore *m*.

speech (spiːtʃ) *n* **1** discorso *m*. orazione *f*. **2** favella *f*.

speed* (spiːd) *n* velocità, rapidità, sveltezza *f*. *vi* affrettarsi. **speedboat** *n* motoscafo veloce *m*.

spell*[1] (spel) *vt,vi* sillabare, compitare.

spell[2] (spel) *n* fascino, incantesimo *m*. magia *f*. **spellbound** *adj* incantato, affascinato.

spell[3] (spel) *n* periodo, intervallo *m*.

spend* (spend) *vt* **1** spendere, sborsare. **2** passare, trascorrere. **3** impiegare. *vi* spendere. **spendthrift** *adj,n* prodigo *m*.

sperm (spəːm) *n* sperma *m*.

sphere (sfiə) *n* **1** sfera *f*. globo *m*. **2** ambiente *m*. **spherical** *adj* sferico.

spice (spais) n 1 aroma f. 2 pl
spezie f pl. vt 1 aromatizzare. 2
rendere piccante. **spicy** adj 1
piccante. 2 arguto, mordace.

spider ('spaidə) n ragno m.

spike (spaik) n 1 punta f.
aculeo m. 2 chiodo m. vt inchi-
odare.

spill* (spil) vt versare, spargere.
n caduta f.

spin* (spin) vt 1 filare. 2 far
girare. vi girare. n 1 giro m.
rotazione f. 2 gita f. **spin dri-
er** n macchina asciugatrice f.
spin-dry vt asciugare colla
centrifuga. **spinning wheel**
n filatoio m.

spinach ('spinidʒ) n spinaci m
pl.

spine (spain) n 1 spina dorsale
f. 2 spina, lisca f. 3 (of a book)
dorso m. **spineless** adj
debole.

spinster ('spinstə) n zitella, nu-
bile f.

spire[1] (spaiə) n arch guglia,
cuspide f.

spire[2] (spaiə) n spira, spirale f.

spiral adj,n spirale f. **spiral
staircase** n scala a chiocciola
f.

spirit ('spirit) n 1 spirito m.
anima f. 2 fantasma m. 3 co-
raggio m. 4 pl liquori m pl.
spiritual adj spirituale.

spit[1] (spit) vt sputare. vi (of
rain) piovigginare. n sputo m.
saliva f.

spit[2] (spit) n cul spiedo m.

spite (spait) n dispetto,
rancore, ripicco m. **in spite
of** malgrado. **out of spite**
per dispetto. —vt contrariare,
far dispetto a. **spiteful** adj
malevolo, dispettoso.

splash (splæʃ) vt schizzare,
spruzzare. vi cadere con un
tonfo. n spruzzo, schizzo m.

splendid ('splendid) adj
splendido, magnifico. **splen-
dour** n splendore, lustro m.

splint (splint) n 1 scheggia f. 2
med stecca f. **splinter** n
scheggia f. frantume m. vt,vi
frantumare.

split* (split) vt fendere, spac-
care. vi fendersi. n spaccatura,
fessura f.

splutter ('splʌtə) vt,vi barbug-
liare.

spoil* (spoil) vt 1 guastare,
rovinare, sciupare. 2 viziare.
spoil-sport n guastafeste m in-
var.

spoke[1] (spouk) n (of a wheel)
raggio m.

spoke[2] (spouk) v see **speak**.

spoken ('spoukən) v see
speak.

spokesman ('spouksmən) n
portavoce m.

sponge (spʌndʒ) n spugna f. vt
1 lavare con la spugna. 2
scroccare.

sponsor ('sponsə) n 1 garante
m. 2 padrino m. madrina f. vt
essere garante di. **sponsor-
ship** n garanzia f.

spontaneous (spon'teiniəs) adj
spontaneo, naturale.

spool (spu:l) n rocchetto m.
bobina f.

spoon (spu:n) n cucchiaio m.
spoonful n cucchiaiata f.

sport (spo:t) n 1 gioco, diverti-
mento m. 2 sport m invar.
sportsman n sportivo m.

spot (spot) n 1 luogo, posto m.
località f. 2 macchia f. vt 1
macchiare. 2 scoprire, in-

dividuare. **spotlight** n riflettore m. luce della ribalta f.

spouse (spaus) n coniuge m,f.

spout (spaut) n tubo di scarico, becco, getto m. vi **1** scaturire, zampillare. **2** declamare.

sprain (sprein) n strappo muscolare m. storta f. vt slogare, storcere.

sprang (spræŋ) v see **spring**.

sprawl (sprɔːl) vi sdraiarsi in modo scomposto.

spray[1] (sprei) n spruzzo, getto m. vt spruzzare, polverizzare.

spray[2] (sprei) n (of flowers, etc.) ramoscello, rametto m.

spread* (spred) vt **1** distendere. **2** diffondere, propagare. **3** spiegare. **4** spalmare. vi **1** stendersi. **2** diffondersi. n **1** distesa, estensione f. **2** diffusione f.

spree (spriː) n **1** baldoria f. **2** divertimento m.

sprig (sprig) n ramoscello, rametto m.

sprightly ('spraitli) adj vivace, spiritoso.

spring* (spriŋ) vi **1** nascere, sorgere, provenire. **2** balzare, scaturire. n **1** fonte, sorgente f. **2** primavera f. **3** molla f. **4** salto m. **springboard** n trampolino m. **spring-clean** vt pulire accuratamente. **spring onion** n cipollina f. **springtime** n primavera f.

sprinkle ('spriŋkəl) vt spruzzare, spargere. n spruzzatina f. **sprinkling** n infarinatura f.

sprint (sprint) vi correre velocemente. n corsa breve f. scatto m.

sprout (spraut) vi germogliare. n germoglio m.

sprung (sprʌŋ) v see **spring**.

spun (spʌn) v see **spin**.

spur (spəː) n sperone, sprone m. vt incitare, stimolare, spronare.

spurt (spəːt) n **1** getto m. **2** breve sforzo m. vt,vi spruzzare.

spy (spai) n spia f. vi spiare, fare la spia.

squabble ('skwɔbəl) n bisticcio m. lite f. vi bisticciarsi, accapigliarsi.

squad (skwɔd) n squadra f. plotone m.

squadron ('skwɔdrən) n **1** mil squadrone m. **2** naut,aviat squadriglia f.

squalid ('skwɔlid) adj misero, squallido.

squander ('skwɔndə) vt sprecare, scialacquare, dissipare.

square (skwɛə) adj **1** quadrato. **2** giusto, preciso. **3** inf all'antica. n **1** quadrato m. **2** piazza f. vt quadrare. adv chiaro e tondo. **square root** n radice quadrata f.

squash (skwɔʃ) n **1** spremuta f. **2** sport squash m. vt **1** schiacciare, spremere. **2** umiliare.

squat (skwɔt) adj tarchiato, tozzo. vi **1** rannicchiarsi, accovacciarsi. **2** occupare abusivamente.

squawk (skwɔːk) vi emettere un grido rauco. n grido rauco m.

squeak (skwiːk) n grido acuto m. vi strillare acutamente, guaire.

squeal (skwiːl) n strillo m. vi strillare.

squeamish ('skwi:miʃ) *adj* schizzinoso.

squeeze (skwi:z) *vt* spremere, stringere, comprimere, strizzare. *n* stretta, spremitura, compressione *f*.

squid (skwid) *n* seppia *f*. calamaro *m*.

squiggle ('skwigəl) *n* scarabocchio *m*.

squint (skwint) *vi* **1** essere strabico. **2** guardare obliquamente. *n* strabismo *m*. *adj* strabico.

squire ('skwaiə) *n* gentiluomo, proprietario di terre *m*.

squirm (skwə:m) *vi* **1** imbarazzarsi. **2** contorcersi.

squirrel ('skwirəl) *n* scoiattolo *m*.

squirt (skwə:t) *vt* spruzzare, schizzare. *n* schizzetto *m*.

stab (stæb) *n* pugnalata, coltellata *f*. *vt* pugnalare, accoltellare.

stabilize ('steibəlaiz) *vt* stabilizzare. *vi* stabilizzarsi.

stable[1] ('steibəl) *n* stalla, scuderia *f*.

stable[2] ('steibəl) *adj* stabile, permanente.

stack (stæk) *n* catasta *f*. mucchio, cumulo *m*. *vt* ammucchiare, accatastare.

stadium ('steidiəm) *n* stadio *m*.

staff (stɑ:f) *n* **1** bastone *m*. **2** personale *m*. **3** *mil* stato maggiore *m*.

stag (stæg) *n* cervo *m*.

stage (steidʒ) *n* **1** palcoscenico, teatro *m*. **2** stadio *m*. **3** momento *m*. *vt* mettere in scena. **stage manager** *n* direttore di scena *m*.

stagger ('stægə) *vi* vacillare, esitare, barcollare.

stagnate (stæg'neit) *vi* ristagnare. **stagnant** *adj* stagnante, fermo, inattivo.

stain (stein) *n* macchia *f*. *vt* macchiare, colorire. **stained glass** *n* vetro istoriato *m*. vetrata a colori *f*.

stair (steə) *n* **1** scalino, gradino *m*. **2** *pl* scale *f pl*. **staircase** *n* scala, tromba delle scale *f*.

stake[1] (steik) *n* palo *m*. incudine *f*. *vt* cintare, chiudere.

stake[2] (steik) *n game* **1** scommessa *f*. **2** *pl* premio *m*. *vt* scommettere, mettere in gioco.

stale (steil) *adj* stantio, vecchio, raffermo.

stalemate ('steilmeit) *n* stallo, punto morto *m*.

stalk[1] (stɔ:k) *n* stelo, gambo *m*.

stalk[2] (stɔ:k) *vi* camminare maestosamente. *vt* inseguire.

stall[1] (stɔ:l) *n* **1** chiosco *m*. edicola, bancherella *f*. **2** *pl Th* poltrona *f*.

stall[2] (stɔ:l) *vi* **1** agire evasimente. **2** *mot* fermarsi.

stallion ('stæliən) *n* stallone *m*.

stamina ('stæminə) *n* capacità di resistenza *f*. vigore *m*.

stammer ('stæmə) *n* balbuzie *f*. balbettamento *m*. *vt,vi* balbettare.

stamp (stæmp) *n* **1** impronta *f*. **2** (on a letter, etc.) francobollo, bollo *m*. *vt* **1** incidere, imprimere. **2** timbrare.

stampede (stæm'pi:d) *n* fuga precipitosa *f*.

stand*** (stænd) *vi* **1** stare in piedi. **2** stare. **3** essere valido. *vt* sopportare. **stand out** spiccare. ~*n* **1** posizione *f*. **2**

pausa f. **3** bancarella f. chiosco m. **4** sport tribuna f. **stand-by** n scorta, riserva f. **standing** n posizione, reputazione f. adj **1** eretto. **2** fermo. **standstill** n **1** arresto m. **2** fermata f. **at a standstill** fermo.

standard ('stændəd) n **1** modello, campione m. **2** bandiera f. stendardo m. **3** livello m. qualità f. **4** base f. supporto m. adj standard invar. normale. **standard lamp** n lampada a stelo f.

stank (stæŋk) v see **stink**.

staple[1] ('steipəl) n chiodo ad U m. graffetta f.

staple[2] ('steipəl) adj principale. n prodotto principale m.

star (stɑ:) n **1** stella f. astro m. **2** Th diva f. vi Th avere il ruolo di protagonista. **starfish** n stella di mare f.

starboard ('stɑ:bəd) adj di dritta. n dritta f. tribordo m.

starch (stɑ:tʃ) n amido m. vt inamidare.

stare (stɛə) n sguardo fisso m. vi spalancare gli occhi. **stare at** fissare, sguardare.

stark (stɑ:k) adj **1** rigido. **2** completo. **3** desolato. adv interamente, completamente.

starling ('stɑ:liŋ) n storno m.

start (stɑ:t) vi **1** cominciare. **2** partire. **3** trasalire. vt **1** dare inizio a. **2** mot mettere in moto. n **1** inizio m. **2** partenza f. **3** soprassalto m. **make an early start** partire di buon'ora.

startle ('stɑ:tl) vt spaventare, allarmare.

starve (stɑ:v) vt far soffrire la fame. vi morire di fame.

state (steit) n **1** stato m. condizione, situazione f. **2** pol stato m. **3** rango m. adj di stato. vt **1** dichiarare. **2** stabilire. **3** esporre. **stately** adj signorile, maestoso. **statement** n **1** dichiarazione f. **2** rapporto, esposto m. **3** comm bilancio m.

statesman n uomo di stato, statista m. **statesmanship** n abilità politica f.

static ('stætik) adj statico.

station ('steiʃən) n **1** stazione f. **2** posto, luogo m. **3** base f. vt assegnare un posto a, collocare. **stationmaster** n capostazione m.

stationary ('steiʃənri) adj stazionario, fermo, fisso.

stationer ('steiʃənə) n cartolaio m. **stationer's shop** n cartoleria f. **stationery** n articoli di cancelleria m pl.

statistics (stə'tistiks) n **1** statistica f. **2** pl statistiche f pl. **vital statistics** misure vitali f pl.

statue ('stætju:) n statua f.

stature ('stætʃə) n statura f.

status ('steitəs) n stato m. condizione sociale f. **status symbol** n oggetto il cui possesso denota un alto stato sociale m.

statute ('stætju:t) n statuto, regolamento m. **statutory** adj statutario.

stay[1] (stei) vi fermarsi, restare, soggiornare.

stay[2] (stei) n sostegno, supporto m.

steadfast ('stedfɑ:st) adj costante, fermo, risoluto.

steady ('stedi) adj **1** fermo, saldo. **2** regolare. **3** serio, equilibrato. *vt* rafforzare, stabilizzare. *vi* stabilizzarsi.

steak (steik) *n* bistecca, fetta di carne *f*.

steal* (sti:l) *vt,vi* rubare, sottrarre.

steam (sti:m) *n* vapore *m*. *vt* cucinare a vapore. *vi* emettere vapore, fumare. **steam-engine** *n* macchina a vapore *f*. **steam-roller** *n* compressore rullo *m*. **steamship** *n* piroscafo, vapore *m*.

steel (sti:l) *n* acciaio *m*. *vt* indurire. **steel oneself** corazzarsi. **stainless steel** *n* acciaio inossidabile *m*.

steep[1] (sti:p) *adj* **1** ripido, erto. **2** *inf* esorbitante, irragionevole.

steep[2] (sti:p) *vt* immergere, inzuppare.

steeple ('sti:pəl) *n* guglia *f*. campanile *m*. **steeplechase** *n* corsa ad ostacoli *f*.

steer (stiə) *vt* **1** *mot* sterzare, manovrare. **2** dirigere. *vi* sterzare. **steering wheel** *n* volante *m*.

stem[1] (stem) *n* stelo, gambo *m*.

stem[2] (stem) *vt* arrestare, arginare.

stencil ('stensəl) *n* stampino *m*. *vt* stampinare.

step (step) *n* **1** passo *m*. **2** orma, impronta *f*. **3** gradino *m*. **4** grado, avanzamento *m*. *vi* camminare, andare, recarsi. **stepladder** *n* scala a libretto *f*. **stepping stone** *n* **1** pietra per guadare *f*. **2** trampolino *m*.

stepbrother ('stepbrʌðə) *n* fratellastro *m*.

stepdaughter ('stepdɔ:tə) *n* figliastra *f*.

stepfather ('stepfɑ:ðə) *n* patrigno *m*.

stepmother ('stepmʌðə) *n* matrigna *f*.

stepsister ('stepsistə) *n* sorellastra *f*.

stepson ('stepsʌn) *n* figliastro *m*.

stereo ('steriou) *n* stereo *m*. *adj* stereoscopico.

stereophonic (steriə'fɔnik) *adj* stereofonico.

stereotype ('steriətaip) *n* stereotipo *m*.

sterile ('sterail) *adj* sterile. **sterilize** *vt* sterilizzare.

sterling ('stə:liŋ) *adj* genuino, puro. *n* sterlina *f*.

stern[1] (stə:n) *adj* severo, rigido, rigoroso.

stern[2] (stə:n) *n* **1** *naut* poppa *f*. **2** parte posteriore, coda *f*.

stethoscope ('steθəskoup) *n* stetoscopio *m*.

stew (stju:) *n* stufato, umido *m*.

steward ('stju:əd) *n* **1** *naut* cameriere di bordo *m*. **2** dispensiere *m*. **3** intendente, amministratore *m*.

stick[1] (stik) *n* bastone *m*. bacchetta, stecca *f*.

stick*[2] (stik) *vt* **1** ficcare. **2** incollare. *vi* **1** ficcarsi. **2** attaccarsi. **stick out** tirare fuori. **stick up for** prendere le difese di. **sticky** *adj* appiccicoso, viscoso.

stiff (stif) *adj* rigido, duro. **stiffen** *vt* irrigidire, indurire, rassodare. *vi* irrigidirsi.

stifle ('staifəl) *vt* reprimere, trattenere.

stigma ('stigmə) *n,pl* **stigmata** marchio, segno, stigma *m*.

stile (stail) *n* barriera *f*.

still [1] (stil) *adj* **1** immobile, fermo. **2** silenzioso. *adv* ancora. **stillborn** *adj* nato morto. **still life** *n* natura morta *f*.

still [2] (stil) *n* alambicco *m*.

stilt (stilt) *n* trampolo *m*.

stilted ('stiltid) *adj* artificioso.

stimulate ('stimjuleit) *vt* stimolare, incitare. **stimulus** *n, pl* **stimuli** stimolo, incentivo *m*.

sting* (stiŋ) *vt,vi* pungere, colpire. *n* pungiglione *m*. puntura d'insetto *f*.

stink* (stiŋk) *vi* puzzare. *n* puzzo, fetore *m*. **stinking** *adj* puzzolente.

stint (stint) *vt* limitare, lesinare. *n* limite *m*. restrizione *f*.

stipulate ('stipjuleit) *vt* stipulare. **stipulation** *n* stipulazione *f*.

stir (stə:) *vt* mescolare, agitare. **stir up** agitare. ~*n* **1** rimescolio *m*. **2** animazione *f*.

stirrup ('stirəp) *n* staffa *f*.

stitch (stitʃ) *n* **1** punto *m*. **2** maglia *f*. **3** *med* fitta, trafitta *f*. *vt* **1** cucire. **2** *med* suturare.

stoat (stout) *n* ermellino *m*.

stock (stɔk) *n* **1** provvista *f*. rifornimento *m*. **2** razza, stirpe *f*. **3** *pl comm* titoli *m pl*. azioni *f pl*. *vt* approvvigionare, fornire. **stockbreeding** *n* allevamento di bestiame *m*. **stockbroker** *n* agente di cambio *m*. **stock exchange** *n* borsa valori *f*. **stockpile** *n* riserva, scorta *f*. *vt* accumulare. **stocktaking** *n* inventario *m*.

stocking ('stɔkiŋ) *n* calza *f*.

stocky ('stɔki) *adj* tozzo, tarchiato.

stodge (stɔdʒ) *n* cibo pesante

m. **stodgy** *adj* pesante, indigesto.

stoical ('stouikl) *adj* stoico.

stoke (stouk) *vt* **1** accudire alle caldaie. **2** alimentare, caricare. **stoker** *n* fochista *m*.

stole [1] (stoul) *v* see **steal.**

stole [2] (stoul) *n* stola *f*.

stolen ('stoulən) *v* see **steal.**

stomach ('stʌmək) *n* stomaco, ventre *m*. *vt* sopportare, digerire, tollerare. **stomach-ache** *n* mal di stomaco *m*.

stone (stoun) *n* **1** pietra, roccia *f*. sasso *m*. **2** *bot* nocciolo di frutta *m*. *vt* **1** lapidare, colpire a sassate. **2** togliere il nocciolo a.

stood (stud) *v* see **stand.**

stool (stu:l) *n* sgabello, seggiolino *m*.

stoop (stu:p) *vi* abbassarsi, chinarsi, curvarsi. *n* curvatura *f*.

stop (stɔp) *vt* **1** fermare, arrestare, cessare. **2** sospendere, smettere. **3** otturare, tamponare. *vi* fermarsi. *n* **1** sosta *f*. arresto *m*. **2** (bus) fermata *f*. **stopgap** *n* palliativo *m*. **stoppage** *n* **1** blocco *m*. ostruzione *f*. **2** pausa, interruzione *f*. **stopper** *n* turacciolo, tappo *m*. **stopwatch** *n* cronometro *m*.

store (stɔ:) *n* **1** negozio, magazzino *m*. **2** provvista, scorta *f*. *vt* **1** fornire. **2** immagazzinare, conservare. **storage** *n* **1** deposito, immagazzinamento *m*. **2** magazzino *m*.

storey ('stɔ:ri) *n* piano di edificio *m*.

stork (stɔ:k) *n* cicogna *f*.

storm (stɔ:m) *n* **1** temporale *m*.

tempesta *f*. **2** tumulto *m*. *vt* assalire, attaccare.

story ('stɔːri) *n* storia, favola *f*. racconto, aneddoto *m*.

stout (staut) *adj* grosso, robusto, corpulento. *n* birra scura *f*.

stove (stouv) *n* cucina, stufa *f*. fornello *m*.

stow (stou) *vt* riporre, stipare. **stow away** conservare. **stowaway** *n* passeggero clandestino *m*.

straddle (strædl) *vt* stare a cavalcioni.

straggle ('strægəl) *vi* sparpagliarsi, dispersi.

straight (streit) *adj* **1** diritto. **2** onesto. **3** (of drinks, etc.) liscio. *adv* **1** in linea retta. **2** direttamente. **straight away** subito. **straighten** *vt* **1** raddrizzare. **2** rassettare. **3** regolare. **straightforward** *adj* franco, leale, schietto.

strain[1] (strein) *vt* **1** tendere. **2** sforzare, mettere a dura prova. **3** filtrare. *vi* sforzarsi. *n* **1** tensione *f*. **2** sforzo *m*. **3** *med* strappo *m*.

strain[2] (strein) *n* razza, tendenza *f*.

strand[1] (strænd) *vt* arenare.

strand[2] (strænd) *n* filo *m*.

strange (streindʒ) *adj* **1** strano, curioso. **2** estraneo, sconosciuto. **stranger** *n* sconosciuto, forestiero *m*.

strangle ('strængəl) *vt* strangolare, strozzare, soffocare.

strap (stræp) *n* cinghia, correggia *f*. *vt* legare con cinghia.

strategy ('strætidʒi) *n* strategia *f*. **strategic** *adj* strategico.

straw (strɔː) *n* **1** paglia *f*. **2** (for drinking) cannuccia *f*. **the**

last straw il colmo. ~*adj* di paglia.

strawberry ('strɔːbri) *n* fragola *f*. **strawberry plant** *n* fragola *f*.

stray (strei) *adj* **1** randagio, smarrito. **2** isolato, occasionale. *n* trovatello *m*. *vi* **1** vagare. **2** deviare.

streak (striːk) *n* striscia, stria *f*. *vt* strisciare.

stream (striːm) *n* corrente *f*. corso d'acqua *m*. *vi* scorrere, sgorgare. **streamline** *vt* snellire, organizzare.

street (striːt) *n* strada, via *f*.

strength (streŋθ) *n* **1** forza *f*. vigore *m*. **2** solidità, tenacia *f*. **strengthen** *vt* rafforzare, irrobustire, sviluppare.

strenuous ('strenjuəs) *adj* strenuo, stancante.

stress (stres) *n* **1** tensione *f*. sforzo *m*. **2** accento *m*. enfasi *f* *invar*. *vt* accentuare, sottolineare.

stretch (stretʃ) *vt* stendere, tirare, allungare. **stretch one's legs** sgranchirsi le gambe. ~*n* **1** stiramento *m*. tensione *f*. **2** estensione, distesa *f*. **stretcher** *n* barella, lettiga *f*.

strict (strikt) *adj* **1** severo, rigoroso, rigido. **2** preciso.

stride* (straid) *vi* **1** camminare a passi lunghi. **2** stare a cavalcioni. *n* passo lungo *m*. andatura *f*. **take in one's stride** superare facilmente.

strike* (straik) *vt* **1** battere, colpire. **2** impressionare. **3** accendere. *vi* **1** scioperare. **2** suonare le ore. *n* sciopero *m*.

string* (striŋ) *n* spago *m*. corda

f. *vt* **1** legare. **2** (pearls) infilare.

stringent ('strindʒənt) *adj* severo, rigoroso.

strip[1] (strip) *vt* spogliare, denudare. *vi* svestirsi. **striptease** *n* spogliarello *m.*

strip[2] (strip) *n* striscia *f.* nastro *m.*

stripe (straip) *n* **1** riga, striscia *f.* **2** *mil* gallone *m. vt* striare, rigare.

strive* (straiv) *vi* sforzarsi.

strode (stroud) *v see* **stride.**

stroke[1] (strouk) *n* **1** colpo *m.* percossa *f.* **2** *sport* bracciata, remata *f.* **3** *med* colpo apoplettico *m.*

stroke[2] (strouk) *vt* accarezzare, lisciare. *n* carezza *f.*

stroll (stroul) *n* passeggiatina *f.* **go for a stroll** andar a fare quattro passi. ~*vi* passeggiare, andare a spasso.

strong (strɔŋ) *adj* forte, robusto, efficace. **stronghold** *n* fortezza *f.* **strong-minded** *adj* volitivo.

strove (strouv) *v see* **strive.**

struck (strʌk) *v see* **strike.**

structure ('strʌktʃə) *n* **1** struttura *f.* **2** costruzione *f.*

struggle ('strʌgəl) *n* lotta *f.* sforzo *m. vi* lottare, dibattersi, sforzarsi.

strum (strʌm) *vt,vi* strimpellare.

strung (strʌŋ) *v see* **string.**

strut[1] (strʌt) *vi* camminare impettito.

strut[2] (strʌt) *n* puntone, contropalo *m.*

stub (stʌb) *n* **1** mozzicone *m.* rimanenza *f.* **2** *comm* matrice *f.*

3 ceppo *m. vt* inciampare. **stub out** spegnere.

stubborn ('stʌbən) *adj* ostinato, testardo, cocciuto.

stud[1] (stʌd) *n* **1** chiodo a capocchia larga *m.* **2** bottoncino *m. vt* guarnire, ornare.

stud[2] (stʌd) *n* (of horses) scuderia *f.* allevamento *m.*

student ('stju:dnt) *n* studente *m.* studentessa *f.*

studio ('stju:diou) *n* **1** studio *m.* **2** teatro di posa *m.*

study ('stʌdi) *n* **1** studio *m.* **2** esame attento *m.* investigazione *f. vt* studiare, esaminare attentamente. **studious** *adj* **1** studioso. **2** attento.

stuff (stʌf) *n* **1** *inf* sostanza, cosa, roba *f.* **2** stoffa *f.* tessuto *m. vt* **1** imbottire. **2** *cul* farcire. **3** rimpinzare. **stuffing** *n* **1** imbottitura *f.* **2** *cul* ripieno *m.* **stuffy** *adj* afoso, mal ventilato.

stumble ('stʌmbəl) *vi* inciampare. *n* inciampata *f.*

stump (stʌmp) *n* **1** tronco, ceppo *m.* **2** moncone di membro *m.* **3** mozzicone *m.*

stun (stʌn) *vt* stordire, tramortire.

stung (stʌŋ) *v see* **sting.**

stunk (stʌŋk) *v see* **stink.**

stunt[1] (stʌnt) *vt* impedire la crescita a.

stunt[2] (stʌnt) *n* **1** trovata pubblicitaria *f.* **2** bravata *f.*

stupid ('stju:pid) *adj* stupido, sciocco.

sturdy ('stə:di) *adj* forte, robusto, vigoroso.

sturgeon ('stə:dʒən) *n* storione *m.*

stutter ('stʌtə) *n* balbuzie *f* invar. *vi* balbettare, tartagliare.

sty (stai) *n* porcile *m*.

style (stail) *n* **1** stile, modello *m*. **2** moda *f*. *vt* chiamare, designare.

stylus ('stailəs) *n* **1** stilo *m*. **2** puntina per grammofono *f*.

subconscious (sʌb'kɔnʃəs) *adj,n* subcosciente *m*.

subcontract (*n* sʌb'kɔntrækt; *v* sʌbkən'trækt) *n* subappalto *m*. *vt* subappaltare.

subdue (səb'djuː) *vt* **1** domare, soggiogare. **2** attenuare.

subject (*n,adj* 'sʌbdʒikt; *v* səb'dʒekt) *n* **1** soggetto, argomento *m*. **2** suddito *m*. **3** (*di*) materia *f*. *adj* soggetto, assoggettato. *vt* assoggettare, sottomettere, soggiogare. **subjective** *adj* soggettivo, individuale.

subjunctive (səb'dʒʌŋktiv) *adj,n* congiuntivo *m*.

sublime (sə'blaim) *adj* sublime.

submachine-gun (sʌbmə'ʃiːngʌn) *n* mitra *f*. fucile, mitragliatore *m*.

submarine (sʌbmə'riːn) *n* sommergibile *m*.

submerge (səb'məːdʒ) *vt* sommergere, immergere.

submit (səb'mit) *vi* sottomettersi, rassegnarsi. *vt* presentare. **submission** *n* sottomissione *f*.

subnormal (sʌb'nɔːməl) *adj* subnormale, al di sotto della normalità.

subordinate (*adj,n* sə'bɔːdinət; *v* sə'bɔːdineit) *adj* subordinato, secondario. *n* subalterno, inferiore *m*. *vt* subordinare.

subscribe (səb'skraib) *vt* **1** sottoscrivere. **2** abbonarsi a. *vi* **1** approvare. **2** sottoscrivere. **3** abbonarsi. **subscriber** *n* abbonato *m*. **subscription** *n* **1** abbonamento *m*. **2** sottoscrizione *f*.

subsequent ('sʌbsikwint) *adj* successivo, ulteriore.

subservient (səb'səːviənt) *adj* servile, subordinato.

subside (səb'said) *vi* **1** decrescere, sprofondare, calare. **2** quietarsi.

subsidiary (səb'sidiəri) *adj* supplementare, secondario, sussidiario.

subsidize ('sʌbsidaiz) *vt* sussidiare, sovvenzionare. **subsidy** *n* sussidio *m*.

subsist (səb'sist) *vi* sussistere.

substance ('sʌbstəns) *n* **1** sostanza, essenza *f*. **2** solidità *f*. **substantial** *adj* **1** sostanzioso, resistente. **2** notevole. **substantive** *adj,n* sostantivo *m*.

substitute ('sʌbstitjuːt) *n* sostituto, delegato, supplente *m*. *vt* sostituire.

subtitle ('sʌbtaitl) *n* sottotitolo *m*.

subtle ('sʌtl) *adj* **1** sottile, indefinibile. **2** astuto, scaltro.

subtract (səb'trækt) *vt* sottrarre, detrarre. **subtraction** *n* sottrazione *f*.

suburb ('sʌbəːb) *n* sobborgo *m*. periferia *f*. **suburban** *adj* suburbano, periferico. **suburbia** *n* quartieri fuori città *m pl*.

subvert (sʌb'vəːt) *vt* sovvertire.

subway ('sʌbwei) *n* **1** sottopassaggio *m*. **2** metropolitana *f*.

succeed (sək'siːd) *vi* **1** riuscire. **2** raggiungere la fama. **success** *n* successo *m*. **suc-**

cession n successione f. serie f invar. **successive** adj successivo, consecutivo.

succulent ('sʌkjulənt) adj succulento.

succumb (sə'kʌm) vi soccombere.

such (sʌtʃ) adj tale, simile. **in such cases** in casi del genere. **such as it is** così com'è. ~pron tale, questo. **suchlike** adj simile.

suck (sʌk) vt succhiare, poppare. n succhiata, poppata f.

sucker ('sʌkə) n 1 sl credulone m. 2 tech pistone m. 3 ventosa f.

suction ('sʌkʃən) n risucchio, assorbimento m.

sudden ('sʌdn) adj subitaneo, improvviso, repentino.

suds (sʌdz) n pl schiuma, saponata f.

sue (suː) vt far causa a. vi citare, far causa.

suede (sweid) n camoscio m. pelle scamosciata f. adj di camoscio.

suet ('suːit) n lardo m.

suffer ('sʌfə) vt,vi soffrire, patire. vt tollerare, subire.

sufficient (sə'fiʃənt) adj sufficiente, bastevole.

suffix ('sʌfiks) n suffisso m.

suffocate ('sʌfəkeit) vt,vi soffocare.

sugar ('ʃugə) n zucchero m. vt inzuccherare, addolcire. **sugar beet** n barbabietola da zucchero f. **sugar cane** n canna da zucchero f.

suggest (sə'dʒest) vt 1 suggerire, proporre. 2 alludere a. **suggestion** n 1 suggerimento

m. proposta f. 2 allusione f. 3 lieve traccia f.

suicide ('suːisaid) n 1 suicidio m. 2 (person) suicida m. **commit suicide** suicidarsi. **suicidal** adj che tende al suicidio.

suit (sjuːt) n 1 abito da uomo m. 2 law causa f. 3 game seme m. vt 1 soddisfare. 2 star bene a. 3 adattare. **suit yourself** fa come vuoi. **suitable** adj adatto, adeguato. **suitability** n convenienza f.

suitcase n ('sjuːtkeis) n valigia f.

suite (swiːt) n 1 seguito, corteo m. 2 (of rooms) appartamento m. 3 (of furniture) completo m.

sulk (sʌlk) vi tenere il broncio. n broncio m. **sulky** adj imbronciato.

sullen ('sʌlən) adj accigliato.

sulphur ('sʌlfə) n zolfo m.

sultan ('sʌltən) n sultano m.

sultana (sʌl'tɑːnə) n uva sultanina f.

sultry ('sʌltri) adj 1 afoso, soffocante. 2 provocante.

sum (sʌm) n 1 somma f. 2 addizione f. v **sum up** ricapitolare.

summarize ('sʌməraiz) vt riassumere. **summary** n sommario, sunto m.

summer ('sʌmə) n estate f. adj d'estate, estivo. **summerhouse** n chiosco m. **summertime** n 1 stagione estiva f. 2 ora legale estiva f.

summit ('sʌmit) n 1 cima f. 2 culmine, apice m.

summon ('sʌmən) vt convocare, fare appello a. **summon up courage** prendere coraggio. **summons** n 1 chiamata *f.* **2** *law* citazione *f. vt* citare in giudizio.

sun (sʌn) *n* sole *m.*

sunbathe ('sʌnbeið) *vi* fare bagni di sole.

sunburn ('sʌnbə:n) *n* scottatura *f.*

Sunday ('sʌndi) *n* domenica *f.*

sundial ('sʌndaiəl) *n* meridiana *f.*

sundry ('sʌndri) *adj* parecchi, vari.

sunflower ('sʌnflauə) *n* girasole *m.*

sung (sʌŋ) *v see* **sing.**

sunglasses ('sʌnglɑːsiz) *n pl* occhiali da sole *m pl.*

sunk (sʌŋk) *v see* **sink.**

sunken ('sʌŋkən) *adj* sprofondato, incavato.

sunlight ('sʌnlait) *n* luce del sole *f.*

sunny ('sʌni) *adj* luminoso, soleggiato.

sunrise ('sʌnraiz) *n* alba *f.* sorgere del sole *m.*

sunset ('sʌnset) *n* tramonto *m.*

sunshine ('sʌnʃain) *n* **1** luce del sole *f.* **2** bel tempo *m.*

sunstroke ('sʌnstrouk) *n* colpo di sole *m.*

suntan ('sʌntæn) *n* abbronzatura *f.*

super ('su:pə) *adj* eccellente, sopraffino.

superannuation (su:pərænju'eiʃən) *n* pensione di vecchiaia *f.*

superb (su:'pə:b) *adj* eccellente, superbo.

superficial (su:pə'fiʃəl) *adj* superficiale, poco profondo.

superfluous (su:'pə:fluəs) *adj* superfluo.

superhuman (su:pə'hju:mən) *adj* sovrumano.

superimpose (su:pərim'pouz) *vt* sovrapporre.

superintendent (su:pərin'tendənt) *n* sovrintendente *m.*

superior (su'piəriə) *adj,n* superiore *m.*

superlative (su'pə:lətiv) *adj,n* superlativo *m.*

supermarket ('su:pəmɑ:kit) *n* supermercato *m.*

supernatural (su:pə'nætʃrəl) *adj* soprannaturale.

supersede (su:pə'si:d) *vt* rimpiazzare, sostituire.

supersonic (su:pə'sɔnik) *adj* ultrasonico, supersonico.

superstition (su:pə'stiʃən) *n* superstizione *f.* **superstitious** *adj* superstizioso.

supervise ('su:pəvaiz) *vt* sorvegliare, sovrintendere. **supervision** *n* sorveglianza *f.* **supervisor** *n* sorvegliante, sovrintendente *m.*

supper ('sʌpə) *n* cena *f.* **have supper** cenare.

supple ('sʌpəl) *adj* pieghevole, flessibile.

supplement (*n* 'sʌplimənt; *v* 'sʌpliment) *n* supplemento *m.* *vt* completare, integrare. **supplementary** *adj* supplementare.

supply (sə'plai) *vt* fornire, provvedere. *n* provvista *f.* rifornimento *m.*

support (sə'pɔ:t) *n* sostegno, appoggio *m. vt* **1** sostenere, reggere. **2** mantenere.

suppose (sə'pouz) *vt* supporre, presumere, credere. **supposing** *conj* se nel caso.

suppress (sə'pres) *vt* **1** sop-

primere, reprimere. **2** tener
nascosto.

supreme (sə'pri:m) *adj*
supremo, massimo.

surcharge ('sə:tʃaːdʒ) *n*
soprattassa *f*.

sure (ʃuə) *adj* sicuro, certo.
adv,interj certamente, davvero.
surely *adv* certamente. **sure-
ty** *n* **1** certezza *f*. **2** garanzia *f*.
pegno *m*.

surf (sə:f) *n* risacca *f*.

surface ('sə:fis) *n* superficie *f*.
vi affiorare.

surfeit ('sə:fit) *n* eccesso *m*.

surge (sə:dʒ) *n* impeto *m*. *vi*
gonfiarsi.

surgeon ('sə:dʒən) *n* chirurgo
m. **surgery** *n* **1** chirurgia *f*. **2**
(place) ambulatorio, studio
medico *m*.

surly ('sə:li) *adj* scontroso,
sgarbato.

surmount (sə'maunt) *vt*
sormontare, superare.

surname ('sə:neim) *n* cognome
m.

surpass (sə'pɑːs) *vt* superare.

surplus ('sə:plis) *n* sovrappiù
m invar. avanzo *m*.

surprise (sə'praiz) *n* sorpresa *f*.
stupore *m*. *adj* inaspettato. *vt*
sorprendere, stupire.

surrealism (sə'riəlizəm) *n* sur-
realismo *m*.

surrender (sə'rendə) *vt* cedere.
vi arrendersi. *n* **1** resa *f*. **2** ab-
bandono *m*.

surreptitious (sʌrəp'tiʃəs) *adj*
furtivo, clandestino.

surround (sə'raund) *vt* circon-
dare, cingere. *n* bordura *f*.
surrounding *adj* circostante.
surroundings *n pl* ambiente
m. dintorni *m pl*.

survey (*n* 'sə:vei; *v* sə'vei) *n* **1**
perizia *f*. **2** esame *m*. indagine
f. *vt* esaminare, ispezionare.

surveyor (sə'veiə) *n* topografo,
ispettore *m*.

survive (sə'vaiv) *vi* soprav-
vivere. *vt* sopravvivere a.
survival *n* sopravvivenza *f*.

susceptible (sə'septəbəl) *adj* **1**
suscettibile, impressionabile,
permaloso. **2** disposto.

suspect (*v* sə'spekt; *n,adj* 'sʌ-
spekt) *vt* **1** sospettare. **2**
credere. *n* persona sospetta *f*.
adj sospetto.

suspend (sə'spend) *vt* **1** sos-
pendere. **2** appendere, tenere
sospeso. **suspense** *n* ansia,
incertezza *f*. **suspension** *n*
sospensione *f*.

suspicion (sə'spiʃən) *n* sospet-
to, dubbio *m*. **suspicious**
adj **1** sospettoso, diffidente. **2**
losco.

sustain (sə'stein) *vt* **1** sos-
tenere, sopportare. **2** subire. **3**
reggere.

swab (swɔb) *n* tampone *m*.

swagger ('swægə) *vi* pavoneg-
giarsi, muoversi con boria. *n*
andatura spavalda *f*.

swallow[1] ('swɔlou) *vt* inghiot-
tire, ingoiare. *n* sorso *m*.

swallow[2] ('swɔlou) *n* *zool*
rondine *f*.

swam (swæm) *v* see **swim.**

swamp (swɔmp) *n* palude *f*. *vt*
inondare, sommergere.

swan (swɔn) *n* cigno *m*.

swank (swæŋk) *vi* darsi arie. *n*
inf vanagloria *f*.

swap (swɔp) *n* scambio *m*. *vt*
barattare, scambiare.

swarm (swɔːm) *n* sciame *m*.

folla f. vi **1** sciamare. **2** pullulare, brulicare.

swastika ('swɔstikə) n svastica, croce uncinata f.

swat (swɔt) vt inf colpire. n acchiappamosche m.

sway (swei) vi oscillare, ondeggiare. vt influenzare, dominare. n **1** preponderanza f. **2** oscillazione f.

swear* (swɛə) vt giurare. vi bestemmiare. **swearword** n bestemmia, imprecazione f.

sweat (swet) vi sudare, traspirare. n sudore m. traspirazione f. **sweater** n maglione m.

swede (swiːd) n rapa svedese f. **Sweden** ('swiːdn) n Svezia f. **Swede** n svedese m,f. **Swedish** adj svedese. **Swedish** (language) n svedese m.

sweep* (swiːp) vt **1** spazzare, scopare. **2** sfiorare. vi **1** muoversi velocemente. **2** scopare. n **1** scopata, spazzata f. **2** curva f. **3** movimento rapido m. **sweeping** adj **1** generale. **2** vasto. **3** rapido.

sweet (swiːt) adj **1** dolce. **2** amabile. n dolce m. caramella f. **sweetbread** n animella f. **sweet corn** n granoturco m. **sweetheart** n innamorato m. **sweet pea** n pisello odoroso m. **sweeten** vt zuccherare. **2** addolcire. **sweetener** n dolcificante m.

swell* (swel) vt **1** aumentare. **2** gonfiare. vi gonfiarsi. n naut mare lungo m. risacca f. **swelling** n infiammazione f.

swept (swept) v see **sweep.**

swerve (swəːv) vi deviare. n deviazione f.

swift (swift) adj **1** svelto. **2** rapido, agile. n zool rondone m.

swig (swig) n inf bevuta, sorsata f. vt,vi tracannare.

swill (swil) n risciacquatura f. vt **1** risciacquare. **2** tracannare.

swim* (swim) vi nuotare. n nuotata f. **swimmer** n nuotatore m. **swimming** n nuoto m. **swimming costume** n costume da bagno m. **swimming pool** n piscina f.

swindle ('swindl) vt frodare, truffare. n frode f.

swine (swain) n maiale, porco m.

swing* (swiŋ) vi **1** dondolare, oscillare. **2** girare. vt agitare. n **1** oscillazione f. dondolio m. altalena f. **3** ritmo m.

swipe (swaip) inf n colpo violento m. vt colpire con forza.

swirl (swəːl) n vortice, turbine m. vi turbinare.

swish (swiʃ) n sibilo m. sferzata f. vi sibilare, fischiare.

switch (switʃ) n **1** (electric) interruttore m. **2** frustino m. vt mutare, spostare. **switch on/off** accendere/spegnere. **switchboard** n centralino m.

Switzerland ('switsələnd) n Svizzera f. **Swiss** adj,n svizzero.

swivel ('swivəl) n perno, snodo m. vi girare. **swivel chair** n sedia girevole.

swollen ('swoulən) v see **swell.**

swoop (swuːp) n attacco, assalto m. vi assalire, abbattersi.

swop (swɔp) n scambio m. vt barattare, scambiare.

sword (sɔːd) n spada f. **swordfish** n pesce spada m.

swordsman *n* spadaccino *m*.

swordsmanship *n* maestria nel maneggiare la spada *f*.

swore (swɔ:) *v* see **swear**.

sworn (swɔ:n) *v* see **swear**.

swot (swɔt) *sl vi* sgobbare. *n* sgobbone *m*.

swum (swʌm) *v* see **swim**.

swung (swʌŋ) *v* see **swing**.

sycamore ('sikəmɔ:) *n* sicomoro *m*.

syllable ('siləbəl) *n* sillaba *f*.

syllabus ('siləbəs) *n* programma, prospetto *m*.

symbol ('simbəl) *n* simbolo *m*. **symbolic** *adj* simbolico. **symbolism** *n* simbolismo *m*. **symbolize** *vt* simboleggiare.

symmetry ('simitri) *n* simmetria *f*. **symmetrical** *adj* simmetrico.

sympathy ('simpəθi) *n* **1** simpatia, comprensione *f*. **2** compassione, solidarietà *f*. **sympathetic** *adj* **1** simpatizzante, cordiale. **2** simpatico. **sympathize** *vi* capire, condividere i sentimenti.

symphony ('simfəni) *n* sinfonia *f*.

symposium (sim'pouziəm) *n* simposio *m*.

symptom ('simptəm) *n* sintomo, indizio *m*.

synagogue ('sinəgɔg) *n* sinagoga *f*.

synchronize ('siŋkrənaiz) *vt* sincronizzare.

syndicate ('sindikət) *n* sindacato *m*.

syndrome ('sindroum) *n* sindrome *f*.

synonym ('sinənim) *n* sinonimo *m*.

synopsis (si'nɔpsis) *n*, *pl* **synopses** sinossi *f invar*.

syntax ('sintæks) *n* sintassi *f*.

synthesis ('sinθəsis) *n*, *pl* **syntheses** sintesi *f*. **synthetic** *adj* sintetico.

syphilis ('sifəlis) *n* sifilide *f*.

Syria ('siriə) *n* Siria *f*. **Syrian** *adj,n* siriano.

syringe (si'rindʒ) *n* siringa *f*.

syrup ('sirəp) *n* sciroppo *m*.

system ('sistəm) *n* sistema, metodo *m*. **systematic** *adj* sistematico.

T

tab (tæb) *n* **1** linguetta *f*. **2** etichetta *f*.

tabby ('tæbi) *adj* tigrato. *n* gatto soriano *m*.

table ('teibəl) *n* **1** tavola *f*. tabella, classifica *f*. **lay/clear the table** apparecchiare/sparecchiare la tavola. **tablecloth** *n* tovaglia *f*. **tablemat** *n* tovaglietta *f*. sottopiatto *m*. **tablespoon** *n* cucchiaio *m*. **table tennis** *n* Ping-pong *Tdmk m*.

tablet ('tæblət) *n* **1** *med* pastiglia, compressa *f*. **2** lapide, tavoletta *f*.

taboo (tə'bu:) *adj,n* tabù *m invar*.

tachograph ('tækou'gra:f) *n* tachigrafo *m*.

tack (tæk) *n* **1** puntina *f*. **2** (sewing) imbastitura *f*. *vt* **1** attaccare. **2** imbastire. *vi naut* virare.

tackle ('tækəl) *vt* **1** affrontare. **2** *sport* caricare, placcare. *n* attrezzi *m pl*.

tact (tækt) *n* tatto *m*. **tactful** *adj* pieno di tatto.

tactics ('tæktiks) *n pl* tattica *f.*

tadpole ('tædpoul) *n* girino *m.*

taffeta ('tæfitə) *n* taffettà *m.*

tag (tæg) *n* **1** cartellino *m.* etichetta *f.* **2** linguetta *f.*

Tahiti (tɔː'hiːti) *n* Tahiti *m.* **Tahitian** *adj,n* tahitiano.

tail (teil) *n* **1** coda *f.* **2** *pl* (of a coin) rovescio *m.* **3** *pl* marsina *f.* franc *m.*

tailor ('teilə) *n* sarto *m.*

taint (teint) *vt* contaminare, corrompere, inquinare. *n* **1** infezione *f.* **2** marchio *m.*

take* (teik) *vt* **1** prendere. **2** portare. **3** accompagnare. **4** occorrere. **take after** assomigliare a. **take down 1** abbassare. **2** smontare. **3** *inf* umiliare. **take in 1** comprendere. **2** (clothes) stringere. **3** ingannare. **take off 1** togliere. **2** *aviat* decollare. **take-off** *n* decollo *m.* **take over** rilevare. **take-over** *n* rilevamento *or* assorbimento di una ditta *m.* **takings** *n pl* incassi *m pl.*

talcum powder ('tælkəm) *n* borotalco, talco *m.*

tale (teil) *n* **1** storia *f.* racconto *m.* **2** chiacchiera, diceria *f.*

talent ('tælənt) *n* talento, ingegno *m.*

talk (tɔːk) *vi* parlare, conversare, chiacchierare. **talk over** discutere su. **~n** discorso *m.* conversazione, chiacchierata *f.* **talkative** *adj* loquace, chiacchierone.

tall (tɔːl) *adj* **1** alto. **2** incredibile.

tally ('tæli) *n* talloncino *m.* etichetta *f.* *vt* calcolare, registrare. *vi* corrispondere.

talon ('tælən) *n* artiglio *m.*

tambourine (tæmbə'riːn) *n* tamburello *m.*

tame (teim) *adj* **1** domestico, docile, mansueto. **2** banale. *vt* addomesticare, domare.

tamper ('tæmpə) *vi* alterare, corrompere.

tampon ('tæmpɔn) *n* tampone *m.*

tan (tæn) *vt* **1** abbronzare. **2** (leather) conciare. *vi* abbronzarsi. *n* abbronzatura *f.* *adj* marrone rossiccio.

tangent ('tændʒənt) *n* tangente *m.*

tangerine (tændʒə'riːn) *n* mandarino *m.*

tangible ('tændʒəbəl) *adj* **1** tangibile. **2** chiaro, manifesto.

tangle ('tæŋgəl) *n* groviglio, imbroglio *m.* *vt* aggrovigliare, ingarbugliare. *vi* aggrovigliarsi.

tango ('tæŋgou) *n* tango *m.*

tank (tæŋk) *n* **1** vasca, cisterna *f.* **2** *mil* carro armato *m.* **tanker** *n* nave cisterna *f.* **oil tanker** *n* petroliera *f.*

tankard ('tæŋkəd) *n* boccale *m.*

tantalize ('tæntəlaiz) *vt* tentare, tormentare.

tantrum ('tæntrəm) *n* **1** accesso d'ira *m.* **2** *pl* capricci *m pl.*

tap[1] (tæp) *vt* (hit) colpire lievemente. *n* colpetto *m.*

tap[2] (tæp) *n* rubinetto *m.* *vt* attingere, utilizzare.

tape (teip) *n* **1** nastro *m.* **2** (ribbon) fettuccia *f.* *vt* **1** legare con un nastro. **2** incidere su un nastro magnetico. **tape-measure** *n* metro *m.* **tape-recorder** *n* registratore *m.*

taper ('teipə) *n* candela sottile *f.* *vt* assottigliare.

tapestry ('tæpistri) n arazzo m. tappezzeria f.

tapioca (tæpi'oukə) n tapioca f.

tar (ta:) n catrame m. vt incatramare, impeciare.

tarantula (tə'ræntjulə) n tarantola f.

target ('ta:git) n bersaglio, obiettivo, traguardo m.

tariff ('tærif) n tariffa f.

Tarmac ('ta:mæk) n Tdmk macadam al catrame m.

tarnish ('ta:niʃ) vt 1 annerire, ossidare. 2 macchiare. n annerimento m. ossidazione f.

tarragon ('tærəgən) n dragoncello m.

tart[1] (ta:t) adj 1 agro, aspro. 2 sarcastico.

tart[2] (ta:t) n 1 cul crostata f. 2 sl meretrice f.

tartan ('ta:tn) n tessuto scozzese m.

tartar sauce ('ta:tə) n salsa tartara f.

task (ta:sk) n compito, dovere m.

tassel ('tæsəl) n nappa f. fiocco m.

taste (teist) vt gustare, assagiare. **taste of** sapere di. ~ n 1 gusto, sapore m. 2 assaggio m. 3 inclinazione f. 4 buon gusto m.

tattoo[1] (tə'tu:) n ritirata militare m.

tattoo[2] (tə'tu:) n tatuaggio m. vt tatuare.

taught (to:t) v see **teach**.

taunt (to:nt) n sarcasmo, insulto m. vt schernire.

Taurus ('to:rəs) n Toro m.

taut (to:t) adj teso, tirato.

tautology (to:'tolədʒi) n tautologia f.

tavern ('tævən) n taverna f.

tax (tæks) n tassa, imposta f. vt 1 tassare. 2 mettere alla prova.

taxi ('tæksi) n tassi m.

tea (ti:) n tè m. **high tea** n pasto serale con tè m. **tea bag** n bustina di tè f. **tea-break** n intervallo per merenda m. **tea cloth** n strofinaccio da cucina. **teacup** n tazza de tè f. **tea-leaf** n foglia del tè f. **teapot** n teiera f. **tea-spoon** n cucchiaino m. **tea-tray** n vassoio da tè m.

teach (ti:tʃ) vt insegnare. **teacher** n insegnante, professore m. professoressa f.

teak (ti:k) n tek m.

team (ti:m) n 1 squadra f. 2 (of horses) tiro m.

tear[1] (tiə) n lacrima f. **tear-drop** n lacrima f. **tear gas** n gas-lacrimogeno m.

tear[2] (tɛə) vt 1 strappare. 2 dividere, lacerare. vi strapparsi. **tear along** correre. **tear up** fare a pezzi. ~n strappo m. lacerazione f.

tease (ti:z) vt stuzzicare, prendere in giro.

teat (ti:t) n 1 tettarella f. 2 zool capezzolo m.

technical ('teknikəl) adj tecnico. **technician** n tecnico m. **technique** n tecnica f. **technology** n tecnologia f.

teddy bear ('tedi) n orsacchiotto m.

tedious ('ti:diəs) adj tedioso.

tee (ti:) n sport tee m. **to a tee** a puntino. ~vt mettere sul tee.

teenage ('ti:neidʒ) adj adolescente. **teenager** n adolescente m,f.

teetotal (ti:'toutl) *adj* astemio.
teetotaller *n* astemio *m*.

telecommunications (telikə-mju:ni'keifənz) *n pl* tele-comunicazioni *fpl*. telematica *f*.

telegram ('teligræm) *n* tele-gramma *m*.

telegraph ('teligrɑ:f) *n* telegrafo *m*. *vt,vi* telegrafare. **telegraph pole** *n* palo telegrafico *m*.

telepathy (ti'lepəθi) *n* telepatia *f*.

telephone ('telifoun) *n* telefono *m*. *vt* telefonare a. *vi* telefonare.

telescope ('teliskoup) *n* tele-scopio, cannocchiale *m*. *vi* in-castrarsi l'uno nell'altro.

televise ('telivaiz) *vt* teletras-mettere. **television** *n* televi-sione *f*. **television set** *n* televisore *m*.

telex ('teleks) *n* telex *m*. *vt* tras-mettere per telex.

tell* (tel) *vt* **1** dire, raccontare. **2** distinguere. **telltale** *n* chiacchierone, pettegolo *m*. *adj* rivelatore.

temper ('tempə) *n* **1** collera *f*. **2** umore *m*. **3** indole *f*. *vt* moder-are, temperare. **tempera-ment** *n* temperamento *m*. in-dole *f*. **temperamental** *adj* capriccioso. **temperate** *adj* temperato, moderato. **tem-perature** *n* temperatura *f*. **have a temperature** avere la febbre.

tempestuous (tem'pestjuəs) *adj* **1** tempestoso, burrascoso. **2** agitato.

temple[1] ('tempəl) *n rel* tempio *m*.

temple[2] ('tempəl) *n anat* tempia *f*.

tempo ('tempou) *n* tempo, ritmo *m*.

temporal ('tempərəl) *adj* temporale. **temporary** *adj* temporaneo.

tempt (tempt) *vt* tentare, in-durre al male.

ten (ten) *adj,n* dieci *m* or *f*. **tenth** *adj* decimo.

tenacious (tə'neifəs) *adj* ten-ace, ostinato.

tenant ('tenənt) *n* inquilino *m*. **tenancy** *n* affitto *m*. locazione *f*.

tend[1] (tend) *vi* tendere. **ten-dency** *n* tendenza, inclina-zione *f*.

tend[2] (tend) *vt* curare.

tender[1] ('tendə) *adj* **1** affet-tuoso, tenero. **2** delicato, sen-sibile.

tender[2] ('tendə) *vt* offrire, presentare. *vi* fare offerte per un appalto. *n* offerta *f*.

tendon ('tendən) *n* tendine *m*.

tendril ('tendril) *n* viticcio *m*.

tenement ('tenəmənt) *n* abita-zione *f*.

tennis ('tenis) *n* tennis *m*. **ten-nis court** *n* campo da tennis *m*.

tenor ('tenə) *n* **1** tenore *m*. **2** *mus* tenore *m*.

tense[1] (tens) *adj* teso. *vt* tendere. *vi* innervosirsi. **ten-sion** *n* tensione *f*.

tense[2] (tens) *n gram* tempo *m*.

tent (tent) *n* tenda *f*.

tentacle ('tentəkəl) *n* tentacolo *m*.

tentative ('tentətiv) *adj* speri-mentale, di prova.

tenuous ('tenjuəs) *adj* **1** tenue, sottile. **2** rarefatto.

tepid ('tepid) *adj* tiepido.

term (təːm) *n* **1** termine *m*. **2** *educ* trimestre *m*. **3** termine *m*. parola *f*. **4** *pl* rapporti *m pl*. *vt* chiamare, definire.

terminal ('təːminl) *n* **1** stazione terminale, capolinea *f*. **2** *tech* morsetto *m*. **3** *comp* terminale *m*. *adj* estremo, finale.

terminate ('təːmineit) *vt,vi* terminare. **termination** *n* terminazione.

terminology (təːmi'nɔlədʒi) *n* terminologia *f*.

terminus ('təːminəs) *n, pl* **termini 1** capolinea *f*. **2** termine *m*.

terrace ('terəs) *n* **1** terrazza *f*. **2** fila di case *f*.

terrestrial (tə'restriəl) *adj* terrestre.

terrible ('teribəl) *adj* terribile.

terrier ('teriə) *n* terrier *m*.

terrify ('terifai) *vt* atterrire. **terrific** *adj* **1** terrificante. **2** straordinario, magnifico.

territory ('teritri) *n* **1** territorio *m*. **2** zona *f*.

terror ('terə) *n* terrore *m*. **terrorist** *n* terrorista *m*. **terrorize** *vt* terrorizzare.

Terylene ('terliːn) *n Tdmk* terital *m*.

test (test) *n* **1** prova *f*. esame *m*. **2** collaudo *m*. **3** *med* analisi *f invar*. *vt* **1** esaminare, mettere alla prova. **2** collaudare. **3** *med* analizzare. **test-tube** *n* provetta *f*.

testament ('testəmənt) *n* testamento *m*.

testicle ('testikəl) *n* testicolo *m*.

testify ('testifai) *vt* **1** attestare, dimostrare. **2** testimoniare.

testimony ('testiməni) *n* attestato *m*. deposizione, testimonianza *f*. **testimonial** *n* testimonianza *f*. benservito *m*.

tether ('teðə) *vt* impastoiare. *n* pastoia *f*.

text (tekst) *n* testo *m*. **textbook** *n* libro di testo *m*. **textual** *adj* testuale.

textile ('tekstail) *adj,n* tessile *m*.

texture ('tekstʃə) *n* **1** *tech* grana *f*. **2** tessuto *m*.

Thames (temz) *n* Tamigi *m*.

than (ðən; *stressed* ðæn) *conj* che, di, di quanto, di quello che, che non.

thank (θæŋk) *vt* ringraziare. **thanks** *n pl* grazie *f pl*. **thank you!** grazie! **thankful** *adj* riconoscente.

that (ðæt) *adj* quel, quello *ms*. quella *fs*. quei, quegli *m pl*. quelle *fs*. *pron* **1** quello *ms*. quella *fs*. quei, quegli *m pl*. quelle *f pl*. **2** ciò. **3** che, il quale *ms*, la quale *fs*, i quali *m pl*, le quali *f pl*. **4** in cui. *conj* che.

thatch (θætʃ) *n* paglia *f*. *vt* coprire di paglia.

thaw (θɔː) *vt* sgelare. *vi* sgelarsi. *n* disgelo *m*.

the (ðə; *stressed* ðiː) *def art* il, lo l' *ms*. la, l' *fs*. i, gli *m pl*. le *f pl*.

theatre ('θiətə) *n* **1** teatro *m*. scena *f*. **2** *med* sala operatoria *f*. **theatrical** *adj* teatrale, drammatico.

theft (θeft) *n* furto *m*.

their (ðeə) *poss adj 3rd pers pl* (il) loro, (la) loro, (i) loro, (le) loro. **theirs** *pron 3rd pers pl* il loro, la loro, i loro, le loro, di loro.

them (ðəm; *stressed* ðem) *pron* 3rd pers pl **1** li *m pl.* le *f pl.* loro *m,f pl.* **2** essi *m pl.* esse *f pl.* loro *m,f pl.* **themselves** *pron* 3rd pers pl **1** se *or* si stessi. **2** si, sè.

theme (θi:m) *n* tema, soggetto *m.* **thematic** *adj* tematico.

then (ðen; *stressed* ðen) *adv* **1** allora, a quel tempo. **2** poi, dopo. *conj* in questo caso, quindi, dunque. **by then** ormai. **up to then** fino allora, fino a quel momento.

theology (θi'ɔlədʒi) *n* teologia *f.* **theologian** *n* teologo *m.* **theological** *adj* teologico.

theorem ('θiərəm) *n* teorema *m.*

theory ('θiəri) *n* **1** teoria *f.* **2** opinione *f.* **theoretical** *adj* teorico, astratto. **theoretically** *adv* in teoria. **theorize** *vi* formulare teorie, teorizzare.

therapy ('θerəpi) *n* terapia, cura *f.* **therapeutic** *adj* terapeutico, curativo.

there (ðeə) *adv* **1** lì, là. **2** ci, vi. **3** in ciò. *interj* ecco! **thereabouts** *adv* **1** là vicino, nei pressi. **2** circa, pressappoco. **thereafter** *adv* da allora in poi, in seguito. **thereby** *adv* così, in tal modo. **therefore** *adv* quindi, dunque, perciò. **thereupon** *adv* su di che, quindi. **therewith** *adv* con ciò.

thermal ('θə:məl) *adj also* **thermic 1** termale. **2** termico.

thermodynamics (θə:moudai'næmiks) *n* termodinamica *f.* **thermodynamic** *adj* termodinamico.

thermometer (θə'mɔmitə) *n* termometro *m.*

thermonuclear (θə:mou'nju:kliə) *adj* termonucleare.

Thermos ('θə:məs) *n Tdmk* termos *m invar.*

thermostat ('θə:məstæt) *n* termostato *m.*

these (ði:z) *adj,pron* questi.

thesis ('θi:sis) *n, pl* **theses** tesi *f invar.* teoria *f.*

they (ðei) *pron* 3rd pers pl essi *m pl.* esse *f pl.* loro *m,f pl.*

thick (θik) *adj* **1** grosso, spesso. **2** denso. **3** fitto. **4** stupido. **thick as thieves** amici per la pelle. **thick-skinned** *adj* insensibile. **thicken** *vt* addensare, rendere più denso. *vi* **1** infittirsi. **2** complicarsi. **3** offuscarsi. **thickness** *n* spessore *m.*

thief (θi:f) *n, pl* **thieves** ladro *m.*

thigh (θai) *n* coscia *f.*

thimble ('θimbəl) *n* ditale *m.*

thin (θin) *adj* **1** sottile, fine. **2** magro, snello. **3** rado, scarso. **thin-skinned** *adj* sensibile. **thinness** *n* magrezza *f.*

thing (θiŋ) *n* **1** cosa, roba *f.* oggetto *m.* **2** *pl* effetti *m pl.* **for one thing...for another** in primo luogo...d'altra parte.

think* (θiŋk) *vt,vi* **1** pensare, riflettere. **2** credere, immaginare. **think about/of** pensare di/a. **think over** ripensare, ripensarci.

third (θə:d) *adj* terzo. *n* terzo *m.* terza parte *f.* **third party** *n comm* terzi *m pl.* **third person** *n* terza persona *f.* **third-rate** *adj* scadente.

thirst (θə:st) *n* sete *f.* *v* **thirst**

for bramare, desiderare.
thirsty *adj* assetato. **be
thirsty** avere sete.
thirteen (θəː'tiːn) *adj,n* tredici
m or *f*. **thirteen** *adj*
tredicesimo.
thirty (θəːti) *adj,n* trenta *m*.
thirtieth *adj* trentesimo.
this (δis) *adj,pron* questo.
thistle ('θisəl) *n* cardo *m*.
thorn (θɔːn) *n* spino *m*. spina *f*.
thorough ('θʌrə) *adj* es-
auriente, accurato. **thor-
oughbred** *adj* di razza. **thor-
oughfare** *n* strada, via di tran-
sito *f*. **thoroughly** *adv* a
fondo, in dettaglio.
those (δouz) *adj,pron* quei,
quegli, quelli *m pl.* quelle *f pl.*
those who chi.
though (δou) *conj* **1** sebbene,
benché. **2** anche se. **as
though** come se. ~*adv* tut-
tavia.
thought[1] (θɔːt) *n* pensiero *m*.
idea, opinione *f*. **on second
thoughts** ripensandoci.
thoughtful *adj* **1** pensieroso. **2**
premuroso. **thoughtless** *adj*
1 avventato, sbadato. **2** ir-
riguardoso.
thought[2] (θɔːt) *v see* **think.**
thousand ('θauzənd) *adj* mille.
n mille *m*. migliaio *m*, *pl* mig-
liaia *f*. **thousandth** *adj* mil-
lesimo.
thrash (θræʃ) *vt* battere,
colpire, frustare. **thrashing** *n*
1 percosse *f pl.* **2** sconfitta *f*.
thread (θred) *n* filo *m*. *vt* infi-
lare. **threadbare** *adj* logoro.
threat (θret) *n* minaccia *f*.
threaten *vt* minacciare.
threatening *adj* minaccioso.
three (θriː) *adj,n* tre *m* or *f*.

three-cornered *adj* triango-
lare. **three-dimensional** *adj*
tridimensionale. **three-
quarters** *adv* a tre quarti.
threesome *n* trio *m* f.
thresh (θreʃ) *vt* trebbiare.
threshold ('θreʃhould) *n* soglia
f.
threw (θruː) *v see* **throw.**
thrift (θrift) *n* economia, par-
simonia *f*. **thrifty** *adj* frugale,
parco.
thrill (θril) *n* brivido *m*. *vt* ec-
citare. *vi* fremere. **thriller** *n*
romanzo poliziesco, giallo *m*.
thrilling *adj* eccitante.
thrive* (θraiv) *vi* prosperare.
thriving *adj* prosperoso,
florido.
throat (θrout) *n* gola *f*. **have a
sore throat** avere mal di gola.
throb (θrɔb) *n* battito, palpito
m. *vi* battere, palpitare, pul-
sare.
throne (θroun) *n* trono *m*.
throng (θrɔŋ) *n* folla, ressa *f*. *vt*
affollare. *vi* affollarsi.
throttle ('θrɔtl) *n* valvola *f*. *vt*
strozzare.
through (θruː) *prep* **1** per, at-
traverso. **2** durante. **3** medi-
ante. *adj* diretto. *adv* completa-
mente. **throughout** *adv* com-
pletamente. *prep* in tutto.
throw* (θrou) *vt* lancio, tiro *m*.
vt gettare, lanciare, tirare.
throw away gettar via.
throw out cacciar fuori, espel-
lere.
thrush (θrʌʃ) *n* tordo *m*.
thrust* (θrʌst) *n* spinta *f*. colpo
m. *vt* conficcare.
thud (θʌd) *n* tonfo *m*. *vi* cadere
con un tonfo.

thumb (θʌm) n pollice m. vt voltare le pagine di.

thump (θʌmp) n **1** botta f. colpo m. **2** tonfo m. vt battere, colpire.

thunder ('θʌndə) n tuono m. vi tuonare. **thunderstorm** n temporale m.

Thursday ('θəːzdi) n giovedì m.

thus (ðʌs) adv così, quindi.

thwart (θwɔːt) vt frustrare, contrastare.

thyme (taim) n timo m.

thyroid ('θairɔid) n tiroide f.

tiara (ti'aːrə) n tiara f.

tick[1] (tik) n **1** tic tac, ticchettio, scatto m. **2** segno m. **3** inf attimo m. vi ticchettare. vt segnare. **tick off** spuntare.

tick[2] (tik) n zool zecca f. acaro m.

ticket ('tikit) n biglietto, scontrino m. **ticket collector** n bigliettaio m. **ticket office** n biglietteria f.

tickle ('tikəl) vt fare il solletico a, stuzzicare. vi prudere. **ticklish** adj **1** sensibile al solletico. **2** difficile.

tide (taid) n marea f. flusso m.

tidy ('taidi) adj ordinato. vt mettere in ordine. **tidiness** n ordine m. accuratezza f.

tie (tai) n **1** legame, vincolo m. **2** (clothing) cravatta f. vt **1** legare, annodare.

tier (tiə) n fila f. ordine m.

tiger ('taigə) n tigre f.

tight (tait) adj **1** stretto, aderente, fermo. **2** inf brillo. adv saldamente. **tight-fisted** adj tirchio. **tightrope** n corda dell'acrobata f. **tightrope walker** n funambolo m.

tighten vt serrare. vi tendersi.

tights n pl calzamaglia f. collant m.

tile (tail) n tegola, mattonella, piastrella f. vt lastricare.

till[1] (til) prep fino a. conj finché.

till[2] (til) vt coltivare.

till[3] (til) n cassa f. cassetto m.

tiller ('tilə) n naut barra f.

tilt (tilt) n **1** inclinazione, pendenza f. vt inclinare. vi pendere.

timber ('timbə) n legname m.

time (taim) n **1** tempo m. **2** ora f. **3** volta f. vt,vi cronometrare, scegliere il momento. **from time to time** a volte, di quando in quando. **time bomb** n bomba a orologeria f. **timekeeper** n cronometrista, segnatempo m. **timetable** n orario m. **timely** adj opportuno.

timid ('timid) adj timido.

timpani ('timpəni) n pl timpani m pl.

tin (tin) n **1** min stagno m. **2** barattolo m. lattina f. vt **1** stagnare. **2** inscatolare. **tin-opener** n apriscatole m invar.

tinge (tindʒ) n **1** tinta f. **2** sfumatura f. vt **1** tingere. **2** sfumare.

tingle ('tiŋgəl) n formicolio m. vi formicolare.

tinker ('tiŋkə) n calderaio m. v **tinker with** armeggiare con.

tinkle ('tiŋkəl) n tintinnio, trillo m. vt far tintinnare. vi trillare.

tinsel ('tinsəl) n lustrino m.

tint (tint) n **1** tinta f. **2** sfumatura f. vt **1** tingere. **2** sfumare.

tiny ('taini) adj piccolo, minuscolo.

tip¹ (tip) n (point) punta f.
tiptoe n punta di piedi f. vi camminare in punta di piedi.

tip² (tip) n **1** inclinazione, pendenza f. **2** deposito m. vt **1** inclinare. **2** buttare. **tip over** rovesciare.

tip³ (tip) n **1** (gratuity) mancia f. **2** informazione riservata f. vt dare la mancia a. **tip off** avvertire. **tip-off** n avvertimento m.

tipsy ('tipsi) adj brillo, alticcio.

tire (taiə) vt stancare. vi stancarsi. **tired** adj **1** stanco. **2** stufo.

tissue ('tifu:) n **1** tessuto m. **2** fazzoletto di carta m.

tit (tit) n **1** capezzolo m. **2** zool cincia f. **tit for tat** botta e risposta.

title ('taitl) n titolo m.

to (tə; stressed tu:) prep **1** a, da. **2** con, verso, per. **3** fino a. **4** in confronto a. **to and fro** su e giù.

toad (toud) n rospo m. **toadstool** n fungo velenoso m.

toast¹ (toust) n cul pane tostato, toast m. vt tostare, abbrustolire. **toaster** n tostapane m.

toast² (toust) n brindisi m invar. vi brindare.

tobacco (tə'bækou) n tabacco m. **tobacconist** n tabaccaio m.

toboggan (tə'bɔgən) n slitta m invar. slitta f.

today (tə'dei) adv,n oggi m.

toddler ('tɔdlə) n infante m.

toe (tou) n **1** anat dito del piede m. **2** punta f. **toenail** n unghia del piede f.

toffee ('tɔfi) n caramella f.

toga ('tougə) n toga f.

together (tə'geðə) adv **1** insieme. **2** contemporaneamente.

toil (tɔil) n lavoro m. fatica f. vi faticare.

toilet ('tɔilət) n gabinetto m. toletta f. **toilet paper** n carta igienica f. **toilet roll** n rotolo di carta igienica m. **toilet water** n acqua da toletta f.

token ('toukən) n segno, pegno m.

told (tould) v see **tell.**

tolerate ('tɔləreit) vt tollerare, sopportare. **tolerance** n tolleranza, indulgenza f. **tolerant** adj tollerante.

toll¹ (toul) vt suonare. n rintocco m.

toll² (toul) n pedaggio m. imposta f. **tollgate** n barriera di pedaggio f.

tomato (tə'mɑːtou) n, pl **-toes** pomodoro m.

tomb (tu:m) n tomba f. **tombstone** n lapide f.

tomorrow (tə'mɔrou) adv,n domani m.

ton (tʌn) n tonnellata f.

tone (toun) n **1** tono m. **2** tonalità f. v **tone down** attenuare, smorzare. **tone with** armonizzarsi con. **tonality** n tonalità f.

tongs (tɔnz) n pl pinze, molle f pl.

tongue (tʌŋ) n lingua f. **tongue-tied** adj ammutolito, reticente. **tongue-twister** n scioglilingua m.

tonic ('tɔnik) adj,n tonico m. **tonic water** n acqua tonica f.

tonight (tə'nait) adv questa sera, stasera, questa notte, stanotte.

tonsil ('tɔnsəl) n tonsilla f. **tonsillitis** n tonsillite f.

too (tu:) adv **1** anche, inoltre, pure. **2** troppo. **too many** troppi. **too much** troppo.

took (tuk) v see **take.**

tool (tu:l) n attrezzo, strumento m.

tooth (tu:θ) n, pl **teeth** dente m. **toothache** n mal di denti m. **toothbrush** n spazzolino da denti m. **toothpaste** n dentifricio m. **toothpick** n stuzzicadenti m invar.

top[1] (tɔp) n **1** cima f. vertice m. **2** coperchio, tappo m. adj superiore, principale. vt **1** superare. **2** coprire. **top hat** n tuba f. **top-heavy** adj sbilanciato.

top[2] (tɔp) n (toy) trottola f.

topaz ('toupæz) n topazio m.

topic ('tɔpik) n argomento, soggetto m. **topical** adj d'attualità.

topography (tə'pɔgrəfi) n topografia f.

topple ('tɔpəl) vt rovesciare. vi vacillare, cadere. **topple over** rovesciarsi.

topsoil ('tɔpsɔil) n terriccio m.

topsy-turvy (tɔpsi'tə:vi) adj,adv sottosopra.

torch (tɔ:tʃ) n torcia, fiaccola f.

tore (tɔ:) v see **tear.**

torment ('tɔ:mənt) n tormento m. pena f. vt tormentare, molestare.

torn (tɔ:n) v see **tear.**

tornado (tɔ:'neidou) n, pl **-does** or **-dos** tornado, uragano, ciclone m.

torpedo (tɔ:'pi:dou) n, pl **-does** torpedine f. siluro m. vt silurare.

torrent ('tɔrənt) n torrente m. **torrential** adj torrenziale.

torso ('tɔ:sou) n tronco, torso m.

tortoise ('tɔ:təs) n testuggine, tartaruga f.

tortuous ('tɔ:tʃuəs) adj tortuoso.

torture ('tɔ:tʃə) n tortura f. supplizio m. vt torturare, tormentare.

Tory ('tɔ:ri) adj,n conservatore m.

toss (tɔs) n **1** lancio m. **2** scrollata f. vt **1** lanciare. **2** scrollare. vi agitarsi.

tot[1] (tɔt) n **1** (child) bambino m. **2** sorso m.

tot[2] (tɔt) vt **tot up** sommare.

total ('toutl) n totale m. adj totale, completo. vt sommare. vi ammontare. **totalitarian** adj totalitario.

totem ('toutəm) n totem m invar. **totem pole** n palo del totem m.

totter ('tɔtə) vi barcollare, vacillare.

touch (tʌtʃ) n **1** tocco, colpetto m. **2** tatto m. **3** contatto m. **4** po', poco di m. **get in touch with** mettersi in contatto con. ~vt **1** toccare. **2** sfiorare. vi toccarsi. **touching** adj commovente. **touchy** adj permaloso, suscettibile.

tough (tʌf) adj **1** duro, tenace, violento. **2** forte. **3** difficile. **toughen** vt indurire, rafforzare.

toupee ('tu:pei) n toupet, parrucchino m.

tour (tuə) n viaggio, giro m. vt visitare. vi viaggiare. **tourism**

n turismo *m.* **tourist** *n* turista *m. adj* turistico.

tournament ('tuənəmənt) *n* torneo *m.*

tow (tou) *vt* rimorchiare, trainare. *n* rimorchio *m.* **towrope** *n* cavo da rimorchio *m.*

towards (twɔːdz) *prep also* **toward** verso.

towel ('tauəl) *n* asciugamano *m.* salvietta *f.*

tower ('tauə) *n* torre *f. vi* torreggiare. **towering** *adj* dominante, imponente.

town (taun) *n* città *f.* **town clerk** *n* segretario comunale *m.* **town hall** *n* municipio *m.* **town-planning** *n* urbanistica *f.*

toxic ('tɔksik) *adj* tossico, velenoso.

toy (tɔi) *n* giocattolo *m.*

trace (treis) *n* traccia *f.* segno *m. vt* **1** tracciare, rintracciare. **2** ricalcare.

track (træk) *n* **1** traccia, impronta *f.* **2** percorso *m.* **3** (railway) binario *m. vt* seguire le tracce di, inseguire. **track down** scovare. **tracksuit** *n* tuta ginnica *f.*

tract (trækt) *n* **1** periodo *m.* **2** zona *f.*

tractor ('træktə) *n* trattore *m.*

trade (treid) *n* **1** mestiere *m.* **2** commercio *m. vi* scambiare. *vi* commerciare. **trademark** *n* marchio di fabbrica *m.* **tradesman** *n* negoziante, commerciante *m.* **trade union** *n* sindacato *m.*

tradition (trə'diʃən) *n* tradizione *f.* **traditional** *adj* tradizionale.

traffic* ('træfik) *n* traffico *m. vi*

trafficare, commerciare. **traffic jam** *n* ingorgo *m.* **traffic lights** *n pl* semaforo *m.* **traffic warden** *n* addetto al traffico *m.*

tragedy ('trædʒədi) *n* tragedia *f.* **tragic** *adj* tragico.

trail (treil) *n* **1** traccia *f.* **2** scia *f. vt* **1** trascinare. **2** seguire le tracce di. *vi* strisciare. **trailer** *n* rimorchio *m.*

train (trein) *n* **1** treno *m.* **2** seguito *m.* **3** serie *f invar.* **4** strascico *m. vt* addestrare. *vi* allenarsi. **trainee** *n* apprendista *m.* **trainer** *n* allenatore *m.* **training** *n* allenamento *m.*

traitor ('treitə) *n* traditore *m.*

tram (træm) *n* tram *m invar.*

tramp (træmp) *n* vagabondo *m.* *vi* camminare con passo pesante.

trample ('træmpəl) *n* scalpitio *m. vt* calpestare. *vi* camminare pesantemente.

trampoline ('træmpəliːn) *n* trampolino *m.*

trance (trɑːns) *n* trance *f.* sonno ipnotico *m.*

tranquil ('træŋkwil) *adj* calmo, tranquillo. **tranquillity** *n* calma, tranquillità *f.* **tranquillizer** *n* tranquillante *m.*

transact (træn'zækt) *vt* trattare. **transaction** *n* trattativa *f.*

transatlantic (trænzət'læntik) *adj* transatlantico.

transcend (træn'send) *vt* trascendere.

transcribe (træn'skraib) *vt* trascrivere. **transcription** *n* trascrizione *f.*

transfer (*v* træns'fəː;

'trænsfə:) *vt* trasferire. *n* trasferimento, trasporto *m*.

transform (træns'fɔːm) *vt* trasformare. **transformation** *n* trasformazione *f*.

transfuse (træns'fjuːz) *vt* travasare. **transfusion** *n* trasfusione *f*.

transistor (træn'zistə) *n* transistor *m invar*.

transit ('trænsit) *n* transito, passaggio *m*.

transition (træn'ziʃən) *n* transizione *f*. cambiamento *m*.

transitive ('trænsitiv) *adj* transitivo.

translate (trænz'leit) *vt* tradurre. **translation** *n* traduzione *f*. **translator** *n* traduttore *m*.

translucent (trænz'luːsənt) *adj* traslucido.

transmit (trænz'mit) *vt* trasmettere. **transmitter** *n* trasmettitore *m*.

transparent (træns'pærənt) *adj* trasparente.

transplant (*v* træns'plɑːnt; *n* 'trænsplɑːnt) *vt* **1** trapiantare. **2** med innestare. *n* trapianto *m*.

transport (*v* træns'pɔːt; *n* 'trænspɔːt) *vt* **1** trasportare. **2** deportare. *n* **1** trasporto *m*. **2** slancio *m*.

transpose (træns'pouz) *vt* trasporre, trasportare.

trap (træp) *n* **1** trappola *f*. **2** calesse *m*. *vt* intrappolare, prendere in trappola.

trapdoor (træp'dɔː) *n* botola *f*.

trapeze (trə'piːz) *n* trapezio *m*.

trash (træʃ) *n* **1** rifiuti *m pl*. **2** sciocchezze *f pl*.

trauma ('trɔːmə) *n* trauma *m*.

traumatic *adj* traumatico.

travel ('trævəl) *vi* viaggiare. *n* viaggi *m pl*. **travel agency** *n* agenzia di viaggio *f*. **traveller** *n* viaggiatore *m*. viaggiatrice *f*. **traveller's cheque** *n* assegno turistico *m*.

trawl (trɔːl) *n* strascico *m*. *vt* pescare con rete. **trawler** *n* barca da pesca a motore *f*.

tray (trei) *n* vassoio *m*.

treachery ('tretʃəri) *n* tradimento *m*. slealtà *f*.

treacle ('triːkəl) *n* melassa *f*.

tread* (tred) *vt* calpestare, schiacciare. *vi* camminare. *n* **1** passo *m*. **2** battistrada *m*.

treason ('triːzən) *n* tradimento *m*.

treasure ('treʒə) *n* tesoro *m*. *vt* custodire gelosamente, aver caro. **treasurer** *n* tesoriere *m*. **treasury** *n* tesoreria *f*. fisco *m*.

treat (triːt) *vt* **1** trattare. **2** med curare. **3** offrire a, pagare a. *n* **1** festa *f*. **2** premio *m*. **treatment** *n* **1** trattamento *m*. **2** med cura *f*.

treatise ('triːtiz) *n* trattato *m*.

treaty ('triːti) *n* trattato *m*. convenzione *f*.

treble ('trebəl) *adj* **1** triplo. **2** mus di soprano. *n* **1** triplo *m*. **2** mus soprano *m*. *vt* triplicare. *vi* triplicarsi.

tree (triː) *n* albero *m*.

trek (trek) *n* **1** migrazione *f*. **2** viaggio scomodo *m*. *vi* viaggiare senza comodità.

trellis ('trelis) *n* grata *f*.

tremble ('trembəl) *vi* tremare. *n* tremito, fremito *m*.

tremendous (tri'mendəs) *adj* **1** tremendo, terribile. **2** *inf* straordinario.

tremor ('tremə) *n* tremore *m*.

trench (trentʃ) n **1** mil trincea
f. **2** fosso m.

trend (trend) n direzione,
tendenza f.

trespass ('trespəs) n **1** (of
property) trasgressione, viola-
zione f. **2** rel peccato m. offesa
f. vi violare, oltrepassare i con-
fini. **trespasser** n trasgres-
sore m.

trestle ('tresəl) n **1** cavalletto m.
2 intelaiatura f.

trial ('traiəl) n **1** law processo
m. **2** prova f. esperimento m.

triangle 'traiæŋgəl) n triangolo
m. **triangular** adj triangolare.

tribe (traib) n tribù f. **tribes-
man** n membro di tribù m.

tribunal (trai'bju:nl) n tribunale
m.

tributary ('tribjutəri) adj
tributario. n tributario, af-
fluente m.

tribute ('tribju:t) n **1** tributo m.
2 omaggio m.

trick (trik) n **1** trucco m. es-
pediente m. **2** inganno m. **3** gi-
oco di prestigio m. vt ingan-
nare. **tricky** adj **1** complicato.
2 scaltro.

trickle ('trikəl) n gocciolio m. vi
gocciolare.

tricycle ('traisikəl) n triciclo m.

trifle ('traifəl) n **1** sciocchezza f.
2 cul zuppa inglese f. vi baloc-
carsi, scherzare.

trigger ('trigə) n grilletto m.

trill (tril) n trillo m. vi trillare.

trim (trim) adj ordinato, ac-
curato. n ordine m. vt **1** asset-
tare. **2** guarnire, ornare. **3** tag-
liare.

trio ('triou) n trio m.

trip (trip) n **1** gita f. viaggio m.
2 passo falso, sgambetto m. vi

1 inciampare. **2** camminare
con passo svelto.

tripe (traip) n **1** cul trippa f. **2** sl
robaccia f.

triple ('tripəl) adj triplo. vt
triplicare. vi triplicarsi. **trip-
let** n bimbo nato da parto
trigemino m.

tripod ('traipɔd) n treppiede,
tripode m.

trite (trait) adj comune, banale.

triumph ('traiʌmf) n trionfo m.
vi trionfare. **triumphant** adj
trionfante.

trivial ('triviəl) adj insignifi-
cante, banale, frivolo.

trod (trɔd) v see **tread.**

trodden ('trɔdn) v see **tread.**

trolley ('trɔli) n carrello m.

trombone (trɔm'boun) n trom-
bone m.

troop (tru:p) n **1** gruppo m. **2**
pl mil truppe f pl.

trophy ('troufi) n trofeo m.

tropic ('trɔpik) n tropico m.
tropical adj tropicale.

trot (trɔt) n trotto m. trottata f.
vi trottare. **trotter** n **1** trot-
tatore m. **2** cul piedino m.

trouble ('trʌbəl) n **1** guaio m.
preoccupazione f. **2** fastidio,
disturbo m. vt **1** turbare, pre-
occupare. **2** disturbare. **trou-
blemaker** n sobillatore, attac-
cabrighe m.

trough (trɔf) n tinozza f.

troupe (tru:p) n troupe, com-
pagnia f.

trousers ('trauzəz) n pl
pantaloni, calzoni m pl.

trout (traut) n invar trota f.

trowel ('trauəl) n paletta, caz-
zuola f.

truant ('truənt) n pigrone m.

play truant marinare la scuola.

truce (tru:s) n tregua f.

truck (trʌk) n carro, autocarro m.

trudge (trʌdʒ) vi camminare faticosamente.

true (tru:) adj **1** vero, reale. **2** fedele, leale. **truly** adv sinceramente, veramente.

truffle ('trʌfəl) n tartufo m.

trump (trʌmp) n briscola f. vt,vi giocare.

trumpet ('trʌmpit) n tromba f. vi suonare la tromba.

truncheon ('trʌntʃən) n **1** manganello m. **2** mazza f.

trunk (trʌŋk) n **1** (luggage) baule m. cassa f. **2** tronco m. **3** proboscide f. **4** pl calzoni corti m pl. **trunk call** n telefonata interurbana f.

trust (trʌst) n **1** fiducia, fede f. **2** law patrimonio amministrato m. **3** sindacato m. società finanziaria f. vt **1** aver fiducia in, fidarsi di. **2** sperare. vi fidarsi. **trustee** n fiduciario, amministratore m. **trustworthy** adj fidato, degno di fiducia.

truth (tru:θ) n verità f. vero m. **truthful** adj veritiero, sincero.

try (trai) n prova f. tentativo m. vt **1** provare, tentare. **2** mettere alla prova. **3** assaggiare. **4** law processare. **try on** provare. **trying** adj **1** difficile. **2** fastidioso.

tsar (tsɑ:) n zar m invar.

T-shirt n maglietta f.

tub (tʌb) n vasca, tinozza f.

tuba ('tju:bə) n tuba f.

tube (tju:b) n **1** tubo m. **2** ferrovia sotterranea f.

tuber ('tju:bə) n tubero m.

tuberculosis (tju:bə:kju'ləusis) n tubercolosi f.

tuck (tʌk) n piega f. vt riporre, stipare. **tuck up** rimboccare.

Tuesday ('tju:zdi) n martedì m.

tuft (tʌft) n ciuffo m.

tug (tʌg) n **1** naut rimorchiatore m. **2** strappo m. vi dare strattoni.

tuition (tju:'iʃən) n insegnamento m. instruzione f.

tulip ('tju:lip) n tulipano m.

tumble ('tʌmbəl) n caduta f. capitombolo m. vi cadere, ruzzolare. **tumble drier** n asciugatrice f. **tumbler** n bicchiere senza stelo m.

tummy ('tʌmi) n inf stomaco m. pancia f.

tumour ('tju:mə) n tumore m.

tumult ('tju:mʌlt) n tumulto m.

tuna ('tju:nə) n tonno m.

tune (tju:n) n **1** motivo m. aria f. **2** tono m. **in/out of tune** intonato/stonato. ~vt accordare. **tuneful** adj armonioso, melodioso.

tunic ('tju:nik) n tunica f.

tunnel ('tʌnl) n galleria f. traforo, tunnel m.

tunny ('tʌni) n tonno m.

turban ('tə:bən) n turbante m.

turbine ('tə:bain) n turbina f.

turbot ('tə:bət) n rombo m.

turbulent ('tə:bjulənt) adj turbolento.

turf (tə:f) n **1** tappeto erboso m. **2** torba f. **3** campo da corse m pl. **turf accountant** n allibratore m.

turkey ('tə:ki) n tacchino m.

Turkey ('tə:ki) n Turchia f. **Turk** n turco m. **Turkish** adj

turco. Turkish (language) *n* turco *m*.

turmeric ('tə:mərik) *n* curcuma *f*.

turmoil ('tə:mɔil) *n* tumulto, scompiglio *m*.

turn (tə:n) *vt* 1 girare, voltare. 2 cambiare. 3 rendere, alterare. **turn on/off** accendere/spegnere. **turn out** 1 mandar via. 2 spegnere. 3 risultare. **turn over** rovesciare. **turnover** *n* 1 *comm* giro d'affari *m*. 2 *cul* pasticcio *m*. *n* 1 giro *m*. svolta *f*. 2 volta *f*. turno *m*. **a good turn** un favore *m*.

turning *n* svolta, curva *f*.

turntable *n* 1 piattaforma girevole *f*. 2 piatto del grammofono *m*.

turnip ('tə:nip) *n* rapa *f*.

turpentine ('tə:pəntain) *n* trementina *f*.

turquoise ('tə:kwɔiz) *adj,n* turchese *f*.

turret ('tʌrət) *n* torretta *f*.

turtle ('tə:tl) *n* tartaruga *f*.

Tuscany ('tʌskəni) *n* Toscana *f*. **Tuscan** *adj,n* toscano. **Tuscan** (dialect) *n* toscano *m*.

tusk (tʌsk) *n* zanna *f*.

tussle ('tʌsəl) *n* zuffa, rissa *f*. *vi* azzuffarsi.

tutor ('tju:tə) *n* 1 tutore *m*. 2 insegnante privato *m*. 3 professore universitario *m*. *vt* istruire. *vi* fare il tutore.

tweed (twi:d) *n* tessuto tweed *m*.

tweezers ('twi:zəz) *n pl* pinzetta *f*.

twelve (twelv) *adj,n* dodici *m* or *f*. **twelfth** *adj* dodicesimo.

twenty ('twenti) *adj,n* venti *m*

or *f*. **twentieth** *adj* ventesimo.

twice (twais) *adv* due volte.

twiddle ('twidl) *vt,vi* girare, giocherellare.

twig (twig) *n* ramoscello *m*.

twilight ('twailait) *n* crepuscolo *m*.

twin (twin) *n* gemello *m*.

twine (twain) *n* spago *m*. corda *f*. *vt* attorcigliare, intrecciare.

twinge (twindʒ) *n* fitta *f*.

twinkle ('twiŋkəl) *vi* scintillare, luccicare. *n* scintillio, luccichio *m*.

twirl (twə:l) *n* giro *m*. piroetta *f*. *vt* girare, roteare. *vi* girare.

twist (twist) *vt* 1 torcere. 2 treicciare, attorcigliare. 3 alterare. *n* 1 curva *f*. 2 filo ritorto *m*.

twitch (twitʃ) *n* 1 tic nervoso *m*. 2 strattone *m*. *vt* dare uno strattone a. *vi* contrarsi, contorcersi.

twitter ('twitə) *vi* cinguettare, pigolare.

two (tu:) *adj,n* due *m*. **two-faced** *adj* falso. **twosome** *n* coppia *f*. **two-way** *adj* reciproco. **two-way traffic** *n* traffico a senso doppio *m*.

tycoon (tai'ku:n) *n* capitalista, magnate *m*.

type (taip) *n* 1 tipo, genere *m*. 2 carattere *m*. *vt,vi* dattilografare. **typewriter** *n* macchina da scrivere *f*. **typist** *n* dattilografo *m*.

typhoid ('taifɔid) *n* tifoide *m*.

typhoon (tai'fu:n) *n* tifone *m*.

typical ('tipikəl) *adj* tipico, caratteristico.

tyrant ('tairənt) *n* tiranno *m*.

tyranny *n* tirannia *f*. **tyrannical** *adj* tirannico.

tyre ('taiə) *n* gomma *f*. pneumatico *m*.

Tyrol (ti'roul) *n* Tirolo *m*. **Tirolese** *adj,n* tirolese.

U

ubiquitous (ju:'bikwitəs) *adj* onnipresente.

udder ('ʌdə) *n* mammella *f*.

ugly ('ʌgli) *adj* brutto, sgradevole. **ugliness** *n* bruttezza *f*.

ukulele (ju:kə'leili) *n* chitarra hawaiana *f*.

ulcer ('ʌlsə) *n* ulcera, piaga *f*.

ulterior (ʌl'tiəriə) *adj* **1** ulteriore. **2** segreto.

ultimate ('ʌltimət) *adj* ultimo, finale. **ultimatum** *n* ultimatum *m*.

ultraviolet (ʌltrə'vaiələt) *adj* ultravioletto.

umbrella (ʌm'brelə) *n* ombrello *m*.

umpire ('ʌmpaiə) *n* arbitro *m*. *vt,vi* arbitrare.

umpteen (ʌmp'ti:n) *adj* innumerevole.

unable (ʌn'eibəl) *adj* incapace, inabile.

unacceptable (ʌnək'septəbəl) *adj* inaccettabile.

unaccompanied (ʌnə'kʌmpnid) *adj* **1** solo. **2** *mus* senza accompagnamento.

unanimous (ju:'næniməs) *adj* unanime.

unarmed (ʌn'ɑ:md) *adj* disarmato.

unattractive (ʌnə'træktiv) *adj* poco attraente.

unavoidable (ʌnə'vɔidəbəl) *adj* inevitabile.

unaware (ʌnə'wɛə) *adj* ignaro, inconsapevole. **unawares** *adv* inconsapevolmente, inavvertitamente.

unbalanced (ʌn'bælənst) *adj* instabile, squilibrato.

unbearable (ʌn'bɛərəbəl) *adj* insopportabile, intollerabile.

unbelievable (ʌnbi'li:vəbəl) *adj* incredibile.

unbend* (ʌn'bend) *vt* **1** raddrizzare. **2** slegare, allentare. *vi* rilassarsi, distendersi.

unbreakable (ʌn'breikəbəl) *adj* infrangibile.

unbutton (ʌn'bʌtn) *vt* sbottonare.

uncalled-for (ʌn'kɔ:ldfɔ:) *adj* superfluo, non meritato.

uncanny (ʌn'kæni) *adj* misterioso, prodigioso.

uncertain (ʌn'sə:tn) *adj* incerto, dubbio.

uncle ('ʌŋkəl) *n* zio *m*.

unclear (ʌn'kliə) *adj* poco chiaro.

uncomfortable (ʌn'kʌmftəbəl) *adj* scomodo, a disagio.

unconscious (ʌn'kɔnʃəs) *adj* **1** inconscio, involontario. **2** privo di sensi.

unconventional (ʌnkən'venʃənəl) *adj* anticonformista, non convenzionale.

uncooked (ʌn'kukt) *adj* crudo.

uncouth (ʌn'ku:θ) *adj* rozzo.

uncover (ʌn'kʌvə) *vt* **1** scoprire. **2** rivelare, esporre.

uncut (ʌn'kʌt) *adj* non tagliato.

undecided (ʌndi'saidid) *adj* incerto, indeciso.

undeniable (ʌndi'naiəbəl) *adj* innegabile.

under ('ʌndə) *prep* sotto. *adv* al di sotto.

undercharge 494

undercharge (ʌndə'tʃɑːdʒ) vt far pagare troppo poco.

underclothes ('ʌndəklouðz) n pl biancheria personale f.

undercoat ('ʌndəkout) n prima mano f.

undercover ('ʌndəkʌvə) adj segreto.

undercut* (ʌndə'kʌt) vt 1 colpire da sotto. 2 vendere a minor prezzo di.

underdeveloped (ʌndədi-'veləpt) adj sottosviluppato.

underdone (ʌndə'dʌn) adj poco cotto, al dente.

underestimate (ʌndər'estimeit) vt sottovalutare.

underfoot (ʌndə'fut) adv sotto i piedi.

undergo* (ʌndə'gou) vt subire, sopportare, essere sottoposto a.

undergraduate (ʌndə'grædjuət) n studente universitario m.

underground (adv ʌndə'graund; adj,n 'ʌndəgraund) adv 1 sotto terra. 2 clandestinamente. adj 1 sotterraneo. 2 segreto, clandestino. n metropolitana f.

undergrowth ('ʌndəgrouθ) n sottobosco m.

underhand (ʌndə'hænd) adj clandestino, segreto.

underline (ʌndə'lain) vt sottolineare.

undermine (ʌndə'main) vt 1 minare. 2 indebolire, insidiare.

underneath (ʌndə'niːθ) adv al di sotto. prep sotto, al di sotto di.

underpants ('ʌndəpænts) n pl mutande f pl.

underpass ('ʌndəpɑːs) n sottopassaggio m.

underrate (ʌndə'reit) vt sottovalutare.

understand* (ʌndə'stænd) vt 1 comprendere, capire. 2 sentir dire. 3 dedurre. **understanding** n 1 comprensione, conoscenza f. 2 accordo m.

understate (ʌndə'steit) vt minimizzare.

understudy ('ʌndəstʌdi) n sostituto m. vt sostituire.

undertake* (ʌndə'teik) vt 1 intraprendere, impegnarsi a. 2 assumere. **undertaker** n imprenditore di pompe funebri m.

undertone ('ʌndətoun) n tono sommesso m.

underwater (ʌndə'wɔːtə) adj subacqueo.

underwear ('ʌndəwɛə) n biancheria personale f.

underworld ('ʌndəwəːld) n 1 malavita f. 2 bassifondi m pl.

underwrite* (ʌndə'rait) vt 1 sottoscrivere. 2 comm assicurare.

undesirable (ʌndi'zaiərəbəl) adj indesiderabile.

undo* (ʌn'duː) vt 1 disfare, slacciare. 2 annullare.

undoubted (ʌn'dautid) adj indubitato, incontestato.

undress (ʌn'dres) vt svestire, spogliare. vi svestirsi.

undue ('ʌndjuː) adj 1 non dovuto, ingiusto. 2 indebito.

undulate ('ʌndʒəleit) vi ondeggiare.

unearth (ʌn'əːθ) vt scoprire, dissotterrare. **unearthly** adv 1 soprannaturale. 2 lugubre, sinistro. 3 assurdo.

uneasy (ʌn'iːzi) adj 1 a disagio, impacciato. 2 ansioso.

unemployed (ʌnim'plɔid) *adj* disoccupato. **unemployment** *n* disoccupazione *f*.

unequal (ʌn'i:kwəl) *adj* **1** disuguale. **2** inadeguato, incapace.

uneven (ʌn'i:vən) *adj* **1** ineguale, irregolare. **2** *math* dispari *invar*.

unfair (ʌn'fɛə) *adj* ingiusto.

unfaithful (ʌn'feiθfəl) *adj* infedele, sleale.

unfamiliar (ʌnfə'miliə) *adj* poco conosciuto.

unfit (ʌn'fit) *adj* **1** inadatto, incapace. **2** inabile.

unfold (ʌn'fould) *vt* **1** spiegare, schiudere. **2** rivelare.

unfortunate (ʌn'fɔ:tʃunət) *adj* sfortunato.

unfurnished (ʌn'fə:niʃt) *adj* non ammobiliato.

ungrateful (ʌn'greitfəl) *adj* ingrato.

unhappy (ʌn'hæpi) *adj* **1** infelice. **2** poco opportuno.

unhealthy (ʌn'helθi) *adj* **1** malsano, insalubre. **2** malaticcio.

unicorn ('ju:nikɔ:n) *n* unicorno *m*.

uniform *n* ('ju:nifɔ:m) uniforme, divisa *f*. *adj* uniforme, costante.

unify ('ju:nifai) *vt* unificare.

uninterested (ʌn'intrəstid) *adj* non interessato.

union ('ju:niən) *n* **1** unione *f*. **2** (trade) sindicato *m*.

Union Jack *n* bandiera britannica *f*.

unique (ju:'ni:k) *adj* unico.

unison ('ju:nizən) *n* unisono *m*.

unit ('ju:nit) *n* **1** unità *f*. **2** gruppo, insieme *m*. **3** *mil* reparto *m*.

unite (ju:'nait) *vt* unire, congiungere. *vi* unirsi. **unity** *n* **1** unità *f*. **2** armonia *f*. accordo *m*.

United Kingdom *n* Regno Unito *m*.

United States of America *n pl* Stati Uniti *m pl*.

universe ('ju:nivə:s) *n* universo *m*. **universal** *adj* universale.

university (ju:ni'və:siti) *n* università *f*.

unjust (ʌn'dʒʌst) *adj* ingiusto.

unkempt (ʌn'kempt) *adj* trascurato, sciatto.

unkind (ʌn'kaind) *adj* scortese, sgarbato.

unknown (ʌn'noun) *adj* sconosciuto, ignoto.

unlawful (ʌn'lɔ:fəl) *adj* illegale, illecito.

unless (ən'les) *conj* a meno che (non), se non.

unlike (ʌn'laik) *adj* dissimile, diverso. *prep* all'inverso di. **unlikely** *adj* improbabile, inverosimile.

unload (ʌn'loud) *vt* scaricare.

unlucky (ʌn'lʌki) *adj* **1** sfortunato. **2** di cattivo augurio.

unmanned (ʌn'mænd) *adj* senza equipaggio.

unnatural (ʌn'nætʃərəl) *adj* innaturale.

unnecessary (ʌn'nesəsri) *adj* superfluo.

unofficial (ʌnə'fiʃəl) *adj* ufficioso.

unorthodox (ʌn'ɔ:θədɔks) *adj* non ortodosso.

unpack (ʌn'pæk) *vt* disfare. *vi* disfare le valigie.

unpleasant (ʌn'plezənt) *adj* spiacevole, sgradevole.

unpopular (ʌn'pɔpjulə) adj impopolare.

unravel (ʌnrævəl) vt 1 districare, sbrogliare. 2 chiarire.

unreasonable (ʌn'riːzənəbəl) adj irragionevole.

unreliable (ʌnri'laiəbəl) adj infido.

unrest (ʌn'rest) n agitazione f. fermento m.

unruly (ʌn'ruːli) adj indisciplinato.

unscrew (ʌn'skruː) vt svitare.

unsettle (ʌn'setl) vt sconvolgere.

unsightly (ʌn'saitli) adj brutto, spiacevole a vedersi.

unsound (ʌn'saund) adj 1 in cattivo stato. 2 non solido. 3 difettoso.

unsteady (ʌn'stedi) adj 1 instabile, vacillante. 2 variabile.

unsuccessful (ʌnsək'sesfəl) adj sfortunato, fallito.

untangle (ʌn'tæŋgəl) vt districare.

untidy (ʌn'taidi) adj disordinato, trasandato.

untie (ʌn'tai) vt sciogliere, slegare.

until (ʌn'til) prep fino a. conj finchè (non), fintanto che.

untrue (ʌn'truː) adj 1 falso, erroneo. 2 infedele.

unusual (ʌn'juːʒuəl) adj insolito, fuori del comune.

unwanted (ʌn'wɔntid) adj indesiderato.

unwell (ʌn'wel) adj indisposto, ammalato.

unwind (ʌn'waind) vt svolgere, srotolare, dipanare.

unwrap (ʌn'ræp) vt disfare, svolgere.

up (ʌp) adv 1 su, in su. 2 in

piedi. prep su, su per. adj ascendente. **it's up to you** sta a te.

upbringing ('ʌpbriŋiŋ) n educazione f.

update (ʌp'deit) vt aggiornare.

upheaval (ʌp'hiːvəl) n sconvolgimento m. sommossa f.

uphill (ʌp'hil) adv in salita. adj 1 in salita. 2 difficile.

uphold* (ʌp'hould) vt 1 sostenere. 2 approvare.

upholstery (ʌp'houlstəri) n tappezzeria f.

upkeep ('ʌpkiːp) n manutenzione f.

uplift (ʌp'lift) vt sollevare, alzare. n sollevamento m.

upon (ə'pɔn) prep su, sopra.

upper ('ʌpə) adj superiore. **upper-class** adj signorile. **upper hand** n sopravvento m.

uppermost adj il più alto, dominante. adv più in alto di tutto.

upright ('ʌprait) adj 1 eretto, verticale, diritto. 2 onesto. adv in piedi.

uprising ('ʌpraiziŋ) n rivolta, insurrezione f.

uproar ('ʌprɔː) n tumulto, clamore m.

uproot (ʌp'ruːt) vt sradicare.

upset* (v,adj ʌp'set; n 'ʌpset) vt 1 rovesciare, capovolgere. 2 scombussolare. adj sconvolto, turbato. n 1 scompiglio m. 2 rovesciamento m.

upshot ('ʌpʃɔt) n risultato m. conclusione f.

upside down (ʌpsaid 'daun) adv sottosopra. **turn upside down** capovolgere.

upstairs (ʌp'stɛəz) adv al piano di sopra. n piano superiore m.

upstream (ʌp'striːm) *adv* controcorrente.

uptight (ʌp'tait) *adj* teso.

upward ('ʌpwəd) *adv also* **upwards** in su, in alto. *adj* in rialzo, in aumento.

uranium (juː'reiniəm) *n* uranio *m*.

Uranus (juːreinəs) *n* Urano *m*.

urban ('əːbən) *adj* urbano.

urge (əːdʒ) *vt* 1 spronare, esortare. 2 insistere su. *n* impulso, sprone *m*.

urgent ('əːdʒənt) *adj* 1 urgente. 2 insistente. **urgency** *n* urgenza *f*.

urine ('juərin) *n* orina, urina *f*. **urinate** *vi* orinare, urinare.

urn (əːn) *n* 1 urna *f*. 2 samovar *m*.

us (ʌs) *pron 1st pers pl* 1 noi *m,f*. 2 ci *m,f*. 3 ce *m,f*.

use (*v* juːz; *n* juːs) *vt* usare, adoperare. **use up** esaurire. ~*n* 1 uso *m*. 2 utilità *f*. **usage** *n* uso *m*. usanza *f*. **used** *adj* usato. **used to** abituato a. **useful** *adj* utile, vantaggioso. **useless** *adj* inutile, vano.

usher ('ʌʃə) *n* usciere, cerimoniere *m*. *vt* 1 introdurre. 2 annunciare.

usual ('juːʒuəl) *adj* usuale, consueto. **as usual** come al solito. **usually** *adv* usualmente, di solito.

usurp (juˈzəːp) *vt* usurpare.

utensil (juˈtensəl) *n* utensile, arnese *m*.

uterus ('juːtərəs) *n*, *pl* **uteri** utero *m*.

utility (juˈtiliti) *n* utilità *f*. profitto *m*. *adj* utilitario, funzionale.

utmost ('ʌtmoust) *adj also* **uttermost** estremo, ultimo, massimo. **do one's utmost** fare del proprio meglio.

utter[1] ('ʌtə) *vt* 1 emettere. 2 esprimere.

utter[2] ('ʌtə) *adj* totale, assoluto, completo.

V

vacant ('veikənt) *adj* 1 vuoto, non occupato. 2 distratto. **vacancy** *n* posto vacante *m*.

vacate (vəˈkeit) *vt* lasciare libero.

vacation (vəˈkeiʃən) *n* 1 rinunica *f*. 2 vacanza *f*.

vaccine ('væksiːn) *n* vaccino *m*. **vaccinate** *vt* vaccinare. **vaccination** *n* vaccinazione *f*.

vacillate ('væsəleit) *vi* 1 vacillare. 2 estitare.

vacuum ('vækjuəm) *n* 1 vuoto, vuoto pneumatico *m*. 2 lacuna *f*. **vacuum cleaner** *n* aspirapolvere *m*. **vacuum flask** *n* termos *m*.

vagina (vəˈdʒainə) *n* vagina *f*.

vagrant ('veigrənt) *adj,n* vagabondo, nomade *m*.

vague (veig) *adj* 1 vago, indeterminato. 2 distratto.

vain (vein) *adj* 1 vano, inutile. 2 vanitoso.

valiant ('væliənt) *adj* valoroso, prode.

valid ('vælid) *adj* valido.

valley ('væli) *n* valle, vallata *f*.

value ('væljuː) *n* 1 valore *m*. 2 utilità *f*. *vt* 1 valutare, stimare, apprezzare. 2 *comm* valutare. **valuable** *adj* 1 prezioso, di gran valore. 2 utile. **valuables** *n pl* oggetti di valore *m pl*.

valve ('vælv) *n* valvola *f*.

vampire ('væmpaiə) n vampiro m.

van (væn) n camioncino, furgone m.

vandal ('vændl) n vandalo m. **vandalism** n vandalismo m.

vanilla (və'nilə) n vaniglia f.

vanish ('væniʃ) vi svanire, sparire.

vanity ('væniti) n vanità f.

vapour ('veipə) n vapore m. esalazione f.

variety (və'raiəti) n varietà f. assortimento m. **variety show** n spettacolo di varietà m.

various ('vɛəriəs) adj 1 vario, diverso. 2 parecchi.

varnish ('vɑːniʃ) n vernice, lacca f. vt verniciare, laccare.

vary ('vɛəri) vi differire. vt variare, cambiare. **variable** adj variabile, mutevole. **variant** adj,n variante m. **variation** n variazione f.

vase (vɑːz) n vaso m.

vasectomy (væ'sektəmi) n vasectomia f.

vast (vɑːst) adj vasto, ampio.

vat (væt) n tino m. tinozza f.

Vatican ('vætikən) n Vaticano m.

vault[1] ('vɔːlt) n 1 volta f. 2 cantina f. 3 sepolcro m.

vault[2] (vɔːlt) vi volteggiare, saltare. vt saltare. n salto m.

veal (viːl) n vitello m.

veer (viə) vi cambiare direzione, virare.

vegetable ('vedʒtəbəl) n 1 vegetale, ortaggio m. 2 pl verdura f. adj vegetale. **vegetarian** adj,n vegetariano m. **vegetation** n vegetazione f.

vehement ('viəmənt) adj veemente, impetuoso.

vehicle ('viːikəl) n veicolo m.

veil (veil) n velo m. vt velare, nascondere.

vein (vein) n 1 vena f. 2 umore m. vena f.

velocity (və'lɔsiti) n velocità f.

velvet ('velvit) n velluto m. adj di velluto, vellutato.

vendetta (ven'detə) n vendetta f.

veneer (vi'niə) n 1 impiallacciatura f. 2 vernice, maschera f.

venerate ('venəreit) vt venerare, riverire.

venereal disease (vi'niəriəl) n malattia venerea f.

vengeance ('vendʒəns) n vendetta f.

Venice ('venis) n Venezia f. **Venetian** adj,n veneziano.

venison ('venisən) n carne di daino f.

venom ('venəm) n 1 veleno m. 2 cattiveria, malignità f.

vent[1] (vent) n 1 apertura f. foro m. 2 (in a jacket) spacco m.

vent[2] (vent) n sfogo m. **give vent to** sfogare. ~vt sfogare.

ventilate ('ventileit) vt ventilare. **ventilation** n ventilazione f. **ventilator** n ventilatore m.

venture ('ventʃə) n 1 avventura f. 2 comm speculazione f. vt avventurare. vi avventurarsi.

Venus ('viːnəs) n Venere f.

veranda (və'rændə) n veranda f.

verb (vəːb) n verbo m.

verdict ('vəːdikt) n 1 law verdetto m. 2 parere, giudizio m.

verge (vəːdʒ) *n* orlo, limite *m*. **on the verge of** sul punto di. ~*v* **verge on** rasentare, essere vicino a.

verify ('verifai) *vt* verificare, confermare.

vermicelli (vəːmi'tʃeli) *n* vermicelli *m pl*.

vermin ('vəːmin) *n* insetti parassiti *m pl*.

vermouth ('vəːməθ) *n* vermut *m*.

vernacular (və'nækjulə) *adj,n* vernacolo *m*.

versatile ('vəːsətail) *adj* versatile.

verse (vəːs) *n* **1** verso *m*. **2** versi *m pl*. **3** poesia *f*.

version ('vəːʃən) *n* versione *f*.

vertebrate ('vəːtibreit) *adj,n* vertebrato *m*.

vertical ('vəːtikəl) *adj,n* verticale *m*.

verve (vəːv) *n* verve, brio *m*.

very ('veri) *adv* molto, assai. *adj* **1** vero e proprio. **2** esatto. **3** stesso. **4** proprio.

vessel ('vesəl) *n* **1** *naut* vascello *m*. nave *f*. **2** recipiente, vaso *m*.

vest (vest) *n* maglia *f*.

vestment ('vestmənt) *n* veste sacerdotale *f*.

vestry ('vestri) *n* sagrestia *f*.

vet (vet) *n inf* veterinario *m*. *vt* esaminare.

veteran ('vetərən) *adj,n* veterano *m*.

veterinary surgeon ('vetərən-əri) *n* veterinario *m*.

veto ('viːtou) *n, pl* **-toes** veto *m*. *vt* vietare.

vex (veks) *vt* **1** affliggere. **2** irritare.

via ('vaiə) *prep* via, attraverso.

viable ('vaiəbəl) *adj* **1** vitale. **2** praticabile.

viaduct ('vaiədʌkt) *n* viadotto *m*.

vibrate (vai'breit) *vi* vibrare, oscillare. *vt* far vibrare. **vibration** *n* vibrazione *f*.

vicar ('vikə) *n* parroco, curato *m*.

vicarious (vi'kɛəriəs) *adj* **1** delegato. **2** insostituzione.

vice¹ (vais) *n* **1** vizio *m*. depravazione *f*. **2** difetto *m*. imperfezione *f*.

vice² (vais) *n tech* morsa *f*.

vice-chancellor *n* vice-cancelliere *m*.

vice-president *n* vice-presidente *m*.

vice versa ('vəːsə) *adv* viceversa.

vicinity (vi'sinəti) *n* vicinanza, prossimità *f*.

vicious ('viʃəs) *adj* **1** crudele, dispettoso. **2** vizioso.

victim ('viktim) *n* vittima *f*. **victimize** *vt* tormentare.

Victorian (vik'tɔːriən) *adj* vittoriano.

victory ('viktri) *n* vittoria *f*. **victorious** *adj* vittorioso.

video-tape ('vidiouteip) *n* nastro televisivo *m*.

Vietnam (viet'næm) *n* Vietnam *m*. **Vietnamese** *adj,n* vietnamese.

view (vjuː) *n* **1** vista *f*. **2** veduta *f*. panorama *m*. **3** opinione *f*. **4** intento, scopo *m*. **in view of** visto che. ~*vt* **1** vedere, osservare. **2** ispezionare. **viewfinder** *n* mirino *m*.

vigil ('vidʒil) *n* veglia *f*. **vigilant** *adj* vigile, vigilante.

vigour ('vigə) *n* vigore *m*.

vile

energia f. **vigorous** adj vigoroso.

vile (vail) adj **1** abietto, sordido, vile. **2** pessimo.

villa ('vilə) n villa f.

village ('vilidʒ) n villaggio, paese m.

villain ('vilən) n furfante, farabutto m.

vindictive (vin'diktiv) adj vendicativo.

vine (vain) n vite f. **vineyard** n vigneto m. vigna f.

vinegar ('vinigə) n aceto m.

vintage ('vintidʒ) n vendemmia, annata f.

vinyl ('vainil) n vinile m.

viola (vi'oulə) n viola f.

violate ('vaiəleit) vt violare, violentare. **violation** n violazione f.

violence ('vaiələns) n violenza f. **violent** adj violento.

violet ('vaiələt) n **1** bot viola m. **2** (colour) viola m invar. adj violetto.

violin (vaiə'lin) n violino m.

viper ('vaipə) n vipera f.

virgin ('vəːdʒin) adj,n vergine f.

Virgo ('vəːgou) n Vergine f.

virile ('virail) adj virile, maschio.

virtue ('vəːtjuː) n virtù f. **virtual** adj virtuale, effettivo.

virus ('vairəs) n virus m. adj virale.

visa ('viːzə) n visto consolare m.

viscount ('vaikaunt) n visconte m.

vision ('viʒən) n **1** visione f. **2** capacità visiva f. **3** intuito m.

visible adj visibile, evidente.

visit ('vizit) vt **1** visitare, fare

una visita a. **2** ispezionare. n visita f.

visual ('vizjuəl) adj **1** visuale, visivo. **2** visibile. **visualize** vt,vi immaginarsi, raffigurarsi.

vital ('vaitl) adj **1** vitale, essenziale. **vitality** n vitalità, forza f.

vitamin ('vitəmin) n vitamina f.

vivacious (vi'veiʃəs) adj vivace, vispo.

vivid ('vivid) adj vivido, vivo.

vixen ('viksən) n volpe femmina f.

vocabulary (və'kæbjuləri) n vocabolario m.

vocal ('voukəl) adj vocale. **vocal chords** n pl corde vocali f pl.

vocation (vou'keiʃən) n **1** rel vocazione f. **2** inclinazione, attitudine f.

vodka ('vɔdkə) n vodka f.

voice (vɔis) n **1** voce f. **2** opinione f. vt esprimere, dire.

void (vɔid) adj **1** vuoto. **2** non valido, nullo. n vuoto m.

volatile ('vɔlətail) adj **1** volatile. **2** volubile.

volcano (vɔl'keinou) n, pl -noes or -nos vulcano m.

vole (voul) n topo d'acqua m.

volley ('vɔli) n scarica, raffica f. **volleyball** n palla a volo f.

volt (voult) n volt m.

volume ('vɔljuːm) n **1** volume m. **2** massa f.

volunteer (vɔlən'tiə) n volontario m. vi **1** offrirsi volontariamente. **2** arruolarsi volontario. **voluntary** adj **1** volontario, spontaneo. **2** voluto.

voluptuous (və'lʌptʃuəs) adj voluttuoso, sensuale.

vomit ('vɔmit) *vt,vi* vomitare. *n* vomito *m*.

voodoo ('vu:du:) *n* vuduismo *m*.

vote (vout) *n* voto *m*. votazione *f*. *vt,vi* votare.

vouch (vautʃ) *vi* vouch for rispondere di.

voucher ('vautʃə) *n* **1** documento giustificativo *m*. **2** tagliando *m*. **3** garante *m*.

vow (vau) *n* voto *m*. *vt* **1** fare voto di. **2** promettere.

vowel ('vauəl) *n* vocale *f*.

voyage ('vɔiidʒ) *n* viaggio *m*.

vulgar ('vʌlgə) *adj* volgare.

vulnerable ('vʌlnrəbl) *adj* vulnerabile.

vulture ('vʌltʃə) *n* avvoltoio *m*.

W

wad (wɔd) *n* **1** pacchetto, rotolo *m*. **2** tampone *m*. **wadding** *n* **1** imbottitura *f*. **2** ovatta *f*.

waddle ('wɔdl) *vi* camminar ondeggiando. *n* andatura ondeggiante *f*.

wade (weid) *vi* avanzare faticosamente. *vt* guadare.

wafer ('weifə) *n* cialda *f*.

waft (wɔft) *vt* sospingere. *vi* **1** fluttuare. **2** (of a breeze) soffiare blandamente. *n* soffio *m*.

wag (wæg) *vt* scuotere, agitare. *n* scodinzolio *m*.

wage (weidʒ) *n* salario *m*. paga *f*. *vt* (war) intraprendere.

waggle ('wægəl) *vt* scuotere, dondolare.

wagon ('wægən) *n* **1** carro *m*. **2** vagone merci *m*.

waif (weif) *n* trovatello *m*.

wail (weil) *vi* gemere, lamentarsi. *n* gemito, lamento *m*.

waist (weist) *n* vita, cintola *f*.

waistband *n* cintura, fascia *f*.

waistcoat *n* panciotto, gilè *m*.

waistline *n* vita *f*. giro di vita *m*.

wait (weit) *vi,vt* aspettare, attendere. **wait on** servire. ~*n* attesa *f*. **waiter** *n* cameriere *m*. **waiting list** *n* lista d'attesa *f*. **waiting room** *n* sala d'aspetto *f*. **waitress** *n* cameriera *f*.

waive (weiv) *vt* rinunciare a, desistere da.

wake [1] (weik) *vt* svegliare. *vi* svegliarsi. **waken** *vt* svegliare, risvegliare. *vi* svegliarsi.

wake [2] (weik) *n naut* scia *f*.

Wales (weilz) *n* Galles *m*.

walk (wɔ:k) *vi* camminare, andare a piedi. *n* **1** passeggiata, camminata *f*. percorso *m*. **2** andatura *f*. **walking stick** *n* bastone *m*. **walkout** *n* sciopero non autorizzato *m*. **walkover** *n inf* vittoria facile *f*.

wall (wɔ:l) *n* muro *m*. parete *f*. **wallflower** *n* **1** violacciocca *f*. **2** *inf* ragazza che fa da tappezzeria *f*. **wallpaper** *n* carta da parati *f*.

wallet ('wɔlit) *n* portafoglio *m*.

wallop ('wɔləp) *inf* *vt* percuotere. *n* percossa *f*. colpo *m*.

wallow ('wɔlou) *vi* rotolarsi, sguazzare.

walnut ('wɔ:lnʌt) *n* noce *f*. **walnut tree** *n* noce *f*.

walrus ('wɔ:lrəs) *n* tricheco *m*.

waltz (wɔ:ls) *n* valzer *m*. *vi* ballare il valzer.

wand (wɔnd) *n* bacchetta *f*.

wander ('wɔndə) *vi* **1** vagare, vagabondare. **2** deviare, smarrirsi. **3** vaneggiare, delirare.

wane (wein) *vi* **1** (of the moon) calare. **2** diminuire. *n* declino *m*. **on the wane** in declino.

wangle ('wæŋgəl) *vt* brigare, ottenere con intrighi.

want (wɔnt) *vt* **1** volere, desiderare. **2** aver bisogno di. *vi* mancare. *n* **1** mancanza *f*. **2** necessità *f*. bisogno *m*.

wanton ('wɔntṇ) *adj* **1** licenzioso, impudico. **2** arbitrario. **3** capriccioso.

war (wɔ:) *n* guerra *f*. *vi* guerreggiare. **warfare** *n* guerra *f*. stato di guerra *m*.

warble ('wɔ:bəl) *vt,vi* trillare, gorgheggiare. *n* trillo, gorgheggio *m*.

ward (wɔ:d) *n* **1** (of a hospital) reparto *m*. corsia *f*. **2** circoscrizione comunale *f*. **3** *law* pupillo *m*. *v* **ward off** parare. **warden** *n* guardiano, custode *m*. **warder** *n* carceriere *m*. **wardrobe** *n* guardaroba *f*. armadio *m*.

warehouse ('wɛəhaus) *n* magazzino, deposito *m*.

warm (wɔ:m) *adj* **1** caldo. **2** ardente. *vt* riscaldare. **warm-blooded** *adj* **1** appassionato. **2** a sangue caldo. **warm-hearted** *adj* gentile, compassionevole. **warmth** *n* **1** calore *m*. **2** zelo *m*. **warm-up** *n* esercizio fisico *m*.

warn (wɔ:n) *vt* mettere in guardia, avvertire. **warning** *n* allarme, avvertimento *m*.

warp (wɔ:p) *vt* **1** storcere. **2** pervertire. *vi* deformarsi. *n* ordito *m*.

warrant ('wɔrənt) *n* autorizzazione *f*. ordine *m*. *vt* assicurare, garantire.

warren ('wɔrən) *n* garenna *f*.

warrior ('wɔriə) *n* guerriero, soldato *m*.

wart (wɔ:t) *n* verruca *f*. porro *m*.

wary ('wɛəri) *adj* diffidente, prudente.

was (wəz; *stressed* wɔz) *v* see **be**.

wash (wɔʃ) *vt* lavare. *vi* lavarsi. **wash up** lavare i piatti. ~*n* lavata *f*. **washbasin** *n* lavandino *m*. **washer** *n* *tech* anello *m*. **washing** *n* bucato *m*. **washing machine** *n* lavatrice *f*. **washing powder** *n* detersivo *m*. **wash-out** *n* *inf* disastro *m*. **washroom** *n* bagno *m*.

wasp (wɔsp) *n* vespa *f*.

waste (weist) *vt* rovinare, sprecare. *n* spreco, sciupio *m*. **wasteful** *adj* prodigo. **wastepaper basket** *n* cestino per carta straccia *m*.

watch (wɔtʃ) *n* **1** (wrist) orologio *m*. **2** sorveglianza *f*. *vt* guardare. *vi* fare la guardia. **watchdog** *n* cane da guardia *m*. **watchful** *adj* attento.

water ('wɔ:tə) *n* acqua *f*. *vt* **1** inaffiare. **2** diluire. **3** abbeverare. *vi* (of eyes) piangere. **water-closet** *n* gabinetto *m*. **watercolour** ('wɔ:təkʌlə) *n* acquerello *m*. **watercress** ('wɔ:təkres) *n* crescione *m*. **waterfall** ('wɔ:təfɔ:l) *n* cascata *f*. **watering-can** *n* annaffiatoio *m*. **waterlily** ('wɔ:təlili) *n* ninfea *f*. **waterlogged** ('wɔ:tələgd) *adj* inzuppato. **watermark** ('wɔ:təmɑ:k) *n* **1**

livello di marea *m*. **2** filigrana *f*.

watermelon ('wɔ:təmelən) *n* cocomero *m*.

watermill ('wɔ:təmil) *n* mulino *m*.

waterproof ('wɔ:təpru:f) *adj* impermeabile.

water-ski *vi* fare lo sci nautico. **water-skiing** *n* sci nautico *m*.

watertight ('wɔ:tətait) *adj* ermetico.

waterway ('wɔ:təwei) *n* canale *m*.

waterworks ('wɔ:təwə:ks) *n pl* impianto idrico *m*.

watery ('wɔ:təri) *adj* acquoso.

watt (wɔt) *n* watt *m invar*.

wave (weiv) *n* **1** onda *f*. **2** (of the hand) cenno *m*. *vi* **1** ondeggiare. **2** far segno di saluto. *vt* agitare. **waveband** *n* gamma di lunghezza d'onda *f*. **wavelength** *n* lunghezza d'onda *f*. **wavy** *adj* ondulato.

waver ('weivə) *vi* vacillare, fluttuare.

wax[1] (wæks) *n* cera *f*.

wax[2] (wæks) *vi* (of the moon) crescere, aumentare.

way (wei) *n* **1** via, direzione *f*. **2** modo *m*. **3** mezzo *m*. **by the way** a proposito. **in the way** ingombrante. **wayside** *n* bordo della strada *m*. *adj* sul bordo della strada.

waylay (wei'lei) *vt* tendere un agguato a.

wayward ('weiwəd) *adj* capriccioso, ostinato.

we (wi:) *pron 1st pers pl* **1** noi *m,f*. **2** si *m,f*.

weak (wi:k) *adj* debole. **weaken** *vt* indebolire. *vi* indebolirsi. **weak-kneed** *adj*

smidollato. **weakling** *n* creatura gracile *f*. **weakness** *n* debolezza *f*. **weak-willed** *adj* indeciso.

wealth (welθ) *n* ricchezza *f*. **wealthy** *adj* ricco.

weapon ('wepən) *n* arma *f*, *pl* armi.

wear* (wɛə) *vt* portare, indossare. *vi* logorarsi. **wear out 1** esaurire. **2** consumare. ~*n* uso *m*. **wear and tear** logoramento *m*.

weary ('wiəri) *adj* affaticato. *vt* **1** annoiare. **2** stancare.

weasel ('wi:zəl) *n* donnola *f*.

weather ('weðə) *n* tempo *m*. *vt* resistere a.

weave* (wi:v) *vt,vi* tessere. *n* tessuto *m*.

web (web) *n* **1** (of a spider) ragnatela *f*. **2** tela *f*. tessuto *m*.

wedding ('wediŋ) *n* matrimonio *m*. **wedding ring** *n* fede *f*.

wedge (wedʒ) *n* cuneo *m*. *vt* incuneare.

Wednesday ('wenzdi) *n* mercoledì *m*.

weed (wi:d) *n* erbaccia *f*. *vt* sarchiare.

week (wi:k) *n* settimana *f*. **weekday** *n* giorno feriale *m*. **weekend** *n* fine settimana *m*. **weekly** *adj* settimanale. **weekly magazine** *n* settimanale *m*.

weep* (wi:p) *vi* piangere.

weigh (wei) *vt* pesare. **weighbridge** *n* ponte a bascula *m*. **weight** *n* **1** peso *m*. **2** importanza *f*. **weight-lifting** *n* sollevamento di pesi *m*.

weird ('wiəd) *adj* strano.

welcome ('welkəm) *adj* benve-

nuto, gradito. *n* benvenuto *m*.
vt dare il benvenuto a.

weld (weld) *vt* saldare.

welfare ('welfɛə) *n* benessere *m*.

well[1] (wel) *adv* bene. *adj* in buona salute. **be well** star bene.

well[2] (wel) *n* pozzo *m*.

well-bred *adj* beneducato.

well-built *adj* robusto.

well-known *adj* ben noto.

well-off *adj* benestante, danaroso.

well-paid *adj* ben retribuito.

well-spoken *adj* forbito nel parlare.

well-worn *adj* usato.

Welsh (welʃ) *adj* gallese. **Welsh** (language) *n* gallese *m*. **Welshman** *n* gallese *m*.

went (went) *v* see **go.**

wept (wept) *v* see **weep.**

were (wəː) *v* see **be.**

west (west) *n* ovest, ponente *m*. *adj* occidentale, dell'ovest. **westerly** *adj* dell'ovest. **western** *adj* occidentale.

West Indies ('indiz) *n* Indie Occidentali *f pl*. **West Indian** *adj* delle Indie Occidentali.

wet (wet) *adj* **1** bagnato, umido. **2** fradicio. **3** fresco. *n* umidità *f*. *vt* bagnare, inzuppare. **wet blanket** *n* guastafeste *m*. **wet suit** *n* muta *f*.

whack (wæk) *inf vi* bastonare. *n* percossa *f*.

whale (weil) *n* balena *f*.

wharf (wɔːf) *n* banchina *f*.

what (wɔt) *pron* **1** che? che cosa? **2** ciò, che. **what for?** perchè? **what's the matter?** che cosa hai? ~*adj* **1** quale? che? **2** che. **what a** che.

whatever *pron* qualsiasi cosa. *adj* qualunque.

wheat (wiːt) *n* frumento, grano *m*.

wheedle ('wiːdl) *vt* adulare, persuadere con lusinghe.

wheel (wiːl) *n* **1** ruota *f*. **2** volante *m*. *vt* far ruotare. **wheelbarrow** *n* carriola *f*. **wheelchair** *n* sedia a rotelle *f*.

wheeze (wiːz) *vi* ansimare. *n* respiro affannoso *m*.

whelk (welk) *n* buccina *f*.

when (wen) *adv,conj* quando.

whenever *adv* ogni volta che.

where (wɛə) *pron,adv,conj* dove. **where to?** dove.

whereabouts *adv* da che parte. *n* luogo *m*. posizione *f*.

whereas *conj* mentre.

whereby *adv* con cui, come.

whereupon *adv* dopo di che.

wherever *adv* dovunque, in qualunque luogo.

whether ('weðə) *conj* se.

which (witʃ) *pron* **1** chi? quale? **2** che, la qual cosa, il quale. *adj* **1** quale? **2** il quale. **whichever** *pron* qualsiasi. *adj* qualunque.

whiff (wif) *n* soffio, sbuffo *m*.

while (wail) *conj also* **whilst** mentre. *n* momento *m*.

whim (wim) *n* capriccio *m*.

whimper ('wimpə) *vi* piagnucolare. *n* piagnucolio *m*.

whimsical ('wimzikəl) *adj* capriccioso, bizzarro.

whine (wain) *vi* uggiolare. *n* **1** (of a dog) uggiolio *m*. **2** piagnucolio *m*.

whip (wip) *n* frusta *f*. *vt* frustare.

whir (wəː) *vi* ronzare, rombare. *n* ronzio, rombo *m*.

whirl (wə:l) *n* vortice, giro rapido *m*. *vi* roteare. *vt* far girare. **whirlwind** *n* turbine, vortice *m*. tromba d'aria *f*.

whisk[1] (wisk) *vi* muoversi rapidamente. *vt* spazzare. *n* movimento rapido *m*.

whisk[2] (wisk) *vt cul* frullare. *n* frullino *m*.

whisker ('wiskə) *n* baffo *m*.

whisky ('wiski) *n* whisky *m* *invar*.

whisper ('wispə) *vt,vi* sussurrare. *n* bisbiglio, mormorio *m*.

whist (wist) *n* whist *m*.

whistle ('wisəl) *vt,vi* fischiare. *n* fischio, sibilo *m*.

white (wait) *adj* **1** bianco, candido. **2** pallido. *n* **1** bianco *m*. **2** (of an egg) chiaro *m*. **3** *cap* Bianco *m*. **whiten** *vt* imbiancare. **whitewash** *n* calce *f*. intonaco *m*. *vt* imbiancare. **whiting** *n* merlano *m*.

Whitsun ('witsən) *n* Pentecoste *f*.

whiz (wiz) *vi* fischiare. *n* fischio *m*.

who (hu:) *pron* **1** chi? **2** che, il quale. **whoever** *pron* chiunque.

whole (houl) *adj* intero, tutto. *n* tutto *m*. **wholemeal** *adj* integrale. **wholehearted** *adj* generoso, sincero. **wholesale** *n* vendita all'ingrosso *f*. *adv* all'ingrosso. **wholesome** *adj* sano, salubre. **wholly** *adv* completamente, totalmente.

whom (hu:m) *pron* **1** chi? **2** che, il quale.

whooping cough ('hu:piŋ) *n* pertosse *f*.

whore (hɔ:) *n* puttana *f*.

whose (hu:z) *pron* **1** di chi? **2** di cui, del quale, il cui.

why (wai) *adv* **1** perchè? **2** per cui. *conj* perchè.

wick (wik) *n* lucignolo *m*.

wicked ('wikid) *adj* cattivo, malvagio.

wicket ('wikit) *n* **1** sportello, cancelletto *m*. **2** *sport* porta *f*.

wide (waid) *adj* largo, ampio, esteso. *adv* **1** lontano, lungi. **2** bene. **widely** *adv* largamente, molto, diffusamente. **widen** *vt* estendere, allargare. *vi* allargarsi. **widespread** *adj* esteso, generale. **width** *n* larghezza, ampiezza *f*.

widow ('widou) *n* vedova *f*.

wield (wi:ld) *vt* **1** tenere, maneggiare. **2** (power) esercitare.

wife (waif) *n*, *pl* **wives** moglie, sposa *f*.

wig (wig) *n* parrucca *f*.

wiggle ('wigəl) *vt* dimenare. *vi* contorcersi.

wigwam ('wigwæm) *n* tenda dei pellirosse *f*.

wild (waild) *adj* **1** selvaggio, feroce. **2** incolto.

wilderness ('wildənəs) *n* **1** deserto *m*. **2** solitudine *m*.

wilful ('wilfəl) *adj* intenzionale, fatto apposta.

will[1] (wil) *v mod aux* **1** volere. **2** expressed by the future tense.

will[2] (wil) *n* **1** volontà *f*. volere *m*. **2** *law* testamento *m*. **willing** *adj* pronto, disposto. **willpower** *n* volontà *f*.

willow ('wilou) *n* salice *m*.

wilt (wilt) *vi* appassire.

win*** (win) *vt,vi* vincere.

guadagnare. *n* vincita, vittoria *f.*

wince (wins) *vi* trasalire. *n* smorfia *f.*

winch (wintʃ) *n* argano *m.* manovella *f.*

wind[1] (wind) *n* **1** vento *m.* **2** *med* flatulenza *f.* **windfall** *n* fortuna inaspettata *f.* **windmill** *n* mulino a vento *m.* **windpipe** *n* trachea *f.* **windscreen** *n* parabrezza *m.* **windscreen wiper** *n* tergicristallo *m.* **windswept** *adj* battuto dai venti. **windy** *adj* ventoso.

wind[2] (waind) *vt* avvolgere, girare. *vi* serpeggiare. **wind up** caricare.

windlass ('windləs) *n* verricello *m.*

window ('windou) *n* finestra, vetrata *f.* **window box** *n* cassetta per fiori *f.* **window-dressing** *n* allestimento di vetrine *m.* **window-shop** *vi* guardare le vetrine.

wine (wain) *n* vino *m.* **wineglass** *n* bicchiere da vino *m.*

wing (wiŋ) *n* **1** ala *f.* **2** volo *m.* **3** *pl Th* quinta *f.* **wingspan** *n* apertura d'ali *f.*

wink (wiŋk) *vi* ammiccare, strizzare l'occhio. *n* batter d'occhio, cenno *m.*

winkle ('wiŋkəl) *n* chiocciola marina *f.*

winter ('wintə) *n* inverno *m.*

wipe (waip) *vt* pulire, strofinare. *n* strofinata *f.*

wire ('waiə) *n* **1** filo *m.* **2** *inf* telegramma *m.* *vt* telegrafare. **wireless** *n* radio *f invar.*

wisdom ('wizdəm) *n* saggezza *f.*

wise (waiz) *adj* saggio.

wish (wiʃ) *vt,vi* **1** desiderare. **2** augurare. *n* desiderio *m.* voglia *f.*

wisp (wisp) *n* ciuffo *m.* ciocca *f.*

wisteria (wis'tiəriə) *n* glicine *m.*

wistful ('wistfəl) *adj* pensoso.

wit (wit) *n* arguzia *f.* spirito *m.*

witch (witʃ) *n* strega *f.* **witchcraft** *n* stregoneria *f.*

with (wið) *prep* con, in compagnia di, presso.

withdraw* (wið'drɔ:) *vt* ritirare. *vi* ritirarsi. **withdrawal** *n* ritiro *m.*

wither ('wiðə) *vi* appassire, deperire, avvizzire.

withhold* (wið'hould) *vt* **1** trattenere. **2** nascondere.

within (wið'in) *prep* entro, in meno di. *adv* dentro.

without (wið'aut) *prep* senza (di).

withstand* (wið'stænd) *vt* resistere a.

witness ('witnəs) *n* **1** testimone *m.* **2** testimonianza *f.* *vt* testimoniare, essere testimone di.

witty ('witi) *adj* arguto, spiritoso.

wizard ('wizəd) *n* mago, stregone *m.*

wobble ('wɔbəl) *vi* vacillare.

woke (wouk) *v see* **wake**[1].

woken ('woukən) *v see* **wake**[1].

wolf (wulf) *n, pl* **wolves** lupo *m.*

woman ('wumən) *n, pl* **women** donna *f.* **womanhood** *n* femminilità *f.* le donne *f pl.*

womb (wu:m) *n* utero *m.*

won (wʌn) *v see* **win.**

wonder ('wʌndə) *n* meraviglia *f.* *vi* **1** meravigliarsi. **2** domandarsi. **wonderful** adj meraviglioso.

wonky ('wɒŋki) adj sl **1** traballante. **2** incostante.

wood (wud) n **1** (material) legno m. **2** bosco m. **woodcock** n beccaccia f. **wooden** adj di legno. **woodland** n terreno boscoso m. **woodpecker** n picchio m. **woodpigeon** n colombo selvatico m. **woodwind** n strumenti a fiato m pl. **woodwork** n lavoro in legno m. **woodworm** n tarlo m.

wool (wul) n lana f. **woollen** adj di lana f. **woolly** adj **1** lanoso. **2** confuso.

word (wə:d) n **1** parola f. vocabolo m. **2** promessa f.

wore (wɔ:) v see **wear**.

work (wə:k) n **1** lavoro m. **2** daffare m. vi lavorare. vt far funzionare. **working** adj **1** che lavora. **2** che funziona. **working class** n classe operaia f. **workman** n operaio m. **workmanship** n abilità, esecuzione f. **workshop** n officina f.

world (wə:ld) n mondo m. **worldly** adj mondano. **worldwide** adj in tutto il mondo.

worm (wə:m) n verme m.

wormwood ('wə:mwud) n assenzio m.

worn (wɔ:n) v see **wear**.

worry ('wʌri) n preoccupazione f. tormento m. vt **1** preoccupare. **2** tormentare. vi preoccuparsi.

worse ('wə:s) adj peggiore, peggio. adv,n peggio m. **worse and worse** sempre peggio. **worsen** vt peggi-

orare, aggravare. vi peggiorare, aggravarsi.

worship ('wə:ʃip) n adorazione f. **His** or **Your Worship** Signor Giudice, Signor Sindaco. ~vt adorare.

worst (wə:st) adj peggiore. adv peggio.

worth (wə:θ) n valore, merito m. adj **1** degno di. **2** del valore di. **3** che merita. **be worth** valere. **worthwhile** adj che vale la pena. **worthy** adj degno.

would (wəd; stressed wud) v see **will**[1].

wound[1] (wu:nd) n ferita f. vt ferire, offendere.

wound[2] (waund) v see **wind**[2].

wove (wouv) v see **weave**.

woven ('wouvn) v see **weave**.

wrangle ('ræŋgəl) vi discutere. n rissa f. alterco m.

wrap (ræp) vt **1** avvolgere. **2** incartare.

wreath (ri:θ) n ghirlanda, corona di fiori f.

wreathe (ri:ð) vt inghirlandare.

wreck (rek) n **1** naufragio m. **2** rovina f. **3** nave che ha fatto naufragio f. vt distruggere. **wreckage** n relitti rottami m pl.

wren (ren) n scricciolo m.

wrench (rentʃ) n storcere. n storta f. strappo m. vt storcere.

wrestle ('resəl) vi lottare. **wrestling** n lotta f.

wretch (retʃ) n disgraziato m. **wretched** adj sfortunato, miserabile.

wriggle ('rigəl) vi contorcersi, dimenarsi.

wring* (riŋ) vt torcere, stringere, strizzare.

wrinkle ('rɪŋkəl) n ruga, crespa f. vt aggrinzire, corrugare. vi corrugarsi.

wrist (rɪst) n polso m.

writ (rɪt) n decreto, ordine m.

write* (raɪt) vt,vi scrivere. **writer** n scrivente m,f. **writing paper** n carta da lettere f.

writhe (raɪð) vi contorcersi.

wrong (rɒŋ) adj 1 sbagliato. 2 ingiusto. **be wrong** avere torto. ~n 1 torto m. 2 ingiustizia f. adv 1 erroneamente. 2 male.

wrote (rout) v see **write**.

wrought iron (rɔːt) n ferro battuto m.

wrung (rʌŋ) v see **wring**.

wry (raɪ) adj ironico.

X

xenophobia (zenə'foubiə) n xenofobia f.

X-ray n radiografia f. vt radiografare.

xylophone ('zailəfoun) n silofono m.

Y

yacht (jɒt) n panfilo, yacht m.

yachtsman n 1 proprietario di panfilo m. 2 chi pratica la navigazione su yacht, velista m.

yank (jæŋk) vt tirare con violenza. n strattone, strappo m.

yap (jæp) vi guaire, abbaiare.

yard¹ (jɑːd) n (measurement) iarda f. **yardstick** n pietra di paragone f.

yard² (jɑːd) n cortile, recinto m.

yarn (jɑːn) n 1 filato m. 2 inf filastrocca, storia f.

yawn (jɔːn) vi sbadigliare. n sbadiglio m.

year (jiə) n anno m. annata f. **yearly** adj annuale. adv annualmente.

yearn (jɔːn) vi desiderare intensamente.

yeast (jiːst) n lievito m.

yell (jel) n urlo, strillo m. vi urlare.

yellow ('jelou) adj,n giallo m.

yelp (jelp) vi guaire. n guaito m.

yes (jes) adv sì.

yesterday ('jestədi) adv ieri.

yet (jet) adv 1 ancora. 2 ma. conj ma, tuttavia.

yew (juː) n tasso m.

Yiddish ('jidiʃ) adj,n yiddish m.

yield (jiːld) vt produrre. vi cedere. n raccolto m.

yodel ('joudl) vi cantare alla tirolese.

yoga ('jougə) n yoga m.

yoghurt ('jɔgət) n yogurt m.

yoke (jouk) n giogo m.

yolk (jouk) n torlo d'uovo m.

yonder ('jɔndə) adj quello. adv laggiù.

you (juː) pron 2nd pers s 1 fam tu, ti, te m,f. 2 fml Lei m. Ella f. 3a fml you voi, vi, ve m,f. 4 fml pl Loro m,f.

young (jʌŋ) adj giovane. **youngster** n ragazzo m.

your (jɔː; juə) poss adj 2nd pers s 1 fam (il) tuo, (la) tua, (i) tuoi, (le) tue. 2 fml (il) suo, (la) sua, (i) suoi, (le) sue. 3 pl fam (il) vostro, (la) vostra, (i) vostri, (le) vostre. 4 pl fml (il, la, i, or le) loro invar. **yourself** pron 2nd pers s 1 fam tu stesso. 2 fam ti, te. 3 fml Lei stesso. 4

pl fam voi stessi. **5** *pl fam* vi. **6** *pl fml* Loro stessi.

yours (jɔːz; juəz) *poss pron 2nd pers s* **1** *fam* il tuo, la tua, i tuoi, le tue. **2** *fml* il suo, la sua, i suoi, le sue. **3** *pl fam* il vostro, la vostra, i vostri, le vostre. **4** *pl fml* il, la, i, *or* le loro.

youth (juːθ) *n* **1** giovinezza, gioventù *f.* **2** giovane *m.* **youth hostel** *n* albergo della gioventù *m.*

Yugoslavia (juːgouˈslɑːviə) *n* Iugoslavia *f.* **Yugoslav** *adj,n* Iugoslavo.

Z

zeal (ziːl) *n* zelo *m.* **zealous** *adj* premuroso.

zebra (ˈzebrə) *n* zebra *f.* **ze-**

bra crossing *n* passaggio pedonale *m.*

zero (ˈziərou) *n, pl* **-ros** *or* **-roes** zero *m.*

zest (zest) *n* **1** gusto *m.* **2** sapore *m.*

zigzag (ˈzigzæg) *n* zigzag *m* *invar.* *vi* andare a zig-zag.

zinc (ziŋk) *n* zinco *m.*

Zionism (ˈzaiənizəm) *n* sionismo *m.* **Zionist** *adj,n* sionista.

zip (zip) *n* chiusura lampo *f.*

zither (ˈziðə) *n* cetra *f.*

zodiac (ˈzoudiæk) *n* zodiaco *m.*

zone (zoun) *n* zona *f.*

zoo (zuː) *n* zoo *m.*

zoology (zouˈɔlədʒi) *n* zoologia *f.* **zoological** *adj* zoologico. **zoologist** *n* zoologo *m.*

zoom (zuːm) *vi* **1** ronzare, rombare. **2** zumare.